지능정보사회

제2판

최동수 · 최은주

01000001110101111101010100111100

法 文 社

제2판 머리말

사회의 역사적 발전과정을 살펴보면, 원시수렵·채취사회는 농업화를 거쳐 농업사회로, 농업사회는 산업화를 거쳐 산업사회로, 산업사회는 정보화를 거쳐 정보사회로 변화해 왔다. 여기까지는 앨빈 토플러(A. Toffler)의 제3의 물결(The Third Wave)에서 언급되고 있다. 그리고 21세기 초부터 정보사회 이후에 등장하는 지능정보사회를 제3의 물결에 제시된 사회의 역사적 발전과정의 연장선상에서 대비시켜 보면, 정보사회는 지능정보화를 거쳐 지능정보사회로 변천된다고 파악할 수 있다. 그리고 농업화는 농업혁명, 제1의 물결, 제1차 산업혁명과 같은 의미로, 산업화는 산업혁명, 제2의 물결, 제2차 산업혁명과 같은 의미로, 정보화는 정보혁명(디지털혁명, 제1차 정보혁명), 제3차 산업혁명, 제3의 물결과 같은 의미로, 그리고 지능정보화는 지능정보혁명(제2차 정보혁명), 제4차 산업혁명, 제4의 물결과 같은 의미로 파악된다.

우리 사회는 인공지능(Artificial Intelligence), 사물인터넷(Internet of Things), 클라우드 컴퓨팅(Cloud Computing), 빅데이터(Big Data), 모바일(Mobile), 블록체인(Block Chain) 등의 지능정보기술의 등장으로 야기된 지능정보사회라는 새로운 패러다임으로 진화하고 있다. 정보사회에서 지능정보화를 거쳐 등장하는 지능정보사회는 지능정보기술에 의한 지능화되는 사회로서 개인, 기업, 정부가 자신의 일을 24시간 365일 언제 어디서나 수행할 수 있고, 편의성, 생산성, 효율성, 즐거움을 향상시킬 수 있는 사회를 말한다. 정보화가 고도로 성숙된 고도정보사회, 유비쿼터스사회 역시 최종의 목적지는 지능정보사회이기 때문에 지능정보사회, 고도정보사회, 유비쿼터스사회는 모두 같은 사회로 파악할 수 있다.

지능정보사회에서의 지능정보기술은 융·복합을 통해 다양하고 새로운 서비스를 창출할 수 있는 플랫폼으로 진화하면서 현실과 가상세계를 연결해 공유경제, 온·오프라인(O2O)서비스 등과 같은 새로운 비즈니스 환경을 창출할 수 있는 성장동력으로서 관심을 받고 있다. 또한 우리나라를 비롯한 선진국들이 제조, 의료, 금융, 자동차, 농업 등 모든 산업에 지능정보기술을 활용하여 지능화된 서비스를 개발하기 위한 노력을 기울이고 있다. 이러한 추세는 국가·사회 전반으로 확산되면서 기존의 산업 및 경제구조뿐만 아니라 국정운영의 방식, 개인 삶의 질의 방식 등을 혁신적으로 변화를 가져올 지능정보화(제4차 산업혁명)가 진행되고 있다.

우리나라는 1960년대부터 1980년대 초까지 산업화로 특징지어지는 "경제의 시대"였고, 1980년대에서 1990년대 후반까지가 민주화로 집약할 수 있는 "정치의 시대"였다면, 1990년대에서 2000년대 초반까지 정보화로 야기된 "정보의 시대"였다고 말할 수 있다. 그리고 21세기 초반부터는 경제와 정치에 비해 상대적으로 지체된 "사회적 삶의 질(Quality of Social Life)" 향상을 최우선 목표로 하는 "사회의 시대"가 지능정보사회이다. 우리는 지금 지능정보화(4차 산업혁명)을 통해 지능정보사회로 가고 있다. 그러나 아직 그 형태나 특성이 정해진 것은 없고, 마치 백지 위에 그림을 그려 나가고 있는 중이다. 따라서 우리는 다가오는 지능정보사회를 어떻게 상정하고 어떻게 운영할 것인가 등의 문제들을 논의하기 위해 지능정보사회를 학습하고, 지능정보사회에 대한 역기능 현상도 제어할 수 있어야 한다. 사회가 기술 만능에 빠지지 않고, 인간의 삶의 질을 향상시키는 방향으로 만들어 나가는 것도 결국 우리들의 몫이기 때문이다.

본서 『지능정보사회』 제2판은 대학생들과 일반인들이 지능정보사회를 이해하는 데 필요한 사회과학적인 내용을 주로 담고 있다. 제1편 정보, 정보사회와 지능정보사회의 내용으로 제1장 정보와 지식이란 무엇인가? 제2장 정보사회란 어떠한 사회를 말하는가? 제3장 지능정보사회란 어떠한 사회를 말하는가? 제4장 지능정보사회의 쟁점사항과 정보윤리 등으로 구성되어 있다. 제2편 부문별 정보화의 내용으로는 제5장 정보화와 지능정보화란 무엇인가? 제6장 국가와 지역의 지능정보화, 제7장 개인과 가정의 지능정보화, 제8장 기업과 산업의 지능정보화, 제9장 사회와 경제의 지능정보화, 제10장 정보통신산업과 지능정보산업 등으로 구성되어 있다.

1998년에 처음 세상에 나온 초판 『정보사회론』이 출간되기 전에 경제학자로서 정보사회를 연구하는 것은 그렇게 쉬운 일은 아니었다. 마치 어린아이가 글을 배우듯이 정보사회의 조그마한 단편들을 깨우치기 시작한 이후, 『지능정보사회』 제2판이 출간된 2021년에 벌써 23년이란 세월이 흘러갔다. 처음에는 신기루처럼 보였던 정보사회의 내용이 이제 점차 그 모습을 드러내기 시작한 듯하다. 하지만 아직도 추상화처럼 그 모습이 그려지는 이유는 나의 학문적 부족함에 기인하리라 생각된다. 2020년 2월까지 30여 년 동안 대학교에서 학생을 가르치고, 연구시간을 보냈던 교수생활도 끝을 맺을 때가 왔다. 그리고 20여 년간 대학교의 교재로 사용하였던 『지능정보사회』에 대해 어쩌면 마지막이 될 개정작업을 제 딸인 최은주(이화여대 간호학 박사과정)와 함께 개정작업을 완료하게 되었다. 이제 제 딸 최은주가 더 많은 노력과 연구를 통해 지능정보사회를 이해하는 데 필요한 내용이 담긴 『지능정보사회』를 이어가기를 기대해본다.

마지막으로 23년 동안 『정보사회론』, 『정보사회의 이해』, 『정보·정보인·정보사회』, 그리고 『지능정보사회』라는 명칭으로 출간될 수 있도록 배려해 주신 법문사 사장님, 편집부 김제원 이사님과 영업부 정해찬 과장님께 감사의 말씀을 전합니다.

2021년 6월
연구실에서
최동수·최은주

차 례

| 제2편 |
--- >>> **부문별 정보화**

제 5 장　정보화와 지능정보화란 무엇인가? 　　　　　　　　　　　(201~224)

제 10 장　정보통신산업과 지능정보산업　　　　　　　　　(387~417)

PART 01

정보, 정보사회와
지능정보사회

제1편의 개요

총론적인 측면에서 정보, 정보사회와 지능정보사회를 살펴본다. 제1장에서는 먼저 정보사회와 지능정보사회의 근간이 되는 정보의 개념 및 정의, 정보의 특성 및 종류, 정보가치, 그리고 정보를 창출케하는 지식이란 무엇인가 등을 살펴본다. 제2장에서 정보통신기술의 발전에 따라 사회경제적 측면에서 물질·에너지보다 정보가 중요시되어 가고, 컴퓨터와 인터넷에 기반을 둔 정보사회란 어떤 사회인가? 즉, 정보사회의 출현배경, 정보사회의 개념 및 정의, 정보사회의 낙관론과 비관론, 정보사회의 특징, 정보사회의 발전단계 등을 살펴본다. 그리고 제3장에서는 지능정보기술(인공지능, 사물인터넷, 클라우드 컴퓨팅, 빅데이터, 모바일)에 기반을 둔 지능정보화(지능정보혁명, 4차 산업혁명)를 거쳐 21세기 초반부터 우리에게 다가오는 지능정보사회를 살펴본다. 제4장에서는 정보가 중요시되는 정보사회 및 지능정보사회이기 때문에 발생할 수 있는 쟁점사항 및 역기능, 정보윤리란 무엇인가를 살펴본다.

정보와 지식이란 무엇인가?

정보사회를 이해하는 데 필요한 기초개념으로 정보의 개념 및 정의, 정보의 특성 및 가치, 정보의 종류, 정보의 활동과 순환 그리고 정보를 창출케 하는 근원으로써 지식과 신지식인이란 무엇인가를 살펴본다.

|제1절|
▶▶▶ 정보란 무엇인가?

1 정보의 개념 및 정의

정보(information)와 밀접한 관계를 갖고 있는 자료(data)란 어떠한 사물, 사실, 상태를 문자(글), 음성(말), 이미지(그림), 영상 등으로 표현된 것이 어떤 개인이나 조직의 의사결정에 영향을 주지 못하는 형식정보를 말한다. 반면, 정보는 많은 자료(형식정보)들 중에서 어떤 개인이나 조직의 의사결정에 영향을 주는 의미정보를 말한다. 따라서 어떠한 사물, 사실, 상태에 대해 문자(글), 음성(말), 이미지(그림), 영상 등으로 표현된 것이 어떤 사람에게는 자료(형식정보)가 되는 반면, 다른 사람에게는 정보(의미정보)가 될 수 있다.[1] 결론적으로

---

[1] 지식(Knowledge)란 정보가 축적되어 "어떤 특정목적의 달성에 도움이 될 수 있도록 추상화되고 일반화된 정보"를 말하며, 지능(Intelligence)이란 "정보와 지식을 활용해서 이성적인 행동을 하게 되는 지적 행동력"을 말한다.

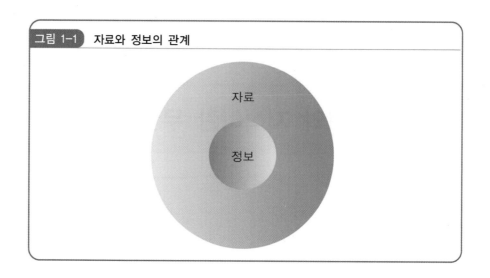

그림 1-1 자료와 정보의 관계

어떤 개인이나 조직이 자신의 의사결정(이익, 편의성, 즐거움 등)에 자료를 활용할 때, 그 자료는 정보(의미정보)로 변한다. 자료와 정보와의 관계는 [그림 1-1]과 같이 자료는 정보를 산출하기 위한 원재료, 즉 모집단이 되며, 정보는 자료의 일부분, 즉 부분집합이 된다.

어떤 특정한 사실에 대한 표현이 단순히 자료(데이터)인가 혹은 정보인가 하는 구분은 수신자에 의해 결정된다. 구체적으로 자료가 정보가 되기 위해서는 수신자의 의사결정에 유용하여야 하고 수신자에게 의미 있는 형태로 전달되어야 한다. 예를 들면, 오늘 삼성전자 주식의 종가가 80,000원이라는 사실은 삼성전자에 투자하려고 하는 투자자에게는 투자결정에 필요한 정보가 될 수 있지만, 주식투자에 전혀 관심이 없는 사람에게는 단순한 자료에 불과한 것이다. 이와 같이 특정한 사실에 대한 표현은 의사결정의 유용성여부에 따라 어떤 사람에게는 자료가 되는 반면, 어떤 사람에게는 정보가 될 수도 있는 것이다. 다시 말하면 일반적으로 정보는 "보고싶다 듣고싶다 알고싶다"고 하는 욕구를 만족시키기 위해 그 정보를 획득하려고 한다. 어떤 개인이 획득한 정보는 그 개인에게 직접적으로 효용(만족)을 주기도 하고 그 개인이 어떤 의사결정을 내릴 때 도움을 주기도 한다.

결국 사람들이 시간과 자원을 투입하여 정보를 수집하는 이유는 의사결정과정에서 미래의 불확실성을 감소시켜 자신들의 이익, 편의성, 즐거움을 얻을 수 있기 때문이다. 우리의 의사결정은 주로 미래에 대비하기 위하여 이루어지는

데, 미래에 발생할 사건은 확실한 것이 하나도 없고 오직 확률적인 예측만 가능한 것이다. 따라서 정보의 가치는 미래의 불확실성을 얼마나 감소시킬 수 있느냐에 달려 있다. 만일 미래의 불확실성을 현격히 감소시킬 수 있는 정보가 있다면 의사결정자는 상당한 비용과 희생을 치르더라도 의사결정에 관련된 정보를 수집하려 할 것이다. 그러나 새로운 정보에서 얻을 수 있는 만족(효용)보다 희생(비용)이 더 크다면 의사결정자는 새로운 정보의 취득을 포기할 것이다.

이상의 논의에서 보는 바와 같이 정보(의미정보)란 '어떤 사물이나 상태에 대한 문자, 음성, 이미지, 영상 등으로 표현될 수 있는 모든 것들 중에서 수신자에게 의미 있는 형태로 전달되어 의사결정에 유용하게 활용될 수 있는 자료(형식정보)만'을 의미한다.[2] 따라서 정보는 사람(의사결정자)과 관련이 있으며, 미래의 사건에 대한 불확실성을 감소시켜 의사결정의 질을 높일 수 있다.

한편, 통신(communication)은 정보가 특정 시점에서 이동되는 행위를 말하기 때문에 정보는 통신이라는 개념을 통해 실체화되어 전달될 수 있다. 정보(information)와 통신(communication)의 복합어로 정보통신은 정보의 생산자로부터 정보를 필요로 하는 사용자에게 전달되는 과정을 의미한다. 이러한 정보통신은 정보가 전달되는 유형에 따라 데이터통신, 음성통신, 영상통신, 이미지통신 등으로 구분된다.

데이터통신은 엄밀한 의미에서 텍스트나 숫자들로 이루어진 문서를 디지털신호로 나타낸 정보통신을 말한다.

음성통신은 통신망(유선통신망, 무선통신망)을 이용한 음성 위주의 통신으로 지금까지도 가장 널리 사용되고 있는 정보통신의 형태이다. 음성통신을 이용한 서비스로 ARS서비스가 있다.

영상통신은 말 그대로 영상통신을 전송하는 것으로, 단방향 전송방식인 TV방송, 영상회의, 의료정보서비스, 관광안내서비스 등에서 사용되는 영상응답시스템이 영상통신의 한 형태라고 할 수 있다.

---

2) 지금까지 정보는 연구분야와 사람에 따라 다르게 정의되었는데, ① 공학적인 측면에서 Sharon(1969)은 "어떤 체계가 일정량의 불확실성을 갖고 있을 때 그 불확실성의 양을 감소시키는 역할을 하는 것이 정보이다". ② 사회학 및 커뮤니케이션 측면에서 古田民人(1972)는 "정보란 물질·에너지의 시간적·공간적·정성적·정량적인 유형이다." 梅棹忠夫(1963)는 "정보란 인간과 인간과의 사이에서 전달되는 일체의 기호 및 계열을 의미한다." ③ 경제·경영학적인 측면에서 Machlup는 "알려진 내용, 알고 있는 상태가 지식이고, 모든 지식이 정보이다." Porat는 "정보란 조직화되어 전달되는 자료를 의미한다."

이미지통신은 그림이나 표, 차트, 그래픽 등과 같은 형태의 정보를 전송하는 것을 의미한다. 전송하려는 문서에 그림이나 표와 같은 형태의 데이터가 없더라도 문서 자체를 이미지로서 다루게 되면 이미지통신이라고 할 수 있다. 이미지는 인간의 이해를 보다 쉽게 해주는 특성이 있어 이미지통신의 이용이 급증하고 있으며, 팩시밀리가 이미지통신의 한 형태이다.

이와 같이 4가지 형태의 정보통신 이외에도 음성정보, 데이터정보, 이미지정보 등이 혼합된 멀티미디어통신이 있다. 정보는 음성, 문자, 기호, 도형, 영상 등과 같이 여러 형태로 나타내지만, 다양한 형태의 정보들이 혼합되어 전송되는 새로운 형태의 통신이 등장하게 되었다. 이 새로운 형태의 통신이 멀티미디어통신이다. 즉, 멀티미디어통신은 다양한 형태의 정보를 조합한 형태로 전송하는 것을 의미한다.

② 정보의 특성

이제 정보사회에서 정보가 갖는 특성에 대해 살펴보자. 자본, 노동, 토지 등의 물리적 자원과 비교할 때 정보의 본질적인 특성은 다음과 같다.

① **무형성** : 정보 자체는 일정한 형태를 갖추고 있지 않으며 물과 마찬가지로 유동적이다. 즉 정보 자체는 물리적인 형태를 갖고 있지 않고, 다만 표현된 내용으로만 존재하기 때문에 정보 그 자체는 형태가 없다.

② **적시성** : 정보는 수신자가 원하는 시간에 전달되어야 하며 원하는 시간에 전달되지 않는 경우는 정보로서의 가치가 없다. 즉 모든 정보는 전달속도(speed)와 획득시점(timing)이 중요한 요소가 된다. 따라서 정보는 너무 빨라도 또는 너무 늦어도 의사결정자에게 도움이 되지 않는 경우가 있기 때문에 정보는 획득시점에 따라 그 가치가 결정된다.

③ **독점성** : 정보는 아무리 중요한 내용을 담고 있다하더라도 공개가 되면 정보의 가치는 급격히 떨어지기 때문에 의미정보를 소유한 사람은 다른 사람에게 알려 주려고 하지 않는 독점성의 속성을 갖고 있다. 따라서 공개정보보다는 반공개정보가 반공개정보보다는 비공개정보가 더 큰 가치를 갖게 되는 경우가 있다.

④ **비소모성** : 자동차, 냉장고 등의 일반상품은 사용되는 그 순간부터 소모

되는 반면 정보는 아무리 이용하더라도 정보 자체는 소모되지 않는다. 에를 들면, 어떤 소문난 칼국수 맛집의 주인이 자신만이 알고 있는 머릿속에 내재된 비법으로 많은 양의 칼국수를 만들어도 그 비법은 소모되지 않고(잊혀지지 않고) 주인의 머릿속에 남아있다.

⑤ **비이전성** : 물리적으로 이전이 가능한 일반상품과는 달리 한 개인이 소유하고 있는 정보는 다른 사람에게 양도되어도 소유주에게는 원래의 정보가 그대로 남아 있다. 즉 일반상품은 그것을 소유한 개인의 것이며 소유권을 가진 사람은 그 일반상품을 사용해 이익을 얻고 처분할 권리를 갖게 되지만 정보는 남에게 알려주어도 원래의 소유자에게 그대로 남아 있게 된다. 다시 말하면 정보는 타인에게 이전된다고 하더라도 완전히 이전되어 버리는 것이 아니고 자신에게 남아 있으므로 하나의 정보를 동시에 여러 사람이 이용할 수 있다. 따라서 일반상품은 소유권을 중심으로 한 개념이라면 정보는 사용권을 중심으로 한 개념이다.

⑥ **가치의 다양성** : 정보가 어떤 사용자에게 만족(효용)을 줄 수 있으나 제3자에게는 만족(효용)을 주지 못하는 경우가 있다. 즉 A에게는 극히 중요한 정보일지라도 B나 C에게는 불필요한 경우가 있다. 따라서 자본주의 시장경제원리에 따라 하나의 상품에는 하나의 가격이 형성된다는 일물일가의 법칙이 적용되지만 정보는 정보이용자의 필요성에 따라 여러 가지의 가격(가치)이 존재할 수 있기 때문에 한가지의 물건에 하나의 가격이 형성된다는 일물일가의 법칙이 적용되지 않는다.

⑦ **결합성** : 정보는 결합되고 가공되어 보다 높은 차원의 정보가 되는 특성이 있다. 정보 A와 정보 B가 합쳐져서 C라는 새로운 정보(미래의 불확실성을 감소시켜 주는 정보)를 창출하고 정보 C는 또 다른 정보와 결합하여 보다 더 높은 가치있는 정보(미래의 불확실성을 더욱 감소시켜 주는 정보)를 만들어 낸다.

⑧ **누적가치성** : 정보는 생산·축적되면 될수록 가치가 커진다. 예를 들면 USB에 필요한 정보가 축적되면 될수록 그 가치가 높아지게 된다. 예를 들면, 정보 A는 지리산 숙박시설의 정보이고, 정보 B는 지리산 명소에 관련 정보, 그리고 정보 C는 지리산의 숙박시설뿐만 아니라 지리산 명소에 관련된 정보라면 당연히 정보 C가 정보 A와 정보 B보다 더 큰 가치를 갖게 된다.

⑨ **비분할성** : 일반상품은 여러 개의 부품들로 분할될 수 있지만 하나의 정보가 수신자들에게 분할되어 전달되는 경우는 전혀 의미가 없는 정보가 되기 때문에 정보는 항상 수신자에게 의미 있는 자료의 집합체로서 전달·사용됨으로써 의미를 갖게 된다.

⑩ **매체의존성** : 정보는 그 자체가 어떤 형태를 갖지 못하는 것이므로 정보가 전달되기 위해서는 어떤 전달매체(신문, 방송, 컴퓨터, 스마트폰)를 통해서만이 가능하다.

⑪ **결과지향성** : 정보는 노력의 세계가 아니고 결과의 세계이다. 따라서 아무리 노력과 시간을 투입하더라도 좋은 결과를 얻지 못하면 그 정보는 아무런 소용이 없게 된다.

이러한 정보의 본질적인 특성으로부터 정보활동을 함에 있어 다음과 같은 유의사항을 찾아낼 수 있다.

첫째, 정보활동은 연속적으로 수행될수록 유리하다.

둘째, 정보의 축적이 많을수록 유리하다.

셋째, 정보의 채널이 다양할수록 유리하다.

넷째, 정보는 빨리 전달될수록 유리하다.

다섯째, 다양한 정보를 취급하는 사람이 의사결정에 있어 유리하다.

3 정보의 가치

정보는 일반상품과는 달리 무게·길이·크기라는 요인들을 갖고 있지 않을 뿐만 아니라 경제학에서 빼놓을 수 없는 상품의 공급량과 수요량, 일물일가의 법칙이라는 개념도 필요하지 않다. 따라서 정보는 사용용도에 따라 정보의 가치는 상업적 가치, 개인적 가치, 공공적 가치 등으로 나누어 살펴볼 수 있다.

3.1 정보의 상업적 가치

원래 경제학에서는 정보를 상품(goods)이나 서비스(services)로 분류되는 경제재로 간주하여 경제적 가치를 부여하는 대상으로 인정하지 않았다. 왜냐하면 전통적인 경제학에서는 정보를 무상으로 생산·소비·분배·교환되는 물이나 공기와 같은 자유재로 국한시켜 정보의 효용성을 인정하지 않았기 때문이다. 뿐만 아니라 정보는 일반적으로 생산자에 의해서 자체 소비되기 때문에 경제적 가치(교환가치)를 부여하는 데 애매한 경우가 있다.

그러나 정보통신기술의 발전에 따라 정보는 경제재(economic goods)와 정보재(information goods)의 생산과정에서 필수적인 하나의 독립된 요소로서 또는 기존의 생산요소(노동, 자본, 토지)들에 대한 보완적인 요소로서 투입될 수 있게 되었다. 따라서 정보자체가 하나의 독립된 상품으로 취급될 수 있기 때문에 정보에 경제적 가치를 부여하는 것이 현실적으로 받아들여지고 있다. 이와 같이 정보를 상품에 대입시켜 경제적 가치(교환가치)를 부여하는 것은 자본주의 경제체제에서는 당연한 것이며 이는 곧 정보경제에 근간이 되는 사유재적 개념에서 비롯된다.

경제재는 사유재와 공공재로 분류될 수 있는데, 사유재는 민간기업에 의해 생산되는 자동차, 냉장고 등과 같이 존재량이 유한하여 소비를 증가시키면 존재량이 감소한다. 따라서 소비자가 구매하는 경우에 경합이나 경쟁이 일어나며, 가격(요금, 사용료)을 지불하지 않고는 소비할 수 없는 상품이나 서비스를 말한다. 반면, 공공재는 공원, 놀이터와 같은 공공시설 등을 사용할 때 가격(요금, 사용료)을 지불하지 않고도 누구나 소비(활용)할 수 있고, 사람들의 소비량이 증가하더라도 일정부분까지는 고갈되지 않기 때문에 소비량(활용량)을 증가시키기 위해 경쟁을 하지 않아도 되는 상품이나 서비스를 말한다.

정보는 아무리 많은 사람들이 이용하여도 정보 자체가 소모되지 않고, 다른 사람들이 정보를 획득하더라도 하지 못하도록 배제시키기 어렵기 때문에 경쟁이 일어나지 않는 특징을 갖고 있으므로 공공재적 속성을 갖고 있다. 그럼에도 불구하고 정보를 공공재보다는 사유재로서 취급하려는 것은 정보의 사유재적 상품화가 시장성(어떤 정보에 대한 하나의 가격형성)을 이루는 근간이 되고 있기 때문이다.

3.2 정보의 개인적 가치

정보사회에서는 정보통신기술이라는 사회적 기술을 바탕으로 정보가 물질자원이나 에너지자원보다는 더 큰 비중을 가지고 경제·사회발전에 중추적인 역할을 담당하게 될 것이다. 일반적으로 정보의 가치라고 하는 경우, 어떤 사람이 어떤 사실에 대해 「보고싶다, 듣고싶다, 알고싶다」라는 욕구를 제공해 주며, 수요자의 만족에 따라 결정된다. 즉 정보는 정보이용자의 필요에 따라 여러 가지의 가격(가치)이 성립될 수 있다는 점이다. 이와 같이 누구든지 알 수 있는 정보가 아닌 필요한 사람에게만 가치를 갖게 되는 정보를 정보의 개인적 가치라고 한다. 정보의 가치는 특별히 개인적으로 국한시켜 이용할 목적으로 정보의 기밀성을 포함한다. 이를테면 기업들은 기업 간의 경쟁에서 각자의 고유한 특정 기업정보를 외부로 유출되지 않도록 통제하고 있다. 이런 경우에 정보는 개인적 가치(private value)로서 '자산'(property)의 성격을 갖게 되는데, 특허나 저작권과 같은 법적 보호의 형식을 취하기도 한다.

정보의 개인적 가치는 기업조직 외에도 개인 사생활에서도 적용한다. 각 개인에게는 사적 정보(개인정보)가 외부의 남용에 의해 초래될 수 있는 불이익으로부터 보호받을 권리가 부여되고 있다. 이러한 정보의 개인적 가치는 더욱 부각되어지는 현상도 정보사회의 특성이며, 정보사회에서 가장 중요한 요인은 정보의 가치부여이다. 사회의 정보화는 물질과 에너지라는 유형자원의 중요성이 정보라는 무형자원으로 변해가는 과정을 말한다.

정보의 개인적 가치와 정보의 보급량과의 관계는 [그림 1-2]와 같은데 정보가 시간의 경과와 함께 사회에 널리 보급됨에 따라 정보의 가치가 하락하고 있음을 나타내고 있다. 정보의 보급량(소비량)을 A영역, B영역, 그리고 C영역으로 구분할 때 정보의 보급량이 매우 적은 경우를 나타내는 A영역의 정보는 기밀적 정보로서 그 가치가 매우 높다. 이러한 기밀적 정보는 시장에 제공되지

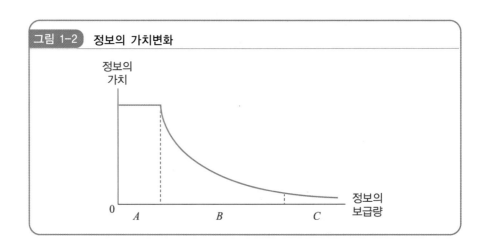

그림 1-2 정보의 가치변화

않는 경우가 일반적이다. 왜냐하면 그 내용을 아는 개인은 다른 개인보다 큰 효용(이익, 편의성, 즐거움)을 얻게 되며, 기업의 경우는 독점적 이윤을 획득하는 것이 가능하기 때문이다.

정보의 보급량의 증가로 인한 정보의 소비량이 증가한 B영역은 일반적인 정보의 가치를 나타내고 있다. B영역에서 기업이나 개인이 보유한 정보의 가치는 처음에 높지만 정보의 보급량이 증가함에 따라 정보의 가치가 감소하고 있다. 다시 말하면 정보는 소비의 비배제성이라고 하는 특성을 갖고 있기 때문에 시간이 경과함에 따라 이용자가 증가하게 되고, 그 정보의 가치는 하락하게 된다. 예를 들면 어떤 소비자가 영화(소비재적인 정보)를 볼 때 개봉관에서 보는 영화와 두번째 영화관, 세번째 영화관에서 보는 영화는 그 내용은 같지만 그 개인의 만족(소비재적 정보의 가치)은 떨어지게 된다. 또한 소수의 기업만이 어떤 연구개발성과(투자재적인 정보)를 이용할 때는 그 기업은 이윤을 획득할 수 있기 때문에 투자재적 정보의 가치는 높지만, 경쟁기업 모두가 그 정보를 이용할 수 있게 되면 그 정보의 가치는 거의 사라지게 된다.

마지막으로 정보의 보급량이 대단히 많은 경우를 나타내는 C영역에서 정보의 가치는 0에 가깝기 때문에 그 정보는 파기되거나 역사적인 자료로 축적될 뿐이다.

3.3 정보의 공공적 가치

많은 사람들이 함께 알고 있고, 많은 사람들에게 알려짐에 따라 보다 더 높은 가치를 갖게 되는 정보를 정보의 공공적 가치(public value)라고 한다. 예컨대 도서관, 박물관 등은 누구나 정보를 접할 수 있는 공공시설이며, 자유로운 정보공유가 가능한 정보창고의 역할을 하게 된다. 이는 곧 정보의 공공적 가치가 실현하는 장소이다. 언론의 자유, 의사표현의 자유, 정보접촉과 정보이용의 자유 등은 정보의 공공적 가치와 밀접한 관련을 갖고 있다.

이와 같이 분류되는 정보의 상업적 가치, 개인적 가치, 공공적 가치는 각기 고유의 속성을 갖고 있지만 현실적으로 각 가치간의 이해관계 사이에는 상호 대립도 불가피하다. 세 가치간의 대립관계는 다음 [그림 1-3]과 같이 정리할 수 있다.[3]

---

3) Andriole, S. J., *Computer-Based National Information Systems*(New York : Petrocelli Books,

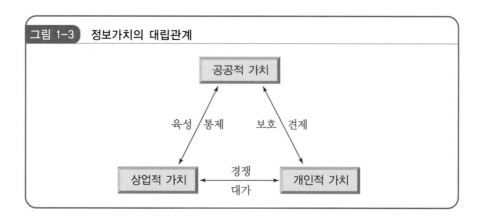

이와 같이 대립관계는 각 정보가치가 추구하는 이해의 범위가 서로 상충되기 때문이다. 이를테면 정보의 자유로운 접근과 유통을 주장하는 정보의 개인적 가치와 국가보안을 명분으로 비밀리에 실시되는 정보수집이나 정보통제를 엄격히 유지하려는 정보의 공공적 가치는 서로 상치된다. 또한 상업적 가치로서 기업이 이루어 놓은 연구개발에 관한 정보는 비밀정보로서 다루어질 수 있는 반면에 학술적인 목적이나 일반개인의 지식습득을 위해 학교나 도서관을 통해 공개되어야만 하는 공공적 가치와 대치된다. 그리고 기업의 목적상 소비자 정보를 수집하기 위해서 개인의 사적 정보를 수집할 수 있다. 이 경우 개인의 사적 정보는 상업적 가치를 띠게 된다. 이에 대해 개인적 가치로서의 사생활 정보는 프라이버시 침해를 보호하기 위해 제도적으로 보호받을 권리를 갖는다. 이 경우에도 정보의 상업적 가치와 개인적 가치 사이에 대립관계가 성립된다. 이러한 정보가치의 갈등관계는 정보사회가 진전되어 갈수록 더욱 심화될 것이다.

| 제 2 절 |
>>> 정보의 분류

정보는 일반적으로 정보자체의 특성, 정보와 정보를 이용하는 이용주체(개

1984).

인, 조직), 정보의 이용주체와 외부객체 사이를 전달하는 형태에 따라 분류할 수 있다.

① 정보 자체의 특성을 기준으로 한 분류

정보는 정보자체의 특성에 기초를 두고 분류할 수 있다. 이와 같은 분류의 기준으로는 정보의 발생원인기준, 정보의 양적·질적 기준, 정보의 시계열기준, 정보의 발생빈도기준 등에 따라 분류된다.

1.1 외부정보와 내부정보

정보는 발생기준에 따라 외부정보와 내부정보로 분류된다. 외부정보는 정보이용주체(개인, 조직)의 외부에서 발생(생산)되고 존재하여 축적되는 정보를 말한다. 내부정보는 정보이용주체(개인, 조직)의 내부에서 발생(생산)되고 존재하며 축적되는 정보를 말한다.

1.2 정량정보와 정성정보

정보는 양적·질적 기준에 따라 정량정보와 정성정보로 분류된다. 정량정보는 수량으로 기술되는 정보를 의미한다. 예를 들면, 한국의 국내총산량이 400조 달러, 한국통신의 주식 종가가 85,000원, 어떤 개인의 월 소득이 400만원 등과 같은 정보를 말한다. 정성정보는 수량이 아닌 정성적으로 기술되는 정보를 말한다. 예를 들면, 대학교의 학생부종합전형에서 학업역량, 전공적합성, 발전가능성, 인성, 잠재력 등과 관련된 정보를 말한다.

1.3 과거정보, 현재정보, 미래정보

정보는 시계열기준에 따라 과거정보, 현재정보, 미래정보로 분류된다. 과거정보는 과거에 관한 정보를, 현재정보는 현재에 관한 정보를, 그리고 미래정보는 미래에 관한 정보를 말한다.

1.4 항상정보와 임시정보

정보는 발생빈도에 따라 항상정보와 임시정보로 분류된다. 항상정보는 정상적이며 지속적으로 발생하고 있는 정보를 의미하며, 임시정보는 임시적이며 불연속적으로 발생하고 있는 정보를 말한다.

2 정보와 정보이용주체와의 관계에서 본 분류

정보와 정보를 이용하는 이용주체(개인, 조직)와의 관계에 따라 정보는 다음과 같이 분류될 수 있다.

2.1 형식정보와 의미정보

형식정보란 어떠한 특정목적의 의사결정에 활용되지 않는 정보로서 정보이용주체에게 의미가 없는 단순한 사실(자료)을 의미하며, 의미정보란 어떠한 특정목적의 의사결정에 활용되고 도움이 되는 정보로서 정보이용주체에게 의미가 있는 사실(자료)을 의미한다.

정보는 컴퓨터의 프로그램이나 단순한 수치의 나열과 같이 그 자신만으로는 아무런 의미를 갖지 않는 형식정보와 책과 같이 단순한 글자의 나열이 아니고 받아들이는 쪽에 어떤 의미를 가져다 주는 의미정보로 나눌 수 있다.

컴퓨터 프로그램은 물론 일반사람들에게는 판독하기 어려운 형식정보이지만 프로그래머에게는 어떤 의미를 갖는 의미정보이므로 이와 같은 분류는 받아들이는 쪽이 누구냐에 따라 달라진다. 또 정보는 문자나 기호로 표시되는 것만은 아니다. 색이나 모양 등은 패션의 세계에서는 분명히 의미정보이다. 바꾸어 말하면 형식정보는 부호화된 정보의 양이라고 한다면 의미정보는 정보의 질이라고 생각할 수 있다.

2.2 포함적 정보와 배타적 정보

어떤 정보가 정보이용주체에게 공공재적인 특징을 갖는 포함적 정보와 사적재적인 특징을 갖는 배타적 정보로 분류된다. 포함적 정보(inclusive inform–

ation)란 정보가 널리 알려질수록 그 가치가 올라가는 정보를 말한다. 이러한 정보의 특징은 어떤 사람이 어떤 정보를 사용하더라도 다른 사람의 사용을 배제하지도 방해하지도 않는 공공재적인 특징을 갖는다. 누구나 공유할 수 있는 정보로서, 수동적이고 오락적인 가치를 갖는 경우가 많다. 가령, 광고에 관련된 정보, 누구라도 접근이 가능한 인터넷의 공개된 정보, 연예가의 정보, 스포츠의 정보, 오락에 관한 정보 등이 여기에 속한다.

반면에 배타적 정보(exclusive information)란 어떤 정보를 어떤 사람이 그 정보를 사용하면, 다른 사람이 그 정보를 사용함에 있어서 손해를 받거나 방해를 받는 정보를 말한다. 이러한 정보의 특징은 대체로 정치적 성격 또는 독점적 성격을 갖고 있는데, 정보사용의 체계적 배제를 통해서 정보의 가치가 올라가게 된다. 정보를 독점하는 개인이나 집단은 그 정보를 배타적으로 또는 독점적으로 사용함으로써 가치를 창출하려고 한다. 예를 들면, 특허와 관련된 정보, 주식과 관련된 기업의 내부정보, 국가권력에 도전하는 세력과 관련된 정보, 국가첩보활동에 관련된 정보 등이 여기에 속한다.

2.3 가치가 있는 정보와 가치가 없는 정보

가치가 있는 정보란 직접 또는 간접적으로 정보이용주체의 의사결정에 필요한 정보인데, 가치가 있는 정보는 수단적 정보, 목적적 정보, 서비스재적 정보 등이 포함된다. 수단적 정보란 운전할 때의 도로정보와 같이 정보이용주체에 대해 불확실성을 감소시켜 효용을 증대시켜 주는 정보를, 목적적 정보란 회화, 소문 등과 같은 정보자체가 정보이용주체에게 효용을 가져다 주는 정보인데 그 자체가 목적이 되는 비교적 개인적인 정보를, 그리고 서비스재적 정보란 음악애호가의 음악 등과 같이 정보자체가 정보이용주체에게 효용을 가져다 주는 것으로 비교적 공적인 정보가 이에 해당한다.

가치가 없는 정보는 직접 또는 간접적으로 정보이용주체의 의사결정에 아무런 영향을 주지 않는 정보(예를 들면, 국내에 있는 사람의 외국기상정보)를 말한다.

2.4 비용이 소요되는 정보와 비용이 소요되지 않는 정보

정보이용주체가 필요한 정보를 획득하는 데는 비용이 소요되는 경우가 있는 반면, 아무런 비용없이 정보를 획득하는 경우도 있다. 오늘날과 같이 경제활동이 전문화되고 다양한 세계에서 사실 경제적으로 중요한 의미가 있는 정보를 아무런 비용을 들이지 않고 획득하는 경우는 거의 찾아보기 힘들다. 실제로 정보통신은 바로 정보를 획득하는 데 비용이 들기 때문에 성립하고 발달해 왔다고 해도 과언이 아니다. 따라서 정보통신은 정보획득에 소요되는 비용을 끊임없이 절감시켜 주는 방향으로 발전해 나아갈 것이다.

반면에 일상적인 경제활동을 하는 가운데 아무런 비용을 들이지 않고 획득할 수 있는 정보도 다양하게 존재한다. 아울러 상대적으로 거의 무시할 만큼 적은 비용을 들여서 획득할 수 있는 정보를 획득하는 경우가 비현실적이라고만 볼 수는 없다. 그리고 아무리 많은 비용을 지불할 의사가 있다고 하더라도 결코 획득하기 어려운 정보도 있을 수 있다. 거래의 상대방이 어떤 의도를 가지고 있는가 하는데 대한 정보가 이러한 종류에 속할 것이다.

한편 정보의 구입비용 또는 정보의 가격이라는 개념이 다른 상품의 경우와는 달리 일반적으로 성립하기 어려운 이유는 정보서비스라는 상품의 본질적인 특성 그 자체에서 찾을 수밖에 없을 것이다. 정보서비스란 그 거래단위를 명확하게 구분하기 어려울 뿐만 아니라 동일한 내용 또는 동일한 질의 정보라 하더라도 사람에 따라서는 전혀 다르게 평가될 수 있다는 주관성 그리고 정보란 일단 그것이 사용되면 다른 사람들이 쉽게 획득하여 사용할 수 있다는 공공재적인 측면 등이 복합되어 있기 때문에 정보의 구입비용(가격결정)에 관한 일반적인 이론을 확립하는 데는 어려움이 있을 수밖에 없다.

2.5 사전적 정보와 사후적 정보

정보란 미래의 불확실한 상태에 직면해서 위험을 제거 내지 축소하는 데 이용되는 것이므로 기본적으로 사전적인 성격을 가지고 있다. 그러나 정보가 전달되는 시점상 의사결정을 내리기 이전에 이용되느냐 아니면 의사결정을 내린 이후에 이용되느냐에 따라 사전적 정보(exante information)와 사후적 정보(expost information)로 분류될 수 있다.

미래의 불확실성이 존재할 때 어떤 종류의 시장구조하에 있더라도 합리적인 경제주체들은 미래의 불확실한 상태에 대비해서 최적의 조건부 계획(optimal contingent plan)을 수립하고자 할 것이다. 이러한 계획을 수립하는 과정에서 정보체계가 주어지고 정보이용주체들이 이러한 정보신호에 조건부로 자신의 최적계획을 수립한 후 실현되는 정보신호 및 미래의 상태에 따라서 자신의 경제적 상황이 결정되도록 한다면 이 경우 정보는 사전적 정보로 간주된다.

반면 사후적 정보란 미래의 불확실한 상태에 대비해서 의사결정을 내린 이후에 주어지는 정보를 말한다. 예를 들어 주식에 대한 포트폴리오를 통해 미래의 위험에 대한 헷징(hedging)을 하는 경우를 생각해 보자. 정보가 없는 상태에서 각 투자자들은 자신의 최적의 포트폴리오계획을 세울 것이다. 다른 여건의 변화가 없는 한 이 계획은 구속력이 있기 때문에 그대로 집행되어야 할 것이다. 그러나 미래의 전정한 상태가 드러나기 전에 새로운 정보가 주어지고 정보이용주체들간에 이를 반영하여 이미 수립된 구속력 있는 계약에 만족하지 않고 새로운 계약을 체결하고자 한다면 이 경우 정보는 사후적 정보로서 역할을 하게 된다.

2.6 완전정보와 불완전정보

정보이용주체는 정보의 완전성 여부에 따라 완전정보와 불완전정보로 분류된다. 경제학에서 완전경쟁시장이 성립하기 위한 조건 중 하나로 완전정보(perfect information)를 가정하고 있다. 여기서 말하는 완전정보란 개별경제주체(소비자, 기업, 정부)는 자신의 행동(소비나 생산 또는 투자 중 어떤 경우든)과 관련 있는 경제적 피라미터들을 모두 확실하게 인지하고 있음을 가정 하고 있다. 예를 들면, 어떤 마을에 떡복기 가게가 10곳이 있다고 하자. 소비자들은 10곳의 떡복기 가게에 대해 가격, 품질, 맛, 서비스 등의 모든 정보를 인지하고 있음을 의미한다. 이러한 가정이 성립된 상태에서 떡복기 가게를 선택할 수 있도록 의사결정에 도움을 준 정보를 완전정보라고 한다.

그러나 현실적으로는 이러한 가정이 성립된 상태에서 떡복기 가게를 선택하는 경우는 거의 찾아 볼 수 없다. 소비자는 자신이 사먹으려는 10곳의 떡복기의 가격, 품질, 맛, 그리고 서비스에 대한 정보를 확실히 알지 못하는 경우가 보편적이라고 할 수 있다. 이러한 상태에서 소비자는 탐색과정을 통해서 자신이 떡복기의 가격, 품질, 맛, 서비스가 마음에 든 가게를 찾고자 할 것이다. 이 경우 얻는 정보는 불완전정보라고 한다.

한편, 정보사회와 지능정보사회가 더욱더 진전될수록 정보이용주체(소비자. 기업, 정부)가 정보통신기기 및 스마트기기의 활용을 통해 정보의 수집과 활용이 가능해지면, 완전정보에 의한 상품선택이 가능해지고, 그 만큼 상품의 가격 하락과 품질향상을 기대할 수 있다.

③ 정보이용주체와 외부객체와의 관계에서 본 분류

3.1 공적정보와 사적정보

정보는 정보를 전달하는 조직의 특성과 정보의 가치기준에 따라 공적정보와 사적정보로 분류된다. 공적정보는 정보의 이용주체들이 공통적으로 보유하고 있는 동질적인 정보를 의미한다. 우리가 일상적으로 접하게 되는 정보 가운데 는 공적정보(public information)의 성격을 가진 것도 많이 있다. 흔히 누구나 접할 수 있는 TV나 신문 등을 통해 얻는 뉴스는 모두 공적정보라고 할 수 있 다. 반면 사적정보는 정보의 이용주체에 따라 서로 다른 정보를 보유함으로써 정보의 가치가 달라지는 정보를 말한다.

3.2 공식정보와 비공식정보

공식정보란 정보를 전달하는 조직이 공식적인 조직에 의해 제공되는 정보를 의미한다. 예를 들면, 여행회사가 제공하는 여행정보는 공식정보에 해당한다. 반면, 비공식정보란 정보를 전달하는 조직이 공식적인 조직이 아닌 사적인 조 직에 의해 제공되는 정보로 어떤 개인에 의해 제공되는 정보를 말한다.

3.3 매스컴 정보와 비매스컴 정보

매스컴 정보란 신문·잡지·라디오·텔레비전 등의 매스미디어를 통해 넓은 지역의 많은 사람들에게 전달되는 정보를 말하며, 비매스컴 정보란 개인 또는 특정한 사람과 관련된 정보인데, 전자는 개인정보라 하고 후자를 클럽정보라고 한다.

정보의 활동과 순환

각 경제주체(가계, 기업, 정부)는 각각 고유의 경제활동을 하고 있다. 기업 (생산자)은 가계로부터 생산요소(자본, 노동, 토지)를 구입하여 상품과 서비스를 생산·판매함으로써 이윤을 획득하는 경제활동을 하고, 가계(소비자)는 기업에 노동을 제공한 대가로 소득을 획득하고 그 소득으로 상품과 서비스를 구입·소비하는 경제활동을 한다. 정부도 가계와 기업간의 조정이나 인허가 업무를 중심으로 하는 경제활동을 하고 있다.

이와 같이 경제주체가 하는 경제활동에서 정보활동은 매우 중요한 역할을 하게 된다. 왜냐하면 기업은 상품과 서비스의 생산·판매를 할 때 어떤 상품과 서비스가 소비자에게 호감을 주며 어떻게 생산해야만이 이윤극대화를 달성할 수 있는가 등의 정보를 갖고 있지 않으면 안 되기 때문이다. 그러기 위해서는 기업은 시장조사를 하기도 하고 생산기술을 개발할 뿐만 아니라 생산한 상품의 특성(상품의 정보)을 소비자에게 알리기 위해 선전·광고를 한다. 소비자역시 자기가 원하는 상품과 서비스가 어느 곳에서 얼마에 팔리고 있으며 그 상품과 서비스의 품질은 어떠한가 등의 정보를 필요로 한다. 그리고 정부는 정보축적기관이라고 해도 좋을 정도로 많은 정보를 수집·축적하고 있다. 그러한 정보가 없다면 정부는 거의 활동을 할 수 없을 것이라는 것을 쉽게 생각할 수 있다. 이와 같이 각 경제주체는 각각의 경제활동을 할 때 사전에 또는 동시에 여러 가지 정보활동을 하고 있다.

그러면 정보활동이란 무엇을 의미하는가? 정보활동이란 개인이나 조직이 정보를 수집·처리하여 결국 의사결정을 행하는 활동을 의미한다. 그 때문에 개인이나 조직은 많은 정보를 수집하며 그 수집된 정보를 처리·가공·축적하여 새로운 정보를 창조하기도 하고 다른 사람들에게 전달하기도 한다. 이 때 정보활동을 행하는 주체는 사람이고 그 사람은 보다 효율적인 정보활동을 하기 위해 교육이나 훈련을 받기도 하고 정보통신기기의 조작을 습득하기도 한다.

여기에서는 조직내 정보활동을 중심으로 살펴보자. 조직내정보활동이란 조직에 참가하는 각 개인이 행하는 의사결정·계획·조정, 정보의 창조·생산, 정보의 수집·공급, 정보의 처리·가공, 정보의 전달, 교육·훈련 등의 활동이

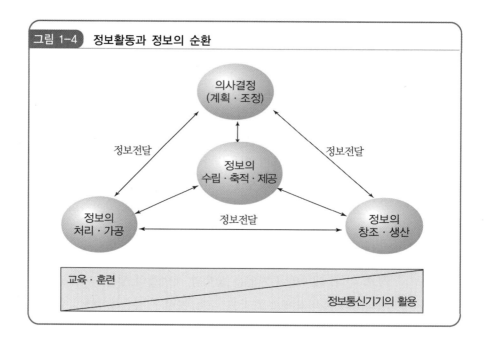

그림 1-4 정보활동과 정보의 순환

라고 할 수 있다. 다시 말하면 조직내 정보활동은 [그림 1-4]에서와 같이 정보의 수집·축적→정보의 창조·생산→정보의 처리·가공이라는 근원적인 활동과 이를 지원하는 보조적인 활동(교육·훈련, 정보통신기기의 활용)으로 이루어진다.

1 정보의 근원적 활동

1.1 정보의 수집·축적·제공

어떤 조직(기업)이 정보활동을 행할 때 가장 먼저 행하는 활동은 정보의 수집이다. 정보수집의 대상은 자연현상과 사회현상이 되는데, 한 개인의 정보활동은 시간적·공간적인 제약을 받기 때문에 개인이 자연현상과 사회현상을 관찰할 수 있는 범위는 상당히 한정되어 있다고 할 수 있다. 이러한 제약을 극복하기 위해 우리는 과거부터 지금까지 여러 가지 기술 및 제도를 발명해 왔다.

기술적인 측면에서 개인이 자연현상과 사회현상을 관찰할 수 있는 범위는 상당히 한정되어 있다는 제약을 극복시켜 줄 수 있는 가장 전형적인 기술이 정보통신기술일 것이다. 정보통신기술은 정보전달이라고 하는 정보활동에서 시간과 공간의 제약을 극복시켜 준다. 한편 제도적인 측면에서 개인이 자연현상과 사회현상을 관찰할 수 있는 범위는 상당히 한정되어 있다는 제약을 극복시켜 주는 것은 조직이라고 할 수 있다. 조직은 개인의 집합체인데, 조직내의 동일한 목적(조직의 유지와 발전)을 가진 구성원이 수집한 정보를 공유하면 조직은 정보의 수집·축적기관으로서의 역할을 하게 된다. 따라서 조직은 개인의 정보활동에 대한 시간적·공간적인 제약은 극복시켜 준다. 조직은 복수의 구성원으로 구성되어 있기 때문에 개개의 구성원이 수집한 정보가 다른 구성원에게도 이용가능해야 된다. 그래서 정보의 수집·축적과 제공(전달)활동이 조직내에서 행해지게 된다. 이것이 더욱 발전하면 사회적으로 정보의 수집을 전문화하는 조직이 생겨나게 된다. 예를 들면 신문, 잡지, 방송 등의 매스컴뿐만 아니라 데이터베이스사업은 정보의 수집·축적·제공을 위한 사회적 대행기관이라고 할 수 있다. 이와 같이 수집·축적된 정보는 정리·분류된 이후에 필요로 하는 부문에 제공하는 것을 정보의 수집·축적·제공이라고 한다.

1.2 정보의 창조·생산

정보의 창조·생산은 수집·축적된 정보에 새로운 정보가 부가됨에 따라 정보의 가치가 증가되는 것이라고 정의할 수 있다. 예를 들면 어떤 영업인이 최근의 소비동향에 관련된 정보를 수집하고, 수집한 정보를 제품개발부문에 제공했다고 하자, 이때 제품개발부문에 제공된 수집된 정보는 어떠한 가치도 갖지 못한다. 그러나 그 정보를 이용하여 새로운 제품이 개발되어 그 제품이 시장에서 히트했다고 한다면 먼저 수집된 정보와 새롭게 첨가된 정보가 기능을 잘 발휘하여 하나의 조직목적을 달성한 것이 된다. 반대로 시장정보가 없이 신제품의 개발을 했을 경우 그 신제품이 시장에서 히트할 것인지 아니면 실패할 것인지는 불확실하기 때문에 그 신제품의 개발은 상당히 위험이 뒤따르게 된다. 또한 신제품을 개발했다고 해도 그 신제품을 소비자에게 알리지 않으면 안된다. 그 때문에 선전·광고가 필요한데, 이러한 선전·광고도 조직내에서는 새로운 정보의 창조에 해당한다. 그 신제품의 질이 아무리 좋다해도 선전·광고가 서투르다면 소비자가 그 신제품을 구입할 마음이 생기지 않게 될 것이다. 그러나 선전·광고가 잘되면, 제품 또는 기업의 브랜드 이미지가 높아지고, 그것과 제품의 질이 일치하는 경우에는 장기간에 걸쳐 사회적인 신용을 얻을 수 있다.
이것은 기업이 경제활동을 하는데 있어서 상당히 중요한 자산이 된다. 이러한
의미에서 정보의 창조·생산은 기업경영에서 무형자산의 형성, 즉 무형자산의
투자와 같다고 할 수 있다.

1.3 정보의 처리 · 가공

정보의 처리·가공과 정보의 창조·생산은 엄밀히 구별하는 것은 어렵다.
왜냐하면 수집된 정보에 새로운 정보를 추가하는 것이 정보의 창조·생산이라
고 정의하였지만, 정보의 창조·생산과정에는 상당한 부분에서 정보의 처리·
가공이 행해지고 있기 때문이다. 단지 여기서 정보의 처리·가공은 원칙적으
로 창조성이 없고 일정한 규정에 따라 정보를 처리·가공하는 것을 의미한다.

1.4 정보의 전달

사회체제제내에서 정보의 전달은 매우 중요한 역할을 하고 있다. 우리의 역사
는 정보전달매체의 발달과 함께 해왔다고 할 수 있다. 또한 조직의 정보활동에
서 정보전달이 이루어지지 않는다면 그 조직은 목적(조직의 유지와 발전)을 달
성하는 것은 불가능할 것이다.

조직내의 정보의 중요성이 존재하기 위해서는 조직 내에서의 정보교환이 자
연스럽게 이루어지지 않으면 안된다. 왜냐하면 조직내의 정보교환이 자연스럽
게 이루어지지 않으면 조직을 운영하는 것도 불가능하게 되기 때문이다. 조직
의 규모가 커지면 커질수록 정보전달의 중요성은 그만큼 커지게 된다. 사무부
문에서는 상당히 많은 시간을 정보교환에 할당하고 있는데, 정보통신기기(전화
기, 복사기, 팩시밀리, 컴퓨터, 휴대폰)가 개발되어온 것도 정보의 전달을 위한
것이라고 할 수 있다.

② 정보의 보조적 활동

2.1 교육·훈련

정보활동으로서의 교육·훈련은 과거부터 현재까지 축적되어 온 각종 지식, 기술, 사회적 상식 등을 차세대에게 전달하는 것과 동시에 개개인의 정보처리 능력을 높이고 개인의 정보창조능력을 육성하여 보다 효율적인 정보활동을 하기 위한 기초작업이라고 할 수 있다. 학교, 교회, 군대, 가정은 사회적으로 효율적인 정보활동을 하기 위한 장소이며 정보활동을 위해 교육·훈련 등이 행해지고 있다. 그것은 조직에 속해 있는 구성원에게 그 조직내에서 필요로 하는 지식이나 조직환경에 관한 정보를 전달하는 동시에 정보처리(두뇌면, 기술면)를 배운다고 하는 기능을 갖고 있다. 어떤 조직내의 교육·훈련은 그 조직내의 문화를 형성·발전시키고 그것을 구성원 전원에게 공유하게 하는 수단이 되며, 그 조직의 발전을 위해 반드시 필요한 조건이다. 예를 들면 고용에 관해서는 외부에는 노동시장이 있고, 기업이라고 하는 조직은 노동시장에서 노동력을 조달하지만, 일단 고용해 버리면 조직내 노동시장을 통해서 내부적으로 인원조정을 하고 있다. 이러한 상황하에서 기업은 적극적으로 교육·훈련을 종업원에게 시키는 것이 내부노동시장을 유연하게 기능화하기 위해서 필요하게 된다.

2.2 정보통신기기의 활용

정보통신기기(전화기, 복사기, 팩시밀리, 컴퓨터, 휴대폰)는 원래 정보활동에는 포함될 수 없다. 그러나 조직내 정보활동을 위한 보조활동으로 정보통신기기를 포함시키는 이유는 정보활동은 여러 가지 정보통신기기를 이용해서 행해지고 있기 때문이다. 다시 말하면 정보의 수집·축적·제공, 정보의 창조·생산, 정보의 처리·가공, 의사결정이라는 정보활동에서 정보통신기기는 이제는 반드시 필요한 요소가 되고 있다. 바꾸어 말하면 정보통신기기를 활용할 수 있는 능력이 없다면 고도의 정보활동은 불가능하게 된다. 그 때문에 전문가만이 사용할 수 있는 정보통신기기에서 누구나 보통으로 사용가능한 정보통신기기가 개발되어야만이 정보활동이 원활하게 이루어질 수 있다.

① 지식과 정보의 관계

정보는 지식으로 승화되면서 비로소 그 정보의 가치를 갖게 된다. 따라서 정보를 창출케 하는 근원이 지식에 있다고 할 때 정보사회에서 지식의 중요성은 한층 더 중요시 될 것이다.[4] 예를 들면 어떤 개인이 개발한 상품에 대해 알고 있는 내용을 많은 기업들에 의해 선호되어지고 있다고 하자. 이때 그 개인이 상품을 개발하는데 필요한 여러 가지의 사실에 대한 '알고 있는 내용' 자체가 지식이 될 수 있다. 그리고 그 개인이 상품의 생산에 필요한 알고 있는 내용을 구두, 책, 통신(전화, 팩스, 컴퓨터, 휴대폰) 등을 통해 어떤 기업에게 전달하였다면 그 때 '알고 있는 내용의 전달'이라는 것은 정보라는 형태로 전달되어진다. 그런데 만약 그 개인이 상품생산에 필요한 알고 있는 내용을 다른 사람 또는 어떤 기업에게 전달하지 않았다면 그 때의 알고 있는 내용은 그 개인의 비밀로서 존재하게 된다. 이와 같이 지식은 정보라는 형태로 전달되며, 그 정보는 또 다른 지식과 결합하여 새로운 지식을 창출하게 된다. 따라서 지식은 개인적이며 정보는 전체적이다. 지식은 동태적이며 정보는 정태적이다. 지식은 능동적이며 정보는 수동적이다. 지식은 정보의 축적된 형태(stock개념)를 가리키며 정보는 인간지식의 흐름(flow개념)을 말한다.

---

4) 인식론적인 측면에서의 지식은 '정당하고 참된 신념'(justified true belief)이라고 정의하고 있다. 이러한 정의는 자신이 확실히 알고 있으면서, 객관적으로 보아도 '올바른' 것이 지식이라는 것이다. 이러한 관점에서 보면, 인식론적인 측면에서의 지식은 지식의 객관적인 측면만을 강조하고 있다고 할 수 있다. 그리하여 경험론의 중요한 요건인 주관성, 즉 가치적 요소를 포함한 생각(신념)이나 그 정당성의 문제 등에 대한 논의를 배제해 왔다고 할 수 있다.
그러나 오늘날의 지식에 대한 개념은 이러한 이분법적인 시각과는 달리 지식을 더 포괄적으로 생각하고 있다. 지식의 기초는 현실에 대한 개인의 주관적인 경험, 신념이나 가치판단이기 때문에 지식은 이 기초 위에서 객관적인 논리체계가 형성된다. 따라서 주관성과 객관성 어느 하나를 빠뜨리더라도 지식은 성립될 수 없다는 것이다.

2 지식의 유형과 변환

2.1 암묵지·형식지

지금까지 지식의 구분법 가운데 가장 널리 알려진 방식은 일본의 지식이론의 대가로 꼽히는 노나카 이쿠지로 교수에 의한 분류인데, 그는 지식을 존재형태에 따라 암묵지(tacit knowledge)와 형식지(explicit knowledge)로 구분한다. 인간의 기억 속에 저장되어 있는 지식을 암묵지라 하고, 책, 문서, 비디오테이프, 녹음, 컴퓨터, 휴대폰 등의 형체에 저장돼 있는 지식을 형식지라고 부른다. 그리고 그는 다음과 같은 4가지 기본적인 지식변환의 유형을 도출하고 있다.

1) 암묵지에서 암묵지를 얻는다 → 사회화(socialization)

암묵지에서 암묵지로 변환하는 과정을 '사회화'라고 하는데, 이 단계에서는 개인이나 집단이 언어나 문자에 의존하지 않고 체험, 관찰, 모방 등의 신체적이고 감각적인 경험을 통해서 지식이 공유된다. 예를 들면, 숙련공과 함께 하면서 숙련공의 기술전수, 전문가의 노하우를 보고 흉내내는 가운데 저절로 터득하는 일, 자녀가 부모의 습관을 답습하는 일, 경영자가 부서의 분위기나 구성원의 의식을 파악하고 직장 내 교육훈련(OJT: On-the-Job Training)을 하는 일 등이다.

2) 암묵지에서 형식지를 얻는다 → 외부화(externalization)

개인이나 집단이 체험, 관찰, 모방 등을 통해서 얻게 된 암묵지를 형식지로 변환하는 과정을 '외부화'라고 한다. 이 단계에서는 암묵지가 언어, 문자, 그림, 동영상 등으로 표현되어 개인이나 조직이 공유하고 전달이 용이한 형식지가 만들어진다. 예를 들면, 최고경영자의 아이디어를 문자, 언어, 동영상으로 나타내는 일, 제품의 개발과정을 문자, 그림, 동영상으로 나타내는 일, 숙련공의 노하우를 문자화하는 일, 고객의 욕구를 그림으로 나타내는 일 등이다.

3) 형식지에서 형식지를 얻는다 → 종합화(combination)

형식지에서 형식지로 변환하는 과정을 '종합화'라고 한다. 이 단계에서는 개인이나 집단이 갖고 있는 형식지를 조합시켜 새로운 또는 보다 가치 있는 지식을 만들어 내는 과정이다. 예를 들면 언어, 문자, 그림, 데이터베이스, 전자메일, 컴퓨터 등의 매개체를 이용한 또 다른 형식지의 분류·가공·편집에 의한 지식을 만들어 내는 과정이다. 즉 어떤 사람이 책, 보고서, 논문 등에 들어 있는 형식지를 참고 및 학습을 통해 새로운 형식지로의 책, 보고서, 논문 등을 만들어 내는 것이다.

4) 형식지에서 암묵지를 얻는다 → 내면화(internalization)

형식지가 암묵지로 변환되는 과정을 '내면화'라고 한다. 이 단계에서는 형식지가 개개인의 내부에 체화되는 단계인데, 예를 들면, 대학교에서 중간, 기말고사 때 책과 노트를 보지 않고 답을 쓰는 경우, 공무원시험 때 수험생이 책을 보지 않고 답을 맞추는 경우, 기업내의 성공사례가 전파되는 일, 새로운 제품 사양이나 문서가 조직내에서 공유되는 일 등이다. 이러한 형식지가 개개인의 내부에 체화되는 정도는 다를 수 있다.

2.2 사물지 · 사실지 · 방법지

우리나라 매일경제사에서 출간한 「신지식인 보고서」에 의하면 지식을 사물지, 사실지, 방법지 등으로 분류하고 있다. 사물지는 말 그대로 사물의 존재 그 자체를 인식하고 있는 상태를 말하며, 물리적 실체뿐 아니라 개념적인 실체까지 포함해서 지칭하는 것이다. 즉 인간이 태어나 생활하면서 느낌과 생각을 통해서 인지하게 되는 모든 사물에 관한 지식을 뜻한다. 예를 들면, '나는 프랑스를 안다'거나 '나는 자유와 정의를 안다' 등의 표현이 사물지에 해당한다.

사실지는 이보다 더 구체화한 사물의 상태, 즉 사물의 특성이나 원리를 아는 것이다. 예를 들면, '나는 지구가 둥글다는 것, 물은 산소와 수소로 이뤄졌다는 것을 안다'는 것이 대표적인 예가 될 수 있다.

방법지는 행동과 결과간의 인과관계를 아는 것으로 정의된다. A라는 전제가 충족되면 B라는 결과가 나타나리라는 것을 알기 때문에 인간의 욕구를 해결하는 방법에 관한 지식이라 할 수 있다. 예를 들면, 된장찌게를 맛있게 끓이기 위해 무엇을 넣어야 하는지, 혹은 자율주행자동차를 개발하려면 어떻게 해야 하는지를 아는 것이다.

이와 같은 세 가지 종류의 지식 중에 가치창조로 직접 이어질 수 있는 핵심적인 지식은 바로 방법지이며, 이 방법지가 개인의 성패, 기업의 사활, 국가의 흥망을 좌우하는 가장 중요한 지식이라는 것이다. 매경–부즈 · 앨런 & 해밀턴 한국보고서가 지적했던 우리나라와 선진국과의 지식격차도 바로 방법지의 격차라고 신지식인 보고서는 지적하고 있다.

③ 신지식인

전통적 개념의 지식인은 정규교육을 남보다 오래 받아서 높은 학위를 갖고 있는 사람들을 지칭한다. 그러나 한국교육이 가르쳐온 지식은 사물지나 사실지에만 집중돼 있고 정작 부가가치 창출에 필요한 방법지는 천시하거나 소홀히 해왔다. 따라서 신지식인은 우선 다양한 방법지를 체득해 가치를 창조할 수 있는 사람으로 정의할 수 있다.

그러나 방법지의 체득은 필요조건이긴 하지만 충분조건까지는 아니다. 왜냐하면 끊임없는 환경의 변화 속에서 습득해야 할 지식은 점점 더 다양해지고 있기 때문이다. 자기의 영역에서 새로운 지식을 계속 습득하고 향상시켜 나가려면 지식을 획득 · 저장 · 활용 · 공유해 나갈 수 있는 능력이 필요하다. 이 같은 능력을 배양하기 위해 정신자세(mind set), 습관(habit set), 기본능력(skill set)을 아울러 갖춰야 한다.

이를 종합하면 신지식인이란 '사물지 · 사실지 · 방법지를 균형 있게 터득하고 새로운 지식을 획득 · 저장 · 활용 · 공유하는 데 필요한 정신 · 습관 · 기본능력을 갖춰 지속적인 행동을 통해 가치를 창출해가는 사람' 즉, 문제해결능력이 있는 사람이라고 정의할 수 있다.

④ 개인의 지식활동

개인의 지식활동은 크게 지식의 생성 · 저장 · 활용 · 공유 등 4가지로 구분할 수 있다. 학습과 경험을 통해 사물지 · 사실지 · 방법지를 암묵지 형태로 습득하는 것이 생성이며, 암묵지 형태로 습득한 지식을 오랫동안 보존하기 위해 문서(형식지)화하는 것은 저장의 과정이다. 또한 지식을 실제로 당면한 문제해결에 사용하는 것, 즉 가치를 창조하는 것을 활용이라 하며 이를 다른 사람에게 제공하거나 다른 사람의 지식을 전수받는 것을 공유라 한다.

이러한 4가지 지식활동은 각각 별도로 이뤄지는 것이 아니라 다양한 상호작용을 통해 새로운 가치를 창조하게 된다. 이를 '지식을 높인다' 혹은 '지식을 고도화한다'는 말로 표현할 수 있으며 이에는 4가지 경로가 있다.

첫번째 경로는 생성된 암묵지가 곧바로 문제해결에 활용돼 가치를 창조하는 경로이다. 즉, 사물지·사실지·방법지를 획득(생성)한 개인이 문제를 해결하는 자신의 암묵지를 사용하고 또 이 과정에서 새로운 암묵지를 형성하는 경로를 통해 지식을 높이는 것이다. 예를 들면, 어머니에게 잡채 만드는 법(방법지)을 배운 딸이 결혼한 뒤 옛 기억을 더듬어 남편에게 잡채를 만들어 주고 이 과정에서 새로운 경험을 통해 더 맛있게 만드는 노하우(know-how)를 스스로 터득하는 것과 같은 경로를 말한다.

두번째 경로는 개인의 암묵지를 형식지로 저장하고 이를 이용해 문제해결에 활용함으로써 지식을 높이는 경로이다. 예를 들면, 학원에서 배운 요리법을 공책에 정리해 두었다가 집들이를 준비할 때 활용하고 이런 과정을 통해 다시 새로운 암묵지를 형성함으로써 고도화해 나가는 경로이다.

세번째 경로는 개인의 암묵지가 형식지로 저장되고 저장된 지식이 공유과정을 통해 지식을 높이는 과정이다. 이는 공책에 정리해 둔 요리법을 옆집 아주머니에게 빌려주고 이를 활용해 잔치를 무사히 마친 아주머니가 자신의 경험을 덧붙여 설명해줌으로써 요리법을 더욱 발전시켜 나가는 것을 의미한다.

네번째 경로는 체득한 암묵지를 형식지로 저장하고 문제해결에 활용하며 공유과정을 통해 고도화되는 경로이다. 이 경로는 요리법에 적힌 노트를 이용해 자신이 활용하고 이를 남에게도 빌려줘 공유한 뒤 다시 피드백을 통해 요리법이라는 지식을 고도화하는 것을 말한다.

1 비트(bit)

컴퓨터도 전기를 사용하는 기기이기 때문에 정보를 처리하고 나타내는 원리도 봉화대에 연기를 피워 신호를 알리는 이치와 마찬가지이다. 즉, 봉화대에 연기를 피우거나 또는 피우지 않음으로써 정보를 나타내는 것처럼 컴퓨터는 전기가 들어오거나(on) 나가는 상태(off)를 이용하여 정보를 나타내게 되는 것이다. 전기가 나간 상태, 즉 off 상태일 때를 '0', 전기가 들어온 상태, 즉 on 상태일 때를 '1'이라고 하면, 컴퓨터는 '0'과 '1'로써 모든 정보를 처리하여 나타내게 된다. 이 때 '켜짐(on)'이나 '꺼짐(off)', '0' 이나 '1'로 표현되는 단위를 비트(bit)라고 하는 것이고, '0' 과 '1' 만을 사용하기 때문에 컴퓨터는 2진법을 사용한다는 것이다. 비트(bit)는 이진법으로 나타내는 수를 뜻하는 binary digit의 줄임말로, 컴퓨터가 "정보를 처리하는 데이터의 최소 단위"를 말하는 것이다.

bit가 한 개이면 'off' 상태와 'on' 상태인 단 두 개의 정보밖에 표시할 수 없다. 다음과 같이 전구가 있다고 할 때 한 개의 전구는 각각 1bit를 나타내는 것이다. 전구가 한 개이면, 즉 bit가 한 개이면 '0'과 '1' 단지 두 개의 정보밖에 나타낼 수 없다. 예를 들면, 봉화대의 경우에 한 개의 화구만을 써서 연기를 피우거나 피우지 않는 단 두 가지의 정보밖에 나타낼 수 없다는 것이다.

1) 1bit일 때(전구 1개)

bit (비트)	상 태	2 진 수
💡	💡	0
	💡	1

이제 전구를 하나 더 추가해 보자. 즉, bit를 하나 더 늘려 2bit는 몇 개의 정보를 나타낼 수 있는지 알아보도록 하자. 2개의 bit는 모두 '00'. '01', '10', '11'이라는 4개의 정보를 나타낼 수 있는 것이다. 2개의 bit는 모두 '00'. '01', '10', '11'

이라는 4개의 정보를 나타낼 수 있는 것이다.

2) 2bit일 때(전구 2개)

bit (비트)	상 태	2 진 수
💡💡	💡💡	0 0
	💡💡	0 1
	💡💡	1 0
	💡💡	1 1

다음은 bit를 또 추가하여 3개의 bit로는 모두 8가지의 정보를 나타낼 수 있다는 것을 알 수 있다.

3) 3bit일 때(전구 3개)

bit (비트)	상 태	2 진 수
💡💡💡	💡💡💡	0 0 0
	💡💡💡	0 0 1
	💡💡💡	0 1 0
	💡💡💡	0 1 1
	💡💡💡	1 0 0
	💡💡💡	1 0 1
	💡💡💡	1 1 0
	💡💡💡	1 1 1

위에서 살펴본 바와 같이,

1개의 bit는 2^1, 즉 2개의 정보를
2개의 bit는 $2^2(=2\times2)$, 즉 4개를
3개의 bit는 $2^3(=2\times2\times2)$, 즉 8개의 정보를

4개의 bit는 $2^4(=2\times2\times2\times2)$, 즉 16개의 정보를

5개의 bit는 $2^5(=2\times2\times2\times2\times2)$, 즉 32개의 정보를

6개의 bit는 $2^6(=2\times2\times2\times2\times2\times2)$, 즉 64개의 정보를

7개의 bit는 $2^7(=2\times2\times2\times2\times2\times2\times2)$, 즉 128개의 정보를

8개의 bit는 $2^8(=2\times2\times2\times2\times2\times2\times2\times2)$, 즉 256개의 정보를

이와 같이 8bit로는 모두 $2^8(= 2\times2\times2\times2\times2\times2\times2\times2)$, 모두 256가지의 정보를 나타낼 수 있는 것이다. 컴퓨터가 처리하는 데이터의 최소단위는 bit이며, bit가 많아질수록 나타낼 수 있는 정보도 더 많아진다는 것을 알 수 있다.

2 바이트(byte)

비트(bit)는 컴퓨터에서 정보를 처리하는 최소단위로 이진법의 한 자리 수로 표현된다고 하였다. 그러나 한 개의 비트로는 0 또는 1의 두 가지 표현 밖에 할 수 없으므로, 더 많은 정보를 나타내려면 더 많은 비트가 있어야 한다. 따라서 여러 개의 비트를 묶어 정보를 표시하게 되는데 이렇게 일정한 단위로 묶은 비트의 모임을 바이트(byte)라고 한다.

예를 들면, 비트 8개를 묶어서 00000001 → n, 00000011 → e, 00000111 → t와 같이 나타내기로 하기로 하자. 그러면 'net'이라는 문자는 '00000001'과 '00000011', 그리고 '00000111'이라는 숫자의 조합으로 컴퓨터에 인식된다. 여기서 bit가 8개 모인 묶음 하나를 1byte라고 한다. 즉, 8bit = 1byte.

위의 그림에서 'net'이라는 문자는 24개의 bit가 모여 3개의 byte로 이루어져

있다는 것을 알 수 있다. 영어, 숫자 등의 한 글자를 나타내는 데는 1byte가 필요하고, 한글, 한자 등의 한 글자를 나타내는 데는 2byte(=16bit)가 필요하다. 이와 같이 컴퓨터에서 다루는 모든 데이터는 텍스트뿐만 아니라 소리, 이미지, 동영상도 모두 위와 같은 이치로 데이터를 처리하고 나타내는 것이다.

컴퓨터에서 처리속도가 8비트, 16비트, 32비트라고 하는 것은 컴퓨터 내부에서 한 번에 처리할 수 있는 데이터의 양을 말한다. 즉, 8비트는 한 번에 영문자 한 글자를, 16비트는 두 글자를 처리할 수 있으며, 32비트는 네 개의 글자를 한 번에 처리할 수 있으므로 당연히 8비트에 비해 16비트가, 16비트 보다는 32비트가 처리 속도가 빠르므로 그만큼 성능이 좋다는 뜻이 된다.

바이트(byte)는 컴퓨터의 정보저장단위로서 1,000개 바이트의 정보저장용량을 Kilo Byte(킬로 바이트), 100만 바이트의 정보저장용량을 Mega Byte(메가 바이트), 10억 바이트의 정보저장용량을 Giga Byte(기가 바이트), 1조 바이트의 정보저장용량을 Tera Byte(테라 바이트)라고 한다.

중요개념

? Help	☑ OK

☑ 정보	☑ 자료
☑ 정보의 무형성	☑ 정보의 적시성
☑ 정보의 독점성	☑ 정보의 비소모성
☑ 정보의 가치다양성	☑ 정보의 결합성
☑ 정보의 누적가치성	☑ 정보의 비분할성
☑ 정보의 매체의존성	☑ 정보의 결과지향성
☑ 의미정보	☑ 형식정보
☑ 지식	☑ 암묵지
☑ 사물지	☑ 사실지
☑ 방법지	☑ 형식지

연습문제

1 정보(information)와 자료(data)의 차이점을 설명하라.

2 사람들은 무엇 때문에 시간과 비용을 투입하여 정보를 획득하려고 하는가?

3 정보는 자본, 노동, 토지 등의 물리적인 자원과 비교할 때 어떠한 특성을 갖고 있는가?

4 정보의 개인적 가치를 설명하라.

5 정보의 상업적 가치, 개인적 가치, 공공적 가치들 간의 대립관계를 설명하라.

6 정보는 일반적으로 정보자체의 특성, 정보와 정보이용주체, 정보의 이용주체와 외부객체 사이를 전달하는 형태에 따라 분류할 수 있는데, 정보는 정보자체의 특성에 따라 어떻게 분류되는가?

7 정보의 근원적 활동이란 어떠한 활동을 말하는가?

8 정보와 지식은 어떤 관계를 갖고 있는가?

9 4가지의 지식변환에 대한 유형을 설명하라.

10 신지식인이란 어떤 사람을 말하는가?

정보사회란 어떠한 사회를 말하는가?

미래역사학자들은 한 사회의 발전과정을 생산기술의 변화에 따라 원시수렵·채취사회, 농업사회, 산업사회, 정보사회, 지능정보사회 등으로 발전하고 있다고 파악하고 있는데, 여기에서는 먼저 각 사회의 특징을 개략적으로 살펴본다. 그리고 정보사회란 과연 어떠한 사회를 말하는가? 이에 대한 설명을 위해 정보사회의 개념을 올바르게 이해하고, 정보사회의 출현이 어떠한 역사적인 배경과 추진동기를 가지고, 어떠한 발전단계를 걸쳐 왔으며, 정보사회는 산업사회에 비해 어떠한 특징을 갖고 있는가를 살펴보자. 다음 장에서는 지능정보사회를 구체적으로 살펴본다.

제1절
>>> 사회의 역사적 발전

역사학자들은 사회의 발전과정을 생산기술의 변화와 연관지어 설명하고 있다. 사회의 발전과정은 [그림 2-1]에서 보는 바와 같이 원시수렵·채취사회, 농업사회, 공업사회의 과정을 거쳐 정보사회, 그리고 정보사회를 거쳐 지능정보사회로 발전하였는데, 각 단계마다 핵심적인 기술이 있으며 혁신적인 기술의 발달로 생산력이 급속히 증대됨에 따라 새로운 사회로 발전되어 왔다. 새로운 사회는 새로운 기술에 적합한 문화, 사회적 제도, 경제구조를 형성하여 기술적 발달을 지원하고 촉진시켜 왔다. 각 사회의 기반구조를 형성하는 사회적 기술

그림 2-1 사회의 역사적 변천

구분	원시수렵·채취사회	농업사회	산업사회	정보사회	지능정보사회
시기	B.C. 7천 년경~18세기 중엽(수 만 년)	18세기 후반~20세기 중엽(약 150년)	20세기 후반~현재(약 40년)	현재 및 21세기 초부터	
사회적 기술	수렵기술, 채취기술	농경기술(정착생활)	공업기술	정보통신기술	지능정보기술
사회적 도구	돌, 도끼, 활, 창, 언어	쟁기, 관개시설, 천문학, 문자	증기기관, 산업기계, 인쇄술	컴퓨터, 인터넷, 전기	인공지능, 사물인터넷, 클라우드 컴퓨팅, 빅데이터, 모바일, 블록체인
출발점	구석기시대	약 5~6천 년 전 인도와 중국의 4대강 유역의 고대문명, 메소포타미아 문명과 이집트문명	1774년 영국의 아크라이트 방적기 발명	1943년~1946년에 머클리와 에커트에 의해 발견된 ENIAC (애니악)	1943년 매컬럭과 피츠가 쌍 양신경시스템 연구 중에 처음 일컬어진 인공지능
특징	집단생활, 자연생활, 이동생활, 미개사회	가부장제, 정착생활, 지역공동체, 전통사회	포디즘(Fordism), 소품종대량생산, 중앙집권적 사회	포스트포디즘(Post-Fordism), 다품종소량생산, 네트워크조직사회	맞춤형 소량생산, 과학적 의사결정, 감성과 공존사회

전환 단계(화살표):
- 원시수렵·채취사회 → 농업사회 : 농업화 · 농업혁명 · 제1의 물결 · 제1차 산업혁명
- 농업사회 → 산업사회 : 산업화 · 산업혁명 · 제2의 물결 · 제2차 산업혁명
- 산업사회 → 정보사회 : 정보화 · 정보혁명(디지털혁명) · 제3의 물결 · 제3차 산업혁명
- 정보사회 → 지능정보사회 : 지능정보화 · 지능정보혁명(제2차 정보혁명) · 제4의 물결 · 제4차 산업혁명

은 발전단계에 따라 각각 수렵기술, 농경기술, 공업기술, 정보사회의 사회적 기술은 정보통신기술이며, 앞으로 다가올 지능정보사회의 사회적 기술은 지능정보기술이다.

사회의 발전단계설에 의하면 인류사회는 전(前)문명사회인 원시수렵·채취사회에서 농업혁명을 거쳐 농업사회로, 이어서 농업사회는 산업혁명을 거쳐 산업사회로, 산업사회는 정보혁명을 거쳐 정보사회로, 정보사회는 지능정보혁명을 거쳐 지능정보사회로 단계적으로 발전해 왔다. 대체로 농업사회는 18세기 중엽까지, 산업사회는 18세기 후반부터 20세기 초반까지, 정보시회는 20세기 중엽부터 20세기 후반까지, 그리고 지능정보사회는 현재 21세기 초반부터 진행되고 있다.

1 수렵사회

인간이 지구상에 나타난 원시적인 수렵·채취사회는 지금으로부터 1만~4만 5천년 전의 후기구석기시대부터 시작되었다. 이때 살았던 사람은 현생인류의 직접적인 조상인 호모 사피엔스(Homo Sapiens)에 속하는 크로마뇽인(Cro-Magnon man)인데, 이들은 석기와 같은 도구를 사용하기 시작하였다. 원시수렵·채취사회를 형성했던 사회적 기술로는 돌도끼, 돌칼, 활, 창 등과 같은 수렵도구를 만들고, 이러한 도구들로 들짐승을 잡거나 물고기를 잡는 수렵기술이 대부분이었다. 그리고 인간은 이러한 기술과 더불어 언어를 가지게 됨으로써 집단생활이 가능하게 되었으며, 집단생활을 하고 공동으로 수렵을 해 나가는 데 필요한-예를 들면 "어느 곳에 가면 물고기가 많이 잡히고, 토끼를 잡기 위한 화살촉은 어느 돌을 갈아 만드는 것이 좋다"는 등의-간단한 수렵정보들이 활용되게 되었다.

2 농업사회

인류가 원시수렵·채취사회에서 곡류의 재배, 가축사육에 성공하여 농업사회로 이행한 문명사적인 획기적 사건을 신석기혁명 또는 농업혁명(농업화, 제1

의 물결, 제1차 산업혁명)이라고 한다.[1] 원시수렵·채취사회가 오래 계속된 후 도구의 사용은 인간으로 하여금 씨를 뿌리고 곡식을 거두어 들이는 원시적인 농업사회를 발전시켰으며, 사회적 기술로 농업기술이 출현하게 되었다. 지금으로부터 약 6천 년 전에 메소포타미아와 이집트에서, 그리고 약 5천여 년 전에 인도와 중국 등의 4대강 유역을 중심으로 발생한 고대문명은 이러한 농업기술의 꾸준한 발전에 대한 산물이었으며, 특히 문자의 발명은 지식의 축적과 보급을 가능케 함으로써, 사회적·문화적 조직에 커다란 변화를 초래하였으며 새로운 문명사회로의 문을 열어 놓았다. 농업기술은 농작물을 쉽게 재배하기 위한 농기구의 제작기술, 농작물에 필요한 물을 저장하고 공급하기 위한 관개 및 수리 기술, 그리고 농사에 필요한 절기와 날씨의 변화를 알아볼 수 있는 천문학의 발전을 가져오게 하였다.

이러한 기술들의 유기적인 결합으로 농업이 발전하게 됨에 따라, 인간은 움직이는 동물을 따라다니던 이동생활에서, 한곳에 정착하여 농작물과 가축을 기르며 공동생활을 해나가는 정착생활로 바뀌게 되었다. 이러한 정착생활의 발전은 사람들이 한곳에 모여 마을을 형성하게 되었고 이곳에서부터 공동적 사회생활을 하는 데 필요한 질서와 사회규범이 만들어지게 되었다. 또한 농업기술이 사회에 일반화되기 시작하면서, 자연 그대로의 상태에서 동물을 포획하거나 식물을 채취하던 생활에서 벗어나, 직접 농산물을 재배하거나 동물을 사육하는 농·축산기술이 발전하게 되었다.

원시수렵·채취사회나 농업사회의 사회적 기술은 자연의 이치에 순응하면서 동물을 좀더 손쉽게 포획하거나 농작물을 좀더 많이 생산하기 위한 식량생산의 기술이었다. 그리고 수렵도구나 농기구에서 알 수 있듯이, 원시수렵·채취사회 및 농업사회의 사회적 기술의 특징은 이 기술들이 단지 인간의 손과 발의 힘(노동)을 조금 대체해 주는 정도에 지나지 않는다. 따라서 원시수렵·채취사회나 농업사회는 자연을 파괴하거나 인공적인 변화 없이 자연을 벗 삼아 함께 살아간 시대라고 할 수 있다.

---

1) 영국사에서는 중세적인 개방경지제(開放耕地制) 대신에 18세기의 인클로저운동과 농업기술의 진보, 농업경영의 근대화를 총칭하여 농업혁명이라고 한다. 특히 18세기 후반, 급속한 인구의 증가에 따라서 소맥가격이 등귀하고 도시에서는 육류의 수요가 증대하였으며, 또 1793년 이후 영국과 프랑스간의 전쟁에 의한 곡물수입의 두절로 농업이윤이 현저하게 상승하자 농업혁명에 박차를 가하게 되었다.

3 산업사회

농업사회에서 축적된 경제적 부와 획기적인 과학기술혁신들이 합쳐짐으로써, 18세기 후반부터 일어나기 시작한 산업혁명(산업화, 제2의 물결, 제2차 산업혁명)은 산업사회라는 모습으로 서구사회를 급속하게 변화시켰다. 18세기 중엽 영국에서 제임스 와트(James Watt)의 증기기관 발명으로부터 시작된 산업사회의 문명은 그 후 200여 년 동안 전세계적으로 확산되어 갔다. 증기기관이 방적에 사용될 때 방적기의 혁명이, 육상교통에 이용될 때 기차의 혁명이, 선박에 사용될 때 기선의 혁명이 나타나서 근본적인 사회적·경제적 혁명을 촉진시켰다. 이와 같이 산업사회에서는 인류의 육체적 노동은 기계로 대체됨으로써 대량생산이 가능하게 되어 이전의 사회와는 비교할 수 없을 정도로 물질적인 풍요를 가져다주었다. 더욱이 이러한 산업사회의 생산구조는 기술차원을 넘어 사회내부의 조직원리로 자리잡게 되었다.

공업기술에 의한 대량생산체제에서는 같은 모양과 크기의 상품을 대량으로 만드는 것이 생산설비의 구조상 유리하기 때문에, 생산제품을 규격화하고 생산시설을 대형화하여 생산성을 높이고 이윤을 극대화하는 방법을 추구하였다. 또한 모든 작업을 분업화하여 각 작업의 능률을 향상시킴은 물론 각 전문분야별로 전문적인 지식과 기능을 가진 전문인이 사회 각 분야에서 필요하게 되었다.

농업사회는 지역마다 자급자족을 원칙으로 하는 지역 중심의 지방분권적 사회라고 한다면, 산업사회는 교통이 편리하고 학교, 공장, 병원 등 생활여건이 보다 유리한 대도시로 인구가 집중되는 중앙집권적 사회라고 할 수 있다.

따라서 공업기술이 만들어 낸 산업사회는 기술, 조직, 정치, 행정 등의 관료적 사회구조가 인간성을 메마르게 하고, 인간의 삶에 아주 중요한 환경이 심각하게 파손되었으며, 산업사회를 뒷받침 해주고 있는 에너지자원이 고갈되어 가고 있다는 것 등을 들 수 있다.

4 정보사회

정보사회는 산업화가 일정한 수준에 도달했거나 산업화가 완료된 사회에서 일어나기 때문에 정보사회는 산업사회의 다음 단계로 생각되고 있다. 이와 같이 인류문명은 이제까지의 '사람의 손과 근육 에너지 및 그 대체물인 기계를 생산수단으로 공업이 만들어낸, 실체가 있는 물질중심의 문명'에서 '인간의 두뇌나 지적 창조력을 생산수단으로 정보통신산업이 만들어내는 무형의 정보가 주체가 되는 문명'으로 전환되어 왔다.

선진 여러 나라에서는 이와 같은 정보사회로의 전환이 이미 현실적인 문제화되어 왔다. 이른바 산업화는 18세기 말부터 시작하여 세계적인 규모로 진행되어 2세기 후인 오늘날에 와서는 산업화되지 않은 지역은 매우 드물게 되었다. 그 진행은 지역에 따라 다소의 차는 있으나, 미국·영국·캐나다·스위스·독일·일본·한국 등 여러 나라와 베네룩스 3국 등에서 특히 현저하다. 이러한 나라에서는 20세기 후반에 들어서자 정보통신산업의 발달과 정보의 전달 및 처리에 관한 기술혁신을 중심으로 정보혁명이 급속히 진행되기 시작했으며, 이를 계기로 산업사회로부터 정보사회로 전환되는 경향이 뚜렷해졌다. 21세기에 이들 나라는 완전한 탈공업사회(정보사회) 및 지능정보사회가 될 것으로 예측된다. 이들 선진 여러 나라에서는 산업화가 성숙되어 감에 따라 제1차 산업(농업, 수산업, 임업, 축산업)이 축소되고, 인구는 농업지역에서 공업지역으로, 농촌에서 도시로 이동하였다. 인구의 도시집중으로 도시는 점차 광역화되고 구조가 복잡화되었다. 이러한 도시에서 생활하기 위해서 사람들은 갖가지 정보가 필요하고 또 능률적인 정보의 전달과 수용수단(受容手段)이 필요하게 되었다. 제2차 산업(제조업, 건설업, 전기업)에 있어서의 기억장치와 자기제어기능을 가진 자동화기기(오토메이션)는 많은 노동자를 육체노동에서 해방시켜 물적 생산에 종사하는 사람의 수를 상대적으로 축소시켰다. 이러한 제2차 산업에서 발생되는 잉여노동력은 제1차 산업으로부터 파생되는 것과 함께 제3차 산업(서비스산업)에 집중되었으며, 이와 같은 상황은 정보사회의 중심이 되는 정보통신산업을 급속히 성장시켰다.

정보통신산업 중에서 주요 부분을 차지하는 매스컴 산업의 성장은 정보전달기술의 진보에 의하여 촉진되었다. 컬러텔레비전, 방송위성, CATV, FM, 테이프레코더와 스테레오레코드, 비디오테이프, EVR(전자녹화장치), 컬러사진, 고속운전기, 팩시밀리 등의 개발과 더불어 오늘날의 사회에서는 매우 다양한 미디어가 탄생되어 대량의 정보가 범람하게 되었다. 이제까지의 산업사회에서는 실체가 있는 물적 생산물만이 상품으로 인정되고 지식이나 정보와 같이 형태도 없고 계량할 수도 없는 것은 상품으로 다루어지지 않았다. 그러나 오늘날에는 각종 정보통신산업이 만들어내는 뉴스나 방송프로그램, 디자인, 조사정보, 특허권, 컴퓨터프로그램, 광고 등과 같은 정보가 훌륭한 상품으로서 매매되기 시작하였다. 최근에는 물적 생산물인 상품의 가치가 원료나 재질(材質)과 같은 물질적인 요소보다도 아이디어나 특허권, 디자인과 같은 정보적 요소에 의하여 결정되는 경우가 많아졌다. 이것은 상품이 일종의 심벌화되었음을 보여주는 것이다. 다시 말해서 상품은 '물질'로서의 기능보다는 그것이 소비자의 생활에 가져다 주는 '의미'에 따라 거래가 되었기 때문이다. 이렇게 되자 상품의 가치는 그 상품을 생산하기 위하여 투입된 원료나 노동력만으로는 계측할 수 없게 되었다. 정보를 생산하는 경우 원료나 생산수단에 해당하는 것은 어디까지나 인간의 두뇌이다. 그러나 그 능력이 천차만별이기 때문에 같은 노동시간을 소비한다 해도 완성된 정보의 질은 당연히 다르게 마련이다. 이와 같은 정보가 상품으로 거래되는 것은 이제까지 계량화하기가 어려워 공짜처럼 다루어져 왔던 인간의 정신노동의 가치가 금전적으로 평가되는 것을 뜻한다. 말하자면 정보사회는 산업(공업)을 주체로 발전해온 산업(공업)사회에서 벗어나 정보통신산업을 주체로 하며 다양한 정보의 생산과 전달을 중심으로 전개되는 사회를 말한다.

이와 같이 정보사회에서는 컴퓨터, 인터넷, 전기 등의 정보통신기술이라는 사회적 기술을 바탕으로 정보가 물질자원이나 에너지 자원보다 더 큰 비중을 가지고 사회·경제의 발전에 중추적인 역할을 담당하게 되었다. 그리고 산업 구조적으로는 정보를 수집, 처리, 가공, 분배와 관련된 정보통신산업이 농업이나 공업보다 더 큰 비중(국내총생산에서 차지하는 정보통신산업의 생산량이 증가, 국내총고용자에서 차지하는 정보통신산업의 고용자가 증가)을 차지하고 있다.

5 지능정보사회

지능정보사회는 인공지능(AI), 사물인터넷(IoT), 클라우드 컴퓨팅, 빅데이터, 모바일 등 지능정보기술이 기존 산업과 서비스에 융합되거나 3D 프린팅, 로봇 공학, 생명공학, 나노기술 등 여러 분야의 신기술과 결합되어 실세계 모든 제품·서비스를 네트워크로 연결하고 사물을 지능화되는 사회를 말한다. 즉 지능정보사회는 연결과 지능을 기반으로 한 사회를 말한다. 정보만이 아니라 정보에 지능이 결합되는 사회는 그 이전의 사회와는 크게 다르다. 인간이 주도하는 사회가 아니라 인간과 사물이 함께 지능을 가지고 주도하는 사회가 된다. 기술적으로는 기계기술, 정보통신기술을 넘어 지능정보기술이 사회를 주도하게 된다. 경제는 물질경제를 넘어서 서비스경제화가 되고 더 나아가 개인의 물건이 다른 사람과 공유함으로써 새로운 가치를 창출하는 공유경제로 발전한다. 국가 간 또는 국가 내에서 하드파워보다는 소프트파워가 더 중요해진다. 사회의 지배양식은 수직적인 위계적 지배 질서가 아니라 수평적인 네트워크적 지배 질서로 변화하며, 혼성 문화의 특징을 갖는다.

인류는 자연에서 생존하고, 여러 종을 지배하기 위해 공동체 중심 사회를 유지해 왔다. 그런데 지능이 인간 이외에 사물로까지 확대되어 지능을 외부사회에 독립적으로 존재하는 상품으로 변화시켜 누구나 활용할 수 있는 상황이 되면 공동체를 흔들게 된다. 공동체나 결사체보다는 개인 중심, 개인과 기계의 연결에서 오는 관계가 더욱 중요해진다. 지능이 대량화되어 생산성과 효율성이 크게 향상되므로 기능의 우열에서 오는 격차가 줄어든다.

지능정보사회에서는 인간이 다른 인간이나 기계와 더욱 공감하는 역할이 중요해진다. 공감사회의 성격이 강해지며, 여기서 사회자본2)이 중요한 역할을 한다. 사회자본이 풍부하면 사회 구성원들의 상호 이익을 위한 연결이 긍정적인 역할을 한다. 사물인터넷과 인공지능으로 연결이 극대화되는 지능정보사회에서는 사회자본의 역할이 그 어느 때보다 크다. 연결을 통한 공유가 잘 작동되기 위해서는 사회적 신뢰에 바탕을 둔 사회자본이 풍부해야 한다. 그리고 인공지능 등에 의해 다른 인간의 감정을 이해하고 지각하는 공감의 능력이 사회 운영의 키워드가 된다.

---

2) 퍼트남(Robert D. Putnam)은 사회자본을 사회구성원 상호간의 이익을 위해 조정 및 협동을 촉진하는 규범, 신뢰, 네트워크로 정의한다. 사회자본은 생산을 가능케 하는 물리적 자본, 인적 자본과 달리 인간관계 내에 존재하는 것을 말한다. 사회자본은 또한 물리적 자본, 인적 자본과 같이 생산활동을 증가시키는 역할을 한다는 점에서 공통점이 있다. 사회자본은 사회구성원들에게 공유된 행동 규범 및 공통적인 문화적 정체성을 부여함으로써 사회 질서를 가능하게 하는 역할을 하기 때문에 매우 중요하다. 사회자본은 ① 정보 공유의 역할을 하여 공식·비공식 제도가 정확한 정보를 제공하도록 하고, ② 개인의 상호작용으로 인해 구성원들 간의 신뢰를 회복하게 하는 조정 역할을 하며, ③ 집단적 의사결정을 통해 외부효과를 창출하는 역할을 한다.

지능정보사회는 하드파워보다 소프트파워가 더 중요한 사회가 된다. 정보와 네트워크의 확산으로 군사력이나 경제력과 같은 하드파워보다 문화·정치적 가치, 외교 등과 같은 소프트파워가 더 중요시 된다. 따라서 지능정보사회의 경제도 소프트파워의 특성을 갖는 디지털 경제가 된다. 사물인터넷은 창의적인 아이디어와 결합해 더욱 창의적이고, 저비용이며 새로운 서비스를 발굴하는 지속적인 경제성장을 가능하게 한다. 사물인터넷은 연결의 역할을 통해 산업 간의 협력을 이루어 완전히 새로운 가치를 창출한다. 자동차, 의료, 에너지, 전력 등 연결 환경을 기반으로 하는 분야에 사물인터넷을 적용해 새로운 부가가치를 창출하는 것이다. 제조업 역시 서비스화가 진행되어 서비스경제화로 이어진다. 기업은 종전에 단지 제품을 판매하던 것에서 서비스를 제공하는 방식으로 변화한다. 사회적 생산의 중요성이 커진다. 사회적 생산은 소셜 네트워크로 연결된 다양한 사람들의 자발적, 개방적, 수평적 협업(interaction)을 통해 제품이나 서비스를 생산하는 방식이다.

따라서 지식정보사회는 자본주의 시장경제와 공유경제가 혼합된 경제의 특성을 갖게 된다. 우리는 자동차, 집, 가구, 의류 등을 소셜 미디어, 조합, 재분배 클럽 등을 통해 공유하는 방식에 익숙해지고 있다. 따라서 물건이나 재화의 소유자가 물건을 보유하는 것이 아니라 이용자가 주체가 된다. 제품, 서비스, 콘텐츠 공유를 위한 거래비용을 대폭 줄여서 효율적으로 활용할 수 있게 되는 것이다. 지능정보사회에서의 사회자본이 금융자본 못지않게 중요하며, 공유가 소유를 대체하고, 경쟁보다는 협력, 자본주의 경제의 교환가치가 공유경제의 공유가치로 대체된다.

지능정보사회는 사회 전체가 하나의 플랫폼으로 작동하게 되어 플랫폼 사회적인 특성이 강화된다. 지능정보기술은 사회의 플랫폼 수준과 밀접한 관계를 갖고 있기 때문에 앞으로의 기술 발전도 네트워킹 기술과 컴퓨팅 기술이 결합되는 방향으로 전개된다. 사물인터넷과 인공지능, 가상현실은 그러한 기술 발전의 연장선상에 있다.

지능정보사회는 생산자 중심 소품종대량생산체제가 아니라 소비자 중심 다품종소량생산체제가 된다. 지능화로 인해 규모의 경제가 축소되고, 소규모 서비스와 소수 대상 상품 등이 주류가 된다. 이는 개인의 상황과 요구를 반영한 개인화된 맞춤형 서비스로 삶의 질을 향상하는 데 기여할 수 있다. 또한 지능과 사물의 연결을 통해 에너지 관리, 환경, 안전, 범죄, 보건, 교통, 기상 등 사회문제를 해결하게 된다. 지능화된 여러 시스템과 기술을 활용해 불확실성을 제거하고, 위험에 대한 사전 예측 및 선제적 대응으로 사회질서를 확립하고 범죄 없는 사회를 구현할 수 있다. 빅데이터는 시민들에게 무한한 정보를 제공함으로써 시민들이 완전한 정보를 가진 시민(informed citizen)이 되게 하는 기반이다. 따라서 빅데이터에 기반한 정보를 가진 시민이 정책의 생산자, 공급자이면서 동시에 정책의 사용자, 운용자인 프로유저(pro-user)가 됨으로써 사회의 대표와 시민 간에 진정한 수평적 협력 관계, 권력의 공유를 실현하게 된다.

사회의 역사적 발전과정에서 각각의 시대를 살아가는 사람들에게 사회적으로 요구된 소양이나 능력은 <표 2-1>에서와 같이 그 시대의 특성에 따라 차이가 있음을 알 수 있다.

표 2-1   사회발전단계에 따른 사회적 기본 소양의 변화

구 분	동 력	생산요소	주요산업	기본소양
농업사회	인력, 가축, 자연력	토지, 노동	농업, 가내수공업	농업관련 기술, 경험
산업사회	증기력, 가솔린, 전기력, 원자력	토지, 노동, 자본	제조업(철강, 조선, 자동차, 중화학 등)	표준화된 공급중심의 교육, 대량생산체제에 적합한 특정기술 및 자격(학위, 운전면허증 등)
정보사회	전기력, 원자력, 태양열, 제3의 에너지	토지, 노동, 자본, 지식, 정보	서비스산업(무역, 관광, 교육, 법률, 의료 등), 정보통신산업(네트워크, 소프트웨어, 콘텐츠, 기기산업 등)	창의력, 컴퓨터 사용능력, 네트워크 운영 및 활용능력, 정보의 생산·가공·검색·유통·활용능력 등
지능정보사회	전기력, 원자력, 태양열, 제3의 에너지, 연결	토지, 노동, 자본, 지식, 정보, 지능	지능정보산업(인공지능, 사물인터넷, 클라우드 컴퓨팅, 빅데이터, 모바일)	지능, 창의력, 스마트기기 사용능력, 네트워크 운영 및 활용능력

1 정보사회의 용어탄생과 관련용어

1960년대와 70년대에 많은 사회과학자들은 그들이 전통적으로 현대사회(mordern society), 산업사회(industrial society), 또는 자본주의사회(capitalistic society) 등으로 불러왔던 그 당시의 사회구조에 심상치 않은 구조적 대전환(structural transformation)이 진행되고 있음을 알아차리게 되었다. 그러나 새로이 등장하는 사회의 성격을 정확하게 파악할 수 없었던 사회과학자들은 다가오는 사회를 자본주의적 산업사회와 다른 새로운 사회로 파악하려는 주장(낙관론)과 자본주의적 산업사회의 연장선상에서 파악하려는 주장(비관론)이 존재하게 된다.

일부 미래역사학자들은 다가오는 사회를 자본주의적 산업사회와 구별되는 사회로 파악함에 따라 산업사회가 갖고 있는 많은 문제점들을 극복할 수 있는 새로운 사회라고 보고 있다. 이러한 낙관론자들은 거시적인 사회변동의 흐름에 초점을 맞추어, 다가오는 사회를 '제3의 물결(The Third Wave)',[3] '거시경향(Megatrends)',[4] '불연속성의 시대(The Age of Discontinuity)'[5] 등으로 표현하였다.

그리고 일부 미래역사학자들은 다가오는 사회를 자본주의적 산업사회의 연장선상의 사회로 파악함에 따라 산업사회의 문제점들을 그대로 갖고 있는 사회로 보고 있다. 이러한 비관론자들은 막연히 '후기(post-)' 또는 '탈(post-)'이라는 접두어를 붙여 후기산업사회(post-industrial society), 후기자본주의사회(post-capitalistic society), 후기근대사회(post-mordern society) 등으로 표현하고 있다.

그 이후 많은 학자들은 벨(Bell)이 지칭한 후기산업사회(post-industrial society)를 정보화가 진행중인 사회(a society being informatized), 즉 동태적인 측면을

---

[3] A. Toffler, *The Third Wave*(N.Y. : Bantam, 1981).

[4] J. Naisbitt, *Megatrends*(N.Y. : Warner Books, 1982).

[5] P. F. Drucker, *The Age of Discontinuity : Guidelines to Our Changing Society*(N.Y. : Harper & Row, 1968).

강조한 정보화사회라고 부르게 되었고, 현재는 정보화가 이루어진 사회(in-formatized society), 즉 정보사회라는 용어가 세계적으로 통용되기 시작하였다.[6] 정보화사회라는 용어 이외도 많은 학자들은 자본주의적 산업사회 이후 다가오는 사회를 다양한 용어들로 표현하고 있다.[7]

한편, 역사적인 측면에서 사회의 발전과정을 살펴보면, 사회의 동태적인 성격을 의미하는 접미사로 '화(-zation, 化)', '혁명(revolution, 革命)', '물결(wave)' 등의 용어들이 등장하게 되는데,[8] 화와 혁명은 인간의 의지에 따라 변화시킬 수

---

6) 정보사회에 대한 최초의 개념화는 1960년대 일본의 학자들에 의해 이루어졌는데, 1968년 도쿄에서 개최된 미국과 일본의 미래학자 심포지움에서 후기산업사회를 가리켜 정보화사회라고 부르자는 일본 측 학자의 제안에 의해 채택되어 세계적으로 통용되기 시작하였다. 그들이 '정보사회'가 아닌 '정보화사회'라는 개념을 채택한 이유는 그 당시 일본사회가 이제 막 정보화가 시작되는 단계로서 아직 본격적인 정보화가 이루어지지 않은 상태이므로 과도기적인 특성을 강조하기 위한 것으로 보인다. 여기서 정보화사회는 '정보화가 진행중인 사회'(a society being informatized)라는 동태적인 측면을 강조한 것이며, 정보사회는 '정보화가 이루어진 사회'(informatized society)라는 정태적인 측면을 강조한 것이라고 판단한다. 한편 영어권 문헌에서는 정보화사회라는 용어를 사용하지 않고 information society가 공통적으로 사용하고 있는데, 이는 '정보화가 이루어진 사회'라는 의미를 강하게 내포하고 있다. 따라서 본 교재에서는 정보화사회라는 용어를 사용하지 않고 정보사회라는 용어를 사용하기로 한다. 그리고 정보사회가 더욱 발달하여 광대역 정보통신망(B-ISDN)을 중심으로 한 디지털혁명이 성숙단계에 들어가고, 이에 대한 사회적 수용여건이 갖추어진 시기를 상정하여 고도정보사회 또는 지능정보사회라는 용어를 쓰기도 한다.

7) 정보사회를 벨(Bell)은 후기산업사회(post-industrial society), 토플러(Toffler)는 초산업사회(super-industrial society), 라흐다임(Geoge Lichteim)은 후기자본주의사회(post-capitalist society), 에치오니(Amitai Etzioni)는 탈근대사회(post-mordern society), 보올딩(Kennth Boulding)은 후기문명사회(post-civilized society), 칸(Herman Kahn)은 후기경제사회(posteconomic society), 알스트롬(Sidney Ahlstrom)은 탈프로테스탄트사회(post-protestant society), 퓨어(Lewis Feuer)는 탈이념사회(post-ideological society), 사이덴베르그(Roderich Sidenberg)는 후기역사사회(post-historic society), 바넷(Richard Barnet)은 탈석유사회(post-petroleum society), 그리고 마흐럽(F. Machlup)은 지식사회(knowledge society)라고 하였고, 브레제진스키(Brezeinski)는 전자기술사회(technetronicage), 칸(Kahn)과 워너(Wiener)는 탈대량소비사회(post-mass consumption society)라는 개념을 사용하였다.

8) 화(-zation, 化)란 어떠한 하나의 상태에서 다른 상태로 이행되는 동태적인 변화 즉, 변화해가는 과정을 의미한다. 혁명(revolution, 革命)은 사전적인 의미로 ① 이전의 정권을 뒤집고 다른 정권이 들어서는 것, ② 국가나 사회의 조직·형태가 급격하게 변화하는 것, ③ 사물의 상태나 사회활동 등이 급격하게 변화하는 것 등의 정의를 비추어 볼 때 혁명은 기존의 통치형태뿐만이 아니라 경제체제와 사회구조 및 문화적 가치에도 상당한 변화해가는 과정을 말한다. 그리고 앨빈 토플러의 제3의 물결에서 언급된 물결(wave)이란 용어는 바다 수면의 높낮이에 의해 변화하는 결을 의미하는데, 바다에서 끊임없이 변화하는 물결은 결국 큰 물결(파도)이라는 형태로 육지로 다가오고 있다. 그 파도를 인간의 힘으로 막을 수 없고 숙명적으로 받아들여야 하는 것처럼, 문명사적인 측면에서 볼 때 산업화 이후 우리 인류에게 다가오는 정보화, 지능정보화를 숙명적으로 받아들여야 한다. 따라서 '화(化)', '혁명(革命)', 그리고 '물결' 등의 용어는 비슷한

있는 동태적인 의미를 갖는 반면, 물결은 인류에게 밀려오는 변화의 문명을 숙명적으로 받아들여야 하는 동태적인 의미를 갖는다. 이러한 근거를 사회의 역사적 발전과정에 등장하는 용어들과 연관시켜 보면, 인류는 원시수렵 및 채취사회는 농업화를 거쳐 농업사회로, 농업사회는 산업화를 거쳐 산업사회로, 산업사회는 정보화를 거쳐 정보사회로 변화해 왔다는 것이다. 여기까지는 앨빈 토플러(A. Toffler)의 제3의 물결(The Thrid Wave)에서 언급되고 있다. 그리고 21세기 초부터 정보사회 이후에 등장하는 지능정보사회를 제3의 물결에 제시된 사회의 발전과정의 연장선상에서 설명하면, 정보사회는 지능정보화를 거쳐 지능정보사회로 변천된다고 파악할 수 있다. 그리고 농업화는 농업혁명, 제1의 물결, 제1차 산업혁명과 같은 의미로, 산업화는 산업혁명, 제2의 물결, 제2차 산업혁명과 같은 의미로, 정보화는 정보혁명(디지털혁명, 제1차 정보혁명), 제3차 산업혁명, 제3의 물결과 같은 의미로, 그리고 지능정보화는 지능정보혁명(제2차 정보혁명), 제4차 산업혁명, 제4의 물결과 같은 의미로 파악된다.

한편 지능정보사회는 지능정보기술에 의한 지능화되는 사회로서 개인, 기업, 정부가 자신의 일을 24시간 365일 언제 어디서나 수행할 수 있고, 편의성, 생산성, 효율성을 향상시킬 수 있는 사회를 말한다. 정보화가 고도로 성숙된 고도정보사회와 유비쿼터스 사회9) 역시 최종의 목적지는 지능정보사회이기 때문에 지능정보사회, 고도정보사회, 유비쿼터스 사회는 모두 같은 사회로 파악할 수 있다.

2 정보사회의 출현요인

정보사회의 도래는 인류가 창조해온 기술의 축적과 이를 토대로 이루어진 사회구조적 전개현상으로 해석할 수 있다. 기술적인 요인이 하나의 동인(seeds)이 되고, 이를 사회여건이 더욱더 필요(needs)로 하는 상황으로 상호복합적인

의미로 여겨진다.

9) 유비쿼터스는 '언제 어디에나 존재한다'라는 뜻의 라틴어에서 출발했다. 유비쿼터스 컴퓨팅 개념의 제안자인 마크 와이저 박사는 사람을 포함한 현실 공간에 있는 모든 것들을 연결해 사용자에게 필요한 정보나 서비스를 제공될 수 있는 기술을 유비쿼터스 컴퓨팅이라고 정의하고 있다. 마치 촘촘히 짜인 실처럼 컴퓨터가 생활 모든 곳을 연결해서 사람의 다양한 요구를 즉시 만족시켜 줄 수 있는 정보통신환경을 의미한다.

전개과정을 거쳤다고 볼 수 있다. 이와 같이 산업사회에서 정보사회로 변화가 가능하게 하는 요인들은 무엇인가? 여기에서는 기술적인 요인, 사회적인 요인, 그리고 경제적인 요인 등을 살펴본다.

2.1 기술적 요인 : 정보통신기술의 발전

1) 정보통신기술의 개념과 정의

정보통신기술이란 정보의 수집·가공·저장·검색·송신·수신 등 정보 유통의 모든 과정에 사용되는 기술수단을 총체적으로 표현하는 넓은 의미의 개념이다. 이전에는 정보통신이라고 하면 흔히 방송 및 그와 관련된 전자 기기를 연상하였으나, 오늘날에는 방송기술이 전체 정보통신기술에서 비교적 작은 부분을 차지하고 있으며 오히려 그 밖의 통신기술(인터넷, 위성통신 등)이 더욱 부각되고 있다. 그러므로 오늘날의 정보통신기술은 하드웨어기술과 소프트웨어기술의 결합으로 나타나는 컴퓨터기술, 전기기술, 정보통신망기술, 위성 및 방송으로 대표되는 통신기술, 디지털기술 등을 포함하는 기술을 말한다.

(1) 컴퓨터기술

세계 최초의 진공관 컴퓨터는 에니악(ENIAC : electronic numerical integrator and computer)인데, 무게가 30톤이나 되며, 18,000개나 되는 진공관을 사용하는 변덕스러운 괴물이었다.[10) 그 이후 컴퓨터의 크기는 1,000분의 1로 줄고, 반면에 신뢰도와 용량을 대략 1,000배로 향상되었으며, 동시에 비용은 100분의 1로 줄어들었다.

에니악(ENIAC) 이후 컴퓨터기술의 발전은 트랜지스터 발명으로 시작된 소형화 기술의 전개, PC개발에 의한 개인화, 인간화, 대중화의 진행, 컴퓨터와 통신의 결합, 멀티미디어 기술의 발전 등으로 시작되고 있는 응용분야 확대 등을 가장 중요한 이정표로 들 수 있다.

컴퓨터기술의 발전을 살펴보기 위해서는 우선 컴퓨터를 둘러싸고 있는 주

---

10) 1943년에서 1946년 사이에 미국의 펜실베이니아 대학에서 머클리(J. Mauchly)와 엑커트(J. P. Eckert)의 주도하에 만들어졌다. 18,000여 개의 진공관으로 이루어졌으며, 무게가 30톤, 크기는 가로 9m 세로 15m로 방을 가득 채웠으며, 가격은 50만 달러(최근 대한민국 물가로 약 70억원)에 달했다. 원래 미 육군의 지원으로 포탄의 탄도 계산을 하기 위해 만들어졌으나 전쟁이 끝난 다음에는 우주선연구, 일기예보 등에 이용되었다. 1955년까지 사용되었으며 현재는 워싱턴의 스미소니언 박물관에 보존되어 있다.

변환경의 변화를 살펴 볼 필요가 있다. 이는 초기에 컴퓨터의 기능이 계산기능, 자료저장기능 등 매우 제한적이었기 때문에 컴퓨터기술의 발전은 단지 기술적인 내용만 추적해 보면 가능하였지만, 이제는 컴퓨터가 우리생활과 밀접한 관계를 갖게 되어 컴퓨터기술의 개발은 컴퓨터의 외적인 요소에 의해 크게 좌우되고 있기 때문이다.

컴퓨터 주변의 환경변화는 첫째 컴퓨터의 잠재 고객이 타자기, 계산기, 주판을 주로 사용하던 세대에서 칼라 TV, 전자게임 비디오 시스템 등을 많이 사용하는 세대로 변해가는 사용자의 세대변화와 일부 전문가 그룹에서 일반 대중으로 사용자가 급속히 확대되는 사용자의 계층 변화를 들 수 있다. 이는 초기의 컴퓨터가 사용의 어려움 때문에 소수 전문가 그룹에서 제한적으로 사용되던 것이 PC 개발과 사용 확산에 힘입어 사용이 편리해지면서 누구나 사용이 가능한 가전제품화되어 가는 경향을 보이고 있음을 의미한다.

둘째, 지금까지 컴퓨터가 정형화된 숫자, 문자중심의 정보를 다루던 것이 이제는 그림, 음성, 동영상 등의 비정형화된 멀티미디어 정보를 다루게 된 정보형태의 다양화를 들 수 있다. 이는 지금까지 서로 독립적으로 발전해 온 영화, 음악, 방송, 출판, 광고, 도서관, 교육 등의 여러 분야가 컴퓨터를 중심으로 깊은 연관관계를 맺게 됨을 의미한다. 이로써 지금까지 존재하지 않던 새로운 산업분야가 등장할 가능성이 높아지고 있으며, 반대로 현재까지 존재하던 산업이 사라지는 일도 발생하고 있다. 예를 들면 디지털 카메라가 컴퓨터와 결합함으로써 필름산업이 사라지고 있고, 그 대신 디지털 화상이나 동영상 자료를 편집해 주는 새로운 산업이 탄생하고 있다.

셋째, 컴퓨터와 통신의 결합으로 컴퓨터 응용분야의 대폭적인 확대를 의미하는 사용자 요구의 다양화를 들 수 있다. 예를 들면, VOD(Video On Demand)산업이나 원격교육, 원격진료 등은 컴퓨터와 통신의 결합으로 새롭게 등장한 서비스의 대표적인 예이다.

넷째, 마지막으로 통신망 자체에 대한 성능 향상 요구를 들 수 있다. 초기에 통신망은 음성 위주의 자료전송에 중점을 두었으나 컴퓨터와 통신의 결합으로 문자, 화상 및 동영상에 이르는 방대한 양의 자료를 단시간에 전달해야 하는 필요성이 제기되어 통신망 자체에 대한 대폭적인 성능 향상을 요구하게 되었다. 이와 같은 환경 변화를 간략히 표현하면 [그림 2-2]와 같다.

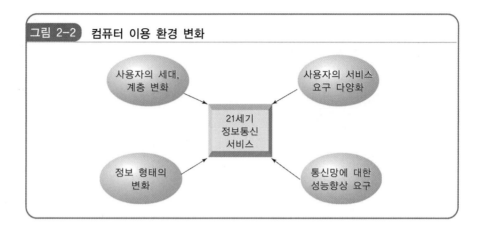

그림 2-2 컴퓨터 이용 환경 변화

한편, 컴퓨터 이용 환경의 변화에 따라 컴퓨터에 대한 요구도 광범위하게 확대되어,[11) 컴퓨터는 이제 다양한 형태의 서비스를 원하는 사용자에게 언제 어디서나 원하는 형태로 저장, 가공 및 전송할 수 있게 되었다. 이러한 요구를 충족시키기 위하여 컴퓨터 자체에 대한 요구 확대와 더불어 기존의 통신망도 단순히 정보의 전달만으로는 사용자의 서비스 요구를 충족시킬 수 없게 되었다. 따라서 고도정보처리기능을 수행하고 자료전송속도가 현저히 증가되는 초고속 정보통신망이 출현하게 된 것이다.

개인용 컴퓨터 개발로 시작된 컴퓨터 보급 확산과 사용 영역의 대폭적인 확대는 컴퓨터와 통신의 결합으로 기술적인 측면뿐만 아니라 경제적, 사회적, 문화적으로도 큰 변화를 야기시켰다. 따라서 향후 컴퓨터기술은 경제적, 사회적, 문화적인 변화와 사용자의 특성 변화, 정보형태의 변화, 통신망에 대한 요구에 따른 21세기 정보통신서비스의 변화 등과 관련되어 발전할 것이다.

(2) 전기기술

19세기 초 미국의 사무엘 모스(S. Morse: 1791~1872)가 전기를 이용하여 신호를 보낼 수 있는 전신기를 발명함으로써 정보의 전달 시간이 크게 단축되었

---

11) 컴퓨터의 분류 1) 사용목적에 따른 분류 : 마이크로컴퓨터, 미니컴퓨터, 워크스테이션, 대형 컴퓨터, 슈퍼컴퓨터, 메인프레임, 개인용 컴퓨터(PC), 노트북 컴퓨터, 개인 정보 단말기(PDA), 착용형 컴퓨터, 2) 제조 기술에 따른 분류 : 직렬 컴퓨터(Serial Computer), 병렬 컴퓨터(Parallel Computer), 3) 수행 능력에 따른 분류 : 범용 컴퓨터(General-purpose Computers), 특수 목적 컴퓨터(Special-purpose Computers), 단일 목적 컴퓨터(Single-purpose Computers), 4) 운영 체제에 따른 분류 : 윈도우 호환 기종, 매킨토시, 유닉스, 리눅스

다. 이탈리아의 마르코니(G. Marconi: 1874~1937)가 통신선을 설치하지 않고도 통신을 할 수 있는 무선전신기를 발명함으로써 운항 중인 배나 비행기와도 교신할 수 있게 되었다. 전화기는 미국의 벨(A. G. Bell: 1847~1922)이 발명했으며, 그 후 여러 사람의 노력의 결과로 달리는 차 안에서도 통화할 수 있게 되었다. 또한 상대방의 모습을 화면으로 보면서 통화할 수 있는 기기도 개발되었다. 20세기에 들어와 전자파에 의해 정보를 전달하는 라디오 방송과 텔레비전 방송이 가능하게 되었으며, 오늘날에는 인공위성으로 텔레비전 프로그램을 볼 수 있고 컴퓨터로 마음껏 항해할 수 있게 되었다.

전기기술은 산업적 측면에서는 국가전력 공급망 구축에 따른 기간산업인 동시에 각종 성능검증과 인증시스템이 뒷받침되어야 하는 고도의 기술집약적 산업이며, 관련 부품·소재산업의 발전에 기여하는 매우 중요한 핵심 산업이다. 에너지·환경 측면에서 볼 때는 신재생에너지 개발과 국제기후변화협약 이행에 필수인 친환경 고효율 에너지산업이다. 또 정보기술지능화 요구와 이에 따른 신규 및 교체 수요 증가로 파급효과까지 높은 경제적 산업이자 신개념 산업이기도 하다.

전기기술에 대한 인식변화는 융합의 결과다. 현재 전기기술은 IT(Information technology : 정보기술), BT(Bio technology : 생명공학기술), NT(Nano technology : 극미세가공기술), ET(Environment technology : 환경기술) 등 융합기술과 결합해 새로운 고부가가치를 창출하고 있다. 전자, 컴퓨터, 제어, 통신 등 여러 분야의 기술이 과거 전기공학에서 파생, 확산됐지만 이제는 다시 전기기술과 빠르게 융합 중이다. 에너지·환경기술, 수송, 의료, 국방·우주, 생활산업까지 융합 업종도 다양하다. 전기와 IT의 융합은 스마트그리드108로, BT는 의료기기·실버산업으로, 토목과는 텔레메트릭스로, NT와는 나노전기소재로, 기계와는 메카트로닉스 및 전기차로, ET와는 환경저감기술로, 경제·경영 분야와는 전력경제 등으로 재정립되며 개념과 영역을 확대하고 있는 것이다. 전기융합기술은 보다 자연친화적이고, 편리하고, 건강하고, 안전하며, 풍요로운 정보사회 및 지능정보사회를 만드는 데 크게 기여하게 될 것으로 전망된다.

(3) 정보통신망기술

정보통신기술의 발달사에 또 하나의 혁신적 진전은 광(光)케이블과 위성통신의 개발이었다. 전화용 동축선의 처리속도는 64Kbps로서 음성, 데이터, 동영상을 포함한 멀티미디어 정보를 송수신할 수 없기 때문이다. 이러한 일을 가능하게 해준 것이 초고속과 광대역의 용량을 가진 광케이블의 발명이었다. 광케이블은 17억 bps의 속도로 전화 2만 5천 회의 동시통화가 가능한 속도이다. 또한 위성통신의 발달은 지리적 제한을 넘어서 지구촌 시대를 가져왔다.

정보통신기술의 또 다른 노력은 광섬유의 사용 없이도 정보전달능력을 신장시킬 수 있는 기술의 개발이 급속도로 진행되고 있다는 점이다. 그 중의 하나가 디지털 압축기술이고 또 다른 하나는 전송시설의 기술향상을 통해 기존의 전송 네트워크를 더욱 효율적으로 이용하는 기술이다.

'정보슈퍼하이웨이' 또는 '정보고속도로'로 부르는 초고속정보통신망(information superhighway)이란 공공기관, 대학연구소, 기업은 물론 전국의 가정까지 첨단 광케이블망으로 연결함으로써 문자, 음성, 영상 등 다양한 대량의 정보를 초고속으로 주고 받는 최첨단 통신시스템을 말한다. 초고속정보통신망의 구축을 통해 공공부문의 정보화, 지방자치단체의 정보화, 산업의 정보화, 기업의 정보화, 가정의 정보화, 개인생활의 정보화를 추진하고, 각급 행정기관, 학교, 도서관, 연구소, 기업, 병원과 가정을 서로 연결하여 국내외 정보를 간편하고 쉽게 이용할 수 있는 시설을 만들고자 노력하고 있다. 이러한 초고속정보통신망이 이루어지면 국가 기관이나 회사 및 가정이 매우 빠르게 연결되며, 상품의 구입 및 운반 그리고 근무가 가정에서 이루어지는 홈쇼핑, 홈뱅킹, 재택근무가 아주 자연스럽게 이루어질 것이다.

세계 최대의 컴퓨터통신망인 인터넷은 사람들간의 상호 의사소통과 정보의 디지털화를 확실하게 보여주는 대표적인 예라고 할 수 있다. 인터넷은 세계 각 지역의 크고 작은 네트워크들이 서로 연결된 '네트워크의 네트워크'로 다음과 같은 특징을 지니고 있다. 첫째, 인터넷은 중앙통제 조직이나 기구가 없이 개인들과 집단들로 구성된 최초의 정보통신망이다. 둘째, 기존의 대중매체가 방송국과 같은 송신자를 통해서 많은 수의 시청자들에게 정보를 보내는 의사소통 방식이라면, 인터넷은 여러 명이 스스로 의사소통 할 수 있는 방법이다.

(4) 통신기술

통신(communications)은 한 지점(송신자)이 다른 지점(수신자)에게 신호를 전송(transmission)하는 것을 의미한다. 대화와 같은 것은 굳이 통신이라고 하지 않는다. 따라서 통신의 개념에는 대면적 상황이 아니라 송신자와 수신자가 지리적으로 떨어져 있다는 의미가 전재되어 있다.

신호는 인간의 의사·지식·감정 또는 각종 자료를 포함한 정보가 전송하기 적합한 형태로 변형된 것이다. 따라서 신호에는 음성이나 문자, 빛이나 연기·깃발 등 시각신호, 전자기적 신호들이 포함된다. 신호로 구성된 정보에는 개인 정보는 물론 뉴스, 드라마 등 다양한 정보를 많은 사람들에게 전달하는 통신사, 신문, 잡지, 방송, TV 등 대중 보도 수단들의 보도 내용이 포함된다.

신호를 전송하는 통신은 체계(system)다. 송신자와 수신자, 그리고 그 둘을 이어주는 매체, 매체를 통해 전달되는 신호 등이 체계적으로 구성되어야 신호의 전송이 가능하다. 따라서 통신기술은 통신체계기술이며, 통신의 모습은 기술의 발달에 따라 변화해 왔다.

표 2-2 통신기술의 발달

통신기기(시대)	통신수단
소리, 몸짓 (원시 시대)	원시시대에는 동물의 소리나 몸짓을 이용한 의사소통
이집트 상형 문자 (고대 이집트)	그림으로 표현한 문자
인쇄술 (1450년 이후)	독일의 구텐베르크가 금속활자를 이용한 문서를 대량으로 인쇄 가능
전신기(1837년)	모스 부호를 전기신호로 바꾸어 사용한 유선통신
전화기(1876년)	음성을 전기신호로 바꾸어 사용하는 것으로, 음성을 직접 전달
무선전신기(1896년)	무선통신이 가능한 전신기로 장거리 통신이 가능
라디오(1906년)	음성을 전기 신호로 바꾸어 무선으로 사용하는 것으로, 무선 통신이 가능
텔레비전(1926년)	음성과 영상 신호를 동시에 전달하는 것으로, 동영상 정보통신이 가능
에니악(1946년)	프로그램을 통하여 정보를 처리 하는 것으로, 빠르고 정확하게 정보처리가 가능
위성통신(1965년)	통신위성을 이용한 것으로, 통신기지국 간에 전기신호를 이용하여 거리 및 지형과 관계없이 정보통신 가능
휴대전화(1973년)	무선통신이 가능한 전화기로, 초기에는 통화 기능만 있었으나 점차 다양한 기능을 갖춤
유비쿼터스(현재~)	언제, 어디서나 24시간 365일에 의사소통이 가능한 통신 환경

통신의 역사는 <표 2-2>와 같이 정보를 전달하는 수단이나 방법에 따라 크게 사람에 의한 통신, 봉화와 수기 등 가시적 신호에 의한 통신, 우편에 의한 통신, 전기 또는 전자기적 신호에 의한 전기통신으로 분류할 수 있다. 이는 대체로 통신기술이 역사적으로 이러한 순서로 발전되어 왔다는 것을 의미한다. 이러한 통신기술 중에는 사라진 것도 있지만, 현재까지 여전히 이용되고 있는 기술도 있으며, 새로운 기술로 포장된 첨단의 통신기술 등도 있다.

19세기에 과학기술의 발달로 인해 전신과 전화 등 다양한 통신수단이 개발되었다. 19세기 말 20세기 초에 이용되기 시작한 전신, 전화는 대서양 너머의 미국과 유럽 간 신속한 정보전달을 가능케 했다. 교통수단의 발달로 대륙을 넘어 이동할 수 있게 된 사람들의 관심이 세계적으로 확대된 사회적 상황도 전신, 전화 기술의 보급에 영향을 미쳤다. 전신과 전화는 예전에 이용되던 통신기술을 대부분 대체했다. 그러나 전기통신기술을 활용할 수 없는 상황이나 지역에서는 아직도 과거의 방법들이 활용되기도 한다.

전신, 전화에서 촉발된 전기통신기술은 전송하고자 하는 데이터, 그림, 영상 등 다양한 정보를 전송할 수 있는 기술들로 발전했다. 다양한 정보를 전송할 수 있게 되었을 뿐만 아니라 가정 혹은 사무실, 선박이나 항공기 등 고정된 장소에서만 이용할 수 있었던 통신기술들이 이젠 이동통신기술을 통해 장소에 구애받지 않고 통신 서비스를 이용할 수 있게 되었다. 전신, 전화, 팩스, 데이터, 영상 등 정보, 유선과 무선, 지상과 위성 등 전송 경로, 동축 혹은 광섬유 케이블 등 전송로 소재의 구분과는 무관하게 송신자와 수신자를 이어주는 망이 중요해졌다. 망과 망을 이용하는 정보기술은 모든 통신기기들이 개별 망 혹은 망 간 접속이 가능한 인터넷을 통해 연결, 전송될 수 있다. 선박, 항공기, 차량 등 이동통신기술은 이제 개인이 휴대 가능한 셀룰러폰에서 스마트폰으로 진화를 했다.

이제 송신자와 수신자를 연결하는 통신수단의 비용과 성능에서 차이가 있겠지만, 과거 전신망, 전화망, 팩스망, 데이터망 각기 다른 서비스를 제공하던 망들이 연결되고 송신자들은 수신자에게 어떠한 유형의 정보든 전달할 수 있게 되었다. 전신, 전화 등 각기 다른 서비스를 제공하면서 망과 서비스의 통합된 기술은 이제 망의 종류와 무관하게 망과 망을 이용하는 서비스로 구분되고 있다.

새로운 통신기술들은 컴퓨터와 접목됨으로써 방송과 통신 서비스의 경계를 모호하게 했다. 내용 규제를 받는 방송과 동일한 내용이 기존의 통신기술을 통해 전달될 수 있었다. 예를 들어 방송 내용이라고 할 수 있는 동영상이 통신망을 통해 전달될 수 있게 된 것이다. 케이블 방송망을 통해 전달되는 주문형 비디오(Video On Demand)가 전화망을 통해 전달되는 VDT(Video Dial Tone) 서비스가 그 대표적인 예다. 지금은 전화망을 대체해 초고속망(Information Super Highway)이 전국의 가입자들을 연결하고 있다. 초고속망 서비스는 기존의 전화망 또는 케이블 망, 혹은 초고속망을 통해 제공된다. 대부분의 가입자들은 초고속망을 통해 인터넷을 이용하고 있다. 세계의 인터넷 이용자들이 인터넷 주소를 통해 자신이 원하는 정보나 컴퓨터에 접근할 수 있다. 향후 새로운 주소체제인 IPv6(Internet Protocol version 6)가 도입되어 활성화되면 정보통신 접속이 가능한 모든 기기에 인터넷 주소가 부여되고, 인터넷을 통해 접근할 수 있게 되었다.

(5) 디지털기술

정보통신기술혁신에서 가장 큰 발견은 디지털기술이다. 디지털기술이란 문자, 음성, 그래픽, 동화상은 물론 심지어 유전인자까지를 포함하는 모든 정보들을 오직 '0'과 '1'만을 사용하여 수로 변환할 수 있게 해준다. 일단 수로 변환된 정보는 기다란 비트, 즉 0과 1의 나열로 입력·저장할 수 있다. 따라서 모든 정보는 그 형태나 내용과 관계없이 일정한 수의 비트(bits)로 구성된다고 할 수 있다. 물질의 최소단위인 원자(atom)는 작기는 하지만 볼 수도 있고 만질 수도 있지만, 0과 1로 나누어지는 비트는 볼 수도 만질 수도 없다. 이는 정보를 나르고 사용하는 데 현격한 차이를 나타낸다. 기존의 도서관과 전자도서관은 좋은 비교가 될 수 있다. 기존의 도서관에서 누군가 어떤 책을 이용하고 있으면 다른 사람은 이용이 불가능하지만, 전자도서관에서는 항상 누구나 이용이 가능하게 된다.

모든 미디어가 디지털기술에 의해 정보활동이 이루어지면 다음 세 가지의 근본적이고 직접적인 결과가 나타난다.

첫째, 매체간 통합화 현상을 들 수 있다. 방송과 통신, 신문, 잡지 및 서적 등은 서로의 목적이나 기술적 수단이 상이한 별개의 매체였다. 그러나 오늘날에는 방송의 쌍방향화와 통신의 광대역화가 이루어지면서 방송과 통신의 구분이 애매모호해졌고, 전자신문이나 전자서적의 출현으로 여타 매체와의 구분도 모호해지고 있다. 이러한 매체간 융합화는 매체를 운영하는 기업들간의 경쟁을

가속화시키고, 기존의 매체별로 나누어져 있던 규제법이나 정책의 근본적 재편
을 불가피하게 하는 등 커다란 사회적 파급효과를 가져오고 있다.

둘째, 전달되는 자료내용의 통합화를 들 수 있다. 이는 소위 멀티미디어화라
고 불리우는 현상으로 과거 음성통신, 문자통신, 화상통신 등이 각각 상이하게
나누어져 있던 것이 이제는 음성, 문자, 화상이 동시에 전달되는 방식으로 급
격히 바뀌고 있다.

셋째, 산업간 융합화현상을 들 수 있다. 기술의 융합화에 따라 상이한 기술
을 기반으로 하는 상이한 산업들간에도 구분이 모호해지는 현상이 나타나고
있다. 그 좋은 예가 가전산업과 컴퓨터산업의 융합화이다. 가전기기의 편의성
향상을 위해 컴퓨터기술의 도입이 늘어나는 한편, 컴퓨터의 이용편의성 향상을
위한 기능의 간략화 등으로 가전기기와 컴퓨터가 융합화되고 있는 것이다. 예
컨대 향후 지능형 TV와 멀티미디어형 가정용 PC는 실제로 상당히 유사한 기능
을 수행하게 될 것이다.

이상에서 살펴본 바와 같이 컴퓨터기술, 전기기술, 정보통신망기술, 통신기
술, 그리고 디지털기술 등으로 대표되는 정보통신기술의 발전은 정보의 증가에
따른 요구를 충족시키는 측면도 있으나 그 자체가 정보생산을 촉진시키는 역
할을 하기도 한다. 정보통신기술의 급격한 발달과 더불어 정보의 생산과 유통
량이 기하급수적으로 증가할 뿐 아니라 정보유통의 범위 또한 급속히 확장되고
있다. 최근 빠른 속도로 진전되고 있는 세계화(globalization)는 바로 이러한 정보
통신기술의 발전에 힘입은 바 크며, 따라서 세계화와 정보화는 뗄래야 뗄 수
없는 불가분의 관계를 가지고 있다. 또한 사회의 정보화가 급속도로 추진되고
있으며, 이에 따라 우리의 생활방식도 급속도로 변화하고 있다.

2) 정보통신기술의 응용과 파급효과

정보통신기술은 여타의 산업기술과는 달리 범용성을 그 주요 특징으로 한
다. 즉 보통의 기계는 특정한 목적에 사용될 수 있도록 만들어지는 데 반해, 컴
퓨터는 정보와 관련된 어떠한 목적에든 사용할 수 있는 범용성을 가지고 있기
때문에 사회의 거의 모든 부문에 광범위하게 응용될 수 있다. 실제로 전통적
수공예품의 제작을 제외하고는 오늘날 모든 산업부문에서 컴퓨터나 마이크로
프로세서와 같은 정보통신기술을 이용하지 않는 곳은 하나도 없다 해도 과언
이 아니다. 생산, 관리 및 유통 등 산업활동 전반에 정보통신기술을 이용함으

로써 공장자동화, 물류전산화, 자동제어 및 관리의 자동화 등을 통한 비용절감과 효율성 증대를 실현하고 있는 것이다. 나아가 이제는 산업뿐 아니라 문화예술이나 가정생활 등 전통적으로 수작업이 주류를 이루던 분야에서도 컴퓨터의 이용이 증가하고 있다. 컴퓨터그래픽이나 컴퓨터음악, 가상현실과 같은 첨단기술이 주요한 예술장르로 자리를 잡게 되었고, 가정에서도 각종 가전제품의 기능향상에 마이크로프로세서가 이용되고 있을 뿐 아니라 가정용 컴퓨터의 광범위한 보급이 이루어져 정보 및 오락의 주요 도구로 이용되고 있다. 나아가 가사자동화 시스템을 통한 가사관리, 방범, 재난방지 등이 점차 확대되고 있는 추세이다. 이와 같이 정보통신기술의 응용성이 광범위해서 같은 기술혁신이라 해도 여타 산업부문의 기술에 비해 정보통신기술의 혁신은 훨씬 광범위한 파급효과를 가져오는 것이다.

2.2 사회적 요인 : 개성화의 진전과 사회시스템의 확장

최근 들어 정보통신기술의 발전이 사회적 변화와 맞물리게 된 이유는 무엇일까? 다시 말하면 정보통신기술을 변화의 도구로 활용하면서 다시금 정보통신기술의 발전을 촉진시키는 사회적인 배경은 무엇일까?

1) 개성화의 진전

산업사회가 진전되고 물질적 충족이 어느 정도 갖추어지면서, 현대인들은 생리적 욕구충족을 넘어서 더 고급욕구인 사회적 욕구와 자아실현의 욕구 충족을 추구하는 사람들이 많아졌다. 이들은 산업사회에서 텔레비전, 라디오 등으로 대표되는 대중매체에 의한 대량적이고 획일적인 정보의 범람으로부터 벗어나 좀 더 자신에게 필요하고 취향에 맞는 정보를 선택하려는 경향을 보이고 있으며, 이는 쌍방향 케이블TV, PC통신, 인터넷, 휴대폰 등을 가능케 하는 뉴미디어의 출현은 정보의 유통량을 증가시키고, 결국 정보사회를 출현시키게 되었다.

또한, 제품의 선택에서도 소비자들은 점차로 각 개인의 욕구를 충족시키기 위해 개성화된 제품을 요구하고 있다. 산업사회의 '소품종대량생산'의 생산양식으로는 다양화, 개성화된 개인의 독특한 욕구를 도저히 충족시킬 수 없게 되었으며, 따라서 기업은 소비자가 제공하는 정보, 즉 소비자의 욕구에 맞추어

'다품종 소량생산'을 지향하게 되었다.

2) 사회시스템의 확장

산업화와 그에 따른 도시화는 사람들의 빈번한 이동과 지역적·기능적 결합을 가져왔고, 교통과 통신의 발달은 이러한 이동과 교류를 원활하게 만들었다. 따라서 사회시스템은 점차 통합화되는 경향을 보이고, 사회시스템은 외적·내적으로 확장되었다. 더욱이 세계화는 국제적으로 자본 및 노동의 이동을 확대시키면서 사회시스템을 급격히 확장하는 데 결정적인 역할을 하였다.

사회시스템의 확장은 사회를 구성하는 요소의 숫적 증가와 함께 요소 상호간의 상호작용의 증가를 동시에 가져왔다. 따라서 사회시스템의 산술급수적인 확장은 사회 복잡성의 기하급수적인 증가를 수반하게 되었고, 그에 따라 변화의 크기와 속도도 기하급수적으로 증가하게 되었다. 이와 같이 복잡성과 변화가 커짐에 따라 사회활동에 수반되는 불확실성 또한 증가하게 되었다. 예컨대 과거의 농부에게 있어서는 일상적인 계절변화는 거의 예측 가능한 것이었고 홍수나 한발 등 우연한 자연이변만이 불확실한 요소로 나타날 뿐이었다. 안정된 변화에 대한 지식은 전통적 경험에 의해 알 수 있었고, 경험자로부터 비경험자로 전수될 수 있었다. 따라서 이러한 사회에서는 경험이 많은 사람, 즉 노인이 우대를 받을 수 있었으며, 사회적으로 요구되는 정보량도 많지 않았다.

반면, 오늘날의 기업적 영농가는 계절변화나 일기변화뿐 아니라 국내곡물시장의 동향, 물가·자본의 흐름, 국제적 곡물작황의 변동, 소비자의 기호 등의 정보를 필요로 한다. 이와 같이 사회시스템이 성장함에 따라 커지는 불확실성을 극복하기 위한 정보수요의 증가현상은 매우 보편적인 현상이다.

이러한 정보수요의 폭발적인 증가현상을 종이나 수작업에 의존하는 과거의 방식으로는 해결할 수 없기 때문에 새로운 기술과 방식이 필요해진 것이다. 따라서 정보의 저장 및 관리를 위한 데이터베이스 기술, 빠른 전송을 위한 통신·방송기술, 정보처리를 위한 컴퓨터기술 등 정보사회의 핵심기술들이 속속 등장하게 되었고, 동시에 지적재산권보호, 개인정보보호, 정보공개제도 등 안정적이고도 효율적인 정보의 생산·유통을 촉진시키기 위한 사회적 제도들이 도입되기 시작되었다.

그렇다면 정보수요는 인류역사 이래 지속적으로 증가해 왔는데 왜 최근의 사회변화에 대해서만 진정한 의미의 정보사회라는 별도의 명칭을 적용하려는 것일까? 그것은 1960년대 이후에서야 인류역사상 유례없이 효율적인 정보통신기술과의 결합을 통해 정보의 생산·유통에 획기적인 변화가 일어났기 때문이다. 인류사상 최초의 정보혁명은 문자의 발명에 의해 이루어졌다. 문자의 발명을 기점으로 인류는 비로소 역사를 가지게 되었고, 경험과 지식·정보를 축적하고 후세에 전수할 수 있게 되었다. 따라서 인류사는 문자발명 기점을 하여 선사시대와 역사시대로 나누어진다. 문자발명 이후 종이나 활자의 발명 등 정보통신기술의 측면에서 꾸준한 발전은 있었으나 컴퓨터와 통신기술이라는 획기적인 정보통신기술의 등장은 혁명적인 변화를 가져오게 되었다. 그 혁명적인 성격은 곧 매체, 거리, 시간, 용량 등 정보를 둘러싼 모든 물리적 제약이 완전히 해소될 수 있게 되었다는 것이다. 또한 이러한 기술적 가능성에 힘입어 모든 정보의 내용과 형식에 있어서도 커다란 변화가 일어나게 된 것이다.

요컨대, 컴퓨터와 디지털, 그리고 전송기술 등 정보통신기술의 획기적인 발전은 정보통신의 공급측면에서 정보사회의 기반을 제공한 것이라며, 여기에 사회구성원들의 통신 및 뉴미디어에 대한 욕구의 증대는 정보통신의 수요측면에서 정보사회의 진전을 가속화시키는 요인이 된 것으로 볼 수 있다.

2.3 경제적인 요인 : 세계화와 유연성

아담 스미스(Adam Smith)의 '보이지 않는 손'에서 비롯되는 18세기 이래의 고전적 자본주의는 그 이전의 중상주의나 중농주의 방식의 국가개입보다 경제활동을 자유로이 방임하여 시장의 자동조절 메카니즘에 맡김으로써 더욱 큰 국부를 창출할 수 있다는 신념에 기초하고 있다. 이 때 국가의 역할은 기본적인 질서유지와 범죄적 행위의 예방에만 국한되어야 한다는 작은 정부를 이상으로 삼았다. 초기의 자본주의는 자유주의적 정치이념과 함께 순조로운 경제활동이 가능하였다.

그러나 1929년의 세계 대공황은 가장 심각한 피해를 초래하였고, 자본의 무제한적 축적으로 인한 공황의 주기적 발생을 막기 위하여 정부는 자본축적의 제한조치를 도입하기 시작하였다. 이것이 포드주의-케인즈주의에 근거한 국가규제형 자본주의(state-regulated capitalism)의 도입인데, 이를 통해 세계자본주의는 공황의 위기를 극복할 수 있었고, 1930년대부터 1960년대까지는 다시금 자본축적의 급격한 확대(경제성장, 생산성 증가 등)를 초래하였다.

그러나 이러한 1945년부터 1973년까지의 포드주의-케인즈주의[12]의 체제가 더 이상 지속될 수 없었던 것은 1970년대에 선진자본주의가 겪었던 불황과 1973년말 석유수출기구(OPEC)가 원유가격을 200% 이상으로 인상한 충격 때문이다. 이러한 새로운 세계자본주의 환경변화에 등장한 것이 포스트 포드주의(Post-Fordism)였으며, 포스트 포드주의의 중요한 특징은 세계화와 유연성인데, 세계화와 유연성을 가능하게 한 것은 정보를 처리하고 저장하며 사용하는 정보의 유통량이 증가함에 따라 정보사회가 출현하게 되었다.

1) 세계화

포드주의의 붕괴를 가져온 중요한 요인 중의 하나로서 흔히 포스트포드주의 시대의 특징으로 간주되는 세계화(globalization)이다. 세계화라는 개념은 장기적인 관점에서 볼 때 아직 완성된 것은 아니지만, 1970년대부터 가속화된 것이다. 이 용어는 단지 사안(affairs)의 국제화, 즉 자율적인 민족국가간의 상호작용의 증가만을 의미하는 것은 아니다. 세계화는 이보다 훨씬 더 많은 의미를 포함하고 있다. 그것은 세계 사회경제적 생활의 통합의 증대와 아울러 인간관계에서 상호의존성의 증가를 보여주는 것이다. 세계화는 시장, 화폐 그리고 기업조직의 통합에서 드러나는 경제적인 문제이기도 하지만, 그것은 또한 사회적, 문화적, 정치적 조건으로서, 예를 들자면, 인구이동 및 관광활동의 폭발적 증가, 혼합된 음악유형 그리고 생존을 위협하는 도전에 대처하기 위한 세계적인 정치전략에 대한 관심의 고조 등에서도 분명히 드러나고 있는 것이다.

최근에 급속하게 진행되고 있는 세계화는 단순한 국제적 분업체계로서의 국제화와는 다른 양상을 보인다. 그것은 이른바 세계 경제(world economy)가 구체화되어 가고 있기 때문이다.[13] 세계 경제는 컴퓨터, 광케이블, 통신위성 등

---

12) 1945년부터 1973년까지 지속되었던 포드주의-케인즈주의는 민족국가의 주권, 주어진 영토 내에서 정책을 입안하고 수행할 수 있는 정부의 능력, 국내기업의 외국경쟁기업으로부터의 상대적 자유 그리고 국민적 기업으로의 정체가 가지는 실용성 등에 기반을 두고 있었다. 이 시기는 대량생산과 소비가 적절한 균형을 이루었던 시기로서 국가의 경제문제 개입이 그러한 조화가 이루어지도록 도와주었고 정부의 복지조치는 사회적 안정성의 유지뿐만 아니라 이러한 균형을 지원하였다. 포드주의-케인즈주의 시대의 특징은 ① 상품의 대량생산이 일반적이었다. ② 고용구조에서 지배적인 집단은 산업노동자였다. ③ 대중소비가 일반화되었다. ④ 민족국가가 경제활동의 중심이었고 그 안에서의 영역들은 일반적으로 전국적인 독과점체제에 의해 지배되었다. ⑤ 경제활동의 토대가 된 것은 계획에 대한 인정된 역할이었다.

13) Paul Kennedy, *Preparing for the 21st Century*(N.Y. : Random House, 1993), 변도은・이수일

커뮤니케이션기술의 발달에 의해 촉진되고 있을 뿐 아니라 전세계가 자유시장화하고 있기 때문이기도 하다. 이제는 국가를 경계로 하는 사회주의적 계획경제가 불가능하게 되었으며, 세계의 시장을 대상으로 모든 나라의 개별기업들이 판매경쟁을 벌이는가 하면 다국적기업들이 등장하고 있는 것이다. 또한 뉴미디어의 급속한 발달과 확산은 국가 단위의 문화적 경계를 넘어서서 지구촌문화(global culture)를 형성하는가 하면 사람들의 일상생활에서도 세계화된 생활양식(life style)을 형성해 가고 있다.[14]

더욱이 세계화의 과정에서 결정적인 역할을 하였던 것은 다국적기업(trans-national corporation)의 확장이다.[15] 다국적기업에 의해 발전되고 구성되는 세계화는 정보적 하부구조(정보통신망)을 통해 달성할 수 있는데, 구체적인 내용을 살펴보면 다음과 같다.

첫째, 시장의 세계화이다. 과거에는 기업들이 지역적인 소수 독점체제에 의해 지배하였지만, 오늘날 기업들은 세계시장을 무대로 활동하고 있는 반면, 그만큼 경쟁상태에 있다. 기업들이 세계시장을 무대로 활동할 수 있게 된 가장 큰 요인은 정보통신망의 확충을 들 수 있다. 왜냐하면 정보통신망은 세계화된 판매전략을 조성하는 데 필수적인 것이기 때문이다. 기업은 내부에 많은 수의 직원을 고용하지 않고서도 공급자와 분배자에 대한 지속적인 감독을 할 수 있도록 해주는 컴퓨터화된 통신에 의존하는 하청과 마찬가지로, 세계적 기업전략도 정교화된 정보통신망의 기반 위에서만 실행가능한 것이다. 더 나아가 세계적 선택에서(생산은 중국에서, 부품공급은 일본에서, 판매는 미국에서) 정보통신기술의 발달 없이는 상상조차 할 수 없는 것이었다. 바로 이러한 이유 때문에 각국에서는 정보통신망을 통한 데이터 통신량이 매년 큰 폭으로 증가하고 있다.

둘째, 금융의 세계화이다. 세계화의 중요한 측면은 은행과 같은 세계적 정보서비스의 확산을 들 수 있다. 이는 금융의 세계화의 일면을 보여주기도 하지만

역, 『21세기 준비』(한국경제신문사, 1993), Ch.3.

14) J. Naisbitt & P. Aberdine, *Megatrends 2000*(Washington, D. C. : Raphael Sagalyn Inc., 1990). 김홍기 역, 『메가트렌드 2000』(한국경제신문사, 1990) Ch.4.

15) 사실 재정적인 측면에서 볼 때 최대 초국적기업보다 더 큰 나라는 20개 정도밖에 안된다. 제너럴 모터스(GM : 1992 수입 1,330억 달러), IBM(650억 달러), 셸(Shell : 990억 달러) 그리고 제너럴 일렉트릭(GE : 620억 달러) 등과 같은 초국적기업은 "세계경제에서 지배적인 세력"이며(Dicken, 1992 : 49), 이들이 세계 총생산의 25%나 차지한다. 이들 기업은 매우 집중되어 있어서 대규모 초국적기업들이 모든 주어진 부문의 활동에서 가장 큰 부분을 차지하고 있다.

그보다 훨씬 많은 것들을 의미하기도 한다. 즉 점점 더 통합된 세계금융시장의 발달이 그것이다. 정교화된 정보통신기술체계가 이용가능할 뿐만 아니라 주식시장에 대한 규제가 완화되고 외환거래가 자유로워짐에 따라 오늘날 우리는 연속적인 실시간 화폐정보의 유통과 주식, 채권 그리고 통화의 종일 거래를 위한 설비를 갖추게 되었다. 이러한 발달은 국제금융거래의 속도와 양을 크게 증가시켰다. 환율거래, 외국인 직접투자 그리고 채권이나 주식시장은 빠른 속도로 성장하여 왔는데, 이것은 세계시장에서 금융정보의 유통에 대한 중요성을 부각시켜 주고 있는 것이다. 따라서 정보통신망은 세계화된 경제의 필수적인 부분인 세계금융거래의 처리와 그에 따른 정보서비스에 대하여 결정적으로 중요하다. 신뢰성 있고 강력한 정보통신망이 없이는 주식거래, 은행간 및 은행·고객간의 커뮤니케이션, 그리고 그에 관련된 활동은 유지할 수 없을 것이며 이에 따라 포스트 포드주의적 경제체제도 불가능할 것이다.

셋째, 생산의 세계화이다. 세계시장에 대한 기업의 관련성이 증대함에 따라 그들은 세계적 규모로 자신들의 사업을 확장해왔다. 예를 들면, 다국적기업은 세계적 생산전략으로 본사는 한국에, 설계는 미국에서, 생산은 중국에서 행함으로써 세계화를 형성해가고 있다. 이러한 과정에서 정보흐름의 문제가 전면에 떠오르게 되는데, 그것은 정교한 정보서비스가 없이는 판매전략과 세계 도처에 흩어진 생산시설을 감시·감독을 할 수 없기 때문이다. 이러한 생산의 세계화에 대한 필수적인 조건은 세계적 정보적 하부구조를 형성하는 광고, 은행, 보험 그리고 상담서비스 등과 같은 정보서비스의 세계화에 근거를 두고 있다.

2) 유연성

포스트 포드주의에 대한 설명에서 항상 강조되는 또 하나의 속성은 유연성(flexibility)을 들 수 있다. 유연성은 구조화되고 표준화된 것을 특징으로 하는 포드주의 체제하에서 지배적이었던 속성과는 뚜렷한 대조를 보이는 속성인데, 유연성의 특징으로 간주되는 것들을 살펴보자.

첫째, 새로운 노동자의 유연성이 존재한다. 다시 말하면, 포스트 포드주의 노동자들은 엄격한 업무지침도 가지고 있지 않으며 과거에는 노동활동을 하는 평생 동안 머물게 되는 일정한 직업에 대하여 가졌던 태도도 가지고 있지 않다. '관할권 분쟁'(demarcation disputes)이나 '한번 조립공은 영원한 조립공'이었던 시대와는 대조적으로 오늘날에는 적응성이 중심적인 속성이고 '다중숙련'(multi-skilling)이 표준이다. '평생훈련'이라는 이미지가 강조되고 이 새로운 시대에서는 변화가 연속적인 것이고 따라서 노동자들은 무엇보다도 유연적이어야 한다는 인식이 나타나고 있다.

이러한 업무와 훈련에 대한 유연성뿐만 아니라 임금유연성(합의된 조합 또는 전국적 비율에 따라 임금을 지급하기보다는 개인의 업무능력에 따라 지급하는 경향), 노동유연성(몇 년마다 업무를 변경할 수 있도록 준비된 것으로 이를 위해 일정기간을 계약으로 고용되는 것이 점점 더 일반화되고 있다.) 그리고 시간유연성(변형근로제 그리고 교대근무-종종 주말을 포함하는-에 대한 압박과 같은 시간제고용이 빠르게 일반화되어 가고 있다) 등도 존재한다.

둘째, 생산의 유연성이 있다. 정보통신망을 통해 생산자와 소비자 간의 소통이 원활해짐에 따라 즉시(just-in-time)생산체제가 가능해 졌다. 즉시생산체제는 실제 주문이 들어올 때까지 기다렸다가 주문과 동시에 공장에서 상품을 생산하는 것으로 창고비용이나 재고상품에 대한 관리비용을 절감할 수 있다. 이러한 체제가 잘 작동되기 위해서는 소비자의 욕구에 민첩하게 반응할 수 있도록 유연적이여야 한다. 이러한 유연성은 시장경쟁에서 많은 이점을 가져다주기 때문에 기업은 이를 뒷받침해 줄 정보활동에 투자를 해야만 한다. 유연생산의 또 다른 형태는 하청전략인데, 기업은 하청(outsourcing)전략을 활용함으로써 자신들의 직원을 해고시켜야 하는 부담이 없이도 지속적이고 유연적으로 기업의 경영이 가능하게 된다.

셋째, 소비의 유연성이 있다. 정보통신기술의 발전함에 따라 소비자들은 정보통신망을 통해 자신들의 독특한 생활양식과 취향에 맞는 소비성향을 표현하고, 그에 맞는 소비적 차별화를 추구하고 있다. 이러한 소비자의 욕구에 맞추어 상품이 더욱 개성화되어 가고 있다.

3 정보사회의 개념 및 정의

정보사회는 경제적, 사회적, 정치적, 기술적, 문화적, 역사적 속성을 갖고 있는 복합적인 개념이다. 이로 인하여 정보사회를 논자의 여러 관점에 따라 다양한 모습으로 정의하고 있다. 따라서 정보사회에 대한 개념 및 정의는 그 자체가 하나의 중요한 학문적 논쟁의 핵심이 되어 왔다. 그것은 정보사회가 산업사회와 어떠한 점에서 구별되는가 하는 정태적인 논의와 함께 정보사회가 산업사회로부터 어떻게 발전되어 왔으며, 정보사회의 원동력은 과연 무엇인가에 관한 동태적인 논의를 동시에 포함한다.

기술공학적인 관점에서의 정보사회는 컴퓨터와 통신기술로 집약되는 정보통신기술의 획기적인 발전으로 인하여 거의 모든 부문(정치, 경제, 사회, 문화, 산업, 무역, 군사, 사무실, 가정 등)에 정보통신기술이 활용되는 사회를 말한다. 여기에서 주된 관심은 정보통신기술이 이제는 타자기, 자동차, 주방기기, 공장기계, 텔레비전, 장난감 등에 컴퓨터를 결합시키는 기술이 실현가능하고 정보통신기술의 발전속도가 혁명적으로 변화하고, 그것이 국민생활에 미치는 충격 또한 우리의 상상을 초월하고 있기 때문에 엄청난 사회적 대변혁을 경험하게 되고 우리는 새로운 시대로 진입하게 될 것이 분명하다는 것이다. 최근의 정보통신기술의 급격한 발전은 그 자체 광범위한 사회변화의 유발요인인 동시에 정보통신기술은 정보사회로의 변화에 수반되는 기술들을 지원해 주는 역할을 하고 있는 것이다. 이러한 정보통신기술의 사회적 수용이나 정보통신기술에 의한 사회적 변화는 정보혁명이라는 용어가 표현하듯이 갑자기 일어난 것이 아니라 대체로 단계적·진화적으로 이루어져 왔다. 즉, 정보통신기술의 발전 없이는 사회 여러 분야에서 일어나고 있는 변화가 원칙적으로 가능하지 않다. 그러나 정보통신기술의 발달과 사회변화를 동일한 선상에서 이해하는 것은 문제가 있다. 정보통신기술의 발달이 저절로 사회변화를 유발하는 것이 아니기 때문이다. 사회변화를 이해하기 위해서는 기술적 요인뿐 아니라 사회적 요인, 경제적인 요인, 문화적인 요인 등 여러 가지 요인들을 살펴보아야 한다. 이러한 면에서 볼 때 정보통신기술의 발전을 정보사회에 있어서 하나의 필요조건이지 그 자체 충분조건은 아니라고 볼 수 있는 것이다.

사회학적인 관점에서의 정보사회는 사회의 내적·외적 확장에 따른 복잡성과 변화로 인한 불확실성을 극복하기 위하여 정보수요가 급격히 증가하고, 이에 따라 정보의 생산과 유통이 기하급수적으로 증가하면서, 이들을 수용하기 위해 새로운 정보통신기기와 정보통신기술이 빠르게 발달·확산되는 사회를 말한다. 하지만 정보사회의 사회적 영향에 대해서는 비관론과 낙관론이 매우 상반된 입장을 취하고 있는데, 이에 대한 구체적인 논의는 다음 절에서 살펴본다.

경제학적인 관점에서 정보사회는 정보가 그 사회의 중요한 상품으로 부각됨에 따라 정보의 경제적 가치와 비중이 상대적으로 커지는 사회를 말한다. 이러한 변화에 따라 정보통신산업의 비중이 증가하고 산업 및 취업구조상의 변화가 수반되며, 궁극적으로 정보가 토지, 노동, 자본이라는 산업사회의 3대 생산요소에 앞서는 가장 중요한 생산요소로 등장하게 된다. 경제학적인 관점에서의 정보사회는 다음과 같은 특징을 보이고 있다. 첫째, 정보통신산업의 생산량이 국내총생산(GDP)에서 차지하는 비율이 높아져 간다. 둘째, 정보통신산업의 종사자수가 한 국민경제의 총고용자에서 차지하는 비율이 높아져간다. 셋째, 정보업무와 관련된 사업체와 직업이 증가한다. 다시 말하면, 사무직원, 금융인, 교사, 법률가 등이 광부, 농업종사자, 제철노동자, 건설노동자들보다 많을 때 정보사회가 등장하게 된다는 것이다.

지금까지 살펴본 바와 같이 정보사회는 논자의 관점에 따라 다양하게 정의되어 왔는데, 이러한 정의들 중에서 가장 일반적으로 받아들여지고 있는 정보사회의 정의는 "정보화의 비중이 증대되는 사회로 정치, 경제, 행정, 교육, 문화, 지역사회, 기업활동, 가정활동에 이르기까지 사회의 모든 분야에서 정보화가 진전되어 정보의 가치가 보다 상대적으로 높아지고 정보에 관한 생산, 유통, 소비, 분배 등의 활동이 매우 활발한 사회"라고 할 수 있다. 즉, 정보사회는 사회구성원이 의사결정에 사용할 수 있는 정보의 양이 풍부해지고, 정보사용을 통한 혜택이 많아짐에 따라 사람들이 정보의 중요성을 새롭게 인식하게 된다는 것이다. 그리고 이러한 정보가 의사결정자에게 적시에 정확히 전달되어 의사결정의 질이 높아지며, 그 결과 사회구성원의 욕구가 더욱 충족된다는 것이다.

| 제3절
>>> ## 정보사회의 낙관론(단절론)과 비관론(연속론)

정보사회의 사회관계는 시공간의 제약에서 벗어나고, 비대면적 접촉이 주를 이루고, 쌍방향적이고, 개방적이고, 일시적이고, 단편적이고, 평등하고, 정서적 몰입이 배제됨을 특징으로 하고 있다. 이에 따라 정보사회에서 사는 개인들의 사회적 삶도 크게 변화하였다. 그러나 정보사회를 어떻게 자리매김할 것인가에 있어서는 관점에 따라 사뭇 다른 견해를 보이고 있다. 정보사회는 어떤 사회이며, 정보사회를 살아가는 우리의 일상세계의 모습은 어떠할까?

① 낙관론과 비관론의 일반적인 시각

정보사회는 그 성격과 전망에 대해 낙관과 비관의 첨예한 논쟁을 보이고 있는 테마도 없을 것이다. 정보사회를 이전의 자본주의적 산업사회와 다른 새로운 유형의 사회로 보는 주장(낙관론)과 자본주의적 산업사회의 연장선상에서의 정보사회를 파악하려는 주장(비관론)의 갈래가 그것이다.[16] <표 2-3>에서 보는 바와 같이 낙관론의 입장은 산업사회와 자본주의사회의 문제점들이 정보사회에 이르러 대부분 해소된다는 것이다. 극단적으로 컴퓨터와 유토피아의 합성어인 이른바 컴퓨토피아(computopia)가 실현될 것이라는 주장이다. 설사 컴

표 2-3	낙관론과 비관론의 구분기준	
구 분	낙관론	비관론
정보의 접근성	-정보가 널리 알려질수록 그 가치가 올라가는 포함적 정보를 근거하고 있음 -개인 및 집단이 필요한 정보를 언제 어디서나 획득 가능하고 정보의 사용이 다른 사람의 사용을 배제하지도 방해하지도 않는 공공재의 성격을 갖는다.	-한 사람의 정보사용이 다른 사람의 정보사용에 의해서 손해를 받거나 방해를 받는 배타적 정보를 근거로 하고 있음 -개인 및 집단이 정보를 사적 및 독점적으로 소유함으로써 권력(자본)을 획득이 가능하기 때문에 다른 사람들의 사용을 체계적으로 배제함
정보생산의 주체	-개인 및 집단 누구나 정보생산이 가능 -정보가 개인 및 집단 등 다수에 의해 생산되기 때문에 집중화된 권력이나 자본을 통해 불평등의 현상이 감소	-특정한 소수의 개인 집단에 의해 정보생산이 가능 -정보가 소수의 개인 및 집단에 의해 독점적·배타적으로 생산되기 때문에 권력과 자본이 집중되어 사회적 불평등의 현상이 초래됨
정보상품에 대한 견해차이	-정보상품에는 수확체증의 법칙이 작동 -개성화와 창의성을 요구하는 정보사회에서는 소규모 회사들이 경쟁력을 가지고 있기 때문에 독점기업이 존재하지 않음	-정보상품에는 수확체감의 법칙이 작동 -정보사회 역시 자본산업사회의 소규모 대량생산체제가 만들어내는 독점기업이 존재

---

16) 정보사회를 자본주의적 산업사회와 구별되는 별개의 사회라고 보는 이론으로는 토플러(A.

퓨토피아는 아니라고 하더라도 적어도 자본주의사회의 불평등과 갈등의 문제들이 상당 정도로 해소될 수 있다는 견해이다. 낙관론의 근저에는 정보사회를 산업사회나 자본주의사회와는 질적으로 다른 새로운 사회(정보사회를 산업사회와는 전혀 다른 사회로 파악하는 인식)의 도래라는 입장이 깔려 있다. 낙관론자들은 기본적으로 정보사회를 자본주의적 산업사회에의 연속성보다는 변화를 우선시하고, 그 변화의 결과로 나타나는 산업사회와 정보사회 간의 단절성을 강조하고 있다. 즉 사회변동의 측면에서 정보사회의 사회적 독자성을 뚜렷이 인정하는 입장이다. 낙관론자들은 정보통신기술의 발전은 사람들의 생활을 지금보다 더 평화롭고 문화적으로 풍요하게 만들 것으로 예측하고, 국제적으로도 상호이해가 증진되고 인류복지향상을 가져올 것이라고 전망하고 있다. 이들은 개성화와 다양성을 향상시켜 주는 정보통신기술의 특성이 산업사회의 근본적인 폐해요인이 되었던 표준화, 전문화, 집중화, 집권화, 동시화, 극대화의 패러다임을 극복해 줄 수 있을 것이라는 점을 강조하고 있다. 또한 고도정보사회에서는 생산성의 증대를 가져올 뿐만 아니라 삶의 질 향상을 가져올 것으로 전망하고 있다.

지금 이 시간에도 통신위성은 서울에서 뉴욕, 방콕에서 런던에 이르기까지 우편과 데이터 또는 방송 프로그램 등 수많은 정보가 1초도 안되는 짧은 시간에 송·수신되고 있다. 국제전화는 물론 수요의 급증이 예상되는 국제 데이터 통신, 나아가 대용량 인공위성을 이용한 영상회의의 실현으로 국가간의 정보교류가 다양화 및 고도화되어 가고 있다. 이러한 정보통신의 발달은 국가간의 시간적·공간적인 장애를 극복해 줌으로써 국가간의 정보유통과 더불어 경제, 사회, 정치, 문화 등 각 분야의 교류를 촉진시키게 된다는 것이다.

반면에 비관론은 정보사회가 산업사회와 다른 새로운 사회가 아니라는 인식에서 출발하고 있다. 정보사회는 정보통신기술의 발달에 힘입어 후기자본주의의 구조적 모순을 봉합하기 위해 등장한 사회(정보사회를 산업사회의 연장선

Toffler)의 제3물결 문명론(*civilization of the third wave*), 포스터(M. Poster)의 포스트모더니즘(*postmodernism*), 피오르(M. Piore)와 세이블(C. Sabel)의 유연전문화론(*flexible specialization*), 그리고 가스텔(M. Castells)의 정보적 발전양식론(*informational mode of development*), 그리고 정보사회를 자본주의적 산업사회의 연속성으로 파악하려는 논의로는 쉴러(H. Schiller)의 네오맑시즘(*neo-marxism*), 아글리에타(M. Aglietta)의 조절이론(*regulation theory*), 하비(D. Harvey)의 유연적 축적론(*flexible accumulation*), 하버마스(J. Habermas)의 공론의 장(*the public sphere*) 등을 들 수 있다.

상에서 파악하는 인식)이며, 따라서 자본주의 사회이고, 자본주의적 산업사회가 갖고 있는 구조적 특성을 그대로 포함하고 있는 사회라는 것이다. 정보사회는 자본주의 사회의 연장선에 불과한 만큼 자본주의적 모순과 병폐를 그대로 안고 있으며 경우에 따라서는 더욱 악화될 수 있는 위험성을 경고하고 있다. 또한, 이들은 계급간 불평등이나 권력의 독점과 같은 현상이 정보사회라고 해서 결코 수그러지지 않는다고 강변하고 있다. 따라서 정보사회는 효율성과 경쟁정신을 근간으로 하는 산업사회의 패러다임의 연장선상에 있으며, 사회분업화 및 효율성 극대화를 통한 인간소외 현상은 더욱더 가속화될 것이라고 주장한다.

1.1 경제적 측면에서의 논쟁

경제분야의 경우, 한편에서는 정보통신기술의 발달은 시장 정보를 신속하고 광범하게 확산시킬 수 있게 해줌에 따라 시장은 점점 더 효율적인 완전경쟁시장(완전정보를 통해 상품 선택이 가능)에 가까워질 것이고, 따라서 시장의 효율성 증가는 결국 전체 경제의 물가상승이나 실업의 위협 없이 안정적이고 지속적인 성장세로 이끌어갈 것이라는 주장이다.

다른 한편에서는 정보통신기술의 발달로 인해 대규모 금융자본의 이동이 더욱 신속하게 이루어질 수 있고, 이에 따라 세계경제는 점점 더 국제 금융자본의 단기적인 이해관계에 휘둘리게 되고 궁극적으로 자본주의의 고질적 병폐라고 할 수 있는 경기변동의 진폭과 그 파괴력만 더욱 커지게 될 것이라는 주장이다. 이외에도 노동의 질은 향상되는가 낙후되는가, 정보경제하의 취업구조는 화이트 칼라층의 증가로 나타나는가 아니면 화이트 칼라층의 감소로 나타나는가, 경제적 불평등은 완화되는가 아니면 악화되는가 등의 논제들이 쟁점화되고 있다.

1.2 정치적 측면에서의 논쟁

정보사회를 둘러싼 정치적 논쟁은 민주주의의 실현 가능성에 대한 문제이다. 정보통신기술이 발전함에 따라 지배집단에 대해 자신의 목소리를 효과적으로 낼 수 있으며, 재택선거를 통해 직접민주주의 실현이 가능하다.

다른 한편에서는 정보사회에서는 통치자가 정보통신망과 정보통신기술을 직·간접적으로 지배함으로써 통제와 감시 능력을 향상시켜 전자감시사회를 부추기면서 진정한 민주주의의 틀이 무너지고, 그로 인해 국민을 통합하고 가치를 합리적으로 배분하는 정치 고유의 기능이 위협받게 된다는 것이다. 이외에도 전자정부는 과연 최소한의 비용으로 최대한의 행정서비스를 제공하는 효율적인 정부인가에 대한 쟁점과 함께 정보화에 따른 시민사회의 활성화 여부에 대해서도 활발한 논의가 전개되고 있다.

1.3 사회적 측면에서의 논쟁

정보사회를 둘러싼 사회적 논쟁의 핵심은 공동체의 해체인가 또는 강화인가 하는 문제이다. 한편에서는 인터넷이나 무선이동통신을 이용한 전자커뮤니케이션의 발달은 일면적·단편적·선정적 의사소통을 부추기고, 따라서 왜곡된 의사소통을 낳으며 그 결과 대면적-정서적-전인격적 의사소통을 주축으로 하는 전통적 공동체는 와해된다는 것이다.

이와는 대조적으로 전자커뮤니케이션의 특징은 무엇보다도 평등성·쌍방향성·익명성·분산성의 특징으로 하고 있는 만큼, 기존의 전통적 공동체가 권위나 여타 인격적 제약에 의해 자유로운 쌍방향적 의사소통이 억압당한 공동체였다면 인터넷 등을 통해 탄생한 가상공동체는 여러 전통적 권위와 제약으로부터 자유로운 평등하고 쌍방향적인 의사소통이 가능한 공간으로서 진정한 의미의 공동체를 경험할 수 있는 기회를 열어준다는 주장이다.

1.4 문화적 측면에서의 논쟁

정보사회의 문화적 쟁점의 핵심은 문화의 다양화와 획일화 사이의 논쟁이다. 문화의 다양화 논자들은 정보사회에서는 더 이상 문화의 생산자와 소비자가 분리되어 있지 않다. 누구나 원하는 정보와 메시지를 만들어내고 그것을 전 세계에 유포시킬 수 있게 되었다. 따라서 매체를 장악한 일부 집단이 문화적 상징들을 독점 생산하고 대중은 이를 집단적으로 소비하고 수용할 수밖에 없었던 과거와는 달리 정보사회에서는 다양한 집단, 다양한 부류의 사람들이 각자의 문화적 상징들을 생산하고 유포할 수 있게 됨에 따라 다양성이 확대되는 문화적 토양을 갖게 될 것이다. 어느 한 집단이 사람들의 가치체계와 문화적 코드를 장악하는 것이 불가능해진 문화 민주주의가 가능한 사회가 가능하다는 주장이다.

한편 문화의 획일화 논자들은 오늘날 인터넷을 비롯한 뉴미디어는 통합의 추세로 가고 있음을 중요시한다. 기존의 대중매체를 독점해 왔던 거대기업, 특히 미국 중심의 거대기업이 뉴미디어 분야를 자신의 사업 영역으로 통합하고, 미국의 문화적 상징들을 생산함으로서 간접적으로 문화를 독점하고 있다고 주장한다. 이제 전세계는 안방에서 미국 CNN이라는 창문을 통해 세상을 보고 있으며, 결국 정보사회는 정보선진국 미국을 중심으로 하는 거대 미디어 산업이 전세계의 문화를 미국화 해 가는 과정이라고 주장하고 있다.

2 정보사회에 대한 학자별 견해

벨(D. Bell)은 1973년 그의 저서인 『후기산업사회의 도래』[17]에서 한 국가의 사회를 전산업사회, 산업사회, 후기산업사회의 세 가지 형태로 유형화하고 있다. 그리고 벨은 한 사회가 형성되기 위한 핵심적인 원리와 구조를 제시하고 있다. ① 사회구조(social structure)는 경제, 기술 및 직업체계로서 자원배분의 효율성과 극대화를 추구하고, ② 정치체계(political system)는 권력의 배분과 욕구의 갈등을 관리하는 영역으로서, 다양한 방식과 다수의 정치참여를 추구하며, ③ 문화유형(cultural pattern)은 자아만족과 자기발전을 그 구성목표로 한다고 주장한다. 이러한 기축원리와 구조하에 제시된 후기산업사회의 주요 특징들을 다음과 같이 정리하고 있다. 첫째, 산업사회에서 자본과 동력이 중요한 자원이 되는 것처럼, 후기산업사회에서는 지식과 정보가 전략적으로 중요시되고 사회적 자원으로 변화되어 가는 사회이다. 다시 말하면, 종래의 기계기술보다는 정보에 기초한 새로운 지적기술과 이론적 지식이 더 중요되는 사회를 말한다. 둘째, 후기산업사회는 과학과 기술의 변화로 인한 지식과 정보에 토대를 두고 있다는 점에서 지식과 정보를 생산하는 대학이나 연구소 등과 같은 연구기관들이 핵심적인 사회제도로 떠오르는 사회이다. 셋째, 산업사회가 재화

---

17) Daniel Bell, *The Coming of Post-Industrial Society : A Venture in Social Forecasting*(New York : Basic Books, 1973).

(goods)를 주로 생산하는 사회인데 반해, 후기산업사회는 기술혁신에 의한 서비스를 주로 생산하는 사회인데, 서비스의 질적인 측면에서도 근본적으로 다른 서비스를 생산하는 사회이다. 다시 말하면, 전산업사회에서는 가내서비스를, 산업사회에서는 재화를 생산하는데 보조하는 서비스와는 달리 후기산업사회에서는 일정 수준의 교육과정을 이수한 사람들과 고도의 기술을 보유하고 있는 사람들이 의료계, 교육계, 건축계, 디자이너, 연구개발 등의 분야에서 만들어내는 서비스라는 특징을 갖고 있다.

토플러(A. Toffler)에 의하면,[18] 인류의 문명은 약 1만년 전 농업혁명과 더불어 나타나 수천 년 동안 농업문명을 일구어온 제1물결, 18세기경 시작된 산업혁명과 함께 출현하여 산업문명은 약 300여 년 역사를 지닌 제2물결, 그리고 정보나 지식 등에 기초한 정보혁명과 함께 범세계적으로 역사상의 일대 약진을 가져올 정보문명의 단계인 제3물결이 진행되고 있다고 주장하고 있다. 제1물결의 농업문명에 이어 20세기 중반에 제2물결의 산업혁명에서는 기업의 상품 생산에 표준화, 전문화, 집중화, 집권화, 동시화, 극대화의 여섯 가지의 원리를 구현해 왔다. 이러한 결과로 인해 공장에서의 대량생산, 대량유통, 대량판매, 핵가족화, 대중교육, 대기업의 출현, 대중매체, 대의정치제도, 민족국가 등에 의존하는 산업문명이 자리를 잡았다. 제3물결은 제2물결의 원리들을 벗어나는 일련의 변화들을 담고있는데, 그러한 변화들은 매체의 탈대중화, 탈대량생산, 의사결정의 탈중앙집권화, 가족의 탈대중화, 노동의 탈동시화(유연성), 정치와 문화의 탈표준화, 초국가적 조직망의 확산과 민족국가의 위축, 인간의 소외 및 비인간화 등으로 나타나고 있다는 것이다. 이러한 수많은 변화의 강물들이 하나의 거대한 역사적 대합류를 이루고 있는 것이 제3물결이라는 변화의 바다이며, 그 세력이 확대되어 정보의 중요성, 컴퓨터, 재택근무, 통신공동체, 반직접민주주의 체제 등과 관련하여 정보사회가 도래하고 있음을 보여주고 있다. 또한 국제적으로도 이러한 고도정보사회는 국가상호간의 이해를 증진시키고 인류복지의 향상을 가져올 것으로 내다봤다.

카스텔(M. Castells)[19]은 1996~98년 연속 출간한 『정보시대 : 경제, 사회, 문화』 3부작은 다니엘 벨의 저서 이후 가장 주목받는 저작으로 평가되고 있다.

---

18) A. Toffler, *The Third Wave*(N.Y. : Bantam, 1981).

19) M. Castells(1989), *The Informational City : Information Technology, Economic Restructuring, and the Urban-Regional Process*, Oxford, UK & Cambridge, USA : Blackwell.

정보사회가 어떻게 출현하였는가의 질문에서 출발한 그는 오늘날의 정보사회를 글로벌 경제와 정보혁명이 결합된 정보자본주의로 명명하고 있다. 그에 의하면 모든 사회는 서로 다른 발전양식을 갖고 있는데, 오늘날에는 생산·소비·관리 등의 모든 과정에서의 효율성과 생산성을 증대시키기 위해 정보처리적인 수단을 사용하고 있으며, 이는 1970년대 이래의 선진자본주의의 위기에 대응하기 위한 자본주의적 재구조화와 결합됨으로써 산업사회에 뒤이은 정보사회가 출현하였다는 것이다. 그리고 정보자본주의를 재생산하는 매개로 네트워크를 중요시 하고 있다. 이 네트워크가 경제뿐만 아니라 사회조직 및 문화영역에도 급속히 확산되어 자본주의 전체를 새로운 방식으로 재구조화한다는 것이다. 네트워크가 정보전달의 속도를 획기적으로 높이고 범위 역시 전지구적으로 확대되면서 거래비용을 거의 제로로 만들면서 생산력과 경제성장에 비약적인 도약을 가져올 것으로 예측하고 있다.

나이스빗(J. Naisbitt)[20]가 제시한 21세기의 거대조류(megatrends)는 ① 산업사회에서 정보사회로, ② 경성적(hard)기술에서 하이테크-하이터치(high-tech, high-touch)로, ③ 중앙집권에서 분권화로, ④ 의회민주주의에서 참여민주주의로, ⑤ 조직계층의 의존으로부터 네트워크 관계구조로, ⑥ 공업중심 사회에서 전원적 문화·레저사회로, ⑦ 양자택일에서 다중선택의 사회로 각각 변화해 나갈 것이라고 예측하고 있다. 또한 그는 EC통합의 예에서 보듯이, 향후 세계경제는 통합화의 길을 걷게 될 것이며, 자유기업주의가 확산되는 한편 전쟁 없는 평화가 지속됨으로써, 경제성장이 지속될 것으로 예측한다. 또한 정보사회의 진전과 더불어 예술을 통해 인생을 재조명하려는 요구가 증대되고 있다고 지적하고, 예술활동과 예술사업이 레저산업의 중심으로 등장하여 예술의 부흥이 이루어질 것으로 내다보고 있다.

기든스(A, Giddens)[21]는 영국의 대표적인 사회이론가인데, 그는 17세기 말을 전후로 세계 역사상 처음으로 전쟁의 와중에서 형성되기 시작한 민족국가가 이미 자국의 영토보호와 세금징수 등을 위해 국민들에 대한 감시와 통제를 위해 정보의 수집·저장 및 편집을 필요로 했기 때문에 정보사회는 최근 정보통신혁명에 의해 새롭게 등장한 사회가 아니라는 것이다. 다시 말하면, 정보사회는 20세기 말에 이르러 처음 출현한 것이 아니라 근대사회, 산업사회의 출발과

---

20) J. Naisbitt, *Megatrends*(N.Y. : Warner Books, 1982).
21) A, Giddens, *The Nation-State and Violence*(Cambridge : Polity, 1985).

더불어 등장했다고 주장한다.

쉴러(H. I. Schiller)[22]는 기업과 정부를 비롯한 사회 전반에서 정보와 정보통신기술이 갖는 중요성이 이전에 비해 현저히 커진 것은 분명하지만 정보의 창출·분배·접근 및 정보통신기술의 혁신 등에 결정적으로 작용한 것은 바로 이윤의 극대화를 추구하는 자본주의경제의 시장원리이기 때문이다. 따라서 오늘날 흔히 말하는 정보사회란 자본주의적 산업사회에서의 사회적 불평등이나 모순이 해소되거나 완화되는 장미빛 사회가 아니라 자본주의사회의 작동원리가 정보와 정보통신기술을 매개로 현상화되는 자본주의사회의 연장선상의 사회일 뿐이라는 것이다. 또한 그는 현재 정보자원의 지역적 편재와 국제정보유통의 불균형상태에서 세계경제 및 국제체제하에서의 통신혁명은 기득권층의 이익을 유지하기 위해 고안된 새로운 형태의 지배수단에 지나지 않는다고 주장한다.

제 4 절 >>> 정보사회의 특징

1 정보사회의 구조적 특징

정보사회는 컴퓨터와 뉴미디어, 통신기술 등을 포함하는 정보통신기술의 혁명적인 발달에 의해 촉진된 사회이다. 정보통신기술의 발달은 먼저 '산업의 정보화'를 야기시켰으며, 산업의 정보화는 사회전반에 확산되어 이른바 '정보의 사회화'가 진행되었다. 즉, 생산을 위한 경제의 영역에서뿐만 아니라 정치, 사회, 문화, 가치관, 개인의 일상생활 등 사회전반에 걸쳐 정보통신기술과 정보를 중심으로 광범위한 변화가 일어나 '정보의 사회화'와 '사회의 정보화'가 동시에 진행되는 사회가 정보사회인 것이다.

정보의 사회화를 하나의 문명사적인 대전환이라고 보는 학자들은 정보사회

---

22) H. I. Schiller, "The origins of the information society in the United States : Competing Visions." In Jerry L. Salvaggio(ed.), *The Information Society : Economic, Social, and Structural Issues*, Hillsdale : Lawrence Erlbaum Associates.

의 사회구조가 산업사회의 사회구조와 근본적으로 달라질 것이라고 주장한다.

토플러는 정보의 사회화를 농업사회의 문명이 산업사회의 문명으로 전환되었던 것에 비교할 만한 문명사적 전환이라고 규정하고 있다. 전(前) 산업사회(pre-industrial society) 또는 농업사회(agricultural society)가 기본적으로 동물적인 동력(animate power)을 사용하는 농업을 중심으로 자급자족적인 생존경제를 영위하던 사회였다면, 산업사회(industrial society)는 기계적 동력(mechanical power)을 사용하고 관료제적 분업조직을 사용하여 대량생산에 의한 시장경제(market economy)를 영위하게 된 사회라고 파악하고 있다. 따라서 산업사회의 조직원리는 표준화(standardization), 집중화(concentration), 집권화(centralization), 동시화(synchronization), 대형화(maximization) 등의 특징을 기반으로 하고 있다. 대량생산체계에서는 모든 제품의 규격과 부품이 표준화되는 것은 물론 작업공정과 작업시간도 모두 표준화되지 않으면 안 된다. 또한 노동, 자본, 자원 등은 대규모의 생산공장을 중심으로 집중화되지 않으면 안되며, 그에 따라 권력구조도 집중화된 중앙집권적인 것이 되어야만 했다. 그 중앙집권적인 대량생산체계는 기업, 회사, 정부기관, 학교, 심지어 교회까지 대형화되며, 결과적으로 도시의 규모도 거대도시(metropolis) 또는 초거대도시(megaropolis)로 대형화, 거대화의 길을 걷게 된다는 것이다.

그러나 정보사회의 조직원리는 컴퓨터와 커뮤니케이션 기술 등의 발달에 의한 산업의 소프트화, 다품종 소량생산원리 등에 의해서 산업조직을 포함한 모든 사회구조의 조직원리가 산업사회와는 반대의 방향이라고 할 수 있는 비표준화 또는 탈대중화(demassification), 분산화(deconcentration), 분권화(decentralization), 소규모화(minimization) 등의 방향으로 전환되어 간다고 예상하였다. 정보사회는 다양한 소비자의 기호에 맞추어 다양한 공산품을 저렴하게 생산해서 공급하는 다품종소량생산뿐 아니라 대량생산에의 의존도가 낮은 정보통신산업이 산업의 주종을 이루는 사회가 될 것이기 때문이라는 것이다.

또한 나이스빗(John Naisbitt)을 비롯한 많은 미래학자들은 사회조직의 원리가 위계적인 피라미드형 구조에서 네트워크형(networking)으로 전환되어 간다고 주장한다. 산업사회의 중앙집권화된 대량생산체계에서는 위계적인 관료제적 조직이 효율적이고 합리적인 조직형태였다고 하더라도 분권화와 소규모화 등으로 조직원리가 전환되어야 할 정보사회에서는 위계적인 조직형태가 오히려 비효율적이 되기 때문이다. 더구나 정보사회는 변화가 빠르고 현장적응능

표 2-4	산업사회와 정보사회의 비교

구 분		산 업 사 회	정 보 사 회
핵심 기술	기술적 핵심	증기기관(동력)	컴퓨터, 인터넷
	기본적 기능	육체노동의 대체·확대	정신노동의 대체·확대
사회 경제적 구조	생산력	물질적 생산력 (노동생산성의 증가)	정보생산력 (최적행동:선택능력의 증가)
	생산물의 형태	유용한 상품 및 서비스	정보, 기술, 지식
	생산력의 형태	동적생산력(증기기관), 물적 생산성	정보생산력(컴퓨터), 지적 생산성
	시장	신대륙, 식민지, 소비자의 구매력	정보통신망
	주도산업	제조업(기계, 화학 등)	정보통신산업, 지식산업
	산업구조	1, 2, 3차 산업	1, 2, 3, 4차(정보통신)산업
	경제구조	상품경제(분업, 생산과 소비의 분리)	네트워크경제(협동생산과 공동 이용)
	사회경제적 원리	가격법칙(수요·공급의 균형)	목표법칙(협동적 목표달성)
	사회경제적 주체	기업(사기업, 공기업, 제3섹타)	정보공동체
	사회경제 체제	자본의 사적소유, 자유경쟁, 이윤극대화	기반구조, 공동원리, 사회적 편 익의 우선
	사회형태	계급사회 집권적 도시화사회 동태적 자유경쟁사회 통제된 사회	기능적 사회(다극화, 기능, 자율성) 분산적 네트워크 사회 창조적 최적화 사회 다기능적 사회
	국가목표	GNW(general national welfare)	GNS(gross national satisfaction)
	통치형태	간접민주주의	직접민주주의
	사회변화의 동인	노동운동, 파업	시민운동, 소송
	사회문제	실업, 전쟁, 독재	정보격차, 프라이버시 침해
	최고추구 단계	고도대중소비사회	고도정보사회, 지능정보사회
사회적 가치관	가치기준	물질적 가치 (정신적, 감정적, 욕구의 충족)	시간적 가치 (목표성취 욕구의 추구)
	사고기준	인간중심의 사고(자연과학) 자유민주주의	인류중심의 사고(첨단과학) 참여민주주의
	윤리기준	기본적 인권, 소유권	자율, 사회적 기여

자료 : Masuda(1978)으로부터 재구성.

력이 높은 조직형태가 보다 효율적이며 한 사람 한 사람의 지식근로자들은 전
문성을 지닌 평등한 구성원들이라는 점에서도 점과 점으로 이어지는 네트워크
형 조직이 바람직하다는 것이다.[23]

이처럼 정보사회의 사회조직원리가 종래의 제조업 중심에서 정보통신산업
중심으로, 표준화에서 비표준화로, 집중화에서 분산화로, 집권화에서 분권화로,
거대화(규모의 경제)에서 소규모화(현장 중심의 범위의 경제)로, 위계적 조직
에서 유연한 네트워크형 조직으로 전환되어 간다면, 분명히 정보사회의 사회구
조적 성격은 산업사회와는 근본적으로 다른 것이며 그와 같은 구조적 전환은
더 나아가서 사회구성원들의 가치관과 생활양식에도 광범위하고도 중요한 변
화를 일으킬 것이기 때문에 정보사회를 향한 사회변동은 하나의 거시적인 문
명사적 대전환이라고 하지 않을 수 없는 것이다.

한편, 벨로 대표되는 후기산업사회론자들은 대체로 문명사적인 전환론적 관
점에 입각하여 산업사회(또는 이제까지의 사회)와 후기산업사회(정보사회 또
는 이제부터의 사회)의 차별성을 강조하였는데, 앞의 <표 2-4>는 산업사회와
정보사회의 관계에 대한 후기산업사회론자의 견해를 잘 보여주고 있다.

② 정보사회의 운영원리적 특징

앞에서 살펴본 것처럼 정보사회의 구조가 산업사회의 구조와 달라짐에 따라
산업사회와 비교할 때 정보사회의 기본적인 운영원리에서도 많은 변화가 발생
하게 된다. 그 중에서 주요한 특징들을 살펴보면 다음과 같다.

2.1 양적인 사회에서 질적인 사회로의 변화

산업사회는 노동(육체적)의 양이 상품의 가치를 결정하는 사회였다면, 정보
사회에서는 노동(정신적)의 질(기술)이 상품의 가치를 결정하는 사회이다. 맑
스(Marx)가 이윤율을 총자본에 대한 잉여가치의 비율로서 파악하고 자본주의
경제가 발달하여 자본이 축적되어 감에 따라 그 자본에 대한 이윤율이 저하해
간다는「이윤율 저하의 법칙」을 제시하였다. 이러한 법칙하에서 이윤을 증가

---

23) J. Naisbitt, *Megatrends*(N.Y. : Warner Books, 1982), pp. 211~230.

시키기 위해서는 계속 더 많은 양의 자본을 투자해야 하는 악순환에 빠지고, 그 결과 자본주의 경제가 파괴된다는 것이다.

반면, 벨(1973)이 간파하였듯이 현실의 자본주의사회에서의 기업은 정보통신기술의 도입·활용으로 기업의 생산비용을 줄임으로써 기업은 이윤을 증대시킬 수 있다. 즉 자본량을 늘리는 것이 아니라 비용을 줄임으로써 지속적으로 이윤을 증가시킬 수 있다는 것이다. 정보통신기술의 덕분에 자본주의적 생산에서 더 이상 수확체감의 법칙은 존재하지 않게 되었다. 만일 자본주의사회가 맑스가 예견한 대로 양(量)에만 의존했더라면 벌써 무너졌을 것이나 질(質)로의 전환을 꾸준히 추구해 왔기 때문에 자본주의 사회는 건재할 수 있었던 것이다.

이러한 '양으로부터의 질로'의 전환과정은 정보사회에서 더욱 가속화될 수 있다. 기술의 개발이나 새로운 아이디어도 분명히 노동이다. 그러나 육체노동이 질적으로 큰 편차를 보이지 않는 데 반해, 정신노동은 매우 큰 편차를 보인다. 따라서 질적으로 우수한 정신노동을 투입하는 것이 평범한 노동을 다량 투입하는 것에 비해 비용효과적인 측면에서 훨씬 효율적이다. 또한 양은 포화상태가 존재하지만 질은 포화상태가 존재하지 않는다. 이미 산업생산력이 어느 정도 포화상태에 도달한 선진자본주의가 지속적인 발전을 할 수 있었던 것은 양적인 확대보다는 정보통신기술의 도입·활용을 통한 질적인 혁신을 지속적으로 해왔기 때문이라고 할 수 있다.

2.2 시간적·공간적 거리의 소멸

정보사회는 시간적·공간적 소멸이 가능한 사회이다. 산업과 물류를 생산기반으로 하던 산업사회가 정보와 정보유통으로 그 중심축이 이동하면서, '시간과 공간의 극복'이 이루어지고 있다. 정보통신기술과 정보통신망의 구축은 기업 내에서 시간, 공간의 제약을 극복하고, 기업, 정부, 국민 간의 유기적 연결을 통해 국가사회의 전반적 시스템을 정보화와 '지능화'시키게 될 것이다. 궁극적으로는 모든 대부분의 세계인들이 다양한 통신네트워크로 연결되어 원하기만 한다면 언제, 어디서나, 어떤 방법으로든 통신이 가능하게 될 것이다. 이는 이미 세계통신, 원격교육, 원격의료, 원격회의 그리고 원격금융거래 등의 형태로 현실화되고 있다.

2.3 지역간 · 영역간 경계의 소멸

정보사회는 사회의 모든 지역간 · 영역간 경계가 모호해지는 무경계 사회(borderless society or fuzzy society)가 된다. 일차적으로 경계란 지리적 차이로부터 생겨나는 것이므로 거리의 소멸과 함께 지리적 경계의 개념도 모호해진다. 과거에는 지역간에도 교류가 적었기 때문에 문화, 풍습, 언어, 제도 등이 상이하게 발전했으며, 국가간에는 물론 이러한 차이가 더욱 뚜렷하였다. 그러나 오늘날에는 정보통신기술과 인터넷을 통해 빈번한 상호교류와 의사소통수단 때문에 이러한 차이가 좁혀지고 있다. 미국에서 유행하는 패션이나 팝송이 동시에 일본이나 한국에서도 유행하는가 하면 외국의 기업이나 노동자들이 우리나라의 기업이나 노동자들과 동등한 조건하에 활동하고 있다. 다국적 기업이나 핫머니(hot money)는 국경을 초월하여 세계적 규모로 움직이며, 일국의 정책이나 제도도 이러한 움직임 앞에서는 무력해진다. 인터넷을 통한 국제적인 정보유통은 국내의 정보 및 통신규제를 무력화시킨다. 이와 같이 지리적 차이로 인한 경계는 큰 의미를 갖지 못하는 것이 정보사회이다. 결국 정보사회에서는 하나의 지구촌 시대가 형성될 수 있다.

다음으로 영역간 경계의 소멸을 들 수 있다. 정보사회는 영역간 경계의 소멸이 일어날 가능성도 예측되는 사회이다. 전자문서교환(EDI : Electronic Data Interchange)이나 전자상거래(EC : Electronic Commerce) 등의 도입과 응용은 부문간, 조직간, 산업간 경계를 무너뜨리고 있다. 정보전달 매체간의 융합현상이 디지털기술의 발달로 가능해지고 있으며, 이를 제도적으로 뒷받침하는 움직임이 선진국을 중심으로 빠르게 진행되고 있다.

2.4 소프트화

정보사회는 소프트화된 사회이다. 소프트화란 고정되어 있지 않고 항상 변화하는 것을 의미한다. 정보사회에서는 우선 시간적으로 변화가 빠르게 일어나기 때문에 과거의 모든 것이 달라진다. 예컨대 정보와 지식의 평균수명은 1970~80년대의 5년에서 1990년대는 3년으로, 2000년대에는 2년 이하로 단축될 전망이며, 컴퓨터산업에서 컴퓨터기기의 지배적 지속기간은 2년 미만으로 줄어들었다. 공간적으로도 거리의 축소와 경계의 소멸로 인하여 시스템의 복잡성이 증가하는 것이다.

변화와 복잡성은 필연적으로 불확실성을 증가시킨다. 이제까지의 경향이 미래에까지 연장되지 않기 때문에 미래예측은 점점 더 불가능해진다. 그러면 불확실성 속에서 생존하는 방법은 무엇일까? 미래를 예측하고 대비할 수 없기 때문에 예기치 못하게 발생하는 사태에 대하여 즉각적으로 대처하고 적응할 수 있는 유연성을 길러야 한다. 유연성을 확보하기 위해서는 무엇을 해야 하는가? 첫째로 환경의 동향을 민감하게 포착해야 한다. 이를 위해서는 정보수집능력을 길러야 한다. 둘째로는 그 정보가 무엇을 의미하는지를 판단하여 행동의 방침을 빨리 정해야 한다. 이를 위해서는 정보의 평가 및 판단능력을 길러야 한다. 셋째로 행동방침에 따라 재빨리 움직일 수 있는 적응능력을 길러야 한다. 이는 정보전달 및 수용 능력을 길러야 함을 의미한다. 이와 같은 유연성의 증가는 정보활동의 증가와 불가분의 관계를 갖는다. 따라서 소프트화와 함께 정보화가 일어나는 것이다.

산업구조에서 물질적 상품의 생산업(제조업)보다는 정보통신산업이 차지하는 비중도 늘어나고, 제조업이든 정보통신산업이든 간에 그 내부에서 일어나는 활동 중에서 정보활동이 차지하는 비중은 크게 늘어난다. 개인의 생애에 있어서 교육을 받는 시간도 늘어날 뿐 아니라 일상적인 삶에 있어서도 정보활동의 비중은 크게 늘어난다. 조직구조는 딱딱한 위계질서나 폐쇄체계에서 평등한 개방체계로 바뀌며, 더 나아가서는 스스로의 정체성이나 모습을 수시로 바꾸는 유연한 체제로 탈바꿈할 것이다. 정치도 몇몇 고정된 정당중심으로 이루어지는 것이 아니라 다양한 주체들이 다양한 방법으로 참여하게 될 것이다. 이와 같이 소프트화는 고정된 사회가 아니라 변화하면서 흘러가는 사회를 만들어 갈 것이다.

2.5 네트워크화

정보사회는 네트워크사회이며, 이로 인한 열린사회인 동시에 더욱 경쟁사회가 된다. 나이스빗(John Naisbitt, 1982)은 네트워크를 위계제도(hierarchy)와 대비되는 개념으로 제시하고 있다. 그는 위계제도가 상명하복의 권위주의에 의해 움직이는 구조인 데 반해 네트워크는 수평적 협력에 의해 움직이는 구조라고 함으로써 위계제도를 근거로 한 사회보다 네트워크를 근거로 한 사회가 보다 열린사회인 동시에 더욱 경쟁사회가 된다고 묘사하고 있다. 정보사회의 근간이 되는 정보통신망에 의해 개인, 가정, 지역, 국가, 세계가 하나로 연결되어 자유로운 의사소통이 빛의 속도로 가능하게 되었다. 이로 인해 전시대적인 비밀과 폐쇄, 그리고 권위주의적인 닫힌 사회를 유지하기는 그만큼 어려울 것이다. 또한 전세계적으로 시간적·공간적 거리의 소멸과 지역간·영역간 경계의 소멸되는 형태의 무한경쟁이 치열하게 전개되면서 국가간의 격차는 더 벌어질 것이며, 이는 국제사회의 중요한 쟁점 중의 하나가 될 것이다.

한편 네트워크사회는 근본적으로 커다란 외부경제효과를 갖는 사회이다. 전화망이나 컴퓨터망과 같은 네트워크는 네트워크에 가입하는 사람이 늘어날수록 망 자체의 가치가 커진다. 왜냐하면 가입자가 다른 사람과 의사소통을 할 수 있는 기회가 늘어나기 때문이다. 따라서 일정규모 이상의 가입자를 확보하면 가만히 있어도 가입자가 계속 늘어나게 된다. 이와 마찬가지로 사회적 네트워크도 규모가 커짐에 따라 부가가치가 높아진다. 더구나 현재와 같이 네트워크의 규모가 세계적으로 확산되는 경우에는 부가가치가 훨씬 커질 것이 자명하다. 이러한 외부효과는 기업뿐 아니라 사회 모든 부문에 그대로 적용된다. 네트워크의 확장은 정보의 공유가능성을 확장시키고 정보를 공유할수록 보다 높은 부가가치를 창출하게 한다.

2.6   자동화

인류가 세상에 출현한 이래 도구(나무, 돌, 금속, 물, 가축 등)를 꾸준히 개발함으로써 자신의 육체적 능력을 확장시켜 왔다. 산업화와 더불어 출현한 기계는 인간의 노동력의 일부 또는 전부를 대체해 주었으며, 이에 따라 노동생산성은 역사상 유례없이 급격히 증가할 수 있었다.

그러나 정보사회에서의 자동화는 산업사회에서의 자동화와 근본적으로 다른 의미를 갖고 있다. 컴퓨터는 인간의 두뇌만이 할 수 있는 판단 및 제어기능을 부분적으로 대신할 수 있다. 벨(1980)은 이러한 측면에 착안하여 정보통신기술을 여타의 기술과 구분하여 지적 테크놀로지라 명명하고, 20세기 후반의 후기산업사회의 중요한 특징 중 하나로 제시하고 있다. 더욱이 컴퓨터의 성능이 급속히 향상되면서 점점 더 고차원적인 정신활동을 수행할 수 있게 되었다. 한편 통신망은 인간의 신경망과 같이 컴퓨터 두뇌의 제어명령을 어느 곳에나 실시간적으로 전달이 가능하다. 컴퓨터의 통신망을 통해 자동제어라는 개념이 도입되면서 인간의 육체노동뿐 아니라 정신노동까지도 자동화의 대상이 되었으며, 그에 따라 인간의 노동을 완전히 대체하는 수준까지 자동화가 진행될 수 있다는 가능성이 열리게 된 것이다.

이와 같이 자동화수준의 변화와 함께 자동화의 적용범위 역시 기하급수적으로 확대되었다. 이미 정보통신기술을 이용한 사무자동화, 공장자동화, 금융자동화, 예약 및 거래의 자동화 등은 보편화되었으며 자동운전, 가사의 자동화, 인공지능 로봇 심지어 자동전쟁의 개념까지 생소하지 않은 것이 되고 있다.24) 이와 같이 정보사회는 사회의 어느 곳에서나 컴퓨터와 통신을 이용한 자동화가 이루어지며, 과거 어느 때보다 자동화에의 의존도가 심화되는 사회가 될 것이다. 이러한 예상에 따라 최근에는 분야별 자동화뿐 아니라 사회 전체가 사물인터넷에 연결되어 자동으로 돌아가는 스마트도시와 같은 사회자동화(social automation)라는 개념도 일반화되고 있다.

│제5절│ 정보사회의 발전단계

정보사회는 갑자기 일순간에 우리에게 다가오는 사회형태는 아니며, 형성·발전·성숙이라는 사회발전의 단계를 거치면서 전개되어 왔다. 각 나라마다 그 시차는 존재하지만, 정보사회로의 진전은 그 발전상의 차이에도 불구하고 모든 나라에서 공통적으로 진행되어 가고 있다. 정보사회는 사회발전의 수명주기(life cycle)에 따라서 제1단계(형성기), 제2단계(발전기), 그리고 고도정보사회를 의미하는 제3단계(성숙기) 정보사회로 구분할 수 있다.

---

24) 미군은 이미 컴퓨터와 전산망의 교란을 통해 적군의 전쟁수행능력을 마비시키는 한편, 아군의 전산망에 대한 적의 침투를 막기 위한 '사이버 전사'계획을 수립, 연구하고 있다.

1 정보사회의 형성기

먼저 제1단계는 정보사회 형성기, 즉 진정한 정보사회의 진입단계인데, 미국의 경우 1950년대 후반, 일본과 유럽선진제국들은 1960~70년대, 우리나라의 경우는 대체로 1980년대에 걸쳐 나타났다. 제1단계에서의 기술적인 특징으로는 제1세대~제3세대 컴퓨터가 등장하였으며, 정보처리도 일괄처리시스템(batch processing system)에 의한 조직내의 정보처리가 중심이었다. 사회·경제적인 특징으로는 산업사회의 성숙기라고 할 수 있으며 산업중심의 정보·경제시스템을 기초로 하여 생산·산업의 능률화(efficiency), 권력의 집중화를 가져오는 시기로서 대도시를 중심으로 이루어지며, 정부와 대기업이 사회적 중심을 차지하고, 산업이나 정부가 보다 집권화가 추진되어 정보통신기술의 발전과 이의 이용이 이들에게 집중되는 현상이 나타나는 시기라고 할 수 있다. 또한 총노동인구 중에 정보통신산업 부문에 종사하는 노동자의 비율이 급증하고 있으나, 그래도 아직 공업부문(제조업중심)의 노동자비율이 우위를 차지하고 있는 후기산업사회의 전형적인 특징이 나타나는 단계이다.

2 정보사회의 발전기

제2단계는 정보사회의 발전기로서 제4세대 컴퓨터단계인데, 제4세대 컴퓨터는 정보처리가 집중처리에서 오히려 분산처리(distributed processing)중심으로 전환되는 등 정보화추진방향이 다양화되고 있다. 이 단계는 1) 뉴미디어로 대표되는 정보의 산업화, 2) 사무자동화(OA)·공장자동화(FA) 등으로 대표되는 산업의 정보화, 3) VTR·비디오 디스크 등 각종 영상기기·음향기기·워드프로세서·가정용 팩시밀리(FAX)·홈 시큐리티(home security)·홈 쇼핑(home shopping)·홈 뱅킹(home banking) 등의 가사자동화로 대표되는 가정의 정보화, 4) 행정정보체계의 발달 등의 사회 정보화를 포함하는 단계이다. 이 단계는 정보처리의 발달을 배경으로 초기의 원인적 측면으로부터 사회수요의 변화에 따른 필요적 측면으로 이행되고, 가정·지역생활을 중심으로 다양화·분권화, 그리고 선택의 자유를 확대시키는 방향으로 정보화가 진전된다.

3 정보사회의 성숙기

마지막으로 3단계는 정보사회의 성숙기인데, 모든 국가들이 달성하고자 하는 정보사회의 궁극적인 단계로서 보통은 성숙된 정보사회(complete information society), 고도정보사회(advanced information society), 지능정보사회(intelligence information society)를 말한다.

지능정보사회란 인공지능(AI, Artificial Intelligence)이라는 '지능'과 사물인터넷(IoT, Internet of Things), 클라우드 컴퓨팅(Cloud Computing), 빅데이터(Big Data), 모바일(Mobile) 등에 기반한 '정보'가 종합적으로 결합된 지능정보기술(첨단 정보통신기술)이 기존의 정보사회에 융합되어 혁신적인 변화가 나타나는 사회를 말한다. 다시 말하면, 인공지능(AI), 사물인터넷(IoT), 클라우드 컴퓨팅, 빅데이터, 모바일 등 지능정보기술이 기존 산업과 서비스에 융합되거나 3D 프린팅, 로봇공학, 생명공학, 나노기술 등 여러 분야의 신기술과 결합되어 실세계 모든 제품·서비스를 네트워크로 연결하고 사물의 지능화가 실현되는 사회를 말한다.

이 단계에서는 산업의 지능화, 가정의 지능화, 사회의 지능화, 그리고 나아가서 정보의 산업화가 고도로 이루어지고, 이들 간에 상호상승효과를 가져와 전사회에 걸쳐서 성숙된 지능정보화가 이루어지는 시기이다. 여기에서 지능정보사회를 달성하기 위한 기술적인 특징을 살펴보면 다음과 같다.

첫째, 지능정보사회란 인공지능, 사물인터넷, 클라우드 컴퓨팅, 빅데이터, 모바일 등의 지능정보기술(첨단 정보통신기술)를 기반으로 하는 사회이다.

둘째, 지능정보사회에서는 정보의 디지털화가 완전히 실현된다.

셋째, 각종 미디어가 단독으로 사용되기보다는 여러 가지 형태로 결합 및 융합되어 정보사회의 멀티네트워크(multi-network)가 형성된다.

넷째, 인간의 대뇌 외부에서 인공지능컴퓨터에 의한 정보처리 및 정보검색이 이루어지고, 사물과 인간 간의 상호작용이 극대화된다.

이러한 지능정보사회는 정치·경제·사회체제의 변화는 물론 인간의 가치관 및 의식수준에도 큰 변화를 가져온다. 나아가 사회의 전부문에까지 변화를 야기시킴으로써 지금까지 피상적으로 논의되었던 정보사회가 실현되는 단계이다.

중요개념

☑ 산업사회 ☑ 정보사회
☑ 후기산업사회 ☑ 세계화
☑ 유연성 ☑ 탈대중화
☑ 분산화 ☑ 분권화
☑ 경제화의 원리 ☑ 사회화의 원리
☑ 線의 사회 ☑ 点의 사회
☑ 소프트화 ☑ 네트워크화
☑ 지식 ☑ 지식가치설
☑ 신지식인 ☑ 포스트 포드주의

연습문제

1 사회는 역사적으로 어떠한 과정을 거쳐 발전해 왔으며, 각 시대의 사회적 기반기술은 무엇이었는가?

2 사회과학자들은 산업사회 이후에 다가올 사회를 어떠한 명칭으로 표현하였는가?

3 살바지오(Salvaggio)와 스타인필드(Steinfield)가 제시한 정보사회의 개념 및 정의를 설명하라.

4 정보사회가 출현하게 된 기술적인 요인은 무엇인가?

5 정보사회가 출현하게 된 사회적인 요인은 무엇인가?

6 정보사회가 출현하게된 경제적인 배경으로 Post-Fordism를 설명하시오.

7 정보사회를 기술공학적인 측면에서 설명하라.

8 정보사회를 사회학적인 측면에서 설명하라.

9 정보사회를 경제적인 측면에서 설명하라.

10 정보사회의 구조적 특징을 설명하라.

11 정보사회의 운영원리적 특징을 설명하라.

12 정보통신기술의 발전이 경제적 변화와 맞물리게 된 이유는 무엇인가?

13 정보사회는 어떠한 단계를 걸쳐 지능정보사회로 진입하는가?

14 다음을 논평하라.

"토플러(Toffler)는 정보의 사회화를 농업사회의 문명이 산업사회의 문명으로 전환된 것과 비교할 만한 문명사적 대전환이라고 규정하고 있다."

15 정보사회는 산업사회에 비해 사회·경제적 구조가 어떻게 달라지는가?

16 정보사회에 대한 낙관론적인 시각을 갖고 있는 학자는 누구이며, 그 내용을 설명하시오.

17 정보사회에 대한 비관론적인 시각을 갖고 있는 학자는 누구이며, 그 내용을 설명하시오.

18 한 사회의 역사적 변천과정을 생산기술의 변화와 연관시켜 설명하시오.

지능정보사회란 어떠한 사회를 말하는가?

사회의 역사적 발전과정을 생산기술의 변화와 연관지어 설명할 때 원시수렵·채취사회는 농업혁명을 거쳐 농업사회로, 농업사회는 농업혁명을 거쳐 산업사회로, 산업사회는 산업혁명을 거쳐 정보사회로, 정보사회는 지능정보혁명을 통해 21세기 초부터 지능정보사회가 출현되었다고 판단하고 있다. 원시수렵·채취사회에서 농업사회로, 농업사회에서 산업사회로의 발전은 대체로 새로운 사회의 출현이라고 인식하고 있다. 반면, 산업사회에서 정보혁명을 거쳐 나타난 정보사회를 일부학자들은 새로운 사회의 출현이라고 인식하고 있는 반면, 일부학자들은 산업사회의 연장선상에서의 정보사회로 파악하고 있다.

21세기 초반부터 시작된 지능정보사회는 지금까지 경험해왔던 기존의 정보사회와 다른 새로운 사회의 출현이라기보다는 기존의 정보사회의 연장선상의 사회, 즉 고도정보사회(advanced information society), 성숙된 정보사회(complete-information society), 후기정보사회(post-information society)라고 할 수 있다.

그러면 지능정보사회는 과연 어떠한 사회를 말하는가? 이에 대한 설명을 위해 지능정보사회의 개념과 정의, 지능정보사회의 출현을 가능하게 한 지능정보통신기술은 어떠한 것들이 있는가? 그리고 지능정보사회의 특징, 지능정보사회의 기대와 우려 등을 살펴본다.

1 지능정보사회의 개념과 정의

지능정보사회란 인공지능(AI, Artificial Intelligence)이라는 '지능'과 사물인터넷(IoT, Internet of Things), 클라우드 컴퓨팅(Cloud Computing), 빅데이터(Big Data), 모바일(Mobile) 등에 기반한 '정보'가 종합적으로 결합된 지능정보기술(첨단 정보통신기술)이 기존의 정보사회와 융합되어 혁신적인 변화가 나타나는 사회를 말한다. 다시 말하면, 인공지능(AI), 사물인터넷(IoT), 클라우드 컴퓨팅, 빅데이터, 모바일 등 지능정보기술이 기존 산업과 서비스에 융합되거나 3D 프린팅, 로봇공학, 생명공학, 나노기술1) 등 여러 분야의 신기술과 결합되어 실세계 모든 제품·서비스를 네트워크로 연결하고 사물이 지능화되어 정치·경제·사회·문화·개인의 삶 등의 모든 분야에서 보편적으로 활용됨으로써 새로운 가치가 창출되고 발전하는 사회를 말한다.

한편 지능정보사회는 다음 <표 3-1>에서와 같이 여러 학자들이 사물-인간 간 상호작용의 극대화 사회, 지능기술기반 고도화 사회, 사고능력개선·문제해결 제고·가치창출 사회, 기존의 정보사회의 연장선상의 사회 등의 측면에서 다양하게 정의하고 있다. 그리고 <표 3-2>는 기존의 정보사회에서 지능정보사회로 가야 하는 이유를 필수불가결한 선택(숙명적인 선택), 생산성의 향상, 경쟁력의 확보, 그리고 기존 정보사회의 역기능 극복 등의 측면에서 설명하고 있다.

---

1) 나노스케일, 즉 수nm에서 100nm 범위 내에서 나타나는 새로운 물리적·화학적 현상 및 특성을 연구하고 이용하는 기술이다. 양자 역학이란 새로운 물리 법칙 아래 물질의 분자 또는 원자 수준을 조절하는 초미세 극한 기술로서 물질 내부의 전자가 갖는 에너지가 기존 물질과는 판이하게 다르고, 같은 물질이라도 촉매 활성, 자기 특성, 광학 및 전자 특성 등에서 전혀 예기치 못한 성질이 나타나기 때문에 나노스케일에서의 물질을 제어하게 되면 엄청난 기술혁신으로 이어질 것으로 예측된다. 나노의 세계를 처음으로 제시한 사람은 1959년에 노벨 물리학상을 받은 리처드 파인먼(Richard Phillips Feynman)이다.

표 3-1	지능정보사회의 개념
구 분	개 념
사물 – 인간 간 상호작용 극대화 사회	– 현재는 자동화 범위에 포함되지 않았던 분야까지 급격하게 자동화되고, 모든 것이 네트워크와 데이터에 묶여 상호작용의 영향력이 더욱 커지는 사회 – 기계에 의해 자동화의 속도가 빨라지고 영향력이 확대되어 노동의 원자화가 이루어져 인간이 하루를 중복적으로 다양한 일을 할 수 있게 사회 – 사물과 사물, 사물과 사람 간의 상호작용이 가능한 사회 – 모든 사물과 인간이 연결되는 사회로 사물, 동물, 인간이 서로 소통이 가능한 사회
지능기술기반 고도화 사회	– 이전에 없던 새로운 행동주체(로봇, 인공지능)가 시장, 생활에 침투되는 것을 의미하며, 새로운 행동주체가 하는 일이 많아지고 확대될수록 고도화되는 사회 – 인공지능기술의 발달로 인간의 삶이 더욱 편리해지고, 개인 맞춤형 서비스가 확대되는 사회 – 인공지능(AI)과 사물인터넷(IoT, Internet of Things), 클라우드 컴퓨팅(Cloud Computing), 빅데이터(Big Data), 모바일(Mobile) 등을 기반으로 등장하는 사회 – 지능화된 서비스가 제공되고 데이터가 분석 및 활용되는 사회 – 기존의 구축된 여러 기반기술 위에서 무형의 소프트웨어가 진가를 발휘하는 사회 – 방대한 데이터를 바탕으로 예측범위가 지속적으로 확대되어 기업이나 국민생활에 큰 변화를 가져오는 사회
사고능력개선 · 문제해결 제고 · 가치창출 사회	– 모든 산업과 기업의 프로세스가 내제화되어 있는 지능을 기반으로 의사결정과 새로운 가치를 창출해 나가는 사회 – 지능형서비스와 정보를 중심으로 상황을 판단하고 결정하는 사회 – 인공지능이 빅데이터 정보를 처리해 서비스를 제공하는 사회 – 지금까지는 사람들이 정보를 수집, 축적, 편집, 저장 등을 통해 정보의 가치가 부여되었지만, 인공지능이 자기학습을 통해 인간의 직업을 대체하는 사회
기존의 정보사회의 연장선상의 사회	– 기존의 정보화가 서서히 진화하면서 나타난 사회 – 인류는 오래전부터 효율화(지능화)를 추구해 왔으며, 더욱 효율화를 추구하는 과정에서 나타난 사회 – 기존의 정보사회와 단절된 개념이라기보다는 계속되어온 정보화가 고도화된 사회 – 기존 정보사회의 진화양상과 형태를 갖고, 점진적으로 인공지능을 통해 대체가 이루어지는 사회

자료 : [NIA] 지능정보사회 – 새로운 미래상, 지능정보사회.

표 3-2	지능정보사회로 가야 하는 이유
구 분	내 용
필수불가결한 선택 (숙명적인 선택)	− 지능정보사회로 가는 것은 이미 세계적인 추세이며, 우리가 원하든 원하지 않든 반드시 도래하기 때문에 경쟁에서 도태되지 않기 위해 준비가 필요 − 지능정보사회는 필연적으로 나타날 사회이기 때문에 인공지능과의 화합적이고 공생적인 관계로 산업 전략과 기업 전략을 어떻게 마련할 것인가가 중요한 문제
생산성 향상	− 인공지능은 기계가 스스로 학습하며 불필요한 낭비를 제거하고 성공의 가능성을 높일 수 있기 때문에 기업과 산업의 생산측면에서 급격한 발전을 가져올 것 − 지능형 시스템의 구축은 기업과 산업의 운영비용을 감소시키는 반면, 이를 통해 생산성은 증대를 가져오기 때문에 인공지능기술을 도입하려는 현상은 계속될 것
경쟁력 확보 (성장동력)	− 지능정보사회에서는 시장을 독식하는 모습이 더 강하게 나타나 경쟁에서 뒤쳐진 기업은 산업, 기술을 선도하고 있는 기업에 종속될 것임(인공지능, 알고리즘 등 핵심기술의 경쟁력 확보가 필요), 따라서 지능정보화를 갖춘 국가가 지배력이 강해지며 승자 독식 사회가 될 것임 − 국가의 경쟁력을 유지할 수 있는 주요 산업의 성장과 먹거리의 다양화를 위해 지능정보사회를 발전시켜야 함 − 미래에는 고부가가치 서비스산업과 기술집약적 정보통신산업이 성장동력이 될 것이기 때문에 지능정보화로의 전환은 필수 − 시장규모가 한정적인 국가일수록 국가경쟁력확보 차원에서도 국가, 민간, 학계 모두가 함께 노력
기존 정보사회의 역기능 극복	− 개인의 고독화, 고령화, 저금리, 저성장 등의 문제는 기존의 패러다임으로 해결하기 어렵기 때문에 이를 해결하기 위한 방법으로 인공지능의 중요성이 대두되고 있음 − 지능정보사회는 역기능과 순기능 모두 있지만, 역기능 때문에 발생하는 피해보다 순기능 덕분에 발생하는 이익이 더 클 것이기 때문에 지능정보사회로 가야 함

자료 : [NIA] 지능정보사회 – 새로운 미래상, 지능정보사회.

지능정보사회의 핵심기술

지능정보기술이란 인간의 인지, 학습, 추론 등 고차원적 정보처리활동을 디지털트윈(digital twin)의 기반으로 구현하는 기술을 말하는데, 디지털트윈기술[2]이란 현실세계의 기계나 장비, 사물 등을 컴퓨터 속 가상세계에 구현하는

─────────────

2) 디지털트윈기술은 실제 제품을 만들기 전 모의시험을 통해 발생할 수 있는 문제점을 파악하고

기술을 말한다. 이러한 디지털트윈가술은 인간의 뇌처럼 데이터화 → 정보화 → 지능화 → 스마트화의 4단계를 거쳐 지능화 예측을 수행하게 된다. 4단계의 스마트화 과정에 12기술의 세트가 등장하게 되는데, 현실을 데이터화하는 사물인터넷 · 위치기반기술 · 생체인터넷 · 사회연결망 · 빅데이터와 클라우드의 6대 디지털 전환 기술과 데이터를 현실화하는 O2O디자인, 로봇과 3D프린터, 증강 · 가상현실, 블록체인, 게임화, 플랫폼의 6대 아날로그 전환 기술이 지능화 기술의 세트다. 이와 같이 지능정보사회는 AI와 12 기술이 융합되어 형성된 사회를 말한다.

지능정보사회의 핵심기술은 [그림 3-1]과 같이 인공지능(AI, Artificial Intelligence)이라는 '지능'과 사물인터넷(IoT, Internet of Things), 클라우드 컴퓨팅(Cloud Computing), 빅데이터(Big Data), 모바일(Mobile) 등에 기반한 '정보'가 종합적으로 결합된 기술을 말한다. 특히 데이터는 지능정보사회의 새로운 자원이며 원동력인데, 사물인터넷을 이용해 만물이 연결된 사회 속에서 실시간 수

그림 3-1 지능정보기술의 개념도

AI	ICBM		실현
인공지능 (Artificial Intelligence) (판단 · 추론) +	사물인터넷 (Internet of Things)	데이터 수집	로봇
	클라우드 컴퓨팅 (Cloud Computing)	데이터 축적 ⇒	자동차-드론
	빅데이터 (Big Data)	데이터 분석	슈퍼컴퓨터
	모바일 (Mobile)	데이터 전송	ICT기기

출처: 미래부(검색일: 2017.4.14), "지능정보기술, 우리 삶을 어떻게 변화시킬까?", 미래부 공식 블로그, (http://blog.naver.com/PostView.nhn?blogId=with_msip&logNo=220886870277&parentCategoryNo=&categoryNo=56&viewDate=&isShowPopularPosts=false&from=postView).

이를 해결하기 위해 활용되는 기술이다. 즉 가상공간에 실물과 똑같은 물체(쌍둥이)를 만들어 다양한 모의시험(시뮬레이션)을 통해 검증해 보는 기술을 말한다. 항공, 건설, 헬스케어, 에너지, 국방, 도시설계 등 주로 제조업의 다양한 분야에서 활용되고 있다.

집·축적되는 데이터는 클라우드를 통해 더 효율적으로 저장·관리 할 수 있다. 또한 더 정확하고 섬세한 빅데이터 분석기술의 발달로 다양한 경제·사회적 부가가치를 창출할 수 있게 된다. 마지막으로 이런 데이터 분석의 결과는 모바일 기반 기기로 개인화되어 전달되며, 사용자경험을 높이게 된다. 이러한 지능정보기술은 다양한 제품과 서비스를 지능화(자율주행자동차, 지능형 로봇 등)하여 지능정보화(제4차 산업혁명)를 통한 지능정보사회의 원동력이 된다.

제2절   지능정보사회의 특징과 환경변화

1 지능정보사회의 특징

지능정보사회는 이전의 산업사회, 정보사회와 달리 기술과 사회 간의 상호작용을 통한 변화는 더욱 가속화될 것이 분명하다. 제2장에서 살펴 본 바와 같이 농업사회에서 산업혁명을 통해 산업사회로 진입하기까지는 약 150년, 산업시회에서 정보혁명을 통해 정보사회로 진입하기까지는 약 40년, 정보사회에서 지능정보혁명(제2차 정보혁명)을 통해 지능정보사화로의 진입하기까지는 불과 10년 정도의 시간밖에 걸리지 않았다. 새로운 생산기술의 등장과 이로 인한 사회변화가 나타나는 주기는 점점 짧아져 왔으며, 그 파급효과는 더욱 커지고 있다.

지능정보사회는 정보사회와는 다른 3가지 점에서 큰 차이를 보이고 있다[3]

첫째, 속도(Velocity) 측면에서 제4차 산업혁명(지능정보혁명)은 이전의 혁명과는 다른 기하급수적인 속도로 우리의 세상이 모두 연결되어 있는 만큼 더 새롭고 뛰어난 기술에 따라 세상의 연결의 강도가 더해질 것이라는 전망이다.

둘째, 범위와 깊이(Breadth and Depth) 측면에서 제4차 산업혁명(지능정보혁명)은 개인, 기업, 정부, 정치, 경제, 사회, 문화 등 모든 부문에서 광범위하고 근본적인 큰 변화를 가져올 것이다.

---

3) 메가스터디북스, 『제4차 산업혁명(클라우스 슈밥)』.

셋째, 시스템 영양력(Systems Impact) 측면에서 제4차 산업혁명(지능정보혁명)이 국가, 기업, 산업 간을 비롯해 사회 전반의 시스템 간 변화를 가져올 것이다. 기술과 사회 간의 끊임없는 상호작용을 통해 발전해 온 지능정보사회는 지능정보기술을 통해 과거와는 다른 맞춤형 다량생산체제와 과학적인 의사결정, 감성과 공존의 사회로의 그 패러다임이 전환되어 가고 있다.

이에 따라 지능정보사회는 정보사회와 비교할 때 다음과 같은 특징을 갖고 있다.

첫째, 인터넷을 기반으로 하던 정보혁명 대신, 사물인터넷을 기반으로 한 초연결 세상이 사회의 근간을 이룰 것이다. 사람과 사물, 세상이 실시간으로 연결되는 가운데, 사람이 주로 생성하던 사회의 활용자원을 이제 모든 객체가 모와지고, 수집하는 데이터가 중심이 되는 것이다. 따라서 다양한 경제주체들이 인터넷을 통해 경제활동을 하던 네트워크 경제에서 모든 사물이 사물인터넷상에서 연결·융합되어 새로운 가치를 창출하는 인터넷 융합경제가 도래할 것이다.

둘째, 모든 영역의 경계가 파괴됨으로써 혁신을 가져올 것이다. 정보사회에서는 기업과 국민, 정부가 서로의 영역에서 생산성을 증진시킨 반면, 지능정보사회에서는 이들 모두가 협업을 통해 어느 영역과도 결합이 가능한 융합서비스를 추구하면서 더 큰 효용가치와 사회적 파급효과를 가져올 것이다. 이는 빅데이터와 인공지능이 방대한 데이터를 분석하여 판단케 함으로써 그 활용범위와 영역 간 경계를 허물기 때문이다.

이와 같이 지능정보사회에서는 지능정보기술의 다양한 용합을 통해 사회 전반의 영역에 적용 하거나 응용함으로써 사회시스템과 의식의 변화를 가져오는 만큼, 기존의 산업사회, 정보사회와는 달리 업무의 고도화 및 효율화를 통한 생산성의 고도화는 보편화되고 있다.[4] 다시 말해 지능정보사회의 여러 이슈들은 기술발전만으로 문제를 해결할 수 있다는 인식을 넘어 사회적 함의와 의식의 변화가 뒷받침되어야 함을 의미한다. 지능정보사회는 정보사회와 비교할 때 <표 3-3>과 같이 요약할 수 있다.

---

4) 김성배(2016), "4차 산업혁명, 세계정치 변환, 한국 미래전략", 국제정치학회 학술발표대회.

표 3-3 정보사회와 지능정보사회의 비교 및 특징	
정보사회	지능정보사회
네트워크경제 (경제주체들이 인터넷을 기반으로 연결되어 경제활동을 수행)	인터넷융합경제 (모든 것이 인터넷을 통해 연결·융합되어 새로운 것을 창출)
인터넷혁명(정보화)	초연결혁명(지능화)
인프라 중심(인터넷망)	초연결 환경 중심
기업·국민·정부의 인터넷 활용	경제사회전반의 인터넷 활용
개방·참여·공유	협업·가치창출
산업·영역 간 연결	모든 경계 파괴
누구나 편리하게 이용 가능한 보편적 서비스	어느 영역과도 결합 가능한 융합적 서비스
인터넷 활용 기반 경제활동 촉진 (B2B, B2C, B2G, C2C 등)	인터넷 융합 기반 경제활동 촉진 (핀테크, O2O, 옴니채널)

자료: 서병조(2016), "지능정보사회의 도래와 네트워크 전략", 한국통신학회 발표자료.

2 지능정보사회의 환경변화

지능정보사회에 대한 공공정보화 관점에서 주목해야 하는 사회적 환경변화는 다음과 같다.

첫째, 데이터는 한 사회의 근간이자 원동력으로서의 가치를 갖기 때문에 데이터는 지능정보사회를 이루는 모든 구성원이 생산·수집하는 동시에 함께 공유·활용해야 하는 공공재로서의 성격을 갖고 있다. 따라서 개인별로 원하는 데이터에 대한 욕구가 다양해지고, 공공데이터와 개인데이터의 관리체계 혹은 프라이버시에 관한 문제는 정보사회와 같이 여전히 공존할 것이다.

둘째, 사람의 능력과 노동력이 인공지능의 발달에 따라 대체 될 수 있기 때문에 교육체계의 혁신과 노동시장에서의 새로운 노동수요가 발생할 수 있다. 데이터 분석과 자동화 기술의 발전에 따라 단순반복적인 업무나 저숙련(low-skills) 업무 관련 일자리는 퇴화되거나 변형될 것이다. 반면, 인공지능과 3D 프린팅, 로봇 등 지능정보기술 분야 등에서 고숙련(high-skills) 업무가 대폭 증가할 것이다. 이러한 낙관론적인 측면에서 볼 때 창의성과 혁신성 등 사람만이 가질 수 있는 역량을 바탕으로 지능정보가술 중심의 교육과 인재양성이 필요하다.

셋째, 대기업 중심의 신성장 동력이 강소·중소기업 중심의 비즈니스 창출로 변환될 것이다. 또한 우리나라 기업이 인건비와 생산비용 등의 증가로 해외로 생산거점을 옮기는 글로벌 아웃소싱으로 오프쇼어링(Offshoring)의 경향이 활성화 되었다. 하지만 지능정보사회에서 기술과 산업 간 융합을 통한 사이버 물리 시스템(CPS)5) 기반의 생산과정 변화는 세금혜택, 규제완화 등을 통해 다시 해외에 있는 우리나라 기업을 국내로 유입되는 리쇼어링(Reshoring)의 현상이 발생한다면 제품 및 서비스에 대한 국내시장의 지각변동이 예상된다.

넷째, 각종 지능정보기술의 도입과 확산에 따른 규제완화에 대한 수요가 확산되고 있다. 자율주행차, 드론 등은 이미 글로벌 기업들이 앞 다투어 상용화를 시작하고 있는 상황에서 우리나라에서도 관련 산업의 활성화, 연구개발을 위한 규제완화와 부작용에 대한 규제강화가 대립하고 있다. 특히, 규제완화를 주장하는 입장에서는 자율주행차의 임시운행 규제를 완화하고 다양한 형태의 시험이 필수적이라는 주장을 제기하고 있다.

다섯째, 공존과 조화에 대한 사회적 요구이다. 이는 그간 경제성장과 효율성 중심의 발전을 지양하는 대신, 지역격차와 빈부격차는 물론 기술이 생활전반에 내제화되면서 나타나는 정보격차의 문제는 성장과 분배, 계층·세대 간 갈등, 인간과 기계 간 대립이라는 측면에서 공존과 조화를 요구하게 된다. 이전의 정보사회에서는 인터넷 기반의 건전한 정보문화의 확립이 중요한 쟁점이었다면, 지능정보사회에서는 사회 전반의 신뢰문화를 육성하는 것이 필요할 것이다.

---

5) 사이버-물리 시스템(CPS)는 사이버 시스템과 물리적 시스템을 통칭하는 시스템을 말하는데, 일반적으로는 다양한 컴퓨터 기능들이 물리세계의 일반적인 사물들과 융합된 형태인 시스템을 의미한다. 사이버-물리 시스템은 연산(Computation), 조작(Control), 통신(Communication)의 세 가지 요소를 핵심 개념으로 구축되며, 주로 통신기술을 활용하여 물리적인 현상을 관찰하거나, 계산을 하거나, 조작을 하는 등 각 시스템 개체들 간의 협력적인 관계로 이루어져 있다. 의료, 항공, 공장, 에너지 등에서 광범위하게 사용되는 인공지능 시스템을 모두 포함하는 시스템이라 볼 수 있다.

지능정보사회의 중요한 현상들

지능정보사회에서 나타난 중요한 현상들로 인공지능, 사물인터넷, 클라우드 컴퓨팅, 빅데이터, 모바일, 연결, 블록체인, 가상과 현실의 융합, 가상현실과 증강현실, 우버화와 공유경제, 플랫폼 등을 살펴본다.

1 인공지능

1.1 인공지능의 정의와 발전과정

인공지능은 미래 지향적인 사회환경의 변화와 컴퓨팅 기술의 발전에 따라

표 3-4   인공지능에 대한 개념 및 정의

구분	인공지능에 대한 정의
John McCarthy(1955)	지능적인 기계를 만드는 엔지니어링 및 과학
Charniak and McDemott(1985)	여러 계산모델을 이용하여 인간의 정신적 기능을 대신하는 것
Kurzweil(1990)	인간에게 필요한 지능에 관한 기능을 제공하는 기계
Rich and Knight(1991)	컴퓨터가 특정 순간에 사람보다 더 효율적으로 일을 할 수 있는 것
Schalkof(1991)	인간의 지능적인 행동양식에서 계산적 과정을 이용해 모방하고 설명하는 것
Luger and Stubblefield(1993)	지능적인 행동의 자동화에 관한 컴퓨터 과학의 한 분야
Garter(웹페이지)	인공지능은 특별한 임무수행에 인간을 대체, 인지능력을 제고, 자연스러운 인간과의 의사소통, 복잡한 콘텐츠의 이해, 결론을 도출하는 과정 등 인간이 수행하는 것을 모방하는 기술
Technavio(2014)	스마트 기기는 인지컴퓨팅(인공지능과 기계학습 알고리즘이 적용된)이 구체화된 기기로 볼 수 있음
BCC Research(2014)	스마트 기기는 불확실한 혹은 다양한 환경 하에서 업무를 수행할 수 있도록 고안된 하드웨어 및 소프트웨어 시스템

자료: ETRI(2015), "인공지능 기술과 산업의 가능성"에서 인용.

<표 3-4>와 같이 다양하게 정의되어 왔다.[6] 하지만 일반적인 인공지능의 정의는 인간의 학습능력과 추론능력, 지각능력, 자연언어의 이해능력 등을 컴퓨터프로그램으로 실현한 기술을 의미한다. 즉 인간의 지능으로 할 수 있는 사고, 학습, 자기개발 등을 컴퓨터가 할 수 있도록 하는 방법을 연구하는 컴퓨터공학 및 정보통신기술의 한 분야로서, 컴퓨터가 인간의 지능적인 행동을 모방할 수 있도록 하는 것을 말한다.

기존의 컴퓨터는 인간의 연산능력을 향상시키는 것만으로도 인간사회를 크게 변화시켜 왔다. 더욱이 이는 인간이 작성한 프로그램을 통해서만 이루어졌고 인간이 관여했다. 그런데 컴퓨터가 인간의 관여 없이 스스로 학습해 결정하는 인공지능의 능력을 만들어 낸 것이다. 지능은 인간만이 가진 고유한 능력으로 알려져 왔다. 이렇게 인간만이 가진 것으로 알았던 지능을 컴퓨터가 스스로 갖게 된 것은 놀라운 일이었던 것이다. 이는 머신러닝(machine learning, 기계학습)에 의해 가능해졌다. 기계학습은 기계가 수학적 최적화 및 통계분석 기법을 기반으로 사람의 도움 없이도 데이터로부터 일정한 신호와 패턴을 배우고, 그것을 바탕으로 다음에 일어날 일을 예측하며 적합한 의사결정을 내리는 알고리즘을 말한다. 이런 기계학습 방법론에 근거한 인공지능 연구는 특히 2012년 6월 구글이 기계학습의 한 분야인 딥러닝 알고리즘을 이용해 컴퓨터가 1,000만 개의 유튜브 동영상 속에서 고양이 이미지를 74.8%의 정확도로 식별하도록 하는 프로젝트를 성공적으로 수행하면서 커다란 도약의 전환점을 맞게 되었다.

딥러닝(deep learning)은 컴퓨터가 여러 데이터를 이용해 마치 사람처럼 스스로 학습할 수 있게 하기 위해 인공신경망을 기반으로 구축된 기계학습기술이다. 딥러닝은 인간의 두뇌가 수많은 데이터 속에서 패턴을 발견한 뒤 사물을 구분하는 정보처리 방식을 모방해 컴퓨터가 사물을 분별하도록 기계를 학습시킨다. 이러한 딥러닝 기술을 적용하면 사람이 모든 판단 기준을 정해주지 않아도 컴퓨터가 스스로 인지·추론·판단할 수 있게 된다. 음성·이미지 인식과 사진 분석 등에 광범위하게 활용된다. 구글 알파고도 딥러닝 기술에 기반한 컴퓨터 프로그램이다.

---

6) 인공지능(artificial intelligence)은 1943년 워런 매컬로크(Warren McCulloch)와 월터 피츠(Walter Pitts)가 공동으로 연구한 중앙 신경시스템 연구에서 시작되었고, 인공지능이라는 용어는 1956년 영국의 다트머스 회의에서 존 매커시(John McCarthy)에 의해 처음 사용되었다.

인공지능은 그 자체로 존재하는 것보다는 컴퓨터 과학의 다른 분야와 직·간접으로 많은 부문이 관련되어 있다. 특히 현대에는 지능정보기술의 여러 분야에서 인공지능적 요소를 도입하여 많은 분야의 문제해결에 활용하려는 시도가 매우 활발하게 이루어지고 있다. 인공지능은 지능정보화(제4차 산업혁명)의 핵심기술로 주목받으면서 사회 및 산업 각 분야의 엄청난 혁신을 일으키며 시장의 핵으로 급부상하고 있다. 더불어 인공지능기술이 타 산업과 융합하면서 활용 분야와 범위가 확대되고 있다. 기존 음성 인식이나 이미지 인식 기술에서 자동차, 로봇, 의료 등의 분야에서 인공지능을 활용하면서 융합 시장이 새롭게 확대되고 있다. 최근 사물인터넷으로 인한 대량의 데이터 분석 및 처리가 가능한 다양한 기술이 개발되고 하드웨어 성능이 뒷받침되는 것도 인공지능의 성장을 가속화하고 있다.

1.2 인공지능의 활용에 따른 변화

인공지능은 클라우드 컴퓨팅 환경의 급속한 발전과 빅데이터가 뒷받침되어 딥러닝이 구현됨에 따라 지능정보사회의 핵심 요소가 되었다. 이러한 인공지능이 각 사회에 활용됨에 따라 많은 변화가 예상된다. 이제 마치 인터넷이 그랬던 것처럼 인공지능은 경제, 사회, 문화를 변화시킬 것으로 예상된다. 우리의 소통방식을 변화시키는 것은 물론 문화 자체가 바뀐다. 모든 산업부문에서도 인공지능이 연결되어 산업의 지형을 바꿀 것이다. 이는 인터넷이나 스마트폰을 뛰어넘는 큰 충격을 줄 수 있다. 반면에 인공지능은 인간의 일자리를 빼앗아 고용에도 커다란 충격을 줄 것이다. 여기서는 주요한 몇 가지를 살펴본다.[7]

---

7) 지금 주요 글로벌 기업들은 인공지능을 모두 미래의 최대 성장 동력으로 보고 있다. 구글, IBM, 마이크로소프트, 애플, 페이스북, 바이두, 알리바바, 삼성 등이 대거 참여하면서 인공지능 적용 분야가 의료기술의 향상, 유전자분석, 신약개발, 금융거래 등으로 빠르게 확대되고 있다. 구글은 알파고와 자율주행차를 개발하고, 그 일환으로 인공지능 비서 '구글 어시스턴트(Assistant)', 사물인터넷(IoT) 허브 '구글 홈', 인공지능 모바일 메신저 앱 '알로(Allo)'를, IBM은 슈퍼컴퓨터인 인공지능 체스 '디프블루'와 초고성능 컴퓨터인 인공지능 의사 '왓슨'을, 마이크로소프트는 인공지능 개인비서인 '코타나(Cortana)'를, 그리고 애플은 음성인식 정보검색 서비스인 '시리(Siri)'를, 페이스북은 메신저에서 일상 언어로 대화할 수 있는 '챗봇(Chatbot)' 등을 개발하여 인공지능을 활용하고 있다.

1) 삶의 질의 향상과 우려

개인생활에 인공지능의 활용은 삶의 질을 향상시키고 새로운 지식에의 접근성을 향상시켜 새로운 기회를 제공할 것이지만, 반면 많은 우려의 상황도 야기될 수 있다.

① 인공지능 도우미 로봇은 초고령사회에서 복지서비스 업무를 담당할 인력문제를 해결해 줄 수 있으며, 인간이 수행하기 힘든 일에 대한 업무를 대체하거나 보안해 줄 것이다.

② 인공지능이 사물인테넷과 연결되어 사람의 형태를 학습하거나 생활환경 등을 모니터링하게 되면, 보다 쾌적하고 편리한 환경으로 개선되어 삶의 질이 향상될 것이다.

③ 기존의 단순 반복적인 육체적, 정신적 업무들을 인공지능 로봇이나 알고리즘이 대신하여 자동적으로 처리되면 생활의 편의성이 향상될 것이다.

④ 인간의 언어를 기계가 이해하도록 하는 자연어처리기술에 의해 인간이 필요한 지식을 보다 편리하고 정확하게 찾아 낼 수 있으며, 원하는 언어로 실시간 번역해주는 서비스는 여행자들의 언어장벽을 없애주고 여행의 편의성을 제공하게 된다.

⑤ 자율주행자동차에 탑재된 인공지능은 운전자의 편의성과 안전성을 제공해 준다.

⑥ 인공지능을 탑재한 기기가 사람들의 위험하고 복잡하고 번거로운 일을 대체해 주게 되면, 사람들은 일에 대한 스트레스가 줄어들고 여가시간도 늘어나게 된다. 그러면 사람들은 자신이 하고자 하는 일을 할 수 있으며, 창조적인 일에 집중할 수 있다.

⑦ 인공지능기반의 진료·케어시스템 도입, 환자의 실시간 상태확인 등을 통한 의료서비스의 질적 향상으로 삶의 질이 향상될 수 있다.

⑧ 언제 어디서나 가능한 개인맞춤형 교육으로 놀이를 통한 교사 로봇, 맞춤 콘텐츠 기반의 교육서비스, 온라인 데이터 분석을 통한 사용자의 진도 및 수준을 파악하여 교육이 가능해진다.

⑨ 사용자의 직접 참여와 욕구를 반영하는 엔터테인먼트 서비스의 다양화를 통해 개인의 삶의 질이 향상될 수 있다.

⑩ 다양한 데이터의 실시간 분석을 통해 선제적인 위험예측 및 즉각적인 후속조치의 실효성이 강화되어 개인의 안정성이 더욱 강화될 수 있다.

⑪ 3D 모델링기반의 진공청소기, 가정용 로봇 상용화 등으로 가정내 자동화 및 편리함이 향상될 수 있다.

⑫ 2020년에 발생한 코로나19와 같은 뜻밖의 침입자에 대해 신약개발을 위해서는 10~15년 이상의 기초·임상연구에 1~2조 원이 소요되는 막대한 시간과 비용이 투자되지만, 신약개발에 인공지능을 활용할 경우 개발 기간과 비용을 대폭 단축함으로써 인간의 전염병으로부터 벗어날 수 있다.

⑬ 인공지능의 발전은 개인 삶의 질이나 생산성이 향상되기도 하지만, 인공지능의 기술이 점차 고도화되고, 자동화수준이 높아지게 되면 통제 불능의 상태가 특정 목적을 가진 집단에 악용될 경우에 매우 심각한 사회적·경제적·윤리적 문제가 발생할 수 있다. 한편 인공지능의 기술이 통제 가능한 상황에서도 이를 악용하는 사람들로 인해 심각한 사회적·경제적·윤리적 문제가 발생할 수 있다.

⑭ 정치 및 종교단체 특히 극단적인 세력들이 인공지능을 탑재한 드론을 잘못 사용할 경우, 폭탄테러와 같은 무차별 살상 등 대형 테러행위가 일어날 수 있으며, 개인정보학습을 통해 성능을 자체적으로 향상시키도록 설계되어 있는 인공지능기기에 해킹하여 주요한 개인정보를 유출되는 문제도 발생할 수 있다.

2) 소통과 이동수단

지능정보사회에서 사람들의 소통과 이동수단에 지능정보기술의 활용은 세계화가 한층 더 촉진될 것이며, 이동에 따른 정신적·육체적 수고를 크게 감소시켜 줄 것이다. 또한 인공지능이 탑재된 자율주행자동차는 많은 교통사고를 감소시킬 수 있다.

① 사람들은 인공지능 자동번역서비스를 통해 언어의 장벽을 극복하여 글로벌한 소통이 가능하게 된다. 이로 인해 글로벌 세상, 즉 세계화는 더욱 확산되어 지역 간, 국가 간 정보격차는 크게 줄어들 것이며, 사람들 사이의 소통과 교류가 활발하게 되면서 서로 간의 이해는 더욱 깊어질 것이다.

② 인공지능이 탑재된 자율지능형 이동수단(무인주행 스마트카)은 교통사고의 위험이나 정체·혼잡으로 인한 에너지와 시간낭비뿐만 아니라 이동에 따른 정신적·육체적 수고를 크게 감소시켜 줄 것이다.

③ 인공지능이 탑재된 자율주행자동차는 운전자가 의도하는 출발지와 목적지, 그리고 경유도로에 대한 모든 정보를 파악하는 것은 물론, 운전자 개인의

취향과 운전 이력, 습관, 탑승자 등의 정보를 종합적으로 처리할 수 있기 때문에 자동차는 안전과 효율, 그리고 즐거움을 동시에 추구할 수 있는 모바일 공간이 될 것이다.

3) 에너지와 환경

에너지와 환경분야에 지능정보기술의 활용은 에너지의 최적화가 가능해지고, 또한 재난·재해의 사전 예측이 가능해져, 그로 인한 피해를 사전에 방지할 수 있다.

① 인공지능이 탑재된 지능형 스마트홈과 지능형 스마트빌딩은 각 개인 가정과 사회전체의 에너지 사용을 최적화해 지구환경을 살리는 것뿐만 아니라 에너지 비용을 크게 감소시킬 수 있다.

② 각종 채굴장비나 수송용 파이프라인, 해상수송 선박, 열차, 트럭 등의 움직임을 위성으로 추적하면서 주요국의 기후, 경기 등과 인공지능위성은 주요국의 원유는 물론 각종 원자재의 생산현황이나 주요 곡물의 작황, 그리고 가격변동 리스크를 최대한 정확하게 예측하는 일이 가능해 진다.

4) 소비활동

지능정보사회에서 개인의 소비활동에 지능정보기술이 활용된다면, 제품에 대한 가격, 품질, 서비스 등의 모든 정보가 모든 소비자들에게 드러나는 완전정보의 환경이 가능해져 상품가격의 하락과 불량품, 모조품 등이 사라질 수 있다.

① 인공지능은 글로벌 소비자들의 경제활동에도 중대한 변화를 가져올 것이다. 인공지능은 가격의 거품, 짝퉁(모조품)사기, 결제리스크 등을 해결하는 데 활용될 수 있으며, 쇼핑이 한층 더 즐거운 경험으로 변하게 될 것이다.

② 사용자가 원하는 가격과 스펙은 물론, 사용자가 미처 알지 못한 최신 트렌드와 감성·욕망까지 포착해 최적의 상품을 제안하는 인공지능을 탑재한 쇼핑도구들이 소비자들로 하여금 소비의 새로운 경험을 하게 되는 시대가 온다.

③ 인공지능 심화학습기법에 기반한 이미지 인식 기능은 불량품이나 모조품, 바가지행위, 원산지도용 등의 여지를 없앨 것이다. 왜냐하면, 제품 이미지를 인공지능 앱에 입력하는 순간 그 제품의 모든 정보가 드러나기 때문이다.

④ 인공지능 앱은 최근 전자상거래의 가장 큰 리스크로 부상하고 있는 신용카드 결제오류나 개인정보유출 등 보안관련 문제들을 상당 부분 해결할 것이다.

5) 산업분야

산업분야에 지능정보기술의 활용은 기업과 산업의 효율성 및 생산성을 증대시켜, 궁극적으로 이윤극대화를 가져다 줄 것이다.

① 인공지능기술이 발전되면 특히 제조업과 서비스업에 자동화·지능화가 촉진되어 생산성과 품질이 향상될 것이다.[8] 또한 인공지능은 인간의 단순 반복적인 업무를 대체하게 됨으로써 노동의 생산성을 크게 증가시킬 것이다.

② 인간과 인공지능 간의 상호 보완적인 협력이 가능해진다. 예를 들면, 간호사의 일상적인 잡무나 변호사의 사전조사업무 등을 인공지능에 맡김으로써 짧은 시간에 비교적 많은 업무를 신속하게 처리할 수 있게 되면 환자 및 의뢰인에게 보다 많은 시간을 할애하여 적극적으로 소통할 수 있게 된다.

③ 기존에 높은 인건비 등으로 인해 어려움이 있었던 기업들은 인공지능을 탑재한 자동화된 생산시스템을 통해 인건비 문제를 해결할 수 있다.

6) 일자리와 노동

지능정보사회는 경제, 사회의 발전과 삶의 질을 향상시키는 긍정적인 효과를 가져올 것이라는 데에는 대체로 동의가 이루어져 있다. 또한 노동시장의 큰 변화와 일자리 감소라는 부정적인 문제가 제기될 것이라는 것 역시 공감대를 형성하고 있다.[9]

① 인공지능의 기술이 발전하면 할수록 인공지능은 인간의 육체적 노동뿐만 아니라 정신적 노동까지도 대체할 것이다. 인공지능은 특히 단순 서비스 종사자, 단순 영업 판매, 단순 사무 종사자, 단순 생산직, 운반직 등의 단순반복작업뿐만 아니라 전문적인 업무(연구직, 관리직, 전문직)도 대체할 수 있다.[10] 연

---

8) 독일에서 추진하고 있는 제조업 혁신 전략인 Industry 4.0은 사이버 물리시스템(Cyber Physical System)을 통해 제조업에서 인공지능의 활용 범위를 확대해 실질적으로 존재하는 자동화된 물리적 공간에서 네트워크를 통해 제조·생산을 할 수 있도록 하여 생산성과 효율성을 높이고자 한 것이다.

9) 세계경제포럼은 보고서 『일자리의 미래(The Future of Jobs)』(WEF, 2016)에서 4차 산업혁명으로 인해 상당수의 직업이 사라지고, 없던 새 일자리가 만들어진다고 전망하고 있다. 4차 산업혁명으로 인해 일반 사무직을 중심으로 제조, 예술, 미디어 분야 등에서 710만 개의 일자리가 사라질 것이라고 예상했다. 반면 컴퓨터, 수학, 건축 관련 일자리는 200만 개가 창출될 것으로 예상하고 있다. 결과적으로 500만 개 일자리가 2020년까지 없어진다고 보았다. 인공지능, 로봇, 생명과학, 3D프린팅, 드론 등이 궁극적으로 인간의 일자리를 빼앗는다는 것이다.

10) 영국의 BBC는 인공지능이 빼앗아 갈 인간의 직업을 다음과 같이 보고 있다. 첫째, 택시기사 : '별도'의 사람을 차에 태울 필요가 없어져 택시비가 파격적으로 저렴해질 것이다. 둘째,

구직, 관리직, 전문직 등의 분야에서는 인공지능과 로봇이 인간을 대체하는 것11)과 기계와 인간의 협업이 동시에 진행된다.

② 한편 지능정보사회에서의 지능정보기술의 탄생 및 발전은 일자리 구조가 변화하며, 새로운 일자리가 창출된다는 견해가 일반적이다. 즉 인공지능은 사람들의 일자리를 빼앗기보다는 업무를 돕는 방식으로 진화할 것이다. 과거의 산업혁명 시대의 일자리의 변화는 어떠했을까? 사람들은 기계의 등장과 활용으로 그 전까지의 일자리가 크게 위협받고 감소할 것으로 우려했다. 그러나 장기적으로 보면 오히려 더 많은 일자리가 생겨났다는 것을 경험하였다. 데이터 사이언티스트, 로봇 연구 개발 및 소프트웨어 개발, 운영, 수리, 보수 및 유지보수 관련 직업 등 개발인력이나 숙련된 운영자 등의 지식집약적인 새로운 일자리가 창출될 수 있으며, 관련 비즈니스나 신규 서비스 등이 활성화되면, 이에 다른 일자리가 증가할 것이다.

1.3 인공지능과 인간

지능정보사회에서 인간이 만들어 낸 인공지능이 한 사회의 각 분야에 도입·활용되는 영역은 매우 다양하다. 즉 인공지능이 우리 사회에 정치, 경제, 사회, 문화, 예술, 기업, 산업, 개인, 가정 등에 각 분야에 활용될 것이다. 이러한 과정에서 인공지능과 인간은 상호 충돌할 것인가, 아니면 상호 보완적일 것인가에 대해 많은 논쟁들이 제기되고 있다. 다시 말하면, 인간의 업무영역에서 인간이 만들어 낸 인공지능이 인간의 업무에서 조력자일까, 협력자일까, 지배자일까에 대한 논쟁들이 야기되고 있다.

인공지능의사와 인간의사, 인공지능판사와 인간판사, 인공지능선생님과 인간선생님, 인공지능기자와 인간기자, 인공지능설계사와 인간설계사, 인공지능성우와 인간성우, 인공지능안경사와 인간안경사, 인공지능운전사와 인간운전

기자 : 이미 '로봇 저널리즘'이 사람들이 읽고자 원하는 기사들을 파악해서 대량의 데이터를 효과적으로 수집하고 처리해서 기사를 작성하는 일을 하고 있다. 셋째, 의사 : 친절하고 유능한 로봇과 컴퓨터 의사들이 진단, 처방, 수술뿐 아니라 조언과 위로까지 해 준다. 넷째, 칵테일 웨이터 : '메이커 쉐이커(Makr Shakr)'라는 이름의 로봇이 정해진 메뉴의 칵테일뿐 아니라 독자적인 칵테일을 개발해 승객에게 대접하기도 한다.

11) 현재도 수많은 임상시험이나 연구성과를 판독해 최선의 치료법을 찾아 적용해야 하는 의료산업, 특정 고객의 금융 상황뿐만 아니라 시장 전체 상황도 읽어 내야 하는 금융업, 그리고 다양한 문의가 폭주하는 고객 서비스 콜센터 등에서 활용되고 있다.

사 등등 이미 우리의 생활에는 인공지능이 초기단계 또는 적극적인 단계까지 활용되고 있다. 여기서는 인공지능의사와 인간의사, 인공지능판사와 인간판사와의 관계를 살펴보자.

1) 인공지능의사와 인간의사

인공지능의사는 병원의 전자의무기록의 자동분석이 가능해지면서 많은 발전이 이루어졌고, 의료 인공지능에서 가장 좋은 성능을 보여주는 것이 바로 딥러닝이다. 구글 인공지능을 이용해 심혈관 질환 환자의 발병 위험 요소와 발병을 예측(입원환자의 사망 위험도, 퇴원 후 30일 내 재입원, 장기 입원 여부, 퇴원시 진단명)할 수 있었는데, 이는 기존의 인간의사가 해왔던 것보다 현저히 나은 정확도를 보였다고 한다.

① 골연령 판독 인공지능의사 : 영상의학과 전문의가 인공지능을 활용하여 판독시간이 감소할 수 있고, 정확도를 더 높일 수 있다는 연구 결과로 보아, 의료현장에서 업무에 시달리는 의사들의 시간을 절약해주고, 판독의 효율성을 높일 수 있다. 따라서 골연령 판독처럼 반복적이고 시간이 많이 걸리는 번거로운 업무에 인공지능의 도입·활용이 필요하다.

② 안과 인공지능의사 : 안과 전문의는 딥러닝 기반의 인공지능을 활용하는 경우, 환자의 당뇨병성 망막증을 안과 전문의보다 더 정확하게 판독할 수 있다. 인공지능은 안과의 데이터를 학습하여 일괄적으로 판독하며, 보다 높은 정확도를 통해 민감도와 특이도(병이 아닌 것을 정확히 찾아내는 능력)가 매우 높은 수준이다. 당뇨병성 망막증은 적절한 시기에 진단 및 치료하면 실명 가능성을 현저히 낮출 수 있기 때문에 안과의사가 부족한 지역, 노인인구가 많아지는 사회에서는 인공지능을 이용하여 당뇨병성 망막증을 조기에 진단 및 치료가 가능하다. 따라서 검진센터와 같이 대량의 데이터를 처리해야 하는 경우, 또는 인공지능이 인간의사와 함께 판독한다면 진단효율이 더욱 높아질 수 있다.

③ 피부과 인공지능의사 : 피부과 역시 인공지능이 피부 병변 사진 판독에 피부과 전문의보다 더 정확하게 판독할 수 있고, 스마트폰 앱을 이용하여 피부암을 검사하는 인공지능도 개발되었다. 스마트폰으로 피부과 병변을 검사한다면, 역시 피부과 전문의사가 부족한 지역에서 활용할 수 있을 것이다.

④ 병리과 인공지능의사 : 병리과는 여러 진료과 중에서 의료 인공지능의 연구가 가장 활발한 의료분야 중의 하나이다. 병리과 판독이 전문의 사이의 실력

의 편차가 있을 수 있기 때문에 병리 데이터 판독의 효율성, 일괄성, 정확성을 높이기 위해 병리과의 다양한 영역에서 인공지능이 활용되고 있다. 인공지능은 민감도가 높고, 인간병리의사는 특이도가 높아 병리학 인공지능과 인간병리의사는 서로 다른 부분에서 강점을 갖고 있다. 둘의 힘을 합치면 민감도와 특이도를 모두 높을 수 있을 것이다. 특히 인공지능은 판단이 매우 빠르고 훨씬 더 많은 양의 데이터를 한번에 처리하고도 피로감을 느끼지 않기 때문에 인간의사가 효율적으로 일관된 판독을 할 수 있도록 조력자의 역할을 할 수 있다. 병리 데이터의 경우, 시간이 오래 걸리고, 노동집약적이며 인간의 인지능력에 전적으로 좌우되기 때문에 인공지능의 도움을 받는다면 인간 병리학자의 정확도는 극적으로 개선될 수 있을 것이다.

2) 인공지능판사와 인간판사

입헌주의를 기초로 하고 있는 대부분의 민주주의 국가에서 '법'이 가진 의미는 상당하다. 법의 준수는 국민의 기본 의무로 여겨지고 있고, 모든 사안의 최종적인 결정에서 법적인 판단은 필수적인 요소로 자리하고 있다. 한 개인과 국가의 모습까지 바꿀 수 있는 힘을 가진 법의 영역에 인공지능이 도입된다는 것은, 인간의 가장 큰 권위에 대한 도전처럼 여겨질 수밖에 없다.

하지만 사법부의 권위와 판결에 대한 국민의 신뢰도가 바닥을 치는 상황이 온다면, '공정한 판결'을 원하는 국민의 목소리는 거세어질 것이고, 그 끝에는 인공지능(AI)판사에 대한 의존성이 커질 것이다. 뛰어난 학습능력을 기반으로 한 인공지능판사가 '중립성'을 지킨 채 법적인 판단을 할 수 있다는 신뢰, 그 이유일 것이다. 예를 들면, 하루 동안 이루어지는 수많은 판결을 분석한 결과, 가석방 등의 관대한 판결이 인간판사의 식사시간 이후에 많이 이루어지는 것으로 밝혀지고 있다. 결국, 인간은 신체적인 컨디션에 따라 인지편향에 빠질 수 있다는 것이다. 이는 인간의 본질적인 성향으로 보다 공정한 판결을 위해 인공지능판사의 필요성이 대두되는 근거가 된다.[12]

---

12) 에스토니아는 전자정부의 선도국가로 불리고 있는데, 2016년부터 "정형화되어 있어 분쟁 가능성이 적은 7,000유로(910만 원) 이하의 소액재판에 대해 인공지능판사가 결정하는 시스템"을 적용하고 있다. 또한 세계 최초로 전자 시민권(e-Residency)을 발행했으며, 전 세계인 누구나 100만 유로만 내면 인터넷을 통해 전자 시민권증을 발급받을 수 있고, 온라인상에서 회사나 법인 등을 설립할 수 있도록 했다. 또한 인공지능이 법무를 도와주는 일이 세계적으로 보편화된 상태로 진행되고 있는데, 그 예시로, 호주의 아미카(amica) 서비스는 가정법원 이혼 재판에

인간판사의 인간으로서의 학연, 지연 등의 관계로 공정한 판결과는 반하는 판결도 있었다. 또한 특정 정치인의 세력 확장을 위한 용도로 법이 수정되기도 했고, 권력자에게 반하는 행동과 태도를 보일 경우 각종 명목을 씌워 판결을 통해 범죄자로 만들기도 했으며, 정치적 지위와 그로 인한 부의 차이는 곧 법의 영역에서 차별적인 판단의 근원이 되기도 했다. 이러한 이유가 인공지능판사의 필요성이 대두되는 근거가 될 것이다.

우리나라의 법은 성문법 체계에 따른다. 성문법의 체계에 따른다고 하더라도 법적인 세부기준을 모두 법조문에 명시하는 것은 불가능하다. 그래서 법의 내용보다는 현실의 사례가 훨씬 복잡하고 중요하다. 그 복잡한 사례에서 무엇을 증거로 채택하고, 무엇을 버릴 것인가 하는 가치판단이 중요한데, 그 가치판단을 하기 위해서는 균형잡힌 인간판사에 의한 인간적인 시각이 필요하다.

어느 날 법집행의 공정성을 의심한 사람들이 인간판사 대신 인공지능판사의 판결을 받겠다고 선택했다고 하자. 그러면 인공지능판사는 어떻게 재판을 할까? 인공지능판사는 기존의 법조문과 판례도 모두 암기하고 있기 때문에 인공지능은 현실의 복잡한 경우를 기존의 법조문과 판례에 대입시켜 매우 빠르고 정확하게 판결을 할 것이다. 이것이 인공지능판사의 핵심이며 강점이다. 그러면 무슨 문제가 발생할까? 이때 인공지능판사는 기존의 법조문과 판례의 논리에 부합하는 판결을 할 것이다. 미래의 현실은 기존의 현실과는 다른 상황이 전개될 수 있으며, 수많은 경우의 수가 존재할 수 있는데도 그렇게 판결을 할 것이다. 결국 인공지능판사에 의한 판결은 '프로크루테스(Procrustes)의 침대'[13]가 될 수 있다.

그러면 어떻게 해야 하는가? 인공지능판사는 기존의 법조문과 판례를 근거로 공정하게 판결을 할 수 있겠지만 차가운 '법 기능공'이다. 반면 인간판사는 법조문과 판례의 기억력은 인공지능판사에 떨어질지 몰라도 따스한 인간적 시각을 가진 솔로몬과 같은 명판관이다. 따라서 인공지능판사와 인간판사 둘은 어느 하나가 다른 하나를 밀어내는 입장이 아니다. 서로의 부족함을 보완해나가는 파트너가 되어야 한다. 한 재판장에서 한 건의 재판에 소요되는 시간은

서 AI가 친권과 재산 배분을 도와주고 있으며, 미국 법률 자문회사 ROSS는 AI에게 법률과 판례 정리를 맡기고 있음을 제시한다.

13) 고대 그리스의 신화 속에서 프로크루테스(Procrustes : 고대 그리스의 강도)라는 거인이 사람을 강제로 끌고와서 자신의 철제침대보다 짧으면 키를 강제로 늘리고, 길면 다리를 잘라 침대에 맞추었다는 내용이다.

약 20분 정도이며, 검토할 시간이 없다. 이 때문에 인공지능판사의 도움이 필요하다. 그리고 인공지능판사는 인간의 시각을 가질 수 없다. 이 때문에 인간판사의 도움이 필요하다. 따라서 인공지능판사와 인간판사는 상호보완과 공존이 필요하다.

2 사물인터넷

지능정보사회는 사물인테넷으로 빅데이터를 얻고, 그것을 클라우드(Cloud)에 저장해, 인공지능으로 분석하고 활용하는 사회를 말한다. 여기서 사물인터넷이란 무엇인가? 사물인터넷(Internet of Things)은 세상에 존재하는 유형 혹은 무형의 객체들이 다양한 방식으로 서로 연결되어 개별 객체들이 제공하지 못했던 새로운 서비스를 제공하는 것을 말한다. 사물인터넷(Internet of Things)은 단어의 뜻 그대로 '사물들(things)'이 '서로 연결된(internet)' 것 혹은 '사물들로 구성된 인터넷'을 말한다. 기존의 인터넷이 컴퓨터나 무선 인터넷이 가능했던 휴대전화들이 서로 연결되어 구성되었던 것과는 달리, 사물인터넷은 책상, 자동차, 가방, 나무, 애완견 등 세상에 존재하는 모든 사물이 연결되어 구성된 인터넷이라 할 수 있다.

사물인터넷은 연결되는 대상에 있어서 책상이나 자동차처럼 단순히 유형의 사물에만 국한되지 않으며, 교실, 커피숍, 버스정류장 등 공간은 물론 상점의 결제 프로세스 등 무형의 사물까지도 그 대상에 포함한다.

사물인터넷의 표면적인 정의는 사물, 사람, 장소, 프로세스 등 유·무형의 사물들이 연결된 것을 의미하지만, 본질적으로는 이러한 사물들이 연결되어 진일보한 새로운 서비스를 제공하는 것을 의미한다. 즉, 두 가지 이상의 사물들이 서로 연결됨으로써 개별적인 사물들이 제공하지 못했던 새로운 기능을 제공하는 것이다. 예를 들어 침대와 실내등이 연결되었다고 가정해 보자. 지금까지는 침대에서 일어나서 실내등을 켜거나 꺼야 했지만, 사물인터넷 시대에는 침대가 사람이 자고 있는지를 스스로 인지한 후 자동으로 실내등이 켜지거나 꺼지도록 할 수 있게 된다. 마치 사물들끼리 서로 대화를 함으로써 사람들을 위한 편리한 기능들을 수행하게 되는 것이다. 이처럼 편리한 기능들을 수행하기 위해서는 침대나 실내등과 같은 현실 세계에 존재하는 유형의 사물들을 인

터넷이라는 가상의 공간에 존재하는 것으로 만들어줘야 한다. 그리고 스마트폰
이나 인터넷상의 어딘가에 '사람이 잠들면 실내등을 끈다'거나 혹은 '사람이 깨
어나면 실내등을 켠다'와 같은 설정을 미리 해놓으면 새로운 사물인터넷 서비
스를 이용할 수 있게 된다.

이와 같은 사물인터넷은 우리가 주변에서 흔히 보고 사용하는 모든 유형의
것으로, 사람·자동차·교량·전자 기기·자전거·안경·시계·의류·문화재·
동식물 등 자연 환경을 이루는 모든 물리적 객체에서 컴퓨터에 저장된 다양한
데이터베이스, 인간이 행동하는 패턴 등 가상의 모든 대상도 포함되는 매우 광
범위한 개념이다.14)

사물인터넷의 궁극적 목표는 우리 주변의 모든 사물이 인터넷 연결을 통해
사물이 가진 특성을 더욱 지능화하고, 인간의 최소한의 개입을 통해 자동화하
며, 다양한 연결을 통한 정보 융합으로 인간에게 지식과 더 좋은 서비스를 제
공하는 데 있다. 이를 위해서는 기존 인터넷에서 추구하던 컴퓨터 간의 연결이
아니라, 인간·사물·공간·무형의 데이터 등을 서로 연결하고 이로부터 수집
된 다양한 정보를 분석하고, 서로 공유하도록 하는 것이 중요하다.

이제 사물인터넷이 활용되는 몇 가지 예를 들어보자. 기존의 만보기는 단순
히 걸음 수를 재는 용도였지만, 만보기와 인터넷을 연결하고 다양한 정보를 수
집하고 분석할 수 있는 건강 관리 플랫폼을 연결하면 건강을 측정·판단·예
측 가능한 기능을 탑재할 수 있다. 그렇다면 만 원 수준의 만보기가 수만 원에
서 수십만 원 가치의 만보기로 재탄생할 수 있는 것이다.

우리가 화분에 화초를 기르는 것을 예로 들어보자. 화분에 인터넷을 연결해
심어진 꽃에 언제 물을 주어야 할지, 현재 흙과 주변의 상태가 어떤지에 대한
정보를 제공하고, 심지어 주변의 상황에 따라 자동으로 물까지 줄 수 있다면,
그 가치는 몇 배 이상 증가할 수 있을 것이다. 이렇게 우리 주변의 다양한 제
품이 지능화되면 그 부가가치는 수배에서 수백 배 이상 증가할 수 있다.

우리가 식탁에서 먹는 딸기를 예로 들어보자. 우리가 식탁에서 딸기를 먹기

---

14) 마이클 포터(Michael Porter)는 사물인터넷의 단계를 네 단계로 설명하고 있는데, 첫째는 모니
터링 단계로 센싱데이터(sensing data)를 통해 제품 상태나 외부환경에 대해 알리는 단계, 둘
째는 제품이나 이용자의 환경을 제어하는 제어단계. 이 두 단계는 지금까지 수행된 사물인터
넷의 모습이다. 그런데 셋째 단계는 지능화, 고도화된 단계로 소프트웨어 알고리즘을 통해 성
능을 항상 진단하거나 예측 기능까지 갖추는 것이고, 넷째는 자율화된 기능을 수행하는 단계
이다.

까지는 재배·포장·유통·판매·소비에 이르는 다양한 과정을 거친다. 농민들은 다양한 종류의 딸기에서 상품성 있는 품종을 선택하여 재배할 것이고, 이때 상품성 있는 품종이란 소비자가 좋아하고, 유통이 쉬운 종류일 것이다. 또한 언제 키워야 높은 값을 받을 것인가에 대해서도 고민하게 될 것이며, 재배하는 지역과 기후에 따라 생산비용도 다르다. 생산된 딸기를 더 값싸게 공급하기 위해서는 교통이 원활하고, 소비가 용이한 지역에 납품하는 것이 유리하기 때문에 유통비용이 절감되는 방법을 선택하게 될 것이다. 소비자 입장에서는 값싸게 맛있는 딸기는 먹기 위해 고민할 것이다. 가계의 형편에 따라 딸기를 소비하기 시작하는 월도 달라질 것이며, 어디에서 구입하느냐에 따라 그 가격도 많이 달라질 것이다. 단순히 딸기 하나를 소비하는 과정에도 여러 요소가 영향을 미치는 것이다. 이러한 딸기의 생산과 소비과정에 인터넷을 결합하면, 딸기에 대한 다양한 정보를 함께 모니터링하고, 분석하고, 예측할 수 있다면 농민에게는 최고의 수익을 올리기 위한 정보를 제공할 수 있을 것이고, 소비자에게는 최적의 소비가 가능한 갖가지 정보를 제공할 수 있을 것이다. 사물인터넷은 농업·환경·에너지·유통 등 다양한 분야(도메인)의 정보를 제공하고, 이러한 정보를 모아 분석을 통해 다양한 파급 효과를 가져올 수 있다.

이미 우리 일상생활에 활용되고 있는 경우를 살펴보자. 자동차 키를 갖고 접근하면 자동차 문의 잠금장치가 자동으로 해제되고, 자동차 키를 꽂지 않아도 시동을 걸 수 있는 '스마트키', 전기·가스 또는 상하수도를 포함한 에너지를 효율적으로 관리하는 '스마트그리드' 등이 있다.

출근 전 교통사고로 출근길 도로가 심하게 막힌다는 뉴스가 떴다고 하자. 가정환경에 인터넷을 연결한 경우, 그 소식을 접한 스마트폰이 알아서 알람을 평소보다 30분 더 일찍 울린다. 스마트폰 주인을 깨우기 위해 집안 전등이 일제히 켜지고, 커피포트가 때맞춰 물을 끓인다. 식사를 마친 스마트폰 주인이 집을 나서며 문을 잠그자, 집안의 모든 전기기기가 스스로 꺼진다. 물론, 가스도 안전하게 차단된다.

③ 클라우드 컴퓨팅

클라우드 컴퓨팅(Cloud Computing)15)이란 인터넷상의 서버를 통하여 데이터 저장, 네트워크, 콘텐츠 사용 등 IT 관련 서비스를 한번에 사용할 수 있는 컴퓨팅 환경을 말한다. 정보가 인터넷상의 서버에 영구적으로 저장되고, 데스크톱·태블릿컴퓨터·노트북·넷북·스마트폰 등의 IT 기기 등과 같은 클라이언트에는 일시적으로 보관되는 컴퓨터 환경을 뜻한다. 즉 이용자의 모든 정보를 인터넷상의 서버에 저장하고, 이 정보를 각종 스마트 기기를 통하여 언제 어디서든 이용할 수 있다는 개념이다.[16]

다시 말하면 구름(cloud)과 같이 무형의 형태로 존재하는 하드웨어·소프트웨어 등의 컴퓨팅 자원을 자신이 필요한 만큼 빌려 쓰고 이에 대한 사용요금을 지급하는 방식의 컴퓨팅 서비스로, 서로 다른 물리적인 위치에 존재하는 컴퓨팅 자원을 가상화 기술로 통합해 제공하는 기술을 말한다. 클라우드로 표현되는 인터넷상의 서버에서 데이터 저장, 처리, 네트워크, 콘텐츠 사용 등 IT 관련 서비스를 한번에 제공하는 혁신적인 컴퓨팅 기술인 클라우드 컴퓨팅은 '인터넷을 이용한 IT 자원의 주문형 아웃소싱 서비스'라고 정의되기도 한다.

클라우드 컴퓨팅을 도입하면 기업 또는 개인은 컴퓨터 시스템을 유지·보수·관리하기 위하여 들어가는 비용과 서버의 구매 및 설치 비용, 업데이트 비용, 소프트웨어 구매 비용 등 엄청난 비용과 시간·인력을 줄일 수 있고, 에너지 절감에도 기여할 수 있다.

또한 클라우드 컴퓨팅은 프로그램과 문서를 다른 곳에 저장해 놓고 내 컴퓨터로 그곳에 인터넷을 통해 접속해서 이용하는 방식이다. 이는 PC에 자료를 보관할 경우 하드디스크 장애 등으로 인하여 자료가 손실될 수도 있지만 클라우드 컴퓨팅 환경에서는 외부 서버에 자료들이 저장되기 때문에 안전하게 자료를 보관할 수 있고, 저장 공간의 제약도 극복할 수 있으며, 언제 어디서든 자신이 작업한 문서 등을 열람·수정할 수 있다. 자동차를 사지 않고 필요할 때 빌려서 쓰거나 대중교통을 이용하는 것과 같다. 이렇게 되면 필요한 소프트웨어를 내 컴퓨터에 설치할 필요도 없고, 또 주기적으로 업데이트 하지 않아도 된다. 게다가 회사 컴퓨터에서 작업을 하던 문서를 따로 저장해서 집으로 가져갈 필요도 없다. 또 자신의 컴퓨터가 고장을 일으켜도 데이터가 손상될 염려도 없

---

15) 클라우드라는 이름이 붙여진 이유는 컴퓨터 네트워크 구성을 그림으로 나타낼 때 인터넷은 '구름(Cloud)'으로 표현했기 때문이다. 즉, 수많은 컴퓨터가 연결되어 있는 인터넷 환경이 마치 하늘 저편에 떠 있는 구름처럼 알 수 없는 존재로 여겼기 때문이다.

16) 네이버 지식백과

다. 필요한 만큼 쓰고 비용을 지불하면 되므로 사용 빈도가 낮은 소프트웨어를 비싸게 구입할 필요도 없고, 터무니없이 큰 저장장치를 갖추지 않아도 된다. 하지만 서버가 해킹당할 경우 개인정보가 유출될 수 있고, 서버 장애가 발생하면 자료 이용이 불가능하다는 단점도 있다.

기업도 클라우드가 도입되기 이전에는 필요한 시스템을 직접 구축하고 운영했기 때문에 시간도 수개월 이상 걸렸고 비용도 많이 들었다. 이러한 구축과 운영에 필요한 비용은 클라우드의 등장으로 절감이 가능해졌다. 사회 전체적으로도 유사한 기능을 한데 모아 운영하기 때문에 비용은 물론 에너지 절감에도 기여할 수 있다. 하지만 서버가 해킹당할 경우 개인정보가 유출될 수 있고, 인터넷 접속이 곤란하거나 서버에 장애가 생기면 자료 이용이 불가능하다는 단점도 있다.

빅데이터와 클라우드 컴퓨팅 등의 상호 발전과 더불어 사물인터넷은 우리 주변의 여러 사물들로 확대되고 있다. 우리 주위에 스마트워치, 스마트밴드를 차고 있는 사람들을 많이 볼 수 있는데, 이제는 실생활과 제조업 등의 분야로 더욱 확대되고 있다. 사물인터넷은 '스마트 홈'에서 먼저 구현되는 기술이다. 가정 내의 전등, 플러그, 스위치와 같은 사물을 연결하는 것을 기본으로, 냉장고, 세탁기 등으로 확장되고 있다. 헬스와 엔터테인먼트를 결합한 '헬스테인먼트'로 건강에 관심 높은 이용자들을 연결하고 있다.

가정 외에서도 도시, 교통, 농업 등의 분야에서 센서를 탑재한 스마트 기기의 활용이 확대되고 있다. 특히 이제는 '스마트 시티'가 사물인터넷의 새로운 분야로 주목되고 있다. 도로에 센서를 부착한 스마트 기기를 통해 교통량을 통제하고 신호를 제어하는 서비스는 기본이고, 도시의 스마트화는 도시의 삶의 질을 결정하는 데 크게 기여할 분야다. 농업 분야에서도 온도, 습도, 일조량 등을 센서로 파악해 농작물 관리와 수확 등에 활용하는 사례들이 늘고 있다. 이러한 사례는 아직 센서와 네트워크 기능을 활용한 단순 모니터링 및 제어 수준에서 구현되고 있다.

④ 빅데이터

4.1 빅데이터의 정의와 등장배경

디지털 사회의 확산으로 우리 주변에는 규모를 가늠할 수 없을 정도로 많은 정보와 데이터가 생산되는 '빅데이터(Big Data)' 환경이 도래하고 있다. 빅데이터란 디지털 환경에서 생성되는 데이터인데, 과거 아날로그 환경에서 생성되던 데이터에 비하면 그 규모가 방대하고, 생성주기도 짧고, 형태도 수치 데이터뿐 아니라 문자와 영상 데이터를 포함하는 대규모 데이터를 말한다.

디지털 사회에서 사람들은 PC와 인터넷, 모바일기기의 이용이 생활화되면서 도처에 남긴 데이터은 기하급수적으로 증가하고 있다. 쇼핑의 예를 들어 보자. 데이터의 관점에서 보면 과거에는 상점에서 물건을 살 때만 데이터가 기록되었다. 반면 인터넷쇼핑몰의 경우에는 구매를 하지 않더라도 방문자가 돌아다닌 기록이 자동적으로 데이터로 저장된다. 어떤 상품에 관심이 있는지, 얼마 동안 쇼핑몰에 머물렀는지를 알 수 있다. 쇼핑뿐 아니라 은행, 증권과 같은 금융거래, 교육과 학습, 여가활동, 자료검색과 이메일 등 하루 대부분의 시간을 PC와 인터넷에 할애한다. 사람과 기계, 기계와 기계가 서로 정보를 주고받는 사물지능통신(M2M, Machine to Machine)의 확산도 디지털 정보가 폭발적으로 증가하게 되는 이유다.

사용자가 직접 제작한 동영상 콘텐츠(User Created Contents), 휴대전화와 SNS(Social Network Service)에서 생성되는 문자 등은 데이터의 증가 속도뿐 아니라, 형태와 질적인 측면에서도 기존과 다른 양상을 보이고 있다. 특히 블로그나 SNS에서 유통되는 텍스트 정보는 내용을 통해 글을 쓴 사람의 성향뿐 아니라, 소통하는 상대방의 연결관계까지도 분석이 가능하다. 게다가 사진이나 동영상 콘텐츠를 PC를 통해 이용하는 것은 이미 일반화되었고 방송 프로그램도 TV수상기를 통하지 않고 PC나 스마트폰으로 보는 세상이다. 또한 주요 도로와 공공건물은 물론 심지어 아파트 엘리베이터 안에까지 설치된 CCTV가 촬영하고 있는 영상 정보의 양도 상상을 초월할 정도로 엄청나다. 그야말로 일상생활의 행동 하나하나가 빠짐없이 데이터로 저장되고 있는 셈이다.

데이터는 민간 분야뿐 아니라 센서스(Census)를 비롯한 다양한 사회 조사, 국세자료, 의료보험, 연금 등의 공공분야에서도 생산되고 있다.

4.2 빅데이터의 특징과 활용

빅데이터의 특징은 데이터의 양(Volume), 데이터의 생성 속도(Velocity), 데이터 형태의 다양성(Variety), 데이터의 가치(Value) 그리고 데이터의 복잡성(Complexity) 등으로 요약되는데,[17] 방대한 규모의 데이터는 미래 경쟁력의 우위를 좌우하는 중요한 자원으로 활용될 수 있다는 점에서 주목받고 있다. 대규모 데이터를 분석해서 의미 있는 정보를 찾아내는 시도는 예전에도 존재했다. 그러나 현재의 빅데이터 환경은 <표 3-5>와 같이 과거와 비교해 데이터의 양은 물론 질적인 측면과 다양성 측면에서 매우 큰 차이를 보이고 있다. 이런 관점에서 빅데이터는 산업혁명 시기의 석탄처럼 지능정보사회에서의 혁신과 경쟁력 강화, 생산성 향상을 위한 중요한 원천으로 간주되고 있다. 빅데이터는 시민들에게 무한한 정보를 제공함으로써 시민들이 '완전한 정보를 가진 시민(informed citizen)'이 되게 하는 기반이다. 따라서 빅데이터에 기반한 정보를 가진 시민이 어떤 분야에 대한 전분적인 지식과 기술을 갖춘 이용자가 됨으로써 사회의 대표와 시민 간에 진정한 수평적 협력 관계, 권력의 공유를 실현할

표 3-5 빅데이터 환경의 특징

구분	기존	빅데이터 환경
데이터	– 정형화된 수치자료 중심	– 비정형의 다양한 데이터 – 문자 데이터(SMS, 검색어) – 영상 데이터(CCTV, 동영상) – 위치 데이터
하드웨어	– 고가의 저장장치 – 데이터베이스 – 데이터 웨어하우스 (Data Warehouse)	– 클라우드 컴퓨팅 등 비용효율적인 장비 활용 가능
소프트웨어/ 분석 방법	– 관계형 데이터베이스 (RDBMS) – 통계패키지(SAS, SPSS) – 데이터 마이닝(data mining)	– 오픈소스 형태의 무료 소프트웨어 – Hadoop, NoSQL – 오픈 소스 통계솔루션(R) – 텍스트 마이닝(text mining) – 온라인 버즈 분석(opinion mining) – 감성 분석(sentiment analysis)

자료 : 정용찬, 『빅데이터 혁명과 미디어 정책 이슈』.

---

17) O'Reilly Radar Team(2012), *Planning for Big Data*, O'Reilly.

수 있게 된다.

빅데이터 활용의 선두 주자는 기업이다. 특히 검색과 전자상거래 기업은 방대한 고객 데이터를 분석해 다양한 마케팅 활동을 하고 있다.[18] 공공 부문도위험관리시스템, 탈세 등 부정행위방지, 공공데이터 공개 정책 등 빅데이터를 활용하기 위해 다양한 노력을 기울이고 있다.

기업은 보유하고 있는 고객 데이터를 활용해 마케팅 활동을 활성화하는 고객관계관리(CRM : Customer Relationship Management)을 1990년대부터 시작했다. CRM은 기업이 보유하고 있는 데이터를 통합하는 데이터 웨어하우스(Data Warehouse), 고객 데이터 분석(Data Mining)을 통한 고객유지와 이탈방지 등과 같은 다양한 마케팅 활동을 진행하는 것을 뜻한다. 기업의 CRM 활동은 자사 고객 데이터뿐 아니라 제휴회사의 데이터를 활용한 제휴 마케팅도 포함한다. 최근에는 구매 이력 정보와 웹로그 분석(web-log Analysis),[19] 위치기반 서비스(GPS) 결합을 통해 소비자가 원하는 서비스를 적기에 적절한 장소에서 제안할 수 있는 기술 기반을 갖추고 있다. 이러한 고객분석은 분산처리방식과 같은 빅데이터 기술을 활용해서 과거와 비교가 안될 정도의 대규모 고객정보를 빠른 시간 안에 분석하는 것이 가능하다. 트위터와 인터넷에 생성되는 기업 관련 검색어와 댓글을 분석해 자사의 제품과 서비스에 대한 고객 반응을 실시간으로 파악해 즉각적인 대처를 시행하고 있다.

우리나라의 경우에 빅데이터 사례는 이미 우리 주변에서 다양하게 활용되고 있다. 서울의 심야 버스 노선을 결정하는 데 휴대전화 이용자의 데이터를 분석해 심야에 사람들이 몰리는 지역을 중심으로 노선을 배정한다. 트립어드바이저(Trip Advisor)는 이용자들의 데이터를 분석해 성공한 사례다. 전 세계 여행자들이 올리는 호텔, 음식점, 여행지에 대한 상세한 설명과 사진 데이터를 수집

---

18) 대표적인 사례는 구글의 자동번역 시스템, IBM의 슈퍼컴퓨터 '왓슨', 아마존의 도서 추천 시스템 등을 들 수 있다.

19) 웹 사이트의 방문객이 남긴 자료를 근거로 웹의 운영 및 방문 행태에 대한 정보를 분석하는 것을 말한다. 방문객이 웹 사이트에 방문하게 되면 웹 서버 액세스 로그, 에러 로그, 리퍼럴 로그, 에이전트 로그 등의 자료가 파일 형태로 기록된다. 1) 액세스 로그는 누가 어떤 것을 읽었는지를, 2) 에러 로그는 오류가 있었는지를, 3) 리퍼럴 로그는 경유지 사이트와 검색 엔진 키워드 등의 단서를, 4) 에이전트 로그는 웹 브라우저의 이름, 버전, 운영 체계(OS), 화면 해상도 등의 정보를 제공한다. 이와 같이 웹 로그 분석에 의해 얻은 방문자 수, 방문 유형, 각 웹 페이지별 방문 횟수, 시간·요일·월·계절별 접속한 통계 등의 자료는 웹의 운영 및 마케팅 자료로 유용하게 이용된다.

한 후, 이런 방대한 비정형 데이터를 분석해 이용자 맞춤형 여행 상품과 자세한 정보를 추천하고 알려 주고 있다. 이제는 빅데이터 분석을 통해 개인에 대한 예측 분석을 정밀하게 수행하고 있다. KT는 소비자 개인 맞춤형 모바일 쇼핑 애플리케이션 '쇼닥'을 통해 연령, 성별, 지역별, 시간대별 쇼핑 특성, 최근의 관심도까지 분석해 상품을 추천한다. 카카오는 '멜론' 빅데이터 분석으로 개인의 감상 패턴, 선호 취향 등을 세밀하게 분석해 비즈니스에 활용한다.

이와 같이 빅데이터 적용 분야는 무궁무진하다. 건강, 기상, 재난, 유통 등에서 잘 활용될 경우 이용자에게는 편리함을, 사회에는 새로운 경제적인 가치를 가져다줄 수 있다. 기업의 빅데이터 활용은 고객의 행동을 미리 예측하고 대처방안을 마련해 기업경쟁력을 강화시키고, 생산성 향상과 비즈니스 혁신을 가능하게 하고 있다. 한편 공공 기관의 입장에서도 빅데이터의 등장은 시민이 요구하는 서비스를 제공할 수 있는 기회로 작용한다.[20] 이는 '사회적 비용 감소와 공공 서비스 품질 향상'을 가능하게 만든다.

한편, 우리나라의 개인정보보호법에서 개인 정보를 수집하고 이용하고자 할 때는 이용자의 사전 동의를 반드시 받도록 정하고 있다. 그러나 빅데이터는 대량의 데이터를 수집하고 처리해야 하는 작업이므로 개인들에게 사전 동의를 일일이 받는 것이 쉽지 않다. 또한 우리나라에서 개인정보유출 사고가 빈번히 일어나고 있어서 보안 문제 역시 해결해야 할 과제가 많다.

5 모바일

모바일(mobile)이란 '움직일 수 있는'이라는 뜻으로, 정보통신에서의 모바일은 스마트폰(smart phone)과 태블릿(tablet) PC 등과 같이 이동 중 사용이 가능한 컴퓨터 환경을 뜻한다. 일반적으로는 사람이 휴대하면서 사용할 수 있는 소형화된 전자기기, 즉 모바일기기 혹은 단말기를 말한다. 이러한 모바일기기는 손으로 들고 다니므로 가볍고 작은 것이 특징이다. 무선 인터넷이나 멀티미디

---

20) 싱가포르와 미국 정부는 보안과 위험관리 분야에 빅데이터를 활용하고 있다. 싱가포르 정부는 재난방재와 테러감지, 전염병 확산과 같은 불확실한 미래를 대비하기 위해 국가위험관리시스템(RAHS)을 추진함으로써 다양한 국가적 위험 데이터를 수집·분석해 사전에 예측하고 대응방안을 모색하고 있다. 미국 연방수사국(FBI)의 DNA 색인 시스템도 빅데이터 활용사례다. 빅DNA데이터를 활용해 단시간에 범인을 검거하는 시스템을 운영하고 있다.

어의 이용을 주 목적으로 하는 모바일 인터넷 기기(MID, mobile internet device)나 모바일 웹 사용에 초점을 둔 태블릿 컴퓨터, 휴대용 게임 기기, 스마트 워치(smart watch)와 같은 웨어러블(wearable) 컴퓨터 등의 다양한 모바일 기기들이 연구 및 개발되어 왔다. 기술 개발 초기에는 입력장치와 디스플레이 기능이 떨어지는 점과 확장성이 부족하고, 전력 공급이 원활하지 않다는 약점이 있었으나, 저장 및 배터리 기술, 휘어지거나 투명한 플렉서블(flexible) 디스플레이 기술이나 웨어러블(wearable) 컴퓨팅 기술의 발달로 이러한 한계를 극복해나가고 있다.

휴대전화를 인터넷에 접속하여 입출금 등의 은행업무를 보는 모바일뱅킹, 온라인게임을 하는 모바일게임, 영화를 실시간으로 보는 모바일영화, 모바일 TV 및 모바일 잡지 등 다양한 서비스가 제공되고 있다. 또한 모바일 비즈니스와 모바일 마케팅, 모바일 전자화폐, 모바일 전자정부 등 새로운 모바일서비스가 생겨나고 있다.

6 블록체인

블록체인이란 누구나 열람할 수 있는 장부에 거래 내역을 투명하게 기록하고, 여러 대의 컴퓨터에 이를 복제해 저장하는 분산형 데이터 저장기술을 말한다.[21] 블록체인은 컴퓨터와 네트워크의 개념을 포함하는 글로벌 신뢰 컴퓨터이며 제2의 인터넷이라고도 한다. 블록체인은 블록에 데이터를 담아 체인 형태로 연결, 수많은 컴퓨터에 동시에 이를 복제해 저장하는 분산형 데이터 저장 기술이다. 공공 거래 장부라고도 부른다. 중앙 집중형 서버에 거래 기록을 보관하지 않고 거래에 참여하는 모든 사용자에게 거래 내역을 보내 주며, 거래 때마다 모든 거래 참여자들이 정보를 공유하고 이를 대조해 데이터 위조나 변조를 할 수 없도록 되어있다. 블록체인은 크게 퍼블릭 블록체인과 프라이빗 블록체인으로 분류된다. 퍼블릭 블록체인은 모두에게 개방돼 누구나 참여할 수 있는 형태로 비트코인을 말하는 데, 이더리움 등 가상통화가 대표적이다. 프라

---

21) 블록체인의 출발은 나카모토 사토시가 2007년 글로벌 금융위기 사태를 통해 중앙집권화된 금융시스템의 위험성을 인지하고 개인 간 거래가 가능한 블록체인 기술을 고안했다. 이후 2009년 사토시는 블록체인 기술을 적용해 암호화폐인 비트코인을 개발했다.

이빗 블록체인은 기관 또는 기업이 운영하며 사전에 허가를 받은 사람만 사용할 수 있다. 참여자 수가 제한돼 있어 상대적으로 속도가 빠르다.

비트코인은 블록체인 기술을 기반으로 하고 있다. '블록체인(Blockchain)' 기술에서 블록(Block)에는 일정 시간 동안 확정된 거래 내역이 담긴다. 온라인에서 거래 내용이 담긴 블록이 형성되는 것이다. 거래 내역을 결정하는 주체는 사용자다. 이 블록은 네트워크에 있는 모든 참여자에게 전송된다. 참여자들은 해당 거래의 타당성 여부를 확인한다. 승인된 블록만이 기존 블록체인에 연결되면서 송금이 이루어진다. 신용 기반이 아니다. 시스템으로 네트워크를 구성, 제3자가 거래를 보증하지 않고도 거래 당사자끼리 가치를 교환할 수 있다는 것이 블록체인 구상이다. 비트코인은 개인과 개인 간의 거래(P2P : Peer to Peer)로 이루어지기 때문에 특정 관리자나 주인이 없다. 즉 인터넷으로 다른 사용자 컴퓨터에 접속해 파일을 교환·공유할 수 있는 서비스다. 비트코인은 개인이나 회사가 아닌 여러 이용자 컴퓨터에 분산 저장된다. 비트코인에서 10분에 한번씩 만드는 거래 내역 묶음이 '블록'이다. 즉 블록체인은 비트코인의 거래 기록을 저장한 거래장부다. 데이터베이스(DB)로 이해하면 쉽다. 거래장부를 공개하고 분산해 관리한다는 의미에서 '공공 거래장부'나 '분산 거래장부(Distributed Ledgers)'로도 불린다.

블록체인 활용 분야는 블록체인에 저장하는 정보가 다양하기 때문에 블록체인을 활용할 수 있는 분야도 매우 광범위하다. 대표적으로 가상통화에 사용되는데, 이때는 블록에 금전 거래 내역을 저장해 거래에 참여하는 모든 사용자에게 거래 내역을 보내주며 거래 때마다 이를 대조해 데이터 위조를 막는 방식을 사용한다. 이 밖에도 전자 결제나 디지털 인증뿐만 아니라 화물 추적 시스템, P2P(Peer to Peer) 대출,[22] 원산지부터 유통까지 전 과정을 추적하거나 예술품의 진품 감정, 위조화폐 방지, 전자투표, 전자시민권 발급, 차량 공유, 부동산

---

22) 금융기관을 거치지 않고 온라인 플랫폼에서 개인 간에 필요 자금을 지원하고 대출하는 서비스, 다시 말하면, 불특정 다수로부터 투자금을 모아 대출을 원하는 사람에게 약속한 기간 동안 이자를 받는 대출 서비스로 일종의 크라우드 펀딩 개념이다. 먼저 대출업체가 대출 신청을 받은 후 적정 금리를 결정하여 인터넷 게시판에 올리면 투자자들이 이를 보고 투자하는 방식이다. 대출업체는 대출자로부터 매달 원금, 이자를 받아서 투자자에게 돌려준다. 은행에서 대출을 받기 어려운 자영업자나 소상공인들이 자금을 마련할 수 있고, 투자자들이 저금리 시대에 수익을 얻기 위한 방법으로 활용할 수 있다는 장점이 있다. 반면 국내에는 투자자 보호를 위한 장치가 마련되어 있지 않아 위험도가 크다는 단점이 있다.

등기부, 병원 간 공유되는 의료기록 관리 등 신뢰성이 요구되는 다양한 분야에 활용할 수 있다.

7 연 결

인류는 사회·경제생활을 위해 지속적으로 연결을 확장해 왔다. 원시수렵·채취사회에서 출현한 언어는 새로운 사고방식과 의사소통 방식을 말하는데, 언어를 통해 다른 인류와 소통하고 연결의 폭을 넓힐 수 있었다. 이 능력은 유목민이었던 인류가 정착생활을 하는 농업혁명으로 이어지고, 신대륙을 발견해 세계를 더욱 연결하는 세계화를 이루었다. 그리고 그 연결을 더욱 촉진하기 위해 1774년 증기기관과 기계생산을 통해 산업혁명을 만들어 낸 것이다. 석탄을 사용해 증기기관을 돌리는 기계생산은 인쇄술을 크게 발전시켜 연결을 한 차원 증대시켰다. 1860년대에는 석유의 대량 공급으로 내연기관이 발전하고 전기가 발명되었다. 전신과 전화 등 정보통신기술은 그 연결을 폭발적으로 증대시킨 원동력이었다. 텔레비전과 라디오 등으로 인류의 생활과 경제가 한층 가까워지고 하나의 지구촌을 이루기 시작했다. 인류는 여기에 머물지 않고 1990년대 이후 인터넷을 기반으로 하는 새로운 사회를 만들었다. 인터넷은 저렴하고 전 세계를 연결하는 연결사회인 정보사회를 만들었다. 이로 인해 온라인 산업이 등장하고 온라인으로 인간의 활동 범위를 확장할 수 있었다. 온라인 쇼핑, 온라인 교육, 온라인 소통 등은 우리 삶에 커다란 변화를 가져왔다. 여기까지는 연결에 인간이 중심이었다.

그러나 여기에서 멈추지 않았다. 현재 및 다가오는 사회는 모든 사물이 연결되는 사물인터넷시대를 맞고 있다. 인간의 연결에 이어 '사물'과 '기계'의 연결로 이어진다는 점에서 종전의 연결과는 비교할 수 없는 전혀 새로운 차원의 '연결' 사회를 만들기 시작한다. 사물인터넷은 사람, 사물, 공간 등 모든 것들(things)이 인터넷(internet)으로 서로 연결되어, 모든 것들에 대한 정보가 생성·수집되고 공유·활용되는 것을 말한다. 다시 말하면, 사물인터넷시대에는 사물과 사물, 인간과 사물, 인간과 인간이 연결되는 초연결사회가 된다.

연결 중심의 사물인터넷 환경은 기존의 온라인과 모바일 환경과는 다른 새로운 변화이다. 즉 연결이 인간을 넘어서는 단계까지 진화할 수 있다는 것이다. 소통수단의 개선이나 네트워크의 효율성 제고, 거래비용의 감소 등 경제적 측면뿐 아니라 인간과 기계의 경쟁과 공존, 문화적 변화 등에 커다란 영향을 미칠 것이기 때문이다.

이와 같이 지능정보사회의 기반은 지능을 결합해 '연결'을 확대하는 것이다. 인간과 인간의 연결, 인간과 사물의 연결, 사물과 사물의 연결이 지금까지와는 전혀 다른 차원으로 전개될 출발점(gateway)에 와 있다. 특히 사물이 인간으로부터 독립되어 사물 간의 연결까지 가능하게 된다. 즉 사람과 사람, 사람과 사물, 사물과 사물 사이의 연결이 무한대로 확장되는 사물인터넷(IoT, internet of things)에 의해 빅데이터(big data)를 얻고, 그것을 클라우드(cloud)에 저장해, 인공지능(artificial intelligence)으로 분석하고 활용됨으로써 기존의 사회와는 차원이 다른 사회와 경제에 혁신을 가져온다. 데이터가 서로 연결된 모든 사물에서 생산되고, 클라우드(cloud)에 저장되어 필요한 정보가 24시간 365일 언제 어디서나 접근과 공유가 가능하게 된다. 그러면 빅데이터 분석으로 상황을 인식하고, 지식을 축적하며, 지능적인 의사결정이 자동으로 이루어진다. 이렇게 초연결(hyper-connectivity) 사회가 되어 기존과 다른 사회와 경제, 문화를 만들어 내고, 새로운 문화와 가치를 형성해 나가는 기반이 된다.

한편 '연결'은 혁신을 가져오는 원동력이다. 이제는 혁신과 창조가 무(無)에서 유(有)를 만들어 내는 완전히 새로운 것만을 의미하는 것이 아니라는 데 공감대가 이루어져 있다. 혁신이 이루어지기 위해서는 특정한 아이디어나 산출물이 사회, 문화 속에서 가치를 인정받고, 실현 가능해야 한다. 새롭고 독창적이기만 해서는 혁신적이라고 인정하기 어려우며 사회, 문화적 맥락에서 가치 있게 인정되고 실현될 때 혁신으로 인정할 수 있다. 여기에서 '연결'이 혁신을 이루어 낼 수 있는 것이다. 온라인을 통해 더욱 '연결'된 세계는 차량 탑승, 숙박, 배달, 세탁, 뷰티 등의 오프라인 서비스를 연결해서 새로운 시장과 경험을 만드는 혁신을 이루어 내고 있다. 또한 혁신은 기술과 기술의 '연결'에서 온다. 메신저와 인공지능을 연결해 전혀 다른 새로운 기술을 창출해 낸다. 검색이나 상거래를 인공지능을 연결하는 것 역시 마찬가지다. 최근 음성 인식은 인공지능에서 가장 기반이 되는 것으로 간주되어 많은 기업들이 관심을 갖고 있다. 음성인식과 가상현실, 자동차 등을 연결해 새로운 물건으로 전환되고 있다.

특히 주목받고 있고 주요 글로벌 자동차기업들이 적극적으로 진출하고 있는 분야가 커넥티드카(connected car, 연결된 자동차) 분야다. 커넥티드카는 자동차가 웹과 연결해 차량 간 통신, 전자우편, 소셜 미디어 접속, 더 나아가 교통 상황, 도로상태, 운전자의 건강상태 등을 판단해 적절한 조치를 해내는 것으로, 궁극적으로는 무인자율자동차로 발전하게 되었다. 자동차는 사물인터넷과 인공지능으로 무장한 소프트웨어 기기가 되고 있다.

금융분야도 지능정보기술과 연결해 전혀 새로운 변화를 이끌 전망이다. 핀테크(fintech)로 널리 알려진 이 새로운 금융서비스는 지금보다 앞으로 훨씬 더 다양하게 활용될 것이다. 본래 페이팔(PayPal)에서 시작해 알리바바(Alibaba)의 알리페이(Alipay)로 확산되어 결제와 송금의 보조 수단으로 이용되던 것이 점점 더 금융의 핵심 영역으로 확산되고 있다. 모바일 결제 분야에서도 애플페이(Apple Pay), 삼성페이(Samsung Pay), 카카오페이(Kakao Pay) 등으로 늘어나면서 우리 삶의 편의성이 높아지고 있음을 경험하고 있다. 이제는 로봇을 이용한 로봇 어드바이저를 통한 투자도 시도되고 있다.

8 가상과 현실의 융합

지능정보사회는 사이버세계와 현실세계의 융합이라는 또 하나의 특징을 갖고 있다. 사이버와 현실을 융합하는 것은 인공지능의 발전을 통해 가능해졌다. 사이버와 현실의 연결은 단순히 두 세계가 만나는 것을 넘어 가상현실과 같은 또 하나의 현실을 만들고, 온라인과 오프라인이 결합되는 O2O(online to offline)와 같은 새로운 경제 형태를 만들어 낸다.

사이버세계가 등장했을 때 현실과의 관계에 대해 논란이 많았다. 초기에는 사이버세계는 현실과는 다른 독립적인 것으로 여겨졌다. 사이버는 사이버대로, 현실은 현실대로 다르게 운영되는 것으로 간주되었다. 그러나 이제는 사이버세계와 현실세계는 인공지능을 통해 밀접하게 결합되고 있다. 특히 사이버가 현실을 보완하는 방향으로 변화하고 있다. 아이폰(iPhone)은 인류가 기계와 친숙하게 연결되는 기폭제가 되었다. 이 스마트 기기는 단순한 소통수단이 아닌 인간과 기계가 소통하면서 인간과 기계의 거리감을 무너뜨린 획기적인 기기였다. 이 스마트 기기는 인간의 일상생활을 지배하고 24시간 인간 옆에 늘 같이 존재하는 최초의 기계로 자리 잡았다. 그 이전까지 기계는 인간과 떨어져 있었고, 어느 일정 시간 동안만 연결해 주는 데 그쳤다. 그러나 이제는 기계와 인간의 연결이 24시간 365일 언제 어디서나 가능하게 된 것이다. 현실 세계와 가상의 세계가 연결의 흐름으로 융합되면서 그 차이가 없어진 것이다.

사이버와 현실의 융합하는 세컨드라이프(secondlife.com)는 인공지능의 발전을 통해 가능해졌다. 세컨드라이프는 인터넷 속에 존재하는 가상현실 공간이다. 인간이 아닌 '아바타'가 건물을 사거나 고급 포도주를 마시고, 애완동물을 기르고, 현실의 배우자가 아닌 사이버세상의 또 다른 배우자와 사랑을 나누는 곳이다. '제2의 삶' 정도로 해석할 수 있는 가상현실 사이트 세컨드라이프는 수백만 명에 이르는 '가상도시 주민'을 거느린 일종의 기업으로 성장하고 있다. 이곳에선 자신의 분신인 '아바타'를 통해 현실에서 일어나는 대부분의 일들을 체험할 수 있다. 물건을 사고파는 것은 물론이고 부동산 사업자가 될 수도 있고, 새로운 배우자를 만날 수도 있다. 세컨드라이프에서 통용되는 화폐는 '린든 달러'로 불리며, 현실에서 실물통화와 바꿀 수도 있다. 세컨드라이프의 상업적 가능성을 인정한 기업인 소니와 IBM 등은 이미 사이트 내에 사이버지점을 만들었고, 몇몇 대학은 사이버캠퍼스를 개설하기도 했다.

사이버와 현실의 연결은 단지 두 세계의 만남이 아니라 또 하나의 다른 '사회'를 만들어 낸다. 그것이 전혀 다른 소셜 플랫폼으로 기능할 수 있다. 가상현실이 그렇다. 가상현실을 체험하는 것은 안경보다 몇 배나 두꺼운, 아직은 투박한 가상현실기기를 쓰고 게임이나 하는 것만을 의미하는 것이 아니다. 오히려 가상현실의 소셜 플랫폼 기능이 훨씬 더 극적이다. 세컨드라이프를 넘어서는 진정한 사이버와 현실의 통합에 직면해 있다.

현재 사이버와 현실의 융합은 상거래에서도 활발하게 일어나고 있는데, 바로 이것이 O2O(online to offline)로 구현하고 있다. 스마트폰의 확산으로 오프라인 어디서나 온라인에 접속할 수 있게 되면서 사이버와 현실이 '연결'된 것이다. 이는 차량 공유서비스인 우버(Uber)와 숙박 공유서비스인 에어비앤비(Airbnb)가 등장한 이후 크게 확대되었다. 오프라인 기업은 온라인 이용자를 오프라인 매장에 연결하는 방식으로, 온라인으로 구입한 제품을 오프라인 매장에서 찾아가는 서비스를 제공한다.

반면 온라인 기업은 오프라인 매장 진출로 오프라인과 연결된다. 미국의 온라인 상거래 기업인 아마존은 아마존에서 구입한 물건을 찾아가는 오프라인 매장을 운영한다. 아마존은 더 나아가 아마존 대시(Amazon Dash), 아마존 대시버튼(Dash Button), 아마존 에코(Echo) 등 아마존의 사물인터넷기기에서 주문을 접수해 O2O 서비스로 배송되는 서비스를 확대하고 있다.

한국에서도 카카오가 메신저 서비스로 성공한 후 오프라인 서비스에 적극 진출하고 있다. 카카오는 택시기사와 승객을 연결하는 모바일 앱인 '카카오택시' 서비스를 출시했다. 이어서 '카카오페이' 등으로 영역을 확대했고, 미용실 기반 온라인 오프라인을 연결하는 '카카오헤어샵' 서비스까지 진출했다. 카카오는 메신저 서비스를 기반으로 송금, 결제, 쇼핑, 동영상, 미디어 등 다양한 오프라인 영역으로 확대해 모바일 플랫폼 기업으로 자리 잡고 있다.

더 나아가 최근 O2O는 자신의 서비스가 아닌 여러 오프라인 사업자를 연결하는 플랫폼 비즈니스로 진화하고 있다. 오프라인 영역에서 작은 공급자들을 모아 연결해 주는 것이다. 이는 오프라인의 '롱테일 혁신'을 이끌고 있다. O2O 플랫폼 비즈니스는 택시, 숙박, 음식점 외에도 슈퍼마켓, 의류 소매, 인테리어, 자동차 수리, 학원 등의 영역으로 확대되고 있다. 개별 사업자의 매출 규모는 작지만 전체 시장의 규모는 매우 큰 산업에서 롱테일 전략을 구현하고 있다. O2O는 이제 막 성장하고 있는 단계여서 향후 일정 기간 다양한 비즈니스와 이용자의 이용 경험들이 이어질 것이다. 그런 후에 플랫폼 성격이 강하기 때문에 주도적인 기업이 나타나고 그것을 중심으로 한 이용 행태가 자리 잡을 것이다.

9 가상현실과 증강현실

지능정보사회에서 가상현실(VR : Virtual Reality)과 증강현실(AR : Augmented Reality)은 현실보다 더 재미를 주고, 생생한 현실을 보여 주고, 현실에서 경험하지 못하는 것을 가능하게 하는 새로운 현실감을 제공해 인간 경험의 폭을 크게 확장하는 데 기여할 수 있다는 점에서 앞으로도 교육, 의료, 군사 등에 다양하게 활용될 것이다.

9.1 가상현실

가상현실은 인공현실(artificial reality), 사이버 공간(cyber space), 가상세계 (virtual worlds), 가상환경(virtual environment), 합성환경(synthetic environment),

인공환경(artificial environment)이라고도 한다.

가상현실(VR : Virtual Reality)이란 현실의 특정한 환경이나 상황을 컴퓨터를 통해 그대로 모방하여 사용자가 마치 실제 주변 상황·환경과 상호작용을 하고 있는 것처럼 만드는 기술을 말한다.23) 다시 말하면, 가상현실은 현실을 모방하여 인공적으로 만든 상황이나 컴퓨터기술을 이용하여 사용자의 감각기관을 통해 현실과 유사한 가상의 체험을 가능하도록 하는 기술이나 이 기술이 구현되는 상태를 말한다. 가상현실은 사용자가 현실을 그대로 모방 재현한 환경에 몰입할 수 있도록 하는데, 이를 위해 사용자는 고글, 헤드세트, 장갑, 특수복 등 정보를 주고받을 수 있는 장비를 착용하고 컴퓨터가 만들어낸 환경을 접하게 된다.

가상현실의 사용 목적은 사람들이 일상적으로 경험하기 어려운 환경을 직접 체험하지 않고서도 그 환경에 들어와 있는 것처럼 보여주고 조작할 수 있게 해주는 것이다. '매트릭스'나 '아바타'와 같은 영화를 통해 가상현실의 개념이 대중화된 이래, 응용분야는 고급 프로그래밍, 원격조작, 원격위성 표면탐사, 탐사자료 분석, 과학적 시각화(scientific visualization), 의학, 생명과학, 로봇공학, 우주과학, 교육학 등 다양한 분야에서 활용되고 있다.

한편, 몰입(immersion)이라는 경험적 속성을 갖는 가상현실은 기존의 다른 미디어들과 달리 그림에서 장소로, 관찰에서 경험으로, 사용에서 참여로, 인터페이스에서 거주(inhabit)로 패러다임 전환(paradigm shift)을 초래하고 있다. 먼저 가상현실은 아리스토텔레스 이후 지속되어 온 '실재(reality)'란 무엇인가, 물리적 실재와 가상적 실재의 구분이 경험적으로 힘들어질 경우 궁극적으로 '실재'를 규정해 온 존재론적 범주들은 여전히 유효한가 등의 철학적 문제들을 제기한다. 또한 이런 기술이 실험실을 떠나 오락 기기나 인터넷 등을 통해 일상적 차원에 응용되기 시작하면서 죄의식으로부터 자유로운 비윤리적 행위를 하게 만든다는 문제도 제기되고 있다.

9.2 증강현실

증강현실(AR : Augmented Reality)이라는 용어에서 'augmented(증강된)', 즉

---

23) 1960년대 이반 서덜랜드 교수의 3D 컴퓨팅을 이용한 상호작용 연구에서 시작하여 비행기나 우주선의 조종을 위한 시뮬레이션 기술을 거쳐 발달했다.

'증가된'이라는 의미를 뜻한다. 증강현실이란 현실에 존재하는 이미지에 가상 이미지를 겹쳐 하나의 영상으로 보여주는 기술을 말한다. 다시 말하면, 가상의 콘텐츠가 마치 실제로 존재하는 것처럼 화면상에 보여주는 기술을 말한다. 오감을 통해 실제와 유사한 체험을 제공하는 기술인 가상현실(virtual reality)이 실제 환경을 볼 수 없는 반면 실제 환경에 가상정보를 혼합한 증강현실은 더욱 심화된 현실감과 부가정보를 제공하는 기술이다. 즉 가상현실은 배경이나 이미지가 모두 진짜가 아닌 가상의 이미지를 사용하는 데 반해, 증강현실은 현실 공간과 가상 공간을 함께 보여준다는 점에서 차이가 있다. 게임의 경우, 가상현실의 게임은 '나를 대신하는 캐릭터'가 가상공간에서 '가상의 적'과 싸우는 것이지만, 증강현실의 게임은 '내가', '현실의 공간'에서 가상의 적과 싸우는 것과 같다.

스마트폰으로 거리를 비추면 인근의 상점이나 건물의 전화번호 등의 정보가 영상에 비치거나, 상품 바코드를 스마트폰으로 비추면 가격정보가 나타나는 것은 증강현실을 활용한 것이다. 이러한 증강현실은 지능정보사회에서 증강현실과 관련된 기술이 빠르게 발전하고 있어 사물인식, 자동번역, 음성인식, 위치인식 등의 여러 기능이 결합할 가능성이 크다.

지능정보사회에서 가상현실이든 증강현실이든 인간 경험의 폭을 크게 확장하는 데 기여할 수 있다는 점에서 앞으로 다양하게 활용될 것이다. 현실보다 더 재미를 주고, 생생한 현실을 보여 주고, 현실에서 경험하지 못하는 것을 가능하게 하는 새로운 현실감을 가져다줄 것이다. 시·공간과 환경의 제약을 극복하는 삶을 가능하게 하는 것이다. 인간은 현실의 모든 대상과 연결되어 상호작용하고, 가상 환경의 모든 대상과도 연결되어 상호작용하게 된다.

🔟 공유경제

10.1 공유경제의 개념과 의의

공유경제란 지능정보사회에서 지능정보기술(클라우드 컴퓨팅, 소셜 미디어, 스마트폰, 빅데이터)의 발전으로 개인의 상품을 다른 사람과 공유함으로써 새로운 가치를 창출하는 사업이나 현상을 말하며, 생산, 소비, 교육, 금융 등에서의 공유와 협업 모델을 말한다.[24]이는 개방적이며, 선택의 폭을 넓혀 주고, 가격 메커니즘에 입각한 자원분배방법으로 기존의 경제 패러다임을 보완하거나 부분적으로 대체하는 새로운 경제 패러다임이다. 즉 독점과 경쟁이 아니라 공유와 협동의 알고리즘이라 할 수 있다. 공유경제는 이미 2000년대 초부터 주목받은 개념이다.[25] 공유경제를 널리 알린 것은 미국의 차량 공유 서비스 우버(Uber)와 숙박 공유 서비스 에어비앤비(Airbnb)다.

우버(Uber)는 사용하지 않은 시간대에 자동차를 공유해 필요한 사람이 이용할 수 있도록 하는 플랫폼이다. '우버X'라고 부르는 차량 공유 서비스에 개인이 차량을 등록하면 우버X 서비스기사로 등록된다. 이용자는 이 차량을 콜택시처럼 앱으로 불러서 이용할 수 있게 하는 서비스로 큰 호응을 얻은 것이다. 에어비앤비(Airbnb)는 집의 남는 공간을 활용해 여행객에게 단기 숙박 서비스(Air Bed & Breakfast)를 제공 것인데, 에어비앤비를 통해 여행객들은 호텔비보다 저렴하게 숙박할 수 있고, 집 주인은 남는 방을 통해 추가 소득을 올릴 수 있어서 이 역시 급성장했다.

이제는 모든 서비스에서 이런 현상을 볼 수 있다. 미국에서는 빨래를 대신 해 주는 '와시오(Washio)', 요리를 대신 해 주는 '스프리그(Sprig)'와 '스푼로켓(Spoon Rocket)', 우체국 볼일을 대신 해 주는 '십(Shyp)', 안마사를 불러 주는 '질(Zeel)', 의사를 보내 주는 '힐(Heal)', 술을 배달해 주는 '소시(Saucey)', 짐가방을 싸 주는 '더플(Dufl)', 주차를 대행해 주는 '럭스(Luxe)' 등으로 확산되고 있다.

한국에서도 2011년 카 공유 기업인 '쏘카(Socar)'가 등장했다. 에어비앤비와

---

24) 공유경제와 유사한 플랫폼경제(platform economy)는 기업이 직접 어떤 제품을 생산해서 공급하는 형태가 아니라, 기업은 단지 플랫폼만을 제공하고, 해당 플랫폼에서 소비자가 생산하여 공급하고 다른 소비자가 이를 소비하는 경제 패러다임이다. 유튜브, 페이스북, 인스타그램과 같은 모든 SNS와 지금 우리가 사용하고 있는 네이버지식인도 마찬가지다.

25) 공유경제라는 이름은 2008년 미국 하버드대학교 로렌스 레식 교수가 처음 사용했는데, 2008년 미국에서 촉발된 세계 금융 위기는 단지 금융 위기라는 차원을 넘어 인류가 새로운 사회의 모습을 생각하기 시작한 계기가 되었다. 실업자의 증가와 가처분소득의 감소, 시장의 역기능과 지나친 소비주의에 대해 비판적인 성찰을 하게 된 것이다. 저성장이 뉴노멀(New Normal)인 상황에서 과잉소비사회를 반성하고 지구의 유한한 자원을 보호하면서도 경제활동을 위축시키지 않는 방안들이 나타났다. 그 대안이 공유경제이다. 자기가 소유하고 있는 자원을 '공유'하는 새로운 가치를 창출하는 경제활동이 그 대안으로 등장했다. 마침 가능해진 지능정보통신기술의 여러 기반들(클라우드 컴퓨팅, 소셜 미디어, 스마트폰, 빅데이터)이 이를 가능하게 한 원동력이 되었다.

같은 '코자자'도 서비스를 시작했다. 코자자는 한국적인 특색을 살린 '한옥스테이'라는 서비스로 차별화하고 있다. 이 밖에도 아이 옷을 공유하는 '키플(kiple)', 내 서재의 책을 다른 사람들과 공유하는 '국민도서관 책꽂이(bookoob)' 등 개인이나 조직이 소유하고 있는 자원들을 공유하는 모델이 증가하고 있다.

이전의 협동조합은 경제활동을 영위하는 데 필요한 자원이나 도구·인프라 등을 개인이 소유하기 어렵거나, 혹은 소유하더라도 공동으로 관리·이용해 자원을 최적화해 이용하는 것이 훨씬 유리하기 때문에 운영되었다. 협동조합의 공유방식은 공동체 구성원에게만 폐쇄적으로 접근이 허용될 뿐 외부인에게 널리 개방되지는 않았다. 이와 달리 새롭게 등장한 최근의 공유경제는 온라인 플랫폼을 기반으로 전 세계를 대상으로 하는 점이 크게 다르다. 여기에는 온라인 소셜 미디어를 통한 실시간 연결, 스마트폰 기기 도입으로 공급자와 수요자의 연결, 위치기반서비스 앱 활성화, 빨라진 무선 인터넷, 모바일 결제 시스템, 빅 데이터의 등장 등이 맞물려서 일어난 변화다. 이 모든 것의 기저에는 '연결'의 극대화가 자리 잡고 있다. 전 세계를 연결해 상업활동을 가능하게 하는 기술이 다양하게 진화하면서 '공유'의 가치를 재발견한 것이다. 이를 일컬어 경제의 우버화(Uberization) 또는 주문형(on-demand) 디지털 경제라고 한다.[26] 공유경제가 예전에 협동조합의 공유활동과 다른 점은 온라인 플랫폼을 기반으로 누구에게나 참여를 보장하는 개방적인 성격을 가지고 있다는 점이다. 또한 수요공급에 따른 가격 메커니즘을 기본으로 한다는 점에서 기존의 폐쇄적·획일적 공유 활동과는 완전히 다르다.

10.2 공유경제의 장·단점

공유경제는 장단점을 모두 갖고 있다. 공급 측면에서는 기존의 자원을 활용해 새로운 경제활동을 부가하며, 소비자 입장에서는 낮은 가격으로도 상품이나

---

26) 미래학자 중에는 공유경제를 예찬하는 대표적인 인물이 제러미 리프킨인데, "소유의 시대는 끝났다"고 주장하고 있다. 그는 2014년 출간한 『한계비용 제로 사회(The Zero Marginal Cost Society)』에서 미국인의 약 40퍼센트가 이미 '공유경제'에 참여하고 있다면서 "자본주의 시스템은 막을 내려가고 그 대신 협력적 공유사회가 부상하고 있다"고 말하고 있다. "무료에 가까운 재화 및 서비스"를 사회적으로 공유하는 협력적 공유경제가 이미, 프로슈머(직접 생산하는 소비자)와 3D 프린팅, 피어 투 피어(P2P) 네트워크, 협동조합, 사회적 기업, 대안 화폐, 재생 에너지, 비영리부문을 통해 우리 경제생활에 깊이 들어와 있다는 것이다.

서비스 선택의 폭이 크게 넓어지며 맞춤형 소비가 가능해진다.

1) 공유경제의 장점

공유경제의 장점으로는 불필요한 낭비의 감소, 지능정보기술에 의한 비대면 접근성, 그리고 저렴한 가격 및 만족도 등을 들 수 있다.

(1) 자원의 효율적 사용

일상생활에서 모든 사람이 필요한 것을 모두 구입하는 것은 낭비다. 식료품처럼 늘 소비해야 하는 것이 있는 반면 집을 수리할 때 사용하는 전동공구 같은 것을 모든 사람이 모두 구입하는 것은 부담스럽고, 결국 한 두 번 쓰고 창고에 보관하는 것은 개인적인 측면에서 낭비일 것이다. 물론 임대하는 방법도 있지만 품목이 제한적이며 가격도 사용하는 횟수에 비해서는 비싸다. 공유경제는 여러 사람이 하나의 물품, 서비스, 부동산을 공동으로 구매하여 필요에 따라 돌려쓰거나 이미 해당 물품과 서비스를 보유한 사람이 다른 사람과 돌려쓰기를 함으로써 자원의 절약을 할 수 있으며 가격 부담도 줄어든다. 이와 같이 자원의 효율적 사용으로 얻게 되는 경제적 효과는 엄청난 규모일 것이다.

(2) 지능정보기술에 의한 비대면 접근성

과거에는 물품을 빌리거나 서비스를 예약하려면 일일이 직접 방문하거나 전화를 통하여 확인을 하는 과정을 거쳐야 했다. 하지만 다양한 지능정보기술에 의해 가능하게 된 공유경제는 PC, 태블릿PC, 스마트폰을 통하여 쉽게 빌리고자 하는 물품과 서비스의 상황을 확인할 수 있고 예약 역시 간편하게 이뤄진다. 이는 해당 물품과 서비스를 제공하는 측에도 동일하게 적용된다. 다양한 스마트기기의 힘을 빌려 더욱 효율적으로 서비스 신청을 받고 제공해줄 수 있다. 공유경제가 4차 산업혁명의 대표적인 수혜 분야로 손꼽히는 이유도 여기에서 찾을 수 있다.

(3) 저렴한 가격 및 만족도

공유경제가 사회적으로 크게 부각된 이유는 종전에 존재하던 서비스보다 더 저렴하거나 편리함으로 만족도가 높았기 때문이다. 경제가 장기 침체되어 사람들은 더 저렴하면서도 만족스러운 것을 강하게 원하게 되었고, 가격이 비슷하더라도 편리한 예약과 서비스 제공자의 질 등 높은 만족도를 제공한다면 사람들은 공유경제 서비스를 찾을 수밖에 없다. 특히 기존의 서비스에 대한 소비자 불만이 많았기 때문에 공유경제의 서비스는 더욱 많은 지지를 얻게 될 것이다. 우버와 에어비앤비 같은 서비스가 이러한 가격적인 측면에서의 장점을 통해 성공한 대표적인 기업이며 우리나라에서는 타다가 택시에 대한 이용자의 불만을 배경으로 성장한 사례다.

2) 공유경제의 단점(문제점)

공유경제의 단점(문제점)으로 관리 책임자의 불명확성, 불법이 발생하는 비즈니스 모델, 노동력의 착취, 소유자의 변심, 그리고 전염병 감염에 취약 등을 들 수 있다.

(1) 관리 책임자의 불명확성

한번 생산한 제품을 여러 사람이 공유하여 사용하는 협업소비를 기본으로 하는 공유경제는 제품의 관리책임자 측면에서 보면, 사회주의 경제의 문제점과 어느 정도 맥을 같이한다. 자신이 소유한 물건을 다른 사람에게 빌려주는 형식으로 공유를 하는 경우에 관리책임자가 명확하여 어느 정도는 문제점이 사라지며, 원칙적으로 공유경제의 이론에 기본적으로 부합한다. 그렇지만 공동으로 구매하여 소유한 경우 실제 해당 물품이나 서비스를 관리할 책임자가 불분명해지는 문제가 발생하게 된다. 즉, 물품이나 서비스가 자신의 소유가 아닌 공동의 소유로 인한 물품이나 서비스를 함부로 사용하거나 낭비하여 사용하고, 관리는 다른 사람에게 떠넘기려는 심리가 작동하기 쉬워진다. 어떠한 것을 공동으로 출자하여 구매 및 소유하는 형식의 공유경제 행위가 과거부터 실패를 반복해왔던 이유도 여기에 있다.

(2) 불법이 발생하는 비즈니스 모델

현재 사업화된 공유경제는 많은 경우 현행 법의 틈새를 노리거나 법을 무시하고 사업하는 것들이 있다. 대표적으로 택시 면허 없이 택시 일을 하는 우버X와 타다 베이직, 민박 등 숙박업 신고도 없이 숙박업을 하는 에어비앤비를 꼽을 수 있다. 해당 서비스를 운영하는 기업은 지능정보사회에서 탄생한 새로운 형태의 사업으로 두둔하지만 다른 관점으로는 돈을 벌기 위해 현재의 법과 제도를 무시하는 행위일 뿐이다. 각국에서 이러한 공유경제 기업들을 제재하려하는 이유 역시 여기에 있다. 법의 허점을 노린 사업이기에 법적인 테두리 내의 다른 사업에서 따르는 기준 역시 무시하는 경우가 많아 그에 따른 사고 위험도 존재한다. 예를 들면, 택시운전사의 경우 안전을 위해 특정 범죄 전과자의 취업을 제한하며, 호텔이나 민박업 역시 법에 따른 안전관리 규정을 따라서 시설을 하고 관리하고 있다. 그러나 공유경제 사업은 사업자 차원의 직원 채용이나 교육에 의존하고 있기 때문에 비적격자가 서비스를 제공하는 문제가 발생할 수 있다. 기존의 택시나 숙박업이라고 다 문제가 없지는 않지만 최소한의 법적 기준이 있는 것과 순전히 서비스 운영사의 기준에 의존해야 하고 그것도 돈을 이유로 제대로 관리하지 않는 것에는 상당한 차이가 있다.

(3) 노동력의 착취

공유경제의 기본적인 의도는 서비스를 제공하고 이득을 얻는 것이 아니고, 서비스 제공자, 사용자, 실제 서비스를 제공하는 노동자 모두 Win-Win할 수 있는 모델을 만들자는 의미였다. 그렇지만 현재 실행되고 있는 공유경제는 지능정보기술에 의해 인력고용을 막는 데 활용되고 있으며, 필요한 인력도 대부분 계약직 또는 아웃소싱에 의존하고 있다. 타다의 경우 파견직 비정규직 기사에 의존하며 배달앱 서비스는 배달기사를 법적으로 자영업자로 등록시켜, 즉 특수고용노동자로 만들어 책임을 회피하고 있다. 우버 X나 에어비앤비 차원이 되면 편법 노동이 아닌 불법 노동서비스 제공 논란까지 나오게 된다. 이렇게 서비스 제공자를 착취하여 얻은 이익은 일부는 공유경제 이용자에게 저렴한 요금으로 돌아가 공유경제 제공자들을 비호하는 세력이 되게 만들며, 대부분의 이익은 공유경제를 제공하는 기업을 배불리는 데 이용되고 있다. 그러나 공유경제 서비스를 실제 제공하는 사람들이 합당한 노동의 가치를 제공받는지 여부는 아무도 신경 쓰지 않는다.

(4) 소유자의 변심

공유경제는 소유권을 유지한 채 사용권을 개방하는 형식으로 운영되는 방식이다. 그 과정에서 소유자가 변심하여 공유경제의 틀을 깨거나 자신에게 유리하게 이용할 경우는 공유·사유 전 시스템이 무너진다. 에어비앤비가 현재 이러한 문제로 여러 도시와 마찰을 일으키고 있는데, 에어비앤비가 잘 나가면서 유명 관광 도시에서는 건물주들이 자기 방을 거주용 임대가 아닌 에어비앤비 숙소로 사용하기 위해 기존의 거주자를 자기 마음대로 내쫓는 문제가 발생하고 있다. 이는 심해지면 도시공동화를 부르며 도시의 활력을 빼앗으며 시민 복지에도 악영향을 미치게 된다.

(5) 전염병 감염에 취약

코로나19 사태 이후로 대두된 문제점이다. 다수의 사람이 시설이나 장비를 공유하는 만큼 질병 전파의 매개체가 될 수 있다.

⑪ 플랫폼

많은 사람들이 플랫폼(platform)을 보는 시각에 따라 다양하게 정의하고 있다. 컴퓨터의 윈도즈와 같은 운영 체제를 플랫폼이라 하고, 통신사 자체를 플랫폼이라 하기도 하며, 또한 페이스북과 같은 소셜 미디어를 플랫폼이라 하는 사람도 있다. 원래 플랫폼은 'plat(구획된 땅)'과 'form(형태)'의 합성어로 '구획된 땅의 형태'를 의미한다. 즉, 경계가 없던 땅이 구획되면서 계획에 따라 집이 지어지고, 건물이 생기고, 도로가 생기듯이 '용도에 따라 다양한 형태로 활용될 수 있는 공간'을 상징적으로 표현한 단어다.

컴퓨터의 운영 체제(operating system)를 의미하던 플랫폼이 최근 하나의 장(場)이라는 광의의 의미로 확대된 것은 지능정보기술에 기반을 둔 스마트 혁명의 역할이 크다. 스마트 혁명의 주역들인 애플, 구글, 아마존, 트위터, 페이스북와 같이 세상을 뒤흔들며 시장을 주도해 나가는 기업의 공통점은 바로 이들 모두 플랫폼을 기반으로 성장한 기업이며, 자사만의 독특한 플랫폼을 구축하는데 성공했다는 것이다. 애플과 구글을 플랫폼 공급자로서 그들이 가진 운영체제를 중심으로 소프트웨어의 다른 컴포넌트들과 하드웨어 컴포넌트 등을 경쟁적으로 확보하고 있다. 구글과 애플은 플랫폼 공급자의 역할을 하고 있는 동시에 이러한 플랫폼 공급자와 이용자를 연결, 매개하는, 광의의 플랫폼을 형성하고 있는 것이다.

애플의 아이폰이 세상에 나오기 전부터 PC 플랫폼, 윈도즈 플랫폼 등 이미 많은 플랫폼이 자리를 잡고 있었는데도 플랫폼이 갑자기 주목받기 시작한 이유는 애플의 플랫폼이 혁신을 통해 다수의 소비자를 매료시켜 소비 생태계의 경쟁력으로 자리 잡았기 때문이다. 애플의 성공 이후 플랫폼 전략이 주목받고 있다. 플랫폼 전략이란 기업이 제공하는 여러 종류의 상품들을 설계하고 만들

고 운송하고 판매하는 전 과정에서 공통 요소들을 찾아내고, 이들의 상호 공유
와 활용을 통한 지렛대 효과를 극대화하는 시스템을 구축하는 것이다.

　이와 같은 플랫폼은 다양한 관점에서 설명할 수 있지만 지능정보사회에서는
플랫폼을 '정거장'에 비유할 수 있다. 정거장은 특정한 장소로 가기 위해 반드
시 도착해야 하며 도착한 사람을 태우기 위해 운송 수단이 필요하다. 여기서
운송 수단을 이용하고자 하는 사람인 이용자가 되는데 플랫폼은 바로 사람과
운송 수단이 만나는 접점, 혹은 사람과 운송 수단을 매개하는 매개 지점의 역
할을 한다고 볼 수 있다. 스마트 시대에 인터넷 사업자, 콘텐츠 제공자, 사용
자, 기기 제조사 등 다양한 주체들이 만나는 매개 지점이 플랫폼이다.

　따라서 핵심 역량과 가치가 플랫폼에서 나오고 그 플랫폼의 중요성은 갈수
록 높아지고 있다. 플랫폼의 등장은 기업에는 기회이자 위협이 될 수 있다. 애
플, 구글, 아마존 같은 기업은 플랫폼 구축에 성공해 기업 가치가 상승하고 있
는 반면, 음반업계와 제조업체, 판매업체 등은 각각 아마존, 애플, 구글의 플랫
폼 내에서 새로운 생존 전략을 마련해야 하는 상황이 되었다.

│제4절│
>>> 지능정보사회의 스마트 환경

1 스마트 환경의 요인

　우리 사회는 지금 혁신적인 지능정보기술의 발달로 세상의 모든 것이 연결
되고 지능화되고 공유되는 스마트 환경으로 진입하고 있다. 이제 스마트 환경
은 공기처럼 자연스럽게 우리 생활의 깊숙한 영역까지 스며들어 농업혁명, 산
업혁명, 정보혁명에 이은 지능정보혁명(제4차 산업혁명)을 이끌 것으로 기대된
다. 지능정보기술을 기반으로 한 새로운 산업간 융합 및 새로운 서비스를 창출
하고 있기 때문이다. 이는 단순히 기술과 산업의 물리적 결합이라는 단편적 관
점으로는 본질을 알 수 없는 새로운 패러다임이다. 따라서 스마트 환경은 기술
과 산업의 결합이 가능하게 한 개인, 기업, 시장, 정부 등 모든 사회 구성 요소
가 상호 유기적으로 연결되고 화학적인 결합이 가능하게 하는 가치 네트워크

를 말한다. 이러한 스마트 환경을 야기시키는 주요한 요인 및 혁신들은 무엇인 가?

1.1 기술 및 인프라적인 측면

기술 및 인프라적 측면에서의 혁신으로 세상의 모든 것들이 서로 연결되는 초연결사회(hyper connected society)로의 이행이다. 우리가 생활하는 모든 세상이 네트워크로 연결되는 지능정보사회를 지칭했던 용어인 '유비쿼터스 컴퓨팅(ubiquitous computing)'이 그것이다. 처음에는 세상에 있는 모든 사물에 칩을 넣는 개념으로 시작된 유비쿼터스 컴퓨팅은 이후 언제 어디서나 컴퓨터에 연결되는 환경을 의미하는 '유비쿼터스 네트워크(ubiquitous network)'라는 개념으로 확장되었다. 이러한 초연결사회가 최근 다시 각광을 받으며 부상하고 있는 이유는 다양한 사물을 연결하는 사물인터넷(IoT, Internet of Things)이라는 개념이 등장하면서부터다. 특히 인터넷의 연결 범위가 스마트폰 등 일부 제한된 단말기에서 착용 가능한 웨어러블(wearable) 등 다양한 영역으로 확산되는 포스트스마트폰(post-smart phone) 시대로 접어들면서 이러한 사물인터넷의 적용 범위는 빠르게 다변화되고 있다. 현재 사물인터넷은 단순히 사물 간 연결에만 국한되지 않고 사물과 사물, 사람과 사물로 점차 진화하면서 과거와는 다른 변화 양상을 보이고 있다.

한편 초연결사회를 통해 부각되는 또 다른 지능정보기술로는 인공지능기술과 로봇기술이 있다. 이 기술들은 기계가 인간의 두뇌처럼 스스로 자율적으로 학습하고 추론하며 판별할 수 있는 기술인 딥러닝(deep learning)부터 인공지능을 갖춘 로봇까지 그 발전 속도를 가늠하기 어려울 정도다. 이러한 인간과 밀접한 지능정보기술들의 등장은 향후 스마트 환경에 새로운 변수로 등장할 것으로 전망된다.

1.2 경제적인 측면

경제적인 측면에서의 혁신으로 공유경제(sharing economy)를 들 수 있다. 공유경제의 확산은 전통적인 산업구조의 변화와 소유에 기반을 둔 자본주의 체제의 근간을 뒤흔들며 새로운 형태의 경제체제의 출현을 알리고 있는 상황이다.『소유의 종말』의 저자 제레미 리프킨(Jeremy Rifkin) 교수는 자본주의는 사물인터넷이라는 혁명적 플랫폼을 통해 공유경제로 나아가고 있다고 주장했다. 이에 따라 이러한 지능정보기술을 매개로 한 노동력, 지식, 공간, 그리고 물건을 공유하는 추세는 지속적으로 증가할 것으로 보인다. 대표적인 사례로 세계 최대 숙박 공유 서비스인 에어비앤비(Airbnb)나 자동차 공유 서비스인 집카(Zipcar)와 우버(Uber) 등을 들 수 있다.

1.3 사회문화적인 측면

사회문화적인 측면에서의 혁신으로 소셜(social)의 광범위한 확산과 그로 인한 빅데이터의 부상이 있다. 페이스북으로 촉발된 소셜 네트워크의 확산은 이미 우리 사회의 소통과 생산방식의 혁신을 일으키고 있다. 이로 인해 소비자가 생산에 광범위하게 참여하는 등 생산, 유통, 소비 부문에서 혁신적 변화가 감지되고 있다. 최근에는 이러한 소셜 네트워크의 확산이 전례 없는 수많은 데이터와 정보의 생산으로 이어져 빅데이터 분석과 활용을 통한 새로운 비즈니스 기회가 창출될 것으로 기대되고 있다.

1.4 산업적인 측면

산업적인 측면에서의 혁신으로 온라인과 오프라인의 경계가 급속히 붕괴되고 있다는 것이다. 온라인과 오프라인의 경계가 빠르게 와해되고 이를 통해 이종 산업 간 융합과 결합이 급속히 진전되면서 기존 산업의 첨단화와 신산업의 출현이 본격적으로 가시화되고 있다.

이와 같이 지능정보기술과 오프라인 산업(예컨대 의료, 자동차, 공장, 소매업 등)의 접목은 전통적인 오프라인 산업 전반에 지각 변동을 가져올 것으로 예상된다. 특히 제조업 분야의 혁신을 주도하는 것이 3D 프린팅이다. 3D 프린팅의 등장은 우리가 만드는 모든 것의 제조방식을 혁신하며 산업혁명과 맞먹는 새로운 제조업 시대로 전환될 것임을 예고한다. 이러한 3D 프린팅의 영역은 너무나 광범위해 자동차·항공기 프로토타입(prototype) 제작에서부터 맞춤형 의료 기기, 인공장기, 신체 보조 기구 등 일반 제조업과 의학·과학 분야 전 영역에 적용되고 있다. 현재는 산업용으로 주로 활용되고 있으나, 기기 가격이 점

차 하락하고 점차 다양한 분야에 활용되면서 본격적인 3D 프린팅을 이용한 제
조업의 혁신이 이루어질 것으로 예상된다.

② 스마트 환경의 대표적인 사례

여기서는 지능정보기술을 기반으로 한 스마트한 환경을 만들어 내는 다양한
사례 중에서 지금까지 가장 많이 진전되고 논의된 스마트폰(smartphone)을 시
작으로 스마트 TV(smart TV), 스마트 홈(smart home), 스마트 카(smart car), 스
마트 콘텐츠(smart contents), 스마트 금융(smart finance), 스마트 헬스(smart
health), 스마트 광고(smart advertisement), 스마트 인간(smart human)에 대한
내용을 살펴본다.[27]

2.1 스마트폰(smartphone)

컴퓨터 소프트웨어와 개인용 컴퓨터를 생산하는 미국기업인 애플(Apple Inc.)의
스티브 잡스가 아이폰을 만들면서 스마트폰 시대가 시작되었다. 스마트폰
(Smartphone)은 개인용 컴퓨터(PC)와 같이 모바일 운영체제(Operating System)를 탑
재하여 다양한 애플리케이션과 콘텐츠를 이용할 수 있는 모바일 단말기를 말
한다. 스마트폰 시대는 모바일 운영체제 플랫폼 주도의 시대라고 할 수 있다.
하지만 스마트폰 이후의 시대, 즉 포스트스마트폰 시대는 스마트폰 시대와는
또 다른 모습으로 우리에게 다가오고 있다. 과거 스마트폰은 카메라 등과 같은
다양한 기능이 조그만 스마트폰 단말로 수렴(convergence)되면서 촉발되었던
혁신이었다면 향후 포스트스마트폰 시대는 스마트폰 단말을 통해 혁신적인 콘
텐츠와 서비스들이 본격적으로 활용되는 시대일 것이다. 이미 스마트폰 보급률
은 개발도상국을 제외하고는 대부분의 나라에서 포화 상태에 다다르고 있다.
따라서 향후 새로운 혁신은 이미 보급된 수많은 스마트폰과 기기를 통해 새로
운 사용자경험을 제공하는 서비스를 통해 발생할 것이다.

---

27) 심용운, 『스마트 생태계』, 커뮤니케이션북스; 박종현 외 7인, 『사물인터넷』, 전자신문사 등 내
   용의 일부를 요약한 내용임.

2.2 스마트 TV(smart TV)

스마트 TV에 대한 일반적인 개념 및 정의는 "스마트폰 운영체제(OS)를 탑재하고 기존 동영상 콘텐츠 외에 양방향, 개인화, 소셜네트워킹서비스 등 다양한 콘텐츠와 앱을 제공하는 TV"를 말한다. 스마트 TV의 등장은 향후 TV가 단순한 하드웨어가 아닌 플랫폼으로 진화하고 있음을 보여 준다. 이제 TV는 주어진 영상신호만을 일방적으로 전달하는 수동적 미디어를 넘어 방송 콘텐츠뿐만 아니라 웹의 다양한 멀티미디어 콘텐츠와 애플리케이션을 생산, 유통, 소비를 할 수 있게 하는 능동적이고 혁신적인 미디어로 변화될 것이다. 아이폰 열풍으로 촉발된 모바일 인터넷의 확산은 웹과 TV의 경험이 공존할 수 있는 가능성을 열어 놓았다. 즉 과거 TV는 영상 콘텐츠를 수동적으로 시청하기 위한 가전제품이었으나 모바일 기기 시장에서 운영체제와 서비스 플랫폼 기반의 스마트화가 확산된 이후 TV에서도 유사한 형태로 스마트화가 진행되고 있기 때문이다.

2.3 스마트 홈(smart home)

스마트 홈은 "집안에 있는 가전제품들이 인터넷을 통해 상호 연결되고 지능화되어 이를 통해 다양한 서비스가 제공되는 첨단 인텔리전트 서비스 시스템"을 말한다.[28] 최근 가정 안의 모든 가전제품들이 인터넷과 연결되는 인프라가 구축되면서, 스마트 홈이 새로운 스마트 환경의 키워드가 되고 있다. 특히 개인 미디어 기기였던 스마트폰을 통해 이미 축적된 이용자들의 경험과 가치가 다른 기기로 확장되기 시작하면서 혁신의 주체가 스마트폰에서 스마트 홈으로 옮겨 가는 양상이다.

최근 유·무선 통합 네트워크 환경의 진화, 사물인터넷(IoT)과 클라우드, 그리고 빅데이터의 부상으로 과거와 비교해 더욱 지능화되고 개인화된 서비스와 콘텐츠 제공이 가능해졌다. 또한 스마트 환경의 변화 양상이 가정 내의 정보가전에서 생활가전으로 확장되면서 과거 홈 네트워크의 서비스 범위도 확장되었다. 따라서 현재 추진되고 있는 스마트 홈은 가스 원격제어, 냉난방 제어, 방범, 방재 등 스마트 기기를 연동하여 가정 내의 가전제품을 관리 통제하는 서

---

28) 과거에도 가전제품을 자동으로 관리하는 홈오토메이션(home automation) 기반의 홈네트워크(home network)가 있었으나, 이 당시 홈 네트워크의 개념은 집 안의 유선 네트워크에 연결되어 주로 가정용 기기의 관리와 제어에 초점이 맞춰졌다.

비스 이외에도 가정 모니터링, 습도 및 온도 조절, 건강관리, 유아 관리, 가전
제품 실행 등 다양한 서비스 영역으로 확대되고 있다. 더욱이 향후 가전제품이
미치지 않은 수많은 생활기기까지 그 서비스 영역으로 확장해 간다면 스마트
홈의 범위는 가늠하기 어려울 전망이다.

2.4 스마트 카(smart car)

최근 지능정보기술의 발전으로 새롭게 주목받고 있는 분야 중 하나가 자동
차이다. 자동차는 그동안 대표적인 제조업 중심의 굴뚝산업으로 지능정보기술
과는 거리가 멀어 보였다. 하지만 자동차는 현재 지능정보기술과 융합해 빠르
게 스마트화(지능화)가 진행되고 있는 분야 중 하나이며 스마트폰, 스마트 TV,
태블릿PC 등의 뒤를 이을 새로운 스마트한 단말기로 부상하고 있다. 스마트 카
는 사람들의 문화·생활공간으로 거듭나고 있다. 즉 제2의 주거공간으로 가정
과 사무실로서의 역할이 시작되고 있는데, 이는 보다 편리하고 인간 친화적인
첨단 기능들이 속속 등장하면서 가능해졌다.

스마트 카(smart car)에 관해선 아직 통일된 개념은 없지만, 대체로 지능정보
기술을 접목한 자동차의 개념으로 커넥티드 카(connected car)라고도 불린다.
커넥티드카가 완전 상용화되면 차 안에서 양방향 인터넷, 모바일 서비스 등을
사용할 수 있다. 다른 차량이나 교통 인프라 등과 각종 정보를 주고 받으며 안
전성을 크게 높일 수 있다. 스마트폰과 집, 사무실, 도로망 시스템 등과 연계된
커넥티드카는 외부에서 원격으로 시동을 켜고 끌 수 있다. 인터넷망에 접속해
멀티미디어 스트리밍, 소셜네트워크서비스(SNS) 등도 이용할 수 있다. 이 때문
에 '사물인터넷(IoT) 자동차'라고도 하는데, 자율주행차의 기반 기술로도 활용
된다. 자율자동차란 "운전자의 개입 없이 주변 환경을 인식하고 주행 상황을
판단하여 차량을 제어함으로써 원하는 목적지까지 주행하는 자동차"다. 이를
통해 자동차는 단순한 이동수단이 아니라 생활공간이자 업무 공간으로 바뀌게
된다. 또한 자동차 산업의 애플로 지칭되는 전기자동차 회사 테슬라는 차량 배
기가스 등 미래 환경문제를 해결해 줄 것으로 기대되며 이미 혁신의 아이콘으
로 자리매김하고 있다.

2.5 스마트 콘텐츠(smart contents)

최근까지 스마트 환경에 대한 논의는 대부분 네트워크, 플랫폼, 그리고 단말에 한정되어 왔다. 하지만 향후 스마트 환경의 핵심은 오히려 서비스나 콘텐츠에 있다. 스마트 콘텐츠가 중요한 이유는 무엇보다 향후 스마트 환경이 네트워크·단말·플랫폼 등으로 차별적 고객 가치를 제공하던 시대에서 고객이 직접 체감하는 콘텐츠나 서비스에서 가치가 창출되는 시대로 진화될 것이기 때문이다.

스마트 환경하의 미래 콘텐츠, 즉 스마트 콘텐츠는 ① 기존 콘텐츠를 혁신 기술과 방식을 이용하여 새로운 형식과 내용으로 변화시키고, ② 새로운 전송 및 유통 방식의 변화를 통해, ③ 이용자가 콘텐츠에 접근하는 방식, 즉 새로운 소비 행태를 변화시키는 방향으로 진화한 콘텐츠를 말한다. 스마트 콘텐츠는 스마트 환경의 핵심 요인으로 부각되고 있다. 세계적인 언론황제로 불리는 루퍼드 머독은 "어떠한 전자기기와 플랫폼, 기술도 훌륭한 콘텐츠 없이는 텅 빈 용기에 불과하다"고 할 정도로 스마트 환경에 콘텐츠의 중요성은 아무리 강조해도 지나침이 없을 정도다. 결국 다양한 스마트 제품들의 빠른 확산을 가져온 원인은 바로 콘텐츠의 힘이다. 소비자의 마음을 끌어들이는 다양한 콘텐츠가 제공되지 못한다면 아무리 좋은 스마트 제품이라 해도 대중으로부터 외면받기 쉽기 때문이다. 이와 같이 스마트 환경에 콘텐츠의 가치와 중요성은 더욱 높아지고 있다.

2.6 스마트 금융(smart finance)

스마트 금융이란 스마트폰과 같은 이동통신 단말기를 이용한 금융서비스 말하는데, 스마트폰 등을 이용해 대출 신청이나 상환, 금융결제 등 금융 서비스는 스마트폰의 확산과 더불어 급속히 팽창할 것으로 전망된다. 최근 금융과 지능정보기술의 융합을 일컫는 핀테크(fintech)가 금융 업계의 화두로 떠오르고 있다. 핀테크(FinTech)는 Finance(금융)와 Technology(기술)의 합성어로, 금융과 지능정보기술의 융합을 통한 금융서비스의 변화 및 금융산업의 변화를 통칭한다. 금융서비스의 변화로는 모바일, SNS, 빅데이터 등 새로운 지능정보기술을 활용하여 기존 금융기법과 차별화된 금융서비스를 제공하는 기술기반 금융서비스가 대표적인데, 최근 사례는 모바일뱅킹과 앱카드 등이 있다. 금융산업의 변화로는 혁신적 비금융기업이 보유 기술을 활용하여 지급결제와 같은 금융서비스를 이용자에게 직접 제공하는 현상이 있는데, 애플페이, 알리페이 등을 예로 들 수 있다.

지금의 핀테크가 과거 전통적인 전자금융과 다른 점은 전통적 전자금융이 기존 금융 가치 사슬 내에서 기존 서비스나 상품들을 제공하는 데 그쳤던 반면, 핀테크는 전통적인 금융산업을 송두리째 무너뜨릴 수 있는 파괴적 혁신을 이끌고 있기 때문이다. 이러한 차이를 만들고 있는 근본 원인은 지능정보기술의 접목과 이러한 기술을 둘러싸고 있는 금융 환경의 변화 때문이다.

무엇보다 스마트폰은 언제 어디서나 24시간 365일 금융 서비스가 가능하게 하는 핵심 단말이자 플랫폼이다. 스마트폰의 확산은 과거에 비해 더욱 편리하고 간편해진 금융 애플리케이션을 통해 이용자들에게 과거에는 경험하지 못한 금융서비스를 제공하고 있다. 또한 광범위한 소셜 네트워크와 클라우드의 확산은 엄청난 양의 빅데이터를 생산하고 이를 통해 새로운 금융상품을 판매할 수 있는 기본 인프라와 솔루션을 제공해 주고 있다. 이러한 기술들은 클라우드 펀딩이나 개인 간 대출 등 과거에는 경험해 보지 못한 혁신적인 아이디어와 상품을 창출하고 있다. 최근에는 소셜 데이터를 기반으로 대출을 해 주는 상품까지 나오고 있다.

2.7 스마트 헬스(smart health)

지능정보사회에서 스마트폰 확산 이후 다양한 스마트 기기를 통한 새로운 서비스가 탄생하고 있다. 특히 사물인터넷, 센서 그리고 웨어러블 기기가 본격적으로 시장에 등장하면서 지능정보기술이 의료와의 융합을 통해 스마트 헬스가 미래의 핵심적인 스마트 환경으로 떠오르고 있다. 스마트 헬스는 단기적으로는 개인의 건강을 모니터링하고 관리하는 헬스 케어에서부터 향후에는 치료 목적의 스마트 의료까지 그 서비스 범위를 넓혀 갈 것으로 전망된다. 스마트 헬스는 "스마트 기기를 이용하여 이용자(환자)의 건강 상태를 모니터링하면서 환자 정보와 질병 상태 등을 분석하여 실시간으로 개인에 최적화된 맞춤형 건강관리 서비스를 제공하는 것"이라고 정의하고 있다. 유헬스(u-Health), 이헬스(e-Health), 모바일 헬스(m-Health) 등 다양한 용어로 부르기도 한다.[29]

---

29) 현재 논의되고 있는 스마트 헬스는 엄밀하게 말하면 치료 목적의 의료 서비스라기보다는 예

최근 헬스 케어 관련 웨어러블 기기나 앱들이 무수히 쏟아져 나오고 있다. 이러한 건강관리 기기들은 주로 손목에 차는 시계 형태다. 이러한 기기들이 과거 만보기나 혈압측정기와 다른 점은 스마트폰과 연동되고 소셜 네트워크적 요소를 가미해 이용자들에게 새로운 서비스를 제공하고 있다는 것이다. 헬스 앱 및 다양한 기기를 활용하면 심장박동 수와 몸무게, 혈압, 혈당 등 사용자의 건강 관련 데이터를 수집하고 분석하여 통합적인 건강관리가 가능하다.[30]

이러한 헬스 케어서비스는 의료서비스의 확대와 삶의 질 향상이라는 시대적 흐름에 부합하며, 새로운 의료서비스 분야로서 각광을 받고 있다. 사람들의 의료서비스 욕구는 기존 질병 치료에서 예방과 관리를 통해 건강한 삶을 유지하는 것으로 변하고 있다. 실제로 의료서비스에서 치료 분야의 비중은 감소하고 있고 진단, 사후관리와 사전예방 등의 비중은 늘어나고 있다. 국내에서도 급격한 인구의 고령화와 식생활의 변화에 따른 만성질환의 증가로 인하여 국가의 사회적·경제적 부담이 나날이 증가하고 있다. 지능정보기술 기반의 헬스케어는 의료비 부담을 완화하고, 건강수명을 연장하기 위해 예방 및 건강모니터링의 중요성은 더욱 커지고 있다. 최근 들어 스마트폰의 일반화, 통신 속도의 증가, 다양한 웨어러블 기기 출시, 빅데이터 분석기술의 발달 등에 따라 지능정보기술 기반의 헬스 케어서비스 역시 빠른 속도로 발전하고 있다.

2.8 스마트 광고(smart advertisement)

우리가 알고 있는 전통적인 광고는 신문, 잡지, 라디오, 방송 등 4대 미디어를 중심으로 이루어져 왔다. 하지만 인터넷의 등장으로 인터넷 기반 온라인 광고들이 나타나면서 온라인 광고 비중이 꾸준히 증가했다. 이로 인해 기존 전통적인 미디어 광고의 비중은 꾸준히 줄었다. 특히 검색, 인터넷프로토콜TV (IPTV), 비디오온디맨드(VOD), 소셜네트워크서비스(SNS), 온라인의 증가는 이러한 추세를 가속하는 촉매제가 되었다. 이처럼 광고는 새로운 기술과 단말의

방이나 관리 목적으로 이루어지고 있는 헬스 케어 서비스를 말한다. 따라서 건강관리 목적의 스마트 헬스와 의료 서비스 중심의 스마트 의료는 구분되어야 한다.

30) 이를 위해서는 이용자들뿐 아니라 다양한 개발자와 협력해야 한다. 스마트 헬스 시장에 가장 활발하게 움직이고 있는 글로벌 사업자인 애플은 이미 다양한 헬스 관련 사업자들과 협력을 확대하고 있다. 혈당측정기를 개발하는 덱스콤(DexCom)과 전자의무기록(EMR) 사업자인 에픽이 대표적이다. 최근엔 메이요클리닉과 제휴해 아이폰으로 수집한 생체 정보를 병원으로 바로 전송하여 의료 서비스에 활용하고 있다.

등장에 맞춰 기존의 전통적인 광고방식을 탈피하려는 시도가 지속적으로 있어 왔다. TV 방송만 하더라도 시청자들은 채널을 통한 프로그램 시청 시간이 줄어들고 있으며, 대신 다양한 스마트 미디어(앱이나 웹)을 통해 원하는 시간에 원하는 장소에서 원하는 방송 프로그램을 시청하고 있는 상황이다. 더욱이 최근에는 스마트폰과 소셜의 확산으로 엄청난 양의 데이터와 콘텐츠가 증가하면서 이용자들의 관심을 끌기 위한 경쟁도 치열해지고 있다.

스마트 광고는 "스마트폰, IPTV,31) 스마트 TV, 태블릿 PC와 태블릿 TV,32) OTT 서비스,33) 소셜 미디어, NFC 서비스,34) 착용 컴퓨터 등 스마트 광고 미디어를 통한 혁신적인 방식과 고객의 욕구에 부합하는 개인화된 콘텐츠 등 새로운 사용자경험을 제공함으로써 고객의 관심과 능동적인 구매행위를 유발하는 광고"라고 할 수 있다. 스마트 광고가 기존의 뉴미디어 광고와 다른 것은 뉴미디어 광고는 주로 물리적으로 제한된 미디어와 환경에서 이루어지는 반면, 스마트 광고는 다양한 형태의 스마트 기기를 통해 일상생활 속에 자연스럽게 접목되어 고객들에게 개인화된 콘텐츠와 새로운 사용자경험을 제공해 준다는 점에 있다.

2.9 스마트 인간

최근 지능정보기술이 의학 및 생명공학 등의 분야와 접목되면서 인간의 신체적 한계뿐만 아니라 심지어 정신적인 한계까지 뛰어넘은 미래 인간상을 조망하는 연구들이 나오고 있다. 이미 과학자나 미래학자들을 중심으로 '포스트휴먼(post-human)'에 대한 많은 연구가 이루어져 왔으며, 최근 로봇 산업, 바

---

31) IPTV란 IP(Internet Protocol)와 TV(Television)의 합성어로 인터넷 프로토콜을 이용해 텔레비전 신호를 주고받는 서비스로, 스트리밍(Streaming) 방식(멀티미디어 데이터 전송 방식의 하나로 인터넷에서 물 흐르듯 데이터를 읽으며 전송하고 실시간으로 재생하는 전송 방식)의 방송을 TV 단말기로 시청하는 것이다

32) 태블릿 PC란 소형의 휴대용 컴퓨터로 키보드 없이 손가락이나 전자펜으로 액정화면(LCD)에 직접 글씨를 써서 문자를 인식하게 하는 터치스크린 방식을 주요 입력 방식으로 적용해 프로그램을 실행하는 모바일 인터넷 기기다. 이러한 태블릿 PC는 앞으로 'N스크린 시대'의 TV 수상기로써 핵심 역할을 할 것이라는 기대를 반영해 태블릿 TV라고도 한다.

33) OTT 서비스란 기존의 통신 및 방송사업자와 더불어 제3사업자들이 인터넷을 통해 콘텐츠(VOD)를 다운로드하거나 스트리밍하는 서비스를 말한다.

34) NFC 서비스란 소출력 근거리 통신 기술을 활용한 스마트폰의 플랫폼 서비스를 말하는데, 13.56MHz 주파수 대역을 사용해 가까운 거리에서 기기간 데이터를 전송하는 기술이다.

이오테크놀로지, 인공지능에 대한 관심이 높아지면서 이 분야가 새롭게 재조명되고 있다. 여기서 포스트휴먼이란 "인간과 기술(또는 기계)의 융합으로 나타나는 미래의 인간상을 일컫는 말로 지능정보기술, 인지과학, 나노기술, 바이오공학의 발달로 인간과 기계가 합쳐짐으로써 인간과 기계의 경계가 사라지는 것"을 일컫는 용어다. 포스트휴먼은 트랜스휴먼(trans-human), 인공지능(artificial intelligence), 인공생명(artificial life), 사이보그(cyborg), 냉동인간(cryonics), 마음의 아이들(mind children), 사이버 자아(cyber-self) 등 다양한 용어와 개념으로 설명되고 있는데, 이들의 공통점은 인간의 한계와 조건을 넘어서려는 또 다른 인간을 반영하고 있다는 점이다. 최근 인공지능 관련 연구 추세는 인간의 뇌를 닮은 인공지능과 이러한 인공지능을 가진 로봇을 개발하는 것이다. 인공지능 로봇에 대한 연구는 얼마 전까지만 해도 상상 속(영화나 소설) 같은 미래상이었지만 최근의 급속한 과학기술의 진보는 이러한 미래상이 결코 허구가 아닌 가까운 미래에 현실 가능할 수 있다는 확신을 주고 있다. 인류의 진화 과정을 돌이켜 볼 때, 인간은 끊임없이 인간 신체의 불완전한 생물학적 한계를 극복하기 위해 부단한 노력을 기울여 왔다. 인공장기를 신체에 이식시킴으로써 생명을 늘린다거나 냉동인간, 나노의학 등을 통해 죽음을 회피할 수 있는 방법도 끊임없이 개발되고 있다. 이러한 노력은 단지 인간 신체에 그치지 않고 기술의 혁신을 통해 인간의 지각·감각 및 정신적 영역으로 확장되고 있는 상황이다. 이러한 변화는 인간-기계 인터페이스의 발전 혹은 유전공학기술의 발전, 인공지능의 발전으로 더욱 가속될 것이다.

인간의 한계를 극복하려는 또 다른 차원의 연구로는 단순히 인간의 지능을 대체하는 수준을 넘어 인간 정신을 복제하여 영원히 살 수 있게 하는 '홀로그램 인간' 프로젝트가 있다. 이에 따라 인간의 근원적 욕망인 '영생불멸'이 실현될지에 대한 관심이 높아지고 있다. 홀로그램 인간은 인간의 정신을 복제하여 이 복제된 두뇌를 유기적 생명체가 아닌, 홀로그램 형태의 가상 신체에 심어주려는 연구 프로젝트다. 이에 따라 인간이 의식, 기억력, 감정 등을 컴퓨터에 옮기는 기술이 조만간 상용화될 전망이다. 이미 뇌과학자들은 뇌의 각 부분을 분석해 그 기능과 작동 방식, 패턴을 뇌지도로 그리고 있다. 이들은 뇌 스캔과 뇌 역분석을 통해 대뇌 신경망을 파악할 수 있다면 인간의 뇌까지도 인공신경망으로 대체할 수 있다고 주장하고 있다.

| 제5절 |
>>> **지능정보사회의 기대와 우려**

지능정보화(4차 산업혁명, 2차 정보혁명)를 거쳐 우리에게 다가올 지능정보 사회에서는 어떤 모습일까? 인간과 지능정보기술의 이상적인 협업과 공존으로 지금보다 훨씬 다양하고 풍족한 삶을 누리며 살 수도 있다. 생각과 판단, 창작 능력까지 갖춘 다양한 기기 및 프로그램이 모든 생산 활동을 책임지고 인간들 은 여가 생활만 즐기게 될지도 모른다. 반면 자율주행자동차를 탄 터미네이터 가 은행을 털고, 로봇경찰 채피(Chappie)는 도둑을 잡으러 다니며, 스카이넷 (Skynet)은 사람들을 정복하려 하고, 이전의 산업혁명을 통한 야기된 사회(산 업사회, 정보사회)에서처럼 일자리를 빼앗겨 할 일이 없어진 인간들은 지능정 보기술을 개발한 누군가를 원망하며 살 수도 있다. 미래가 어떤 모습일지 정확 히 예측하기 어렵지만 전문가들은 이미 지능정보화(4차 산업혁명, 2차 정보혁 명)를 거쳐 지능정보사회로의 진입을 말하고 있다.

여기에서는 지능정보사회에서 우리에게 다가올 많은 기대와 우려들 중에서 중요한 몇 가지들 살펴본다.

① 산업의 재편 및 융합과 쇠퇴

경제분야에서는 인공지능기술을 기반으로 생산성이 극대화되고, 기존의 산 업분류인 제1차 산업(농업, 임업, 수산업, 축산업), 제2차 산업(제조업, 전기 및 가스업, 건축업), 제3차 산업(관광, 무역, 의료, 교육, 법률) 간 경계가 희미해지 며, 데이터 활용능력의 중요성이 더욱 부각될 것이다. 또한 인공지능의 자가 학습을 통해 저비용-고효율의 극대화가 이루어지면서 생산성이 획기적으로 향상된다.[35]

지능정보사회에서는 모든 산업들은 서로 연결을 증진함으로써 연결된 산업

---

35) 글로벌 컨설팅업체 매킨지(McKinsey)는 지능정보기술의 영향은 2025년에 약 5조 달러 규모를 넘어설 것으로 추산했다. 매킨지는 2015년 발간한 보고서에서 인공지능과 사물인터넷 등 신기 술을 적극 활용하면 분야별로 30~155%의 생산성 향상을 달성함으로써 고령화로 줄어든 GDP 를 상쇄시킬 수 있을 것이라고 전망했다.

(connected industry)으로 발전한다. 지능정보기술과 제조업의 융합을 통해 산업기기와 생산과정이 연결되고, 상호 소통하면서 최적화, 효율화를 달성할 수 있다. 기존의 전통적인 공장도 스마트 공장(smart factory)화로 변화하게 된다.[36]

지능정보사회에서는 농업, 제조업, 서비스업 등 주요 산업 분야의 생산방식에 인간의 개입은 최소화되고 데이터 기반으로 완전히 지능화된다. 생산설비와 작업자 능력을 데이터화하여 생산라인을 조정해 작업능률을 최적화함으로써 생산량이 증가하게 된다. 또한 지능정보기술에 의해 로봇의 활용과 공정의 지능화로 생산·유통·소비 등 모든 과정의 비용은 대폭 줄어든다. 또한 단순 반복을 넘어 새로운 작업을 배우는 지능형 학습로봇의 보편화로 소비자의 수요에 대응한 유연한 소비자 맞춤형 생산체계가 완성되고 낭비가 없는 생산이 실현된다. 비제조업과 소프트웨어 기업들이 사용자 요구를 충족시키는 서비스를 본격적으로 출시하면서 빅데이터 기반의 인공지능 경쟁에 돌입하게 된다. 인공지능 솔루션을 비롯한 지능정보기술이 제품 개발과 생산, 마케팅 전반에 영향을 미치면서 새로운 서비스와 경제적 효과를 창출하게 된다.

지능정보기술은 시장구조와 비즈니스 모델에도 급속한 패러다임 변화를 가져오게 된다. 기업 및 산업 간 융합의 가속화로 산업의 경계는 파괴되고 제품과 서비스가 결합되는 프로바이스(Provice : Product＋Service) 시대로 변화하게 된다. 사물인터넷의 보편화로 제품에 내장된 센서가 수집하는 방대한 고객데이터를 분석해 고객에게 다시 혁신적 서비스를 제공하는 '제조업의 서비스화'는 더욱 가속화된다. O2O(Online to Offline), 공유경제와 같은 혁신적 사업 모델의 등장은 한 국가의 중심산업이 하드웨어 산업에서 소프트웨어 산업과 서비스산업으로 변화하게 된다.

또한 기계의 가동정보와 환경정보 등을 담은 사물 데이터와 의료정보, 생태정보, 유전자정보, 뇌정보 등을 포함한 사람 데이터가 지능정보기술과 결합되면서 교육·의료 등 다양한 분야에서 혁신적인 비즈니스 모델이 제공되며, 이를 바탕으로 사회문제의 해결에도 기여하게 된다. 많은 변수 때문에 정보통신기술의 활용이 쉽지 않았던 농업과 의료 등 분야에서 지능정보기술의 활용이 촉진되어 삶의 질을 향상시킬 것이다. 지능정보사회에서는 [그림 3-2]에서와

---

36) 이를 독일 정부가 2011년 '하이테크 2020 전략'의 하나인 '인더스트리 4.0'으로 부름으로써 일반화되었다.

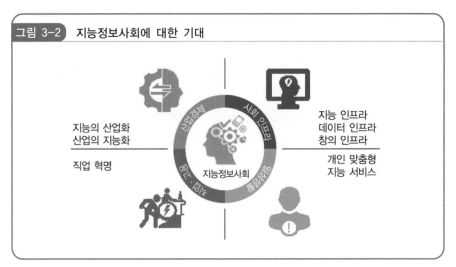

자료 : 한국정보화진흥원, 『국가정보화백서』.

같이 개인의 판단(행동의 선택, 진로결정 등), 기업의 의사결정, 사회 인프라 구축 등 인간생활의 많은 부분에 지능정보기술이 활용되게 된다.

2 일자리의 창출과 쇠퇴

지능정보기술에 의해 촉발된 지능정보사회에서 많은 사람들은 기존의 사회에 비해 노동시장의 격변과 일자리의 변화에 매우 큰 관심을 갖고 있다. 지능정보사회는 경제, 사회의 발전과 삶의 질을 향상시키는 긍정적인 효과를 가져올 것이다. 하지만 노동시장의 격변과 일자리의 변화에 대해서는 긍정적인 측면과 부정적인 측면이 양존하고 있다.[37]

그러면 과거 산업혁명 시대의 일자리의 변화는 어떠하였는가? 그 당시 사람들은 기계의 등장으로 그전까지의 일자리가 크게 위협받고 감소할 것으로 우려했다. 그러나 장기적으로 보면 산업혁명으로 인한 새로운 분야의 일자리가 오히려 더 많이 생겼다. 지능정보사회에서 일자리의 변화에 대한 비관론자는 인공지능과 로봇이 고도로 활용되면, 저임금 단순 노동 반복형직업뿐만 아니라

---

[37] 미국의 여론조사 기관 퓨리서치(Pew Research)가 과학자, 개발자, 기업 임원 등 각계 전문가 1,896명에게 '인공지능과 로봇은 2025년까지 그들이 새로 만들어내는 것보다 더 많은 일자리를 빼앗을까'라고 질문한 결과 48%는 '그렇다'고 대답했지만 52%는 '그렇지 않다'고 대답했다.

사무직과 전문직의 일자리도 크게 빼앗아간다. 또한 일자리 대체 정도와 별도로 지능정보기술의 보유여부에 따른 고용양극화가 발생하고, 소외계층(고령자, 생활보호대상자, 장애인, 다문화가족, 탈북민)의 지능정보격차는 생활격차와 함께 소득양극화를 심화시켜, 결국 로봇의 일자리 대체 가능성은 높아지는 악순환으로 대량실업에 대한 사회불안을 확대시킬 것이다.

반면 낙관론자는 현재 사람들이 수행하는 많은 일을 로봇이 대체할 것이라는 데 동의하지만, 현존하는 직업 중 기계가 할 수 없는 분야도 많고 인간의 창의성은 새로운 일자리와 산업, 생활방식을 만들어 낼 것으로 전망하고 있다. 역사적으로 보면, 신기술의 탄생으로 과거의 직업과 산업은 없어지는 동시에 새로운 직업과 산업이 탄생해 왔으며, 또한 기계가 할 수 없고 인간만이 할 수 있는 직업이 있다. 결국, 기존의 산업혁명이 시작된 이래 자본주의 역사를 돌이켜 보면 기술발전은 언제나 일자리를 계속 늘려왔다는 것이다.

이와 마찬가지로 4차 산업혁명으로 야기된 지능정보사회에서 지능정보기술 분야, 즉 인공지능과 빅데이터 분야에는 오히려 사람이 부족하게 된다. 기업이나 정부는 물론이고 이용자들도 정보를 검색할 뿐 아니라 그 정보를 이용해 의사결정을 한다. 그러한 데이터세트(data set)를 가지고 있는 것만으로도 일반 마케팅은 물론이고, 기업의 중요한 전략 결정이나 정부의 정책 방향성에 큰 도움이 되기 때문에 데이터 사이언티스트들에 대한 수요는 앞으로도 크게 늘어나게 된다. <표 3-6>은 4차 산업혁명으로 야기된 지능정보사회에서의 일자리 변화를 보여 주고 있다.

지능정보사회에서는 사람들의 일자리가 인공지능에 의한 대체가 아니라 인

표 3-6 4차 산업혁명에 따른 일자리 변화

- 한국 직업종사자의 63%가 고위험군
- 미국은 47% 고위험군
- 컴퓨터에 대체될 고위험 직업 : 세무사, 관세사, 회계사, 치과기공사, 택배원
- 컴퓨터에 대체될 저위험 직업 : 교사, 성직자, 간호사, 사회복지사, 데이터서비스 개발자
- 5년간 710만개 일자리 소멸과 210만개 생성
- 2018년 종업원보다 스마트 기계가 많은 회사가 50%에 이를 것
- 2030년 현 일자리의 90% 스마트 기계로 대체

자료 : 비즈니스워치

간과 인공지능 및 로봇의 협업이 해답일 수 있다. 인간과 깊게 소통하거나 인간의 감성과 관련된 분야는 인공지능이 대체하지 않고 인간이 여전히 필요하며, 따라서 인간과의 협업이 강조된다. 협업을 잘하고 오히려 인공지능의 성과를 내는 기업과 전문가는 새로운 사업을 창출하고 높은 소득을 얻을 수 있다. 다시 말하면, 인간과 로봇 간의 협업 생산체계는 새로운 일자리를 만들어 낼 것이다. 데이터 사이언티스트, 지능정보기술 연구개발 및 소프트웨어 개발, 운용, 수리 및 유지 보수 관련 직업 등 지식 집약적인 일자리가 새로 창출될 것이다. 또 지능정보기술과 관련된 비즈니스나 신규서비스 등이 활성화되면서 이에 따른 고용도 증가할 것이다. 물론 인간과 인공지능 및 로봇 간의 협업과정에서 기계와의 협업에 성공하는 사람들과 그렇지 못한 사람들이 나뉘어서, 직종 내 양극화 문제가 나타날 수도 있다.

한국고용정보원은 인공지능과 로봇이 인간의 일자리를 대체하지만, 중요한 의사 결정과 감성에 기초한 직무는 여전히 인간이 맡게 될 것이라며, 그 영역을 사회적으로 합의할 필요가 있다고 보았다. 그리고 그러한 영역으로는 화가, 조각가, 작가 등의 예술가와 초등학교 교사, 물리치료사, 임상심리사 등을 꼽았다. 반면 인공지능에 의해 대체될 수 있는 일자리로는 콘크리트공, 정육원, 도축원, 조세행정사무관, 손해사정인, 청원경찰, 환경미화원, 택배원, 주유원, 부동산 컨설턴트, 육아도우미, 주차 관리원, 의사, 손해사정인 등은 대체 가능성이 매우 높은 것으로 조사됐다. <표 3-7>은 지능정보사회에서의 인공지능기술의 발전이 가져올 미래 사회변화에서 10~20년 후 미래 쇠퇴직종 및 유망직종을 보여주고 있다.

한편 지능정보사회에서의 교육의 혁신도 필요하다. 지능정보사회에서 산업의 변화에 따라 산업이 필요로 하는 인재의 성격이 바뀌고, 일자리 수요가 바뀌며, 일하는 방식이 변하고, 따라서 인재 교육의 수요도 바뀌는 것이다. 특히 인력 양성, 즉 교육이 바뀌어야 한다는 데 많은 전문가들이 공감하고 있다. 이제는 정서적 공감 능력, 동기 부여 능력 등을 키울 수 있는 지능정보사회에 요구되는 교육이 필요할 때가 왔다. 교육을 혁신하고 지능정보사회에 맞는 일자리를 창출하는 것은 인간의 미래를 위한 책임이다.

표 3-7	10~20년 후 미래 쇠퇴직종 및 유망직종	
발표기관	쇠퇴직종	유망직종
옥스포드	텔레마케터, 세무대리인, 재봉사, 자료입력원, 도서관리원, 은행계좌상담 및 개설 직원, 신용분석가, 보험감정사, 심판 및 스포츠관계자, 법률비서, 출납원	치료사, 정비공, 수리공, 설치공, 사회복지사, 외과의사, 전문의, 영양사, 안무가, 심리학자, 초등학교교사, 관리자, 상담교사, 컴퓨터시스템분석가, 큐레이터, 운동트레이너
워싱턴 포스트	농업분야노동자, 우편서비스노동자, 재봉틀사업자, 배전반사업자, 데이터입력사무원, 워드프로세서, 타이피스트	정보보안전문가, 빅데이터분석가, 인공지능 및 로봇공학 전문가, 모바일 장치용 프로그램 개발자, 웹개발자, DB관리자, 비즈니스·시스템분석가, 윤리학자, 엔지니어, 회계사, 변호사, 금융컨설턴트, 프로젝트 매니저, 전문의, 간호사, 약사, 물리치료사, 수의사, 심리학자, 교사, 영업담당자, 벽돌공과 목수 등 건설노동자
테크M	콜센터상담원, 교수, 택시기사, 세무사, 회계사, 의사, 약사, 변호사	데이터분석가, SW개발자, 헬스케어종사자, 로봇공학자, 예술가, 보안전문가, 바이오 엔지니어

자료 : 김윤정·유병은, "인공지능 기술 발전이 가져올 미래 사회 변화".

3 개인 삶의 질 향상과 침해

지능정보사회에서의 지능정보기술이 인간생활에 활성화되면 개인 삶의 질도 획기적으로 향상된다. 다양한 지능정보 프로그램과 가사, 비서, 육아 등 전문 로봇의 발전으로 복지서비스는 향상되고, 실시간 모니터링 및 개인 맞춤형 서비스를 제공받게 된다. 현재 가장 적극적으로 구체화되고 있는 분야 중 하나는 의료부문이다.[38]

인공지능 기반의 맞춤형 교육, 법률, 금융 등 고급 서비스에 대한 접근성도

---

38) 페이스북의 최고경영자 마크 저커버그와 그의 부인 챈은 2016년 9월 질병 치료를 위한 기초과학연구에 30억 달러(한화 약 3조 3,000억원)을 투자하겠다고 발표했다. 이 프로젝트는 인간의 주요 사망 원인인 심장병과 암, 전염병, 신경질환 등에 지능정보기술을 활용해 2100년까지 모든 질병을 예방·치료·관리한다는 내용이다. 그리고 지능전보기술을 이용해 마이크로소프트는 암 치료법, 구글은 질병진단의 정확도 향상, 그리고 IBM은 고령자와 장애인을 위한 지능정보의료 시스템의 개발 등을 계획하고 있다.

향상된다. 치안 및 재난 대응, 국방 등에 지능정보기술이 적용된 무인시스템이 활용됨에 따라 국가사회문제의 해결에 기여하고 동시에 국민들의 만족도 역시 높아질 것이다. 지능형 CCTV와 빅데이터를 활용함으로써 범죄 예측과 범죄 예방을 강화하는 것은 물론 재해나 범죄발생 시 즉각적인 대응도 가능하게 된다.

지능형 스마트 홈과 스마트 오피스, 스마트 빌딩 등이 구현되면서 최적화된 가정, 업무, 사회 시스템이 완성되면서 개인 삶의 질은 매우 높아지게 된다. 또한 지능정보기술이 복잡하고 번거로운 일을 대신 함으로써 일에 대한 스트레스가 줄고 개인의 여가시간도 늘어나면 인간은 보다 창조적이고 생산적인 일에 집중할 수 있을 것이다. 고령자와 장애인 등 취약계층에 대한 서비스도 획기적으로 개선되면서 행정서비스 효율화와 함께 정책 신뢰도 향상도 기대되는 부분이다. 이와 같이 인공지능 로봇이 인간의 업무를 대체하면서 일상에서 인간의 역할은 축소되겠지만, 지능정보기술로 인해 생활과 업무 편의성은 비약적으로 향상된다. 또한 저출산 고령화에 따른 생산인구 감소와 이로 인한 사회적 비용을 줄일 수 있는 대안으로 제시되고 있다.

한편, 지능정보사회에서 빅데이터의 활용이 늘어나면 개인정보가 쉽게 수집되어 저장되고, 배포될 수 있기 때문에 자연스럽게 개인정보보호 등으로 대표되는 인권문제가 야기된다. 지능정보사회에서는 기업과 정부는 보다 정확한 예측을 위해 활용 가능한 개인정보를 수집·축적을 늘려 갈 것이다. 이는 개인정보의 남용으로 이어져 프라이버시의 침해에 대한 가능성이 높아지게 된다. 정보보호와 보안문제는 빅데이터와 물과 기름과도 같다. 개인정보보호법에서 개인정보를 수집하고 이용하고자 할 때는 이용자의 사전 동의를 반드시 받도록 정하고 있다. 그러나 빅데이터는 대량의 데이터를 수집하고 처리해야 하는 작업이므로 개인들에게 사전 동의를 일일이 받는 것이 쉽지 않다. 또한 우리나라에서 개인 정보 유출 사고가 빈번히 일어나고 있어서 보안 문제 역시 해결해야 할 과제가 많다.

4 지능정보화기기의 활용과 통제 불능

지능정보사회에서 많은 내용들은 대체로 지능화기기의 활용에 대한 긍정적이고 장점인 측면만을 더 강조하여 이야기하는 경우가 많다. 하지만 지능정보사회에서 지능화기기의 대표적인 인간의 지능적인 행동을 모방할 수 있는 인공지능을 탑재한 로봇을 생각해보자. 로봇은 첫째 초기 단계에 나타날 수 있는 경우로 미완성된 인공지능을 탑재한 로봇, 둘째 완성된 인공지능을 탑재한 로봇, 셋째 인간에게 오용되는 완성된 또는 미완성된 로봇 등으로 활용되어 질 수 있다.

자율주행자동차를 생각해보자. 현재 도로교통의 94%가 인간의 실수 혹은 선택 때문에 일어나는 만큼 자율주행자동차가 매년 수만 명의 생명을 살릴 것으로 보고, 많은 국가들은 자율주행자동차에 대해 많은 관심을 갖고 있다. 자율자동주행차란 운전자 없이 지능화기기로 도로를 달리는 자동차를 말하는데, 여러 가지 센서를 이용하여 실외의 환경변화를 인식하고, 장애물을 피하면서 원하는 목적지까지 스스로 경로를 파악하여 이동할 수 있는 자동차를 말한다.

[그림 3-3]과 같이 자율주행자동차는 비디오 카메라, 방향표시기, 인공지능 소프트웨어, GPS를 통해 정보를 얻은 후, 이를 해석해 스스로 주행한다. 자동차 지붕에 탑재된 센서장비인 라이더는 64개인 원격 레이저와 음파장비, 3D 카메라로 구성되어 있다. 자동차는 이를 통해 주변 환경의 3D 지도를 생성해 사물 간의 거리를 측정하고, 위험을 감지한다.

아직까지 완성되지 못한 지능화기기를 탑재하여 스스로 생각하고 판단하는 자율주행자동차는 아직은 우리가 생각한 것과는 다르게 많은 사고, 충돌, 착각

그림 3-3   **자율주행자동차 이미지**

등으로 인명사고를 내고 있다.[39] 이를 해소하기 위해 많은 국가들과 기업들은 자율주행자동차 관련된 작동디자인, 물체와 상황 감지 및 반응, 대비책, 시스템 안전, 충돌시 탑승자 보호 등 많은 사항들에 관심을 갖고 있다. 이와 같이 자율주행자동차 하나만으로도 이렇게 고려해야 할 사항이 많은데, 인공지능을 탑재한 드론이나 전쟁에서 사용할 목적으로 만들어진 자율살상무기시스템(LAWS : Lethal Autonomous Weapons Systems) 등이 프로그램 오작동으로 무고한 시민을 살상하거나 테러에 이용될 경우 그 파급 효과는 더욱 커질 것이라는 데 있다.

한편, 완성된 인공지능을 탑재한 로봇, 즉 극도로 발달한 지능정보시스템이 인간과 대치하고 심지어 지배할 것이라는 우려도 존재한다. 이 같은 걱정은 이미 많은 공상과학 소설과 영화에서 다루어진 바 있다. 영화 매트릭스는 인간과 자신들의 권리를 주장하는 인공지능 로봇 간의 전쟁에서 비롯 된다. 터미네이터에서는 인공지능 컴퓨터가 핵전쟁을 일으켜 인류를 말살하고 지배하며, 아이로봇은 동반자 역할을 하던 인공지능 로봇이 인간을 배신하고 공격하는 내용을 담고 있다.

5 트랜스휴먼의 등장

트랜스휴먼(trans-human)은 인간과 포스트휴먼(post-human)[40]사이의 존재로 인간과 비슷하지만 기술에 의해 인간보다 훨씬 뛰어난 능력을 가진 객체를 말한다. 인공지능 등 지능정보기술을 이용해 인간의 신체적·정신적 능력을 뛰어 넘는 트랜스휴먼을 만들자는 신념과 운동, 연구와 과학을 트랜스휴머니즘 (transhumanism : 초인본주의)[41]이라고 한다. 트랜스휴먼은 과학기술 및 지능

---

39) 2016년 3월 구글의 자율주행자동차는 운행 중 접촉사고를, 테슬라의 자율주행장치 '오토파일 럿'은 작동 중이던 차량이 교차로에서 좌회전 하던 트럭과 추돌했는데, 당시 프로그램은 트럭의 하얀색 화물칸을 하늘로 착각함에 따라 2016년 7월 운행 중 사망사고를 내기도 했다. 또한 문제는 이러한 오류가 발생한 다면 책임 소재는 어디에 있는가? 지능정보 프로그램을 만든 회사가 책임져야 할까 아니면 프로그램(자동차)을 구매한 소유자의 문제일까. 이 또한 해결해야 하는 문제이다.

40) 포스트휴먼은 '현존하는 인간을 근본적으로 넘어서 현재 인간 기준으로는 인간이라 부르기 애매모호한 존재'를 뜻한다.

41) 트랜스휴머니즘은 1957년 영국의 진화생물학자 줄리언 헉슬리의 저서 '계시 없는 종교'에 처음으로 등장한 용어다. 헉슬리는 인간종이 인간뿐만 아니라 지구 내의 다른 생물종들의 미래 진화 방향까지 좌우할 수 있다고 주장했다. 이후 트랜스휴머니즘을 최초로 이론적으로 체계화한 것

정보기술의 힘을 빌려 인간의 능력이 증강된 상태를 말하며 여러 기술을 이용해 현재의 인간이 갖고 있는 신체적, 정신적 한계를 넘어 진화하고 있다.

트랜스휴먼 기술은 장애인의 신체적 활동을 돕는 로봇 슈트, 인지기능 강화, 보철 등의 신체 이식 기술에 머물지 않고, 인간과 기술이 융합되어 가는 상태로 발전하고 있다. 현실을 증강한 증강현실뿐만 아니라 인간의 지성, 감성, 감각을 증강한 증강 인간도 트랜스휴머니즘의 한 현상으로 볼 수 있고, 인공지능 기반의 가성 비서(virtual assistant)도 트랜스휴먼의 한 형태라고 볼 수 있다. 예를 들면, 애플의 '시리(Siri)', 구글의 '구글 나우(Googie Now)', 마이크로소프트의 '코타나(Cortana)', 아마존의 '알렉사(Alexa)' 등의 가상비서나 페이스북의 'M'과 바이두의 '듀어(Duer)'도 인간기능의 확장을 꾀하고 있다. 이들 서비스들은 인간과 컴퓨터의 의사소통 영역을 획기적으로 확장시켰다는 점이 공통점이다.

이는 컴퓨터 프로그램과의 상호경험을 통해 인간의 행동과 인지가 인간 내부에서 벗어나 인간과 모바일을 포함하는 바깥 환경으로 확장된 것이다. 또한 최근의 인간과 로봇의 상호작용 기술도 로봇이 사용자 의도를 판단하고 적합한 반응과 행동을 알아서 수행해 인간과의 의사소통을 넘어선 상호협력을 가능하게 한다. 컴퓨터가 단순한 인간 소통의 매개체나 도구가 아닌 동등한 입장에서 상호작용을 하는 인간의 대상이 되고 있다. 소프트뱅크의 페퍼(Pepper)와 같은 정서적인 로봇은 인간과의 정서적 코드를 맞춰 자연스럽게 상호작용이 가능하다. 빅데이터를 통해 스스로 학습하고 자기존재를 인식할 수 있는 초월적 인공지능(Transcendental AL)으로 발전하고 있다.

트랜스휴머니즘의 사상가들은 생명과학과 지능정보기술의 발전에 따라 인간이 인간의 장애, 고통, 질병, 노화, 죽음과 같은 문제들을 해결할 수 있을 것이라고 믿는다. 이들은 인류가 2050년경 나노・바이오・정보・인지(NBIC) 기술로 대표되는 첨단 기술들이 성공적으로 융합하는 시기인 '특이점'에 도달할 것이며, 그러면 인간 이후의 존재인 '포스트휴먼(posthuman)'이 등장할 것이라고 예견했다.

한편, 생명보수주의 이론가들을 중심으로 트랜스휴머니즘을 비판하는 의견도 적지 않게 존재한다. 생명보수주의(bioconservatism)는 과학기술을 이용해 인간의 능력을 확장하거나 생물학적 본성을 변형하는 것을 반대하는 입장을 이르는

은 1990년 영국의 철학자이자 미래학자인 맥스 모어로, 그는 트랜스휴머니즘을 '인간을 포스트휴먼 상태로 이끄는 방법을 모색하는 철학의 일종'으로 정의했다.

말로, 미국의 대표적인 생명보수주의 이론가 프랜시스 후쿠야마는 트랜스휴머니즘을 '세상에서 가장 위험한 아이디어'로 꼽기도 했다. 오늘날 인간의 능력에 대한 확장 문제와 관련하여 생명보수주의(bioconservativism)는 가상적인 포스트휴먼 비전을 추구함에 있어서 현재 우리가 갖고 있는 존엄성을 경시하거나 침해하는 것을 심각하게 우려한다. 생명보수주의는 트랜스휴머니즘(transhumanism : 초인본주의)이 내세우는 인간의 기술적 변환은 결국 비인간화를 초래하고 인간의 존엄성을 침해할 것이라고 비판한다.

또한 트랜스휴머니즘은 종교적인 측면에서 인간의 존엄성, 인간의 도덕적 지위에 대한 훼손이 우려되며, 정치·경제적인 측면에서 경제의 양극화, 사회적 불평등 심화에 관한 문제가 제기 될 수 있다. 그리고 사회적인 측면에서는 실업의 양산, 인간관계 변질이 나타날 수 있다. 트랜스휴머니즘에 대한 지능정보기술의 위험성에 대한 충분한 경고가 필요하고, 개발 과정에서 윤리적, 사회적 쟁점을 충분히 담아내야 한다. 무분별한 지능정보기술 중심의 개발은 지양하고, 각 지능정보기술의 적용에 따른 잠재적 위험과 이에 결부된 부작용들도 심각히 고려해야 한다. 지능정보기술은 트랜스휴머니즘에 의한 트랜스휴먼이 아니라 인간의 삶에 실질적으로 도움이 되는 인간 중심의 방향으로 발전해야 한다.

 중요개념

? Help	☑ OK

☑ 지능정보사회	☑ 연결 플랫폼
☑ 인공지능	☑ 가상현실
☑ 사물인터넷	☑ 증강현실
☑ 클라우드 컴퓨팅	☑ 스마트폰
☑ 빅데이터 우버화	☑ 스마트 홈
☑ 모바일	☑ 스마트 TV
☑ 공유경제	☑ 스마트 카

☑ 스마트 콘텐츠	☑ 스마트 광고
☑ 스마트 금융	☑ 스마트 인간
☑ 스마트 헬스	

 연습문제

1 지능정보사화란 어떤 사회를 말하는가?

2 정보사회와 지능정보사화와의 관계를 설명하시오.

3 사회의 역사적 발전과정에 따라 농업사회, 산업사회, 정보사회에 이어 지능정보사화로 가야 하는 이유를 설명하시오.

4 지능정보사회에서 나타나는 여러 현상들 중에서 '연결'이란 어떠한 의미를 갖는가?

5 인공지능이란 무엇이며, 실제 우리생활에 활용되는 경우를 살펴보자.

6 다음을 논평하시오.

"인공지능이 우리생활에 활용되는 경우 삶의 질을 향상시킬 수도 있지만, 우려의 상황도 야기될 수 있다."

7 인공지능과 일자리와의 관계를 설명하시오.

8 사물인터넷이란 무엇이며, 기존의 인터넷과의 차이를 설명하시오.

9 지능정보사회의 주요한 요인들을 개략적으로 설명하시오.

   1) 인공지능   2) 사물인터넷   3) 클라우드 컴퓨팅

   4) 빅데이터   5) 모바일

10 지능정보사회에서의 스마트 환경이란 무엇을 의미하는가?

11 스마트환경의 대표적인 사례들을 개략적으로 설명하시오.

   1) 스마트폰   2) 스마트 홈   3) 스마트 TV

   4) 스마트 카   5) 스마트 콘텐츠   6) 스마트 금융

   7) 스마트 헬스   8) 스마트 광고   9) 스마트 인간

CHAPTER 04 지능정보사회의 쟁점사항과 정보윤리

지금까지 논의된 지능정보사회는 정보사회와 마찬 가지로 대체로 고도화된 자동화·지능화를 통해 개인, 기업, 정부 그리고 정치, 경제, 사회, 문화 등의 모든 면에서 바람직하고 희망적인 열린사회가 달성되리라고 묘사되었다. 그러나 지능정보사회 역시 정보사회 및 산업사회와 마찬가지로 그 이면에 야기되는 또는 야기될 수 있는 많은 쟁점사항과 역기능현상들이 발생하게 되는데, 어떠한 것들이 있으며, 지능정보사회에서 지켜야 할 정보윤리를 살펴보자.

제1절
지능정보사회의 쟁점사항

지능정보사회는 정보사회의 성숙기(고도정보사회)에 해당하기 때문에 정보사회가 갖고 있는 쟁점사항들을 모두 내재되어 있다고 판단된다. 하지만 지능정보사회는 대체로 정보사회 보다 훨씬 더 연결 및 융합된 사회이기 때문에 쟁점사항의 내용 역시 강도 있고 폭 넓은 영양을 미칠 것이다. 지능정보사회기 때문에 발생할 수 있는 쟁점사항들로 정보과잉, 정보격차, 사생활침해, 관리국가, 진정한 민주주의 실현여부, 정보공해, 문화적 종속, 비인간화, 인간소외, 정보 집중, 정보재벌, 컴퓨터범죄, 실업문제, 네트워크붕괴, PC 및 통신 중독증, 정보 불평등, 해킹, 컴퓨터 바이러스, 음란정보, 정보의존성, 개인정보의 침해, 지적재산권의 침해, 사이버성폭력, 정보문맹, 정보스트레스, 정보절단, 사이버

범죄·폭력·테러·전쟁, 정보종속, 디지털 치매 등의 여러 가지 사항을 들 수 있는데, 여기에서는 주요한 몇 가지 쟁점사항들을 살펴본다.

1 정보과잉

지능정보사회에서 뉴미디어[1]의 환경이 제공하는 채널과 뉴미디어의 수적인 증대로 인한 정보과잉이 몰고 올 부작용은 없는가?

1.1 정보과잉의 개념 및 가설

지능정보사회에서는 정보이용자들의 정보이용욕구가 폭발적으로 증가함에 따라 다양한 정보매체로서 뉴미디어가 보급되는 것은 자연스러운 결과로 보인다. 이에 따라 지능정보사회에서 뉴미디어 보급과 관련하여 제기되고 있는 쟁점 중의 하나는 '과연 뉴미디어 환경이 제공하는 채널과 미디어의 수적인 증대로 인한 정보의 급격한 홍수가 몰고 올 부작용은 없는가'하는 점일 것이다.[2] 컴퓨터기술의 급격한 발전과 각종 지능정보기술의 발전에 힘입어 각종 뉴미디어들은 기존의 제한된 무선 및 유선미디어의 한계를 무너뜨리고 거의 무한대에 가까운 정보와 오락채널을 제공할 수 있다. 그 한 예로, 개인용 스마트폰을

---

1) 정보통신기술의 발전에 따라 생겨난 새로운 정보전달매체를 말한다. 즉 기존의 정보전달매체로 텔레비전, 라디오, 신문, 잡지, 전화 등과 다른 새로운 정보전달매체이다. 가장 일반적인 예로 온라인 신문, 블로그, 위키(누구나 자유롭게 글을 쓸 수 있는 사용자 참여의 온라인 백과사전), 비디오 게임, 소셜 미디어(페이스북, 인스타그램, 트위터 등) 등의 웹 사이트를 들 수 있다. 기존의 미디어와 뉴미디어의 가장 큰 특징은 대화형 상호작용이 가능하다는 것이다. 뉴미디어는 통신 연결을 통해 정보를 전달하고 이에 대한 사람들의 의견과 반응을 공유하며 다양한 주제에 대해 논의할 수 있다. 또한 뉴미디어에서는 정보가 디지털화 되고, 정보의 전달 및 교환이 상호적으로 일어나며, 미디어 사용자 및 수용자가 미디어를 더욱 능동적으로 이용할 수 있으며, 기존의 여러 가지 매체의 속성이 하나로 통합된 멀티미디어적 성격을 가진다. 이러한 뉴미디어의 특성에 힘입어 전세계적으로 정보의 교환 및 커뮤니케이션 양이 증가되었고, 사람들이 SNS, 웹 사이트, 블로그를 통해 개인의 생각과 사진 등을 올림으로써 자신을 표현할 수 있게 되었다. 이는 사람들 사이의 사회적 거리를 획기적으로 줄어들게 하였으며, 뉴미디어는 이러한 사회적 변화, 더 나아가 세계화에 영향을 끼치는 기술로 활용되고 있다. 뉴미디어의 종류는 전달되는 정보의 종류에 따라 크게 방송, 통신, 출판 분야로 나뉘는데, 방송 분야의 경우 디지털 위성 방송, 주문형 비디오 등이, 통신 분야에서는 인터넷, 이동통신 등이, 출판 분야에서는 전자신문, CD, DVD 등이 뉴미디어의 예로 들 수 있다.

2) 김영석, 「멀티미디어와 지능정보사회」, 나남출판.

통해 모든 정보의 송·수신, 검색, 편집, 전송, 시청이 가능하며, 우리가 TV를
켤 때, 이전에는 4~5개를 넘지 못하는 방송채널 중에서 어느 하나를 선택해야
만 했다. 하지만 이제는 기존의 공중파방송뿐만 아니라 케이블 TV를 통해 적
게는 10여개에서 많게는 100여개에 이르는 다양한 채널을 제공받을 수 있다.
뿐만 아니라 전파방송에서조차도 직접위성방송,[3] 가입자유료TV,[4] 다채널 마이
크로 웨이브TV[5] 등 다양한 형태의 방송을 제공받을 수 있다. 보고 싶은 영화
가 있을 경우에는 영화관을 찾거나 TV에서 방영되기만을 기다렸던 이전과 달
리, 이제는 주문형 비디오[6]를 이용하여 영화를 볼 수도 있다. 그리고 문자미디
어의 경우에도 기존에는 신문이나 잡지, 책 등을 통해 주로 얻을 수 있었으나,
이제는 비디오텍스,[7] 텔레텍스트[8] 등 다양한 형태로 제공되는 정보를 신속하
게 받아 볼 수가 있다.

　뉴미디어는 이전과는 비교할 수도 없을 정도로 풍부한 정보채널을 통해 다
양한 분야의 정보를 손쉽게 이용할 수 있도록 해준다. 그 결과 이용자 측면에
서는 그만큼 자신의 뉴미디어 이용여건에 따라 적절한 정보채널을 다양하게
선택할 수 있게 되고, 자신의 취향이나 관심, 혹은 전문분야에 따라 이전보다

---

3) 직접위성방송은 위성으로부터 TV 방송국을 거치지 않고 직접 각 가정의 안테나를 통해 전송되
　는 방송을 말한다.
4) 가입자유료TV는 공중파를 이용하는 유료 텔레비전방송(STV : subscription television)으로 별도
　요금을 낸 가입자만이 이 프로그램을 시청하는 방식을 말한다. 기존 텔레비전방송국의 전파를
　사용해서 방송하기 때문에 유선방송(CATV)에 비하여 초기 투자가 적게 들고 서비스 범위가 넓
　은 것이 장점이다.
5) 다채널 마이크로 웨이브TV(MMDS : Multi-channel Multi-point Distribution Service)는 방송
　영상 다채널 프로그램을 전송하기 위한 무선 케이블TV 전송 방식을 의미한다. 디지털 영상기
　술의 발전으로 마이크로파 대역에서 100채널 이상까지 유효하게 무선으로 전송이 가능하다.
6) 주문형 비디오(VOD : video-on-demand)란 영화와 같은 영상·음성·정보 등을 시청자가
　원하는 시간에 원하는 내용의 프로그램을 전송 및 재생해 주는 시스템을 말한다. 프로그램을
　주문하고 기다려야 하는 기존의 PPV 서비스와는 달리 가입자가 원하는 시간에 원하는 프로그
　램을 즉시 선택해 시청할 수 있는 양방향 영상 서비스이다. 형태별로는 프로그램 당 일정 요금
　을 지불하는 RVOD 서비스, 제공되는 프로그램 패키지를 횟수에 관계없이 시청하고 월정액을
　지급하는 SVOD 서비스, 마케팅 수단으로 공급되는 무료인 FOD 서비스로 분류할 수 있다.
7) 전화기를 사용하여 정보센터의 컴퓨터에 축적되어 있는 정보 중에서 필요한 정보를 텔레비전
　이나 PC 화면에 문자 및 도형으로 표시하는 시스템을 말한다. 서비스의 대상이 되고 있는 정보
　로서는 가정 중심의 쇼핑, 요리, 경제, 주식 등에 관계된 것이다. 예전에는 텔레비전 방송망을
　경유하는 텔레텍스트(teletext)와 전화망을 경유하는 영상 데이터(viewdata)의 두 가지 방식이
　있었지만, 후자가 보급되어 왔다.
8) 텔레텍스트(teletext)란 텔레비전 방송의 전파 틈을 이용하여 뉴스나 일기예보·흥행안내 등을
　문자·도형 정보로 비쳐주는 방송시스템으로 문자다중방송을 말한다.

훨씬 전문적이고 풍부한 정보를 얻을 수 있게 되었다. 이러한 정보채널의 풍요
화와 그에 따른 채널선택의 다양화는 뉴미디어가 우리에게 제공해 주는 가장
큰 혜택의 하나로 인식되었을 뿐만 아니라, 새롭게 뉴미디어산업에 진출하려는
기업들로 하여금 뉴미디어산업의 성장가능성에 대해 큰 기대를 가지게 되는
근거가 되었다.

　이와 같이 채널의 다양화와 뉴미디어의 수적인 증가가 정보공급량을 증가시
켜 주었지만, 그것이 곧바로 이용자들의 정보이용량 증대로 이어지지 않는 현
상을 이른바 정보과잉(information overflow)이라고 부른다.9)

　뉴미디어는 이전과는 비교할 수도 없을 정도로 풍부한 정보채널을 통해 다
양한 분야의 정보를 손쉽게 이용할 수 있도록 해준다. 그 결과 이용자 측면에
서는 그만큼 자신의 뉴미디어 이용여건에 따라 적절한 정보채널을 다양하게
선택할 수 있게 되고, 자신의 취향이나 관심, 혹은 전문분야에 따라 이전보다
훨씬 전문적이고 풍부한 정보를 얻을 수 있게 되었다. 이러한 정보채널의 풍요
화와 그에 따른 채널선택의 다양화는 뉴미디어가 우리에게 제공해 주는 가장
큰 혜택의 하나로 인식되었을 뿐만 아니라, 새롭게 뉴미디어산업에 진출하려는
기업들로 하여금 뉴미디어산업의 성장가능성에 대해 큰 기대를 가지게 되는
근거가 되었다.

　이와 같이 채널의 다양화와 뉴미디어의 수적인 증가가 정보공급량을 증가시
켜 주었지만, 그것이 곧바로 이용자들의 정보이용량 증대로 이어지지 않는 현
상을 이른바 정보과잉(information overflow)이라고 부른다.

　정보공급량의 증가에도 불구하고 실제로 사람들의 정보소비량은 이를 따라
가지 못하는 정보과잉현상이 발생하는 이유에 대해 여러 측면에서 학술적인
논의가 이루어졌다. 밀러(Miller, 1965)는 [그림 4-1]에서와 같이 정보부하량
(information lode)에 대한 '∩곡선 가설'을 제시한 바 있다.10) 그는 정보투하량
과 그에 대한 행동 사이에는 ∩곡선의 관계가 있다고 설명하였다. 즉, 정보투
입량이 증가하게 되면 그에 따라 수용자(개인이나 조직)의 정보처리능력도 함
께 증가하지만, 정보투입량이 일정 수준의 한계지점을 넘어서면 오히려 정보수
용능력이나 이해력이 감소되고, 심지어는 예상치 못한 행동을 낳기도 한다는

---

9) 정보과잉이란 말은 원래 개인이나 시스템이 지나치게 많이 들어오는 정보를 처리하지 못해서
　발생하는 정보처리의 장애현상을 의미한다.
10) J. G. Miller, "Living System," *Behavioral Science* 10, 1985, pp. 3371~3412.

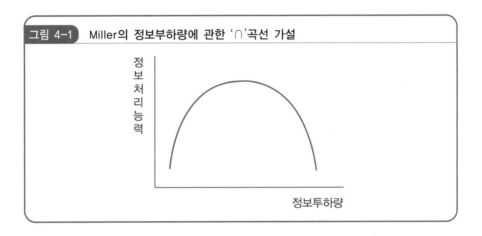

것이다.

1.2 정보과잉에 따른 사회경제적인 문제

뉴미디어의 양적인 팽창과 그에 따른 정보공급량의 기하급수적인 증가에도 불구하고 실제로 수용자의 뉴미디어 이용에 따른 정보소비량은 상대적으로 한정되어 있다고 할 때 그에 따른 정보공급량과 정보소비량간의 불균형이 가져다 주는 정보과잉현상은 다음과 같은 사회경제적인 문제로 연결될 수 있다.

첫째, 산업적 측면에서 정보과잉현상은 뉴미디어산업간의 무한경쟁을 유발한다. 다시 말하면 수용자들이 전체 뉴미디어를 이용할 수 있는 시간적·경제적 여건이 어느 정도 한정되어 있다고 할 때, 뉴미디어들간에는 제한된 시장을 두고 치열한 경쟁을 하지 않으면 안된다. 이러한 경쟁은 기존 미디어와 뉴미디어 간에도 나타나고 뉴미디어들 간에도 나타날 수밖에 없다. 이와 같은 미디어간의 치열한 경쟁상황 속에서 기존의 미디어는 새로운 지능정보기술을 도입함으로써 보다 양질의 정보통신서비스를 수용자들에게 제공하려 하기도 하고, 직접 뉴미디어산업에 발을 들여놓기도 한다. 예를 들면 고화질TV나 음성다중방송, 텔레텍스트, AM-스테레오방송, 가입자유료TV(STV) 등은 기존의 TV방송이 새로운 지능정보기술을 도입하여 정보통신서비스의 질을 개선하려는 대표적인 경우이다. 또한 신문기업이 전산조판시스템(computerized typesetting system)을 도입하여 신문제작의 전산화를 이루고 전국 동시 인쇄체제를 구축하여 신문의 속보성을 증대시키거나, 팩스신문을 별도로 제작하여 전문화된 독자의 기호에 부응하려는 시도들도 유사한 예이다.

둘째, 수용자측면에서 정보과잉현상은 긍정적인 면과 부정적인 면이 동시에 존재한다. 우선, 뉴미디어의 종류가 다양해지고 채널수가 증대됨으로써 수용자의 입장에서는 정보나 오락을 얻을 수 있을 수단이 다양화된다. 그만큼 뉴미디어의 선택폭이 증대된 것이다. 특히 뉴미디어별로 정보전송방식이 다양화되고 채널별로도 보다 전문적이며 세분화된 정보나 오락을 제공하기 때문에 수용자 자신의 취향이나 여건에 맞게 채널을 선택할 수 있다.

하지만 다른 한편으로는 지나치게 자신의 취향이나 관심에 맞는 채널이나 뉴미디어에만 치중하여 이용하기 때문에 수용자 극화현상(audience polarization)이 발생할 수 있다. 수용자 극화현상이란 수용자들이 특정프로그램 유형이나 특정 전문채널에 극도로 치우치거나 혹은 그것을 배제함으로써 발생하는 시청 행위의 극단화현상을 말한다. 이는 다른 말로 지식편식, 혹은 지식편중이라고도 한다. 그 결과 한 사회의 구성원으로서 공유해야 할 기본적인 공통적 경험이나 인식, 혹은 가치관의 기반이 약화될 수 있다. 또한 자신의 이해나 관심영역을 최고의 가치로 여기는 현상으로 인해 사회적인 합의나 여론의 수렴이 어려워 질 수도 있다.

셋째, 정보과잉현상은 사회전체적으로 볼 때 자원의 낭비를 발생할 가능성이 있다. 정보는 비록 누적가치성을 지닌다고는 하지만 일정한 생명주기를 가지고 있다. 적시성이 없는 정보는 가치가 떨어지게 되고 결국에는 무가치하게 된다. 과잉생산되어 소비되지 않는 정보가 누적적으로 늘어나면 이는 결국 환경오염뿐만 아니라 사회전체적인 측면에서 자원낭비가 발생할 수 있다.

② 정보격차

지능정보사회에서 끊임없이 등장하는 뉴미디어의 환경이 오히려 정보부자(정보강자)와 정보빈자(정보약자) 간의 정보격차를 심화시키지는 않는가?

2.1 정보격차의 개념 및 가설

정보격차(digital divide)란 지능정보사회의 디지털환경에서 뉴미디어(예를 들면, 개인용PC, 태블릿PC, 스마트폰)의 접근성과 이용성과 관련하여 서로 다른 사회·경제적 수준에 있는 개인(가정)간, 기업(산업)간 그리고 지역(국가)간의 정보활동(정보의 수집·축적·편집·전송)에 대한 격차를 말한다. 뉴미디어의 접근성이란 소통을 위한 뉴미디어를 구입할 수 있는 경제적 능력을 말하며, 뉴미디어의 이용성이란 소통을 위한 뉴미디어를 활용할 수 있는 능력을 말한다. 한 사회의 개인적인 측면에서 볼 때 뉴미디어의 접근성과 이용성이 용이한 사람을 정보부자(the information rich) 또는 정보강자(the information strong)라고 하고, 반대의 경우를 정보빈자(the information poor) 또는 정보약자(the information weak)라고 한다. 한 사회의 지능정보화과정에서 나타나는 정보부자와 정보빈자 간의 정보의 불평등현상은 산업사회에서 나타난 경제적 부를 갖는 자와 경제적 부를 갖지 못한 자 간의 경제적인 불평등현상과 같다고 지적되고 있다.

정보격차는 정보환경이 끊임없이 변화하고 발전함에 따라 모든 국민의 평등권 측면에서 중요한 영역이 되고 있다. 정보취약계층인 장애인, 고령자, 저소득층, 농어업인, 다문화가정, 탈북주민 등은 신체적, 경제적, 물리적, 언어적 장애로 인하여 지능정보화 환경에서 소외되고 있다. 디지털 정보에 대한 접근은 단순히 정보를 얻는 것에 그치는 것이 아니라, 교육, 경제적 활동, 소통, 생산적 활동, 직업 등과 연결하여 많은 기회를 만들어 낸다. 따라서 정보격차는 다른 분야에서의 격차도 점점 더 벌어지게 하는 악순환을 발생시킬 수 있다. 정보격차는 사회의 불평등 현상이 디지털 영역으로 고스란히 전이되는 현상이라고 볼 수 있다. 이러한 관계로 정보격차를 해소를 위한 정책은 정보격차뿐만 아니라 다른 분야에서의 격차를 해소하기 위해 매우 중요하다.

뉴미디어가 제공하는 정보내용은 기존의 매스미디어보다 더욱 세분화, 전문화되고 고도정보통신과 컴퓨터를 이용한 전송방식이 응용되어 정보교환의 신속성, 편의성 및 상호작용성이 가능해진다. 즉 뉴미디어의 기술적 진보로 인해 양적으로는 정보유통량의 증가와 질적으로는 정보의 다양성이 가능해진다. 이에 따라 수용자의 입장에서는 뉴미디어로 인해 정보선택과 정보활용의 폭이 확대된다. 그리고 시간과 장소의 구애를 받지 않고 필요한 정보를 쉽고 빠르게 접할 수 있게 된다.

이러한 뉴미디어기술의 변화에 따라 정보격차가 감소될 수 있다는 견해와 더욱 확대된다는 견해가 상존하고 있다. 먼저 뉴미디어기술의 변화에 따라 정보격차가 감소될 수 있다는 비교적 낙관적인 시각을 갖고 있는 컴페인(B. A. Compaine)에 따르면 초기단계에서는 뉴미디어(예를 들면, 개인용PC, 스마트폰)의 활용이 경제적 이점을 누리고 있는 소수의 수용자들에 의해서 시작되지만 뉴미디어의 기술적 속성상 그 확산이 점차 증가됨에 따라 빠른 속도로 가격하락현상이 뒤따르기 때문에 후기 이용자와의 정보격차는 크게 우려되지 않는다고 예상한다.

그러나 대부분의 논의는 뉴미디어의 확산에 따라 정보격차가 감소되는 것이 아니라 확대되는 점에 초점을 맞추고 있다. 무엇보다도 뉴미디어의 소유와 이용에 요구되는 비용과 뉴미디어를 이용하는 데는 기본적인 지식이 필요하다는 조건이 뒤따르기 때문이다.

일반적으로 뉴미디어의 채택과정을 살펴보면 기존의 미디어들이 보편적으로 확산되는 단계에 도달할 즈음 더욱 진보된 뉴미디어가 다시 등장하기 때문에 소유의 격차는 지속적으로 존재하게 된다. 이 때 새롭게 등장하는 뉴미디어의 시간 간격이 좁혀지고 있다는 점을 감안한다면 소유의 격차는 계속되는 과정이라고 간주할 수 있다. 따라서 반복적인 뉴미디어의 활용과정에서 발생하는 소유의 격차로 인한 정보격차는 지속적으로 심화될 수밖에 없다.

이와 같이 뉴미디어가 사회에 보급됨에 따라 정보격차가 확대될 것인가 아니면 축소될 것인가에 대해서는 의견의 일치가 이루어지지 않고 있는데, 먼저 보급이론에서는 뉴미디어의 가격하락에 의해 정보격차가 줄어들 것으로 예측한다.11) 즉 [그림 4-2]와 같이 현재 시점에서는 정보격차가 존재하지만, 시간이 경과함에 따라 뉴미디어의 가격이 저렴해지고 사회·경제적으로 불리한 입장에 있는 사람들도 어렵지 않게 이용할 수 있게 되어 최종적으로는 정보격차가 소멸되는 방향으로 나아가고 있다는 것이다.

이에 반해 지식격차가설(knowledge gap hypothesis)12)에 근거한 정보격차가설(information gap hypothesis)에 의하면 [그림 4-3]과 같이 시간이 경과할 수록 획득하는 지식과 정보량의 차이가 더욱 벌어져 정보격차가 확대될 것으로

---

11) Roger, E. M.(1986), *Communication Technology : The New Media in Society*, New York : Free Press.

12) 지식격차가설이란 사회체계 내에서 매스미디어의 확산과 정보유통량이 증가될 때 사회경제적으로 높은 계층이 낮은 계층보다 정보매체의 이용과 정보의 획득이 더 용이한데 그 결과 계층 간의 지식격차가 나타나며 이러한 계층간의 지식격차는 감소하기 보다는 증가하는 경향이 있다.

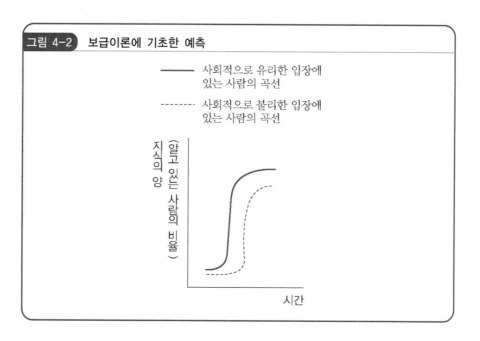

그림 4-2   보급이론에 기초한 예측

―――― 사회적으로 유리한 입장에
　　　　있는 사람의 곡선

------- 사회적으로 불리한 입장에
　　　　있는 사람의 곡선

지식의 양 (알고 있는 사람의 비율)

시간

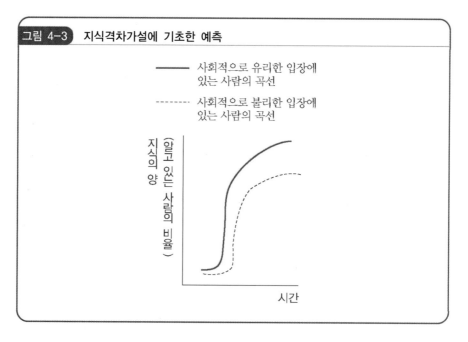

그림 4-3   지식격차가설에 기초한 예측

―――― 사회적으로 유리한 입장에
　　　　있는 사람의 곡선

------- 사회적으로 불리한 입장에
　　　　있는 사람의 곡선

지식의 양 (알고 있는 사람의 비율)

시간

보는데,[13] 그 이유는 다음과 같다.[14]

---

13) Tichenor, P. J., Donohue, G. A. & Olien, C. N.(1970), "Mass Media and the Differential Grownth in Knowledg," *Public Opinion Quarterly*, 34, pp. 150~170.

첫째, 모든 수용자 개인에게 전달되는 정보의 양은 시간이 경과함에 따라 증가할 것이다.

둘째, 사회·경제적으로 정보활용능력이 있는 사람은 그렇지 못한 사람보다 시간이 경과함에 따라 정보활용능력이 더 향상되기 때문에 정보격차는 더 심화될 것이다.

셋째, 정보과잉현상으로 인해 모든 수용자들은 엄청난 양의 정보를 취사선택해야 하는 문제에 직면할 것이다. 이 경우 개인용PC, 스마트폰을 이용한 정보검색이 정보과잉문제를 해결하는 수단으로 이용될 것이다. 그 결과 사회·경제적으로 부유한 사람들이 이를 해결하기 위해 뉴미디어(PC, 스마트폰, 태블릿PC)를 구입·활용할 기회를 보다 많이 가질 것이기 때문에 시간이 경과함에 따라 정보격차는 심화될 것이다.

넷째, 기존의 정보격차가 해소되기 이전에 뉴미디어와 새로운 커뮤니케이션 기술이 개발됨으로써 새로운 정보격차를 야기시킬 것이다.

정보격차가설에서도 나타난 바와 같이 하나의 새로운 커뮤니케이션 기술의 영향은 초기에는 정보격차를 확대시키는 방향으로 작용하지만, 그 기술이 광범위하게 채택되게 되면 정보격차를 감소시키는 방향으로 바뀌게 된다. 그러나 하나의 새로운 기술이 광범위하게 채택되는 단계에 이르면 또 다른 새로운 기술이 등장하여 새로운 형태의 정보격차를 유발한다. 이러한 정보격차는 새로운 기술을 채택하거나 그것을 이용하는데 비용이 많이 들수록, 그리고 사용방법이 복잡하거나 어려울수록 더욱 두드러지며, 아울러 이러한 장애를 억제하기 위한 전략이 확실히 수반되지 않을 경우에 더욱 강하게 나타난다.

정보격차가설은 지능정보사회를 이해하는 좋은 도구가 될 수 있다. 우선, 지능정보사회에서 각종 뉴미디어는 일반인들에게 널리 보급됨에 따라 이전에 비해 정보를 보다 쉽게 획득·이용할 수 있게 된다. 하지만 뉴미디어의 구입에 드는 비용이나 활용의 어려움은 여전히 존재하기 때문에 정보부자와 정보빈자 간의 정보격차는 존재하게 된다. 물론 개별 뉴미디어별로 본다면 시간이 지나감에 따라 점차 이용자층의 확대로 계층간의 정보격차가 줄어든다고 볼 수도 있으나, 끊임없이 개발되고 보급되는 새로운 뉴미디어의 등장은 이전의 미디어가 가져다준 정보격차를 채 해소하기도 전에 새로운 정보격차를 유발하기 때

---

14) 김영석, 「멀티미디어와 지능정보사회」의 일부내용을 수정·보완한 내용.

문에 궁극적으로 정보부자와 정보빈자 간의 정보격차는 끊임없이 존재할 수 있다.

이와 같이 정보격차는 지속적으로 발생하는 정보사회와 지능정보사회를 일각에서는 산업사회와는 근본적으로 다른 새로운 사회라기보다는 궁극적으로는 가진 자와 못가진 자라는 계급적 토대를 둔 자본주의 경제체제의 연속선상에서 파악하기도 한다. 과거에 비해 정보이용자층이 보다 광범위해지고 일반화되어 갈 것이라는 낙관주의적 전망을 부정할 수는 없다. 그러나 결국에는 보다 높은 교육수준과 경제적 수준, 그리고 사회적 지위를 가진 사회구조의 상위계층이 그렇지 못한 계층에 비해 정보와 뉴미디어를 활용할 수 있는 기회를 더 많이 보유하고 있다. 따라서 산업사회에서 정보사회, 지능정보사회로의 이전이라는 외적인 변화에도 불구하고, 실제로 그러한 변화는 자본주의적 계급구조를 그대로 계승하며, 오히려 그러한 두 계급간의 차별성을 뚜렷하게 부각시키는 형태가 될 가능성이 많다는 우려를 가지게 되는 것이다. 바로 이러한 우려 자체가 지능정보사회의 노동환경이 사회계층구조에 미치는 영향과 아울러 지능정보사회의 정보접근기회의 불평등구조가 사회계층구조에 미치는 영향이라고 볼 수도 있다.

2.2 정보격차의 발생원인

정보격차의 발생원인은 대체로 개인별 사회경제적인 차이, 성별·연령별 차이, 커뮤니케이션 능력과 컴퓨터 해독력의 차이에서 찾아볼 수 있다.

1) 개인별 사회경제적인 차이

지능정보사회에서 정보를 이용하기 위해서는 그에 상응하는 금전적 혹은 비금전적인 비용을 지불해야 한다. 즉, 뉴미디어가 제공하는 정보통신서비스는 대부분 이용자 부담원칙(payment-for-use principle)에 의해서 운용되기 때문에 컴퓨터와 같은 하드웨어와 정보활용을 위한 소프트웨어의 구입에 적지 않은 비용을 필요로 한다. 그러나 이러한 뉴미디어의 소유와 유지에 요구되는 비용은 일반 다수의 대중에게는 높은 부담을 주기 때문에 상대적으로 소득이 높은 집단에 한정되어 우선적으로 채택될 수밖에 없다. 정보격차는 특히 개인소득의 차이에서 비롯되기 때문에 상징적으로 정보부자(the information rich)와 정보빈자(the information poor)로 분류된다.

한편 정보격차현상은 지능정보기술의 출현 이전에 사회생활속에서 개인적인 태도관이나 가치관에 따라서도 다르게 나타나고 있다. 미첼(Michael)은 사회의 정보화가 진척됨에 따라 보다 적극적인 참여집단과 자신의 의지 또는 무능력으로 인한 소극적인 비참여집단이 존재할 것으로 상정하고 정보집단을 포용자집단(the embracer), 거부자집단(the rejectors), 무관자집단(the indifferent) 그리고 무기력집단(the inadequate)으로 분류하였다.15)

포용자집단은 지능정보기술을 적극적으로 수용하는 집단인데 이들은 경제적으로 풍요하고 교육수준이 높으며 사회적으로 안정된 지위를 차지하고 있다. 포용자집단은 미래지향적인 세계관과 개방적인 태도관을 견지하면서도 자기보호적인 보수적인 성향을 갖고 있다. 사실상 이들 집단이 지능정보기술의 발전에 선도적인 역할을 수행하고 있다.

거부자집단은 포용자집단과 달리 지능정보기술의 발전을 부정적으로 사회적 침투로 간주하고 지능정보화에 대해서 냉소적인 태도를 취하고 있다. 거부자집단은 교육수준이 높고 소득수준도 높아 포용자집단과 사회경제적으로 크게 차이가 없다. 다만 기술혁신에 대해서 기본적으로 비판적 시각을 갖고 있는 만큼 자의적 또는 타의적으로 타인과의 교제나 집단적 참여가 낮은 집단이다.

무관자집단은 사회경제적으로 중간계층에 속해 있으면서 지능정보기술의 출현에 대해 특별한 관심이나 이념적 시각을 별로 갖고 있지 않다. 이들은 자신의 직업상 또는 주위 환경상 반드시 필요성을 느낄 때만 수동적으로 지능정보기술을 받아들인다. 따라서 지능정보기술의 득과 실에 대한 사회적 영향력을 실감하지 못하는 집단이다.

무기력집단은 사회경제적으로나 문화적으로 정보환경에 적응하기에 능력이 결여된 개인들을 지칭한다. 사회인구학적으로 교육수준과 소득수준이 낮고 직업이나 지위도 낮은 수준에 머물러 있기 때문에 지능정보기술에 대한 이해가 낮을 수밖에 없다. 이러한 무능력은 사회적으로 적절한 교육기회가 없었거나 교육시설이 박탈된 환경에서 비롯된다.

---

15) Michael, D. "Enriched or Impoverished? Master or Servant?" *Information Technology : Some Critical Implication for Decision Makers*(New York : The Conference Board, 1972), pp. 41~44.

2) 성별·연령별 차이

남성과 여성간의 성별에 따라 볼 때 뉴미디어의 채택여부 그리고 채택한 경우의 이용방식에 있어 남녀간의 차이가 있음을 많은 연구들이 지적하고 있는데, 일반적으로 남성이 여성에 비해 뉴미디어를 수용하기 쉽다는 결론이다. 뉴미디어의 이용여부뿐만 아니라 이용방식과 내용에 있어 성별에 따라 차이가 있는 원인으로서는 ① 뉴미디어 이용능력에 대한 불안감, ② "뉴미디어는 남성에게 적합한 것"이라는 고정관념, ③ 선호하는 커뮤니케이션의 유형, ④ 뉴미디어를 보는 관점, ⑤ 정보에 대한 경제적 관념 등을 들 수 있다. 이러한 제반 요인을 검토하고 문제점을 개선해 나감으로써 남녀간의 정보격차를 해소할 수 있을 것이다.

한편 연령별에 따라 볼 때 일반적으로 젊은이들이 중장년층에 비해 뉴미디어를 더 잘 수용하는 것은 물론 사용방법도 쉽게 학습하는 경향이 있다.

3) 커뮤니케이션의 능력과 컴퓨터 해득력의 차이

지능정보사회에서는 뉴미디어를 사용하는 데 필요한 커뮤니케이션 능력(communication competence)의 필요성이 강조되고 있다. 커뮤니케이션 능력이란 뉴미디어의 선택과 이용을 수용자의 의도에 따라 능동적으로 실천할 수 있는 포괄적이고 심리적인 동기와 기초지식을 의미한다. 그리고 이러한 능력은 앞으로 지능화 진전이 가속화됨에 따라 반드시 필요한 사회적 적응력으로 간주될 것이다. 이러한 적응력은 타고난 개인적인 능력보다는 새로운 뉴미디어 환경에서 조성되는 커뮤니케이션의 적응력이다.[16] 커뮤니케이션의 능력이 있는 사람은 그렇지 못한 사람과의 정보활동능력의 차이 때문에 정보격차가 발생할 수 있다.

커뮤니케이션 능력과 유사한 맥락에서 컴퓨터 해득력(commputer literacy)이란 용어가 강조되고 있다. 컴퓨터를 실제로 사용하기 위해서는 기본적인 지적 능력이 필요하다. 컴퓨터뿐만 아니라 뉴미디어 가운데는 컴퓨터를 이용한 다기능성이 내재돼 있으므로 이용자의 인지적 처리능력이 요구되는 경우가 많다. 컴퓨터 해득력과 관련된 정보격차의 문제는 특히 성장의 초기과정에서 남녀

---

16) Gandy, O. H. "Inequality : You Don't Even Notice It After a While," in J. Miller(ed.), *Telecommunications and Equity : Policy Research Issues*(Amsterdam : North-Holland, 1986), pp. 12~14.

어린이들간의 컴퓨터 학습에 대한 인식과 동기가 다르게 나타나고 컴퓨터 이용의 행동패턴과 효과의 차이도 관찰되고 있다.

2.3 우리나라의 정보격차 현황

우리나라의 일반국민 대비 취약계층(장애인, 저소득층, 농어민, 장노년층)의 정보격차현황을 살펴보면 <표 4-1>과 같다. 일반국민 대비 취약계층의 종합정보화수준은 매년 지속적으로 상승하고 있으나 연간 상승폭은 둔화 추세이다. 일반국민정보화수준(100) 대비 취약계층의 정보화수준은 2005년에 평균적으로 53.3% 수준이며, 2010년에는 71.1%, 2015년에는 79.5%, 그리고 2020년에는 82.0%등으로 매년 정보격차가 심화되고 있다. 2020년에는 일반국민의 정보화 수준 대비 취약계층별 정보화격차는 장애인 88.32, 저소득층 88.5, 농어민 75.2, 그리고 장·노년층 79.2 등으로 나타났다.

이러한 정보격차를 해소하기 위한 노력으로는 정보취약계층이 경제·신체·지역적인 조건에 제약받지 않고 더 많은 정보에 쉽게 접근할 수 있는 환경을 조성하기 위한 정보접근기회의 확대(PC보급의 확산 및 가격인하, 정보통신요금의 인하, 정보이용시설의 확충, 농어촌지역의 정보통신망구축), 지능정보사회에 필수적인 정보활용 능력을 높이기 위한 계층별 특성에 맞는 정보화교육지원 등이 필요하다.

표 4-1 우리나라의 일반국민 대비 취약계층별 정보격차지수

구 분	2005년	2010년	2015년	2020년
장애인	65.2	81.3	86.2	88.3
저소득층	64.2	80.5	87.7	88.5
농어민	41.7	61.8	72.2	75.2
장·노년층	49.3	67.5	77.4	79.2
평균	53.3	71.1	79.5	82.0

주 : 정보격차지수는 정보접근격차, 정보역량격차, 그리고 정보활용격차의 가중평균치를 말하는데, 정보접근격차는 컴퓨터 보유 및 인터넷 접근 용이성 등의 차이를, 정보역량격차는 컴퓨터 응용 S/W 및 인터넷 사용 능력의 차이를. 그리고 정보활용격차는 컴퓨터·인터넷의 이용량, 일상생활 도움 및 활용정도의 차이를 말한다.
자료 : 미래창조과학부·한국정보화진흥원, 『2021 정보격차 실태 조사』

③ 진정한 민주주의 실현여부

지능정보사회에서 진정한 민주주의가 실현될 수 있는가? 이에 대한 낙관론과 비관론을 살펴보자.

많은 사람들이 지능정보사회가 진정한 민주주의를 꽃피워줄 것으로 기대하고 있다. 지능정보기술의 덕분에 투표, 여론조사, 정책의사결정 등이 자동화되고 이에 따라 일반 시민들의 정치참여기회가 대폭 확대되어 거의 직접민주주의에 가까운 정치문화가 가능해진다는 것이다.

나이스빗(Naisbitt, 1982)은 '대의민주주의에서 참여민주주의로'의 변화를 1980년대를 휩쓴 10대 변화 중 하나로 꼽았다. 미국의 양당체제는 붕괴되고 다극화된 정치집단들이 늘어나고 있으며, 이러한 변화는 정치뿐 아니라 기업, 생산현장, 소비자운동 등 사회 각 부문에서의 시민참여로 이어져서 민주주의의 성격을 근본적으로 변화시킨다는 것이다. 토플러(Toffler, 1980)도 이와 비슷하게 제3의 물결의 정치는 소수의 권력, 의사결정의 분산화를 통한 직접민주주의 형태로 갈 것임을 예견하고 있다. 그리고 소수 엘리트들에 의해 다수 대중의 의사가 무시당하는 소위 허울 좋은 대의민주주의 정당정치의 폐해가 극복되고 모두가 제 목소리를 내는 살 맛 나는 세상이 올 것이라고 예상하고 있다.

한편, 지능정보사회에서는 국민들이 국가나 기존의 언론보다는 인터넷과 모바일 등을 활용하여 보다 개방된 공간에서 자신의 의견을 개진하고 타인과 소통하게 되었다. 또한 개인의 의견이 빅데이터화·익명화되어 식별할 수 없게 되면서 진정한 의미의 새로운 참여민주주의 모델을 형성하고 있다. 또한 지능정보사회에서 지능정보기술과 인터넷을 통한 토론과 비판의 장이 열리면서 때로는 국민들이 각자 자기의 전공분야에서 기존의 오프라인 전문가들보다 매우 높은 수준의 정보를 제공하고 여론을 이끌어가는 경우도 발생하고 있다. 이렇게 민주주의의 새로운 패러다임을 제공하는 전자민주주의의 발전으로 시간적·공간적제약이 극복되고, 민주주의의 참여 주체인 시민들의 표현 평등성이 실현되었다. 그리고 개인의 경제력 차이에 근거한 의사결정과 표현의 격차가 해소되면서 정치과정이 보다 평등해지고 정치엘리트에 의한 일방적인 의사소통에서 일반 국민들에 의한 의사소통이 활발해지는 진정한 의미의 직접참여민주주의가 실현될 수 있다.

또한 최근 인터넷과 빅데이터 기술을 활용한 온라인 정당(아이슬란드, 핀란드)이 형성하게 되면서 국민들은 자신의 의사를 실시간으로 반영할 수 있는 플랫폼을 운영할 수 있는 역량을 갖추게 되었다. 가까운 장래에는 이러한 정치적 플랫폼의 설립과 활용에 빅데이터가 결정적인 역할을 하면서 진정한 직접민주주의가 실현 될 것이다.

이와 같은 낙관론과는 달리 지능정보사회는 민주주의의 위기를 초래할 수도 있다는 비관론도 존재하고 있다. 첫째로 고도의 지능정보기술을 이용한 교묘한 대중조작과 감시체제의 위험성이 상존한다. 지능정보사회에서는 사람과 사람, 사람과 사물, 사물과 사물 사이의 연결이 무한대로 확장되는 사물인터넷(IoT, internet of things)에 의해 빅데이터(big data)를 얻고, 그것을 클라우드(cloud)에 저장해, 인공지능(artificial intelligence)으로 분석하고 활용됨으로써 기존의 사회와는 차원이 다른 사회와 경제에 혁신을 가져온다. 이러한 과정에서 거의 모든 정보들이 어떤 형태의 정보통신망을 거치든 흘러 다니게 되며, 그 안에는 개인의 프라이버시나 기업의 기밀도 포함된다. 정보통신망의 통합은 이러한 정보가 그 자신도 모르는 사이에 비교적 손쉽게 한곳에 모아질 수 있음을 의미한다. 일단 이러한 정보체계가 형성되면 사회의 모든 사람의 움직임이 파악되고 통제될 수 있고, 특정인 또는 특정집단이 국민의 직접투표결과를 조작 및 오용이 가능할 수 있기 때문에 진정한 직접민주주의의 실현이 불가능하다는 것이다.

둘째, 지능정보사회에서는 전통적으로 민주주의의 틀이 무너지면서 국민을 통합하고 가치를 합리적으로 배분하는 정치 고유의 기능이 위협받게 된다. 대중의 참여는 이루어진다 해도 국지화·분절화 되어 있어서 전통적인 정치의 순기능을 이어받기 어려울 뿐 아니라, 기대와 달리 대부분의 대중이 정치참여에 관심을 보이지 않는 탈정치화와 개인주의화 경향이 극대화될 가능성도 크다. 이러한 탈정치화 현상을 배경으로 눈에 잘 띄지 않는 권력의 출현이 일어날 수도 있는데, 이는 진정한 민주주의에 역행하는 요인으로 작용하게 될 것이다.

④ 개인정보의 침해

지능정보사회에서 뉴미디어의 출현이 우리에게 주는 편익에도 불구하고 오히려 개인의 사생활을 침해할 소지는 없는가?

개인정보(privacy information)란 "개인에 관한 정보로서 성명·주민등록번호 등에 의하여 해당 개인을 알아볼 수 있는 부호·문자·음성·음향 및 영상 등의 정보"를 말하는데, 이러한 개인정보가 자신의 의지와는 관계없이 제3자에게 알려지는 것을 개인정보의 침해라고 한다. 따라서 특정인에 대한 그 개인의 정보가 타인에 의해 알려짐에 따라 그는 '혼자 있을 권리', '프라이버시를 간섭받지 않을 권리'를 침해받을 가능성이 높아지고 있다.

지능정보사회에서 일상생활의 편익을 증대시켜 주는 방대한 양의 데이터베이스는 사실상 일반 사람들에 관한 정보로 이루어져 있으며, 이들 중 상당부분은 극히 개인적인 정보와 관련된 것들로 이루어져 있다. 이러한 모든 데이터베이스들은 한편으로는 국가의 보다 효율적인 정책수행과 국민 개개인의 복리증진, 혹은 기업이나 조직의 효율적인 업무를 수행하기 위해서 사용된다는 긍정적인 면을 가지고 있다. 하지만 이러한 목적의 순수성에도 불구하고 궁극적으로는 지금까지 전적으로 개인적인 영역으로 남아있던 거의 모든 개인적 특성과 사회적 활동들이 타인에 의해서 관리되고 노출된다는 점에서 개인정보 침해의 가능성은 상존해 있는 것이다.[17]

지능정보사회에서 빅데이터 기술을 활용한 개인정보의 수집을 용이하게 하는 것은 사물인터넷(Internet of Things)기술이다. 사물인터넷이란 '사물들(Things)이 서로 연결된 것(Internet)' 혹은 '사물들로 구성된 인터넷'이다. 이는 세상에 존재하는 유형 또는 무형의 사물들을 서로 연결하여 각각 사물들이 제공하지

---

17) 선진국들은 개인정보 보호의 문제가 현대사회의 중요한 사회적 문제로 등장하게 됨에 따라 이를 법적으로 보호하려는 노력도 활발한데, 미국은 1974년의 프라이버시법, 1986년의 전자통신프라이버시법, 1988년 컴퓨터자료의 상호비교 및 프라이버시보호법, 1980년 의회가 제정한 문서 작업감축법, 1996년 연방통신법에 따라 개인정보를 보호하고 있다. 일본은 1988년 행정기관이 보유하는 전자계산기기처리에 따른 개인정보의 보호에 관한 법률을 제정하여 시행하고 있으며 지방자치단체에서 전자계산처리에 관한 조례를 제정하여 개인정보를 보호하고 있다. 우리나라는 1995년 1월부터 공공기관의 개인정보보호에 관한 법률을 시행하고 있으며, 통신비밀보호법, 전산망보급확장과 이용촉진에 관한 법률, 형법상의 비밀침해죄, 신용정보의 이용 및 보호에 관한 법률, 금융실명거래 및 비밀보장에 관한 긴급재정경제명령 등이 개인정보 보호와 관련된 규정을 두고 있다.

못했던 서비스를 제공하는 것을 말한다. 예를 들면 사물인터넷 기술을 통해 최근 등장하고 있는 인공지능이 내장된 냉장고나 스피커에 인터넷을 연결함으로써 개인이 어떤 음식을 섭취하는지를 데이터로 분석하여 미리 주문한다든지, 스피커를 통해 개인의 음악취향은 물론이고, 개인이 선호하는 정보를 분석하여 제공하는 서비스 등이 가능해진다. 이렇게 모든 사물에 반도체 칩이 내장되어 인터넷으로 연결되면 국민들의 일상생활이 매우 편리해질 수 있다. 반면, 개인의 일상생활에서 행해지는 정보들이 공공기간과 민간사업자들의 서버에 저장되어 관리된다면 개인의 모든 사고와 행위를 외부의 제3자가 파악하게 된다. 이렇게 되면 정보주체가 스스로 정보의 수집과 처리에 대한 결정권을 가져야 한다는 헌법상 개인정보자기결정권의 원칙을 침해할 가능성이 매우 높아지게 된다.

개인정보에 대한 구체적인 내용, 즉 개인정보의 개념, 개인정보의 수집·이용원칙, 개인정보 침해의 유형, 그리고 개인정보 침해의 법적보호 등은 제7장에서 구체적으로 논의한다.

5 사이버테러

사이버테러란 정부나 국민을 위협하는 목적으로 사이버 공간을 이용해 에너지, 수송, 공공시설 등의 주요 국가 기반시설을 중지시키려고 하는 행위를 말한다. 사이버테러는 물리적인 방법이 아닌 소프트웨어와 네트워크를 이용하여 사이버상의 행위를 통한 테러행위를 한다는 점에서 기존의 물리적인 테러와는 차이가 있다.[18]

사이버테러는 좁은 의미에서 특정한 집단이나 개인이 자신의 정치적 목적이나 이념을 관철시킬 목적으로 대중, 정부요인 또는 정부기관이나 공공기반시설 등에 대해 위협을 가할 수 있는 무기로서의 컴퓨터 사용 또는 현대 정보전과

---

18) 일반적으로 테러란 정치적, 종교적, 이념적 또는 민족적 목적을 가진 개인이나 집단이 그 목적을 추구하거나 그 주의 또는 주장을 널리 알리기 위하여 계획적으로 행하는 국가요인 등의 납치·암살, 국가중요시설의 폭파, 항공기 등 교통수단의 폭파, 폭발물·화생방물질 등을 이용한 대규모 인명살상 등의 행위로서 국가안보 또는 외교관계에 영향을 미치거나 중대한 사회적 불안을 야기하는 행위를 말하는데, 테러와 테러리즘은 종종 같은 의미로 사용되기도 하고, 달리 사용되기도 한다.

관련하여 컴퓨터설비와 전송선에 대한 물리적인 공격을 포함하고 있다. 넓은 의미에서의 사이버테러란 오늘날 정보통신망이 지능정보사회의 취약한 상태라는 점을 착안하여 정보통신망에 장애를 초래하는 물리적 또는 소프트웨어적인 일체의 불법적 행위를 말한다.[19]

사이버테러는 단순한 해킹과 컴퓨터 바이러스 침입과 같은 기존의 공격 패턴과는 다른 지능정보기술을 이용한 새로운 형태의 위협도 등장하고 있다. 이른바 '정보전쟁'으로 불리는 차세대 전쟁의 승패는 각국이 보유한 정보능력에 의해 결정될 것이라는 점에서 출발한다. 현재도 각국의 비약적으로 발전하고 있는 지능정보기술을 바탕으로 암암리에 발달된 장비를 운용하여 고도의 첩보전과 해커전을 전개함으로써 정보전쟁에서의 우위를 차지하려고 치열한 경쟁을 벌이고 있다.[20] 사이버테러의 유형은 <표 4-2>와 같다.

표 4-2 사이버테러의 유형

유 형	내 용
해킹	• 비 인가자의 컴퓨터 이용 • 자료의 불법, 열람, 삭제 및 변조 • 컴퓨터 시스템의 이상동작 유발
전자우편 대량발송	상대방 시스템에 e-mail을 대량 반복 발송함으로써 시스템의 정상적인 동작을 방해 및 마비
서비스 거부	시스템을 계속 신호대기 상태로 묶어 놓아 시스템을 무력화
논리 폭탄	논리적 수식을 이용해 특정날짜 및 시간 등의 일정 조건이 일치할 때 특정 프로그램이 작동해 시스템의 정보삭제 및 시스템 작동 방해
트로이목마	프로그램 내부에 악성코드를 심어 시스템과 네트워크에 지속적인 피해를 입히는 기능을 가진 코드
웜 바이러스	네트워크에 침입하여 사용자의 정보를 입수한 후, 소프트웨어에 상주하여 네트워크로 전파되는 악성 바이러스

---

19) 우리나라 국가정보원은 정치·사회적 목적을 가진 개인이나 집단이 그 목적을 달성하거나 상징적 효과를 얻기 위해 계획적으로 행하는 불법적 폭력행위라고 정의하고 있다.

20) 정보전의 승패는 하드 드라이브를 파괴하고 컴퓨터바이러스를 침투시키는 해킹단계를 훨씬 능가하는 그 이상이다. 최근 미국과 중국 등에서 신설되고 있는 정보전 특수부대와 훈련기관은 해커들과 프로그래머들에게 국가 전력 공급 컴퓨터에 침입해서 전력공급을 마비시키거나 상대국에 잘못된 정보를 흘려 적군끼리 싸우게 하고, 미사일의 목표지점을 바꾸게 하는 등의 고도의 훈련을 실시하고 있는 것으로 알려져 있다.

고출력 전자총	고출력 전자파로 컴퓨터 전자회로에 이상현상을 일으켜 시스템 오작동 유발 및 정지
Chipping	반도체 칩을 제조할 때 칩 내부에 이상기능을 의도적으로 삽입하여 일정 시간이 흐르면 이상기능을 유발시키는 것
Microbes	원래는 기름 공해 물질을 제거하기 위해 만들어진 것인데, 컴퓨터 내부의 실리콘 재질을 먹어치우도록 개조되어 컴퓨터 CPU에 치명타를 입히는 것
EMP Shock	전자 장치를 파괴하는데 사용되는 것으로 전자총에 비해 그 범위와 면적이 넓어 해당 반경 내의 모든 컴퓨터 및 시스템을 일시에 파괴시킬 수 있음

출처 : https://blog.naver.com/adam037/150031425157

6 사이버범죄

　사이버 범죄란 사이버 공간에서 일어나는 모든 범죄를 말하는데, 사이버공간[21]은 흔히 정보통신망을 통해 접할 수 있는 공간으로 시간적·공간적 제약이 없기 때문에 접속의 기회가 무한하다. 경계도 없이 어떠한 정보에 접근할 수 있는 이 자유로운 공간을 가상공간 또는 가상세계라고 한다. 이처럼 사이버 공간은 우리가 살아가고 있는 현실과는 구별이 되는 상상의 공간을 말한다. 이 공간에 접속해 있는 상황에서, 또는 접속상황에 획득한 정보의 이용과정에서, 발생하는 범죄를 사이버범죄라고 정의한다. 다시 말하면 사이버범죄는 컴퓨터와 인터넷, 사이버 공간을 매개로 행하여지는 모든 범죄적 현상을 지칭하는데, <표 4-3>에서와 같이 단순해킹, 해킹과 결합된 범죄로 금융범죄, 자료의 변조 및 유출, 개인정보 도용 등 물리적이고 경제적인 피해, 컴퓨터 바이러스 및 악성프로그램 유포 등에 따른 개인에 대한 물리적 그리고 정신적 피해를 가져오는 비윤리적 행위 등으로 구분하고 있다.[22]

---

21) 사이버 공간(cyberspace)라는 용어는 1984년 발행된 윌리엄 깁슨의 공상과학 소설 『뉴로맨서』에서 최초로 사용되었으며, 물리적 공간이 아닌 컴퓨터 네트워크가 만드는 사회적 공간을 말한다.

22) 사이버 범죄를 OECD에서는 '데이터의 자동 처리와 전송이 필요한 불법적, 비윤리적이며, 권한 없는 비정상적인 행위'라고 규정한다. 미국 법무부는 사이버 범죄를 컴퓨터 침해, 패스워드 불법거래, 저작권 침해, 비밀정보 유출, 인터넷 사기, 인터넷상에서의 폭발물 또는 무기 등의 불법 거래 등 12가지로 분류한다. 우리나라 경찰청은 크게 '정보통신망 침해 범죄', '정보통신망 이용 범죄', '불법 콘텐츠 범죄'로 나누고 있다. 사이버 범죄를 흔히 화이트 칼라 범죄, 인터넷범죄, 하이테크범죄, 컴퓨터범죄라고들 한다.

표 4-3	사이버범죄의 유형

유 형		내 용
단순해킹		• 개인 컴퓨터 해킹 • 홈페이지, 카페, 도메인, 서버해킹
해킹과 결합된 범죄	금융범죄	• 개인정보 또는 개인계좌 유출 • 계좌해킹을 통한 금융범죄 • 신용카드 및 계좌 도용 • 주식매도조작을 통한 범죄 • 인터넷 대출사기 • 사이버머니 도용
	자료 및 정보 관련 범죄	• 개인정보, 신분장의 유출 및 도용 • 각종 프로그램(소프트웨어, 게임)의 도용 및 유포 • 각종 자료 및 문서의 도용 및 유포 • 각종 정보의 변조 및 삭제
컴퓨터 바이러스 및 악성프로그램 유포		• 컴퓨터 바이러스 및 악성프로그램 제작 및 유포 • 해킹 프로그램 제작 및 유포
기타 비윤리적 행위		• 명예훼손 • 스토킹 • 음란물 유포 및 관련 범죄 • 사기 및 도박 • 범죄유도사이트 개설 • e-mail 불법 확인

자료 : 정보통신정책연구원, 「정보통신정책」 제18권 7호 통권 391호.

오늘날 컴퓨터시스템의 보급과 지능정보기술의 비약적인 발전에 따라 기업 등의 급여계산이나 은행의 온라인시스템은 물론, 교통·통신·제조·유통·의료·국가 또는 지방자치단체의 업무 등 우리 생활의 모든 면에 영향을 미치고 있다. 이와 같이 컴퓨터의 급격한 보급에 따라 컴퓨터에 사용되는 전자기록이 문서를 대신하여 자료의 기록·보존에 널리 사용되고, 금융기관의 업무처리시스템에서 볼 수 있는 것과 같이 자료의 자동적·기계적 처리만으로 완결되는 거래형태가 출현하며, 컴퓨터통신을 이용하여 정보가 유통되는 등 사람이 스스로 행하는 것을 전제로 하는 종래의 작업방식이나 사무처리형태가 혁명적으로 변화하고 있다. 뿐만 아니라 대량의 자료를 신속·정확하게 처리하는 능력을 가진 컴퓨터가 사람을 대신하여 각종 사무를 처리하는 상황이 증가하고 있다.

컴퓨터가 생활의 거의 모든 영역에서 필수불가결하게 되고 지능정보기술이 비약적으로 발전함에 따라, 예컨대 은행의 컴퓨터시스템을 악용한 은행원 등에 의한 허위예금자료의 입력, 금융전산망을 악용한 홈(폰)뱅킹사기, 주민등록파일 등 공공기관에서 처리·보관되는 자료 또는 사회생활상의 증명을 위해 만들어진 자료의 무단변경, 신용카드·현금카드나 전화카드의 자기띠부분의 부정작성, 해커에 의한 컴퓨터파괴, 컴퓨터통신망에 무단으로 침입하여 자료·정보를 부정취득하거나 컴퓨터통신망을 통하여 음란물 등 불건전정보를 대량으로 유통시키는 행위 등이 빈번하게 발생하며 그로 인한 피해가 매우 심각하다. 이러한 부정행위는 컴퓨터와 지능정보기술의 결합 및 발전과 이에 대한 사회의 의존도가 높아짐에 따라 급격하게 증가할 것이다. 이들 범죄는 지능정보기술을 이용한 신종범죄들로서 기존의 형법체계로는 이를 예방하기 어렵기 때문에 새로운 법체계의 재정이나 기존 형법의 수정 등이 요구되고 있다. 따라서 아직 일정하게 체계화된 법체계가 형성되지 못한 상태이기 때문에 국가마다 상이한 법체계로 이에 대응하고 있는 실정이다.[23]

또한 정보통신망이 점차 지능화·국제화·광역화됨에 따라 범죄도 급격히 국제화·고도화되는 추세에 있다. 인터넷에서 물건을 구입한 사람의 신용카드 번호가 유출되어 도용되는 사례, 제3세계의 부정축제 재산을 미끼로 한 사기행각, 국제적 마약거래나 인신매매, 테러집단의 정보통신망 이용 등 무수한 예를 들 수 있다. 이에 따라 컴퓨터 범죄에 대응하기 위한 국제적 공조체제의 구축이 시급한 과제로 등장하고 있으며, 외국인 범죄에 대한 법체계의 정비, 국제적 정보능력을 갖춘 수사관의 양성 등도 서둘러야 할 것이다.

7 사이버폭력

사이버 폭력이란 사이버 공간에서 다양한 형태로 타인을 가해하고 괴롭히는 행위를 의미하며, 신체적 폭력을 수반하는 전통적인 폭력과는 달리 그 형태가 다양하다. 문자로 상대방을 직접 험담하는 것뿐만 아니라 특정인을 비하하는 글·이미지·동영상 혹은 개인 신상 정보를 유포하는 행위, 단체 채팅방에 계

---

23) 우리나라의 경우에는 사이버범죄사범은 다양한 법률에 의거하여 처벌이 이루어지는데, 관련 법률로서 형법(사기, 폭력, 명예훼손, 모욕 등), 정보통신망 이용촉진 및 정보보호 등에 관한 법률(계정/아이디 해킹, 컴퓨터 사용사기, 정보도용 등), 음반·비디오 및 게임에 관한 법률, 저작권법, 소년법, 청소년 보호법 등이 있다.

속 초대하거나 초대 후 집단적으로 나가버리는 행위 등 다양한 형태로 이루어
진다.

인터넷 및 스마트기기의 이용이 증가함에 따라 최근 인터넷의 익명성, 신속
전파성, 대중성 등을 악용한 명예훼손, 성폭력 등 인권침해의 사례가 급증하고
있으며, 음란·도박, 자살, 폭력 등 반사회적 불건전정보는 사회의 기본가치를
파괴하고, 사회 안정을 침해하며, 청소년의 건전한 인격형성을 저해하는 등 인
터넷의 역기능을 발생시키고 있다. 각종 게시판, 미니홈피, 블로그 등을 이용하
여 자신의 이견 및 주장을 자유롭게 개진할 수 있는 표현의 자유를 보장받을
수 있는 사이버공간은 익명성과 전파성이라는 특성상 예상치 못한 피해를 받을 수
있으며, 그 피해의 정도는 심각한 수준에 이르고 있다. 사이버폭력은 주로 언어
적 침해행위로서 대부분 게시판, 댓글, 퍼나르기, 문자메시지를 통해 이루어지
고 블로그·인터넷 카페 등 사이버커뮤니티, 미니홈피, 모바일 등에서 확대, 재생
산되고 있다. 가해자의 가해 행위를 기준으로 분류한 사이버폭력의 유형은 <표
4-4>와 같다.

한편 사이버폭력은 가해 행위를 기준으로 분류할 수 있을 뿐만 아니라 가해
이유에 따른 분류도 가능하다. 생활의 불만 및 긴장을 타인에게 공격으로 해소
하는 '자기 분노형', 자신에게 가해행위를 어떤 타인을 찾아서 공격하는 '보복
형', 오프라인에서는 못 나서면서도 사이버공간에서 쉬운 표적을 찾아서 공격
하는 '온라인 가해형', 집단 앞에서 자기를 과시하기 위한 '자기 과시형', 타인의

표 4-4 사이버폭력의 유형

유 형	내 용
사이버명예훼손	특정인에 대한 허위의 글이나 명예에 관한 사실을 인터넷에 게시하거나 불특정 다수인에게 유포
사이버언어폭력	사이버 상에서 특정인에 대하여 모욕적인 언사나 욕설 등을 행하는 행위
사이버성희롱 및 폭력	인터넷상에서 음란한 대화를 강요하거나 성적 수치심을 주는 대화 혹은 신체 노출 및 성 관련 이미지 및 영상을 유포하여 상대방에게 정신적 피해를 주는 행위
사이버스토킹	정보통신망을 이용하여 특정인에게 원하지 않는 접근을 지속적으로 시도하거나 성적 괴롭힘을 행하는 행위
사이버음란물	몰래카메라 촬영물 등 음란물을 유통시키는 행위

주목을 끌거나 재미를 위해 타인을 괴롭히는 '심술궂은 가해자형', 별 생각없이 타인을 따라서 폭력에 가담하는 '동조형' 등이 있을 수 있다.

8 인터넷 중독

8.1 인터넷 중독의 정의와 유형

현대사회에서 뉴미디어 사용의 편리성만큼이나 오남용으로 인한 역기능도 심각하게 나타나고 있는 것이 현실이다. 그 중에서 인터넷 중독은 인간이 뉴미디어의 주체가 되기보다는 뉴미디어에 종속되거나 병적일 정도로 의존적으로 된다는 점에서 특히 주의가 요구된다. 사실 인터넷 중독은 의료적 측면에서 아직 정확히 규명되고 있지 못하여 학자들마다 인터넷 중독을 다소 상이하게 정의하고 있다.

그러나 일반적으로 인터넷 중독은 인터넷의 과다한 이용 및 부적절한 사용으로 수면부족, 대인기피, 학교 및 직장 생활의 부적응 등 일상생활에 상당한 지장을 초래하는 현상을 말한다.[24) 인터넷 중독은 인터넷에서 주로 이용하는 서비스의 종류에 따라 게임중독, 채팅중독, 음란물중독 등 다양한 형태로 나타난다. 최근에는 초·중·고등학생의 인터넷 이용률이 96%를 상회함에 따라 청소년들의 인터넷 중독 현상이 사회문제로 대두되고 있으며, 전국적으로 확산되고 있는 추세이다. 이러한 지능정보사회의 역기능현상은 개인뿐만 아니라 사회에도 피해를 주고, 나아가 올바른 정보문화의 정착에도 장애 요인으로 작용하고 있다.[25)

인터넷 중독이 문제가 되는 이유는 첫째, 인터넷중독자는 심리적·신체적 건강을 많이 훼손하여 개인의 행복을 추구할 수 없다. 둘째, 인터넷중독자는

---

24) 나는 인터넷 중독일까? ① 인터넷에 접속하지 않을 때 인터넷 생각이 자주 난다. ② 만족을 얻기 위해 인터넷 사용시간을 늘려야 한다. ③ 인터넷 사용 중단을 결심했다가 실패한 경험이 있다. ④ 인터넷을 하지 않으면 불안하고 짜증이 나거나 우울해 진다. ⑤ 의도보다 인터넷을 오래하는 경향이 있다. ⑥ 인터넷을 하다가 대인관계나 직업, 교육, 경력상 문제가 생긴적이 있다. ⑦ 인터넷을 하는 것을 가족이나 다른 사람에게 감추고 거짓말을 한 경험이 있다. ⑧ 현실 문제에서 도피하거나 불쾌감을 줄이려고 인터넷을 사용한다. 위 8문항 중 5문항 이상 해당되면 인터넷 중독 가능성이 높다. (자료 : 서울아산병원)

25) 이에 따라 정부는 2001년부터 인터넷중독 현상에 대응하기 위하여 인터넷중독 실태조사, 인터넷중독 예방상담센터 개설·운영, 인터넷중독 예방을 위한 교육(특강) 등을 실행하고 있다.

학업과 직장생활 등에서 정상적인 생활을 하기가 어렵다. 셋째, 인터넷중독자는 사이버 폭력 및 오프라인상의 폭력, 살인 등 제2차 범죄에 연루될 가능성이 높다. 넷째, 인터넷중독자는 개인문제인 것만이 아니라, 가족 등 주변 사람들의 삶도 힘들게 하기 때문에 실제 피해의 정도와 심각성은 매우 크다. 이 때문에 인터넷 중독은 해결되어야 하는 지능정보사회의 역기능인데, 하위유형으로서 게임중독, 채팅중독, 음란물중독, 검색중독 등이 있다.26)

8.2 인터넷 중독의 원인과 증상

인간이 자극을 추구하는 것은 인간의 기본적인 본능일 수 있다. 특히 자극이 이전에 접해 보지 못한 새로운 것이거나, 가변성이 있어서 어떻게 변화할지 잘 모르는 것일 경우에는 더욱 주목을 끌기 때문에 우리는 이런 자극에 더 집착하게 된다. 정보의 바다 인터넷에는 끊임없이 새로운 정보들이 출몰하고 있다. 이 대부분은 우리에게 필요 없는 자극들이지만, 항상 새로운 것이기 때문에 우리는 본능적으로 여기에 주목하게 되고 끝없이 이 속을 헤매고 다니게 된다. 항상 상황이 바뀌면서 끊임없는 주목을 요구하는 온라인게임 역시 마찬가지다. 더구나 게임들은 새로운 아이템 획득, 등급 승진 등의 강력한 자극을 내세우면서 우리의 한정된 에너지를 거기에 투자하도록 만든다. 인터넷 게임개발자들은 사용자의 주목을 얻기 위해 항상 더 자극적인 것을 제공하기 위해 노력하는데, 바로 이것이 인터넷 중독을 일으키는 덫이 되는 것이다.27)

인터넷중독에 빠지면 먼저 시간감각이 없어진다. 낮과 밤의 구분이 모호해지며, 사용 시간을 조절하는 능력이 떨어지고, 그만 해야겠다는 시도는 매번 실패하다가 결국 포기하게 된다. 지나치게 오래 사용하여 현실세계에서 해야 할 학업, 업무의 성과가 떨어지며, 대인관계가 줄어든다. 학생은 출석을 하지 못해 휴학을 하거나 제적을 당하기도 하며, 직장인은 직장에서 문제를 일으켜 그만두게 된다. 심하면 컴퓨터가 있는 방이나 PC방에서 며칠간 꼼짝도 않고 식사까지도 그 안에서 해결하면서 지내게 되는 경우도 있다.

청소년의 경우, 컴퓨터 사용시간을 놓고 가족과 갈등을 일으키고, 폭언과 공

---

26) 한국정보화진흥원, 「정보격차·정보문화」.
27) 우울감, 강박적 경향, 산만함과 집중력 저하, 충동성, 낮은 자존감, 사회적 불안감 등 다양한 종류의 정신과적 문제가 인터넷 중독과 관련이 있을 수 있다.

격적 행동을 하는 등 반항적 태도를 보이는 경우가 많다. 특히 갈등, 우울감이나 불안감이 강해질 때 인터넷에 접속하면 기분이 나아지는 효과가 있다고 말한다. 심리적인 문제에 대한 보상이나 자가 치료를 위해 인터넷에 빠지게 되는 것으로 볼 수 있고, 또한 병적인 탐닉에 대한 죄의식, 자기조절 실패로 인한 좌절감 등이 우울감을 악화시키고 자존감을 낮춰 더욱 인터넷에 몰두하게 하는 악순환에 빠지게 한다.

8.3 인터넷 중독의 치료와 예방

컴퓨터의 사용을 제한하는 것이 일차적인 방법이다. 가정에서라면 컴퓨터에 패스워드를 걸어놓거나 해서 인터넷이나 게임을 하고 싶은 순간적인 욕구가 생기더라도 물리적으로 불가능하게 하는 것이 좋다. 일단 중독이 되면 자율적으로 조절하는 것이 거의 불가능하므로 타율적인 통제가 필요할 수 있다. 청소년들이 밤시간에 PC방을 이용하지 못하게 하는 정책도 한 방안이 될 수 있다. 현재 인터넷중독과 관련된 치료에서는 그룹 프로그램이 가장 많이 사용되고 있다. 이 그룹 프로그램은 예방 프로그램과 치료 프로그램으로 나뉘는데 모두 인지행동적 모델을 주로 이용한다. 또한 개인치료로서도 인지치료가 많이 사용되며 인터넷 중독을 가진 환자들은 오랫동안 비적응적인 생활을 해왔기 때문에 현실생활에 대한 두려움, 심리적 고통에 대한 정신치료도 시행될 수 있다.

모든 온라인게임은 중독성이 있다. 중독성이 있다는 것은 빠져보기 전에는 스스로 알 수 없고, 이미 빠진 뒤에는 헤어나오기 힘들다. 따라서 무심코 게임에 발을 들여놓기 전에 미리 조심해야 할 것이다. 특히 자신의 원래 성격이 충동적이거나, 지나친 집착을 하거나, 다른 건전한 취미생활이 없는 경우에는 더욱 조심해야 하며, 다른 건전한 취미생활을 기르는 것이 중요하다. 도서관 등 공공장소에서 컴퓨터를 사용하는 것도 게임이나 무한정 인터넷 서핑 같은 문제행동을 하지 않기 위한 방법이 될 수 있다.

9 디지털 치매

디지털 치매란 스마트기기(컴퓨터, 스마트폰)에 지나치게 의존한 나머지 기억력이나 계산능력이 크게 떨어진 상태를 뜻하는 말로 의학적으로 뇌세포가 파괴되는 등의 질병적인 치매와 달리 사회적 현상이 낳은 증상으로 분류된다.[28] 예를 들면, ① 스마트폰에 전화번호가 저장되어 있음을 의식하고 집, 가족 그리고 회사의 전화번호를 기억하지 못해 전화하기 힘들다. ② 노래방 기기의 노래가사 없이는 노래를 끝까지 부르기가 어렵다. ③ 친구와의 대화를 이메일로 하는 경우가 많다. ④ 암산값을 확신하지 못해 계산기로 다시 확인하곤 한다. ⑤ 위치를 찾아갈 때 알고 있음에도 불구하고 네비게이션 등을 더 활용한다 등의 증세를 보이는 것으로 알려졌다.

디지털 치매는 사회문제로 대두되고 있는 일반적인 치매와는 다른 현상이지만 최근에 들어와 새로운 사회 병리 현상으로 취급되고 있는 것이 소위 '디지털치매증후군'이다. 특히 스마트폰의 의존도가 높은 젊은 층에서 많이 나타나고 있으며, 심각한 뇌기능의 퇴화 증세를 동반한다. 우리 뇌는 외부의 여러 자극에 대해 몇 초에서 몇 분 동안의 한시적으로 기억하는 단기기억에서 반복학습을 통해 지워지지 않는 장기기억으로 옮겨간다. 예를 들면, 스마트폰의 전화번호 저장 기능을 사용하다 보면 사람들의 전화번호를 굳이 외울 필요가 없어 전화번호라는 단기기억이 장기기억으로 이전되지 못해 결국 기억하지 못하게 된다. 이처럼 장기기억에 저장하는 정보의 양이 지속적으로 감소되고 기억 강도를 유지시키지 못하게 된다면 뇌가 퇴화되어 일종의 치매와 같은 디지털치매증후군을 유발할 수 있게 되는 것이다.

디지털 치매가 심각한 논의의 대상이 되기 시작한 것은 전 세계적으로 애플의 아이폰과 같은 스마트폰의 보급과 활성화가 이루어진 2007년 이후부터이다. 스마트폰은 우리에게 큰 편리함을 주고 있는데, 무엇보다도 우리의 기억력을 대신해 주는 작은 컴퓨터로 기능하고 있다. 이제 우리는 스마트폰으로 인해서 주변인들의 전화번호를 기억할 필요도 없으며, 종이에 계산을 할 필요성도 적어졌고, 굳이 도서관에서 책을 빌려 볼 필요 없이 정보나 지식을 터치 한 번으로 쉽게 얻을 수 있다. 이러한 경향성은 태어나면서부터 디지털 언어와 장비를

---

28) 디지털 치매라는 용어가 사회적 관심을 끌게 된 이유는 독일의 뇌신경 의사이며 정신분석학자인 만프레드 슈피처(Manfred Spitzer)가 『디지털 치매(Digitale Demenz : Wiewirunsundunsere Kinderumden Verstandbringen)』라는 책을 출간하면서부터다. 이 책은 독일을 비롯해 유럽은 물론 전 세계적인 반향을 일으켰다. 그는 이 책의 첫머리에서 "디지털 치매는 정보기술을 주도하는 한국 의사들이 처음 이름붙인 질병"이라고 못 박아 말하고 있다.

자유롭게 다루는 30세 미만의 세대를 의미하는 소위 '디지털 네이티브(digital native)'에서 더욱 강하게 나타난다. 그들은 디지털 환경에서 태어나고 성장하고 생활하면서 디지털 기술을 공기처럼 호흡하며 성장해 새로운 패러다임을 삶에 적용한 존재들이다. 결국 이들의 삶에서 스마트폰을 떼어 놓고는 삶의 의미를 논하기 어려운 상황이다.

문제는 바로 이들 디지털 네이티브들이 최근 우려되고 있는 디지털 치매에 대단히 취약할 수 있다는 것이다. 특히 최근 젊은 세대들에게 심각하게 발생하는 것이 스마트폰에 대한 중독현상이다. 중독증세가 심한 사람일수록 스마트폰에 대한 의존으로 뇌기능의 퇴화가 일어날 수 있다. 물론 디지털 치매는 단순히 기억력이 약화되는 것으로, 뇌의 손상으로 인한 일반 치매와는 다르기 때문에 병으로 인정되지는 않고 있다. 그러나 기억력 감퇴는 치매를 불러올 수 있는 문제이기 때문에 증상 완화나 치료를 위한 노력이 필요하다.

디지털 치매는 지나친 스마트폰에 대한 의존이 가져온 지능정보사회의 후천적인 질환이다. 따라서 그 해결 방안의 핵심은 결국 생활 속에서 스마트폰에 대한 의존도를 줄이는 것이다. 디지털 치매를 예방할 수 있는 방법으로는 달리기나 명상, 얼굴을 직접 맞대고 나누는 대화 등의 아날로그적인 소통이 될 수 있다.

🔟 국제적 정보격차

지능정보사회에서 각 국가의 뉴미디어의 개발경쟁으로 인한 국제적 정보격차와 그로 인한 새로운 국제정보질서의 불균형 현상은 재현되지 않는가?

앞 절에서의 정보격차의 논의는 주로 개별국가 내에서의 정보격차에 관심을 집중시킨 것이지만 국가와 국가 간에 존재하는 정보격차를 국제적 정보격차라고 한다. 국제적 정보격차(international digital divide)란 뉴미디어의 접근성과 이용성과 관련하여 서로 다른 사회·경제적 수준에 있는 국가 간의 정보활동에 대한 격차를 말한다. 이러한 국제적 정보격차는 국가간에 단순히 정보통신에 대한 접근과 활용의 차이에 그치는 것이 아니라, 정보 후진국의 경제성장과 산업의 생산성 향상에 큰 영향을 미치고, 나아가 현존하는 국가간 경제적 격차를 더 확대할 가능성이 있기 때문에 매우 중요하다.

지능정보사회에서 뉴미디어의 확산은 한 국가내에서 뉴미디어환경이나 생활환경에 미치는 영향에 못지않게 국제환경에도 상당히 광범위한 영향을 미친다. 뉴미디어를 바탕으로 형성될 새로운 국제환경은 통신위성을 포함하는 지능정보기술을 바탕으로 한 이른바 '커뮤니케이션의 지구촌시대'와 '다국적 뉴미디어'라는 말로 일반화시킬 수 있다. 다시 말해 이제 더 이상 인간의 커뮤니케이션 활동이 특정 지역, 특정 국가에 한정되어 이루어지는 것이 아니라 전세계를 토대로 이루어지며, 따라서 방송과 신문, 혹은 통신 등과 같은 뉴미디어의 활동영역이 한 국가영토 내부만이 아닌 세계 각국으로 넓혀지게 되었다는 것이다.[29]

이와 같이 지능정보기술의 발달은 국가간의 시간적, 거리적 장애를 극복해 줌으로써 국가간 정보의 유통과 더불어 경제, 사회, 문화 등 각 분야의 교류를 촉진시키게 된다. 국가간의 시간적, 거리적 한계를 뛰어넘는 인간의 커뮤니케이션에 대한 지구촌화 경향은 긍정적인 면을 지니고 있다. 우선, 국가간의 정보유통이 원활해짐에 따라 세계 각지에서 벌어지는 상황을 시시각각으로 확인할 수 있게 된다. 또한 서로 다른 문화와 가치관을 손쉽게 접할 수 있기 때문에 문화적 편견을 극복할 수 있는 가능성을 제공한다. 뿐만 아니라 기업활동이나 국제교류 또한 그만큼 원활하게 이루어질 수 있다. 그 결과 전세계는 상호 이해의 증진 및 복지향상을 가져오며, 사람들의 생활은 평화롭고 문화적으로도 풍부하게 될 것으로 예측하고 있다.[30]

그러나 이러한 긍정적인 측면에도 불구하고 지능정보사회를 부정적인 시각에서 보는 학자들은 지능정보사회가 몰고올 국가간의 편익에 대해 의문을 제기하고 있다.[31] 이들은 우선 근본적으로 각 국가가 처해 있는 경제적, 사회적 조건의 차이와 그로 인해 발생할 수밖에 없는 지능정보기술의 차이에 관심을 갖고 있다. 지능정보기술의 격차로 인해 국가간 지능정보화과정 자체가 불균형

---

29) 통신위성을 이용하여 지구의 반대편에서 벌어지는 스포츠행사를 생생하게 생중계해 주는 것은 이미 오랜전부터의 일이다. 하지만 이제는 일시적인 위성중계방송의 차원이 아니라 한 국가에서 보내는 방송이 전세계의 수용자들에게 동시에 도달 가능한 시대가 되었다. 미국의 주요 케이블 네트워크사가 위성을 통해 보내는 방송은 미국 내부뿐만 아니라 유럽과 아시아에서까지 수신할 수가 있다. 신문도 마찬가지다. 이전까지 신문의 영역은 지방지와 전국지로 구분되었으나, 이제는 인공위성을 이용하여 세계 각국이 인쇄를 동시에 할 수 있는 시대로 접어들었다. 따라서 이제 신문도 미주판, 아시아판, 유럽판 등으로 분류되는 날이 결코 멀지 않았다.
30) Bell(1973; 1989), Mcluhan(1964), Martin(1977; 1981; 1984), Dizard(1984), Toffler(1980).
31) Schiller(1981; 1989), Salvaggio(1983), Smythe(1985), Schement(1989).

하게 진행될 수밖에 없으며, 여기에서 정보자원의 지역적 편재와 국제정보유통의 불균형이라는 문제가 발생하게 된다. 다시 말하면, 지능정보기술은 정치적, 문화적 산물이라는 관점에서 사회기득권층 및 국제관계에서 정보통신선진국이나 그 국가들의 다국적기업군들의 이익에 편향될 수밖에 없다는 것이다. 이와 같이 지능정보사회는 서로 이해관계를 달리하는 국가들간에 첨예한 갈등요인을 안고 있는 중요한 국제적 쟁점을 낳고 있음에도 결코 간과할 수 없다.[32]

그 주요 국제적 쟁점으로는 문화적 제국주의 문제와 인간의 소외, 통신위성과 주파수 및 궤도할당 문제, 원격탐사의 문제, 직접위성방송과 전파월경의 문제, 그리고 국가간 정보유통의 문제 등을 들 수 있다.[33]

10.1 문화적 제국주의 문제와 인간의 소외

지능정보사회에서 많은 나라들이 정보통신서비스의 개방화가 몰고올 문화적 고유성의 위기를 염려하고 있다. 폭력, 외설, 허위 등 반사회적 정보를 제외하고는 대부분의 정보는 일차적으로 그것을 수용하는 개인이나 사회에 유용한 결과를 가져온다. 따라서 이러한 정보의 유입은 가급적 촉진하는 것이 유리하다. 특히 기술 및 지식의 후진국에서는 선진국의 앞선 기술 및 지식관련 정보를 유입하는 것은 매우 긴요하다.

역사적으로 볼 때 후진국들은 서구산업국가들의 지원으로 어느 정도 국가발전을 이룩하는 데는 성공했으나, 그 대가로 자국의 문화와 관습, 그리고 제도가 파괴되는 것을 피할 수 없었다. 이처럼 선진국에 의한 뉴미디어 종속과 그에 따른 외국문화의 자국문화 침식현상을 국제적 문제점으로 제기된 것이 다름 아닌 문화적 제국주의(cultural imperialism) 논쟁이라 할 수 있다.

후진국에서 제기한 문화적인 제국주의 현상에 대한 논쟁의 핵심은 두 가지 측면에서 살펴볼 수 있다. 첫째, 국제정보질서의 서구중심적 편향성을 들 수

---

32) 우리나라는 2001년 12월 4일 미국 워싱턴 세계은행 본부에서 열린 정보격차해소재단(Devel-opment Gateway Foundation) 창립총회와 제1차 이사회에서 독일, 일본, 호주, 말리, 인도, 세계은행과 함께 초대 이사국으로 이 재단의 창립회원으로 참여하였다. 정보격차해소재단은 정보화를 통해 저개발국의 빈곤을 퇴치하고 선·후진국간의 정보격차를 해소하기 위해 세계은행 주도로 설립한 비영리 재단법인으로 세계 각국 정부와 국제기구, 민간단체, 비정부기구(NGO) 등이 참여하고 있다.

33) 김영석, 「멀티미디어와 지능정보사회」, 나남.

있다. 전세계의 주요 정보유통체계는 서구의 관심과 이익을 중심으로 이루어졌고, 상대적으로 후진국들과 관련된 정보는 빈약할 뿐만 아니라 정보내용 또한 후진국의 이익과 관련되기 보다는 실상이 왜곡되거나 부정적인 면이 과장되는 경우가 많았다.

둘째, 지능정보산업에서의 후진국들은 자체적인 뉴미디어 운영능력의 취약성에 따라 지능정보산업에서의 선진국 프로그램에 종속될 수 있다. 지능정보산업의 후진국들은 뉴미디어의 기술적 운영뿐만 아니라 프로그램 제작능력이 부족하기 때문에 불가피하게 미국을 비롯한 정보선진국으로부터 방대한 양의 프로그램을 수입할 수밖에 없었다. 그 결과 자국의 실정과는 무관한 서방의 상업주의·소비지향적 프로그램으로 인해 자국의 문화나 관습, 그리고 가치관은 파괴되고 서구중심적 가치관이 광범위하게 확산되는 결과를 빚게 된 것이다.

한편 문화적 경계가 사라지는 지능정보사회에서 개인은 자기정체성(self-identity)의 위기에 봉착하기 쉽다. 자기가 어떠한 문화적 틀 안에 속하는지를 찾지 못하고 불안과 긴장에 빠지게 된다는 것이다. 따라서 정체성의 위기에 빠질수록 어떤 집단에 소속되고 싶은 욕구는 더욱 강해진다. 청소년들이 아무 이유도 없이 손쉽게 집단일탈행동을 벌이는 것은 이러한 소외감과 정체성의 위기 때문에 일어나는 반작용이다. 이와 같은 현상에 대해 Bell(1980)도 현대의 미국사회에서 '문화적 다양성의 붕괴로 방향감각의 상실(disorientation)이 발생했다'고 진단하고 있다.

지능정보사회에서 개인이 느끼는 소외감과 불안감을 극복하기 위해서는 새로운 양식의 공동체가 형성되어야 한다. 자발적인 시민공동체의 형성과 참여에 정부가 오불관언의 자세로 눈감고 있기보다는 이를 적극 지원해 주고 참여를 유도하는 활동을 시민들과 협동하여 만들어내야 할 것이다.

10.2 통신위성과 주파수 및 궤도할당 문제

오늘날 뉴미디어를 둘러싸고 전개되는 새로운 국제환경 속에서 제기되는 쟁점들 중에서 가장 대표적인 경우는 다름아닌 통신위성의 운영과 이용에 관련된 것이다. 통신위성은 군사적 목적에 주로 이용되었던 초기와는 달리 오늘날에는 각종 원격탐사, 통신미디어로서 이용되고 있으며, 특히 케이블네트워크방송, 직접위성방송, HDTV, 원격영상회의 등과 같은 영상미디어를 위한 필수적

전송수단으로 각광을 받고 있다. 따라서 개발초기에 몇몇 선진국들만이 통신위성의 개발에 관심이 있었던 것과는 달리 이제는 후진국들조차 국가전략적 차원에서 지대한 관심을 가지고 있는 실정이다.

이 과정에서 통신위성을 둘러싸고 제기되는 가장 큰 쟁점은 무엇보다도 통신위성의 궤도와 주파수 할당에 관련된 문제점이라 할 수 있다. 통신위성은 지구상공의 일정궤도에 위치하여 특정 주파수대역 내에서 지상의 전파는 전송하는 기능을 한다. 통신위성이 지구 상공에서 운영될 경우 각 통신위성궤도의 위치와 경사, 주기 등과 같은 물리적인 조건과 통신위성이 지상과 통신할 수 있는 주파수대역이 사전에 지정된다. 하지만 통신위성이 운영될 수 있는 지구상공의 궤도는 한정되어 있기 때문에 국가간에 통신위성의 궤도와 주파수를 배정하는 문제는 국가적인 쟁점이 되고 있다.

10.3 원격탐사의 문제

오늘날 인공위성이 가장 많이 이용되고 있는 분야 중의 하나가 다름 아닌 기상관측, 지질탐사, 해양관측 등과 같은 원격탐사용이다. 기상관측은 인공위성을 이용하여 지구상공의 대류나 구름의 움직임, 온도측정 등과 같은 기상정보를 수집해 지상에 제공하는 것을 말한다. 우리가 뉴스를 통해 얻게 되는 기상정보의 대부분은 이들 인공위성이 전하는 자료를 토대로 이루어지고 있다. 마찬가지로 지질탐사는 지구상 각 지역의 지질변화에 관한 자료와 아울러 지하에 매장된 광물에 관한 정보를 지상에 제공한다. 그리고, 해양관측은 바닷 속의 상태변화나 조류, 물고기의 이동상황 등에 대한 자료를 지상에 제공한다.

이러한 원격탐사는 원칙적으로 순수한 과학적인 용도뿐만 아니라 실용적인 목적으로 이용되기 때문에 국가간에 국제적으로 자료를 제공하거나 요청할 수 있다. 하지만 다른 한편에서는 이러한 정보들이 중요한 경제적인 이익과 관련하여 이용되고 있음을 간과하지 않으면 안된다.

미국이 보유한 한 위성관측용 통신위성은 중국의 농작물 현황이나 일본의 원양실적, 혹은 아프리카 지역의 광물매장 현황을 측정할 수 있다. 그리고 이러한 정보는 널리 공유되기보다는 미국내 해당분야의 수출 예측자료로 활용될 가능성이 높다. 한 예로 미국이 인공위성을 통해 중국의 기상현황과 작황을 분석한 결과 그해 곡물수확량이 추산되면, 가을 추수기에 예상되는 수확량과 곡물가격을 중국 자신보다도 훨씬 일찍 파악할 수 있으며, 그 결과는 미국의 곡물 판매상들이 중국에 수출할 곡물의 판매가격이나 수출물량을 조정하는 데 이용될 수도 있다. 이처럼 한 국가가 첨단위성관측 자료를 이용할 경우 세계 각 지역으로부터 필요한 자료를 수시로 수집할 수 있기 때문에 이러한 정보를 갖지 못하는 국가들에 비해 훨씬 많은 경제적 이익을 확보할 수 있게 되는 것이다. 아마도 우리는 매일 밤 뉴스에서 보는 한반도의 기상관측사진을 보면서 다른 한편에서는 이러한 사진을 찍는 국가에서는 비슷한 방법으로 올해 우리나라의 농산물 작황에 관한 자료까지도 수집하고 있을지도 모른다.

10.4 직접위성방송과 전파월경의 문제

전파월경(spillover)이란 한 국가영토 내에서 자국민을 대상으로 한 방송전파가 국경을 넘어서 인접한 다른 국가영토까지 가청권이 미치게 되는 것을 말한다. 이러한 전파월경 현상은 비록 의도적인 것은 아니라 하더라도 결과적으로 인접국가에 대해 정치적, 문화적인 침해를 줄 가능성을 내포하고 있기 때문에 직접위성방송의 등장과 함께 전파월경의 문제는 국제적인 쟁점으로 부각되고 있다.

직접위성방송은 방송위성을 이용하여 특별한 중계소나 방송국의 중개과정 없이 위성수신안테나를 보유한 개별가구나 직접방송을 수신할 수 있으며, 특히 지리적인 장애요인과 상관없이 광범위한 영역을 대상으로 방송이 가능하다. 따라서 본래 국가의 영토가 커서 지상파를 이용한 방송신호전송에 비용이 많이 들거나 혹은 지리적으로 난시청 지역이 많은 국가에서 유용한 뉴미디어로 인식되고 있다. 하지만 방송위성의 가청권을 해당국가에 한정하는 것이 기술적으로 어렵고 위성수신안테나만 있으면 누구나 방송수신이 가능하기 때문에 국가적으로 개개인의 수신행위를 통제하는 데도 어려움이 따른다. 따라서 자국 내의 방송에 대한 통제권을 행사할 수 없는 인접국가들로서는 직접위성방송에 의한 전파월경문제를 일종의 주권침해로 인식할 수가 있다. 이러한 이유로 인해 전파월경문제는 미국과 쿠바, 서유럽과 동유럽 및 아프리카 국가, 한국과 일본 등과 같이 지리적으로 인접한 국가들 사이에서 잠재적인 갈등의 소지로 남아 있다.

한편, 전파월경문제는 외국방송전파의 영토침범이라는 문제뿐만 아니라 문화적인 측면에서도 여러 문제점을 안고 있다. 우선 자국의 현실과는 무관한 방송프로그램에 무분별하게 노출됨으로써 자국의 문화나 가치관, 생활습관에 해악을 미치고, 자국문화에 대한 주체성을 약화시킬 수 있다. 이러한 문화적인 침해는 외국의 윤리의식에 기준을 두고 제작된 선정적이고 폭력적인 프로그램들이 청소년층에게 무분별하게 노출될 때 더욱 심각해진다. 그리고 특정 전파월경이 국가의 문화나 관습, 혹은 가치관을 전파하기 위하여 의도적으로 이루어질 때에는 그 파급효과가 전국민에게까지 미치게 된다.

전파월경문제는 경제적인 측면에서도 중요한 의미를 가진다. 직접 위성방송은 단순히 전파월경의 측면만 가지고 있는 것이 아니라, 비디오 및 음반산업과 밀접한 관련을 맺고 있다. 따라서 뉴미디어산업의 세계시장을 확장하려는 목적의 상업주의적 방송이 확산될 경우 잠재적으로는 국내 방송프로그램의 경쟁력이 약화되고, 나아가서는 국내의 뉴미디어산업 전반이 외국의 뉴미디어에 의해 잠식될 가능성도 안고 있다.

10.5 국가간정보유통의 문제

지능정보사회에서 정보와 정보통신망은 경제적 공세의 무기인 동시에 문화적 공세의 주요무기이다. 일례로 미국의 돈으로 설치·운용되는 인터넷을 통해 우리는 많은 정보를 얻는다. 그러나 동시에 인터넷에서 제공되는 정책동향, 연구성향, 기술동향 등은 다른 나라들의 정책수립이나, 학문연구, 기술개발 등에 은연중에 막대한 영향을 미치고 있다. 헐리우드의 영화는 영화상영수입도 막대하지만 비디오 판권, 케릭터 판권 등 부대적 산업에서의 이익이 훨씬 더 크며, 이를 통해 다른 문화권 내에 지속적인 수요층을 만들어 낸다는 측면이 더더욱 중요하다. 유럽 여러 나라들이 미국의 막강한 자본과 정보력이 뒷받침된 문화산업의 침투를 우려하는 것은 바로 이러한 이유에서이다. 그러면 이제 우리가 이러한 정보와 문화의 역조를 차단할 수 있을까? 정보는 서비스 상품이다. 물질적 상품과 달리 서비스는 그것을 막을 수 있는 국경이 없다. 왜냐하면 뉴미디어의 발달과 정보통신망의 세계화로 국제적 정보유통이 기하급수적으로 늘어나고 있고 정보유통경로의 다양화와 유통속도의 가속화, 유통범위의 광역화 등으로 인하여 정보유입을 막는 데에는 엄청난 사회적 비용이 수반되어야 하기 때문이다. 이 때문에 국가간 정보유통(TDF : transborder data flow)의 문제가 심각하게 제기되고 있는 것이다.

국가간 정보유통이란 초국가적인 컴퓨터커뮤니케이션 시스템을 통해 한 지점에서 다른 지점으로(point-to-point) 전달되는 국제적인 정보전송현상으로서, 국가경계를 넘어 컴퓨터 정보가 처리되고 저장되고 검색되는 기계해독자료(machine-readable data)를 의미한다. 따라서 TDF는 전화선이나 정보전용회선, 마이크로 웨이브, 혹은 통신위성 등 모든 종류의 전송미디어를 이용하여 한 국가의 특정 지점으로부터 다른 국가의 특정 지점으로 컴퓨터자료가 전송되는 현상이라고 할 수 있다. 그러한 점에서 한 국가 내에서 이루어지는 컴퓨터자료의 이동이나, 혹은 정보가 국경을 넘어서 전송되더라도 그 정보가 컴퓨터자료가 아닌 방송전파인 경우에는 TDF에 포함시키지 않는다.

국가간정보유통은 그 목적에 따라서는 상업용과 비상업용으로 구분될 수 있다. 상업용 TDF는 이윤을 목적으로 하는 모든 종류의 TDF를 의미하며, 앞서 언급한 원격탐사정보의 유통도 여기에 포함시킨다. 반면에 비상업용 TDF는 TDF자체가 이윤추구의 수단이 되지 않는 기업정보망(corporate network)으로서 한정된 폐쇄이용자집단망(closed user-group network)을 통한 TDF가 이에 속한다.

국가간정보유통이 국제적인 쟁점이 되고 있는 가장 큰 이유는 지능정보산업과 지능정보기술의 발달로 인해 특정 국가내부에 관한 방대한 정보들이 해당국가의 통제권이 미치지 못하는 외국으로 유출되기 때문이다. 따라서 이로 인해 발생하는 쟁점들도 주로 정보주권의 문제, 정보의 대외취약성 문제, 그리고 국제적 차원의 사생활 침해 등 세 가지 차원에서 자주 논의되고 있다.

정보주권이란 정보를 자원의 일부로 파악하는 데에서 출발하여 특정한 정보의 소유권과 통제권을 의미한다. 정보주권은 기존의 주권개념에 정보를 확대적용하여 천연자원에 대한 영구주권만이 아니라 이 정보자원에 관한 것에 대해서도 영구주권을 주장하는 것이다. 이 경우 해당국의 허가 없이 인공위성 등에 의한 원격탐사를 통해 해당국의 천연자원에 대한 정보를 수집하는 것은 주권침해 행위로 받아들여지며, 이러한 정보가 외국의 데이터베이스에 수록된 경우 그 자료에 대한 통제권과 접근권이 인정되어야 하고 그 정보가 해당국가에 유리하게 사용되어야 하는 의무가 주어져야 한다는 논리이다.

정보의 대외취약성이란 한 국가의 주권행사가 해당국가의 배타적인 통제하에 있는 것이 아니라 외국 혹은 다국적기업에 의해 제한받거나 그럴 가능성이 큰 것을 말한다. 지능정보기술의 급속한 발달과 국제화에 따라 국제적 차원에서 사생활 침해와 같은 국민의 기본권 침해가 일어날 가능성, 국가통치 혹은 국가안보와 관련된 중요한 정보가 국외로 유출될 가능성, 국가발전이나 국민복지에 꼭 필요한 자료를 해외에 의존하고 있을 경우 이에 대한 접근이 제약될 수 있는 가능성 등이 대외취약성의 대표적인 예이다.

국제적 차원에서의 사생활 침해와 관련된 논쟁은 원래 한 국가내에 국가기관이나 기업 혹은 민간조사기관 등에 의해 이루어지는 일반 개개인에 대한 광범위하고 조직적인 정보의 수집 및 축적이 개인의 사생활을 침해할 여지를 안고 있다는 데에서 출발한다. 하지만 이 문제는 TDF와 같은 국제적인 정보유통의 경우에도 빈번히 발생하는 논쟁거리로 등장하고 있다. 그 대표적인 경우가 국제적인 은행이나 신용카드회사의 정보관리에 관련된 것이다. 오늘날에는 신용카드가 제2의 화폐로 널리 쓰이고 있기 때문에 국내의 카드회사들은 국제적인 카드회사와의 제휴를 통해 해외에서의 이용을 원활히 하고 있다. 따라서 국제적인 신용카드회사는 해당국가의 일반인, 기업, 혹은 정부기관의 구매실적과 신용도, 신상정보 등을 관리하게 된다. 이 경우 이들 신용회사가 축적하고 관리하고 있는 개인정보는 고객당사자가 정보확인이나 수정, 정보기밀보장 등과 같은 적절한 조치를 할 수 있는 기회를 제대로 받지 못하게 된다. 뿐만 아니라 이들 정보가 해당국의 국경을 넘어서서 정보관리국의 법률에 의해 유출되거나 공개될 가능성을 배제할 수 없다.

| 제 2 절 |

지능정보사회의 역기능과 정보윤리

1 지능정보사회의 역기능

산업사회의 대표적인 역기능이 공해에 의한 환경의 파괴로 대표되듯이 지능정보사회의 역기능은 컴퓨터 범죄로 통칭되고 있다. 우리는 그동안 언론매체를 통해 컴퓨터를 이용한 금융범죄, 선거개표 컴퓨터조작설, 전산망에 의한 프라이버시 침해, 전산조작에 의한 입시부정, 핵커에 의한 국가정보의 유출기도 등 많은 범죄 기사에 접해 왔다. 이처럼 우리에게도 컴퓨터범죄가 스며든지 오래여서 컴퓨터범죄는 사회에 큰 물의를 일으키고 있는 중요한 역기능임이 분명하다. 지능정보사회의 역기능은 명확히 구분하기 모호한 점이 있긴 하나 컴퓨터범죄 이외에도 사회적 역기능, 문화적 역기능, 윤리적 역기능, 정치적 역기능 등 그 종류가 다양하여 적절한 대비책을 강구하지 못할 경우에는 매우 심각한 국가사회의 문제를 야기시킬 수 있는 것이다.[34]

1.1 범죄적 역기능

범죄적 역기능은 컴퓨터의 부정조작(abuse), 오용(misuse), 파괴, 정보통신상의 도청, 주요 정보의 변조, 음해 및 부정유출, 타정보시스템의 부정 접근 및 침투 등 다각적인 범죄행위로부터 연유되는 역기능을 의미한다.

최근에는 바이러스와 핵커의 침투로 인한 범죄적 행위도 신종 역기능으로 대두되고 있다. 또한 정보통신망을 통한 특정인의 비방, 음해, 공갈, 협박, 허위 정보의 유포 등 새로운 범죄행위가 출현하고 있으며 PC와 워크스테이션이 소형화, 경량화된 특성을 이용하여 하드웨어나 주요 디스켓 자체를 절도하는 신종 범죄도 등장하고 있다.

그리고 국제정보통신망의 확대 이용 및 개방화에 따른 보안상의 취약성을 악용한 국제적 정보통신 범죄도 증가하고 있어 국제화, 개방화, 선진화에 부응하는 대비책 강구가 절실히 요구되는 실정이다.

1.2 사회적 역기능

사회적 역기능은 생산체제의 자동화 및 지능화로 인한 실업자의 유발, 국가 주요 정보나 산업정보의 도절 또는 부정 유출 등으로 인한 국가적 손실 및 사회적 혼란, 시스템 통합으로 인한 산업구조의 변동과 구조적 체제의 갈등, 정보통신시스템이나 정보통신망의 파괴 또는 불의의 운영 중단으로 인한 사회적 기능 마비, 정보소유의 불균질화, 범죄수단 및 사회통제수단으로의 역이용, 개인정보(privacy)의 침해 등에 의한 물의와 피해 등은 사회적 역기능으로 평가된다.

---

34) 한국전산원, 「정보화 역기능 현황 및 분석」

이와 같은 여러 가지의 사회적 역기능현상 중에서 몇 가지 사례를 살펴보자.

첫째, 정보소유의 불균질화를 들 수 있다. 전화를 비롯한 현재의 방송이나 신문 등의 정보통신시스템은 모두 발신자 위주로 설계되어 있기 때문에 정보통신시스템을 통해 정보가 사회에 균질적으로 보내지고 있다. 즉 똑같은 정보가 일률적으로 보내지게 된다. 그리하여 거의 강제적으로 모든 사람이 같은 정보를 공유하게 된다. 이와 같이 일방적으로 보내는 똑같은 정보로 인하여 대다수 사람들의 의식내용과 그 수준 및 방향이 간접적으로 관리되어버린 사회가 바로 오늘의 현대사회이다.

그러므로 받는 쪽이 선택하는 통신서비스가 보급되어야 한다. 시청자 요청에 적합한 TV의 보급 등에 의해 수신자 본위의 통신커뮤니케이션이 이루어지면 「원하는 시간에 원하는 정보」라는 구호 아래 자신에게 필요치 않다고 판단되는 정보를 배제함에 따라 정보의 소유형태는 불균질적으로 변화하게 될 것이다.

극단적인 표현을 하면 정치에 흥미가 없는 사람도 신문이나 TV로 국무총리의 이름 정도는 강제적으로 알게 되는 상태(강제적 일람성)서 앞으로는 철저하게 스포츠란이나 TV프로그램란만 훑어보고 지금의 국무총리가 누구인지에 대해서 일체 관심이 없고, 모르고 지내는 사람이 늘어갈 상황이다. 다시 말해서 지능정보사회에서 정보통신의 개인화·지능화에 따라 매스컴의 강제적 일람성이 약해지고 개인이 갖는 정보가 저마다 각양각색으로 달라지면 그 차이가 커져 정보소유의 불균질화 현상이 촉진될 가능성이 많다.

둘째, 시스템정지의 공포를 들 수 있다. 정보통신시스템이 거대화·복잡화될수록 그 시스템이 무슨 이유로 인해 정지될 때에 일어나는 영향은 사회적인 큰 문제가 된다. 거대하고 아주 복잡한 정보통신시스템은 그것을 움직이는 프로그램이 수백만 스텝(명령줄)으로 되어 있다. 그 속의 에러를 완벽하게 없애기란 대단히 곤란한 일이다. 평상시에는 정상으로 가동되다가 특수한 상황에서 에러가 표면화되는 수가 있다. 은행의 온라인 시스템이 고장을 일으켜서 현금을 인출하지 못하게 된 상황도 가끔 일어나고 있다.

이런 사태가 일어나면 직접·간접의 피해가 수많은 사람에게 미치게 되고 사회적인 문제로 대두된다. 즉 에러나 이상이 생길 것을 가상해서 백업(긴급대비)조치가 미리 되어 있었더라도 예상하지 못했던 사고가 일어날 수 있고 일이 발생하면 제대로 완벽하게 대응이 안되어 사회문제로 되어버린다.

셋째, 개인정보의 침해를 들 수 있다. 공공기관의 신상기록 유출은 물론 금융기관이나 신용카드회사, 백화점, 여행사 등 각종 조직과 단체에서 보관 사용하고 있는 신상기록의 부정유출은 인권침해로 인한 개인적인 피해와 사회적인 물의를 야기시키고 있다. 자동차 등록 대장의 임의 열람으로 외제 고급승용차의 소유주를 파악하여 범행을 저지른 경우나 개인의 신상기록을 통하여 그 사람의 직업이나 가족관계를 파악하여 취약한 틈을 노려 범행을 저지른 경우 등은 실제로 발생했던 사회적 범죄의 실례이다.

1.3 문화적 역기능

문화적 역기능은 지능정보화의 순기능으로 인한 질적 생활수준의 향상과 정보문화의 발달 등에 역행하여 컴퓨터 오락의 저속한 이용과 컴퓨터게임의 도박 등으로 건전한 사회문화에 악영향을 끼치는 역작용 등을 의미한다. 특히 도박놀이의 경우 게임 S/W를 변조하여 도박자와 공모함으로써 부당 이익을 챙기다 구속된 실례는 또 하나의 범죄를 낳는 문화적 역기능임을 입증해 주고 있다.

청소년 사회에 컴퓨터의 보급이 확산되고 있는 현상은 매우 긍정적이고 바람직한 사실임에도 틀림없으나 그 실용면에 있어서 건전한 게임을 통한 학습효과와 지능개발, 취미활용과 연구실험 등의 순기능을 도외시하고 지나치게 도취하거나 저속한 자료교환의 도구로 역이용함으로써 오히려 학습에 지장을 초래한다면 이는 분명 교육적인 차원에서 볼 때 문화적인 역기능 현상이라고 할수 있다.

그리고 컴퓨터라는 기계생활의 몰입에서 오는 비인간화, 세대간 및 계층 간의 컴퓨터에 대한 친숙도의 차이로부터 연유되는 소외감의 심화, 장시간의 컴퓨터작동으로 인한 건강상의 문제 유발 등은 또 다른 단면의 문화적 역기능 현상이라 할 수 있다. 특히 건강상의 문제의 예로 테크노 스트레스(technostress)또는 사이버포비아(cyberphobia)를 들 수 있다. 이것은 장시간 동안 컴퓨터의 모니터를 대함으로써 눈에 피로를 느끼거나 컴퓨터 작동상의 조바심이나 불안감으로 신경이 쇠약해져 현실생활이나 인간관계로부터 도피하거나 심리적, 육체적으로 거부반응을 일으키는 증세를 말한다. 테크노 스트레스는 산업사회에서 일반화되어 있는 산업스트레스와는 달리 인간두뇌의 역할을 대응하기 위해 만들어진 컴퓨터를 운용하기 위해서는 방대한 지식을 필요로 하기 때문에 초조, 우울증, 노이로제 등의 심리적인 스트레스를 유발함을 의미한다.

1.4 윤리적 역기능

우리 사회에는 각 분야마다 여러 가지의 사회통념적인 윤리규범과 사회적 예의범절이 있다. 정보통신분야에도 당연히 지켜져야 할 윤리 도덕적 규범과 예절이 있는 것이다. 예를 들면 전화예절, 서신예절, 방송윤리, 신문윤리 등이 그러한 속성들이다. 그러나 컴퓨터의 활용이 급속히 확대됨과 동시에 그에 따른 윤리 도덕적인 가치관이 정립되어 있지 못한 경우가 있다. 즉 시스템의 전문가는 전문가대로 사용자는 사용자대로 윤리 도덕적 규범 속에서 행동을 해야 하나 현실은 그렇지 않는 경우가 있다.

컴퓨터에 의한 디지털 정보통신은 삽시간에 실행될 뿐 아니라 순간적으로 실행된 결과를 소멸시킬 수 있다는 취약성을 악용하여, 또 일부 소수 인원만이 전문가나 실무자로서 알고 있는 시스템의 전문성 등을 악용하여 새로운 형태의 비윤리적 범죄행위를 함으로써 사회에 많은 물의를 야기시키고 있다.

바로 윤리적 역기능이란 역기능의 결과로 영향을 받게 되는 사회적 역기능이나 문화적 역기능과는 달리 범죄적 속성과 직결된다. 왜냐하면 컴퓨터를 통한 어떠한 행위 자체가 윤리적이냐 비윤리적이냐에 따라 범죄성립의 요건이 좌우될 수 있기 때문이다. 대부분의 비윤리적 행위들은 대체적으로 범죄적 역기능에 속하고 있는데, 그 예를 들면 정보통신망을 통한 음란정보의 유포나 저속한 USB의 유통행위, 성적희롱이나 폭언을 통한 청소년들의 정서를 저해행위, 컴퓨터를 통한 공갈, 협박, 사기, 전문가의 범죄적 매수행위 등을 들 수 있다. 이러한 행위들은 윤리적 차원의 역기능일 뿐만 아니라 법에 위배되는 범죄적 행위이다. 또한 인명 피해는 전연 도외시한 채 특정 목적만을 위하여 시스템의 테러나 파괴를 기도하는 범죄자의 행위 등은 반윤리적 행위일 뿐만 아니라 비도덕적, 비인간적인 범죄행위이다.

1.5 정치적 역기능

지능정보사회에서는 정치정보가 과대 공급됨으로써 미처 처리되지 못한 정보가 누적되는 경우 정보의 활용도가 오히려 떨어지고, 그 결과 정치적 현상에 대한 결과적인 문맹상태를 유발할 가능성이 있다. 특히 스마트폰의 지배자들에 의해 조작된 정보가 유통될 경우 왜곡된 정보와 그렇지 않은 정보를 식별하고 검색한다는 일이 손쉽지 않게 된다. 이러한 상황하에 놓여지게 되는 사회공동체 구성원들은 정치정보의 활용을 통한 정치과정에의 참여를 포기하고 일종의 자폐적인 공동체를 형성하게 된다. 이러한 데에서 오는 정치적 무관심은 정치적 불신이나 좌절감에서 보는 무관심보다 훨씬 더 구조적인 것이어서 손쉽게 치유되기 힘들다. 또한 스마트폰의 지배자가 정책결정에 필요한 정보를 공급하지 않은 채 오히려 정치적 무관심과 정치적 이탈을 유도하기 위한 정보를 생산, 공급하게 되는 경우 정치적 문맹상태는 더욱 심화되지 않을 수 없다.

한편 스마트폰의 활용으로 각종 정보가 광범위하게 수집, 저장, 배포되면서 자기 정보에 대한 제어권이 침해되고 결과적으로 개인의 사적 생활의 보호가 위축됨으로써 개인의 인권이 근본적으로 위협을 받게 된다. 이럴 경우 정치과정에 참여하고 있는 개인은 자신에 대한 정보가 자기도 모르는 사이에 수집, 보관, 이용되고 있을 것이라는 것에 대한 우려로 인하여 불안하게 되고, 잘못 유통된 개인에 대한 정보가 그 개인에 대한 판단을 그르치게 하는 원인이 될 수도 있다. 이런 상황하에 놓여지게 되는 사회공동체 구성원으로서의 개인은 그런 정치체제의 정당성에 의심을 품게 되는 것은 물론이고 자율적 의사결정권의 행사에 결정적인 장애를 느끼게 된다. 이러한 현상은 개인을 방어적, 은폐적 존재로 유도하는 결과를 가져옴으로써 정치에의 참여를 약화시키게 된다.

② 지능정보사회의 정보윤리

2.1 정보윤리의 개념과 필요성

미래학자들이 예견했던 지능정보사회의 모습은 이제 단순한 예견이 아닌 현실이 되고 있다. 전세계를 연결하고 있는 정보통신망은 우리의 삶의 방식과 거래 방식을 근본적으로 바꾸었으며, 또한 정치 · 경제 · 사회 · 문화 · 교육 등 사회 전반에 걸쳐 심원한 변화를 초래하고 있다. 그리고 지금 한국은 이러한 변화를 주도하는 선도적인 국가 가운데 하나이다.

앞에서 논의된 바와 같이, 지능정보사회는 밝은 면과 어두운 면을 동시에 가지고 있다. 지능정보기술은 우리의 삶을 편리하고 유익하게 만들어 주고 있으나, 그 기술의 그릇된 사용으로 인한 역기능도 많이 나타나고 있다. 예컨대, 현실 공간에서 벌어지는 다양한 범죄행위와 스토킹, 도박, 사기, 매매춘, 유언비어 유포 등 비윤리적인 행동이 사이버공간에서도 그대로 행해지고 있으며, 해킹이나 컴퓨터 바이러스 유포 등의 경우에서 볼 수 있는 바와 같이 현실 공간에서는 별로 문제되지 않거나 쉽게 찾아볼 수 없었던 새로운 현상들이 사이버공간에서는 심각한 문제가 되기도 한다. 그러므로 우리는 지능정보사회에서 나타나는 윤리적 문제들에 깊은 관심을 가질 필요가 있다.

이렇듯 지능정보기술이 제공하는 서비스의 지원에 의해 움직여지는 지능정보사회는 우리에게 이중적인 윤리적 도전을 제기하고 있다. 하나는 컴퓨터 하드웨어와 소프트웨어 그리고 네트워크를 포함하여 정보를 처리하는 기술의 적절한 배치와 관련된 문제이고, 다른 하나는 정보의 관리와 통제에 관한 문제이다. 이 두 가지 도전과 관련하여 지적 재산권이나 프라이버시 침해와 같은 문제에서부터 정보격차에 이르기까지 복잡하면서도 매우 다양한 윤리적 문제들이 우리를 괴롭히고 있다. 그러므로, 지능정보사회에서 야기되고 있는 새롭고도 다양한 윤리적 문제에 대처해 나가기 위해서는 그러한 문제들을 이론적 · 실천적으로 다룰 수 있는 정보윤리의식의 확립이 필연적으로 요구된다.

지능정보사회에서는 산업사회와 정보사회에 비해 더 다양한 윤리적 문제가 발생하고 있으므로, 지능정보사회는 정보를 올바르게 생산 · 분배 · 유통 · 이용할 수 있는 인간의 윤리의식이 절대적으로 요구되는 사회이다. 그러므로 지능정보사회의 구성원들은 정보윤리에 입각하여 사고하고 행동할 필요가 있다. 정보윤리란 지능정보사회에서 야기되고 있는 윤리적 문제들을 해결하기 위한 규범 체계이다. 정보윤리는 단순히 지능정보기술을 다루는 데 있어서 뿐만 아니라 지능정보사회의 한 구성원으로서 살아가는 데 있어서 옳음과 그름, 좋음과 나쁨, 윤리적인 것과 비윤리적인 것을 올바르게 판단하여 행동하는 데 필요한 규범적인 기준 체계이다.

지능정보사회의 도래를 촉진한 지능정보기술은 일정한 논리에 따라서 작동하지만, 우리 인간은 선과 악, 옳음과 그름을 구별하는 윤리에 따라 행동하는 존재이다. 지능정보사회가 인간의 존엄성이 고양되는 사회가 되기 위해서는 '기술의 논리'가 아닌 '정보윤리'에 의해 지배되는 사회가 되어야 한다. 그런데,

지능정보사회에서 정보윤리의 필요성과 가치는 크게 두 가지로 나누어 볼 수 있다. 지능정보사회에서 정보윤리는 지능정보사회의 방향 설정을 위한 토대적 가치와 지능정보사회의 역기능 예방을 위한 치료적 가치를 지니고 있다. 우리는 지능정보사회로 향하는 과정에서 발생하는 윤리적 문제들을 해결하는 동시에 지능정보사회가 인간의 모습을 지닌 바람직한 사회가 될 수 있도록 만들기 위하여 그 어느 때보다도 수준 높은 윤리 의식을 필요로 하고 있다.

따라서 지능정보사회에 대한 궁극적인 화두는 결국 '어떤 모습을 한 지능정보사회인가?'의 문제로 귀결될 수 있다. 이것은 지능정보기술 자체의 문제가 아니라 지능정보기술의 발전과 확산을 둘러싼 사회적 관계를 우리가 어떻게 구성해 나갈 것인가의 문제라고 할 수 있다. 결국 우리가 어떤 모습을 지닌 지능정보사회로 나갈 것인가를 결정하는 것은 기술적 차원의 문제가 아니라 철학적·윤리적 차원에서의 선택이라고 할 수 있다. 정보윤리는 우리가 지향하는 지능정보사회의 모습을 설정하는데 있어서 판단의 토대를 제공해 준다. 그러면 정보윤리에 토대를 둔 이상적인 지능정보사회는 어떤 모습이여야 하는가?

첫째, 우리가 지향하는 지능정보사회는 불신·대립·증오에 기초하여 성립되는 분열되고 닫힌 질서에서 벗어나, 상호 신뢰·관용·존중의 정신에 의한 개방적이며 상호 의존적인 사회이여야 한다. 둘째, 우리가 지향하는 지능정보사회는 기술이 아니라 인간을, 물질이 아니라 생명을, 결과가 아니라 과정을, 수단이 아니라 목적을 중시하는 사회이여야 한다. 셋째, 시민의 정보주권이 중시되고, 정보정책의 입안과 실현 과정에 대한 시민의 주체적 참여가 보장되며, 모든 수준의 정치 과정에서 시민의 표현의 자유와 정보의 욕구가 능동적으로 실현될 수 있는 참여 민주적 시민 사회이여야 한다. 넷째, 인간의 창의성과 현실에 대한 비판적 사고가 중시되며, 모든 시민이 지능정보사회의 혜택을 고르게 누릴 수 있는 평등 사회이여야 한다.

한편, 지능정보사회에서 정보윤리는 지능정보사회의 역기능에 대처해 나가기 위한 치료적 가치를 지니고 있다. 일찍이 프로이트(Freud)는 문명이 야만을 문명의 지하로 추방해 버리기는 커녕 오히려 그것의 분출을 준비하고 있다고 지적한 바 있다. 이러한 프로이트의 지적은 지능정보사회라는 문명사적 대변혁 시대에 살고 있는 오늘 우리에게 매우 의미 있는 시사를 주고 있다. 왜냐하면, 그 동안 우리는 지능정보기술이 인류 사회에 가져올 긍정적 효과에만 얽매여 부정적 영향을 간과하여 왔기 때문이다.

우리나라에서 지능정보사회의 역기능은 주로 지능정보기술의 특성인 익명성과 정보 접근의 용이성에 기초하여 발생하고 있는바, 그 근본 원인은 물질주의적·수단주의적 가치 체계라고 할 수 있다. 비인간적이고 반생명적인 가치 질서의 만연이 지능정보화 과정에서 나타난 역기능 현상의 근본 원인이 되고 있다. 그 결과, 우리 사회에서는 산업사회의 경제적 불평등의 문제가 정보격차로 이어지고 있고, 사유재산권의 문제가 지적재산권의 문제로 전이되고 있으며, 물리적 폭력과 범죄가 사이버 폭력과 범죄로 이어지고, 다양한 현실의 사회악이 사이버 공동체에서 재현되고 있는 실정이다.

하지만 이러한 문제들에 대한 기술적·제도적 대책은 쉽게 찾기 어려운 뿐만 아니라 많은 비용과 시간을 필요로 한다. 따라서 우리는 지능정보사회에 걸맞은 정보문화의 창달을 통하여 역기능에 맞서 나가야 한다. 그리고 그러한 정보문화의 기저에는 정보윤리가 자리를 잡고 있어야 한다. 왜냐하면, 지능정보사회를 보다 인간 중심적인 차원으로 전환시키기 위해서는 삶의 질과 생명 가치를 중심으로 삼는 정보윤리의 확산이 절실하게 요청되기 때문이다.

2.2 정보윤리의 성격과 기능

지능정보사회가 산업사회와는 획기적으로 다르다고 주장하는 사람들은 대체로 새로운 정보윤리를 주장하고 있다. 이러한 주장은 산업사회가 표준성, 동질성, 경쟁, 계층제, 자연 정복, 물질적 만족, 능률성, 범주 내에서의 사고를 기본적 논리로 하는 반면에 지능정보사회는 탈표준화, 이질혼합성, 연결, 공생과 상호조화, 수평적 체제, 지속가능한 성장, 문화적 만족, 윤리적 관심과 미학적 고양, 탈범주적 사고를 기본적 논리로 하고 있다는 것에 근거하고 있다. 즉, 지능정보사회에서의 지능정보기술은 새로운 유형의 윤리적 문제를 야기하고 있으므로 우리는 반드시 전통적인 윤리적 범주를 재구성해야만 한다는 것이다.

전통적으로 윤리는 앞으로 일어날 일을 예방하는 기능보다는 이미 일어난 일에 대한 도덕적 평가에 초점을 맞추어 왔으며, 그 결과 늘 시대 변화를 제대로 따라 가지 못하는 심각한 윤리적 지체(ethical lag) 현상을 겪어 왔다. 또한, 윤리 규범의 절대성과 보편성을 강조하면서도 실제로는 국지적 성격의 윤리로 기능하여 왔다. 이러한 현실을 고려하여 볼 때, 향후 정보윤리는 다음과 같은 기능을 수행하는 윤리가 되어야만 한다.

첫째, 정보윤리는 처방 윤리(prescriptive ethics)이다. 정보윤리는 지능정보사회에서 우리가 해야 할 것과 해서는 안 되는 것을 분명하게 규정해 주어야만 한다.

둘째, 정보윤리는 예방 윤리(preventive ethics)이다. 정보윤리는 향후 지능정보기술의 발전이 수반하게 될 제반 윤리적 문제들에 대해 우리가 사전에 숙고하고 예방하도록 도와주어야만 한다.

셋째, 정보윤리는 변형 윤리(transformative ethics)이다. 정보윤리는 지능정보화의 역기능, 특히 사이버 공간의 무질서와 혼돈에 대한 하나의 반응으로서 출현한 것이기에, 정보윤리는 인간의 경험이나 제도·정책의 변형 필요성을 강조해야만 한다.

넷째, 정보윤리는 세계 윤리(global ethics)이다. 정보윤리는 국지적 윤리가 아닌 세계 보편 윤리가 되어야 한다.

중요개념

? Help	☑ OK

☑ 정보과잉	☑ 정보격차
☑ 수용자극화현상	☑ 지식격차
☑ 정보부자	☑ 정보빈차
☑ 정보의 포용자집단	☑ 정보의 거부자집단
☑ 정보의 무관자집단	☑ 정보의 무기력집단
☑ 국가간 정보유통	☑ 원격탐사
☑ 전파월경	☑ 정보주권
☑ 정보의 대외취약성	☑ 정보윤리

연습문제

1 정보과잉이란 무엇이며, 정보과잉의 사회·경제적인 영향을 설명하라.

2 계층간의 지식격차가 발생하는 원인을 설명하라.

3 정보격차란 무엇을 의미하며, 정보격차를 발생케 하는 원인은 무엇인가?

4 뉴미디어기술의 변화에 따라 정보격차가 감소될 수 있다는 견해(보급이론에 기초한 견해)와 더욱 확대된다는 견해(지식격차가설에 기초한 견해)를 설명하라.

5 현재 우리나라의 경우에 어떤 계층이 대체로 정보부자라고 할 수 있는가?

6 다음을 논평하라.

"다니엘 벨(Daniel Bell)은 문화적 다양성의 붕괴로 방향감각의 상실이 발생하였다고 진단하고 있다."

"나이스빗(Naisbitt)은 지능정보사회에서의 민주주의는 대의민주주의에서 참여민주주의로 변화할 것이라고 예견하고 있다."

7 지능정보사회에서 뉴미디어의 출현이 우리에게 주는 편익에도 불구하고 오히려 개인의 사생활을 침해할 소지는 없는가?

8 지능정보사회에서 많은 국가들이 정보통신서비스를 개방화함에 따라 자국의 문화적인 고유성을 상실할 가능성은 없는가?

9 사이버범죄는 어떠한 것들이 있는가?

10 지능정보사회에서 각 국가의 뉴미디어의 개발경쟁으로 인한 새로운 국제정보질서의 불균형이 야기될 수 있는데, 국제정보질서의 불균형이란 무엇을 의미하는가?

11 지능정보사회의 역기능을 설명하라.

12 지능정보사회이기 때문에 발생하는 쟁점사항들 중에서 20개 이상을 열거하고, 그 중 3개를 구체적으로 논술하시오.

13 지능정보사회에서 뉴미디어의 출현 및 사용에 따라 우리에게 주는 편익에도 불구하고, 오히려 개인의 사생활을 침해하는 경우도 있는데, 개인정보의 유형에 대해 30가지 이상을 나열하시오.

14 지능정보사회에서 야기될 수 있는 사이버범죄의 유형을 나열하시오.

15 다음을 논평하시오.

"지능정보사회에서 각 국가의 뉴미디어의 개발경쟁으로 인한 국제적 정보 격차와 그로 인해 새로운 국제정보질서의 불균형 현상은 재현되지 않는가?"

16 지능정보사회에서의 개인의 자기정체성(self-identity)에 대해 설명하시오.

17 지능정보사회에서 야기되고 있는 윤리적 문제들을 해결하기 위한 정보윤리란 무엇을 말하는가?

18 정보윤리에 근거한 이상적인 지능정보사회란 어떠한 사회를 말하는가?

PART 02

부문별 정보화

사회의 역사적 발전과정을 보면, 산업사회는 정보화를 거쳐 정보사회로, 정보사회는 지능정보화를 거쳐 지능정보사회로 발전해왔다. 그러면 이때 정보화와 지능정보화란 과연 무엇을 의미하는가? 이에 대해 제5장에서는 정보화의 개념 및 정의, 정보화의 특성 및 진행단계, 정보화의 요인, 정보화의 역사적 변천과정, 그리고 지능정보화의 개념 및 정의, 지능정보화의 주요 기술, 지능정보화의 특성 등을 살펴본다. 그리고 주로 한 국가를 대상으로 한 각 부문의 지능정보화, 즉 국가와 지역의 지능정보화(제6장), 개인과 가정의 지능정보화(제7장), 기업과 산업의 지능정보화(제8장), 사회와 경제의 지능정보화(제9장) 그리고 정보사회에서의 기간산업인 정보통신산업과 지능정보사회에서의 기간산업인 지능정보산업(제10장)을 살펴본다.

정보화와 지능정보화란 무엇인가?

여기에서는 정보화와 지능정보화를 살펴본다. 먼저 정보화에 관련된 사항들로서 정보화의 개념 및 배경, 정보화의 의미, 정보화의 특성, 그리고 정보화의 역사적 변천과정을 살펴본다. 그리고 인공지능, 사물인터넷, 클라우드 컴퓨팅, 빅데이터, 모바일 등 지능정보기술이 경제·사회 전반에 혁신적인 변화를 가져오게 하는 지능정보화(제4차 산업혁명)를 살펴본다.

제1절
정보화

1 정보화의 개념 및 배경, 의미

1.1 정보화의 개념 및 배경

제1장에서 살펴본 바와 같이 정보에 대한 정의는 논자의 관점에 따라 매우 다양하게 정립되어 왔던 것처럼, 정보화의 개념 및 정의 역시 매우 다양하게 정립되어 왔다. 그러나 정보화에 대한 일반적인 정의들을 종합해 보면 정보화란 '시대적 상황에 관계없이 정보통신기술이 발전되어 감에 따라 사회경제적 측면에서 물질·에너지보다 정보가 중요시되어 가고, 정보의 수집·처리·전달 및 이용을 위한 정보통신기기가 사회 전분야에 도입·활용됨에 따라 인간

의 노동을 도구나 기계에 의해 대체해 감으로써 인간의 소비활동이나 생산활동의 효율성을 향상시키는 현상'이라고 말할 수 있다.[1]

사람들이 컴퓨터나 전화와 같은 정보통신기기를 왜 사용하고자 하는가를 생각해 보자. 그 이유는 일을 보다 쉽고 빠르고 보다 정확하게 하기 위해서 일 것이다. 생산이나 소비활동을 함에 있어 인간은 가능한 한 적은 노력으로 극대의 효과를 추구하든가, 같은 양의 노력으로 최대의 효과를 얻으려고 기대한다. 즉 인간은 모든 행동을 효율적으로 하려고 노력하기 때문에 사람들은 소비활동과 생산활동에 유용한 도구나 기술을 개발하려고 노력하고 있다.

이러한 인간의 노력들이 궁극적으로는 도구나 기계에 인간의 노동을 가능한 한 맡기려는 행동으로 나타나게 된다. 그런데 이러한 인간노동의 도구화나 기계화는 인간이 가지고 있는 정보를 도구나 기계에 이전 또는 체화시킴으로써 가능하게 된다. 이와 같이 인간의 소비활동이나 생산활동에서 효율성을 향상시키기 위해 생산이나 소비에 관한 지식, 기술, 기능 등의 정보(소프트웨어)를 도구나 기계(하드웨어)에 이전시켜 인간의 육체 및 정신노동의 일부를 도구나 기계에 분담시키는 현상을 정보화라고 한다.

한편 정보화가 진행되게 된 경제사회적 배경으로는 정보의 가치증대와 정보에 대한 인식변화, 소득증대로 인한 개인욕구의 고급화·다양화·개성화, 정보통신기술의 발전으로 인한 정보통신기기의 보급, 정보통신하부구조의 역할 증대, 정보통신산업의 발전, 지역간 균형발전에 대한 욕구 그리고 세계화·자유화에 대한 대응 등 매우 포괄적으로 거론되고 있다.

1.2 정보화의 의미

인류문명은 이제까지의 '사람의 손과 근육 에너지 및 그 대체물인 기계를 생산수단으로 공업이 만들어낸, 실체가 있는 물질중심의 산업사회'에서 '인간의 두뇌나 지적 창조력을 생산수단으로 정보통신산업이 만들어내는 무형의 정보가

---

[1] 전산화는 단순히 조직내에 컴퓨터 및 관련기술의 사용이 확대되는 과정을 의미하는 반면에, 정보화는 조직에서 정보의 중요성이 인식되고 정보요구가 급증하면서 정보통신기술의 사용이 확대되고 결과적으로 의미있는 정보의 유통이 확대되는 과정을 말한다. 오늘날 조직의 정보화는 전산화를 전제로 한 것이기 때문에 양자간에 혼용이 있을 수 있지만, 정보화는 전산화의 개념을 포함하는 동시에 그 이상의 개념이다. 이와 같이 전산화와 정보화의 개념을 구별해야 하는 이유는 전산화가 반드시 정보화를 보장하지 못한다는 데서 연유한다.

주체가 되는 정보사회'로 전환되어 왔다. 이와 같이 산업사회에서 정보사회로의 전환되는 과정을 정보화라고 하는데, 이는 또한 정보사회에서는 형식정보보다 의미정보가 더 중요함을 내포하고 있다. 다시 말하면, 정보사회에서 정보화라는 말이 쓰여질 때는 형식정보가 아니라 의미정보가 사회·경제 속에서 중심적 역할을 하게 된다는 것을 뜻한다. 산업의 소프트화 또는 산업의 서비스화라는 말도 자주 사용하는데, 이것은 기업이 제공하는 제품이나 서비스에 있어서도 단순히 그 기능만이 아니고 패션(색, 형태 등 디자인이나 분위기) 등의 의미정보가 앞으로 더욱 더 중요함을 의미한다. 이와 같이 형식정보보다는 의미정보가 상대적으로 더 중요성을 더해간다는 것을 정보화라고 하는데, 일반적으로 정보화라고 지칭할 때 "화(化)"라는 의미는 어떠한 하나의 상태에서 다른 상태로 이행되는 동태적인 변화를 의미한다. 그러면 정보화란 어떤 상태로 이행되는 현상을 의미하는가? 하는 점이 중요하다. 일반적으로 정보화에는 네 가지 의미가 내포되어 있다고 할 수 있다.

첫째, 경제사회전반에 걸쳐 정보의 가치가 상대적으로 높아진다는 것이다. 예를 들면, 물건을 구입할 때 디자인의 좋고 나쁨, 색상의 다양성 여부 등 정보적 가치가 상대적으로 중요한 판단기준으로 되어가고 있는 추세이다. 따라서 정보화란 재질 및 서비스에 포함되어 있는 물질과 정보중에서 정보의 중요성이 증대되어 가는 현상이다.

둘째, 정보가 상품화되어 가고 있는 것이다. 제품 및 서비스에 있어서 정보의 가치가 점점 증대되어 감에 따라 정보자체가 거래의 대상이 되어 정보가 상품화되어 가고 있다. Data Base서비스업이 대표적인 경우인데 초기에는 조직의 비용절감, 에너지 절약 등을 위하여 내부적으로 Data Base를 구축하여 이용하였지만 그 규모가 커지고 외부에서의 이용욕구가 증대함에 따라 이를 상품화시켜 신규시장에 진출하는 경우가 증가하고 있다. 이로 인하여 정보통신분야를 중심으로 정보를 전문적으로 상품화시켜 경영하는 새로운 업종이 탄생했다.

셋째, 사회의 각 분야에서, 전자화(자동화)가 급속히 진전되어 가고 있다는 것을 의미한다. 지금까지 산업체, 정부는 물론이고 가정에까지 각종 컴퓨터 및 통신기기가 보급됨과 동시에 이들간에 네트워크화가 진전되어 주로 사람의 손으로 수행되어 오던 각종 업무가 효율화를 위해 급속히 전자화(자동화)되어 가고 있다. 이로 인해 정보와 통신이 점점 밀접하게 되었으며 통신분야에 있어서도 비전기적인 통신보다 전기적인 통신이 각광을 받게 되었다.

넷째, 정보통신기술과 이를 활용한 네트워크화가 중요하다는 것을 의미한다. 컴퓨터기술의 발달, 전송망의 광섬유화, 디지털화, 통신 및 방송위성의 본격적인 활용, 네트워크화의 진전 등으로 인해 신속성 및 기록성이 크게 향상되었고 대량의 데이터를 고속으로 전송·처리하는 것이 가능하게 되었으며 또한 부호, 문자, 정지화영상 등 다양한 정보형태로 전송하는 것이 가능하게 되었다. 즉, 모든 정보의 처리, 축적, 전송이 고속·대량 및 저렴한 가격으로 가능하게 된 것이다. 그러므로 정보통신기술을 활용한 정보통신망이 기존의 도로, 철도망과 함께 중요한 사회적 기반으로서 그 역할을 수행하게 된다.

2 정보화의 요인

고객의 개성화와 가치관의 다양화에 따른 「인간성의 실현」에 근거를 두고, 기업은 정보를 수집하고 편집하며 가공함으로써 물류, 생산 등 일련의 기업활동을 유기적으로 연관 지우면서 최종적으로 고객의 수요를 충족해 주는 한편 축적한 정보에 근거를 둔 제품을 개발하고 새로운 제품으로서 잠재되어 있는 수요를 개척하는 등의 시장지향(market driven)형 기업형태가 산업의 정보화에 의해서 나타나고 있다. 또한 「산업의 정보화」가 진전됨에 따라 「정보의 산업

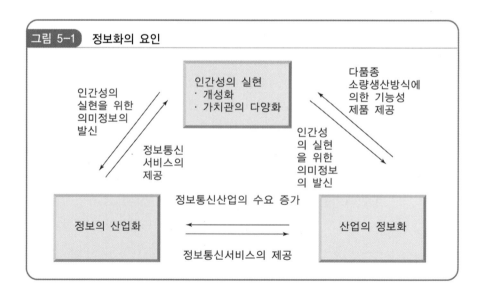

그림 5-1 정보화의 요인

화」가 촉진되고, 그 결과 정보통신산업에 대한 수요의 증가로서 구체화 된다. 이처럼 [그림 5-1]에서와 같이 「인간성의 실현」, 「산업의 정보화」, 그리고 「정보의 산업화」라고 하는 3개의 요소가 서로 긴밀하게 연관되면서 정보화를 촉진시키게 된다.

2.1 인간성의 실현

개인의 개성화와 가치관의 다양화로 인해 개체로서의 인간(인간성의 실현)이 존재하게 되는데, 개인의 개성화란 개별적인 존재가 되는 것, 즉 '자기'가 되는 것으로서 진정한 의미의 개성을 의미한다. 예를 들면, 얼마 전까지만 해도 그저 건설업자나 시공업자에 의해 공급되는 천편일률적인 구조의 아파트에 자신과 가족의 삶을 끼워 맞추는 것이 일반적이었다. 하지만 사람들의 삶이 여유로워지면서 자신만의 개성이 담긴 아파트, 자신의 생활패턴을 감안한 아파트, 그리고 고급화된 아파트에 대한 요구가 커지고 있다.

개인 가치관의 다양화는 ① 사회경제적인 영향(연령, 성별, 소득별, 가족수별, 라이프 사이클별, 직업별, 사회계층별), ② 지리적인 영향(국내 각 지역, 도시와 지방, 해외의 각 시장지역), ③ 심리적인 영향(자기현시욕, 기호 및 취미), ④ 구매동기적 영향(경제성, 품질, 안전성, 편리성) 등에 영향을 받는다. 이러한 가치관의 다양화가 가장 눈에 띄게 드러나는 곳이 대형할인점과 백화점이다. 백화점이 중고가를 선호하는 고객을 주대상으로 하고 있다면, 월마트와 이마트 등의 대형할인점은 중저가를 선호하는 고객을 대상으로 하고 있다. 특히, 월마트와 이마트 등 할인점 업계들의 가격경쟁으로 소비자들이 대형할인매장으로 몰리면서 백화점들의 매출이 급격히 감소하는 추세를 보이기도 했다. 특히 할인매점들은 저가공세 외에도 신규점의 개설로 인한 공격적인 경영전략으로 백화점에서 이탈하는 고객들을 흡수하면서 급격히 매출을 증가시켜 완전히 자리잡은 상태이다. 이에 대응해서 백화점업계는 상품과 서비스를 할인점과 차별 해 경쟁을 피해간다는 전략을 세웠지만, 초기 할인점의 공세에 곤혹스러움을 감추지 못했었다. 롯데, 신세계, 현대백화점 등 백화점업계는 재무구조 개선을 위한 구조조정을 활발히 전개하는 한편 고가 및 저가 소비자 가운데 수요에 따른 시장세분화 전략에 더욱 치중하여 고급브랜드를 유치하는 등 상품구성과 시스템의 고급화를 이루는 방향으로 선회하는 전략을 세웠다.

이와 같이 고객은 그 개성화와 가치관의 다양화에 따라서 새로운 사용방법
이나 색, 패션 등 새로운 생활양식을 창조해 가는(의미있는 정보를 갖는) 제품
이나 서비스를 찾고 있다. 이러한 고객의 요청, 고객이 보내는 신호인 시장정
보는 기업이 조정할 수 없는 정보이다. 그러므로 기업은 이러한 시장정보에 따
라 기업이 조정할 수 있는 생산과 유통 등의 기업활동을 조정해야 한다. 다시
말하면, 의미정보에 중점을 두게 된 '개인의 개성화'나 '가치관의 다양화'가 기
업활동의 출발점이 되었으며, 산업은 더 세련되고 질이 높은 의미정보를 갖는
제품이나 서비스를 제공함으로써 개성화나 다양한 가치관에 대응하려 하고 있
다. 이처럼 산업의 정보화는 인간이 저마다 개성을 주장하고 사회에 능동적으
로 참가하려는 「인간성의 실현」이 그 원동력이 되고 있다.

2.2 산업의 정보화

원래 산업의 정보화란 상품·서비스의 생산활동에서 차지하는 정보활동의
비중이 증대되는 것을 의미하였다. 상품의 생산은 이용 가능한 생산기술을 이
용해서 원재료, 자본, 노동 등의 조합을 통해 부가가치를 더한 새로운 상품을
만드는 과정이라고 할 수 있다. 이러한 생산과정에서의 정보란 곧 생산기술 그
자체였다. 다시 말하면 지금까지 이용 가능했던 생산기술에 새로운 정보를 추
가함에 따라 새로운 생산기술이 발생하고, 새로운 생산기술에 의해 생산요소의
투입량이 감소하여 부가가치를 높이는 것과 동시에 생산의 효율성을 향상시키
는 것을 의미하였다.

그러나 최근에 산업의 정보화란 '산업(기업)내부에서의 생산기술만으로 한정
하지 않고 산업(기업)내부에서 정보통신기술을 도입·활용함에 따라 상품·서
비스의 생산과정에서 판매과정에 이르기까지 효율화를 달성하여 생산성을 높
이려고 하는 것'을 의미한다. 정보통신기술의 진보에 의해 정보처리와 정보전
달의 효율화가 진전되고 또 그 비용의 감소가 실현됨에 따라 기업경영에 큰 영
향을 미치고 있다. 생산현장에서는 공장자동화(FA : factory automation)의 도입
이 진전되어 고도경제성장기의 생산방법이었던 소품종대량생산에서 소비자의
욕구의 다양화로 인한 수요의 개별화에 대응하는 다품종소량생산을 실현하려
고 한다. 이것은 수치제어를 중심으로 하는 공작기계, 로봇, 센서 등의 도입에
기초하고 있고, 그리고 컴퓨터통합생산(CIM : computer integrated manufacturing)

은 설계와 생산과정을 결합하는 기술로서 수요의 다양화에 대응하려고 하기 때문이다. 이러한 새로운 움직임을 생산에서의 정보화라고 할 수 있다. 생산에서의 정보화로 인한 생산과정의 노동생산성은 급속히 증가하고 있으며, 제품의 질도 상승하고 물적생산부문의 경쟁력이 향상되어 가고 있다.

이와 같이 생산부문에서의 정보화가 진행되고 있음에도 불구하고 사무부문은 구태의연한 수작업을 중심으로 사무업무가 진행되고 있었다. 사무부문에 컴퓨터가 도입된 이후에도 데이터의 입력, 프로그램의 개발이라는 상당히 노동집약적인 작업이 불가결하였다. 그리고 범용컴퓨터가 등장한 때는 집중형 정보처리를 하고 있기 때문에 범용컴퓨터의 도움에 의해 사무업무를 처리하는 부문과 그렇지 못한 부문이 분명히 구분되었다. 이러한 사무부문에서도 정보통신기술의 진보는 집중형에서 분산형의 정보처리시스템의 구현을 가능하게 하고, 분산형의 정보처리시스템을 네트워크로 연결한 하드웨어와 소프트웨어의 기술이 개발되어 사무부문에서도 정보화가 진전되었는데, 이를 사무자동화(OA : office automation)이라고 한다.

지금까지는 상품을 생산하는 제조업을 중심으로 고찰해왔지만, 그 외의 산업에서도 산업의 정보화가 진전되고 있다. 현재 가장 정보화가 진전되어 가고 있는 산업은 금융업이다. 금융업이 취급하는 돈이라는 특수한 것이 있고, 추상적으로는 숫자 그 자체이다. 다시 말하면 금융업은 숫자정보를 취급하는 비중이 크고, 컴퓨터에 가장 적합한 업무이다. 그 때문에 우리나라의 금융업계에서는 제1단계는 자행내의 금융업무 온라인화 및 업무자동화 단계, 제2단계는 금융네트워크 구축 및 서비스의 확산단계, 제3단계는 전자화폐 및 사이버금융(Cyber Banking) 단계로 추진되어 왔다. 이것은 경제활동에서 거래결제가 불가결하기 때문에 금융업의 분야를 정보화한다는 것은 거래기업 모두의 정보화를 촉진하는 경리부문 및 관련부문이 효율화되어 가고 있는 것을 의미한다. 말하자면 경제활동의 근본이 되는 결제부문이 정보화에 의해서 효율성을 향상시키려는 것이고, 그 배경에는 각 기업이 정보통신기기에 의한 정보의 처리·전달을 위한 네트워크화를 강력히 추진하고 있다.

금융업 다음으로 정보화가 진전되고 있는 부문은 유통업이다. 여기에서 말하는 유통업은 운수업, 백화점, 대형슈퍼를 포함한다. 유통업에서 이용되고 있는 정보통신기술은 주로 부가가치통신망(VAN)이고, 특히 백화점에서는 판매시점정보관리(POS)가 도입되고 있다. VAN과 POS가 결합됨에 따라 상품의 재고

관리, 판매처의 정보관리 등에 이용되고 있다. 유통업에서의 VAN은 상품의 유통과정을 단말기를 통해 관리할 수 있는 것이 특색이다.

또한 서비스업에서도 정보화가 진전되고 있다. 전형적인 예는 중개업인데, 중개업은 대상으로 하는 상품·서비스의 공급자에서 정보를 수집하고, 수요자에게 그 정보를 제공해서 그 수수료를 획득하는 기능을 수행한다. 이때 정보의 수집·제공에서 가장 적합한 기술은 데이터베이스일 것이다. 부동산중개업, 중고차판매업, 여행대리업 등은 온라인·데이터베이스를 이용해서 그 서비스의 범위를 넓히고 매상을 증대하려고 한다.

이와 같이 어떤 산업(기업)에 정보화가 진행되는 경우는 <표 5-1>에서와 같이 정보화의 효과를 기대할 수 있다.

표 5-1	산업의 정보화 효과		
산업부문		정보화 내용	정보화 효과
제1차 산 업	농 림 수산업	컴퓨터활용 자동화증대	생산성 향상, 생산체제 안정화, 수익향상기여
제2차 산 업	제조업	생산공정 합리화 FA확산 연구개발, 생산판매의 정보증대	이업종간 경쟁강화와 협동체제형성, 수요의 변화에 따른 공급결정, 생산성 증대, 경쟁력강화
제3차 산 업	유통업	POS확산 타업종간 네트워크 진전	경쟁의 다양화와 다중화, 도매업·소매업의 기능변화
	금융업	온라인화 확대 이업종간 네트워크 진전	점포기능의 강화, 이업종(금융업)과의 경쟁격화
	운송업	유통경로의 네트워크화 진전, 관리·집배 부문의 시스템화	이업종의 참여확대, 협동체제 구축
	출판업	OA확산 유통의 네트워크화 진전	이업종과 경쟁확대 및 유대강화, 정보량 차이에 따른 기업간 격차 확대
	신문업	DB구축확대, 업무영역확대, OA, FA진전, 제작공정합리화	타매체 산업과의 경쟁격화, 이업종과의 유대강화, 경쟁심화

자료 : 한국전자통신연구소, 「정보통신산업 중장기 발전계획」.

2.3 정보의 산업화

앞에서 살펴본 바와 같이 산업의 정보화란 산업(기업)이 정보통신기술을 도입·활용함에 따라 상품과 서비스의 생산과정에서 판매과정까지 효율화를 달성하여 생산성을 높이려고 하는 것을 의미한다. 다시 말하면 산업의 정보화는 정보통신기술의 도입·활용과 대체로 동의어라고 할 수 있다. 이에 비해 정보의 산업화란 '정보 그 자체가 시장거래의 대상이 되고 정보의 수요도 증가함에 따라 정보의 수집, 축적, 교환, 전달, 분배 등 정보와 관련된 각종 정보활동들이 하나의 독립된 산업으로 형성해 가는 과정'을 말한다. 다시 말하면, 정보제공업과 새로운 정보매체의 출현을 통해 다양한 정보를 제공해 주는 정보통신서비스산업과 정보통신서비스의 공급매체로서의 정보통신기기산업이 발전하는 등 정보통신관련산업의 비중이 증가하는 현상을 정보의 산업화라고 부른다.

정보통신기술은 정보의 수집·처리·제공을 위한 수단이기 때문에 정보통신기술의 진보가 정보의 산업화라고 할 수 없다. 이와 같은 맥락에서 산업의 정보화와 정보의 산업화간에는 큰 차이가 존재한다. 따라서 정보화라는 현상과 정보통신산업(정보재를 생산하는 산업)의 발전과는 다른 차원에서 논의되어야 한다.

정보화는 일반적으로 정보기술이나 통신기술의 진보와 그 융합에 의해 고도의 정보통신기술의 이용이 가능하게 되고 인간활동의 모든 분야에서 그 기술이 적용되는 것을 의미하고 있다. 정보통신산업은 경제재로서의 성질을 갖는 정보(정보재)를 생산하고, 거래를 하고 있는 산업으로 정의된다. 이를 포함한 개념으로서 정보활동이 있다. 다시 말하면 정보활동은 산업의 정보화와 정보의 산업화라는 2가지의 활동을 포함하는 개념이다. 따라서 정보화와 정보통신산업은 개념자체가 다르다고 할 수 있다.

정보의 산업화라는 측면에서 우리의 사회생활에서 정보는 필수불가결한 요소로서 존재하게 되고, 미디어의 혁신적 발전을 통해 정보통신시장이 출현 및 확대되어 가고 있다. 예를 들면 신문·서적 등의 활자미디어가 등장하였고, 전신·전파의 이용에 의해 전기통신, 방송이라는 시장이 출현하였으며, 컴퓨터의 발전은 정보처리시장이 형성될 수 있었다. 최근에는 기존 미디어의 정보전달방향이 한쪽방향이였던 것에 비해 뉴미디어(멀티미디어)는 양방향성을 갖고 있는 것이 특징이다. 이와 같이 새로운 기술이 새로운 미디어를 만들어 내고, 이미디어를 이용한 정보통신시장의 출현 및 확대되어 감에 따라 정보의 시장화가 촉진되어 정보의 산업화가 이루어지게 된다.

다시 말하면, 정보의 산업화는 산업의 정보화가 어느 단계에 도달하면 정보 그 자체가 상품이 되어 사업화되어 가는 것이다. 또한 산업의 정보화로 인하여 기업의 설비투자 중 정보화 투자가 증가되어 정보통신산업자체가 전 산업내에서 차지하는 비중이 점점 커지는 결과를 초래하여 정보의 산업화를 촉진시키는 것이다. 산업의 정보화가 주로 생산에서의 효율성 추구에 그 목적이 있다면, 정보의 산업화는 사회전반의 제고는 물론 사회구성원의 질적 생활향상을 가져오게 한다. 개인소득이 늘어나고 생활양식과 가치관의 변화가 일어남에 따라 다양한 고품질의 정보를 공급받으려는 욕구가 증대되며, 이러한 욕구가 기술발전의 뒷받침을 받아 실현될 때 다양한 정보제공업과 새로운 정보매체의 출현 등으로 요약될 수 있는 정보의 산업화가 일어나게 된다.

정보의 산업화는 이러한 생활의 질적 향상에 대한 대응으로서뿐만 아니라 새로이 급격하게 성장하고 있는 정보통신산업인 데이터베이스, 정보처리, 부가가치통신망(VAN), 소프트웨어산업의 정보화를 통한 생산성 향상에 공헌할 것이다. 정보통신산업은 그 자체가 대표적 첨단기술산업으로 앞으로 국민경제를 주도할 성장주도산업의 역할을 할 것으로 기대되고 있다.

3 정보화의 특성

정보통신기술이 발전되어 감에 따라 사회경제적 측면에서 물질·에너지보다 정보가 중요시되어 가고 정보의 수집·처리·전달 및 이용을 위한 정보통신기기가 사회 전 분야에 보급됨에 따라 인간의 노동을 도구나 기계에 의해 대처해 감으로써 인간생활(소비나 생산활동)의 효율성을 향상시키는 현상으로 파악되는 정보화는 다음과 같은 속성 및 특성을 가진다.

첫째, 정보화는 어느 사회에서나 일어나는 보편적인 현상이다. 사회가 수렵사회, 농업사회, 공업사회, 또는 서비스사회이든지 간에 모든 행동에 효율성을 추구하려는 인간의 근본적인 욕구는 존재하기 때문에 정보화라는 현상은 항상 나타나 왔으며 또 앞으로도 계속하여 나타나게 될 것이다. 단지 각 사회가 누릴 수 있는 기술이나 원재료 그리고 지식의 수준에 따라 정보화라는 현상이 각기 다른 모습으로 나타날 뿐이다.

둘째, 정보화는 인간의 지식, 기술, 기능 및 행동정보를 기계에 체화시키는 현상이라는 사실은 정보화현상이 기본적으로 소프트웨어(S/W)와 하드웨어 (H/W)가 적절히 결합하여 나타난다는 특성을 갖게 한다. 여기서 소프트웨어는 인간의 행동(생산활동이나 소비활동)에 관한 지식이나 정보를 의미하며, 하드웨어는 이러한 소프트웨어를 도구화 또는 기계화하는 기술이나 기능을 의미한다. 따라서 이 둘 가운데 어느 한 부문 만의 발달로는 그 수준에 맞는 정보화가 진행될 수가 없다. 예를 들어, 고대 희랍시대의 수학적 지식이나 과학적 지식은 상당한 수준이었는데, 이들 도구나 기계와 같은 하드웨어의 형태로 바꿀 수 있는 기술이나 기능 또는 사용가능한 재료 등이 충분치 못하였기 때문에 높은 수준의 소프트웨어수준에 맞는 충분한 정보화가 이루어지지 못하였다고 볼 수 있다.

그러나 최근에 정보화가 각 부문에서 급격하게 진행되고 있는 것은 컴퓨터와 집적회로의 발명으로 작업정보나 지적정보를 기계화시킬 수 있으며, 이와 동시에 명령에 따라 작업을 수행하는 로봇이나 자동화기계의 발명이 동시에 이루어졌기 때문이라고 볼 수 있다.

셋째, 정보화는 경제성장과 밀접한 관계를 갖고 있다. 정보화는 인간의 행동을 도구나 기계에 연계시키는 형상이므로 정보화의 진행은 결국에는 상품과 서비스를 생산하거나 작업을 수행하는 데 있어서 효율성을 재고시키게 된다. 이와 같이 생산부문에서의 효율성이 향상되면 생산성이 증가되고 상품과 서비스가 풍부해지며 경제가 발전하게 된다. 즉, 정보화는 산업부문에서 비용절감이나 생산성의 증대를 위한 일련의 수단이며, 또한 기업들이 시장에서 경쟁력을 제고시키고 이윤추구라는 목적을 달성하기 위한 수단이며 과정이라고 말할 수 있다.

넷째, 정보화는 어떤 시대이든 어떤 사회이든 간에 누적적으로 나타나는 현상이다. 다시 말하면 정보화는 어떤 하나의 요인에 의하여 갑자기 나타나는 현상이 아니라 지식이나 기술의 장기적이고 누적적인 발전의 결과로서 나타나게 된다. 정보화는 인간이 갖는 지식이나 기술 등의 정보를 도구나 기계에 전달하는 과정이므로, 정보화의 정도는 지식이나 기술의 수준에 크게 의존하게 된다. 그런데 지식이나 기술은 순간적으로 단기간에 발견되거나 불연속적으로 진전되기 보다는 기초적인 부분부터 순차적으로 발전되어 장기간에 걸쳐서 그 효과가 나타나는 것이 일반적이다. 그리고 일단 기술이나 지식이 어떤 수준을 넘어서게 되면 자생적인 추진력이 발생하여 이전보다 더 빠른 속도로 발전하게 된다. 이처럼 정보화도 일단 진전되면 될수록 더욱 빠른 속도로 급속하게 진행될 것이다. 따라서 정보화의 진행과정에서의 기술축적이나 학습효과(learning by doing)의 역할은 대단히 크며 이의 활용여부가 정보화의 진전과 경제발전에 거대한 영향을 미치게 된다.

다섯째, 정보화는 어느 한 분야에게 독립적으로 발생하기 보다는 관련된 분야가 상호보완적으로 작용함으로써 나타나게 된다. 소프트웨어나 하드웨어 그 자체뿐만 아니라 소프트웨어를 하드웨어에 이전시키는 기술이나 지식은, 이와 관련된 분야와의 조화로운 상호협력에 의하여 실현·발전되어진다. 예를 들면, 컴퓨터의 발명과 보급은 전자기술의 발전만으로는 가능하지 않으며 기계기술, 통신기술 등이 상호보완적으로 작용함으로써 사용·가능하게 된다. 따라서 정보화는 근본적으로 각 부문간의 균형적인 발전이 요구되는 현상이다.

여섯째, 정보화는 제조업부문에서만 국한되어 나타나는 현상이 아니고, 농림어업 등의 1차 산업 그리고 도소매업, 금융업, 건설업, 개인 및 사회서비스업 등의 3차 산업 모두를 포함하는 전 산업에 걸쳐서 나타나는 현상이다. 이와 같은 맥락에서 정보화현상은 상품이나 서비스의 생산부문에 국한되지 않고 어떠한 부문에서도 나타난다. 즉, 소비부문, 사회부문, 행정부문, 문화부문 등 인간의 행동이 미치는 곳에서는 항상 정보화현상이 나타날 가능성이 있다. 이 점은 정보화가 단순한 기계화나 자동화라는 의미를 벗어나 모든 행동을 효율적으로 하려는 욕구에서 발생한 현상이라고 할 수 있다. 정보화현상을 이와 같이 이해할 때, 산업의 정보화, 가정의 정보화, 사회의 정보화, 행정의 정보화, 문화의 정보화 등 다양한 형태의 정보화 현상을 상정할 수 있다.

끝으로 정보화는 그 자체가 목적이 아니라 생산이나 소비 등 경제활동을 효율적으로 수행하기 위한 수단이라는 것이다. 따라서 정보화의 추구는 경제활동의 효율성을 제고시키는 데 그 목적이 있으며, 나아가 국가경쟁력을 향상시키는 수단이라는 점을 명심하여야 한다. 이는 정보화가 모든 부문에서 이루어지는 정보사회는 인간생활의 모든 부문에 있어서 효율성이 상당히 높은 수준으로 달성되는 사회로 받아들여져야 함을 의미한다.

④ 정보화의 진행단계

정보화가 어떠한 과정을 통해 진행되어 왔으며, 어떻게 진행될 것인가를 인간의 노동[2]이 기계에 대체되는 유형에 따라 정보화단계를 분류하면 다음과 같다.

4.1 단순컴퓨터 정보화단계

20세기 후반 산업사회의 성숙기에는 인간의 정신노동이 기계로 대체되기 시작하였다. 이러한 정신노동의 정보화 첫 단계로 정신노동 가운데 단순한 반복작업을 요하는 계산 등 단순정신노동이 기계(즉 계산기나 초기의 소용량의 컴퓨터)에 의하여 대체되었다. 1946년에 진공관을 사용한 최초의 컴퓨터(ENIAC)가 에커트(J.P. Eckert)와 모클리(J.W. Mauchly)에 의하여 발명되었고(제1세대 컴퓨터), 그 후 트렌지스터를 이용한 컴퓨터(제2세대 컴퓨터)가 1956년에 출현하였다. 그 이후 컴퓨터가 인간의 노동에 적극적으로 활용된 1970년대 후반부터 1990년대 초반까지는 컴퓨터라는 기계에 인간의 단순정신노동이 대체되기 시작하였다. 이를 정보화의 단계로 보면 노동의 컴퓨터화 초기단계가 실현된 단순컴퓨터 정보화(simple computerized informationization)가 진행된 시기라고 볼 수 있다.

단순컴퓨터 정보화시기에는 단순한 형태의 계산기나 컴퓨터가 단순한 회계업무, 계산업무, 단순반복적인 작업을 담당하게 된다. 따라서 회사업무 가운데 단순반복적인 관리업무나 계산업무가 기계로 대체되며, 생산부문에서도 공정 전체에 걸친 자동화나 컴퓨터화가 아니라 부분적인 자동화가 진행되는 시기이다.

초보적인 단순한 자동화 생산시설이 사용됨에 따라 기능육체노동이 기계로 대체되는 본격적인 탈기능화(de-skilling) 현상이 나타난다. 그리고 계산, 회계, 단순한 형태의 관리부문에서 계산기나 컴퓨터를 사용하게 되어 단순정신노동 부문에서도 탈기능화 현상이 나타나기 시작한다. 예를 들면, 암산가나 주판전

---

2) 인간의 노동에는 손이나 발 등의 육체적인 힘을 주로 사용하는 육체노동과 두뇌를 주로 이용하는 정신노동이 있다. 그런데 육체노동은 다시 힘만을 주로 요구하는 단순육체노동과 손재주와 같은 기능이 요구되는 숙련육체노동으로 구분된다. 이와 마찬가지로 정신노동도 단순한 계산이나 관리능력을 요구하는 단순정신노동, 비교적 지적인 사고와 숙련도를 요구하는 기능정신노동, 그리고 고도의 사고와 전문적인 지식을 요구하는 전문정신노동 등으로 구분할 수 있다.

문가, 차트사 같은 직종에 대한 가치가 상대적으로 줄어든다. 이러한 단순컴퓨터 정보화시대에서 요구되는 기초 기술로는 컴퓨터 생산에 필요로 하는 전자기술이며, 사회간접자본으로는 전력과 같은 에너지부문과 통신부문이 매우 중요시 된다.

4.2 컴퓨터통신 정보화단계

1965년에 집적회로(IC)를 사용한 컴퓨터가 출현하였고, 나아가 1973년에 하나의 칩에 집적회로를 장착한 마이크로 프로세서가 보급되었다. 이에 입각하여 1982년에 제4세대 컴퓨터가 출현하게 되고, 제4세대 컴퓨터가 인간의 노동에 적극적으로 활용되는 시기는 1990년대 중반부터 20세기 중반까지인데, 이로 인하여 정신노동에 관한 정보와 컴퓨터의 기능을 제조부문에서 기계와 생산시스템에 활용될 수 있게 되었다. 즉, 집적회로의 발명이 획기적인 기계화 및 자동화를 가능하게 하였고, 이러한 집적회로를 이용한 정보의 입력은 제조부문 뿐만 아니라 제1차 산업부문 및 제3차 산업부문에까지 활용하게 되었다. 또한 통신기술의 지속적인 발달은 컴퓨터기술과 연합한 정보통신기술을 탄생시켰으며, 이는 지역적·공간적 그리고 시간적인 제약을 완화시켰으면서 인간의 관리능력에까지도 컴퓨터통신이 적용되게 되었다. 이를 컴퓨터통신 정보화(computer and communication informationization)라고 말할 수 있는데, 이때 정보통신기술은 경제·사회 각 분야에 매우 빠른 속도로 확산되고 활용되는 단계이다.

이 시기에는 수치제어기기, 초기단계의 로봇 등이 생산부문에 본격적으로 사용됨에 따라 숙련 육체노동의 탈기능화가 매우 급속히 진행된다. 그리고 생산부문에서 요구되는 기능의 내용에 있어서도 단순한 기계적인 기능보다는 컴퓨터나 통신네트워크를 다루는 기능이나 생산 및 관리 소프트웨어를 운영할 수 있는 기능이 중시되는 방향으로 변화가 발생한다.

그리고 기업내에서 행해지는 정신노동의 대부분이라 볼 수 있는 사무작업은 본질적으로 정보의 처리, 축적, 검색, 통신을 행하는 일이다. 이를 종이, 연필, 잉크가 담당하였고, 통신은 사람이나 우편이 담당하였으나, 이제는 타이프라이터, 전화, 복사기, Telex, Fax, 컴퓨터통신이 담당하게 됨으로써 이 부문에서의 대체가 가능하였다. 특히, 서비스부문에서 확대 이용됨에 따라서 관리부문에서 요구되는 숙련 정신노동의 분야에서도 탈기능화가 본격적으로 발생한다.

　나아가 전문정신노동에서도 부분적으로 탈기능화 현상이 나타나기 시작한
다. 예를 들어, 공간적으로 분리된 부문 간의 통제기능의 자동화는 경영 및 관
리능력까지도 탈기능화가 되는 현상이 나타난다. 이 컴퓨터통신 정보화시대의
또 하나의 특징은 정보화가 모든 산업부문에 걸쳐서 나타나게 된다는 점이다.
즉, 1차 산업(농업, 임업, 수산업, 축산업), 2차 산업(제조업, 건축업, 전기 및
가스업)은 물론 3차 산업(무역, 관광, 교육, 의료, 법률, 금융, 보험)까지 정보화
가 확대되는데, 특히 금융, 보험, 개인서비스 및 사회서비스, 행정부문의 작은
정부의 실현을 위한 정보화가 급속히 진행된다. 그리고 각 산업 내부에서도 관
리 및 경영부문에서의 정보화가 본격적으로 이루어진다.

　집적회로기술, 반도체기술, 로봇 등 전자기술 이외에 통신기술의 발달이 컴
퓨터통신 정보화시대를 야기시켰다. 그리고 컴퓨터통신 정보화시대에는 '네트
워크의 경제성' 발휘 여하가 국가의 경쟁력을 제고시키는 주요 요인이 된다.
따라서 네트워크의 중요성이 부각됨에 따라 정보통신망이 국가의 기간사회간
접자본으로 자리 잡게 되었다. 즉, 이 시대에는 물적 형태의 철도, 도로, 항만
등과 같은 사회간접자본보다는 네트워크형 사회간접자본인 정보통신망, 데이
터망 등의 역할이 매우 중시된다.

4.3 인공지능 정보화단계

　정보통신기술의 급격한 발전과 고도집적회로의 발달은 인공지능컴퓨터(제5
세대 컴퓨터)를 출현시켰다. 이를 이용함으로써 컴퓨터통신 정보화단계에서는
가능하지 못하였던 전문정신노동이 지능컴퓨터로 대체되는 지능정보화가 발생
하기에 이르게 된다. 즉 경영, 예측, 판단, 진단 등 인간의 전문정신노동이 인
공지능 컴퓨터나 고도의 정보통신기술, 즉 지능정보기술에 의하여 부분적으로
행해지는 지능정보화(intelligent informationization)가 이루어진다. 그런데 이러
한 지능정보화가 이루어지는 사회를 고도정보화사회, 지능정보사회라고 부를
수 있을 것이다. 이러한 인공지능 정보화단계에서는 1차, 2차, 3차 등 전 산업
부문뿐만 아니라, 개인의 삶 질, 경제·사회 전 분야에 걸쳐서 지능정보화가
나타난다. 국가 전체가 지능정보통신망으로 연결되어 개인, 기업, 정부가 자신
의 역할과 활동을 24시간 365일 언제 어디서 할 수 있는 유비쿼터스 사회
(ubiquitous society)로 진입하게 된다. 따라서 재택근무, 재택쇼핑, 재택진료,

원격학습, 원격진료 등과 같은 사회적인 서비스가 보편화되게 된다.

한편 탈기능화라는 측면에서 볼 경우, 사고, 판단, 예측하는 분야에까지도 탈기능화 현상이 확산되어 웬만한 기능은 지능정보통신망을 통하여 누구든지 손쉽게 배울 수가 있게 되기 때문에 기능의 대중화 현상이 나타나게 될 것이다. 이에 더욱 나아가 고도의 집적회로 발달이나 인공지능컴퓨터의 발달 및 이용 확산은 기술이나 지식까지도 기계화되어 원하는 사람은 손쉽게 기술을 익힐 수 있고 또한, 개발할 수 있게 될 것이며, 이로 인하여 일부의 기술분야에서는 탈기술화(de-technology) 현상까지 나타날 가능성이 있다.

표 5-2 정보화의 단계 및 특징

구 분	단순컴퓨터 정보화단계	컴퓨터통신 정보화단계	인공지능 정보화단계
기 간	1940 – 1980년대 중반	1980년대 후반 – 2000년대 후반	21세기 초반
기초기술	전자기술 통신기술	정보통신기술	지능보통신기술
주요기기	컴퓨터 1, 2, 3세대 전자기기	컴퓨터4세대 정보통신기기	컴퓨터 5세대 스마트기기
대체되는 인간노동	단순육체노동 단순정신노동 숙련정신노동	단순육체노동 숙련육체노동 단순정신노동 숙련정신노동	단순육체노동 숙련육체노동 단순정신노동 숙련정신노동 전문정신노동
활용부문	생산부문 관리부문일부 2차, 3차 산업일부	생산부문 관리부문 전문부문일부 1,2,3차 전산업	생산부문 관리부문 전문부문 1,2,3 전산업 개인·가정생활
대표되는 노동자	숙련노동자 화이트칼라	전문가, 관리자, S/W 개발자	인공지능 및 로봇공학전분가, 모바일프로그램 개발자, 빅데이터 분석가, 전문기술자 전문지식인
주요사회 간접자본	도로, 전력, 통신	정보통신망 인터넷망	고도정보통신망 인공지능망

이 시기에는 특히 정보통신망, 데이터망 등이 국가의 중추적인 사회간접자본으로서의 역할을 하게 된다. 그리고 평생교육, 대중교육, 전문교육과 같은 교육부문 사회간접자본의 역할이 매우 중시되며, 이를 언제 어디서나 가능하게 하는 고도의 정보통신망의 효율적인 구축과 운영이 필수적으로 요구된다.

지금까지 설명한 정보화에 입각한 시대구분과 각 정보화단계의 구조적인 특징들을 요약하면 <표 5-2>와 같다.

제 2 절 >>> 지능정보화

제2장에서 논의된 것처럼, 사회의 역사적 발전과정을 살펴보면, 인류는 원시 수렵 및 채취사회는 농업화를 거쳐 농업사회로, 농업사회는 산업화를 거쳐 산업사회로, 산업사회는 정보화를 거쳐 정보사회로, 정보사회는 지능정보화를 거쳐 21세기 초반부터 지능정보사회로 진입하고 있다. 그리고 농업화는 농업혁명, 제1의 물결, 제1차 산업혁명과 같은 의미로, 산업화는 산업혁명, 제2의 물결, 제2차 산업혁명과 같은 의미로, 정보화는 정보혁명(디지털혁명, 제1차 정보혁명), 제3차 산업혁명, 제3의 물결과 같은 의미로, 그리고 지능정보화는 지능정보혁명(제2차 정보혁명), 제4차 산업혁명, 제4의 물결과 같은 의미로 파악된다.

1 지능정보화의 개념 및 정의

산업혁명은 새로운 기술이 등장해 새로운 산업 생태계를 만들고, 그것이 인간이 삶을 영위하는 방식을 획기적으로 변화시킬 때 붙일 수 있는 개념이다. 산업분야의 변화에 그치지 않고 정치, 사회, 문화에도 혁명적인 변화를 이끌어 낸다.

농업화(제1차 산업혁명)란 수렵·채취사회에서 농업사회로의 발전하는 과정을 말하는데, 농업기술은 인간은 움직이는 동물을 따라다니던 이동생활에서,

한곳에 정착하여 농작물과 가축을 기르며 공동생활을 해나가는 정착생활로 바뀌게 되었다. 이러한 정착생활의 발전은 사람들이 한 곳에 모여 마을을 형성하게 되었고 이곳에서부터 공동적 사회생활을 하는 데 필요한 질서와 사회규범이 만들어지게 되었다. 또한 자연 그대로의 상태에서 동물을 포획하거나 식물을 채취하던 생활에서 벗어나, 직접 농산물을 재배하거나 동물을 사육하는 농·축산기술이 발전하게 되었다.

증기기관의 발명과 그 후의 기술진보는 인간의 미약한 물리적인 힘의 한계를 극복할 수 있게 한 제2차 산업혁명(산업화)이었다. 이로 인해 인간은 생명까지 위협하는 육체노동의 굴레에서 벗어날 수 있었고, 사회 전체의 생산량은 크게 늘어났다. 철도와 선박 등 이동수단의 발달로 세계의 물리적 거리가 급격히 좁혀지는 놀라운 경험을 할 수 있었다. 한편, 전기의 발명으로 인간은 다시 한 번 시간과 공간의 한계를 넘어설 수 있었다. 대량생산방식이 가능해져서 상품과 서비스가 대중화되면서 물질적으로 풍요로운 시대를 맞게 되었다.

컴퓨터와 인터넷을 기반으로 한 제3차 산업혁명(정보화)은 전자를 기반으로 한 새로운 기술은 자동화를 가능하게 하고 제조업과 산업을 크게 변화 시켰다. 여기에 인터넷의 등장은 시간과 공간의 거리를 거의 해소하는 데 극적으로 기여했다. 소통방식이 달라지고, 지구촌은 실시간으로 연결되고, 경제행위를 크게 바꾸어 놓았다. 인간사회는 정보화라는 새로운 프레임으로 변모하게 된다.

그리고 이제 인간은 또 한 번의 도약을 앞두고 있다. 그것은 인간의 육체적, 정신적인 한계를 넘어선 지금까지의 과정과는 완전히 다른 지능정보화(제4차 산업혁명)가 진행되고 있다. 바로 인간의 지능까지 대체하려는 것이다. 인간의 지능을 닮은 기계를 만들어 인간이 하던 많은 일을 대신하게 한다는 것이다. 이렇게 되면 인간의 역사와 삶은 또 다른 차원으로 변화될 것이다. 기계가 인간을 대신할 정도가 아니라 아예 인간의 지능을 초월하는 세계도 상정할 수 있다. 즉, 인간의 기계화 또는 기계의 인간화가 진행되고 있는 것이다.[3]

---

3) 인공지능이 인간의 지능을 초월하는 역사적 시점이 언제일까? 이에 대해 레이 커즈와일(Ray Kuzweil)은 2006년 『특이점이 온다(The Singularity is Near)』에서 '기술적 특이점(technological singularity)'에 대해 이야기하고 있다. 여기서 특이점이란 미래에 기술변화의 속도가 빨라지고 그 영향이 매우 깊어서 인간의 생활이 되돌릴 수 없도록 변화되는 시기를 말한다. 그는 특이점의 시대에 이르러서는 인간과 기술 간의 구별이 사라질 것이라고 보았다. 커즈와일은 인간이 진화해 온 패턴을 여섯 단계로 설명했다. 1단계는 물리학과 화학의 패턴에서 DNA가 진화했다. 2단계는 생물학 패턴에서 뇌가 진화했다. 3단계는 뇌의 패턴에서 기술이 진화했다. 4단

지능정보화(intelligent informatization)는 기존의 정보사회에서 지능정보사회로 발전·진전하게 되는 과정으로 지능정보혁명(intelligent information revolution), 제4차 산업혁명(the fourth industrial revolution), 제4의 물결(the fourth wave), 제2차 정보혁명(the second information revolution), 그리고 유비쿼터스 컴퓨팅(ubiquitous computing) 등 다양한 용어들로 사용하고 있다.

기존의 정보사회가 한 순간에 지능정보사회로 발전되기 보다는 기존의 정보사회에서 여러 측면, 특히 기술적인 측면들의 발전과 진전됨에 따라 지능정보사회로의 진입이 가능하게 된다. 따라서 지능정보화는 기존의 정보사회에서 지능정보사회로의 먼저 기술적인 발전과정과 그 기술의 확산을 통한 사회적, 경제적, 문화적 등 여러 부문의 발전과정을 총칭하는 말이다. 다시 말하면, 지능정보기술에 의한 지능정보산업이 형성되고, 그 지능정보산업이 국가와 지역의 변화, 개인과 가정의 변화, 기업과 산업의 변화, 사회와 경제 및 문화의 변화과정을 말한다.

기술적인 측면에서의 지능정보화란 인공지능(AI, Artificial Intelligence)이라는 '지능'과 사물인터넷(IoT, Internet of Things), 클라우드 컴퓨팅(Cloud Computing), 빅데이터(Big Data), 모바일(Mobile) 등에 기반한 '정보'가 종합적으로 결합된 지능정보기술(첨단 정보통신기술)이 기존의 정보사회에 융합되어 혁신적인 변화해 가는 과정을 말한다. 다시 말하면, 인공지능(AI), 사물인터넷(IoT), 클라우드 컴퓨팅, 빅데이터, 모바일 등 지능정보기술이 기존 산업과 서비스에 융합되거나 3D 프린팅, 로봇공학, 생명공학, 나노기술 등 여러 분야의 신기술과 결합되어 실세계 모든 제품·서비스를 네트워크로 연결하고 사물이 지능화되는 과정을 말한다.

지능정보화는 지능정보기술에 의해 초연결(hyper-connectivity)과 초지능(super-intelligence)을 특징을 갖고 있기 때문에 기존의 산업혁명에 비해 한 국가의 사회, 경제, 문화 등에 더 넓은 범위에 더 빠른 속도로 크게 영향을 미친다. 컴퓨터와 인터넷으로 대표되는 정보화(정보혁명)에서 한 단계 더 진화한 정보화(지능정보화, 지능정보혁명)라고 일컬어진다.

계에는 기술의 패턴에서 기술이 인공지능의 방법을 터득한다. 5단계는 특이점의 패턴으로 기술과 인공지능의 융합으로 진화한다. 그리고 마지막 6단계에는 인공지능이 우주로 확대된다고 보았다. 그리고 그러한 특이점의 시기를 2045년으로 본 것이다.

② 지능정보화의 특징

지금까지 인간은 컴퓨터가 수단임에도 불구하고 그 복잡성과 난해성으로 인해 이를 활용하기보다 작동시키는 것 자체에 더 많은 관심과 노력을 기울여 왔다. 이런 점에서 미래의 컴퓨터는 인간이 의식하거나 의도적으로 작동하지 않아도 자율적으로 기능을 수행하는 유비쿼터스 컴퓨팅, 즉 지능정보화(현실세계의 디지털화)의 환경이 도래한다.

기존의 정보화가 현실세계를 디지털 가상공간과의 연결을 시도한 것이었다면 지능정보화는 현실세계 그 자체를 디지털화하는 점에서 근본적인 차이가 있다. 자율기능이 필요한 모든 사물에 컴퓨팅 능력을 심어 놓고 이를 네트워크로 상호 연결함으로써 현실세계 자체를 하나의 거대한 디지털공간으로 변모시키는 것이다.

그러나 지능정보화는 기존의 정보화와 단절적 관계에 있는 것이 아니라 이를 확대·심화시키는 연속선상의 과정이다. 수평적으로 지능정보기술의 적용 범위를 기존의 컴퓨터 단위에서 모든 사물까지 혁명적으로 확대하여 과거에는 존재하지 않던 전혀 새로운 지능정보서비스를 제공한다. 동시에 기존의 정보서비스들은 수직적으로 더욱 심화되어 보다 발전된 가상공간이 존재하게 된다. 하지만 인간의 주변에는 비록 현재의 PC와는 형태와 기능이 확연히 다를지라도 여전히 컴퓨터가 존재하여 엄청난 양의 정보를 가상공간과 연결되어 인간의 판단을 돕는 역할을 수행할 것이다.

지능정보화가 지향하는 최종 사회적 비전은 지능정보사회(intelligent information society)의 구현이라 할 수 있다. 물론 지능정보사회는 유비쿼터스 컴퓨팅으로 인해 사람뿐 아니라 사물까지도 자율적인 판단능력을 갖춘다는 것을 의미한다. 그 이전의 정보화와 비교할 때, 지능정보화의 특성은 첫째, 지능정보기술과 현실세계의 융합화, 둘째 실시간 현실정보(real information)의 활용화, 셋째 무인자율서비스(autonomous service)의 보편화, 넷째 네트워크 효과의 극대화 등으로 요약할 수 있다.

2.1 지능정보기술과 현실세계의 융합화

정보통신기술에 대한 의존성은 컴퓨터 활용이 보편화되기 시작한 1970년대 이후 빠르게 증대하여 이미 정보통신기술 없는 세상을 상상하기 어렵게 되었지만, 지능정보화를 거쳐 앞으로 구현될 지능정보사회는 현재와 비교되지 않을 정도의 절대적인 의존성을 보일 것으로 전망된다. 이러한 차이는 정보통신기술의 존재방식이 완전히 다르기 때문에 나타난다. 기존의 정보화에서 정보통신기술은 현실세계의 외부에 존재하면서 보조수단으로 사용되었지만, 지능정보사회에서는 현실세계와 하나로 융합하게 된다. 따라서 지능정보사회의 생존과 가치는 지능정보기술에 의해 결정되는 절대적인 의존성을 갖게 된다.

생존의 측면에서 국가의 존립은 지능정보기술을 얼마나 안정적으로 구축·운영하는지에 따라 좌우된다. 지능정보사회에서는 전쟁과 폭력으로부터 나라를 지키는 '경성권력'(hard power)보다 한 사회의 운영시스템을 보호·유지하는 '연성권력'(sodft power)이 더 중요해 진다. 가치의 측면에서는 지능정보기술의 성능이 그 사회나 조직의 성능을 결정하는 핵심요소가 된다. 이런 점에서 유비쿼터스 공간, 즉 가상공간은 새로운 전자국토로 간주되어, 각 국가의 국토는 현실의 국토뿐만 아니라 전자국토까지를 포함하는 영역으로 간주된다. 따라서 지능정보기술이 발달한 나라들로 더 많은 자본과 사람이 이동하게 된다.

2.2 실시간 현실정보의 활용화

지능정보화로 인해 사물로부터 직접 현실정보를 추출할 수 있기 때문에 기존의 정보화와는 전혀 다른 정보의 속성을 갖게 된다. 지금까지 정보의 수집·편집·전송은 주로 사람에 의해 이루어져 비용이 많이 들었고, 그 결과 실시간 정보를 활용하기 어려웠다. 반면 지능정보기술은 정보수집과 유통비용을 획기적으로 낮춤으로써 실시간 현실정보를 활용한 서비스가 가능하게 된다.

실시간 현실정보는 경제적으로나 사회적으로 매우 높은 가치를 갖는다. 많은 인력과 비용이 소요되는 정보처리과정을 완전 자동화·지능화될 수 있고, 언제나 사물의 위치와 상태를 정확하게 확인하여 대처할 수 있다. 하지만 이렇게 모든 현상을 정보로 전환시켜 유통가능하게 만드는 것은 한편으로 프라이버시 문제를 야기하기도 하고, 다른 한편으로 무한정한 정보량으로 인해 인간의 직접적인 통제력을 약화시키는 결과를 초래하기도 한다.

2.3 무인자율서비스의 보편화

지능정보화의 가장 눈에 띠는 특징은 무인자율 서비스라 할 수 있다. 인간이 개입하지 않더라도 지능정보기술기반 위에서 실시간으로 제공되는 현실정보를 가지고 지능화된 사물들이 자율적인 판단과 조치를 취하는 것은 지능정보사회만이 제공할 수 있는 최대의 혜택이다. 물론 지능정보화의 초기단계에는 단순한 상황인식 서비스가 주류를 이루겠지만, 지능정보화의 고도화될수록 무인자율 서비스는 언제나 가능하게 된다. 따라서 무인자율 서비스의 보편화는 지능정보사회에서 사회·경제활동의 구조를 전면적으로 변화시킬 것이다.

무인자율 서비스는 한편으로 사물과 사물간의 네트워크가 완비되고, 다른 한편으로 이를 작동시킬 프로그램이 완성되면 사람의 개입 없이 부가가치를 창출할 수 있다. 따라서 사람은 상품의 생산자, 중개자, 관리자로서의 역할이 줄어들고, 대신 소비자로서의 역할이 확대된다. 국가경제 전체로 보면 노동력의 추가 투입 없이 부가가치를 증대시킬 수 있는 기반이 마련된다.

2.4 네트워크 효과의 극대화

지능정보화는 무한한 네트워크 효과가 극대화된다. 사람과 컴퓨터뿐만 아니라 사물까지 포괄하는 네트워크가 탄생함에 따라 그 영향력도 기하급수적으로 늘어난다. 특히 유비쿼터스네트워크는 구조와 기능이 고정되어 있던 기존 네트워크와 달리 "24시간 365일 언제, 어디서라도, 무엇이라도, 누구라도 연결"할 수 있는 유연성과 포괄성을 갖고 있다. 따라서 지능정보사회에서는 개별 단위의 능력이나 성능보다는 이것을 네트워크로 엮을 때 나오는 네트워크의 효과가 더욱 중요해 진다. 각 개인의 지적능력보다 사람들간 자율적인 지식공유를 통해 '집단 지능'(collective intelligence)을 높이는 것이 중요하고, 개별 마이크로프로세서의 성능보다 사회 전체를 하나의 네트워크로 연결하는 것이 더 중요하다.

경제적으로 지능정보사회의 네트워크의 효과는 상품의 결합(bundling) 현상으로 발전한다. 기존에는 자동차, 냉장고, PC 등 단위제품이 가치사슬의 최종

단계 혹은 상거래의 중심이었지만, 지능정보사회에서는 이런 단위제품보다는 그와 관련된 서비스가 더 많은 부가가치를 창출하고 거래의 핵심으로 부상한다. 자동차의 경우, 운행경로나 주변 환경 정보서비스, 자가진단서비스, 소모품 자동구매서비스 등이 자동차의 가격보다 더 많은 매출을 올릴 수 있다. 농산물도 품질정보나 조리방법 등 부가서비스와 결합될 때 더 많은 부가가치를 올릴 수 있음은 물론이다. 이제 지능형서비스를 중심으로 모든 산업구조가 재조정되는 세상이 도래한 것이다.

 **중요개념**

? Help	☑ OK

☑ 정보화	☑ 소프트웨어
☑ 하드웨어	☑ 학습효과
☑ 정보의 산업화	☑ 산업의 정보화
☑ 컴퓨터통합생산	☑ 사무자동화
☑ 공장자동화	☑ 단순컴퓨터 정보화
☑ 컴퓨터통신 정보화	☑ 지능정보화
☑ 인공지능	☑ 클라우드 컴퓨팅
☑ 사물인터넷	☑ 빅데이터
☑ 모바일	

 연습문제

1 정보화란 무엇을 의미하는가?

2 정보화가 진행되게 된 사회·경제적인 배경을 설명하라.

3 정보화의 속성 및 특성을 설명하라.

4 정보화는 어떠한 단계를 거쳐 진행되는가?

5 정보화에 내재되어 있는 4가지의 의미를 설명하라.

6 "인간성의 실현", "산업의 정보화", 그리고 "정보의 산업화" 등의 3개의 요인들이 어떻게 긴밀하게 연결되면서 정보화를 촉진시키는가?

7 산업의 정보화와 정보의 산업화는 어떻게 다른가?

8 정보화는 인간성의 실현과 어떠한 관계를 갖고 있는가?

9 인간의 노동유형이 시대에 따라 어떠한 정보화의 형태로 나타나는가?

10 지능정보화란 무엇을 말하는가?

11 정보화와 지능정보화의 차이점은 무엇인가?

12 지능정보화를 가능케 하는 지능정보기술은 무엇들이 있으며, 간략하게 설명하라.

13 지능정보화의 특징을 설명하라.

국가와 지역의 지능정보화

일반적으로 모든 국가들은 대체로 대내적으로 삶의 질의 향상과 대외적으로 국가경쟁력의 강화라는 목표를 달성하기 위해 국가 전체를 대상으로 지능정보화가 진행되는 국가정보화와 한 지역의 지방자치단체를 대상으로 지능정보화가 진행되는 지역정보화를 추진하고 있다. 여기서는 먼저 국가정보화 및 지역정보화란 무엇을 의미하는가를 살펴보고, 우리나라의 경우에 중앙정부의 지능정보화 및 지역자치단체의 지능정보화에 대해 살펴본다.

제1절
>>> 국가정보화

1 국가정보화의 개념 및 필요성

1.1 국가정보화의 개념 및 정의

인류는 지금까지 범용성을 갖는 기술의 혁신적 발전으로 인해 경제의 생산성이 획기적으로 증가하는 세 번의 혁명적 변화를 경험했다. 그리고 현재 진행되고 있는 혁명적인 변화인 '4차 산업혁명(지능정보화)'은 2016년 다보스포럼(WEF : World Economic Forum)에서 언급되면서 전 세계적인 화두로 등장했다. 이는 지능정보기술에 기반을 둔 물리적·디지털적·생물학적 공간의 경계가 희석되는 기술 융합의 시대가 열렸다고 해도 과언이 아니다. 지능정보기술에 의해 정보사회에서 지능정보사회로 변천되어가는 지능정보화는 산업화, 정보화와는 질적으로 다른 경제·사회적 대변혁을 야기할 것으로 예상된다. 이런 중대한 변혁의 시기에 성공적 대응여부가 개인과 기업뿐 아니라 국가경쟁력에 근본적인 차이를 발생시킬 것이다.

우리나라의 「국가정보화기본법」 제3조에서 '국가정보화란 국가기관, 지방자치단체 및 공공기관이 정보화를 추진하거나, 사회 각 분야의 활동이 효율적으로 수행될 수 있도록 정보화를 통해 지원하는 것'이라고 명시돼 있다. 또한 국가정보화 기본계획은 법정계획으로 국가정보화의 최상위 마스터플랜이며 사회·경제적 변화에 맞게 그 기본 방향을 설정해 추진하고 있다. 지난 20여 년간 체계적이고 효과적으로 국가정보화를 추진해 온 우리나라는 지능정보사회라는 새로운 패러다임 아래 국가정보화 추진 방향을 전략적으로 모색하고 이를 구현하기 위해 노력하고 있다. 국가정보화는 정치·경제·사회·문화 등 국민 생활 전반에 새로운 변화를 불어넣고 국가 발전을 촉진하는 새로운 원동력으로 작용한다. 동시에 사람들은 국가정보화를 통해 이른바 지능정보화를 대비하기 위한 역할을 기대하고 있다.

세계는 WTO라고 하는 다각무역체제의 출범과 더불어 NAFTA와 EU 등으로 대변되는 세계경제의 블록화 현상이 가속화되고 있으며, 세계 각국은 경제력을 기반으로 새로운 세계제패를 도모하고 있다. 또한 국가의 안보를 중심으로 형성되던 과거의 국제관계는 경제적 협력관계를 중심으로 새롭게 변화하고 있다. 이러한 세계경제의 무한 경쟁상황에서 세계 각국은 자국의 생존과 반영을 위하여 국가경쟁력 강화를 위해 국가정보화에 총력을 기울이고 있다.

이러한 가운데 지능정보기술의 혁신적인 발달에 의한 지능정보화의 급속한 진전이 경제는 물론 사회전반에 막대한 영향력을 미치고 새로운 변화를 초래하면서 지능정보화의 수준이 국가경쟁력을 좌우하는 핵심요소로 부상하고 있다. 이에 따라 미국, 일본, 유럽을 비롯한 선진 각국은 21세기의 지능정보사회에서 세계경제의 주도권을 확보하기 위하여 국가전체를 대상으로 한 국가정보화를 계획·추진하고 있다. 최근 선진 각국은 국가정보화의 기반이 되는 인공지능, 사물인터넷, 클라우드 컴퓨팅, 빅데이터, 모바일 등으로 대표되는 지능정보기술개발 프로젝트를 국가전략사업으로 채택하여 강력히 추진하고 있다.

1.2 국가정보화의 필요성

인류는 긴 역사를 통하여 자연환경을 극복하고 자신들 삶의 질을 개선하려고 노력하여 왔다. 따라서 인류가 이룩한 기술혁신과 관련하여 인류사회는 수렵사회, 농업사회, 산업사회, 정보사회로 변천되어 왔으며, 이제는 지능정보사회로 나아가고 있다.

이러한 사회의 역사적 변천과정에서 우리나라는 지난 20여 년 동안 다양한 경제·사회적 이슈와 정보통신기술 패러다임 변화를 반영해 국가정보화 기본계획을 수립해 추진했다. 세계 최고 수준의 정보통신기술 인프라 구축과 함께 정보통신기술 기반의 경제 활성화 및 지속가능한 성장의 토대를 마련했다. 정보통신산업은 눈부신 성장을 거듭해 왔으며 지난 1998년 IMF 위기, 2008년 금융위기와 같은 어려운 시기마다 한국 경제의 회복과 성장에 크게 기여했다. 그러나 현재 글로벌 경제·사회적 환경과 정보통신기술 환경은 급속도로 변화하고 있다. 글로벌 경기침체 장기화와 국내 경제의 저성장 기조의 지속, 국가간 경쟁 심화, 세계적인 고령화 추세, 인구구조 변화에 따른 고용·의료·교육·복지 등의 현안 해결이 삶의 질 향상을 위한 최우선 과제로 부상하고 있다. 예측 불가능한 재난·재해, 테러, 전염병 등으로 사회 안전 및 안보에 대한 불안감이 증폭되고, 경제·사회 손실비용 증가로 국가사회의 부담이 가중되고 있다. 또한 기후변화 및 환경 문제는 최근 몇 년간 UN 미래포럼, 다보스포럼 등에서도 꾸준히 제기되었고, 이는 각국의 정부가 해결해야 할 주요 과제로 부상되었다.

사회적으로는 평등한 기회, 공정한 과정, 정의로운 결과에 대한 목소리가 커지고 있다. 절차적인 민주주의를 넘어 경제사회적으로 실질적인 혜택이 돌아가는 실질적 민주주의에 대한 요구가 증대하고 있는 것이다. 정보통신기술의 발전으로 정보사회가 고도화되면서 국민은 단순히 투표권자로서의 역할에 만족하지 않고 국가의 의사결정에 참여하고자 하는 요구가 커지고 있다.

한편 21세기부터 정보통신환경은 초연결 시대가 본격화되면서 ICBM(IoT : 사물인터넷, Cloud : 클라우드, Big data : 빅데이터, Mobile : 모바일)을 중심으로 사람·사물 간 연결과 접속을 통해 새로운 가치를 창출하기 위해 데이터 산업과 지능정보기술이 본격 성장할 것이다. 인공지능, 사물인터넷, 클라우드, 빅데이터, 모바일 등으로 대변되는 지능정보기술은 다양한 분야에 활용할 수 있는 범용기술의 특성이 있어 사회 전반에 혁신을 유발하고 광범위한 사회·경제적 파급력을 지니고 있다.

지능정보기술은 과거 기계가 활용되지 못한 다양한 산업분야에 지능을 갖춘 기계(스마트기기)가 활용되면서부터 생산성을 높이고 산업구조의 대대적 변화를 촉발함에 따라 일명 '4차 산업혁명(지능정보화)'이라고 불리는 경제·사회 전반의 '혁명적 변화'를 초래할 것으로 전망된다. 지능정보기술은 높은 생산성을 제공하며, 기존 생산요소인 노동, 자본보다 더 중요시됨에 따라 산업구조 재편을 촉발하고 있다. 즉, 대규모 설비 투자(자본)와 인건비 절감(노동)보다는 기술혁신 여부가 더 중요해지고 있다.

지능정보기술은 대규모 데이터에 대한 자가 학습을 통해 지속적으로 알고리즘 성능을 강화하므로 데이터와 지식이 산업의 주요 경쟁 원천이 될 것이다. 또한 스스로 데이터를 확보할 수 있는 생태계를 구축하고 이를 활용할 수 있는 알고리즘을 보유한 기업이 시장을 주도하고 많은 이윤을 창출하게 된다.[1]

미국의 스마트아메리카 프로젝트와 BRAIN Initiative, 독일의 인더스트리 4.0 전략, 일본의 일본재흥전략 및 로봇신전략, 중국의 중국제조 2025 및 인터넷플러스 전략 등 해외 주요국은 국가정보화 차원에서 지능정보기술의 조기개발 및 사업화를 통한 경쟁력 강화에 매진하고 있고, 세계 주요 기업도 지능정보기술 선점에 기업의 사활이 걸려 있다는 판단 아래 지능정보기술의 개발 및 활용 분야에 앞 다투어 대규모 투자와 M&A를 확대하고 있다.

지능정보기술에 따른 산업구조 변화는 필연적으로 일자리와 업무 성격 등을 함께 변화시키고 삶 전반에 총체적 변화를 가져올 것으로 예상된다. 사회 전반에 기계가 인간을 대신해 일을 수행함으로써 생산성 향상, 근로시간 감소, 건강 수명 증가 등 경제·사회적 혜택이 고루 확대되는 반면, 자동화·지능화에 따라 단순·반복 업무의 일자리 수요가 감소하고 고부가가치업무의 인력 수요가 증가하는 고용 구조의 변화도 야기될 것으로 전망된다. 이러한 변화에 대응하기 위해서는 [그림 6-1]과 같이 지능정보기술을 구현하고 다양한 산업에 지능정보기술을 접목할 수 있는 핵심 역량을 보유한 전문 인재 확보가 매우 중요

---

1) 2016년 8월 기준 전 세계 시가총액 10대 기업 중 ICT 기업은 애플, 구글, 마이크로소프트, 아마존, 페이스북 등 7개 기업에 달하며, 이들 기업 모두 지능정보기술에 적극적으로 투자하고 있다. 지능정보기술을 활용한 ICT 기반의 플랫폼 기업은 전 산업으로 영역을 확장하면서 산업 경계를 무너뜨리고 기존 제조·서비스 업체를 위협하고 있다.

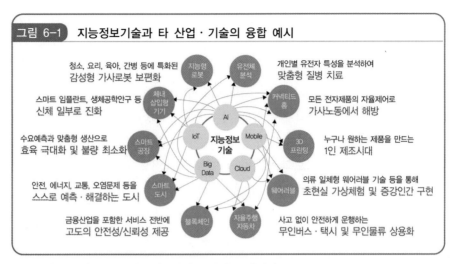

그림 6-1 **지능정보기술과 타 산업·기술의 융합 예시**

청소, 요리, 육아, 간병 등에 특화된
감성형 가사로봇 보편화

스마트 임플란트, 생체공학안구 등
신체 일부로 진화

수요예측과 맞춤형 생산으로
효율 극대화 및 불량 최소화

안전, 에너지, 교통, 오염문제 등을
스스로 예측·해결하는 도시

금융산업을 포함한 서비스 전반에
고도의 안전성/신뢰성 제공

개인별 유전자 특성을 분석하여
맞춤형 질병 치료

모든 전자제품의 자율제어로
가사노동에서 해방

누구나 원하는 제품을 만드는
1인 제조시대

의류 일체형 웨어러블 기술 등을 통해
초현실 가상체험 및 증강인간 구현

사고 없이 안전하게 운행하는
무인버스·택시 및 무인물류 상용화

자료 : 관계 부처 합동, 「지능정보사회 중장기 종합대책」.

하다. 자동화·지능화 대상 직군의 재교육 등을 통한 사회적 재배치가 지능정보사회에서 고용 분야의 핵심 과제로 떠오르며, 임금근로자 위주의 고용안전망 체계를 정비해 플랫폼 종사자도 사회적으로 보호받을 수 있는 정책 마련이 필요할 것이다.

우리나라는 국가정보화 차원에서 지능정보사회에서 새로운 가치를 창출하고 경쟁력을 확보하기 위해서는 지능정보기술을 적극적으로 확보하고 관련 산업을 육성하며, 서비스를 고도화할 필요가 있다. 또한 사회 변화에 대한 면밀한 관찰과 사회적 합의를 통해 인간의 새로운 역할과 윤리를 정립하고 부정적 영향에 대한 대응책을 마련해야 한다.

1.3 국가정보화의 대상

한 국가의 국가정보화 차원에서 지능정보화란 지능정보기술이 발전에 따라 한 국가의 모든 측면에서 물질·에너지보다 정보가 더 중요시되고 정보의 수집·처리·전달 및 이용을 위한 스마트기기가 사회 전분야에 보급·활용에 따라 인간의 삶의 질 향상, 기업 생산활동의 효율성 증가, 대국민행정서비스가 향상되어 가는 현상을 말한다. 그러면 한 국가의 정부차원에서 지능정보화를 이룩하려는 대상은 무엇인가? 한 국가의 지능정보화대상은 모든 부문이 될 수 있는데, 대체로 국가기관, 개인과 가정, 기업과 산업, 사회와 경제, 그리고 지역자치단체라고 할 수 있다. 따라서 각 부문의 지능정보화는 국가기관의 지능정보화, 개인과 가정의 지능정보화, 기업과 산업의 지능정보화, 사회와 경제의 지능정보화, 지방자치단체의 지능정보화라고 구별할 수 있다. 국가기관의 지능정보화는 입법부의 지능정보화, 사법부의 지능정보화, 행정부의 지능정보화를, 개인과 가정의 지능정보화는 개인의 지능정보화, 가정의 지능정보화를, 기업과 산업의 지능정보화는 기업의 지능정보화, 제1차 산업의 지능정보화, 제2차 산업의 지능정보화, 제3차 산업의 지능정보화2)를, 사회와 경제의 지능정보화는 정치의 지능정보화, 경제의 지능정보화, 사회의 지능정보화, 문화의 지능정보화, 교육의 지능정보화를, 지방자치단체의 지능정보화는 시·도별 지능정보화, 군·읍·동별 지능정보화를 말한다.

2 국가정보화의 목표와 추진현황

우리나라는 1970년대 후반 국가 주요 행정업무전산화를 시작으로 1980년대 통신 인프라의 현대화와 정보화 촉진을 위해 대대적인 투자를 전개했다. 그 결과 미국에 이어 세계 두 번째로 인터넷망을 구축함으로써 세계 최고 수준의 초고속통신망을 보유하게 됐다. 1990년대부터 정부는 주요 행정기관의 단위업무와 기능 중심으로 본격적인 정보화를 추진했다. 특히 1994년에 정보통신부를 신설해 정부의 정보통신 역량을 강화했다. 2000년부터는 정보화의 가치가 정부서비스에 대한 국민의 만족도 향상, 능동적 국정 참여 등으로 변하면서 전자정부를 중심으로 업무의 전자적 처리 기반을 정착시켰다.

우리나라의 정보화는 공공 부문을 중심으로 정보통신수요를 확보한 후, 이를 정보통신산업과 연계해 고도성장이 이뤄지도록 정책을 조율했다. 이러한 정부 주도의 적극적인 정보화정책으로 우리나라의 정보통신산업은 눈부신 성장을 거듭하며, 경제성장을 견인하는 중추적인 역할을 해냈다.

현재 정부가 추진 중인 '제5차 국가정보화 기본계획'에서는 지능정보기술의

---

2) 제1차 산업의 지능정보화는 농업, 임업, 수산업의 지능정보화를, 제2차 산업의 지능정보화는 제조업, 철강업, 조선업, 석유·화학업, 섬유업, 전자업, 기계업, 제지업, 요식료업의 지능정보화를, 그리고 제3차 산업의 지능정보화는 건설업, 무역업, 유통업, 교통·운수업, 관광업, 금융업, 방송업, 신문업, 병원, 출판업 등의 지능정보화를 말한다.

활용을 통해 모든 산업의 근간이 되는 지능정보화 인프라를 구축하고, 디지털 경제확대를 통해 국가 산업 성장과 혁신 기반을 마련함으로써 경제·사회시스템의 효율성을 비약적으로 증대시키기 위한 전략이 담겨 있다. 이는 국가의 지능정보화를 통해 생산성 향상, 사회 현안문제의 해결 등 국민 삶의 질을 향상시키기 위함이다.

다보스포럼의 4차 산업혁명 발표 이후 미국·독일·중국·일본·한국 등 주요국의 디지털 전략은 <표 6-1>과 같이 디지털 기술 확산을 넘어 국가 전체의 디지털 혁명으로 개념을 재정립하고, 그에 맞는 지능정보화 및 디지털 전략을 수립하고 있다. 이에 우리나라도 4차 산업혁명의 거대한 변화에 대응하여 디지털 경제를 주도하기 위한 혁신성장 동력 확충, 국민주권 강화 및 사회 현안 해결을 위한 공공 서비스 혁신, 모든 국민의 지능정보기술 활용 역량 강화

표 6-1 해외 주요국의 4차 산업혁명을 비롯한 지능정보사회 대응 동향

국 가	주요 내용
한 국	• 4차 산업혁명이 초래할 경제 사회 전반의 혁신적 변화에 대응하고자 '지능정보사회 중장기 종합대책' 전략 마련 • 4차 산업혁명에 필요한 국가적 전략 및 방안은 주로 기술, 산업, 고용, 문화 등과 관련된 부처 중심으로 논의
미 국	• 백악관을 중심으로 인공지능의 미래를 위해 8개 분야 32개의 권고사항을 담은 '인공지능의 미래를 위한 준비' 발간 • 과학기술위원회는 4차 산업혁명 선도를 위해 R&D 비전과 방향을 담은 '인공지능 기술개발 계획' 수립
독 일	• ICT와 제조업 융합을 통해 고도화 지능화된 제조업 육성전략인 '인더스트리 4.0' 수립 • 민관 협력체계에 기반을 둔 공동 대응체제 구축을 통해 기업 전반의 '인더스트리 4.0' 도입 및 확산 지원
프랑스	• 디지털공화국법을 다양한 이해관계자가 참여해서 크라우드소싱 방식으로 수립 • 지능화 시대 미래전략을 대비하기 위해 세계 경제와 그 변화에 영향을 미치는 문제에 대한 연구 조사를 수행하는 전략분석센터 운영
중 국	• 민간과의 협력을 바탕으로 글로벌 제조 강국으로 도약하기 위한 업종별 육성 방안인 '중국제조 2025 전략' 추진(중국의 민간은 정부가 투자한 성격이 강함)
일 본	• 기술, 교육, 금융 등 경제·사회 전반을 포괄하는 '4차 산업혁명 선도 전략'을 마련하고, 총리 주도의 정방위적 차원의 대응전략 추진

자료 : 한국은행, 「제4차 산업혁명 : 주요국대응현황 재구성」.

를 통한 포용적 사회 발전 실현, 지능정보사회 혜택을 누구나 누릴 수 있는 기반 마련 등 새로운 국가지능정보화의 기본계획방향을 구체화하고 있다. 현재 우리나라의 국가지능정보화가 짧은 기간 동안 경제·사회적으로 확대될 수 있었던 가장 큰 요인은 정부가 주도적으로 지능정보화 정책을 수립하고 추진한 것이 크다.

2.1 국가정보화 기본계획 및 추진계획

1990년대에 접어들면서 우리나라는 '산업화는 뒤졌지만, 정보화에는 앞서야 한다.'는 공감대를 바탕으로 정보화를 본격 추진했다. 우리나라 정부는 1994년 정보화에 능동적으로 대처하고 정보통신산업을 국가 발전 전략산업으로 집중 육성하기 위해 주무부처인 (구)정보통신부를 신설하였고, 「정보화촉진기본법」을 제정(현 「국가정보화기본법」)함으로써 조직 정비와 더불어 법·제도적 기반을 구축하고 정보화 촉진기금을 마련했다. 또한 대내외 환경 변화와 시대적 요구를 반영하는 국가정보화 마스터플렌을 수립하고 추진함으로써 정책 추진의 실효성을 확보했다.

우리나라는 [그림 6-2]에서 보는 바와 같이 국가정보화 추진을 위한 기본 설계인 '제1차 정보화촉진기본계획(1996~2000년)'은 1996년 6월에 수립됐다. 이를 통해 정보화 촉진 10대 중점과제, 고속정보통신망 조기 구축, 정보통신산업 기반 조성등을 차질 없이 추진함으로써 정보통신 선진국으로 도약하기 위한 준비를 차근차근 진행했다. 이는 정보기술의 선도적인 이용자로서 정부가 초기 정보화 수요를 창출하는 데 적극적인 역할 수행은 물론, 민간투자를 유발하는 중요한 계기로 작용했다.

'제1차 정보화촉진기본계획'을 토대로 국가정보화를 강력하게 추진하던 우리나라는 1997년 외환위기를 맞게 됐다. 시련을 극복하는 과정에서 21세기 지능정보화 선진국으로 발돋움할 수 있는 기틀을 마련하고, 정보화가 21세기 생존과 번영을 위해 반드시 추진해야 할 필수 사항임을 인식하게 됐다. 그 결과 정보화를 국가 경영의 최우선 과제로 제시한 '제2차 Cyber Korea 21(1999~2002년)'이 수립됐다. 이 계획은 창조적 지식 기반 국가 건설이라는 비전 아래 당시 인터넷으로 대표되는 새로운 시대적 흐름과 이를 위한 정책적 과제가 망라됐다.

| 그림 6-2 | 우리나라 정보화정책의 추진현황 및 계획 |

제5차 국가정보화 기본계획 (2013~2017)	• 국민행복을 위한 디지털 창조한국 실현 • 사물인터넷, 클라우드, 빅데이터 등 인터넷 신산업 육성 • 콘텐츠 산업 진흥계획 • S/W 혁신전략 • ICT R&D 중장기 전략 • 빅데이터 산업 발전전략 • 클라우드 산업 육성계획 • 전자정부 2020 기본계획 • 지능정보산업 발전전략

제4차 국가정보화 기본계획 (2008~2012)	• 창의적 소프트파워 • 첨단 디지털 융합인프라 • 신뢰의 정보사회 • 일 잘하는 지식정부 • 디지털로 잘사는 국민

제3차 정보화촉진 기본계획 연동계획 –u-KOREA (2006~2010)	• 세계 최고수준의 유비쿼터스 인프라 위에 세계 최초의 유비쿼터스 사회 실현을 통해 선진한국의 건설 • 유비쿼터스 사회기반 위에서 국민 모두가 혜택을 받는 사회 실현 • 융·복합 및 연계가 용이한 기술개발 지원, 자생력 있는 생태적 산업기반 제공

제3차 정보화촉진 기본계획 수정계획 –Broadband IT KOREA VISION 2007 (2003~2007)	• 세계 최고수준의 열린 전자정부 구현으로 행정서비스의 혁신 및 효율성·투명성 향상 • 산업정보화 촉진을 통한 국가경쟁력 강화 • 광대역통합망 구축 및 정보통신산업의 전략적 육성

제3차 정보화촉진 기본계획 –e-KOREA VISION 2006 (2002~2006)	• 인터넷 보급·확산 등 양적 확충단계를 넘어서 생산성 제고 등 성과중심의 정보화 추진 • 전 국민, 전 산업, 정부의 생산성 제고 • 인프라 고도화, 정보통신산업의 인류화, 국제협력 강화

제2차 정보화촉진 기본계획 -CYBER KOREA 21 (1999~2002)	• 창조적 지식기반국가의 비전과 전략 • 2002년까지의 목표, 중점추진과제 설정 • 정보인프라 구축, 신산업육성 및 고용창출 병행, 정보화 교육을 통한 수요기반 확대
제1차 정보화촉진 기본계획 (1996~2000)	• 교육, 행정 등 10대 중점과제 선정 • 초고속정보통신기반 구축, 정보통신산업 육성 • 기본계획에 의거 분야별로 시행계획 수립·추진
초고속정보통신 기반 구축 (1995~2005)	• 초고속망 구축, 애플리케이션 및 기술개발 등 병행 • 주요 지역 광케이블 구축 조기달성 추진 • 정부의 선도적 투자와 민간참여를 효과적으로 결합
국가기간전산망사업 (1987~1996)	• 5대 국가전산망(행정·국방·공안·금융·교육연구) • 제1차(1987~1991)와 제2차(1992~1996)로 구분 추진 • 업무별(주민·부동산·자동차·고용·경제통계·통관) 추진방식

2002년 4월 글로벌화와 전 국민의 정보화 능력 함양 요구 등의 환경 변화를 반영한 '제3차 e-Korea Vision 2006(2002~2006년)'이 수립됐다. 2003년 12월에는 중국, EU 등 새로운 경제 강자가 출현하면서 우리나라의 경제 사회적 체질 개선이 필요하다는 인식 아래 '제3차 e-Korea Vision 2006'의 수정 계획으로 '제3차 개정 Broadband ICT Korea Vision 2007(2003~2007년)'을 수립했다. 2006년에는 유비쿼터스를 키워드로 하는 신기술의 등장에 발맞춰 '제3차 연동 u-Korea 기본계획(2006~2010년)'을 수립했다. 이 계획은 정부혁신, 국가 기반 지능화, 산업경쟁력 강화, 사회시스템 혁신, 선진 복지 체제 마련 등의 전략이 제시됐다.

이후 국가 사회 전반으로 정보화의 영향이 광범위하게 확산됐지만 촉진과 확산 중심의 기존 정책은 한계를 노출하기 시작했다. 특히 해킹, 개인정보 유출 등 다양한 사회 문제가 대두되면서 정보화 정책에 대한 새로운 요구가 발생하게 됐다. 이러한 요구에 부응하고 정보화 패러다임 변화에 대응하기 위해 정부는 2008년 12월 '제4차 국가정보화 기본계획(2008~2012년)'을 수립했다. 이

계획은 '창의와 신뢰의 선진 지식정보사회 실현'을 비전으로 삼고 창의적 소프트파워, 첨단 디지털 융합인프라, 신뢰의 정보사회, 일 잘하는 지식정부, 디지털로 잘사는 국민 등 5대 목표를 설정했다.

현재 정부는 2013년 12월에 수립한 '제5차 국가정보화 기본계획(2013~2017년)'을 실행하고 있다. 이 계획은 '국민행복을 위한 디지털 창조한국 실현'을 비전으로 설정하고 있다. 비전 실현을 위한 3대 목표로 창의적인 아이디어와 ICT가 결합해 새로운 가치와 일자리가 창출되는 지속성장이 가능한 활기차고 역동적인 경제, ICT로 구현되는 최첨단 환경에서 보다 편리하고 윤택하게 향유할 수 있는 살기 좋고 걱정 없는 국민생활, 국민 누구나 ICT 인프라 위에서 안심하고 자신의 아이디어 상상력을 발휘할 수 있는 신뢰 속에 상생하는 디지털 풍토를 제시했다. 또한 비전과 목표의 체계적 실행을 위해 4대 핵심전략 및 15대 과제를 제시하고 있다.

정부는 '제5차 국가정보화 기본계획'을 세부 분야별로 뒷받침하기 위해 다양한 지능정보화의 사업 및 산업 활성화 정책도 수립해 추진 중이다. 구체적으로 살펴보면 사물인터넷, 클라우드, 빅데이터 등 '인터넷 신산업 육성 방안', 창의적 콘텐츠 산업 육성을 위한 미래창조과학부·문화 체육관광부 협업 기반의 '콘텐츠 산업 진흥계획', 창조경제 실현 도구인 소프트웨어를 통해 국가경쟁력을 혁신하기 위한 'S/W 혁신전략', 향후 5년간 연구개발 정책 및 방향을 담은 'ICT R&D 중장기 전략', 빅데이터의 각계 활용을 촉진하고 관련 산업을 육성하기 위한 '빅데이터 산업 발전전략', 민·관 협력의 '클라우드 산업 육성계획', 초연결 디지털 혁명을 선도하기 위한 '사물인터넷기본계획', 대국민 인지도 향상과 정책 간 시너지창출을 위해 ICT 분야의 정책을 단일 브랜드화한 'K-ICT 전략 2016', 「전자정부법」에 따른 최초의 5개년 전자정부 계획인 '전자정부 2020 기본계획', 인간 중심, 저비용·고효율 지능정보사회 실현을 비전으로 융합 신산업 확산과 사회구조 혁신을 목표로 하는 '지능정보산업 발전전략' 등이 있다.

또한 지난 2016년 12월 새롭게 수립된 계획으로는 4차 산업혁명에 대응한 '지능정보사회 중장기 종합대책', '유료방송 발전방안', '3D프린팅 산업 진흥기본계획', '국가 사이버보안 R&D 추진 계획', '5G 이동통신 산업 발전전략', 'K-ICT 조선해양 융합 활성화 계획' 등이 있다.

정부는 그동안 다양한 경제사회적 이슈와 ICT 패러다임 변화를 반영해 국가정보화 기본계획을 수립하고 추진했다. 또한 환경 변화와 기술발전에 탄력적으로 대응하기 위해 「국가 정보화기본법」 및 시행령 등을 개정하고 기본계획을 뒷받침하기 위한 세부사업별 다양한 계획을 발표하기도 했다. 이러한 정부의 국가정보화 추진 노력의 결과로 ICT 발전지수는 2년(2015~2016년) 연속 세계 1위, 인터넷평균 접속속도는 3년(2014~2016년) 연속 세계 1위 등 괄목할 만한 성과를 달성했다. 이와 같이 한국은 지난 30년간 세계적인 정보화 추세에 발맞춘 시의적절한 중장기 국가정보화 마스터플랜 수립·추진으로 세계 최고수준의 ICT인프라 보유, 전자정부 세계 1위 달성 등 괄목할 만한 성과를 달성했다.

2.2 국가인프라의 지능정보화

국가인프라, 즉 사회간접자본(SOC : Social Overhead Capital)[3]이 갖고 있는 두 가지 특성은 다음과 같다. 첫째, 국가인프라란 기업의 생산 활동을 지원하여 간접적으로 생산력을 높이는 기능을 갖는 자본이다. 기업의 생산 활동에 있어서 자본은 직접자본과 간접자본의 형태로 나뉜다. 직접자본은 생산 활동에 직접 투입되는 자본으로서 현금자본, 시설(토지, 건물, 기계 등 고정자본), 원료(유동자본)를 의미한다. 간접자본은 여러 가지 생산 활동에 간접적으로 기여하는 자본, 즉 국가가 운영하는 유·무형의 시설 및 환경으로 도로, 철도, 항만, 통신, 전력, 공공서비스, 전기·가스공급시설, 상하수도, CCTV, 의료기관 등을 말한다. 간접자본은 기업 측면에서 보면 국가인프라는 생산 활동에 필요한 자본임에도 불구하고 비용을 직접 지불하지 않아도 되는 자본을 말한다.

둘째, 국가인프라란 인간의 일상생활에서 기반이 되는 필수불가결한 상품, 즉 공공재로서 공동소비성(비경합성), 비배제성의 특성을 갖고 있는 자본이다. 이러한 특성 때문에 국가인프라는 시장의 가격기구를 통하여 충분히 공급되기를 기대하기가 힘들 뿐 아니라 민간부문에서 공급 및 운영되더라도 공공성을 유지하기 위해 정부의 규제를 직·간접적으로 받게 된다.

국가인프라의 지능화란 <표 6-2>의 국가인프라의 범위와 대상, 즉 국가가 운영하는 유·무형의 시설 및 환경에 데이터기술과 인공지능을 활용해 지적능

---

3) 아담 스미스(Adam Smith)가 공공사업(Public Works)이라는 용어를 처음 사용한 이후, 사회간접자본에 대한 개념은 1940년대 후반의 '국가발전 프로그램의 일부로써 개발계획(Development Projects as Part of National Development Programs)'에서 사용되었다. 그 이후 개발경제학자들 사이에서 사회간접자본, 하부구조 또는 기반구조(Infrastructure)라는 용어로, 현재는 국가인프라라는 용어로 사용하고 있다.

력(intelligence)을 갖게 하는 현상을 말한다. 이러한 국가인프라의 지능화는
<표 6-3>과 같이 디지털화(센서) → 데이터의 연결(IoT) → 분석(빅데이터) →
최적화·자율화(AI)라는 과정을 거쳐 달성된다.

표 6-2 우리나라 국가인프라의 범위와 대상

구 분	대 상	효 과
교통시설	도로, 철도, 항만, 공항, 터미널	데이터 기반 유지·관리로 안전하고 편리한 교통환경
산업시설	전기, 가스, 전력, 인터넷, 방송·통신	인공지능 기반 성능 향상의 극대화로 저비용·고효율
환경시설	상하수도, 폐기물처리시설	지능적 환경 체계구축으로 지속가능한 발전
안전시설	CCTV, 지하공동구역, 방재시설	사고, 범죄 발생 징후 시 실시간 탐지로 오·경보 최소화 및 안전성 확보
공공시설	지하도, 학교, 박물관, 도서관, 의료기관	실시간 제어를 통해 쾌적하고 안전한 생활기반 조성

자료 : 과학기술정보통신부.

표 6-3 국가인프라의 지능정보화단계

자율화	인프라 스스로 진단 및 수리에 대해 의사결정 후 실행	인공지능, 빅데이터, 사물인터넷, 센서
↑		
최적화	실시간 데이터 분석을 통해 이벤트 발생 예측 및 성능 향상	빅데이터, 사물인터넷, 센서
↑		
제어	저장된 알고리즘에 따라 특정 조건이나 환경 변화 시 대응	사물인터넷, 센서
↑		
모니터닝	데이터 센서를 통해 대상 인프라와 외부 환경의 변화 경고	센서

자료 : 과학기술정보통신부.

지능정보기술의 발전과 함께 급변하는 국제적·사회적 환경에 맞추어 국민들의 정부에 대한 행정서비스 요구도 다양하게 표출되고 있다. 이러한 환경에 대처하기 위해 세계 각국은 지능정보기술을 이용하여 대국민서비스 향상, 국가행정의 효율성 증대 및 국가행정의 민주화 향상 등에 많은 노력을 기울이고 있고, 이러한 노력의 결과가 국가정보화의 일환으로서 전자정부이며 세계 각국은 물론 우리나라에서도 이를 구현하기 위해 많은 노력을 하고 있다. 따라서 정보사회의 국가정보화가 전자정부로 대변되었다면, 지능정보사회의 국가정보화는 지능형 전자정부로의 전환이 필요하다.

① 전자정부의 개념 및 정의

우리나라에서의 전자정부의 개념은 행정정보화를 추진하는 과정에서 전자정부의 개념이 성립되고 있다. 행정정보화는 행정업무, 사업 및 조직을 개혁하기 위한 중요한 수단이며, 국민을 위한 효율적인 행정서비스를 제공하는데 그 목적을 두고 있다. 즉 전자정부(electronic government)란 정보통신기술을 활용하여 행정활동의 모든 과정을 혁신함으로써 정부의 업무처리를 효율적이고 생산적으로 개선하고, 정부의 고객인 국민에게 질 높은 행정서비스를 제공하는 정부를 말한다. 좁은 의미로는 대민행정, 내부행정처리 및 정책결정, 조달 등의 측면이 전자적으로 상호 유기적인 작용을 하면서 온라인 네트워크를 통해 공공재나 서비스를 상호 제공하는 것을 의미한다. 전자정부는 행정서비스의 시간적·공간적 제약 없이 언제 어디서나 서비스가 가능하고, 정보의 공유로 부처 간 협업이 수월해져 업무를 원활하게 처리할 수 있으며, 인터넷을 통한 납기·품질 등을 고려한 전략적 공급자의 선택이 가능하다. 또 열린 네트워크를 활용하기 때문에 효율성·생산성·책임성·투명성 등을 제고할 수 있다.

1993년 미국 클린턴 행정부가 정보통신기술을 활용해 행정효율성을 개선하고, 행정서비스에 대한 국민 접근성·활용성을 높이기 위해 채택한 정부의 혁신전략으로 시작된 개념으로, 연방정부 관련 웹사이트를 하나로 묶어 인터넷 통합서비스를 제공하고 있다. 우리나라의 경우 2002년 11월 13일 전자정부가 출범하였으며, 이에 따라 전자정부 온라인 서비스로는 종합 민원 서비스, 공공기관, 정부 부처별 게시판, 활동 평가단, 정책 모음, 현행 법령, 전자관보 등이 제공된다. 특히 업무 처리 전자화로 공무원의 일하는 방식에 혁신을 가져온 정부 업무관리 시스템인 '온-나라 BPS'를 전 중앙부처에 확산해 정부의 모든 의사결정 과정이 전자적으로 기록되도록 함으로써 정부의 투명성과 책임성을 높였다고 평가 받고 있다.

1993년 미국 클린턴 행정부에서 시작된 전자정부의 개념은 전자은행서비스 개념에서 출발하여 정부의 고객인 국민에게 보다 편리한 정부의 행정서비스를 제공한다는 차원에서 정부의 업무와 시스템의 개혁까지 포괄하고 있다. 이러한 과정에서 전자정부는 국민을 정부의 고객으로 생각하고, 고도화된 정부의 행정서비스를 제공하기 위한 방편으로 인식되고 있다. 이와 같은 관점에서 미국의 전자정부는 정보통신기술을 이용하여 정부의 행정 조직, 업무, 시스템을 효율적으로 개혁하여 정부의 행정능률을 최고수준으로 향상시키며, 국민에 대한 정부의 각종 정보 및 행정 서비스가 언제 어디서나 어떤 방법으로든 국민에게 효과적으로 제공될 수 있도록 하는 정부를 의미한다.

이러한 전자정부의 개념적 특징은 정보통신기술의 활용이 강조되고 있다는 것이다. 따라서 전자정부는 행정업무에 정보통신기술의 활용을 중심으로 이를 부처의 정보통신망을 통하여 대국민 고객서비스로 제공하는 의미로 파악되고 있다. 그러므로 전자정부의 가장 단순한 기술적 정의는 '대부분의 행정업무가 온라인 정보통신기술에 의해 수행되어 신속·정확한 서비스를 제공한다'는 시각이다. 이러한 시각은 전자정부라는 용어에서, 전자, 즉 초소형전자기술(micro electronics)에 바탕을 둔 컴퓨터와 데이터통신의 결합에 의한 디지털화와 네트워크화를 강조하고 있다.

2 전자정부의 추진배경

1980년대 이후 정보통신기술이 급격히 발전하자 많은 선진국들은 정보통신기술을 정부업무과정에 도입하여 활용하고자 하였으며, 특히 1990년대 이후부

표 6-4	우리나라의 전자정부 추진연혁

단 계	시 기	구 분	주요 추진내용
전자정부의 태동기	1978~1987	행정전산화추진	• 제1・2차 행정전산화 사업 (1978~1986)
	1987~1996	행정전산망구축	• 제1・2차 국가기간전산망사업 (1987~1996)
전자정부기반 조성기	1996~2000	정보화촉진	• 초고속정보통신기반구축 (1995~2005) - 전국 144개 지역 광전송망 구축 • 단위업무 또는 기능별 정보화 추진 - 조달, 여권, 특허, 관세 등 정보화
전자정부 착수기	2001~2002	전자정부 11대 과제	• 전자민원, 전자조달 등 범부처 11대 과제 • 단위업무간 부문적・제한적 연계
전자정부 성장기	2003~2007	전자정부 31대 과제	• 다수부처 중심의 전자정부 31대 과제 추진 • 전자정부법 개정(2007. 1)
전자정부 성숙기	2008~2012	서비스 및 인프라 통합 연계 확산	• 활용 및 통합 중심의 전자정부 추진 • 연계・통합 대상기관 확대: 행정기관, 공공기관, 일부 민간기관 등 • 국가정보화 및 전자정부 추진체계 일원화 • UN전자정부 평가 1위 (2010, 2012) • 스마트시대에 대비한 스마트 전자정부 추진(2011~2015)
	2013~	정부3.0 추진 지원	• 개방, 소통, 공유, 협력 기반의 정부3.0 추진 지원 - 국민 맞춤형 서비스 정부, 일잘하는 유능한 정부, 국민에 게 믿음을 주는 투명한 정부구현 추진 • UN전자정부 평가 1위(2014) • 「전자정부법」개정(2014.7)

자료 : 한국정보화진흥원, 『국가정보화백서』.

터는 미국, 영국 등의 선진국들은 국가경쟁력 향상과 정부혁신을 위한 핵심전략으로서 전자정부를 추진하기 시작하였다. 1993년 '전자정부' 라는 용어를 처음으로 사용한 미국은 클린턴 행정부에서 정부 재창조 차원에서 정보통신기술을 통한 정부업무 재설계를 추진하였고, 부시 행정부도 5대 정부개혁의 일환으로 전자정부 사업을 추진하였다. 영국은 블레어 수상이 정부현대화 계획(Modernising Government)의 일환으로 고객중심의 대민서비스 혁신을 위해 전자정부사업을 추진하였으며, 호주도 범정부적 정보화 네트워크 구축(On-Line Australia 1999)을 추진하는 등 선진국들의 노력이 구체화되기 시작하였다. 또한 국제연합(UN), 경제협력개발기구(OECD), 유럽연합(EU) 등 국제기구와 지역연합 등 많은 국가의 정치지도자들이 전자정부를 국정의제의 우선순위로 배정하고, 그 수준을 제고시키도록 노력하였다.

우리나라는 1970년대 후반 주민등록, 부동산, 자동차 등 국가의 주요 행정업무 전산화를 시작으로, 1990년대에는 여권, 특허, 조달과 같은 단위 업무 또는 기능 중심의 정보화를 추진하였다. 그리고 2000년부터는 범정부 차원의 전자정부 핵심 인프라를 구축하였는데, 우리나라의 전자정부 추진연혁을 살펴보면 <표 6-4>와 같다.

한편, 전자정부의 성숙기에 주요 중앙행정기관의 행정업무를 전자적으로 처리하기 위한 시스템을 개발하여 행정의 효율성 향상에 기여하고, 범정부 데이터센터를 구축하여 정부 시스템을 통합 운영함으로써 운영의 경제성, 전문성, 보안성을 강화했다. 또한, 행정기관 간 정보 공유를 위한 공통기반 인프라 및 정부서비스 제공을 위한 단일창구4)도 구축하여 국민이 민원 신청 시 제출해야 하는 구비서류 감축과 민원이나 정부 업무를 직접 방문하지 않고 처리할 수 있는 편리성도 제공했다.

③ 전자정부의 목표

국가정보화의 일환으로 전자정부의 구현은 21세기 국가운영의 패러다임의

---

4) 민원24(www.minwon.go.kr), 국가종합전자조달 나라장터(www.g2b.go.kr), 인터넷 종합국세서비스 홈택스(www.hometax.go.kr), 기업지원플러스 G4B(Government For Business, www.g4b.go.kr), 참여마당 국민신문고(www.epeople.go.kr) 등.

변화를 뒷받침하고, 국가경쟁력을 확보하는 핵심과제인 것이다. 왜냐하면, 전자정부는 정부의 고객인 국민과 기업에게 양질의 서비스를 제공할 수 있는 가장 중요한 수단이며, 국민과 기업의 정보화를 지원하고 선도할 뿐만 아니라 정부의 생산성과 투명성을 제고하는 데 필수적인 역할을 하기 때문이다.

전자정부의 목표는 부가가치 지향적 전자정부(Smart e-Government), 고객 지향적 전자정부(Satisfying e-Government), 실시간 지향적 전자정부(Synchronizing e-Government) 등으로 집약될 수 있다.5)

3.1 부가가치 지향적 전자정부(Smart e-Government)

부가가치 지향적 전자정부는 디지털 경제시대에 산업화 시대의 기계적인 시스템 성격의 조직이 갖는 한계를 극복하고자 하는 네트워크 기반의 조직 패러다임으로 정의된다. 정보가 공개되고, 조직 내외의 교류가 빈번해지는 디지털 시대의 정부 공공조직은 보다 수평적인 네트워크와 개방된 의사소통에 기초를 둔 유기체적인 조직으로 변모되길 요구받고 있다. 전문성에 기반을 둔 권한과 통제, 수평적인 의사소통, 개인적인 동기부여 등 새로운 조직과 리더십 스타일이 필요하고, 이를 지원할 수 있도록 다양한 형태의 변화를 필요로 한다.

3.2 고객 지향적 전자정부(Satisfying e-Government)

전자정부의 실질적이고 최종적인 수혜자는 일반국민과 민간기업이다. 고객 지향적 전자정부는 새로운 시대정신에 부합할 수 있도록 전자정부의 과제 개발과 정책 수립에 있어서 국민의 욕구 파악과 수용에 보다 노력을 기울이고, 공공부문 조직 내부의 업무 프로세스를 최종 사용자에게까지 연장하여 파악하고자 하는 활동으로 정의할 수 있다. 전자정부의 다양한 과제들의 개발과 실행에 있어서 국민의 욕구 파악과 만족도를 우위에 둔 서비스 개발과 제공 체계가 확립된다면, 지능정보화의 투자대비 효과도 크게 개선되며, 아울러 행정의 질적인 고도화를 효과적으로 성취할 수 있을 것이다. 고객 지향적 전자정부는 이러한 사항들을 이루기 위하여 전자 민주주의, 정부 서비스 통합 단순화, 고부가가치 기업 지원 서비스, 정보 활용 고도화와 같은 사항들이 실행되어야 한다.

---

5) [네이버 지식백과] 이제는 전자정부 시대(훤히 보이는 정보보호, 정교일, 이병천, 진승헌, 조현숙)

3.3 실시간 지향적 전자정부(Synchronizing e-Government)

이제까지 구축된 정부 공공부문의 정보시스템들의 활용성을 높이고, 조직변화와 대국민 행정서비스 지원에 보다 효과적으로 활용되기 위해서는 일관된 원칙하에 정보통신시스템이 통합되고, 부족한 부분이 보완되어야 한다.

기존의 정보화가 업무 효율성의 향상에 주안점을 두었다면, 향후의 지능정보화사업은 즉각적인 업무처리, 신속하고 정확한 정책의 의사결정, 업무담당자의 전문화 등이 이미 구축된 정보통신시스템이 효과적으로 통합되는 방향으로 추진되어야 한다. 국민의 기대 수준의 향상과 행정 개혁 방향, 그리고 지능정보산업의 발전 추세를 감안할 때 이와 같은 통합 방향은 신속하고 정확한 업무 처리를 위한 정보 지원과 이를 위한 관련 애플리케이션의 통합이 핵심이며, 국민의 요구에 부합하는 아키텍처 설계와 정보통신을 통한 지식 프로세스의 지원을 통해 그 효과를 배가시킬 수 있다.

4 지능형 전자정부

지능정보사회에서의 정부, 즉 지능형 전자정부란 '지능정보기술 및 기반이 충족된 유비쿼터스 환경하에서 물리공간과 전자공간 간의 긴밀한 연계가 사람·장소·사물 간의 실시간 정보 유통 및 행동화를 중심으로 실현되어 언제 어디서나 네트워크나 스마트기기에 제한받지 않고 보다 지능적으로 행정업무를 수행하고 국민에게 서비스를 제공할 수 있는 통치구조'라고 정의할 수 있다.

다시 말하면, 지능형 전자정부는 지능정보기술을 활용하여 국민 중심으로 정부 서비스를 최적화하고 스스로 일하는 방식으로 혁신하며, 국민과 함께 국정운영을 실현함으로써 안전하고 편안한 상생의 사회를 만드는 디지털 신정부를 지향함을 의미한다.

이러한 지능형 전자정부를 실현할 수 있기 위해서는 기존의 협대역(narrow-band)에서 광대역(broad-band) 네트워크로의 변화, 유선 네트워크에서 무선·모바일(wireless &mobile) 네트워크로의 변화, 새로운 센서·칩(sensor & chip) 네트워크의 구축, 인공지능, 사물인터넷, 클라우드 컴퓨팅, 빅데이터, 모바일 등과 같은 기술적 기반이 확보되어야 한다. 유비쿼터스 환경으로 인해 기존의 전자정부 개념에서 탈피하여 PC 이외의 스마트기기를 통해 전자정부에 대한 정보의 접근성을 확대하고, 종래에는 제공하지 못했던 새로운 영역의 전자정부 서비스도 창출해야 한다.

지능형 전자정부 역시 지능형 국가정보화에 부합할 수 있도록 유비쿼터스 컴퓨팅과 네트워크 기술을 기반으로 지능화되어야 하고, 이러한 측면에서 유비쿼터스 전자정부의 개념이 차세대 지능형 전자정부의 방향으로 제시될 수 있다. 따라서 지능형 전자정부에서는 비약적으로 진행되고 있는 유·무선 통합 및 단말기·네트워크 통합, 즉 이른바 융합(convergence)에 힘입어 확장된 매체를 통한 보편적이고 일상적인 접속이 가능하며, 그야말로 고객이 움직이는 가운데에서도 대국민 행정서비스를 제공받을 수 있고 언제든지 접근할 수 있는 지능형 전자정부가 구현되어야 한다.

다시 말하자면 지능형 전자정부로서 유비쿼터스 환경의 전자정부 서비스는 언제 어디서나 접속 및 활용이 가능해야 한다. 이로써 대국민 행정서비스의

표 6-5 기존의 전자정부와 지능형 전자정부

구 분	기존의 전자정부	지능형 전자정부
접근방식	기술결정론 관점의 점진적 혁신	기술과 사회의 융합을 통한 와해적 혁신
지향가치	경제적 효율성	사회적 조화와 지속가능성
추진전략	자동화/온라인화	디지털화(온-오프라인 통합)
기반지원	정보자원(PC/인터넷 중심)	지능정보자원 (인공지능, 사물인터넷, 클라우드 컴퓨팅, 빅데이터)
정책결정	경험적 기반의 행정	과학적 기반의 행정
서비스	생애주기별 맞춤서비스	생애주기＋일상틈새 비서서비스
추진주체	정부주도 생태계 (수요창출자로서 정부, 서비스제공자로서 기업, 이용자로서의 개인)	개인, 기업, 정부, 제3섹터 등이 공동생산·공유·협력하는 생태계
주요산업	서비스산업(무역, 관광, 교육, 법률, 의료 등), 정보통신산업(네트워크, 소프트웨어, 콘텐츠, 기기산업 등)	지능정보통신산업(인공지능, 사물인터넷, 클라우드 컴퓨팅, 빅데이터, 모바일)
정부역할	정부주도의 서비스 정부	시민주도의 플랫폼 정부

출처 : 박주선(2017), "4차 산업혁명과 도시 전자정부", 지방행정공제회. 재구성.

수준 제고, 공공관리의 비용 절감, 공공 자산관리의 효율성 증대, 그리고 인력관리의 생산성 향상 등을 실현하는 효과를 가져 올 수 있다.

지능형 전자정부는 기존의 전자정부와는 다른 지능정보기술을 활용한 국가정보화로 정부업무와 공공서비스를 혁신하여 공공의 가치를 창출·지원하는 정부가 되어야 한다. 이러한 지능형 전자정부는 국민과 함께 경제·사회적 가치를 공동으로 생산하고 공유·활용하는 플랫폼을 기반으로 하는 디지털 파트너십을 구현할 것이다. 플랫폼을 통해 정부는 공공인프라와 정부데이터를 제공하고, 이 과정에서 국민은 원하는 서비스를 직접 완성하고 정책을 제안함으로써 궁극적으로 정부의 신뢰와 사회전반의 신뢰 역시 향상될 것이다. 기존의 전자정부와 지능형 전자정부의 차이점은 <표 6-5>와 같다.

5 지능형 전자정부와 프라이버시 문제

지능형 전자정부는 기본적으로 '국가경쟁력의 향상'이나 '국가행정의 효율성 증대' 이외에도 그 궁극적인 목표는 정부의 고객인 국민에게 보다 편리한 행정서비스를 제공하는데 있다고 정의하였다.

그러나 이러한 지능형 전자정부의 의도에는 두 가지의 ― 때로는 딜레마로 표현되는 ― 상충관계(trade-off)가 존재하는데, 그것은 국민에게 행정서비스를 제공한다는 성격과 개인의 프라이버시를 침해할 수 있다는 문제가 발생할 수 있다. 지능형 전자정부의 출현배경이 국민을 위한 행정서비스의 제공과 행정의 효율성을 동시에 달성하고자 하는 것이고, 그래서 국민복지를 위한 전자정부가 부각되었지만 다른 한편으로 국가가 점차 복지부문에의 개입이 증대되면서 국민의 개인정보에 대한 소유와 이용도 그만큼 증가되었다. 특히 정부의 역할이 축소된다고 하더라도 스마트기기가 정부의 행정에 이용되면서 정부가 개인정보를 이용하고 소유하기가 그만큼 더 쉬워졌다는 것이 사실이다. 여기서 지능형 전자정부가 국민에 대해 가지는 이중적인 성격, 즉 복지증진을 위한 행정서비스의 제공과 개인정보침해의 문제가 서로 충돌하게 된다. 또한 무엇보다 국가가 개인정보에 대한 소유와 통제의 성격을 갖지만 다른 한편에서는 사적 부문을 포함한 사회전체의 프라이버시 침해에 대한 방어와 규제의 역할도 담당해야 하기 때문에 이러한 지능형 전자정부의 이중적 성격은 그 충돌 가능성이 더욱 커지게 된다.

결국 정부가 대국민 고객을 위한 행정서비스를 제공한다는 것을 중심에 두고 지능형 전자정부를 추진해 나갈 경우에는 프라이버시의 침해문제에 적극 대응할 필요가 있다. 따라서 국민복지를 위한 대국민 행정서비스를 제공하지만, 개인들의 프라이버시를 침해하지 않을 때 대국민의 신뢰를 받는 지능형 전자정부의 이상형도 실현될 수 있을 것이다.

제3절
지방자치단체의 지능정보화

1 지자체 지능정보화의 개념과 정의

지방자치단체의 지능정보화, 즉 지자체 지능정보화는 국가 또는 지방자치단체가 지역을 대상으로 주민 삶의 질 향상 및 지역사회 발전을 위해 행정·생활·산업 등의 분야를 지능정보기술을 도입·활용하는 지능정보화를 일컫는다. 따라서 지자체 지능정보화는 단순히 지방자치단체에서 추진하는 해당지역의 지능정보화만을 의미하는 것이 아니고, 전반적인 국가정보화정책의 일환으로써 국가적 정책 사업이다.

지자체 지능정보화란 국가 또는 지방자치단체가 단일 또는 복수의 지역을 대상으로 주민의 삶의 질 향상과 지역사회 발전을 위해 공동으로 추진하는 사업 및 지역 여건에 근거한 행정·생활·산업·문화·도시 지능정보화 등의 특화 사업으로 볼 수 있다.[6] 이와 같은 지자체 지능정보화는 지역내 정보통신하부구조의 구현과 정보통신서비스의 보급 및 정보문화의 정립을 통해 첫째, 지역개발전략으로서 지방간 또는 중앙과 지방간 정보격차의 해소로 지역의 경제, 사회, 문화적인 균형발전을 이루고, 둘째 지역과 외국간의 정보격차도 해소함으로써 궁극적으로 국가사회 전반의 경제, 사회, 문화적인 균형 발전을 이룩할

---

6) 한편, 지자체 지능정보화란 국가내 단위지역의 특성과 요구에 맞는 지능정보화 활동의 총체라는 측면에서 지자체 지능정보화의 추진 주체를 국가중앙정부, 지방자치단체, 지역주민, 지역기업, 지역주민 등으로 파악한 경우도 있다.

목적으로 하는 총체적인 정보활동을 말한다.

2 지자체 지능정보화의 필요성

지자체 지능정보화를 추진해야 할 필요성은 다음과 같다. 첫째, 지자체 지능정보화는 지역간의 정보격차를 해소시키고 지역의 특성에 맞는 지역개발의 추진을 위하여 필요한 정보를 제공한다. 또한 지자체 지능정보화는 중앙과의 정보격차를 단순히 시정할 뿐만 아니라 지역권의 정보를 중앙과 외국에 발신할 수도 있는 고도정보통신망의 형성을 의미한다. 이를 통하여 지역은 중앙일변도의 정보관리에서 벗어나 지역의 자립을 위한 산업육성과 지역기능의 향상을 통해 지역의 균형발전을 도모할 수 있다.

둘째, 지자체 지능정보화는 지역경제의 활성화에 도움을 준다. 지자체 지능정보화는 기존산업을 강화·고부가가치화하며 첨단산업·고부가가치산업의 육성을 가능하게 함으로써 지역산업구조의 고도화에 대한 가능성을 높여준다.

셋째, 지자체 지능정보화는 지역의 복지사회를 구현시킨다. 지자체 지능정보화는 해당지역의 교육·문화·의료·복지·방범·방재·도시환경·교통 등 지역생활의 질을 높여 살기 좋은 생활·사회환경의 조성을 가능하게 한다. 또한 고령화·국제화·여성의 사회진출 등 사회의 새로운 시대흐름 속에서 쾌적하고 정신적인 풍요로움을 실감할 수 있도록 해준다.

넷째, 지자체 지능정보화는 지역행정 및 공공부문의 지능정보화로 행정서비스의 개선에 도움을 주며 지역주민과 지방자치단체간의 정보교류를 원활하게 하고 각종 민원업무의 신속한 처리를 가능하게 한다. 또한 지자체 지능정보화는 지방행정에 참여의 폭을 확대시키며 이는 지방자치의 활성화에 기여한다.

다섯째, 지자체 지능정보화는 국토의 균형발전에 기여한다. 종래 산업화 및 정보화의 과정 속에 소외된 지역은 지역실정에 맞는 지자체 지능정보화의 구현을 통해 지역발전을 도모할 수 있으며, 이것은 좁은 국토의 효율적인 이용을 가능하게 한다. 또한 국가적인 차원에서 지자체 지능정보화는 국토자원의 효율적 활용과 복지자원의 균등한 혜택을 실현할 수 있다. 각 지역의 정보통신망이 구축되고, 이는 다시 전국적인 정보통신망으로 연결되면 자원, 환경 등 국가전체를 포괄하는 정보의 관리가 용이해지고 의료, 보험, 문화생활 분야에서의 혜택을 공유할 수 있다.

3 지자체 지능정보화의 기대효과

3.1 지역의 균형발전과 불균형발전

정보화와 지역발전과의 관계에 대한 대표적인 이론적 논의는 신포드주의
(neo-fordism)와 탈포드주의(post-fordism)가 있는데, 신포드주의는 드러커(P.
Drucker)에 의해 포드주의를 현대적인 형태로 발전시킨 주의다. 즉 포드주의[7]
가 직면한 위기의 본질을 통제력의 약화에서 찾고 정보기술은 통제력을 강화
시켜 위기를 극복하는 수단으로 인식하고 있다. 다시 말하면 통제력의 강화에
초점을 두고 있는 신포드주의적 시각은 정보기술이 지역간 격차를 더욱 확대
시킬 수 있다는 것이다. 왜냐하면 통제력의 회복과 강화는 노동에 대한 통제력
인 동시에 시장과 공급자에 대한 통제이고 지역적으로 널리 분포되어 있는 생
산과정에 대한 통합을 의미하기 때문이다.[8]

---

7) 포드주의란 포드(Ford)가 제시한 경영철학 내지 사상을 말하는데, "저가격과 고임금의 원칙"을
중심으로 기업경영의 영리주의를 부정하고 기업을 사회대중에 대한 "봉사기관"이라는 봉사주
의를 주장하였다. 또한 포드주의는 민족국가의 주권, 주어진 영토내에서 정책을 입안하고 수행
할 수 있는 정부의 능력, 국내기업의 외국경쟁기업으로부터의 상대적 자유, 그리고 국민적 기
업으로서의 정체가 가지는 실용성 등에 기반을 두고 있다. 이와 같은 포드주의는 제2차 세계대
전 이래 약 25년간 지속되어 왔는데, 포드주의가 이렇게 장기간 성공적으로 지속될 수 있었던
것은 무엇보다도 대량생산과 대량소비가 적절히 균형을 이루어 왔다는 데 있다. 이러한 포드주
의는 상당히 공간적인 의미를 함축하고 있다. 노동의 분화는 기능의 분화를 의미하며, 노동과
기능의 분화는 한 장소에 자리잡고 있는 생산현장안에서만이 분화를 의미하는 것이 아니라 생
산과정 자체도 공정계획, 조직, 숙련노동, 비숙련 노동조합 등으로 다양하게 분화되어 각 생산
과정도 그 기능을 수행하기에 조건이 가장 좋은 장소에 각각 위치하게 되며, 그 입지의 선택범
위도 일부지역에서 전국적으로, 국내에서 전세계적으로 확대되어 각 지역의 경제에 많은 영향
을 미치게 된다. 따라서 포드주의의 기본원리인 분화-통제-통합의 원칙에 따라 기능적·질
적·공간적으로 분화된 전체의 생산과정, 관리, 노동력을 효과적으로 통제하고 이를 다시 통합
하는데 교통과 통신의 역할은 지배적이다. 그러나 이러한 포드주의는 1970년대 들어 위기를 맞
이하게 되었으며, 이는 주로 전체적인 체제의 경직성 및 통제력의 약화에서 비롯되었다. 이러
한 포드주의의 위기를 극복하고 새로운 시스템을 구축하는 데 결정적인 역할을 한 것은 IT
(information technology : 정보의 수집, 축적, 처리, 검색, 전송 등 정보유통의 모든 과정에 기
술수단을 총체적으로 표현하는 광의의 개념임)였다. 실제로 고도로 발달된 정보통신기술은 고
도의 유연성(flexibility)을 제공하고 통제력(control)을 강화시키는 데 결정적으로 공헌하였다.

8) Amin A. Gillespie, Goddard J.B.(1989), "Post-Industrial Future" for Industrial Regions? Space,
Place, & ICTs' PICT Discussion Paper, NO. 17, CURDS, University of Newcastle, p. 12.

탈포드주의는 포드주의의 위기를 체제의 경직성으로 보고 정보기술이 경직된 체제에 유연성과 신축성을 제공하는 데 결정적인 역할을 하는 것으로 인식하고 있다. 유연성을 강조하는 탈포드주의의 견해는 정보기술을 중심으로 탄력적 전문화가 지속되어 대기업의 수직적 통합이 해체되고, 분산화가 이루어짐으로써 과거의 주변지역이 한층 발전하고 지역간 불균형도 완화될 것으로 보고 있다. 즉 탄력적 전문화로 인해 기업내 혹은 기업간의 노동분화가 잘 조정되어 기업들이 공간적으로 지역을 하나의 통합된 생산단위로 변모시키는 것으로 보는 것이다.[9] 결국, 정보화와 지역발전과의 관계는 유연성에 초점을 두느냐 통제력에 초점을 두느냐에 따라 정보화가 지역간 불균형을 완화할 수도 있고 심화시킬 수도 있는 것이다.

이와 같은 내용을 지능정보화와 지역발전과의 관계로 연관시켜보면, 지능정보화가 지역간 균형발전을 도모할 수 있다는 긍정적인 주장과 반대로 지능정보화가 기존의 경제사회적 발전정도에 따라 지역간에 차별적으로 전개됨으로써 오히려 기존의 지역격차를 심화시킬 수도 있다는 부정적인 견해가 병존하고 있다.

만약 지자체의 지능정보화가 지역경제의 균형발전 및 활성화를 촉진시키는 데 궁극적인 측면으로 이루어진다면 지방행정의 지능정보화로 인해 지방정부의 민원업무가 감소되고, 민원업무의 감소는 민원업무의 부담이 줄어들어 비용절감의 효과와 궁극적으로는 지역주민의 경제적 부담(세금)이 줄 수 있다. 지자체의 지능정보화는 이와 같이 행정적인 측면뿐 아니라 주민의 입장에서도 시간적, 경제적 비용절감 효과를 기대할 수 있으며 지자체의 지능정보화사업은 지역내 지능정보의 산업화(지능정보산업의 발전)와 산업의 지능정보화(산업내의 지능정보기술 활용)를 촉진할 것이다. 또한 산업의 지능정보화는 현재 지방기업체가 안고 있는 각종 정보획득의 어려움을 해소하여 생산·판매·기업관리 등 기업활동 전반의 효율화를 기할 것이다. 지능정보의 산업화는 정보의 생산·가공·처리·축적·전달 등을 담당하는 정보처리업 또는 정보제공서비스업 등 새로운 업종의 창출을 가져와 지역내 기업의 창업, 고용기회 확대 및 기존산업의 확장 등을 촉진시킬 수 있다. 지방기업의 경쟁력강화는 기업의 지방

---

9) Sabel. C.(1989), "Flexible Specialization and Reemergence of Regional Economics," Hirst, P. & Zeitlin, J.(eds), *Reversing Industrial Decline? Industrial Structure and Policy in Britain and Her Competitors*, Berg, Oxford, p. 33.

정착을 유도하여 지역경제의 발전에 크게 이바지할 것이다.

3.2 지역주민의 삶의 질 향상

지자체의 지능정보화는 지역주민이 필요로 하는 각종 정보를 제공해 줌으로써 지역주민의 삶의 질을 향상시킬 것이다. 특히 지역문화분야, 취미생활 및 관광분야, 교육분야, 의료·복지분야, 소비자경제분야 등 다양한 생활정보를 제공하게 됨으로써 교육문화수준의 향상, 의료·복지의 확충, 지역공동체 의식의 확산 등의 효과를 가져와 지역주민들의 실질적인 삶의 질을 향상시키고 지역공동체에 대한 이해를 증진시킬 것이다. 지역정보의 손쉬운 접근은 지역주민들로 하여금 그 지역에 관한 이해심과 애향심을 증진시킬 것이므로 지방화가 가속화 되는 결과를 가져올 것이다.

3.3 지방 행정 및 경영의 효율화

지자체의 지능정보화사업은 정보관리의 효율화, 장기계획의 체계적인 수립 및 집행에 필요한 정보의 체계적 관리를 통해 지역내 행정기관 및 산업체의 효율성을 제고시킬 수 있다. 정책대상집단의 관점에서 보면 지역정보시스템은 행정기관 정책집행의 직접 또는 간접적인 영향을 받는 일반시민이나 집단들로 하여금 그 정책의제(policy agenda)가 형성되기 시작하는 때로부터 관계된 모든 지역정보를 공유할 수 있도록 할 수 있다. 이로 인해 주민의 참여를 유도하면서 정책집행상 예견되는 여러 장해요인들을 사전에 제거할 수 있게 되어 더욱 효과적이고 효율적인 정책집행을 도모할 수 있다.

지능정보화는 사무처리의 표준화를 전제로 하기 때문에 지능정보화에 부수되는 표준화된 업무처리 관행은 '누가 어떤 사무를 어떤 절차로 수행하는지'에 관한 투명성을 보장하여 일반시민에게 신뢰받는 행정관행을 이끌어 낼 수 있다.

3.4 중앙과 지방의 관계변화 및 지방자치의 실현

지자체의 지능정보화는 지역사회 구성원간의 접촉기회를 늘리고 구성원으로 하여금 더 많은 공통된 관심사와 문제점에 관한 다양한 의견을 제시하도록 만들 것이며, 이를 통해 지방자치가 자연스럽게 실현될 것이다. 지능정보사회가 산업사회와 다른 가장 큰 특징 중의 하나는 시민정치참여의 변화이다. 산업사회에는 급격한 인구증가로 국민전체가 국가 정책결정과정에 참여할 수 없었으므로 정책결정의 효율화를 위해 대의민주주의와 중앙집권적 체제를 구축할 수밖에 없었다. 그러나 지능정보사회의 도래는 컴퓨터 및 지능정보기술의 비약적 발전을 가져왔고 거의 모든 가정에 보급되어 있는 개인용 컴퓨터와 통신망, 위성방송, 스마트 기기 등의 혜택으로 국민들의 직접 정치 참여가 가능해졌다. 대통령선거 때의 후보들이 텔레비전 토론에 참여하였고 사회자를 통해 유권자들과 질의·응답 시간을 가진 것처럼 지능정보사회의 정치는 유권자의 개인적 판단과 의견을 중시하게 된다.

지역주민에게 직접 호소하여 선출된 자치단체장 및 의원들은 중앙보다는 다음 선거 때 또 다른 투표권을 행사할 지역주민의 의견을 존중하게 된다. 따라서 지능정보화는 민주주의와 지방자치의 실현에 기여하게 될 것이다. 그러나 지능정보기술의 발전이 민주주의에 미치는 역기능도 존재한다. 불순한 동기를 가진 중앙의 소수관료들이 정치적 정보조작을 위해 악용될 경우 정보통신망은 권력집중화의 도구로 이용될 가능성이 없는 것은 아니다. 하지만 정보통신망이 그 동안 중앙에서 독점해 온 정보의 지방분산과 자치단체간의 교류 활성화를 위해 이용될 때 지능정보화, 민주화, 지방화를 동시에 이룰 수 있을 것이다.

④ 지자체 지능정보기술의 활용

지능정보기술의 발전에 따라 시장은 물론 사회, 경제, 문화, 공공부문 등 사회 전반의 변화 가능성이 점차 커지고 있다. 최근 전 세계적으로 지능정보기술을 활용한 정부혁신이 확산되고 있다. 우리나라는 사물인터넷, 클라우드 컴퓨팅, 빅데이터, 드론, 인공지능 등의 지능정보기술을 정부혁신 및 새로운 공공서비스 개발에 적극 활용하고 있으며, 앞으로 관련 분야에서 많은 변화와 발전에 예상된다. 인공지능을 활용한 진단적 정보 제공은 정부의 위기대응 능력을 높여줄 것이며, 예측적 정보는 지능형 전자정부에서 가장 일반적으로 활용되는 정책 데이터가 될 것이다. 또한, 정부봇(GovBot)으로 불리는 인공지능은 정부 내 주변적 업무를 자동화·지능화해 공무원이 더 중요하고 핵심적인 업무에

구 분	기존의 정보화	스마트네이션(Smart-Nation)
주요기술	PC, 인터넷	AI(인공지능), ICBM, 센서 기술융합
서비스 내용	내부 행전정보화	안전·복지·환경 등 지역 현안해결서비스
	민원신청·처리서비스	지역주민 생활체감형서비스

표 6-6 기존의 정보화와 스마트네이션 서비스

출처 : NIA 한국정보화진흥원, 『국가정보화백서』.

집중할 수 있도록 지원할 것이다. 지방자치단체의 경우 도시운영, 시설물관리 등 반응성이 중요한 업무에 인공지능이 많이 활용될 전망이다.

현재 인공지능을 활용한 CCTV를 통해 에너지, 교통, 환경, 재난 등 주요 도시 분야에서 실시간 모니터링이 추진되고 있다. 우리나라 정부는 <표 6-6>과 같이 민원처리 중심의 기존 지역정보화를 벗어나 인공지능, 사물인터넷 등 지능정보기술을 활용해 행정·안전·복지·교통 등 주민생활과 밀접한 각종 문제를 해결하는 서비스를 제공하는 '스마트 네이션(Smart-Nation) 10대 추진과제'를 발표하고 10대 핵심 서비스를 마련했다. 주요 서비스로는 첫째 인공지능 기반의 편리한 대형 생활폐기물 처리, 둘째 수거 시점을 알려주는 스마트 쓰레기통, 셋째 전국공통 스마트 안심귀가 서비스 구현 등이다.

향후 인터넷에 접속하지 않아도 다양한 지능정보서비스를 이용할 수 있고, 지방자치단체는 행정, 안전, 교통. 복지 등 생활 밀착형 문제를 지능정보기술로 해결할 수 있을 것이다. 독거노인 가정에 설치된 가스·화재·활동 감지 센서 기반의 모니터링으로 응급상황 발생 시 유관 기관을 호출하고, 지능형 CCTV로 주민안전을 강화할 수 있다. 여성, 어린이 등 사회 약자를 대상으로 CCTV 관제센터와 GPS를 활용해 안전 귀가를 구현하고, 공동주택 데이터로 층간소음 분쟁도 해결할 수 있을 것이다. 초음파센서, 태양광 입착 기술, 사물인터넷 등을 적용해 쓰레기 저장 용량을 확대하고, 실시간 적재량을 모니터링하는 스마트 쓰레기통이 널리 보급될 것이다. 또한, 독거노인이나 취약계층 등을 위한 사회 복지분야와 국고보조 부정수급 방지 등 블록체인 기술을 적용해 정부업무의 투명성을 제고할 수 있다.

현재 정부 및 지방자치단체가 추진 중인 주요 분야는 인공지능을 활용한 민원상담 챗봇(ChatBot) 서비스, 재활용품 무인회수 서비스, 어르신 건강관리 서비스 및 돌봄 서비스, 구인구직 매칭서비스, 민생범죄 예방 서비스, 선별관제

서비스 등이다.

⑤ 스마트도시

우리나라는 국가기관과 지방자치단체가 추진해 온 지방자치단체 지능정보화의 가장 주목받은 사업으로 스마트도시(smart city)를 추진하고 있다. 이는 인공지능, 사물인터넷, 클라우드 컴퓨팅, 빅데이터, 모바일 등 지능정보기술의 발전에 따라 스마트도시의 출현이 가능하게 되었다.[10] 스마트도시란 텔레커뮤니케이션(telecommunication)을 위한 기반시설이 인간의 신경망처럼 도시 구석구석까지 연결된 도시를 말한다.[11] 따라서 스마트 시티에서는 사무실에 나가지 않고도 집에서 모든 업무를 처리할 수 있는 텔레워킹(teleworking)이 일반화된다. 국가로부터의 지원을 기다리기 전에 도시 내부에서 스스로 문제의 해결이 가능해진다. 또한 사이버 세계에 대한 충분한 지식을 갖고 있지 않은 정치지도자들은 스마트도시의 시민들로부터 지지를 받을 수 없게 된다.

스마트도시는 기본적으로 플랫폼이 중요한 기술이다.[12] 초창기에는 스마트도시 플랫폼을 도시통합플랫폼이라고 불렸고, 주로 도시의 시설물들을 통합하던 차원에서 점차 인공지능 기반의 스마트도시 플랫폼으로 진화하고 있다. 다시 말하면, 제1세대 도시통합플랫폼은 CCTV를 통한 무단 쓰레기 투기, 주차단속 등 공공목적의 감시기능이 위주였다. 제2세대 도시통합플랫폼은 CCTV로부터 데이터 수집을 통해 관리자 등에게 핸드폰을 통한 알림 등 관리자의 편의성을 위한 기능이 많았다. 제3세대 도시통합플랫폼은 CCTV와 다양한 센서 기반으로 데이터를 수집하여 나타내고 부서 간 경계를 허물면서 관리를 다양화하

---

10) 우리나라는 기존 정보화위원회 외에 '빅데이터 위원회', '스마트(유비쿼터스)도시위원회', '정보격차위원회', '공간정보위원회' 등 별도의 정보통신 유관 위원회를 두고 있다.

11) 스마트도시와 비슷한 개념으로는 공학기술이 고도로 발달한 도시를 나타내는 테크노피아, 네티즌이 중심이 되는 도시를 나타내는 사이버 시티, 그리고 거대도시의 새로운 형태를 의미하는 월드 시티 등이 있다.

12) 플랫폼의 용어는 16세기에 생성된 이후 일상생활이나 예술, 비즈니스 등의 분야에서 사용해왔다. 그러던 플랫폼이 오늘날에는 다양한 분야에 적용 가능한 보편적인 개념으로 확대되어 널리 사용되기에 이르렀다. 플랫폼이란 정거장, 승강장의 개념을 갖고 있는데, 공급자와 수요자 등 복수 그룹이 참여해 각 그룹이 얻고자 하는 가치를 공정한 거래를 통해 교환할 수 있도록 구축된 환경이다. 플랫폼 참여자들의 연결과 상호작용을 통해 진화하며, 모두에게 새로운 가치와 혜택을 제공해 줄 수 있는 상생의 생태계라고 말할 수 있다.

고 복합기능 카메라를 통해 위급 시 단일 카메라의 역할을 할 수 있는 형태로 개발되었다. 그러나 최근 지능정보화를 통해 제4대 도시통합플랫폼은 사물인 터넷 기반의 센서와 데이터 수집, 빅데이터 처리, 인공지능 분석 및 머신러닝 기술 등이 복합적으로 결합되면서 지능형 도시조절기능, 예측기술 등 인공지능 기술의 활용으로 휴머니티가 강조된 도시통합플랫폼을 말한다.

　제4대 도시통합플랫폼은 단순한 시설물통합이나 데이터 수집뿐만 아니라 인 공지능분석을 통한 예측을 통해 도로의 차량과 연결하여 수집된 데이터로부터 적절한 행동을 할 수 있는 형태로 발전하게 될 것이다. 즉, 연결(connected)방 식으로 도시 내 모든 사물을 연결하고 관리하는 형태이다. 이렇게 제4대 도시 통합플랫폼이 이루어지면 우리들의 생활에 어떠한 편리함이 있겠는가? 예를 들면, 우리가 어느 지역에 운전하면서 주차할 곳을 찾지 못해 어려움을 겪을 때도 있었고, 주차 빌딩에서 지하 1층에 몇 대 여유분이 있고 지하 2층은 몇 대이고 등의 표지판을 본 적이 있을 것이다. 이것은 제3대 도시통합플랫폼이 고, 제4대 도시통합플랫폼은 어느 지역의 어느 위치에 언제 주차가 가능한지를 예측하고 연결된 정보를 통해 내 차에 바로 알려주는 수준이 된다. 이렇게 되 면 주행하면서 주차의 어려움이 사라질 것이다. 따라서 스마트도시의 목표는 주민의 삶의 질 향상과 지속성(sustainability)에 있다고 할 수 있다.

 중요개념

? Help	☑ OK

☑ 국가정보화	☑ 지역정보화
☑ 포드주의	☑ 포스트 포드주의
☑ 전자정부	☑ 스마트 도시
☑ 지능형 전자정부	

연습문제

1 세계 모든 국가들은 국가정보화 및 지역정보화를 추진하기 위해 막대한 비용을 지출하고 있는데 그 이유는 무엇 때문인가?

2 우리나라의 국가정보화의 추진과정을 설명하라.

3 우리나라의 국가정보화의 목표 및 과제를 설명하라.

4 전자정부란 어떤 정부를 말하며, 그 목표는 무엇인가?

5 지능형 전자정부란 어떠한 전자정부를 말하는가?

6 지능형 전자정부와 프라이버시 문제와의 관계를 설명하라.

7 스마트도시란 어떠한 도시를 말하는가?

8 지방자치단체가 지능정보화를 추진하려는 기대효과는 무엇인가?

9 지방자치단체의 지능정보화가 추진되어야 할 필요성은 무엇인가?

개인과 가정의 지능정보화

지능정보사회에서 개인과 가정의 모습은 과연 어떻게 변화할 것인가? 지능
정보사회에서 주택에 인공지능과 사물인터넷과 같은 지능정보기술을 접목한
스마트 홈(Smart Home)은 거주민들의 삶의 질을 향상시키고 편의성을 극대화
하는 서비스이다. 이와 같이 지능정보기술(스마트기기)이 개인과 가정의 생활
에 많은 분야에서 활용되었을 때 가족문화나 가족관계는 어떻게 변화할 것인
가? 이에 대해 먼저 21세기의 지능정보사회에서의 개인과 가정의 변화를 살펴
보고, 개인과 가정을 위해 정보통신서비스를 활용할 수 있는 스마트기기의 역
할, 개인과 가정의 지능정보화에 대한 의미와 영향, 그리고 지능정보사회의 쟁
점사항으로 개인정보에 대해 살펴본다.

제1절 개인과 가정의 변화와 스마트기기의 역할

1 개인과 가정의 변화

21세기 지능정보사회에서의 주요한 개인과 가정의 변화로는 ① 가족구조의
변화, ② 개성화의 진전과 가치관의 변화, ③ 교육의 고도화 및 다양화, ④ 고
령자의 증가, ⑤ 여성의 사회진출증가, 그리고 ⑥ 소비의 고도화 및 다양화 등
을 들 수 있다.

1.1   가족구조의 변화

21세기에는 세대구조가 크게 변화될 전망이다. 세대구조의 변화는 세대가 나누어지고 규모가 축소되는 방향으로 흘러가고 있다. 이러한 경향은 앞으로도 지속될 것으로 예측되고 있으며 세대의 유형별 특징은 다음과 같다.

첫째, 단독세대의 증가이다. 단독세대란 곧 독신자세대를 말하는데, 단독세대가 증가하는 배경에는 결혼연령이 높아져서 부모로부터 독립하여 생활하는 젊은 세대가 증가하고 고령자들 중 자녀들과 함께 생활하지 않는 사람들이 증가하고 있기 때문이다.

둘째, 핵가족화의 증가이다. 핵가족화란 3세대(조부모, 부모, 자식)가 같은 집에서 사는 경우가 감소하는 현상을 말한다. 이와 같이 3세대가 함께 생활하는 사람들이 감소하면서 부부만, 부부와 어린 아이들만이 생활하는 핵가족이 증가하고 있다. 핵가족이 증가하고 있는 추세는 개인의 독립지향성이 강화되어 가고 있을 뿐만 아니라 고령자가 경제적으로 연금이나 기타의 수입으로 자식들의 지원이 없어도 자립해 갈 수 있는 사회경제적인 환경의 변화도 무시할 수 없다.

셋째, 어린이가 없는 세대의 증가이다. 어린이가 없는 세대가 증가하는 직접적인 원인은 결혼하지 않은 여성의 증가를 들 수 있다. 결혼적령기라는 말이 최근에는 없어지다시피 한 것처럼 결혼을 서둘지 않는 경향이 강해지고 있다.

넷째, 고령자세대의 증가이다. 고령자세대란 65세 이상으로 구성된다고 볼 때 대체로 고령자의 독신세대와 부부만의 세대로 구성되고 있다. 이러한 고령자세대는 시간의 흐름에 점차 증가추세에 있다.

1.2   개성화의 진전과 가치관의 변화

사회가 윤택해지고 물건이 범람할 정도로 풍부해지게 되면 사람들의 가치관은 물건을 소유하고자 하는 욕구보다는 마음의 편안함을 추구하는 쪽으로 변화해 간다. 이와 같은 현상과 더불어 개성화의 진전과 가치관의 변화가 일어날 것이다. 즉, 다른 사람들과 같아야 하며 다른 사람과 다르면 부끄럽다는 가치관은 21세기의 진정한 지능정보사회에서는 일반적인 생각이 될 수 없을 것이다. 오히려 다른 사람과 다르다는 점이 개성적이라는 등 긍정적인 평가를 받게 될 수도 있다.

개성화의 진전은 경제성장의 고도화에 따라 당연히 일어날 수 있는 현상이다. 사회전체가 풍부하지 않았던 산업사회에서는 사회전체가 어떤 목표와 규범 하에서 열심히 하는 것이 전체의 수준을 향상시키는데, 효율적인 방법이었다. 그러기 위해서는 사회가 개인에 대해 어떤 종류의 강제력으로 개인의 생활을 규제하는 것이 어느 정도 정당성을 갖게 되었다. 이것이 당시의 사회적인 제도이며 규범이었다.

하지만 21세기 지능정보사회는 경제적으로 어느 정도 풍부하게 됨에 따라 사회가 통일된 규범으로 개인의 생활을 구속해 갈 필연성이 적어지게 되었다. 오히려 경제운영의 짜임새로 보아서는 그와 같은 획일적인 강제력이 오히려 부패와 무능력을 가져오고, 경제발전을 저해하는 요인이 될 수 있다. 그리하여 사회전체의 규범이 당연히 느슨하게 운영되거나 규범 자체가 약해질 수밖에 없다. 사회적 규범이나 강제력이 약해졌다는 징후는 여기저기 어디서나 볼 수 있다. 산업사회의 대가족 아래서 가정의 규범은 가장을 통해 대대로 이어져 왔으나 지능정보사회에서는 핵가족화에 따라서 가정의 규범이 더 이상 다음 세대로 계승되지 않는 경향이 있다.

그리고 지역사회의 규범을 보아도 도시화의 진전에 따라서 지역과 지역 사람과의 관계가 약해지면서 소멸되어 갈 형편에 놓이게 되었다. 기업에 있어서도 노동력의 유연성 때문에 산업사회와 같이 독특한 기업문화를 강요하는 것이 어렵게 되었다. 뿐만 아니라 기업자신이 어떤 정립된 가치기준으로 행동하는 것이 곧 기업의 발전으로 연결되지 않는다는 상황도 생기고, 반대로 종업원의 개성적인 가치를 존중함으로써 오히려 창조적인 성과를 기대할 수 있다.

21세기에는 개인은 모두 개성화와 특성화를 갖추는 것이 필요조건인데, 이를 위해 자기투자를 더욱 적극적으로 할 필요가 있다. 개성화란 단순히 패션이나 화장 등의 외적인 개성화뿐만 아니라 지식, 스포츠, 레저 등의 내적인 개성화 등 생활전반에 걸쳐 이루어지는 것을 말한다.

다시 말하면 개성이 없는 사람은 다른 사람으로부터 존중되지 못하게 된다는 현상이 일어날 것으로 예상된다. 이와 같은 의미에서 21세기에는 개성을 갈고 닦아서 남과 다른 생각, 모습, 의지, 업적을 쌓은 것이 누구에게나 삶의 중요한 과제가 될 것이다.

1.3 고령자의 증가

21세기 지능정보사회에서는 가족구조의 변화 중에서 고령자만의 독신자, 고령자 부부만의 세대가 증가하고 있다. 우리나라의 경우 <표 7-1>과 같이 고령자를 65세 이상인 남녀로 파악할 때 고령자는 매년 증가하고 있는 추세이다. 현재의 고령화 추세가 지속될 경우에는 경제성장률의 하락에 따른 불안이 출산율을 더욱 낮추고 성장잠재력이 다시 떨어지는 악순환이 되풀이된다. 이와 같이 인구고령화는 향후 우리나라 경제의 성장잠재력을 근본적으로 잠식할 치명적인 문제인 것이다.

고령자의 증가는 바람직한 현상이지만 한편으로 고령자의 생활을 어떻게 지탱해야 할 것인가가 중요한 과제가 된다. 왜냐하면 고령자(65세 이상)는 건강한 고령자와 건강하지 못한 고령자로 분류되는데, 대부분의 고령자의 대표적인 질환(관절염, 고혈압, 심장병, 당뇨병, 치매, 골다공증)은 조기발견이 어렵고, 만성적이며, 많은 노인들이 이들 질환을 복수로 갖고 있고, 대부분 완치불능이라는 특성을 갖고 있기 때문이다. 이에 따라 앞으로 고령자의 문제는 의료나 복지의 문제로서도 걱정되는 일이지만, 그것보다도 어떻게 하면 사는 보람이 있는 고령기를 지낼 수 있는가에 초점을 둔 대응책을 강구해 나가는 것이 더 중요한 과제라고 말할 수 있다. 또한 고령자 자신이 그때까지 계속해서 쌓아올

표 7-1 우리나라의 인구구조

(단위 : 1,000명, %)

연도	총인구(A) (인구성장률)	0~14세 (B)	15~64세 (C)	65세이상 (D)	노령화지수 =(D/A)×100	노인부양지수 =(D/C)×100
2000	47,008(0.84)	7,911	33,702	3,878	8.2	11.5
2005	48,138(0.21)	7,241	34,530	5,043	10.4	14.6
2010	49,728(0,13)	6,734	35,973	6,989	14.0	19.4
2015	50,277(0.10)	6,632	36,163	7,143	14.2	19.7
2020	51,973(0.31)	6,574	37,266	8,134	15.6	21.8
2025	52,610(0.20)	6,345	35,757	10,508	19.9	29.3
2030	52,941(0.07)	6,109	33,878	12,955	24.4	38.2
2035	52,834($-$0.12)	5,981	31,677	15,176	28.7	47.9
2040	52,198($-$0.32)	5,647	29,431	17,120	32.7	58.1
2045	51,051($-$0.52)	5,155	27,718	18,179	35.6	65.5

자료 : 통계청, 「한국주요경제지표」.

린 경험을 사회에 되돌려 주거나 적절히 사회참가의 길을 찾아야 하는 사회가 되어야 한다. 21세기 지능정보사회에서는 원기가 넘치는 고령자가 스포츠나 레저 또는 평생학습에 적극적으로 참가하는 사회가 될 것으로 예상된다. 또한 그러한 참가활동을 지원하기 위한 산업(실버산업)이 자연스럽게 발전해 갈 것이다.

1.4 교육의 고도화와 다양화

우리나라의 고교졸업자의 진학률을 살펴보면 <표 7-2>와 같이 1990년의 경우에 고교졸업자는 76만명인 데 비해 대학입학은 34만명 정도인 33.2%의 진학률을 보이고 있으며, 2000년에는 고교졸업자는 76만명이며, 이들의 대학입학은 52만명 수준인 68.0%의 진학률을 보이고 있다.[1] 한편 1980년대 정부의 인구억제정책의 일환으로 "하나 또는 둘만 낳아 잘 기르자"라는 운동에 힘입어 그들이 대학에 진학할 지점인 1990년대 말이나 21세기 초에는 고교졸업생수와 대학입학정원이 거의 일치하게 되어 고교졸업자가 대학에 입학하고자 하는 의지만 있다면, 거의 모든 고교졸업자가 대학에 진학할 수 있게 되었다. 이에 따라 대학진학을 희망하는 진학지원율은 낮아진 반면 진학률은 2015년과 2020년에 각각 88.9%와 93.0%으로 매년 높아지게 되었다.

표 7-2 우리나라의 고교졸업자 및 대학진학률

(단위 : 명, %)

연 도	졸업자	진학률
1985	642,354	36.4
1990	761,922	33.2
1995	649,653	51.4
2000	764,712	68.0
2005	569,272	82.1
2010	727,140	87.9
2015	637,410	88.9
2020	499,789	93.0

자료 : 통계청, 「한국주요경제지표」.

---

1) 대학입학은 전문대학, 교육대학, 대학교(일반대학교, 개방대학교)의 입학자를 포함하며, 진학률 = (전문대학 + 교육대학 + 대학교) 입학자/고교(일반 + 실업) 졸업자.

이와 같은 배경으로는 정부의 인구억제정책의 영향도 크지만 기업의 고졸자 채용보다는 아직도 대졸자를 받아들이겠다는 경향이 크며, 또한 산업의 소프트화 및 서비스화에 따라 단순노동보다는 지식집약형의 직장이 증가하고 있다는 것도 그 배경의 하나라고 말할 수 있다.

교육의 고도화와 다양화란 학교교육의 범주에서 본다면, 교육의 고도화는 국민들의 고학력화를, 교육의 다양화란 사회의 다양성에 맞추어 전공의 다양성을 의미한다. 하지만 교육의 고도화와 다양화는 학교교육에 의한 것만이 아니라 기업 내 교육, 사회교육 등에 의해서도 이루어지고 있다. 특히 기업 내의 교육은 생산성의 증가를 위해 꼭 필요한 조치이다. 뿐만 아니라 앞으로는 종업원이 스스로 기업 밖에서 하는 학습활동(학원강의, 강연, 학술세미나)을 기업이 적극적으로 뒷받침해 가는 그런 형태가 정착될 것이다.

이와 같이 현재뿐만 아니라 앞으로의 교육은 더욱더 고도화 및 다양화되어 가고 산업의 고도화 및 소프트화에 대응해 나가는 방향으로 진전될 것이다.

1.5 여성의 사회진출증가

선진국뿐만 아니라 우리나라 역시 「남녀고용기회 평등법」이 시행된 이후 여성이 남성과 같이 일반직 및 전문직에 진출하기 시작하였다. 우리나라 역시 사관학교에 여성의 입학이 허용됨에 따라 군장교로서 여성을 등용하고 있다. 전형적인 남성직장인 군대에서조차 여성간부가 등용되었음은 여성이 사회진출에 대한 상징적인 사건이라고 할 수 있다. 그러나 본격적으로 기업 내에서 남자사원과 같은 대우를 받게 되기에는 아직도 상당한 시간이 걸릴 것으로 보인다. 하여튼 앞으로 여성의 사회진출은 더욱 촉진되리라고 판단되는데, 그 요인은 다음과 같은 데에서 찾아 볼 수 있다.

첫째, 여성의 고학력화를 들 수 있다. 여성들의 대학진학률이 높아졌고 전문적인 지식을 갖춘 여성이 증가하고 있다. 한편으로 이들의 능력을 활용하고자 하는 수요가 늘어나기도 하였고, 대학을 졸업한 다음에 취직하는 여성이 점차로 증가하고 있다.

둘째, 가사노동의 경감이다. 여성의 가사노동이 줄어들고 있는 이유로는 가전제품의 보급, 인스턴트 식품에 의한 요리의 간편화, 종이 기저귀 등 일회용 상품의 보급, 게다가 더욱더 고급화돼 가는 가전제품의 보급, 그리고 자동화된 가사 도구와 수단 등이 풍부하게 갖추어져온 것 등을 들 수 있다. 한편 편의점도 늘어나 그전에는 젊은 사람이 주로 이용했으나 이제는 가정주부의 사용도 늘어나고 있다.

셋째, 여성의 가정 내 지위향상이다. 여성의 사회진출 요인으로 가족구조의 핵가족화에 따른 여성의 가정 내의 지위향상을 들 수 있다. 남편도 가사를 돕는다는 개념이 당연한 것처럼 되는 풍조가 조성되고, 여성이 어느 정도 자유롭게 행동할 수 있음을 가족전원이 인정하게 되었다.

넷째, 기업의 수요증가를 들 수 있다. 기업의 입장에서도 여성의 능력을 활용하려고 하는 수요가 늘어나고 있음을 들 수 있다. 상품의 기획이나 영업이라는 측면에서도 여성이 갖는 능력을 다시 평가하는 경향이 있다. 게다가 남성과 여성을 차별화해서는 안된다는 사회적 상황변화가 일어나고 있다. 이와 같은 상황으로 말미암아 여성의 직장진출은 더욱더 진전되어 갈 것이다.

다섯째, 육아휴업제도와 탁아시설의 활용을 들 수 있다. 육아휴업제도와 기업의 탁아시설이 완비된다면 여성의 사회진출은 더욱 증가할 것이다.

그런데 여성의 직장에 있어서의 지위는 남성과 대등한 관계를 요구하고 있기 때문에 상당한 능력과 노력을 필요로 하게 된다. 이것을 싫어하는 여성도 많아질 것으로 생각된다. 그 결과 임시적인 취업형태와 이른바 일반직보다는 보조적인 취업으로서 만족하는 여성과, 남성과 경쟁하면서 기업 내에서 승진해 가는 여성과의 양극화하는 경향이 나타나게 될 것이다.

1.6 소비의 고급화와 다양화

우리나라의 1인당 국민소득 및 지출을 나타내는 <표 7-3>에서 보는 바와 같이 소득의 증대와 더불어 지출도 당연히 증가하고 있음을 알 수 있다.

한편 물건이 보통 일반가정에서도 흔하게 됨에 따라 물건을 새것으로 바꾸는 순환기간이 빨라졌다. 뿐만 아니라 새것으로 바꿀 경우, 일반적으로 종래의 제품보다 고급품으로 바꾸며, 또 그 기능이 종전 것보다 더 다양한 제품으로 바꾸게 된다. 그리고 더 나아가서 기왕이면 더 개성에 맞고 디자인도 좋은 것을 좀더 값을 치루더라도 구하게 된다. 이렇게 바꾸어 쓰는 수요는 제품의 수명이 다 되기 이전에라도 이루어지게 되며, 그러한 수요가 필요량보다 더 많아질 것으로 보인다.

표 7-3	우리나라의 국민소득 및 지출추이			
연 도	국내총소득 (단위 : 10억원)	1인당 국민총소득 (단위 : 만원)	국내소비지출 (단위 : 10억원)	1인당 국내소비지출 (단위 : 만원)
1980	38,479	101	38,774	101
1985	83,667	205	84,061	132
1990	191,284	446	186,690	222
1995	408,014	905	398,837	301
2000	600,169	1,277	578,664	401
2005	864,427	1,796	806,623	499
2010	1,099,742	2,242	1,039,782	832
2015	1,391,871	2,798	1,340,278	1,386
2020	1,762,108	3,354	1,727,618	2,300

주 : 1인당 국내소비지출＝총국내소비지출/총인구수.
　　 자료 : 한국은행 「조사통계월보」.

그리고 소비자의 상품에 관한 지식이 이래저래 풍부하게 됨에 따라 상품을 선택하는 능력이 향상되어 가고 있다. 기업도 이와 같은 소비자의 수요를 충족시키기 위해서는 더욱 훌륭한 기능성 상품을 개발할 뿐만 아니라 단순히 훌륭한 상품의 개발에 그치지 않고 다른 회사의 상품과의 차별성을 위해 디자인이나 사용하기 편하게 하는 등의 부가적인 측면을 고려해야 한다.

2 개인과 가정을 위한 스마트기기의 역할

21세기 지능정보사회에서의 주요한 개인과 가정의 변화로는 가족구조의 변화, 개성화의 진전과 가치관의 변화, 고령자의 증가, 여성의 사회진출증가, 교육의 고도화 및 다양화, 소비의 고급화 및 다양화 등을 들 수 있다. 이에 따라 개인과 가정이 안심하고 평화로운 생활을 영위할 수 있도록 정보통신서비스를 활용할 수 있는 스마트기기[2]의 역할이 요구된다.

---

2) 새로운 정보전달매체로서의 뉴미디어를 협의적인 측면에서 정보사회에서는 '정보통신기기'라는 용어를, 지능정보사회에서는 '스마트기기'라는 용어를 사용하기로 한다. 스마트기기(장치)는 기능이 제한되어 있지 않고 응용 프로그램을 통해 상당 부분 기능을 변경하거나 확장할 수 있는 제품을 말하는데, 스마트폰(Smart phone), 스마트 TV(Smart TV), 스마트키(Smart key), 스마트카드(Smart card) 등이 대표적이다.

2.1 개성존중의 커뮤니케이션을 위한 지원

개성화의 진전과 가치관의 변화에 따라 개인생활에 있어서는 개인주의나 감각, 미적 판단에 중점을 두는 추세에 있으며, 동시에 여행이나 레저 등의 시간 소비형 지출이 많아질 것으로 판단된다. 이와 같은 경향은 개인의 다양한 가치관을 용인하는 사회적 풍조와 더불어 한층 더 진전되고 쾌적하고 개성적인 생활환경의 창조에 이바지하는 스마트기기의 역할이 요구된다. 그러므로 개성화의 진전과 가치관의 변화에 대응하는 스마트기기의 역할로서는 인간의 감성에 호소하는 개인존중의 커뮤니케이션 환경이 창출되어야 한다. 개인존중의 커뮤니케이션 환경이 창출되기 위해서는 ① 스마트기기를 통한 정보통신서비스에 대한 다양성과 선택성의 확보, ② 정보의 수신자에 의한 발신자의 식별이 가능, ③ 정보수신자의 프라이버시의 확보, ④ 정보통신서비스의 생활화(스마트기기의 자유로운 작동, 필요한 정보의 발수신 능력 확보, 정보검색능력의 확보), ⑤ 고령사회에 대응하는 정보의 이용능력 확보, ⑥ 키보드 대신 음성을 통한 스마트기기 작동 등을 들 수 있다.

2.2 필요할 때 필요한 곳에서 정보의 수집과 발신을 위한 지원

개성화의 진전과 가치관의 변화에 대응하여 시간과 장소에 구속되지 않은 커뮤니케이션이 이루어질 수 있도록 스마트기기의 역할이 요구된다. 예를 들면, ① 스마트기기의 기본적인 서비스의 하나로 전화통화는 이미 거리라는 제약을 어느 정도 극복하였고, 휴대전화의 등장은 거리뿐만 아니라 장소의 제약도 극복되었다. ② 장소의 극복이라는 측면에서 정보통신의 이용주체(정보의 수신자와 발신자)를 식별할 수 있고, 수신자의 주권이나 프라이버시가 확보되어야 한다. ③ 한편 장소의 극복을 단지 거리와 장소의 극복에 그치지 않고 번역통신(飜譯通信) 등 국가간, 지역간의 언어의 다름에서 오는 차이를 극복해 주는 역할도 스마트기기에 요구 된다. ④ 또한 사회의 24시간화나 세계화에 대비하여 시차극복의 필요성으로 시간을 극복한다는 역할이 스마트기기에 요구된다. 다시 말하면, 스마트기기에 의한 24시간 365일 언제 어디서나 소통이 가능한 유비쿼터스(ubiquitous)의 환경이 형성되어야 한다.

2.3 감성에 호소하는 커뮤니케이션 환경의 창출을 위한 지원

개성화의 진전과 가치관의 변화에 대응하고 풍부한 여가와 취미생활, 인간다운 생활을 추구하기 위해 감성에 호소하는 커뮤니케이션의 환경을 창출할 수 있도록 스마트기기의 역할이 요구된다. 예를 들면, ① 실제 사람 크기의 대형화면을 사용하여 영상 커뮤니케이션 공간창출에 의한 오락공간이 형성되어야 한다. ② 3차원 영상을 이용하여 마치 자신이 현장에 참가하고 있는 것과 같은 느낌을 갖게 하는 현장감 있는 환경이 창출되어야 한다. ③ 고령화 및 가족수의 감소(단독세대의 증가, 핵가족화의 증가, 어린이가 없는 세대의 증가) 등 가족구조의 변화에 대하여 현장감 있는 영상통신을 통해 실시간 의사소통이 가능해야 한다. ④ 여러 채널의 스포츠나 음악의 생중계 등에서 마음에 드는 채널을 선택할 수 있는 선택성의 확대도 감성에 호소하는 커뮤니케이션 환경을 창출하는 것도 스마트기기에 요구된다.

2.4 풍부한 여가 · 취미와 평생학습을 위한 지원

고령자의 증가에 따른 고령자교육의 고도화 및 다양화에 대응하여 풍부한 여가 · 취미와 평생학습을 지원할 수 있는 스마트기기의 역할이 요구된다. 예를 들면, ① 전자도서관이나 전자미술관 등의 검색과 휴대성이 좋은 스마트기기를 사용한 각종 레저, 취미, 교통정보의 수집 · 발신이 용이해야 한다. ② 고령사회에서는 평생학습의 수요가 높아지기 때문에 가정에서 할 수 있는 취미생활과 학습강좌가 이루어질 수 있도록 스마트기기의 역할이 요구된다. ③ 개인별 능력에 따라 학생 하나하나의 능력에 걸맞은 학습환경을 제공하기 위한 개인별로 적합한 학습 환경을 창출하는 데 스마트기기의 역할이 요구된다.

2.5 편안한 가정생활을 위한 지원

가족구조의 변화, 여성의 사회진출, 고령사회 등의 환경에서 개인과 가정이 편안한 가정생활을 할 수 있도록 스마트기기의 역할이 요구된다. 예를 들면, ① 가정내에서 홈 오토메이션(가사자동화)이나 원격조정 등을 통해 가사노동의 경감과 편안한 가정생활이 가능해야 한다. ② 어린이나 노인들에게 휴대성이 좋은 스마트기기를 갖고 다니게 함으로써 어린이와 노인의 위치확인이 가능해야 한다. ③ 혼자 생활하는 사람이 영상통신서비스를 통해 가정에서 고독감을 완화할 수 있어야 한다. ④ 심장병이나 고혈압 등 항상 감시가 필요한 환자들은 스마트기기에 의한 원격감시나 원격검진, 긴급시의 통보 등이 가능해야 한다. ⑤ 가정에서 스마트기기를 사용하면 홈쇼핑 및 홈뱅킹, 원격교육 및 재택학습, 원격진단 및 재택진료, 원격근무(재택근무, 원격근무센터, 이동원격근무) 등을 통해 편리하고 편안한 가정생활이 가능해야 한다.

2.6 가사노동의 경감 및 대행으로 자유시간의 활용을 위한 지원

여성의 사회진출이나 혼자 생활하는 사람의 증가에 대응하여 가사노동을 경감시키고 시간을 절약할 수 있도록 스마트기기의 역할이 요구된다. 예를 들면, ① 영상통신이나 PC통신을 이용한 텔레쇼핑이나 요리서비스 등을 이용할 수 있어야 한다. ② 외출시에는 홈 오토메이션과 원격조정 등을 가사노동의 경감으로 자유시간이 증가해야 한다.

│ 제 2 절 │

››› **개인과 가정의 지능정보화에 대한 의미와 영향**

1 개인과 가정의 지능정보화에 대한의 의미

지능정보사회에서 지능정보기술이 개인과 가정의 생활양식에 커다란 영향을 줄 정도로 급속히 확산될 수밖에 없는 이유는 무엇인가? 주요한 이유의 하나는 정보통신에 의해 시간과 공간의 격차를 극복할 수 있는 탈거리의 원리이다. 스마트기기는 먼 거리에 있지만 마치 현장에 있는 것과 같이 정보를 완전한 형태로 빠른 속도로 교환하게 해줌으로써 인간의 한계를 극복하게 해주는 역할을 할 것으로 기대되고 있다. 즉 지능정보기술의 발전과 경제교류의 활성화 등에 힘입어 시간과 거리의 간격 없이 세계의 문화를 접하는 '동시화 현상'이 나타나는 것이다. 세계 곳곳에서 이루어지는 전시회, 음악회, 강연회 등에 대한 정보검색을 통해 문자·소리·영상이 결합된 완전한 형태의 정보를 자신이 선택함으로써, 전 세계가 문화적으로 하나의 상권으로 변모하게 된다.

스마트기기에 내재된 또 다른 주요 원리는 개인주의가 아니라 상호주의의 원리이다. 지능정보사회는 송신자와 수신자의 상호교환성에 의해서만 성립될 수 있는 것이다. 따라서 지능정보화는 인간의 커뮤니케이션이 자유롭고 다양하게 이루어질 수 있는 사회를 형성해 나가는 원동력이라고 볼 수 있으며, 이 때의 커뮤니케이션은 산업사회의 전형적인 피라미드형 관계와는 달리 수평적으로 자유롭게 연결되는 형태가 된다.

이러한 지능정보화의 주요 원리에 근거하여 최근에는 지능정보기술을 통해 새로운 인적 네트워크가 형성됨으로써 가상공간(cyberspace)이라는 새로운 정보환경이 만들어 졌다. 이로 인해 우리는 물리적 공간과는 전혀 다른 공간을 체험하고, 나아가 생활에 직결되는 삶을 영위하는 경험을 하게 된 것이다.

따라서 개인과 가정의 지능정보화란 '개인 및 가정에서 스마트기기의 도입·활용을 통해 정보통신서비스를 이용함에 따라 개인 및 가사노동을 경감시켜 삶의 질을 향상시키는 것'이라고 말할 수 있다.

위성통신, 케이블 TV 등의 뉴미디어의 발달, 그리고 다기능 전화, 팩시밀리 등 통신수단의 발달, 나아가 지능정보기술의 발달은 가족구성원간의 원활한 상호작용 등 개인 및 가족생활을 크게 변화시킬 것으로 예상되는데, 스마트기기가 개인과 가정에 도입·활용되면서 일어날 수 있는 개인과 가정생활의 변화는 <표 7-4>와 같다.

표 7-4 스마트기기의 도입·활용과 개인과 가정의 변화

행동의 변화	개인·가정생활의 변화	간접적 변화
행동 방향	능동적 행동 기계에의 과도한 의존	라이프스타일의 변화
탈시간화	가사시간의 단축화	남·여간의 의식변화
탈거리화		여가시간의 증가
노동 경감		여성의 취업·노동시간 증가
네트워크 의존	외부와의 상호작용 유지	가족의 확대
개별화	가족결속의 약화 세대간의 정보격차	가족의식의 변화 가족관계의 변화

자료 : 宮田加久子, 『電子メディア社會』으로부터 재구성.

2 개인과 가정의 지능정보화에 대한 영향

개인과 가정의 지능정보화를 대변하는 스마트 홈은 가정 내의 정보가전기기 및 시스템을 상호 또는 외부 인터넷상의 스마트기기와 연결하여 각각의 원격 접근과 제어가 가능하고, 음악, 비디오, 데이터 등과 같은 콘텐츠를 사용할 수 있도록 양방향 정보통신서비스를 제공함으로써 개인과 가정이 시간과 장소에 관계없이 편리하고 안전하고 경제적이며 즐거운 삶을 실현하는 환경을 말하는데, 여기서는 개인과 가정이 다양한 스마트기기의 도입·활용을 통해 정보통신서비스를 대량으로 이용함에 따라 정보통신서비스가 개인이나 가정생활에 미치는 몇 가지의 중요한 사항들을 살펴보자.

2.1 정보환경속에서의 정보민

개인과 가정의 지능정보화가 확산되는 고도정보사회(지능정보사회)에서의 사람들은 정보문화 속에서 생활함에 따라 수렵민도, 농경민도, 도시민도 아닌 정보민(情報民)이라고 불리우게 될 것이다. 지능정보사회의 사람들은 정보를 단순히 받아들이는 수렵적인 것에 만족하지 않으며, 정보를 이래저래 조작하는 농경적인 것에도 만족하지 않고, 그렇다고 해서 대량정보의 홍수 속을 도시민으로서 떠돌아 다니려 하지도 않고, 정보환경을 지극히 당연한 환경으로서 받아들이고 생활의 일부로서 살아가는 지능정보사회의 정보민이 되어갈 것이다. 지능정보사회의 정보환경에서 사람들은 여태까지 경험하지 못했던 새로운 경험을 하게 될 것이며 편리하고 효율적이며 쾌적하고 안전한 생활을 영위할 수 있게 된다.

그러나 동시에 지능정보사회는 개인들로 하여금 새로운 정보통신시스템을 통제하거나 관리를 필요로 한다. 즉 한 사회가 지능정보화가 되면 될수록 새로운 정보시스템을 통제하거나 관리를 위한 새로운 지성을 요구하게 된다. 이는 마치 핵융합에너지라는 새로운 에너지원을 손에 넣은 인류가 그 평화적 이용, 안전한 이용을 위해 인류에게 새로운 지성과 철학이 필요한 것처럼 또는 신체의 장기이식기술이 매우 발달된 결과, 사람의 죽음에 대한 새로운 규정과 철학이 요구되고 있는 것과 같다.

2.2 개인의 가사노동 경감

먼저, 개인과 가정의 지능정보화는 개인의 가사노동을 경감시켜 주므로 그만큼의 절약된 시간과 노동을 다른 용도로 사용할 수 있다. 그것은 여가의 증대와 노동의 증대라는 상반된 두 측면으로 나누어진다. 남는 시간과 노동을 여가로 소비하여 레저나 취미를 충분히 즐기는 사람이 있는 반면, 전업주부가 취업을 하도록 촉진하는 요인이 될 수도 있다. 이러한 자유시간을 노동에 투입할 것인가, 아니면 여가에 소비할 것인가는 본인의 주체적 선택에 달려있기 때문에 당연히 라이프 스타일의 변화도 일어나게 된다.

여가는 참여의 정도에 따라 적극적인 여가(직접 참여하고 행동함으로써 즐거움을 찾는 여가)와 소극적인 여가(보고 듣는 것으로 만족하는 여가)로 구분할 수 있는데, 적극적인 여가활동을 하는 데는 시간도 많이 필요하고 미리 계획을 세워야 하는 등 빈번하게 행하기에는 어려움이 따르기 마련이다. 반면, 일상생활 속에서 쉽게 행해지고 있는 소극적인 여가의 비중도 커질 것이다. 스마트폰을 통해 여행정보를 수집하고 예약까지 하는 등 적극적 여가에서도 지능정보화 진전으로 인한 편리함을 얻을 수 있지만, 지능정보화 진전으로 커다란 변화를 겪게 될 부분은 소극적 여가이다. 주문형 비디오(VOD), PC통신을 이용한 온라인 게임, 유선방송 등으로 사람들은 훨씬 더 편리하고 다양한 여가를 즐길 수 있다. 최근에는 3차원 그래픽과 애니메이션 기술을 응용한 가상현실(virtual reality)이 새로운 레저문화를 창조하고 있다. 시간과 공간의 제약없이 골프를 치기 위해 극심한 교통체증을 무릅쓰고 필드를 찾아다닐 필요도 없고, 한 여름에 스키를 탈 수 있고, 겨울에도 윈드서핑과 파도타기를 즐길 수 있으며, 야구나 축구를 즐기기 위해 운동장을 찾아다니는 수고를 하지 않아도 되는 것이다.

이렇게 볼 때, 소극적인 여가는 일상생활 중에 행해지므로 가족단위보다는 주로 개인단위의 활동이 될 것으로 예상된다. 예를 들면 아버지는 혼자서 맥주를 마시면서 스마트TV로 축구게임의 위성중계를 보고, 어머니는 거실에서 VOD를 이용해 추억의 영화를 감상하며, 딸은 자기방에서 인터넷을 이용하여 다른 나라 친구와 음악정보를 교환하고, 또한 아들은 자기방에서 PC나 스마트폰을 통해 온라인 게임을 즐기는 상황은 어느 가정에서나 쉽게 볼 수 있는 현상이 될 수 있다. 이러한 소극적 여가에서는 개인지향의 경향이 강화될 것이다.

이와 같이 가족 개개인의 생활시간이 불일치하고, 고도의 경제성장에 따라 TV, PC, 스마트기기의 개인소유가 가능해지기 때문에 가족이 함께 하는 기회가 적어지게 된다.

2.3 개인화와 고립성의 진전

한 사람 한 사람이 개인별 스마트기기(PC, 스마트폰)를 이용함으로써 정보통신의 개인화가 한층 더 빨리 진행될 것이다. 즉, 집(세대)이라는 단위로 전화기를 갖게 되었던 시대로부터 개개인이 스마트폰을 갖게 되는 시대가 되었는데, 이를 가전화(家電化)에서 개전화(個電化)로의 변화라고 말할 수 있다. 현재의 전화통신은 어디까지나 전화를 받는 수신자 위주로 설계되어 있지 않고, 전화를 거는 발신자 위주로 설계되어 있다. 이에 대해 스마트폰의 소유가 가전화에서 개전화로 변하게 되면 시간과 공간을 초월하여 각 개인은 그 가족, 조직에 속해 있는 누구와도 통화가 가능하게 되기 때문에 개전화가 진전되면 될수록 지능정보사회에서 개인행동의 자립성을 촉진시켜 줄 것이다. 다시 말하면, 개인과 가정의 지능정보화로 사물인터넷을 통해 모든 가족구성원들이 외부와 연결되는 개인회선을 보유하게 됨으로써 외부 사람과 직접 만나지 않고도 네트워크에 의존한 인간관계를 형성해 나갈 수 있다는 점을 들 수가 있다. 그러나 이때 자기 방에 틀어 박혀 가족들과 며칠간이나 얼굴을 마주치지 않고서 PC를 이용하여 멀리 있는, 그러나 아직 직접 만나 본 적이 없는 사람과 전자우편을 주고 받거나 채팅으로 이야기를 나누면서 즐겁게 커뮤니케이션을 하는 경우도 발생한다.

이와 같이 정보통신의 네트워크화에 의해 집 밖의 다른 사람(외부세계)과의 쌍방향 커뮤니케이션은 촉진되는 반면, 가정 내의 고립화 및 가족결속의 약화를 초래할 수도 있다. 가족이라는 하나의 단위 속의 일원으로 존재하고 있던 것이 개인으로 존재하게 되는 것이다. 이에 따라 가족구성원은 각각 자신의 행동원칙과 시간대를 가지게 됨으로써 가족의 개인화가 더욱 가속화될 것으로 보인다. 이처럼 지능정보화는 가정 내 개인화 및 개실화(個室化)를 촉진함으로써 '가족이란 무엇인가'에 대해 심각하게 고민하게 되는 측면도 내제하고 있다.

2.4 가족 간의 소외 · 갈등과 소통 · 화합

개인과 가정의 지능정보화가 가족에게 미치는 주요한 효과의 또 다른 하나는 세대간의 정보격차로 인해 조부모세대나 부모세대가 상대적으로 첨단정보를 많이 가진 자녀세대로부터 점점 소외된다는 것이다. 그 결과, 급속한 지능정보화로 인한 가족구성원간의 지식 및 정보소유의 불균형은 갈등과 소외문제를 야기시킬 수도 있는 것이다. 그러나 스마트기기는 떨어져 사는 가족구성원들간의 주요한 커뮤니케이션 수단으로 활용된다면 가족구성원간의 소통과 화합을 통한 가족결속이 더욱 강화되는 측면도 분명히 있다. 스마트기기(PC, 스마트폰)의 탈거리성, 탈공간성, 수시성의 특징은 멀리 있는 가족 및 친지들과 언제 어디에서나 즐겁게 커뮤니케이션을 하면서 긴밀한 상호작용을 유지할 수 있게 해 줄 수도 있기 때문이다.

그렇다면 스마트기기(PC, 스마트폰)에 의해 가족구성원들이 개인단위로 커뮤니케이션을 하게 됨으로써 '가족은 하나의 공동체'라는 의식이 희박해질 것인가? 아니면 떨어져 있는 가족과 언제 어디서나 손쉽게 커뮤니케이션을 나눌 수 있기 때문에 가족의 연대의식이 더욱 강화될 것인가? 또, 각 개인이 가정 외부와의 커뮤니케이션을 통해 새로운 관계를 형성해 나가기 때문에 결과적으로 가족의 범위를 확산시키고 있는 것은 아닌가? 이렇게 볼 때 개인과 가정의 지능정보화가 가족의 원심력 역할을 할 것인지, 구심력 역할을 할 것인지는 한마디로 단언하기 어렵다. 왜냐하면 이러한 효과는 전적으로 그 스마트기기를 사용하는 가족 자신들에게 달려 있기 때문이다.

이상에서 볼 때 지능정보사회에서는 가족의 복지적 측면이 스마트기기의 도입 · 활용에 크게 영향을 받기 때문에 산업사회 이상으로 가족의 정서적 측면을 중시하게 될 것이다. 따라서 가족구성원들은 가족매체(family media)와 개인매체(personal media)를 적절하게 나누어 사용함으로써 개인의 자유를 즐기면서도 긴급시에는 가족구성원들과 상호의존적으로 도움을 주고 받는 네트워크형 가정(혹은 전자가족)이 정보가족의 이상형으로 부상될 것으로 보인다.[3]

---

3) 김은미, "정보사회의 생활문화," 「커뮤니케이션 혁명과 정보화사회」.

2.5 맞춤형 학습사회의 출현

진정한 지능정보사회에서는 맞춤형학습사회가 출현하게 될 것이다. 여기에는 세 가지 측면에서 살펴보자. 하나는 어린이의 교육문제이고, 다른 하나는 끊임없이 자기발전을 위한 계속적인 교육문제, 마지막으로 고령기생활을 충실히 하기 위한 평생학습이다.

어린이의 교육은 주로 학교, 가정, 학원 등의 민간교육기관에서 이루어지며, 스마트기기를 재빨리 도입하는 곳은 아무래도 민간교육기관일 것이다. 민간교육기관이 스마트기기를 이용함에 따라 가정에서의 교육이 크게 변화하게 된다. 따라서 부모는 스마트기기를 어떻게 이용해서 자녀의 학습을 도울 것인가로 고민하게 될 것이며 교육상담서비스에 대한 의존도가 점차 더 높아갈 것이다. 이와 같은 민간교육기관이나 스마트기기를 이용한 가정에서의 교육이 성행하는 가운데 특히 공교육의 중요성은 점차 낮아질 것이다. 이러한 환경에서는 생활의 여유나 어린이에게 더 많은 놀이를 제공해 주기보다는 더욱 자립적으로 각각의 어린이들의 특성에 맞춘 교육과정을 독자적으로 설계하고 그것에 기초를 둔 교육을 하려는 부모가 늘어날 것이다.

끊임없는 자기발전을 위한 계속적인 교육분야에서 요구되는 교육내용이나 형태는 매우 다양하고 많기 때문에 정보통신망을 이용한 교육서비스가 속출할 것이다. 이러한 환경에서 사람들은 스마트기기를 이용해서 자기의 전문분야의 지식이나 기술을 획득하거나 관련영역을 확대하기 위해 학습하게 될 것이다. 뿐만 아니라 한정된 생활시간 내에서 학습이 이루어져야 하기 때문에 스마트기기의 역할은 크다고 할 수 있다.

고령기의 평생학습은 고령기뿐만 아니라 고령기가 되기 전에 준비되어야 하기 때문에 계속적인 교육기간에 이미 고령기의 평생학습이 준비되어야 한다. 따라서 정보통신망에서 제공되는 학습서비스를 이용해서 청년기의 한정된 시간을 효율적으로 사용하여 진정한 의미에서, 평생학습이 되도록 해야 한다.

이와 같이 정보통신망을 통해 제공되는 정보통신서비스는 평생의 여러 단계에 적합한 학습의 깊이와 범위를 더해 줄 수 있기 때문에 지능정보사회에서는 개개인의 능력에 맞는 맞춤형 학습사회가 출현하게 된다.

2.6 여성의 활동영역증대

지능정보사회에서 주목되는 것 중의 하나는 여성의 활동영역이 증대된다는 것이다. 가사에 구속되는 시간이 줄어들고, 출산이 줄어드는 경향 때문에 여성의 자유시간이 그만큼 늘어났다는 것이다. 그러면서 여성의 취업의욕과 문화 등을 매개로 한 사회참가의 의욕이 높아가고 있다.

여성의 사회진출이 늘어나면 가사에 구속되는 시간을 줄이겠다는 욕망이 더욱 강해지고 가사의 자동화와 효율화를 더욱 추구하게 된다. 또한 가정내의 역할분담이나 외식 등 외부서비스의 의존도가 높아지고 "남자는 직장, 여자는 가정"이라는 고정관념의 의식이 더욱 감소된다. 그리고 전반적으로 가정관리의 합리화나 효율화도 필요하게 될 것이다. 이와 같은 상황 속에서 시간지정 정보통신서비스나 텍스트 정보통신서비스 등과 같은 가정을 위한 스마트기기의 역할이 증대될 것이다. 예를 들면 쌀가게에서 쌀을 주문할 때 텍스트 우편을 이용하면 저녁에도 구입할 수가 있게 된다. 각 가정의 석유탱크를 주유소매점에 연결하는 시스템을 구축해두면 주문할 필요를 느끼지 않을 것이다. 가족의 외출시간이 늘어나면 가정안전대책에 대한 수요가 많아지고 전화에 의한 원격조정의 이용이 늘어날 것이다. 이와 같이 종전에는 가정 내의 일을 주로 담당했던 여성들이 스마트기기를 통한 정보통신서비스를 이용함에 따라 그만큼 여성의 노동이 감소하고 여성의 활동영역이 확대된다.

그러나 여기에는 고려해야 할 두 가지 측면이 있다. 지능정보화의 진전으로 재택근무가 가능케 될 부분이 늘어나고 여태까지 가정 밖에서 취업을 하던 사람들이 가정으로 되돌아가는 측면과 가정에 매어 있었기 때문에 취업을 못했던 사람들이 재택근무를 하거나 밖에서 취업할 수가 있게 되는 측면이 있다. 따라서 전체적으로 노동시장에 여성의 참가가 늘어나는 것은 틀림없다.

2.7 뜻밖의 침입자

공중전화, 사무실의 책상 위에 있는 전화, 가정 내의 있는 전화 등은 원래 공간을 초월하기 위한 통신장치이지만, 휴대전화는 신체의 일부처럼 장소를 초월한 통신장치로 변하고 있다. 가정에 전화를 걸면 그것은 가정의 거실이나 현관, 목욕탕에 걸린다. 회사에 전화하면 그것은 사무실의 책상 위에 걸린다. 어느 정도 상대방이 있는 장소를 추측하고 걸 수 있다. 그러나 휴대전화는 그 사람의 몸 주변에 있을 것이라는 추측만 할 뿐 차 안인지, 지하철인지, 식당에서 식사를 하고 있는 중인지, 강의중인지 전화를 거는 쪽에서는 알 수가 없다. 즉 우리는 어디에 있던지 장소에 관계없이 언제 어디서나 돌연히 전화를 받게 된다. 예를 들면, 중요한 회의를 하고 있는 회의중에, 또는 강의를 받고 있는 강의 중에 전화벨이 울린다. 그래서 그 장소에서 우리는 하고 있던 행위가 중단될 수밖에 없을 경우도 발생한다. 그러므로 우리는 갑자기 걸려오는 전화, 즉 갑작스러운 뜻밖의 침입자를 방지하기 위해 잠시 휴대전화를 끄는 경우가 종종 있게 된다.

2.8 정보소유의 불균질화

현재의 방송이나 신문 등의 정보통신시스템은 모두 발신자 위주로 설계되어 있기 때문에 정보통신시스템에 의해 정보가 사회에 균질적으로 보내지고 있다. 즉 똑같은 정보가 모든 사람을 대상으로 일률적으로 보내지게 된다. 그리하여 거의 강제적으로 모든 사람이 같은 정보를 공유하게 된다. 이와 같이 일방적으로 보내는 똑같은 정보로 인하여 대대수의 사람들의 의식과 그 수준 및 방향이 간접적으로 관리되어버린 사회가 바로 산업사회였다.

그러나 고도정보사회 즉 지능정보사회에서 개인이 정보통신서비스를 선택한다면, 예를 들면 시청자 요청에 적합한 TV의 보급 등에 의해 수신자 본위의 통신커뮤니케이션이 이루어지면 「원하는 시간에 원하는 정보」라는 구호 아래 자신에게 필요치 않다고 판단되는 정보를 배제(자신이 원하는 채널만 시청)함에 따라 정보의 소유형태는 불균질적으로 변화하게 될 것이다.

극단적으로 표현하면 정치에 흥미가 없는 사람도 신문이나 TV 등을 통해 대통령의 이름이나 국가의 중요사항 정도는 강제적으로 알게 되는 상태(강제적 일람성)에서 앞으로는 철저하게 자기에게 관심있는 스포츠란이나 TV프로그램란만 훑어보고 현재의 대통령이 누구인지, 국가의 중요사항이 무엇인가에 대해서 일체 관심이 없이 지내는 사람이 늘어갈 상황이다. 다시 말해서 지능정보사회에서 정보통신의 개인화에 따라 매스컴의 강제적 일람성이 약해지고 개인이 갖는 정보가 저마다 각양각색으로 달라지며 그 차이가 커져 정보소유의 불균질화 현상, 즉 수용자 극화현상이 촉진될 가능성이 크다. 그 결과 가족간, 세대

간, 지역간의 소통의 문제가 야기될 수 있다.

그러나 개인은 어떤 정보가 자신에게 필요한 정보인가를 결정하기 어렵기 때문에, 즉 자기가 필요로 하는 정보의 범위를 명확히 정할 수 있는 사람은 아주 드물기 때문에 외부로부터 오는 통신을 어디까지 수신할 것인가라는 범위 설정이 어려운 경우가 있다. 따라서 외부로부터 때때로 유용한 정보가 들어올 가능성도 있으므로 어느 정도는 정보수신을 할 수 있는 길을 열어두어야 할 것이다.

2.9 정보의 폐소공포증과 소외감

지능정보사회에서 개인들은 정보의 수신폭을 상당한 부분 열어두지 않으면 안 된다. 왜냐하면, 개인들이 정보의 수신폭을 열어두지 않을 때 쓸모 있는 또는 나중에 쓸만한 정보를 놓치게 되지 않을까라고 불안하게 되는데, 이 현상을 '정보의 폐소공포증'이라고 한다. 결국 많은 사람들이 정보의 폐소공포증을 감소시키기 위해서는 정보의 수신범위를 한정한 스마트폰과 언제나 개방해 두는 스마트폰의 2종류를 갖고, 전자는 직접 받지만 후자는 팩시밀리나 부재중 전화와 같은 예기치 않고 오는 쓸모 있는 정보를 놓치지 않기 위한 조치를 취할 필요가 있다.

한편 전화통화를 발신자 입장에서 생각해 보면 통신이 꼭 상대방에게 즉시 연결된다는 보장이 없다. 따라서 개인이나 조직에 어떠한 정보장벽이 발생했을 때 그 장애를 제거하지 못하면 그 사람은 일종의 고립감을 느끼게 된다. 정보통신시스템은 전반적으로 훨씬 정밀하게 발전되었음에도 불구하고 자신은 통신할 상대가 없다라는 상태에 빠지는 사람이 나올 것이다. 따라서 정보체계를 관리할 능력이 큰 사람은 점점 더 지능정보사회 속에서 자기의 생활을 풍부하게 해나가게 되며 그 수준에 도달하지 못 한 다수의 사람들과 정보격차를 더욱 더 넓혀 나가게 된다.

2.10 여성의 새로운 스트레스

지능정보사회에서는 스마트기기에 의한 정보통신서비스를 통해 여성의 생활의 활동영역이 확대되면 지금까지 여성을 구속해 왔던 사회규범과 여성의 새로운 행동양식 간에 여러 가지 충돌이 발생하게 된다. 일반적으로 사회규범의 변화는 현실상황이 진행된 다음에 현실화되는 경우가 많다. 그래서 규범과 현실사이에 시간차이가 있는 동안에 충돌이 일어나게 된다.

가령 가족들의 가정 밖에서의 활동량이 늘어남에 따라 가족이 모여지내는 시간이 점점 더 중요하게 되고 가정의 휴식기능을 충실하게 하려고 하는 의욕이 강해진다. 현재 가정에서 휴식기능의 연출가는 공식적이건, 비공식적이건 여성(부인 또는 모친)이 되고 있다. 휴일에 온가족이 행동을 같이 하는 경우가 늘어나고 그 행동을 효율적이고 쾌적한 상태로 만들고자 하는 의욕이 가족전체 구성원에게 생길 것이다. 레저정보와 도로정보를 수집하는 등 스마트기기에 의한 정보통신서비스의 이용도 많아질 것이다. 또한 가정의 양육, 육아, 교육, 고령자를 위한 정보통신서비스수요가 높아짐에 따라 스마트기기를 이용한 가정교육(텍스트우편 가정교사)이나 고령자를 위한 여러 가지 서비스, 교육상담, 건강상담 서비스 등이 더욱 많이 이용되게 될 것이다. 따라서 여성의 사회진출이 증가하면 증가할수록 당연히 가정 내 스트레스뿐 아니라 사회적 스트레스가 증가하게 된다.

또한 여성의 사회진출이 증가함에 따라 여성의 건강관리의식이 높아간다. 그들은 바쁘기 때문에 시간을 더욱 유효하게 잘 사용하고자 하며 건강관리를 효율적으로 또한 확실히 하고 싶어 한다. 그래서 스마트기기를 이용한 홈닥터 서비스와 개인건강 관리서비스가 출현한다. 더욱이 심야노동이나 출장 등의 기회도 남성과 같이 주어지므로 몸을 방어할 필요가 커짐에 따라 스마트폰이 긴급연락 도구로서 이용될 수 있을 것이다.

전체적으로 여태까지 주로 여성에 대해 기대되었던 각종 가정기능을 여성이 감당하기 어렵게 된다. 그래서 각종 정보통신서비스가 외부에서 이루어지게 되나 그러한 서비스를 선택하거나 신청하거나 하는 스마트기기를 이용한 관리업무가 여전히 여성의 역할로 될 수밖에 없다. 그리하여 여성에게는 새로운 스트레스가 쌓이게 될 것이다. 왜냐하면 각종 정보통신서비스를 외부에 의뢰하는 것은 필요조건이지 충분조건은 아니기 때문이다.

3 개인과 가정의 지능정보화에 대한 실례

현재 살아가고 있는 정보사회, 앞으로 다가올 지능정보사회에서 개인과 가정에 많은 변화가 예상된다. 지능정보사회에서 인공지능(AI)은 디지털 전환(Digital Transformation)의 진화적 단계로 해석되는 지능정보혁명(4차 산업혁명, 지능정보화)의 핵심 지능정보기술이다. 지능정보화는 제품·서비스의 생산 또는 이용 과정에 인간의 개입을 최소화하는 자동화를 넘어, 시공간적인 맥락에 따라 인간의 욕구를 적절히 충족시켜주는 보다 고도화(지능화) 단계를 의미한다. 이러한 지능정보화의 대표적인 사례가 바로 인공지능 기반 맞춤형 서비스인데, 여기에서는 개인과 가정생활에 직접적인 변화를 가져오는 대표적인 인공지능 기반 맞춤형 서비스의 몇 가지 사례를 살펴본다.

3.1 홈쇼핑과 맞춤형 쇼핑

홈쇼핑은 주목받는 새로운 멀티미디어 응용분야 가운데 하나이다. 멀티미디어의 쌍방향 기능을 이용하면 이용자가 마치 현장에 있는 것처럼 그 자리에서 주문을 할 수 있는 가상 백화점이 출현하게 된다. 통신판매회사가 상품 카탈로그를 화상 데이터베이스에 모아 두면 이용자는 24시간 언제라도 불러들여 주문을 할 수 있다. 교통문제가 심각해지면 쇼핑에 소비되는 시간은 더욱 늘어나고 있는 반면, 맞벌이 부부의 증가로 쇼핑할 여유는 점점 없어지고 있어 시간의 가치가 더욱 높아질 것이며, 동시에 소득 상승에 따른 가정에서의 소비기능이 강화됨으로써 이러한 홈쇼핑 형태는 확산될 것으로 보인다.

홈쇼핑의 활성화를 예측할 수 있는 또 하나의 배경적 요인으로 뿌리깊은 저가격 욕구를 들 수 있을 것이다. '같은 것이라면 조금이라도 싸게'라는 기본적 욕망에 대해 통신판매는 체계화나 효율화에 수반되는 비용삭감으로 대응할 수 있기 때문이다. 게다가 대금지불도 스마트기기(PC, 스마트폰)의 액정화면을 보면서 은행의 컴퓨터와 연결된 홈쇼핑 시스템을 이용하여 집에서 바로 가능하게 된다.

이와 같이 가정 내에서 쇼핑을 하고 은행업무를 보며 가상공간의 생활을 즐김으로써 짜증스런 줄서기나 물건 고르기가 사라지는 온라인을 통한 편안한 쇼핑에 사람들은 익숙해질 것이다. 한편, 홈쇼핑은 물건구매나 상품의 종류를

결정하는 데 있어 가족 전원이 참여할 수 있기 때문에 이러한 가족의 공동의사
결정과정은 가족구성원들을 결속시키는 결과를 가져올 수 있다. 아울러 쇼핑시
간의 감소는 자유시간의 증가로 연결되고 따라서 개인 및 가족들을 위해 유용
한 시간적 배분도 가능해질 것으로 본다.

맞춤형 쇼핑도 있다. 맞춤형 쇼핑이란 지능정보사회에서 개인의 관심사와
선호도에 따라 쇼핑하는 것을 말하는데, 소비자가 인공지능 기반 상품추천 시
스템(네이버의 AiTEMS)을 통해 자신이 선호하는 상점과 상품을 추천하면 로그
인 후 활동 데이터가 많을수록 맞춤화된 결과를 제공받을 수 있다.[4] 인공지능
기반 상품추천 시스템은 이용자의 취향과 상품의 특성에 대한 정보에 따라 최
적의 상품을 추천하고 있다. 구체적으로 수억 개의 상품 중에서 이용자의 취향
과 어울리는 수천 개의 추천 상품 후보를 추려내고, 인공신경망 기반 추천 모
델을 통해 이용자의 쇼핑 이력 및 상품정보가 반영된 개인별 맞춤 상품을 추천
하는 방식으로 작동한다. 티몬(소셜 커머스 기업)도 지능정보기술 딥 러닝 기
술을 이용하여 이용자의 클릭, 검색, 구매 등 다양한 쇼핑 패턴을 학습해 실시
간으로 이용자의 행동을 분석하고 관심을 가질만한 상품을 추천한다.

3.2 맞춤형 화장품과 맞춤형 신발

화장품은 개인의 피부 상대와 취향에 따라 만족도가 달라지는 상품이다. 따
라서 개인화를 바라는 소비자의 요구가 매우 크다. 이러한 소비자의 욕구를 충
족시키기 위해 인공지능 기반의 피부 분석 및 관리 시스템이 사용자의 피부상
태를 확인하고 분석하여 사용자에게 맞는 화장품을 추천하고 있다.[5]

사람들은 운동화나 구두를 구매할 때 제조사별로 같은 사이즈라도 실제 크
기가 차이가 나는 경험을 누구나 해봤을 것이다. 인공지능은 개개인별로 미세
하게 차이가 나는 발 크기를 정확히 측정하고 개인의 원하는 데이터를 분석해
맞춤형 신발을 제작하는 데 활용하고 있다.[6]

---

4) 아마존, 알리바바 등 글로벌 기업들이 세계 온라인 쇼핑 시장을 주도하는 가운데 현재 우리나
 라에서는 포털 사이트(네이버, 다음), 오픈마켓(11번가, G마켓), 소셜 커머스(쿠팡, 티몬), 대형
 쇼핑몰(이마트몰, 롯데닷컴) 등이 치열하게 경쟁하고 있다.
5) 차바이오F&C는 삼성전자 C-LAB 출신의 인공지능 뷰티 스타트업 룰루랩(Lulu Lab)과 맞춤형
 화장품 서비스를 개발하였다.
6) 펄핏(Perfitt)은 맞춤형 신발 제작을 지원하는 3가지의 솔루션을 개발하고 있는데, 펄핏R은 딥러

3.3 원격진단과 재택진료

건강에 대한 계속적인 관심의 증가로 스마트기기가 의료분야에서도 적극적으로 활용되어 꿈의 재택진료도 실현된다.

원격진단이란 환자가 직접 병원까지 가지 않고 가정이나 사무실에서 스마트기기를 통해 원격지의 의료시설과 연결하여 자신의 증상을 진단 받고 처방전도 받을 수 있는 응용서비스이다. 또한 환자의 투약시간 등을 원격지에서 감시하거나 이에 따라 의료진 측에서 적절한 경고신호 등을 보낼 수도 있다. 최근에 개발된 '의학 영상처리장치'(PACS)는 환자의 X-레이 촬영결과를 필름을 통하지 않고 영상자료를 통해 실시간으로 전송할 수 있다. 또한 첨단 영상의학장치는 기존의 필름 의존체계에서 구현될 수 없었던 영상의 확대·축소·회전은 물론 3차원적 영상을 제공, 인체 내의 움직임을 상세하게 화면에 나타내 주어 고도의 정밀도가 요구되는 수술에 기여하고 있다. 이는 불과 수 mm 크기이상의 구조물까지도 찾아낼 수 있는 첨단의료기술이다.

스마트기기를 이용한 재택진료는 특히 활동이 불편한 고령자나 장기(長期)환자가 있는 가족에게 환영받을 것으로 보인다. 입원보다는 경비절감 효과를 가져올 수 있는 재택진료를 선호하게 될 것이기 때문이다. 장기간 치료나 간호에 필요한 각종 정보를 환자와 의사가 스마트기기를 이용한 인터넷을 통해 주고 받으면서 위급시에는 즉각적으로 의사의 지시를 받아 대처할 수 있다. 이는 결과적으로 가족 속에서의 요양이라는 측면에서 환자의 정서적 안정에 주요한 역할을 할 것으로 예측되지만 한편으로는 환자를 돌보는 가족의 입장에서는 가정 내의 '간호'라는 새로운 역할부담을 안게 될 위험도 다분히 안고 있다.

3.4 직장과 가정의 융합 : 재택근무[7]

지능정보사회에서는 경제소프트화의 진전과 함께 3차 산업의 비중이 한층

닝과 카메라 기술을 이용한 발모양을 스캐닝하고 측정하는 솔루션, 펄핏S는 센서를 이용해 신발의 내측 사이즈를 측정하는 솔루션, 그리고 펄핏AI는 펄핏R과 펄핏S가 측정한 데이터를 바탕으로 소비자별로 최적 사이즈를 추천하는 솔루션이다.

7) 지능정보사회에서 근무형태로 '스마트 워크(Smart Work)'의 개념이 급부상하고 있는데, 스마트 워크는 일반적으로 근무하는 장소를 기준으로 재택근무, 원격근무, 이동원격근무를 포함하는 개념으로 사람의 이동을 대체하거나 최소화함으로써 비용절감과 업무효율성을 향상시키기 위한 것이다.

높아지는 경향이 있고, 특히 노동집약형의 서비스업으로부터 지식집약형의 부가가치 서비스업으로의 전환이 더욱 진전될 것으로 예상되고 있다. 지능정보사회에서 중심이 되는 산업은 공장에서 직접 물건을 만드는 제조업이 아니라 여러 가지 무형의 지식과 정보를 처리하는 일이기 때문에 직장에 가지 않고도 스마트기기(PC, 스마트폰) 앞에 앉아서 일을 할 수 있게 된다. 다시 말하면 재택근무는 근로자들이 스마트기기를 활용하여 집에서 일하는 근무형태인데, 집에서 근무한다는 점에서 기존의 가내근로와 유사하지만 스마트기기를 활용한다는 점에서 차이가 난다.

기업의 조직형태도 기존의 피라미드 형태에서 필요에 대응하여 유연하게 변화하면서 사업을 전개하는 네트워크형으로 변모할 것으로 전망되고 있다. 이러한 네트워크형의 지식집약산업의 증가라는 연장선상에서 생각하면 재택근무가 일반화 될 가능성이 높다. 또 스마트기기에 의해 원거리까지 연결된 네트워크와 순식간에 정보가 전달될 수 있기 때문에 대부분의 사람들이 종사하는 일의 종류와 방법, 그리고 일터의 성격마저도 바꿀 전망이다.

이와 같이 PC 등의 휴대용 스마트기기의 보급이 늘고 정보통신망이 발달하면서 자택에서도 사무실에 있는 것과 마찬가지로 일을 할 수 있게 된다. 집에 있으면서 언제든지 원하는 시간에 직장과 연결하여 일을 진행시켜 나갈 수 있게 됨으로써 가정생활과 직장에서의 노동이라는 두 가지 측면은 서서히 융합되어 가고 있다.

일반적으로 재택근무는 다음과 같은 몇 가지 긍정적 효과를 가지고 있다.

첫째, 출퇴근에 필요한 시간이나 비용, 그리고 노력을 절약할 수 있다.

둘째, 직장의 번잡스런 인간관계에 매달리지 않고 일 자체에만 집중할 수 있다는 것도 재택근무의 매력이다.

셋째, 업무에 대한 감독의 약화에 따라 재량권과 자율성이 증가한다. 즉, 회사조직에서의 시간적, 공간적, 심리적 구속성이 감소하고 자신의 방식대로 일과 시간을 관리할 수 있으며, 자신에게 맞는 라이프 스타일로 일을 할 수가 있다. 업무시간도 스스로 조절하여 시간적 여유를 만들고 남는 시간에 자신이 좋아하는 일을 할 수 있다. 예를 들면 아침 일찍 일어날 수 없는 사람이나 야행성으로 밤이 아니면 업무를 제대로 할 수 없는 사람에게는 최적의 근무방법이라 할 수 있다.

넷째, 거주지역의 선택범위가 확대된다. 살고 싶은 곳을 보다 자유롭게 선택할 수 있으며, 특히 농촌에 살게 됨으로써 얻는 불이익이 감소하며, 이사 때문에 직장을 잃을 가능성이 줄어든다.

이와 같은 재택근무의 이점이 있음에도 불구하고 단점도 지적되고 있다.

첫째, 가정이 사무실의 연장이 되어서 원래 휴식의 장인 가정에 사무실 일거리가 들어감으로써 그 경계가 애매해지게 된 것이다. 특히 주거환경이 나쁜 경우는 본인만이 아니고 가족 전원의 휴식을 저해하게 되기도 한다. 그러므로 재택근무의 경우는 일하는 공간을 따로 분명히 구분해야 하며 일하는 시간도 명확히 구분해서 행하지 않으면 안 된다.

둘째, 재택근무는 기업에서 일하는 사람들과의 접촉과 기타 커뮤니케이션을 취하기 어렵다는 문제점을 갖고 있다. 매일 밖으로 다니다가도 회사로 돌아와서는 동료와 윗사람과 대면하여 대화할 수 있으나 재택근무는 회사 내에의 대인접촉이 없어지면서 회사에 대한 소속감은 그 만큼 떨어지고 극단적인 경우에는 고립감을 가질 수 있다. 특히 한국사회에서는 대인 커뮤니케이션을 통해 비공식적이지만 회사생활에서 중요한 정보를 얻는 경우가 많기 때문에 재택근무를 하더라도 1주일에 한 두 번씩은 직장에 나가 사람들과 만날 수 있는 기회를 갖는 것이 좋을 것이다.

3.5 원격교육과 재택학습

국가내 또는 전세계적인 정보통신망이 구축되면 스마트기기에 의한 원격학습이 가능해진다. 이에 따라 사회, 인문, 과학, 기술 등에 대한 기초지식의 많은 내용이 통신교육으로 대체되어 표준화될 것으로 전망되고 있다. 지능정보사회에서의 교육의 가장 큰 특징은 교육의 내용측면에서 도시와 농촌간, 그리고 학교간의 차이가 없어진다는 점이다. 학군을 따라 이사갈 필요도 없고, 농촌에서는 먼길을 걸어 학교를 가지 않아도 공부방에서 컴퓨터 또는 스마트기기를 이용하여 학교와 똑같은 내용의 수업을 받을 수 있게 된다. 이렇게 되면 무엇보다도 교육제도 자체가 크게 바뀌어 지금과 같은 입시지옥이란 표현은 구시대의 유물이 되고 과도한 교육열로 인해 소요되는 사교육비도 크게 감소될 것이다.

한 가지 중요한 특징으로는 개별학습에 의해 학생 각자의 개성과 수준에 맞는 맞춤형 학습이 가능하고, 또한 네트워크에 의해 서로 다른 문화간 교류가 촉진될 수 있게 된다. 이것은 스마트기기를 통해 '쌍방향 정보통신'이 가능한 멀티미디어 교육이 가능하기 때문이다. TV학습교재 등과 달리 언제든 학생과 교사간에 질문과 답변이 가능하기 때문에 학생 입장에서는 학교에 가지 않고도 개인교수에게 과외를 받듯 공부를 할 수 있다.

한편, 지금까지는 자녀에 대해 가정과 학교가 절반씩 분담하여 책임져 온 것이 재택학습이 이루어지면서 가정에서의 보호책임이 더 커질 수도 있다. 따라서 부모의 역할은 더욱 막중하게 될 것이며, 맞벌이 가정의 증가 추세에 따라 부모역할을 위한 절대시간량의 부족이라는 사실을 고려해 볼 때 이것은 중요한 문제로 부각될 가능성이 크다.

3.6 평생교육과 직무교육

지능정보사회에서의 지식·기술의 혁신적 변화는 다른 한편에서는 사회의 불확실성을 불러오고 있다. 지능화된 사회와 효율화된 산업구조는 필연적으로 기계가 인간의 일자리를 대체하는 고용구조의 변화를 수반한다. 인공지능은 기존의 일자리와 직업의 본질을 변화시키고, 직업과 업무 전반에 총체적인 변화를 야기 시킬 것이다. 반복적이고 단순한 일은 급격히 감소하고, 반면 고부가가치 업무는 수요가 증가하는 산업구조의 불균형을 가져온다. 지능정보사회에서는 지능정보기술을 가진 자(활용할 수 있는 자)와 갖지 못한 자(활용하지 못한 자)의 양극화가 심화될 것이고, 정보 획득의 불균등과 도덕적 해이 문제가 빈번히 발생할 것이다. 인공지능은 필연적으로 일자리 감소, 그에 따른 양극화 심화, 임금상승 억제 등 사회적인 문제를 야기하고, 그러한 사회적인 문제는 인간의 소외와 가치 상실로 이어진다.

이러한 상황에서 자연스럽게 유아에서 시작하여 노년에 이르기까지 평생에 걸친 교육으로 평생교육[8]이 중요시 되고 있다. 평생학습을 통한 개인역량 강

---

8) 우리나라의 평생교육법에서는 "평생교육이란 학교의 정규교육과정을 제외한 학력보완교육, 성인 기초·문자해득교육, 직업능력 향상교육, 인문교양교육, 문화예술교육, 시민참여교육 등을 포함하는 모든 형태의 조직적인 교육활동을 말한다." 즉, 학교의 정규교육과정을 평생교육의 범주에서 제외시키고 사회교육활동에서 나타나는 조직적 교육, 좀 더 엄밀하게 말하면 비형식적(non-formal) 교육을 평생교육으로 정의하고 있다. 반면에 차갑부(『평생교육론』)는 "평생교육은 한 개인이 태어나서 죽기 전까지의 수직적 통합과, 가정과 학교를 포함한 모든 생활공간의 수평적 통합을 통하여 언제, 어디서나 필요한 때 자신의 학습욕구를 충족시킬 수 있는 형식적·비형식적·무형식적 교육활동이다."라고 정의하고 있다.

화는 국가와 개인적인 차원에서 점점 더 중요해 지고 있으며, 우리나라의 경우 성인의 평생학습 참여율, 특히 직업 관련 비형식교육 참여율이 증가하고 있다.

우리나라의 국가평생학습포털 늘배움(www.lifelongedu.go.kr)은 모든 국민이 언제, 어디서나, 원하는 평생학습 기회를 누릴 수 있도록 전국에 평생교육정보, 학습콘텐츠 등을 제공하고 있으며, 국가단위 평생학습포털로서의 기능과 역할을 수행하고 있다.[9]

한편 지능정보사회는 지능정보기술의 융합을 기반으로 물리적, 생물학적 세계와 디지털 세계, 즉 현실세계와 가상세계가 통합되고, 지능정보기술이 경제 및 산업 등 모든 분야에 영향을 미치는 시대이다. 로봇공학, 인공지능, 빅데이터, 사물인터넷, 자율주행차를 비롯한 여러 분야에서 새로운 기술혁신이 나타나고 있으며, 이에 기반한 새로운 산업분야도 생겨나고 있다. 신산업분야의 등장으로 기술혁신의 속도가 가속화 되고 있으며 지식의 생명주기도 점차 짧아지고 있다. 이와 같은 사회적·경제적인 환경에서 직업적인 측면에서 볼 때 직업의 소멸과 탄생이 반복될 것이다.[10] 특히 새로 탄생하고 탄생할 직업에 대한 업무의 적응능력이 매우 중요하게 된다.

이와 같이 지능정보사회에서 새롭게 탄생하고 탄생할 직업에 대한 지식을 확보하기 위해 우리나라는 새로운 교육과정으로 '산업맞춤단기직무 능력인증과정인 매치업(Match業)'을 시범운영하고 있다.

매치업(Match業)이란 4차 산업혁명(지능정보혁명) 분야의 직무능력 향상을 희망하는 대학생, 구직자, 재직자 등을 위한 산업맞춤 단기직무인증과정으로 해당 분야 대표기업이 교육강좌 이수자를 대상으로 직무능력을 인증하는 프로그램으로 4차 산업혁명 시대를 대비하는 인재양성 프로그램을 말한다.

우리나라의 매치業 운영기관은 국가평생교육진흥원이다. 국가평생교육진흥원의 평가를 거쳐 선정된 교육기관은 대표기업이 도출한 핵심직무와 세부직무능력을 바탕으로 해당분야에 특성화된 교육과정을 개설 및 운영한다. 교육과정

---

9) 우리나라는 2011년부터 지역 주민의 원활한 평생학습 참여를 위해 전국 17개 시·도별 평생교육정보를 수집·제공하는 '다모아평생교육정보망'을 통한 평생교육정보를 연동, 국가-시·도-시·군·구-읍·면·동으로 이어지는 지역밀착형 평생교육정보망을 구현하였을 뿐 아니라, 2019년에 70개 부처·공공·민간 등의 기관과의 연계를 추진하여, 총 85만여 개 평생교육정보제공하고 있다.

10) 글로벌 기업 경영진들은 2018년부터 2022년까지 평균 1억 3,300만 개의 일자리가 새로 생겨나고 7,500만 개의 일자리가 사라질 것으로 예상하고 있다(World Economic Forum, 2018).

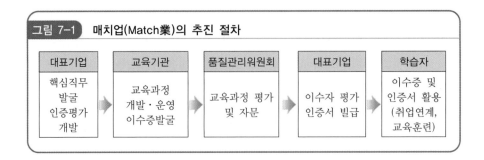

은 성인학습자의 시·공간적 접근성을 최대화하기 위해 온라인 중심으로 운영한다. 교육기관이 개설 및 운영한 교육과정을 모두 이수한 학습자는 대표기업 등이 개발한 평가모델에 따라 평가를 받고, 일정 정도 기준에 도달하였을 때 대표기업 명의의 직무능력인증서를 발급 받는다.[11] 이러한 추진 절차는 [그림 7-1]과 같다.

┌ 제3절 ┐
└ >>> 개인정보

1 개인정보의 개념 및 정의

개인정보(privacy information)란 "개인에 관한 정보로서 성명·주민등록번호 등에 의하여 해당 개인을 알아볼 수 있는 부호·문자·음성·음향 및 영상 등 의 정보"를 말하는데,[12] 개인정보의 유형과 종류는 <표 7-5>와 같다. 따라서 특정인에 대한 그 개인의 정보가 타인에 의해 수집됨에 따라 그는 '혼자 있을 권리', '프라이버시를 간섭받지 않을 권리'를 침해받을 가능성이 높아지고 있다.

---

11) 우리나라의 기업 및 교육기관이 선정한 매치업 미래유망 산업분야는 가상현실, 증강현실, 대체에너지, 드론, 로보틱스, 바이오 플라스틱, 바이오 헬스, 블록체인, 사물인터넷, 산업별 빅데이터 분석, 스마트 시티- 스마트 팩토리, 스마트 헬스케어, 스마트 팜, 신에너지 자동차, 엣지 컴퓨팅, 웨어러블 기기, 정보보안, 지능형 자동차, 차세대 반도체·디스플레이, 친환경 선박, 클라우드, 하이테크 섬유, 3D 프린팅, 5G 등 24개의 업종을 발굴하였다.
12) 「정보통신망 이용촉진 및 정보보호 등에 관한 법률」 제2조 1항 6호.

| 표 7-5 | 개인정보의 유형과 종류 |

구 분	개인정보유형
일반정보	이름, 주민등록번호, 운전면허번호, 전화번호, 출생지, 본적지, 성별, 국적
가족정보	가족구성원들의 이름, 출생지, 생년월일, 주민등록번호, 직업, 전화번호
교육 및 훈련정보	학교출석사항, 최종학력, 학교성적, 기술자격증 및 전문면허증, 이수한 훈련 프로그램, 동아리활동, 상벌사항
병역정보	군번 및 계급, 제대유형, 주특기, 근무부대
부동산정보	소유주택, 토지, 자동차, 기타소유차량, 상점 및 건물
소득정보	현재 봉급액, 봉급경력, 보너스 및 수수료, 기타소득의 원천, 이자소득, 사업소득
기타수익정보	보험(건강, 생명 등)가입현황, 회사의 판공비, 투자프로그램, 퇴직프로그램, 휴가, 병가
신용정보	대부잔액 및 지불상황, 저당, 신용카드, 지불연기 및 미납의 수, 임금압류 통보에 대한 기록
고용정보	현재의 고용주, 회사주소, 상급자의 이름, 직무수행평가기록, 훈련기록, 출석기록, 상벌기록, 성격테스트결과, 직무태도
법적정보	전과기록, 자동차교통위반기록, 파산 및 담보기록, 구속기록, 이혼기록, 납세기록
의료정보	가족병력기록, 과거의 의료기록, 정신질환기록, 신체장애, 혈액형, IQ, 약물테스트 등 각종 신체테스트 정보
조직정보	노조가입, 종교단체가입, 정당가입, 클럽회원
통신정보	전바우편(e-mail), 전화통화내용, 로그파일(log file), 쿠키(cookies)
위치정보	GPS나 휴대폰에 의한 개인의 위치정보
신체정보	지문, 홍채, DNA, 신장, 가슴둘레
습관 및 취미정보	흡연, 음주량, 선호하는 스포츠 및 오락, 여가활동, 비디오 대여기록, 도박성향

자료 : 한국인터넷진흥원 보호나라.

전자상거래의 급속한 확산은 기업경영의 새로운 가능성으로 이어지고 있다. 전자상거래의 경우에 지능정보기술을 활용하여 인터넷상에서 상거래를 하면 유통비용의 절감 등에 의한 효율적인 사업활동은 물론 신속하고 정확한 시장조사가 이루어지기 때문에 이용자에 대한 서비스를 향상시킬 수 있다. 기업들은 마케팅에 지능정보기술을 효과적으로 활용함으로써, 소비자의 다양한 욕구에 맞는 제품 및 서비스를 제공할 수 있게 되었으며, 그 결과 치열한 경쟁에서 경쟁우위를 획득할 수 있게 되었다. 이러한 능력은 소비자 각각이 갖고 있는 개인정보의 수집·저장·처리 그리고 유통이 효과적으로 수행될 때 가능한 것이다. 따라서 보다 효율적인 데이터베이스 마케팅을 수행하기 위하여 기업들은 소비자에 관한 보다 상세한 개인정보를 수집하여 다양한 방식으로 활용하려고 한다. 이러한 과정에서 인터넷 기업이 개인정보의 보호를 외면하고 수집·이용에만 열중하다 보면 개인정보가 오용되거나 남용될 가능성이 커지게 된다.

따라서 인터넷 기업은 개인정보의 이용과 더불어 개인정보의 보호에 관심을 기울여 이용자의 불신과 불만을 해결하고자 노력해야 한다. 인터넷을 이용하는 이용자들의 개인정보가 함부로 오·남용되는 것을 막음으로써 개인의 프라이버시가 훼손될 가능성을 줄이고 이용자들이 안심하고 인터넷을 이용할 수 있게 함으로써 인터넷의 이용촉진에도 기여하게 될 것이다.

2 개인정보의 유출

최근 대부분의 온라인 서비스는 특정 앱을 PC나 스마트폰에 다운로드하고, 개인정보에 동의해야 하며, 서비스를 이용하면서 발생하는 정보를 맞춤형 서비스 제공을 이유로 자동으로 수집, 분석되도록 하는데 동의해야 한다. 또한 특정 인터넷몰을 통해서 사용해야 하고 방문기록, 신용카드 등 결제정보, 사용하는 파일과 소프트웨어의 이름, 스마트기기 정보 등 사용자 행동 관련 정보수집에 모두 동의해야 한다. 지능정보사회에서는 간단한 일을 하려고 해도 온라인을 통해서만 가능하기 때문에 사용자는 정보통신서비스를 제공받기 위해 유출의 위험에도 불구하고 의무처럼 개인정보를 제공하고 있다. 모든 것이 기록되고 수집되는 지능정보기술을 통한 초연결 사회에서는 정보의 양은 기하급수적으로 많아지기 때문에 개인정보 유출의 위험도는 그 만큼 커지고 있다.

수집된 데이터는 정보로 바뀌고 정제된 정보는 알고리즘[13]을 형성한다. 빅데

---

13) 알고리즘이란 9세기 당대의 최고 과학자인 페르시아의 무하마드 알콰리즈미(al-Khowarizmi)의 이름에서 유래되었다. 알고리즘의 일반적인 의미는 어떠한 문제 해결을 위해서 논리적으로 해결하기 위해 필요한 절차, 방법, 명령어들을 말한다. 예를 들면, 음료자판기를 통해 내가

이터 기반의 지능정보기술을 통한 초연결 사회에서 점점 많은 사람들의 일들이 알고리즘에 의해 결정된다. 개인의 신용 점수, 추천 시스템, 연관 검색어, 개인정보처리 등 많은 일들이 알고리즘에 의해 자동적으로 결정된다. 검색엔진은 데이터를 처리하는 규칙, 즉 알고리즘에 따라 사용자에게 어떤 검색 결과와 특정 개인화된 광고를 보여 줄지 결정한다.

우리나라의 현실은 기업 등 알고리즘을 사용하는 업체가 알고리즘의 작동 원리를 공개하지 않을 뿐만 아니라 대중의 알 권리를 내세워 빅데이터란 이름으로 개인정보 침해를 정당화하고 있다. 연관 검색어, 추천 시스템, 빅데이터 분석, 신용 점수 등 많은 결과에 대해 정보 주체인 사용자는 그 알고리즘이 어

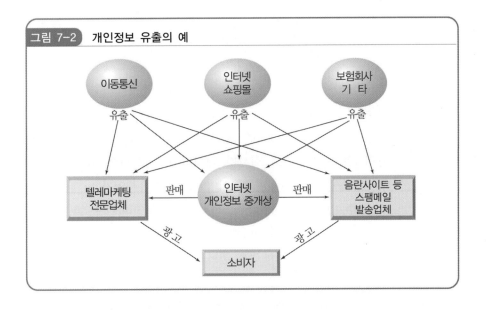

그림 7-2 개인정보 유출의 예

원하는 음료수를 뽑아 마시기 위해서 우리는 다음과 같은 행동하게 된다. 첫째, 지폐나 카드를 넣는다. 둘째, 마시고 싶은 음료수를 버튼을 누른다. 셋째, 하단의 배출구를 통해 선택한 음료수를 받는다. 넷째, 음료수 값에 비해 투입된 돈이 많을 경우 잔돈을 받는다. 이와 같이 음료수를 뽑기 위해 필요한 절차와 일련의 진행과정을 알고리즘이라 한다. 인터넷의 등장으로 알고리즘이 컴퓨터를 넘어 널리 이용되고 있다. 인터넷 프로토콜과 웹은 모든 컴퓨터에서 정보가 저장되고 접속되고 처리 될 수 있도록 하면서 알고리즘을 활성화되게 했다. 네트워크에 의해 알고리즘은 수많은 사람들이 상호 연결되고 상호작용할 수 있도록 했다. 우리가 자주 시청하는 유튜브 채널은 구독과 즐겨찾기를 통해 유튜브 메인 화면의 목록에 알아서 출력되지만, 전혀 알 수 없었던 흥미로워 보이는 영상들이 뜨게 되면서 결국 시청하도록 유도하게 된다. 이처럼 알고리즘은 내 관심 기반을 전제로 한 컴퓨터 프로그램의 송출 방식이라고 할 수 있다.

떻게 작동하는지, 어떤 과정이나 기준을 통해 그런 결과가 나왔는지를 알 수가 없다. 알고리즘이 형성되는 단계에서 개발자나 업체의 성향과 판단, 동향, 외적 압력이 반영되어 프로그램이 형성되기 때문에 특정 이익이나 가치를 반영할 수밖에 없다. 따라서 지능정보사회의 온라인에서 개인의 잊힐 권리, 연결되지 않을 권리, 설명을 요구할 권리 등 사용자 개개인의 권리 보장과 개인정보 침해의 방지를 위한 중요한 문제가 야기되고 있다. 개인정보 유출의 한 예를 보면 [그림 7-2]와 같다.

③ 개인정보의 수집·이용원칙

시장경제체제에서 정확하고 체계적으로 분류·정리된 개인정보의 데이터베이스는 상당한 경제적 가치를 갖게 되기도 하고 사생활을 침해하기도 한다. 예를 들면, 어떤 사람이 슈퍼마켓에서 물건을 구입하고 대금을 신용카드로 결제하는 경우에 구입한 상품의 종류와 상표, 수량, 구매총액, 신용의 이용실적, 현금구매 또는 할부이용상황 등의 개인정보가 고스란히 드러나게 된다. 이러한 개인정보를 신용카드 회사가 데이터베이스화하여 한국에 진출하려는 외국의 유통업자에게 판매하는 경우에 그 외국의 유통업자는 개인정보를 유용하게 활용할 수 있을 것이다. 반면, 신용카드회사가 회원으로부터 동의를 받지 않고 개인정보를 외국의 텔레마케팅 회사에 제공하였다면 이는 그 회원이 외국업체로부터 원치 않는 판매권유 전화를 받을 수 있는 사생활침해행위가 된다. 또한 인터넷 기업들이 회원수를 제일의 가치있는 자산으로 취급하고, 종종 기업인수·합병(M&A)의 대상으로 삼는 사실에서도 잘 알 수 있다.

따라서 국가가 개인정보의 유통에 개입하지 않고 그대로 방치하는 경우에는 개인정보의 수집 및 유통에 난맥상을 보이고 이러한 과정에서 정보주체들은 프라이버시를 침해당하거나 재산상의 피해를 입을 우려마저 발생하게 된다. 더구나 정보처리기술은 민간기업이 크게 앞서 있기 때문에 적절한 통제를 하지 않는다면 개인정보침해의 가능성 및 그 범위를 도저히 예견할 수 없는 실정이다.

이에 따라 경제협력개발기구(OECD)는 컴퓨터에 의한 개인정보를 처리함에 있어서 다음과 같은 원칙을 지키도록 권고하고 있다.[14]

① 수집제한(collection limitation)의 원칙 : 개인정보의 수집은 합법적이고 공정한 절차에 의해 가능한 한 정보주체에게 알리거나 동의를 얻은 다음에 해야 한다.

② 정보 정확성(data quality)의 원칙 : 개인정보는 그 이용목적에 부합되는 것이어야 하며, 정확하고 완전하며 최신의 것이어야 한다.

③ 목적 명확성(purpose specification)의 원칙 : 개인정보를 수집하는 목적이 수집 당시에 명백히 제시되어야 하며, 그 후의 이용은 수집목적에 부합되어야 한다.

④ 이용제한(use limitation)의 원칙 : 개인정보는 정보주체의 동의 또는 법률상의 근거가 있는 경우를 제외하고는 다른 목적을 위하여 개시, 이용되거나 그 밖의 사용에 제공되어서는 안 된다.

⑤ 보안(security safeguards)의 원칙 : 개인정보는 자료의 손상, 무단접근, 사용, 변조, 누설에 대비하여 합리적인 안전조치를 하여야 한다.

⑥ 공개(openness)의 원칙 : 개인정보에 관한 정보처리장치의 설치, 활용 및 관련정책은 공개되어야 하며, 개인정보의 존재, 이용목적 및 정보관리자를 확인할 수 있어야 한다.

⑦ 개인참가(individual participation)의 원칙 : 각 정보주체는 자신에 관한 정보의 열람, 이의제기 및 정정청구권을 가진다.

⑧ 책임(accountability)의 원칙 : 정보관리자는 위의 원칙들이 지켜지도록 필요한 조치를 취해야 한다.

　물론 이러한 정보처리의 원칙은 법적 구속력이 없고 나라마다 국내적인 특수성에 따라 개인정보의 보호수단, 구제방법을 달리하고 있다. 그러나 내용상 개인정보보호 자체는 프라이버시권의 중요한 내용으로서 정도의 차이는 있으나 지능정보사회의 새로운 법률질서 내지 공론으로 인정되어 가는 추세이다. 이를테면 프라이버시권을 기본권의 하나로 인식하는 유럽에서는 개인정보보호를 침해하는 거래를 실정법상으로 엄격히 규제하고 있는 반면, 전자상거래가 발달한 미국에서는 이를 관련업계의 자율규제(self-regulation)에 일임한다는

---

14) 1980년의 「프라이버시 보호와 개인정보의 국제유통에 대한 가이드라인에 관한 이사회의 권고」를 말하는데, OECD회원국에 대한 구속력은 없지만, 현재 우리나라를 비롯한 대부분의 회원국들이 이 가이드라인에 입각하여 개인정보를 보호하고 있다.

원칙을 고수하고 있다.

우리나라에서는 공공기관과는 별도로 민간기업 특히 정보통신서비스제공자 (ISP : information service provider)를 대상으로 개인정보 보호의무를 대폭 강화하는 동시에 개인정보보호 인증마크 제도를 도입하는 등 민간업계의 자율규제도 촉진한다는 방침을 정해 놓고 있다.

4 개인정보 침해의 유형

개인정보 침해란 개인정보가 자신의 의지와는 관계없이 제3자에게 알려지는 것을 말하는데, 개인정보 침해의 유형을 살펴보면, 컴퓨터를 비롯한 스마트기기의 활용으로 인해 발생하는 개인정보 침해의 사례는 크게 정보의 수집단계, 정보의 관리단계, 그리고 정보의 사용단계에서 전반적으로 발생할 수 있다. 이 중 자료수집과 사용과정에서 개인정보 침해가 가장 빈번하게 이루어지고 있다. 먼저 개인자료가 수집되는 과정에서 발생하는 침해가능성으로는 비상경보기, 각종 자동계수측정기 등 가정내에 설치된 원격감지 장치들은 정치적이거나 상업적인 목적으로 비밀리에 각 개인에 대한 불법적인 감시나 도청할 위험을 내포하고 있다는 점을 들 수 있다. 다음으로는 부당하게 수집된 개인별 정보를 오용하는 경우로서, 스마트기기 운영기술에 고도의 컴퓨터가 도입됨으로써 스마트기기 가입자에 대한 민감한 개인정보가 손쉽게 수집, 저장될 수 있다. 이 경우 가입자가 전혀 모르는 상황에서 개인자료가 부당하게 활용될 가능성이 내포되어 있다.

자료의 이용과정에서 나타나는 개인정보 침해와 유형으로는 ① 개인 정보를 시스템 운용자가 부당하게 상업적으로 이용하는 경우, ② 개인의 신상에 대한 비밀이 제3자에게 유출되는 경우(정보당사자가 알지 못하는 상황에서 개인의 신상정보가 상업적으로 판매되는 행위 포함), ③ 스마트기기 운용자가 가입자들에게 개인의 신상자료를 필요 이상으로 요구하는 경우, ④ 환경감시를 명분으로 여러 정부기관에서 사전동의 없이 개인신상정보를 거리낌없이 수록·이용하는 경우를 들 수 있다.

하지만 불법적인 정보수집이나 정보사용 과정에 관련된 경우뿐만 아니라 자료를 관리하는 과정에서 입력된 자료의 오류에 따른 문제도 개인정보 침해에 중요한 비중을 차지하고 있다. 즉, 애초에 개인에 대해 잘못된 자료가 입력되었거나 새롭게 변경된 자료를 갱신하지 않은 데서 발생하는 피해를 들 수 있다. 예를 들어 신용카드로 물품을 구입하기 위해 신용조회를 하는데, 신용회사의 실수로 고객의 신용에 대해 잘못된 입력을 하여 구매승인 거부결정이 내릴 경우, 혹은 거리에서 경찰의 심문을 받은 시민이 공안당국의 컴퓨터의 잘못된 정보입력으로 수배자로 오인되는 경우는 흔히 있을 수 있는 일이다. 이 경우 잘못된 자료입력으로 인해 개인은 부당한 피해를 받게 된다.

따라서 개인정보의 보호를 위해서는 정보의 수집, 관리 그리고 사용의 모든 단계에 걸쳐 개인의 기본권을 보호하기 위한 면밀한 노력이 필요하게 된다. 우선 정보수집단계에서는 수집정보의 범위와 방법, 그리고 보유기간이 반드시 명시되어야 하고, 정보주체의 사전동의를 필요로 한다.

정보관리단계에서는 개인정보의 안정성과 정확성, 최신성, 적절성 등을 최대로 확보하고, 아울러 수집된 정보에 대한 정보주체의 열람권, 틀린 정보에 대한 수정청구권 등을 제공함으로써 정보의 오류에 따른 부작용을 최소화해야 한다. 또 공개가 가능한 정보와 비밀을 유지해야 하는 정보를 명확히 구분함으로써 개인정보의 노출에 관련된 논란의 여지를 최소화할 필요가 있다.

마지막으로 정보사용단계에서 합법적인 정보보유기관이 정보를 활용할 수 있는 범위를 명확히 규정함으로써 원래의 이용목적이나 이용주체 이외의 외부 유출을 방지하고, 특히 개인이나 법인에 의한 정보도용을 엄격히 규제하고 위반에 대한 처벌을 명시할 필요가 있다.

이와 같은 개인정보 침해의 문제는 단순히 컴퓨터의 진보를 통해 발달된 기술적인 결과이기에 앞서 스마트기기를 오용하는 사회조직의 이해관계와 윤리, 가치관의 부재에서 파생되는 사회구조적인 문제라는 점을 염두에 둘 필요가 있다. 사실상 수집된 자료 그 자체는 가치중립적인 것이다. 다만 그것이 합법적인 기관에 의해서 원래의 합의된 목적에 따라 올바르게 사용되는가 아니면 원래의 범위를 넘어서 잘못 이용되는가 하는 문제가 정보에 의한 개인정보 침해 여부를 결정짓는 것이다.

우리나라의 경우는 <표 7-6>에서 보는 바와 같이 전체적인 개인정보 침해 건수는 지속적으로 감소하고 있다.[15] 하지만 스마트기기(스마트폰 등) 및 지능

---

15) 정보통신망법(2012년 8월 시행), 개인정보보호법(2014년 8월 시행) 개정 및 시행으로 주민등록번호 사용 제한이 일반화되었고, 범정부 합동으로 추진 중인 「개인정보보호 정상화 대책」

표 7-6	개인정보 침해 건수			
구 분	2015	2016	2017	2020
개인정보 무단수집	2,442	2,568	1,876	3.328
개인정보 무단이용제공	3,585	3,141	3,881	6,655
주민번호 등 타인정보도용	77,598	48,557	63,189	167,272
회원탈퇴 또는 정정 요구 불응	957	855	862	934
법적용 불가 침해사례	60,480	38,239	30,972	35.792
기타	7,089	4,850	4,342	4,032
합계	152,151	98,210	105,122	218,813

자료 : 방송통신위원회(한국인터넷진흥원 개인정보침해신고센터 접수자료).

정보서비스(사물인터넷, 클라우드, 맞춤형 광고 등)의 확산과 이용자의 개인정보 보호에 대한 관심증가로 인해 새로운 분야에서의 개인정보 침해건수가 증대될 가능성이 크다. 따라서 「개인정보보호 정상화 대책」의 지속 추진과 병행하여 새로운 분야에서의 환경변화에 대응하는 법제도 개선을 통해 안전하게 개인정보를 이용·보호할 수 있도록 해야 한다.

5 개인정보 침해의 법적 보호

선진국들은 개인정보 보호의 문제가 현대사회의 중요한 사회적 문제로 등장하게 됨에 따라 이를 법적으로 보호하려는 노력도 활발한데, 미국은 1968년의 집단범죄규제 및 가두안전법, 1970년의 공정신용조사보고법, 1974년의 프라이버시법, 1986년의 전자통신프라이버시법, 1988년 컴퓨터자료의 상호비교 및 프라이버시보호법, 1980년 의회가 제정한 문서작업감축법, 1996년 연방통신법에 따라 개인정보를 보호하고 있다. 일본은 1988년 행정기관이 보유하는 전자계산기기처리에 따른 개인정보의 보호에 관한 법률을 제정하여 시행하고 있으며 지방자치단체에서 전자계산처리에 관한 조례를 제정하여 개인정보를 보호하고 있다. 독일은 데이터처리에 있어 개인에 관한 데이터의 남용방지에 관한 법률(연방데이터보호법) 및 텔레서비스의 데이터보호에 관한 법률을 제정·시행하

(2014년 7월)으로 개인정보 보호 법제가 보다 강화됨.

고 있으며 스웨덴과 영국은 데이터보호법, 프랑스는 정보의 처리·축적과 자유에 관한 법률을 제정하는 등 각국의 환경과 정보발전의 정도에 부합되도록 개인정보를 보호하고 있다.

우리나라는 1995년 1월부터 공공기관의 개인정보보호에 관한 법률을 시행하고 있으며, 통신비밀보호법, 전산망보급확장과 이용촉진에 관한 법률, 형법상의 비밀침해죄, 신용정보의 이용 및 보호에 관한 법률, 금융실명거래 및 비밀보장에 관한 긴급재정경제명령 등이 개인정보보호와 관련된 규정을 두고 있다. 이외에도 국가공무원법, 통계법, 주민등록법, 전기통신사업법 등에서 부분적으로 명시하고 있다. 그러나 현행 개인정보보호법제는 민간부문이 수집·보관·이용하는 신용정보 혹은 의료정보와 같은 개인정보의 침해 및 직판회사와 같이 개인정보를 직접 판매하는 회사에 대한 법적 차원의 구체적 규제가 미비하다. 또한 공공기관의 개인정보보호에 관한 법은 적용범위를 공공기관에 한정하여 민간부문에 의한 개인정보의 수집·처리에는 적용되지 않을 뿐만 아니라 많은 예외를 인정하여 보호의 실질적 효과를 유발하지 못하고 있다. 그리고 개인정보보호심의위원회의 실질적 감독권한 결여·독립성 부재와 국민 개개인의 개인정보의 중요성 및 보호 필요성에 관한 인식부족도 개인정보의 보호를 저해하는 요인으로 작용하고 있다.

중요개념

```
┌─────────┐  ┌─────────┐
│ ? Help  │  │ ☑ OK    │
└─────────┘  └─────────┘
```

☑ 탈시간화   ☑ 가상공간
☑ 맞춤형 홈쇼핑   ☑ 탈거리화
☑ 원격진료   ☑ 홈뱅킹
☑ 재택근무   ☑ 재택진료
☑ 직무교육   ☑ 원격교육
☑ 정보소유의 불균질화   ☑ 정보의 폐소공포증
☑ 개인정보   ☑ 정보민

연습문제

1 21세기 지능정보사회에서의 개인과 가정의 변화를 설명하시오.

2 21세기 지능정보사회에서의 개인과 가정을 위한 스마트기기는 어떠한 역할을 해야 하는가?

3 지능정보사회에서 예상되는 개인·가정의 변화와 그에 따른 지능정보화의 역할을 설명하라.

4 개인·가정의 지능정보화란 무엇을 의미하는가?

5 지능정보사회에서의 개인·가정의 지능정보화에 따른 긍정적인 측면을 몇 가지 예를 들어 설명하라.

6 지능정보사회에서의 개인·가정의 지능정보화에 따른 부정적인 측면을 몇 가지 예를 들어 설명하라.

7 개인정보(privacy information)란 무엇을 말하는가?

8 개인정보의 침해 및 유형은 어떠한 것들이 있으며, 실제로 개인정보를 침해받은 경우가 있는가?

9 개인과 가정의 지능정보화에 대한 실제 예를 들어 설명하시오.

기업과 산업의 지능정보화

먼저 21세기 지능정보사회에서 기업과 산업은 어떠한 변화를 겪게 되며, 그 변화에 대응하여 정보통신서비스를 활용할 수 있는 스마트기기에 요구되는 역할을 살펴보고, 기업과 산업의 지능정보화에 대한 개념 및 효과, 지능정보기술이 전통 산업에 도입·응용됨에 따라 산업구조는 어떻게 변화하고, 어떠한 경제적 효과를 얻게 되는가를 살펴본다. 기업의 지능정보화와 함께 산업 부문별 지능정보화로서 농·수·축산업, 제조업, 물류·유통업, 의료·보건, 무역업, 관광업, 금융업 등을 살펴본다.

제1절 기업과 산업의 변화와 스마트기기의 역할

1 기업과 산업의 변화

1.1 기업의 재구축 및 다각화

21세기에는 사회전체가 더욱더 서비스화와 지능정보화를 근거로 변화되어 갈 것이다. 이에 대응하여 기업은 항상 그 사업구조를 재편 또는 재구축하려 하며, 새로운 사업과 다각화를 시도하게 될 것이다. 기업의 재구축이란 기업의 매수·합병을 의미하며, 기업의 다각화(diversification)는 기업이 기존제품이나 기존 시장과는 다른 사업이나 지역으로 진출하는 성장전략이다.[1]

기업은 오늘날 끊임없이 환경의 변화에 직면하고 있다. 신기술 및 지능정보 기술의 출현, 원료공급의 불확실성, 사회경제적인 소비자태도의 변화, 국내·외 시장 여건의 변화 등 제반환경 요건의 변동에 대응하여 기업이 안정된 사업을 지속적으로 영위해 나가는 데는 많은 어려움이 따른다. 이러한 상황 하에서 기업이 취할 수 있는 적응방법은 대체로 확장 또는 축소의 두 가지라고 할 수 있다. 경제가 침체된 국면에서는 일반적으로 축소전략이 선호되는 반면에, 성장하는 국면에서는 확장전략이 채택되는 경우가 많다. 우리나라의 경우 1970년대 말과 1980년대 초의 상황이 전자에 해당되며, 1980대 중반과 1990년대 이후 오늘의 경제여건은 후자에 가깝다고 할 수 있다. 기업의 다각화는 기업확장의 한 형태로서 자유시장경제체제 하에서 규모확대, 안정도모, 수익증대 등의 효율성 제고를 위하여 각국 기업들이 공통적으로 추구해온 경영전략의 수단이라고 할 수 있다.

기업의 재구축 및 다각화가 진전되어 가는 배경에는 기업자원을 더욱더 유효하게 활용하자는 요청을 빼놓을 수가 없다. 가령 제조업의 경우에 생산규모가 확대되면 단위당 생산비용도 낮아지고 경제성이 좋아지는 것이 당연하다. 이러한 현상을 규모의 경제(economics of scale)라고 한다. 그런데 이에 대하여 사업의 분야가 많아짐에 따라 비슷한 사업을 여러 개 전개함으로써 공통되는 자원을 유효하게 활용할 수 있게 되어 전체의 경제성이 좋아진다. 이 현상을 범위의 경제(economics of scope)라고 하는데, 기업의 재구축 및 다각화는 바로 이 범위의 경제적 효율성을 추구하는 방편인 것이다. 자원의 공동이용에는 정보통신시스템의 역할은 지극히 크다. 왜냐하면, 사업분야가 비슷한 사업일수록 정보의 효율적 이용도가 높게 될 것이며, 각 분야에 관한 정보를 서로 연결하는 정보통신시스템을 구축하여 좋은 전략적 정보를 제공할 수 있기 때문이다. 이러한 이유 때문에 지능정보사회에서는 기업의 재구축 및 다각화가 확대·추진되어 질 것이다.

---

1) 다각화는 그 관련도에 따라 제품이나 판매지역 측면에서 관련된 산업에 집중하여 다각화하는 관련다각화(Related Diversification)가 있고, 한국의 대기업과 같이 서로 관련되지 않은 산업에 참여하는 비관련다각화(Unrelated Diversification)가 있다. 그리고 서로 다른 기업이 부품생산과 완제품생산을 각각 따로 할 수 있음에도 불구하고 한 기업이 완제품과 부품생산을 같이하는 수직적 통합(Vertical Integration)도 다각화의 또 하나의 유형이다.

1.2 기업조직구조의 변화

21세기 지능정보사회에서 기업의 조직구조도 크게 변화될 것으로 예상된다. 우선 기업의 조직구조가 시장대응형 조직구조로의 변화를 들 수 있다. 세계의 시장이 빠르게 변화하기 때문에 기업도 이 변화에 재빨리 대응해서 변화하지 않으면 살아남지 못한다. 그렇기 때문에 업무의 권한을 대폭 현장에 이양하고 신속한 의사결정이 진행되어야 한다. 이에 따라 중간 관리층이 축소되고 최고 경영층과 말단 실무자가 직접 연결되는 조직구조로 변화한다.

또한 기업내의 모든 업무부서가 정보통신네트워크와 사물인터넷에 의해 연결되어 업무가 진행되기 때문에 기업의 정보도 업무의 명령계통을 통해 흐르지 않고 정보통신네트워크를 통해 흐를 가능성이 크다. 따라서 업무정보의 흐름은 종전과 같은 위에서 밑으로의 하향식이나 아래에서 위로의 상향식이 아닌 전원이 대등한 관계에서 업무정보의 수집과 발신이 가능하게 되었다. 이러한 형태는 기존 기능적 중심의 관료적 위계조직구조에서 수평적인 의사결정이 이루어지는 네트워크형 조직구조를 말한다.

1.3 기업의 세계화

지능정보사회에서 전세계 전체가 정보통신네트워크와 사물인터넷에 연결되었다는 상황에서 지능정보사회에서는 정보사회에 비해 기업의 세계화가 대단한 속도로 전개되어 가고 있다. 기업의 세계화의 발전단계를 보면, 대체로 ① 제1단계 : 생산은 전부 국내에서, 판매는 해외대리점에 위탁, ② 제2단계 : 생산은 전부 국내에서, 주요 수출국에 판매거점 설립, ③ 제3단계 : 산업 및 기술개발의 거점도 해외로 이전, ④ 제4단계 : 산업 및 기술개발의 거점뿐만 아니라 자금조달, 경영자원도 해외 이전, ⑤ 제5단계 : 세계화전략에 근거한 경영자원이 세계적인 규모로 최적배치하고, 각 거점사이에 사물인터넷을 통해 유기적인 연결체계를 확립 등의 단계를 거쳐 이루어진다. 우리나라의 경우는 현재 많은 기업들이 제4단계 또는 제5단계에 들어가 있다.

결국 기업의 세계화는 기업이 해외로 진출함에 따라 해외현지에서 생산, 판매, 마케팅, 금융, R&D 등 기업활동의 주요 부문을 현지에서 수행하는 비율, 즉 현지화2)의 비율이 높아져 자국의 수출은 감소하는 결과도 가져올 수 있다.

이와 같은 기업의 세계화 추세는 비단 경제와 경영의 분야에서만 국한되지 않고 문화라든가 풍토라든가 하는 점에서도 진행되는 현상이며 앞으로 더욱 큰 변화가 일어날 것이다. 우리나라의 경우에도 해외로 여행하는 사람들과 해외로부터의 입국자 또한 증가하고 있다. 더욱이 외국인 노동자의 급증, 다문화 가정의 증가, 해외에서 한국인 교포의 증가 등 사람을 통한 교류가 갈수록 더 빈번해지게 될 것이다. 그 결과 세계와 우리나라의 연결이 경제적인 측면뿐만 아니라 문화화적인 측면, 인적인 측면에서 더욱더 일체화되어 갈 것이다.

1.4 산업의 소프트화 및 서비스화

21세기 지능정보화사회에서 소비의 고도화와 다양화에 따라 기업은 디자인이나 창조성, 그리고 기술개발력 등의 상품기획에서부터 차별화를 도모하게 되었다. 그러기 위해서는 기업 내의 기획부문과 마케팅부문, 그리고 연구개발부문 등의 간접부문이 그 전보다 더 중요하게 되었고, 이것이 경제전반에 걸친 소프트화를 진전시키는 큰 요인으로 작용하고 있다. 우리나라의 제조업은 내외적으로 심각한 도전에 직면해 있다. 인건비, 원자재 등 원가부담이 지속적으로 상승하고 있는 가운데 중국 등 후발국가의 저가 공세를 견뎌야 하는 이중고가 고통스럽기만 하다. 또한 빠른 기술변화 추세 속에서 경쟁기업의 기술은 날로 발전하고 있고 까다로워지는 고객의 요구는 끝이 없다. 이러한 제조업이 겪는 어려움은 제조업의 서비스화 추세를 촉진해 가고 있다. 경제 전반에 걸쳐 다양한 영역의 서비스업이 성장하면서, 제조업 내에서도 서비스업이 접목되고 있는 것이다. 기업들은 제조업 경쟁력 강화를 위해 품질 향상에 못지 않게 서비스

---

2) 현지화란 생산, 판매, 마케팅, 금융, R&D 등 기업활동의 주요 부문을 현지에서 수행하는 것을 의미한다. 이러한 현지화는 크게 사람, 부품·원재료, 자금 등 주요 경영자원의 현지조달을 의미하는 자원의 현지화와 이들 자원의 처리와 배분을 결정하는 연구개발의 현지화 및 관리의 현지화를 모두 포함하며 이들 각각은 상호 밀접한 관련을 갖게 된다. ① 사람의 현지화란 본사 파견 관리자 및 기술자의 수를 줄이는 대신 현지출신 관리자를 육성하여 등용하는 것을 의미한다. ② 부품/원재료의 현지화란 소재나 부품의 현지조달 비율을 향상시키는 등 현지생산 공정의 확대를 의미한다. ③ 사람 및 부품의 현지화가 진전됨에 따라 점차 자본의 현지화, 즉 자본조달의 현지수행이 요구되게 된다. 이를 위하여 해외자회사의 현지 주식시장에의 상장이 이용된다. ④ 사람, 부품, 자본 등 경영자원의 현지화가 일정단계에 도달하면 계속해서 연구개발의 현지화가 필요하게 된다. 이는 해외진출기업이 부품조달, 생산, 판매라고 하는 영업활동뿐만 아니라 제품이나 기술개발 자체를 현지에서 수행하지 않으면 진정한 의미의 현지 자립성이 확립되지 못하기 때문이다. 현지시장에 적합한 상품 컨셉트를 개발하고 기존의 현지 물류·유통망을 이용하거나 독자적인 물류·유통망을 구축하여 적극적인 현지시장 판매를 도모하는 것이다.

기능, 즉 지식, 브랜드, 디자인 등과 관련된 요소들의 중요성이 무척 큰 것으로 인식하고 있다. 최근 부가가치가 낮은 조립가공 사업을 해외로 이전하거나 아웃소싱하는 반면, 제품기획·연구개발·판매마케팅·AS 등 서비스 기능에 많은 자원을 투자하고 있는 것도 바로 이와 같은 제조업의 서비스화 트랜드를 반영하고 있는 것이다. 최근 국내외의 제조기업들이 생존 및 경쟁력 강화를 위해 서비스적 투입 요소를 늘여가고 있는 영역은 R&D, 고객관리(CRM), 공급망관리(SCM), 마켓리서치 등이다. 한편 제조업은 지능정보기술과의 융합을 통해 스마트 공장(Smart Factory)을 육성하고, 스마트 공장에서 생산된 제품의 기능을 향상시키고 있다.

물류·유통업은 소비자의 수요에 신속하고 확실하게 대응하기 위해 항상 잘 팔리고 있는 상품과 안 팔리고 있는 상품의 관리를 위해 POS(Point Of Sale : 판매시점정보관리시스템)을 도입·활용하고 있다. 판매시점정보관리시스템이란 판매가 일어나는 판매시점마다 데이터가 중앙컴퓨터에 입력되어 현재의 판매실적이나 재고상태가 신속하게 관리됨으로써 이들 정보가 본사의 판매정책이나 공장의 생산계획에 신속하게 반영될 수 있게 함은 물론 고객에 대한 서비스 향상과 그날그날의 결산도 신속·정확하게 할 수 있는 시스템이다.

또한 소비자의 수요를 파악하기 위한 데이터 베이스나 고객관리 시스템의 관리도 중요하게 되었는데, 이것이 또한 소프트화를 촉진하게 하는 요인이 된다. 이와 같이 실제로 기업 내에서의 지능정보화를 위한 투자는 경쟁을 위해, 살아남기 위해 활발히 추진되고 있다. 기업의 지능정보화를 위한 스마트기기의 투자는 결국 지능정보산업은 물론이고 금융, 보험, 일반기계 및 전기기계 등을 중심으로 직접 또는 간접으로 관련되는 산업을 활성화시키고 있다.

물건이 넘쳐 있는 시대에 소비자는 물건의 풍요함보다는 마음의 풍요함을 선호하기 때문에 소비구조가 서비스화로 진행되게 된다. 따라서 스포츠, 레저, 관광, 교양, 오락 등의 서비스적인 지출이 더욱 큰 비중을 차지하게 된다. 이와 같은 소비자의 생각의 변화에 따라 산업적인 측면에서 볼 때 한나라의 경제성장은 주로 비공업부문의 성장에 의해 이루어지게 되는데, 이러한 단계를 초산업화 또는 지능정보화단계라고도 한다. 초산업화단계가 되면 한 나라의 경제성장이 제1차산업(농업, 임업, 수산업)과 제2차산업(제조업)이 아닌 주로 제3차산업(서비스산업)에 의하여 이루어지므로 서비스산업의 생산액, 부가가치액 또는 취업자의 비중이 계속 증가하는데, 이를 산업구조[3]의 서비스화라고 한다.

1.5 산업의 하이테크화

산업의 하이테크화는 지금까지 대부분의 국가들이 양적인 경제성장에서 인공지능(AI), 사물인터넷(IoT), 클라우드 컴퓨팅, 빅데이터, 모바일 등 지능정보기술이 기존 산업과 서비스에 융합되거나 3D 프린팅, 로봇공학, 생명공학, 나노기술 등 여러 분야의 신기술과 결합되어 모든 제품·서비스의 생산에 의한 질적인 경제성장을 위한 산업의 고도화 전략을 의미한다.4) 산업의 전반적인 하이테크화를 촉진하는 요인으로는 첫째, 소비의 고도화 및 다양화에 대응하는 제품개발을 위해 기업과 산업의 기술개발이 요구된다. 다시 말하면, 소비자가 갖고 있는 고도의 지식과 고급화·개성화·지능정보화 등의 욕구에 합치하는 상품이나 서비스를 제공하기 위해서는 각 기업의 연구개발 활동이 대단히 중요한 역할을 하게 된다.

둘째, 기업과 산업에서의 상품생산을 위한 효율화 및 합리화가 이루어져야 한다. 생산측면에서의 효율화 및 합리화가 이루어지기 위해서는 지능형 공장자동화, 즉 스마트공장을 통해 전통 산업을 경쟁력이 아주 강한 체질로 변화시켜야 한다.

셋째, 인공지능(AI), 사물인터넷(IoT), 클라우드 컴퓨팅, 빅데이터, 모바일, 3D 프린팅, 로봇공학, 생명공학, 나노기술 등 하이테크의 여러 분야는 시장이 향후 급속하게 확대되고, 그 자체가 주요 사업으로 크게 성장해 가고 있다.

---

3) 한 나라의 산업구조란 산업활동이 국민경제 전체에 대해 어떠한 짜임새나 관계를 갖고 있는가를 나타내는 것인데, 이는 보통 산업별 생산액, 부가가치액 또는 취업자의 구성으로 나타낸다.

4) 한국의 산업은 1960년대 이전까지는 성장의 요인이 결여된 채로 정체상태에 머물러 있었다. 그러나 1962년 제1차 경제개발5개년계획이 실시되면서 경제적 근대화와 공업화, 그리고 산업구조의 고도화가 추진되기 시작했다. 그 결과 1·2·3차 산업의 산출구성은 1960년의 37 : 20 : 43에서 1991년의 8 : 28 : 64로 변화했다. 한국에서 1차산업은 공업주도의 경제성장으로 인해 상대적 낙후성을 면치 못하고 있는데, 소득의 불안정, 생활환경의 질적 저하 등으로 인해 농가인구는 매년 감소하고 있는 추세이다. 더구나 1994년 우루과이라운드가 타결되고 국내의 농산물 시장이 개방됨으로써 1차산업에 대한 전망을 더 어둡게 하는데, 이에 대한 대응 방안으로 산업구조조정과 국제경쟁력 강화책 등이 요구된다. 2차산업의 경우 지난 30여 년 간 수출주도형 공업화가 추진되었으나 1989년 이후 제조업의 경쟁력 약화로 전체적인 성장이 제조업 주도에서 건설·서비스업 주도로 이행하고 있으며 제조업도 수출주도보다는 내수 위주로 바뀌고 있다. 3차산업은 사회간접자본과 기타 서비스업으로 대별되는데, 지속적으로 성장하여 그 비중이 증가하고 있다. 사회간접자본은 전기 및 운수통신업의 꾸준한 신장과 건설업의 활황에 따라 높은 증가를 나타냈다. 서비스업은 3차산업의 약 65%라는 큰 비중을 차지하는데, 이는 1·2차 산업의 재생산구조가 대외의존적이라는 특성에 기인하여 3차산업이 비정상적으로 확대되었기 때문이다.

1.6 취업구조의 변화

21세기 지능정보사회에서는 산업구조의 소프트화 및 서비스화에 따라 취업구조도 변하게 된다. 한 국가의 경제성장이 고도화 될수록 제2차산업인 제조업의 생산액, 부가가치액, 취업자의 비중이 낮아지고, 제3차산업인 서비스산업의 생산액, 부가가치액 그리고 취업자의 비중이 증가하게 된다(경제의 서비스화). 직업별로 보면 전문적인 직업과 기술적인 직업의 종사자가 크게 증가할 것이며, 특히 지능정보산업과 관련된 인공지능(AI), 사물인터넷(IoT), 클라우드 컴퓨팅, 빅데이터, 모바일, 3D 프린팅, 로봇공학, 생명공학, 나노기술 등 하이테크 분야의 전문적인 직업종사자들이 크게 증가할 것이다.

노동력의 공급측면에서 보면 고령사회로 인한 노동력 인구의 감소로 노동력의 수요와 공급은 상당히 어렵게 될 것으로 전망된다. 그 결과 외국인 노동자의 증가와 여성 노동력의 필요성이 증대될 것이다. 특히 여성은 결혼이나 출산을 계기로 퇴직하는 경우에는 다시 원래의 직장에 복귀하는 비율이 낮았지만, 남녀고용평등법[5]의 시행도 있고 기업의 여성에 대한 인식변화로 인해 여성도 남성과 대등한 입장에서 직장에서의 업무를 수행할 수 있게 되었다.

한편 사회 전체적으로 일손 부족이 심각해지면, 노동자들은 직장을 선택하는 입장에 있게 된다. 다시 말하면, 자신에게 보다 더 적합한 직업을 찾아서 직장과 직업을 바꾸는 경우가 많아질 것이다. 또한 기업의 입장에서도 고정직 직원보다는 업무의 많고 적음에 따라 직원의 수를 조정할 수 있는 시간제 또는 기간제의 임시직 수요가 많아지게 된다. 이와 같이 고정직에 종사하지 않고 자기가 원하는 때에 좋아하는 일을 하려는 사람이 증가함으로써 노동시장이 더욱 유연화 될 것이다.

---

[5] 주요내용을 보면, 헌법의 평등이념에 따라 고용에 있어서 남녀의 평등한 기회 및 대우를 보장하는 한편 모성을 보호하고 직업능력을 개발하여 근로여성의 지위향상과 복지증진에 기여함을 목적으로 한다. 사업주는 여성근로자를 모집·채용함에 있어서 직무의 수행에 필요 없는 신체적 조건이나 미혼 기타 조건을 요구하여서는 안 되며, 모집 및 채용, 임금의 지급, 생활보조금품 등의 지급, 근로자의 교육·배치 및 승진, 정년 및 해고 등에서 여성을 남성과 차별하여서는 안 된다. 또 근로여성의 혼인·임신 또는 출산을 퇴직사유로 예정하는 근로계약을 체결하여서는 안 되며, 직장 내 성희롱을 예방하고 근로자가 안전한 근로환경에서 일할 수 있는 여건조성을 위해 필요한 조치를 취하여야 한다.

2 기업과 산업을 위한 스마트기기의 역할

21세기의 지능정보사회에서의 기업과 산업의 주요한 변화로는 기업의 재구축 및 다각화, 기업조직구조의 변화, 기업의 세계화, 산업의 소프트화 및 서비스화, 산업의 하이테크화, 취업구조의 변화 등을 들 수 있다. 이에 따라 기업과 산업이 영업활동을 원활하게 수행하고, 기업활동의 고부가가치화를 추구할 수 있도록 정보통신서비스를 활용할 수 있는 스마트기기의 역할이 요구된다.

2.1 기업의 지능정보화를 위한 지원

21세기 기업과 산업의 변화에 따라 스마트기기는 기업과 산업의 지능정보화를 위한 지원이라는 역할이 요구된다. 기업의 지능정보화는 정보의 수집·발신, 정보의 처리, 정보의 전략적 이용 등에서 더욱 진전될 것이며, 이에 따라 효율화 및 고도화를 위해 요구되고 있는 스마트기기의 역할을 살펴보자.

1) 정보의 수집·발신에 요구되는 스마트기기의 역할

정보의 수집·발신이라는 기업활동을 위해 다양한 스마트기기가 필요하게 된다. 그러한 스마트기기들에 대해 어떠한 역할이 요구되는가?

첫째, 스마트기기는 언제 어디서나 정보를 수집·발신할 수 있게 하는 '장소의 극복'이라는 역할이 요구되고 스마트기기의 소형화, 경량화, 고기능화 등이 필요하다. 이와 동시에 정보의 수집·발신을 쉽게 하기 위한 것으로서 음성입력이나 번역통신 등의 역할도 요구된다.

둘째, 스마트기기는 기업활동의 24시간·365일화, 세계화에 따라 필요한 시간에 정보를 수집·발신할 수 있는 '시간의 극복'을 위해 시간의 지정이나 정보게시판의 역할이 요구된다.

셋째, 스마트기기 그 자체의 기능과 더불어 요금체계의 개선(가격인하, 전국단일요금제, 스마트기기별 요금제, 스마트기기 사용자별 요금제)은 정보의 수집·발신을 보다 더 원활하게 이루어질 수 있도록 한다.

2) 정보의 처리에 요구되는 스마트기기의 역할

스마트기기는 기업과 산업의 지능정보화를 지원하기 위하여 앞으로 한층 더 고도의 정보처리를 위한 역할이 요구된다.

첫째, 스마트기기는 데이터 베이스와 같은 고도화된 역할이 요구된다. 데이터 베이스에 검색 키를 입력해서 해당하는 것을 찾아 꺼내주는 검색대행기능 (SQL : Structured Query Language)과 정확한 키를 사용하지 않더라도 검색이 되는 유사검색과 같은 역할이 요구된다. 이와 함께 검색한 내용을 자기의 취향에 맞추어서 편집이 되도록 하는 정보처리를 위한 역할이 요구된다.

둘째, 스마트기기는 정보의 수집·발신을 위해 문자뿐만 아니라 음성과 영상에 의해서도 가능해야 하며, 미디어와 미디어간의 자유롭고 쉬운 변환처리를 위한 역할이 요구된다.

3) 정보의 전략적 이용을 위한 스마트기기의 역할

수집한 정보를 어떻게 전략적으로 경영에 이용할 것인가? 다시 말해서 정보에 의해서 어떻게 고부가가치를 창출할 것인가 하는 과제가 지능정보사회에서는 기업경영에 가장 중요하게 된다. 기업경영에 의미있는 수집한 정보를 통해 부가가치가 있는 제품을 개발하여 차별화를 도모하는 것이 기업에게 매우 중요한 일이 되고 있다. 예를 들면, 빅데이터를 활용한 인터넷상에서 소비자의 욕구에 부응하는 아파트의 규모, 모양, 색, 유형 등의 정보를 통계적으로 집계, 분석하여 새로운 아파트를 건설한다면 정보를 전략적으로 이용한 제품개발이 된다. 또한 앞으로 기업의 경영환경이 우선 소비자의 요구에 따라 제품의 명세표를 유연하게 바꿀 수 있는, 고객요구에 밀착대응하는 스마트기기의 큰 역할이 요구된다.

앞으로 기업과 산업은 같은 업종이든 서로 다른 업종이든 업무영역을 지능정보기술에 의한 연결과 융합을 통해 다각화가 더욱 강화되는 현상이 일어날 것을 대비하여 다른 업종 간 또는 유사 업종간의 지능정보통신망과의 접속 등이 중요한 과제가 될 것이다.

2.2 지능정보화의 취약성 극복을 위한 지원

기업의 지능정보화에 대한 수요가 커지고, 이에 대해 더욱 고도화 및 다양화됨에 따라 스마트기기를 통한 정보통신서비스를 제공하게 되면 서로 상승효과를 일으켜서 기업의 지능정보화가 한층 더 촉진되게 된다. 이렇게 급속히 진행된 지능정보화는 한편으로는 지능정보화에 대한 취약성, 즉 사고나 착오 등에 약하다는 단점을 극복해야 한다. 정보통신에 대한 의존도가 강하게 됨에 따라 사이버 테러 및 전쟁, 천재지변 등이 발생하면 순식간에 한 나라의 경제를 혼란에 빠질 영향력을 갖게 된다. 예를 들면, 기업의 세계화가 진전됨에 따라 기업의 활동이 정보통신에의 의존도가 높아져서 전쟁이나 재난·재해가 발생하면 그 영향력이 예상하기 어려울 만큼 엄청나게 클 것이다. 이를 대비하여 정보통신네트워크의 이중화나 다중화 시스템으로 만약의 사태를 대비해야 한다.

한편 스마트기기에 의한 장소나 시간의 극복은 기업으로 하여금 정보의 접속을 아주 쉽게 할 수 있게 해야 한다. 이에 따라 정보가 함부로 새어나가지 않도록 하기 위하여 암호화나 특정의 사람에게만 접속할 수 있게 하는 접속컨트롤 등이 스마트기기의 중요한 역할로 대두되고 있다.

2.3 기업의 세계화를 위한 지원

기업활동의 세계화에 따라 해외와의 정보교환, 사업활동의 24시간, 365일 언제 어디서나 정보를 수집·발신할 수 있게 하는 '장소의 극복'이라는 스마트기기의 역할과 기업이 필요한 시간에 정보를 수집·발신할 수 있는 '시간의 극복'이라는 스마트기기의 역할이 요구된다. '언어장벽의 극복'을 위한 스마트기기의 역할로 번역통신서비스가 요구된다. 번역통신은 문서와 회화 등으로 구분할 수 있는데, 문서의 번역통신은 문자인식이나 번역기능이, 회화의 번역통신은 음성인식과 번역기능이 요망되고 있다. 그리고 기업의 지능정보화를 위한 지원과 밀접한 관계를 갖고 있는 것으로 고객밀착대응 서비스의 제공과 국제간의 민간전용 정보통신망의 구축이 요구된다.

2.4 쾌적한 작업·사무환경의 제공을 위한 지원

지능정보사회에서의 지능정보기술에 의해 산업의 소프트화 및 서비스화의 진전, 취업자의 유연화, 취업형태의 변화 등으로 취업구조가 크게 변화될 것이다. 이에 대응하여 기업과 산업의 차원에서도 개인존중의 커뮤니케이션이 중요하다. 다시 말하면, 기업과 산업의 지능정보화 속에서 일하는 사람이 스트레스를 덜 받고 업무를 수행할 수 있도록 스마트기기의 역할이 요구된다. 개인과 가정을 위한 스마트기기의 역할에서 처럼 근로자에게도 개성화 및 개인화가 필요하다. 가령 전자비서에 의해 자료의 검색과 작성, 스케줄의 관리 등은 개인화의 예로 들 수 있을 것이다. 키보드에 대신하는 음성입력과 검색하는 정보가 애매해도 몇 개의 키워드로서 해당하는 정보를 찾아서 제공해 주는 유사검색 등 정보에 관한 교양, 지식이나 정보 수집을 쉽게 할 수 있는 역할이 스마트기기에 요구된다.

2.5 쾌적한 커뮤니케이션 환경의 창출을 위한 지원

일하는 사람들에게 쾌적한 일자리 환경을 제공하기 위해 스마트기기로 하여금 장소와 시간의 극복을 돕는 역할이 특히 중요한 의미가 있다. 스마트기기를 이용하여 집에서 근무하는 재택근무와 특정회사가 본사로부터 멀리 떨어져 있는 지역에서 기업활동을 하고자 하는 목적으로 구축한 지점이나 분점의 한 형태인 위성사무분실은 통근시간을 단축하고 쾌적한 사무실 환경을 실현하기 위해 스마트기기의 역할이 요구된다. 뿐만 아니라 통신수단이 전혀 없는 곳에 있거나 교통기관으로 이동하고 있는 중에, 교통사고나 교통체증에 걸려서 멈추고 있는 때에 그리고 기차, 열차, 비행기, 호텔 등 어느 곳에서든지 휴대성이 좋은 단말기(휴대용 PC나 이동통신기기)를 사용해서 정보를 수집하고 처리하게 된다. 이처럼 고정된 사무실이 아니라 이동 중에도 쾌적한 커뮤니케이션 근무환경이 될 수 있도록 스마트기기의 역할이 요구된다.

┌ 제2절 ┐
└ ⟩⟩⟩ **기업과 산업의 지능정보화에 대한 개요**

1 기업과 산업의 지능정보화에 대한 개념 및 필요성

오늘날 지능정보기술의 비약적인 발전에 의해 나타난 지능정보혁명(4차 산

업혁명)의 진원지는 역시 기업과 산업이라고 할 수 있다. 이윤창출이 기업의
본질적인 활동목적이라고 할 때, 성공적인 기업운영의 핵심은 효율적인 생산과
관리를 통해 경쟁우위를 확보하는 데 있다. 기업성패의 관건은 경쟁기업에 비
해 보다 더 양질의 제품과 서비스를 더 낮은 비용으로 생산하여 소비자에게 제
공하는 데 있다. 이때 기업과 산업에의 스마트기기의 도입·활용은 자동화, 생
산비용의 감소, 맞춤형 정보획득 등의 측면에서 기업과 산업활동의 여러 영역
에서 효율성과 생산성의 증대에 중요한 역할을 하게 된다. 따라서 많은 투자를
통해 기업과 산업이 지능정보화를 실현하려는 궁극적인 목표, 즉 기업과 산업
의 지능정보화란 '개별기업과 산업이 지능정보기술과 지능정보기기(스마트기
기)의 도입·활용에 따라 기업과 산업의 업무개선과 조직혁신을 통해 생산성
및 경쟁력의 향상'을 의미한다.[6]

원래 기업과 산업의 정보화란 상품(재화와 서비스)의 생산활동에서 정보활
동의 비중이 증대되는 것을 의미하였다. 상품의 생산은 이용 가능한 생산기술
을 이용해서 원재료, 자본, 노동 등의 조합을 통해 부가가치를 더한 새로운 상
품을 만드는 과정이라고 할 수 있다. 이러한 생산과정에서의 정보란 곧 생산기
술 그 자체였다. 다시 말하면 지금까지 이용 가능했던 생산기술에 새로운 정보
를 추가함에 따라 새로운 생산기술이 발생하고, 그 새로운 생산기술에 의해 생
산요소의 투입량이 감소하여 부가가치를 높이는 것과 동시에 생산의 효율성을
향상시키는 것을 의미하였다.

그러나 기업과 산업의 지능정보화는 기존의 기업활동과 산업구조에 인공지
능이 정착된 스마트기기 및 지능정보기술(디지털기술)[7]을 접목함으로써 해당

---

6) 전산화는 단순히 조직 내에 컴퓨터 및 관련기술의 사용이 확대되는 과정을 의미하는 반면에, 정
  보화는 조직에서 정보의 중요성이 인식되고 정보요구가 급증하면서 주로 컴퓨터와 인터넷 의
  사용이 확대되고 그 결과, 생산성과 효율성이 향상되는 것을 말한다. 오늘날 조직의 정보화는
  전산화를 전제로 이루어진 것이기 때문에 양자 간에 혼용되어 사용되었지만, 정보화는 전산화
  의 개념을 포함하는 동시에 그 이상의 개념이다. 이와 같이 전산화와 정보화의 개념을 구별해야
  하는 이유는 전산화가 반드시 정보화를 보장하지 못 한다는 데서 연유한다. 한편 지능정보화는
  정보화보다 한 단계 더 진화된 지능정보기술에 의해 조직의 생산성과 효율성을 향상되는 것을
  말한다. 따라서 지능정보화는 정보화를 포괄하는 개념이라고 할 수 있다.

7) 정보기술은 Information Technology(IT)를, 정보통신기술은 Information Communication Te-
  chnology(ICT)로 Information Technology(IT)와 Communication Technology의 합성어를 말한
  다. 한편 Information Technology(IT)와 Communication Technology의 원천기술이 디지털기술
  이고, 지능정보기술은 디지털기술이 기반이 되기 때문에 본서에서는 편의상 정보통신기술, 디
  지털기술, 지능정보기술 등을 혼용하여 사용하기로 한다.

기업과 산업의 생산성 향상은 물론, 신기술과 신상품의 창출을 통해 기존의 산업이 고부가치산업으로 재도약하는 기반을 마련해준다는 측면에서 매우 중요한 혁신적인 요소로 인식되고 있다. 기업과 산업의 지능정보화는 정보통신시스템의 도입에 의해 기업 내부와 기업 외부를 유기적으로 연결하는 네트워크를 구축함으로써 경영의 효율화를 달성하는 것을 의미한다.[8] 다시 말하면, 기업과 산업의 지능정보화는 단순한 업무의 지능정보화뿐만 아니라 기업 내 지능정보화, 기업 간 지능정보화 등 다양한 차원에서 이루어진다. 지능정보화의 초기단계에서는 조직 내 개인업무의 지능정보화를 통해 업무의 효율성을 높이는 수준에서 지능정보화가 이루어지지만 지능정보화의 수준이 향상될수록 전사적자원관리(ERP), 지식경영 등과 같은 기업 내 지능정보화는 물론, e-비즈니스로 발전하게 된다. e-비즈니스란 인터넷과 지능정보기술을 이용하여 구매-제조-물류·유통-판매-서비스로 이어지는 비즈니스의 전 과정을 재조정하여 경영활동의 효율성과 생산성을 높이며, 새로운 사업기회를 창출하는 계획적으로 조직된 혁신활동을 말한다. 이와 같이 어떤 기업과 산업의 지능정보화에 대한 내용과 효과는 <표 8-1>과 같다.

---

8) 기업과 산업측면에서 볼 때 정보화란 정보시스템의 도입·활용에 의해 기업내부와 기업외부를 유기적으로 연결하는 네트워크를 구축함으로써 경영의 효율화를 달성하는 것을 의미한다. 여기에서 정보화를 위한 수단으로 기업내 및 기업간을 연결하기 위해 정보시스템을 필요로 하는데, 인터넷이 일반화되기 이전의 정보시스템이란 일반적으로 IT(information technology)기기의 활용(예를 들면, 사무자동화, 공장자동화)을 의미한다.
　IT화란 기업과 산업에 IT(information technology)를 효과적으로 접목시키는 것을 의미하는데, 기업과 산업에 IT를 접목하기 위한 필요한 수단이 IT기기와 IT기술이다. 다시 말하면, 기업과 산업의 IT화란 기업내 및 기업간에 IT기기와 IT기술을 도입·활용함으로써 경영의 효율화를 달성하려는 것을 말하며, IT화의 방법론으로써 e-비즈니스를 의미한다.
　디지털화란 원래 아날로그상태의 정보를 전자기기에 인식하고 저장할 수 있는 디지털정보로 변환하는 것을 의미하다. 하지만 디지털화 역시 궁극적으로 IT화와 같이 기업과 산업에 IT(information technology)를 효과적으로 접목시키는 것을 의미하는데, 디지털화라고 할 때는 IT기기보다는 IT기술을 강조하는 개념으로 사용되고 있다.
　이와 같이 정보화, IT화, 디지털화는 구별되지만 인터넷기술의 발전에 따라 정보화라는 용어는 고전적이고 전통적인 의미를 지니는 데 반해, IT화와 디지털화라는 용어는 디지털경제와 함께 부상하는 정보기술을 강조하는 신세대적인 의미로 사용되고 있지만, 큰 맥락에서 정보화, IT화, 디지털화를 동일한 의미로 사용한다.

표 8-1	산업의 지능정보화에 대한 내용과 효과		
산업부문		지능정보화의 내용	지능정보화의 효과
제1차 산업	농림 축산업	• 스마트 팜 • 농업로봇의 활용 　－노지농업 로봇 　－시설농업 로봇 　－축산 로봇 • 자동화의 증대 • 농축임산물 인터넷 거래의 확산	• 생산성의 향상 • 생산체제의 안정화 • 소득향상 기여 • 지속가능한 성장
제2차 산업	제조업	• 제조업과 지능정보기술의 융합 • 지능형 생산방식 • 스마트 공장 　－고객의 주문에 따라 조립, 가공 등의 생산공정의 최적화 • 스마트기기가 부착된 제품 생산 • 소비자 맞춤형 생산방식 • 산업용 로봇 활용	• 수요의 변화에 따른 공급결정 • 생산성의 향상 • 제품의 고품질화 • 생산과정의 유연성 증대
제3차 산업	물류・유통업	• 물류・유통업과 지능정보기술의 융합 　－물류의 자동화 　－의사결정의 자동화 • 물류・유통업에 블록체인 기술의 활용 　－상품흐름의 실시간 확인 　－공급사슬의 투명성 제고 　－업무처리의 간소화 • 소비자 맞춤형 마케팅전략	• 경쟁의 다양화와 다중화 • 도매업・소매업의 기능변화 • 물류비용의 감소 • 인력 및 비용의 절감 • 상거래 관련 원가절감 • 주문 및 판매에 따른 오류최소화 • 주문 및 결제기간의 단축
	의료・보건업	• 의료・보건업과　지능정보기술의 융합 　－스마트 헬스케어 　－휴먼케어 • 인공지능의사 • 수술로봇 다빈치 • 가상진단 및 가상수술 • 보건기술 　－질병관리기술 　－인간능력향상기술 • 바이오기술	• 인간보다 빠르고, 정확한 진단 및 치료 • 수술시간의 단축 • 임상 예후의 향상 • 원격진료 및 재택진료 • 유비쿼터스 의료서비스 • 신체적・정신적 건강의 개선 • 개인질병의 진단・치료에 대한 맞춤형 의학 실현 • 인류의 난제들(질병, 환경, 식량, 에너지) 의 해결

	−레드바이오 −그린바이오 −화이트바이오	
무역업	• 상거래와 지능정보기술의 융합 • 전자상거래 • 전자무역	• 계약 및 수출절차, 소요시간의 단축 • 수출에 따른 부대비용의 절감
관광업	• 스마트투어 가이드 시스템 • 스마트 관광플랫폼 구축 • 관광분야 B2B, B2C • 관관분야의 빅데이터 활용	• 종합관광정보서비스 제공 • 맞춤형 관광서비스 제공 • 관광 정보를 활용한 사업화 • 지역관광의 활성화
금융업	• 금융업과 지능정보기술의 융합 • 신용의 평가 및 심사 • 개인자산관리 • 로봇은행원 • 개인금융서비스 • 로보어드바이저 • 간편결제서비스 • 간편송금서비스	• 금융업의 생산성 향상 • 금융거래상의 편의성 증대 • 유비쿼터스 금융서비스 제공 • 신상품개발 • 금융사무의 효율화 • 리스크 판단의 신속화 • 디지털금융거래

2 기업과 산업의 지능정보화에 대한 영향

2.1 사무실의 변화

1) 커뮤니케이션 수단의 다양화

① 개인전화(스마트폰) : 예전에는 회사의 사무실을 떠나 있을 때 걸려온 전화는 누군가가 받아주지 않으면 그 내용을 알 수 없다. 그러나 이제는 개인전화기 스마트폰에 의해 이동한 장소에서 전화를 받을 수 있게 되었으며, 자기에게 걸려온 전화는 사무실 어디에서나 수신이 가능해졌다. 이렇게 되면 전화기는 더 이상 책상 위에 있어야 할 이유가 없으며 책상은 단지 전화기능을 가능케 하는 정보터미널로서의 역할을 하게 된다.

② PC통신 : PC통신은 음성이 아니고 전자문서화 함으로써 시간의 극복을 위한 통신수단이다. 외출에서 돌아왔을 때에 PC내에 와 있는 우편을 열어보면 자기 앞으로 와 있는 메시지를 확인할 수 있다. 이와 같이 PC통

신은 회사 내의 사무적인 통신수단뿐만 아니라 개인적인 커뮤니케이션으로서의 이용가치가 높다. 앞으로 누구나 업무에 필요한 내용정보를 키보드나 음성으로 입력하고 저장하여 한꺼번에 여러 사람에게 전달하는 커뮤니케이션이 일반화 될 것이다.

③ **화상회의** : 화상회의 시스템은 지리적으로 멀리 떨어진 여러 회의실에서 각각 텔레비전 카메라, 모니터, 마이크, 스피커 등을 갖추고, 이들을 통신회선으로 연결하여 한곳의 상황이 화상 및 음향 정보로 다른 회의실로 전달되는 회의 방식인데, 영상회의 또는 텔레비전회의라고도 하며 공간의 극복을 위한 통신수단이다. 지능정보사회에서는 화상회의도 일상적인 사업장에서도 통상적으로 이용하게 될 것이다.

2) 정보의 공유화를 위한 데이터 베이스의 구축

지능정보사회에서의 기업은 정보를 어떻게 경영에 이용해나갈 것인가가 중요한 과제가 된다. 영업판매정보, 상품정보, 거래처정보, 연구개발정보, 인사정보, 회계정보 등 많은 기업의 정보들 중에서 종업원이 접하지 않아야 할 정보를 제외한 필요한 정보를 모든 종업원이 활용할 수 있게 하기 위해서는 회사 내의 데이터 베이스의 구축이 필요하다. 이 같은 시스템에서는 종래에는 명령계통을 통해서만 정보가 유통되던 것이 종업원이 직접 접속할 수 있게 되어 정보의 유통이 원활하게 된다. 이로 인하여 기업의 조직구조가 관료제적 위계구조에서 탈관료제적 수평적 조직구조로 변화한다. 한편 회사 밖의 정보로서 신문이나 잡지기사, 타 기업의 경영정보, 특허정보, 과학기술정보 등 갖가지 데이터 베이스가 시장에서 판매되고 있다. 이 또한 자기 회사를 위해 활용해야 한다.

2.2 근무형태의 변화

지능정보사회에서 PC, 태블릿PC, 스마트폰과 같은 모바일 장비가 널리 보급되면서 더 이상 사무실에 출근하여 업무를 봐야하는 시대가 서서히 막을 내리고 사무실 외부에서 업무를 볼 수 있는 시대가 다가오고 있다. 다시 말하면, 스마트기기를 활용해 언제 어디서든 사무실의 업무를 처리할 수 있는 '스마트 워크(Smart Work)'9)의 개념이 급부상하고 있는데, 스마트 워크는 일반적으로 근

---

9) 스마트 워크(Smart Work)는 스마트폰, 스마트TV, 태블릿PC(iPAD, 안드로이드탭 등) 정보통신

무하는 장소를 기준으로 재택근무, 원격근무, 이동원격근무를 포함하는 개념으로 사람의 이동을 대체하거나 최소화함으로써 비용절감과 업무효율성을 향상시키기 위한 것이다.

① 재택근무 : 가정 내에 영상전화, 다화면영상, PC, 팩시밀리 등 각종 스마트기기를 갖춘 스마트홈에서 회사의 정보통신망이나 각종 데이터 베이스와 통신회선을 통해 필요한 업무정보를 간단히 입수하고, 다화면영상으로 동료나 거래처에 자유롭게 연결이 가능하게 된다. 또한 일한 결과를 문서나 서류로 만들어 이메일로 회사에 전송하면 된다. 이러한 재택근무는 근로자들이 스마트기기를 활용하여 집에서 일하는 근무형태인데, 집에서 근무한다는 점에서 기존의 가내근로와 유사하지만 스마트기기를 활용한다는 점에서 차이가 있다. 아이들의 육아기나 교육기인 관계로 가정을 비우기가 어려운 여성들과 2020년부터 전세계적으로 대유행한 코로나19와 같은 상황에서 비교적 적합한 근무형태라고 할 수 있다.

② 원격근무 : 원격근무는 본 사무실과 떨어진 곳에 원격근무센터를 마련하고, 전산망을 활용하여 지역적으로 분산된 사무실에서 근로자들이 팀을 이루어 일할 수 있도록 한 것이다. 원격근무센터는 위성사무분실과 근린사무분실 등으로 세분화될 수 있다. 위성사무실은 특정회사가 본사로부터 멀리 떨어져 있는 지역에서 기업활동을 하고자 하는 목적으로 구축한 지점이나 분점의 한 형태이다. 종업원은 회사에 출근하지 않고 집과 가까운 원격근무센터 사무실에 출근하여 거기서 영업활동을 하거나 기타 여러 업무처리를 하게 된다. 한 회사가 원격근무센터에서 일하는 종업원 수가 많아지게 되면 그 때에 영업소 또는 사무소로 격상하게 된다. 근린사무실은 여러 회사가 공동으로 운영하는 원격근무 형태인데, 각 회사의 근로자들이 공간과 설비를 공유하여 사용한다.

③ 이동원격근무 : 이동원격근무는 휴대용 PC와 스마트폰 등의 스마트기기를 이용하여 장소를 옮기면서 기차, 열차, 비행기, 호텔 등 어느 곳에서든지 연락을 취하고, 정보를 제공하고, 보고하는 근무형태를 의미한다.

기술(ICT) 환경으로 언제, 어디서나 쉽게 다양한 정보 등을 이용하고 처리할 수 있는 환경으로 크게 두 가지로 분류할 수 있다. 1) 기업인과 공무원들을 위한 "u-경영"과 "u-행정" 스마트워크 환경으로 ① 집에서 일하는 재택근무, ② 자택인근의 원격사무실에서 일하는 원격근무, ③ 스마트폰 등을 이용해 현장에서 일하는 이동원격근무 등을 말하며, 2) 지역주민 및 관광객 등을 위한 "u-지역서비스" 스마트워크 환경으로 길거리, 광장 등 언제 어디서나 민원처리, 관광, 농축산물상거래 등이 가능한 환경을 말한다.

한편 스마트 워크(Smart Work)의 근무형태는 개인적인 입장에서 볼 때 통근시간의 절약, 출산과 육아로 인해 취업이 곤란했던 여성들에게 취업기회 제공 등을 들 수 있으며, 기업의 측면에서 보면 사무실 공간의 절약, 인재확보 등의 장점을 갖고 있지만 기업에서 일하는 사람들과의 접촉과 기타 커뮤니케이션을 취하기 어렵다는 문제점을 갖고 있다. 스마트 워크의 근무형태는 회사 내에의 대인접촉이 없어지면서 회사에 대한 소속감은 그 만큼 떨어지고 극단적인 경우에는 고립감을 가질 수 있다.

2.3 영업방식과 마케팅의 변화

1) 이동통신기기를 이용한 업무처리

이동원격근무를 통해 회사의 영업방식에도 변화가 올 수 있다. 영업사원이 거래처에 가서 주문을 받으면 그 자리에서 주문내용을 스마트폰에 입력하고 급한 경우에는 그대로 회사에 전송하면 된다. 또한 하루 업무가 끝난 다음에 회사에 들어가지 않는 경우에도 인터넷을 통해 업무내용 및 주문내용을 전송하면 된다.

2) 고객수요에 대응하는 마케팅

고객의 특성을 파악하고 고객에 가장 적합한 상품을 개발하여 제공하는 것이 기업성공의 첫째 요인이다. 하지만 상품에 대한 고객정보를 수집하기가 대단히 어려운 문제이지만, 지능정보사회에서는 불가능한 문제도 아니라는 것이다. 해결방안으로서 자사의 홈페이지를 개설하여 고객이 원하는 상품에 대한 정보를 입력하게 하고, 그 정보에 따라 고객맞춤형 상품을 생산할 수도 있다. 또한 많은 백화점에서 하고 있는 것처럼 자사의 크레디트 카드를 발행함으로써 고객의 상품구입정보에 대한 성별, 연령별, 직업별로 데이터 베이스를 만들어 상품의 판매촉진활동을 함에 있어서도 전략적인 판매전략을 전개할 수 있다.

3) 통신마케팅의 발전

지능정보사회에서 회사의 영업활동 중에서 가장 큰 영향을 받게 되는 것 중의 하나가 통신마케팅일 것이다. 회사의 통신마케팅은 통신판매, 카탈로그 판매, TV쇼핑 등 다양한 뉴미디어로 전개되고 있다. 통신판매와 TV쇼핑 등에서 고선명 영상통신서비스나 입체영상은 상품의 설명에 큰 무기가 될 것이다. 또한 카탈로그 판매에서는 고객의 개인정보 데이터베이스를 최대한 활용하는 한편 고객의 상품에 대한 수요를 정확하게 파악하여 상품기획을 해야 한다. 전략적 판매를 위해서는 고객의 성별, 연령별, 직업별로 수요예측을 통해 카탈로그를 만들어 보내게 된다. 그러므로 개인정보의 데이터 베이스의 이용이 기업의 승패를 좌우할 수 있으며, 데이터 베이스를 활용하는 기업과 활용하지 못하는 기업과의 격차는 매우 커질 것이다.

고객이 전화로 상품을 주문할 때 고객의 전화번호를 동시에 파악할 수 있게 됨에 따라 주문접수센터에서는 고객 데이터 베이스의 전화번호로서 손님에 대한 주소, 과거의 상품구입 시기 및 품목 등의 기록을 즉시 조회가 가능하며, 주문된 상품의 신속한 배송·회신 등 필요한 대응을 즉각적으로 할 수 있다. 또한 보유상품의 데이터 베이스를 통해 재고의 유무나 발송까지 소요되는 시간 또는 상품의 특징, 명세 등이 표시되므로 고객의 문의에 대한 답변에 즉각 대응할 수 있게 된다.

4) 소매점의 변화

소매점의 지능정보화가 진전됨에 따라 마케팅이 더욱더 구체화되어 간다. 소매점은 상품의 판매촉진활동을 위해 전체적으로 조정, 전략적인 결정을 통해 경쟁상점과의 차별화를 실시하지 않으면 살아남기 어렵게 될 것이다. 소매점 내의 상품진열은 상품의 회전을 빠르게 하기 위해 많은 종류의 상품을 소량(小量)으로 구비해야 한다. 그리고 상품전시방법으로 상점 내의 전자적 상품광고를 활용할 수 있다. 예를 들면, 슈퍼 또는 대형상점안에 상품광고를 위한 대형 스크린을 설치하고 통로마다 상품광고 비디오 필름을 상영하는 서비스를 제공할 수 있다. 또한 고객의 상품선택에 도움을 주기 위해 음성인식이 가능한 인공지능의 기능을 갖춘 상점 내 컴퓨터상담시스템도 판매전략을 위한 도구가 될 수 있다. 뿐만 아니라 창고에 보관하고 있지만 상품진열대에 없는 상품을 컴퓨터 화면을 통해 간단하게 보여줄 수 있게 하는 방식을 도입하거나 또는 옷, 화장품, 엑서서리 등을 사용했을 때 자기의 모습을 상상할 수 있도록 컴퓨터 화면을 통해 나타내 보이는 방식도 널리 활용될 수 있다.

2.4 업무수행의 변화

기업의 지능정보화가 직무수행의 변화에 미치는 영향을 살펴보자. 첫째, 조직구성원들의 자율성과 책임이 증대한다. 지능정보기술의 이용은 다양한 지식과 기술을 필요로 할 뿐만 아니라, 스마트기기를 도입·활용하는 이유 자체가 복잡하고 불확실한 상황에 효율적으로 대응하기 위한 것이기 때문에 업무의 자율성이 증대된다. 한편 개별 구성원이나 팀별로 직무수행의 결과에 대한 책임이 강화된다. 그런데 스마트기기의 활용이 반드시 자율성과 책임을 증대시키는 것은 아니라는 상반된 결과를 제시하는 경우도 있다.

둘째, 조직구성원들의 업무에 따른 권한이 강화된다. 기업구성원들의 권한은 직위로부터 자동적으로 주어지기보다는 전문지식에 의존하게 될 여지가 크다. 따라서 직책보다는 업무의 내용에 따라 실질적인 권한을 갖게 된다.

셋째, 조직구성원들의 업무수행에 따른 시·공간적 영역이 확대된다. 조직구성원들의 업무수행에 스마트기기를 활용하면 그들은 시간적·공간적 제약을 받지 않고 업무를 수행할 수 있게 된다. 시장상황에 밀착된 업무수행 및 재택근무가 확대되고 근무시간의 자율적 선택의 기회가 확대된다.

넷째, 조직의 참여와 민주적 업무수행이 강화된다. 기업내부 통신망을 이용한 커뮤니케이션의 증대는 자유롭고 신속한 상호작용의 빈도를 높일 수 있으며 구성원들의 활발한 의사결정 참여를 통해 보다 민주적이고 업무 중심적인 직무수행이 이루어지는 결과를 낳기도 한다.

다섯째, 상사의 역할이 변화한다. 기존의 관료제적 기업구조에서 상사가 수행하던 지시와 감독 업무는 체계적으로 프로그램화된 스마트기기에 의해 많이 대체된다. 따라서 상사의 직무는 고객에 봉사하는 구성원들의 업무를 조정하고 지원하는 촉진자(facilitator)의 역할로 변화한다.

2.5 조직구조의 변화

기업의 지능정보화가 조직구조에 미치는 영향을 살펴보자. 미래에 조직들이 살아남고 경쟁력을 갖추기 위해서는 조직구조와 관행에 대한 전반적인 재설계가 불가피하다. 다시 말하면, 지능정보사회에서는 기업의 경우에 새로운 관리관행과 조직구조가 필요하다는 것인데, 산업사회에서의 기능적 중심의 위계구조를 탈피하고 수평적 조직화를 통해 구성원들의 자발적이고 창의적인 참여를 높이고 이를 통해 근로인력의 질적 향상을 도모하려는 것이다.

첫째, 산업사회의 관료제적 위계구조가 탈관료제적 유기적 조직구조로 변화한다. 지금까지는 관료제적 위계구조가 조직구조의 효율성을 초래하는 자연스러운 형태로 여겨져 왔다. 다시 말해 기능별로 분화된 계층구조를 통해 수많은 조직구성원들의 상호의존적인 업무를 조정하는 것이 생산적이었다. 이것은 지능정보기술이 발달하지 않은 상황에서 계층구조를 통해 더 적은 커뮤니케이션을 조정하는 것이 효율적이었던 것에 기인한다. 그러나 경쟁격화와 고객욕구의 세분화는 관료제적 의사결정의 비효율성을 노출하게 되었고, 스마트기기의 활용에 의해 보다 시장 지향적인 유기적 조직구조로의 변화가 이루어지고 있다. 기능별 구조의 수직적 위계와 프로젝트 중심의 수평적 의사소통경로가 결합된 매트릭스(matrix) 조직이나 프로젝트 중심의 팀제구조는 기업 내 정보물류·유통의 개방성을 증대시키고 조정활동이 용이하게 되어 유연한 활동이 가능한 강점을 갖는다. 이는 고객의 고품질에 대한 요구나 사이클타임의 단축에 적절한 조직구조인 것이다. 더불어 기업 내 인적자원을 능률적으로 활용하는 셈이 되고, 시장환경의 변화에 대한 신속한 대응이 가능하다고 평가된다. 그런데 이러한 유기적 조직구조가 제대로 작동하기 위해서 필수적인 것은 현장직원에 권한과 책임이 위임되고 자율성이 부여되어야 한다.

둘째, 현장 직원의 권한이 강화된다. 유기적이고 수평적인 기업구조의 등장은 제품과 서비스의 생산과 판매에 직접 종사하는 현장 직원의 권한이 강화된다. 고객의 변화하는 요구에 따라 시장에 민첩하고 유연하게 적응할 필요가 있는 상황에서는 의사결정과정에서의 지나친 분석과 그로 인한 지연 자체가 부정확한 결정 못지 않게 비용을 증가시키고 성공적인 기업활동에 방해가 된다. 따라서 현장 직원에게 총체적 생산·품질·고객관리의 기능이 부여되는 방향으로 진전되며, 간부들은 현장 직원을 지원하는 보조적인 역할을 하게 됨에 따라 중간 간부들이 감소하게 된다.

셋째, 기업의 평가 및 보상체계에도 변화가 초래된다. 기업은 정보의 수집과 처리, 응용능력을 평가하여 급료에 반영하며 연봉제를 통해 능력급의 임금체계를 확대하고 있다. 한편 지능정보사회에서의 조직변화는 승진제도에 과거와 같은 직책승진이 아닌 직무승진을 확대하고 있다. 우리나라에서 팀제 조직개편의 주요 목적 중의 하나는 승진적체 해소를 위해 직급과 직책을 분리하기 위한 것이다. 따라서 팀제는 직책의 세분화를 줄이고, 직책보다는 어떤 직무를 담당하는가에 따라 권한이 결정되는 제도이다.

넷째, 조직의 통제체계가 변화한다. 모든 조직은 구성원들의 행위와 업무수행을 통제한다. 전통적 조직은 공식적인 관료제적 규칙에 의한 통제와 권위의 위계구조에 따른 통제를 특징으로 한다. 하지만 기업의 지능정보화가 이루어진 경우에는 통제방식이 점점 더 고객통제, 동료통제, 지능화된 컴퓨터통제로 바뀌고 있다. 이러한 변화는 통제지향적인 관리계층에 대한 필요성을 줄임으로써 중간관리자의 비중을 감소시킨다. 기업들은 이제 자율적 작업팀을 만들고 고객정보시스템과 연결되어 고객만족에 대한 조사결과에 근거하여 업무를 평가하는 통제체계를 활용하고 있다.

그런데 스마트기기의 이용에 따른 조직의 통제방식에 대한 변화가 조직권력과 의사결정의 집권화를 초래하는지 반대로 분권화를 초래하는지에 관해서는 상반된 연구결과가 있다. 하나는 최고경영층이 모든 근로자의 업무수행을 컴퓨터의 연결을 통해 시공의 제약 없이 점검할 수 있게 되므로, 신속하고 광범위한 통제력을 갖게 되어 힘과 의사결정이 고위층에 집중된다는 주장이다. 반면에 복잡하고 다양한 정보수집과 처리가 기본적으로 하위층의 자율적 업무수행과 맞물리기 때문에 분권화된 조직구조가 형성된다는 주장도 있다.

이러한 기업의 지능정보화는 대부분 긍정적인 측면과 부정적인 측면을 동시에 수반하게 되는데, 개별기업에서의 스마트기기의 도입·활용은 소비자에 대한 서비스를 향상시키고 생산성과 효율성을 높이며, 새로운 상품과 서비스, 직종을 창조해 낼 수도 있지만, 반면에 기존 기술의 소유자들이 실직당하게 되고, 지적재산권 소유의 불명확성에 따른 새로운 범죄를 유발하는 등의 문제를 낳을 수 있다.

2.6 상품제조방식의 변화

산업사회뿐만 아니라 지금까지도 기업의 생산현장에서는 공장자동화가 추진되고 있지만 공장자동화의 대부분은 사람의 육체노동을 기계에 대체하는 방식이다. 또한 소비욕구의 다양화 및 고도화에 따라 많은 종류의 상품을 조금씩 생산해야 할 필요성 때문에 유연제조방시스템(FMS)이 도입되었고, 유연제조방시스템보다 더 진화된 컴퓨터통합생산시스템은 제품의 기획, 디자인, 부품의 공급, 제조, 제품의 출하 등을 포함한 생산의 모든 측면을 통합하기 위하여 컴퓨터와 커뮤니케이션 기술을 사용하는 것을 말한다.

하지만 21세기 지능정보사회에서는 e-매뉴팩처링(e-Manufacturing)의 시대가 올 것이다. e-매뉴팩처링이란 협의의 개념으로는 제품의 생산과정에서 지능정보기술을 활용하는 것, 즉 제조기술이나 생산의 지능정보화를 말하며, 광의의 개념으로는 지능정보기술을 이용하여 제품의 기획 및 개발, 구매와 조달, 생산, 물류·유통과 물류, 판매와 AS 등 제조업의 전체 비즈니스 과정을 혁신하고 통합하는 것이라고 할 수 있다. 따라서 광의의 e-매뉴팩처링은 제조업의 전체 영역에서 경쟁력을 향상시키는 제조업 지능정보화의 개념과 같게 된다.

e-매뉴팩처링은 판매와 생산이 일체화 되고 판매쪽이 제공하는 정보를 근거로 자재조달이나 생산라인에서 생산할 상품의 종류를 결정하는 합리적인 생산방식이다. e-매뉴팩처링의 발전은 '다품종소량생산'을 가능하게 하기 때문에 소비자가 아주 다양한 상품을 선택할 수 있는 사회적 환경이 만들어지게 된다. 그런데 e-매뉴팩처링은 막대한 설비투자와 정보투자가 필요하며, 이러한 투자를 감당하기 어려운 중소기업으로서는 어려운 기업환경에 처할 수 있다. 더욱이 지능형생산시스템의 구축에는 컴퓨터기술자, 생산기술자, 판매담당자, 그리고 최고경영자까지를 통합하게 되므로 e-매뉴팩처링의 운영은 고도의 능력이 요구되기 때문에 전반적으로 기술자 부족이 심화될 수 있다.

제3절 >>> 산업별 지능정보화

동종 또는 유사한 상품을 생산·판매하는 기업의 군(set)으로 정의되는 한 나라의 산업은 제1차 산업(농업, 임업, 수산업, 축산업), 제2차 산업(제조업, 건축업, 전기 및 가스업), 제3차 산업(무역업, 관광업, 의료·보건업, 물류·유통업, 금융업) 등으로 분류되는데, 여기에서는 주요 산업별 지능정보화의 필요성 및 효과를 살펴보자.

1 농·수·축산업의 지능정보화

1.1 농·수·축산업 지능정보화의 의의 및 필요성

우리나라의 농업은 그동안 국제화·개방화 시대를 맞아 해외 선진농업과의 경쟁력 향상이 중요한 과제로 등장하게 되었으며, 이를 위하여 정부에서는 농업의 구조개선정책과 기술개발을 통한 기술농업의 구현을 가장 중요한 과제로 추진하고 있다. 농업은 자연환경의 영향을 많이 받고 생산속도가 느려 타산업에 비하여 생산성이 낮은 특성을 갖고 있으며, 이러한 점에서 자동화·지능화를 통한 생산성의 증대는 해외농업은 물론 타산업과의 경쟁력 향상을 위해서 매우 중요한 과제라고 할 수 있다.

우리나라의 농수산업 지능정보화는 세계무역기구(WTO)의 다자간 협상에 따른 농수산업의 전면적인 대외 개방 등과 같은 농업 여건의 변화 속에서 우리 농업의 경쟁력을 강화하기 위해서 추진되고 있다. 산업화 과정에서 우리 농업은 토지·자본과 같은 생산요소의 부족으로 불리한 여건에 놓여있지만, 21세기 지능정보사회에서의 초고령사회에서 농가호수의 감소, 농업인력의 고령화 등 농업의 어려움을 지능정보기술을 활용하여 극복함으로써 타산업과의 경쟁에서 우위를 확보할 수 있다. 또한 지능정보사회에서는 도시와 농촌의 디지털 정보격차가 곧바로 소득과 생활의 격차로 이어지기 때문에 농촌의 지능정보화를 통하여 도시와 농촌 간의 디지털 정보격차를 해소하고, 농가소득의 증대를 통해 농어촌 주민들의 삶의 질을 향상시켜야 할 필요가 있다.

앞으로 지능형 농업시대의 진입에 대비하여 신속·정확한 기술 및 농업정보를 농민에게 전달할 수 있는 전달매체를 개발하고 데이터베이스를 구축하여 농업정보의 질을 높이고 실질적인 정보를 제공해야 한다. 그리고 생산자, 시장, 소비자 등을 초고속정보통신망으로 연계하여 농가가 생산단계로부터 소비단계에 이르기까지 각종 농업정보를 신속하게 입수하여 활용할 수 있도록 해야 한다. 또한 농업분야에서 이용 가능한 지능정보기술의 적극개발과 농민에 대한 컴퓨터교육도 적극 실시해야 한다. 현재 농어촌에서도 쾌적하고 풍요롭게 편리한 삶과 복지향상을 위해 유비쿼터스가 결합된 새로운 농·어·축산관련 산업 수요를 창출해낼 수 있는 사업들이 추진되고 있다. 국민들에게 안전한 농식품을 공급하기 위해 농수축산물 이력추적관리시스템을 구축하여 운영함으로써 생산부터 소비에 이르는 전 단계의 흐름을 추적할 수 있는 관리체계가 마련되었다.

21세기 지능정보사회에서 우리나라는 인구절벽, 4차 산업혁명의 도래, 농수산업 종사자의 고령화 등 대내외적 여건 변화에 따라 새로운 농수산정책의 구축이 필요한 상황에 있다. 또한 농수산인구 감소와 노동력 부족, 자본투자 확대의 어려움 등 농수산업 생산력 성장은 한계에 봉착하고 있으며, 혁신역량을 갖춘 신규 농수산업에로의 인력 유입이 부족해지면서 농수산업 생산성 향상도 제약되는 악순환이 지속되고 있다.

이를 효과적으로 해결하기 위한 노력으로 지능정보기술을 농수산업 분야에 활용하여 농어촌의 지속가능한 성장을 확보해야 한다. 또한 농수산업의 지속가능한 성장을 위해서는 혁신역량을 갖춘 신규 인력의 농수산업분야 취업과 창업을 확대하는 것이 핵심과제로 대두되고 있으며, 이를 실현하기 위해 청년이 찾는 스마트 농수산업 확산 등 일자리 창출형 농수산업으로 도약하기 위한 노력이 진행되고 있다.

우리나라는 농업분야의 지속가능성을 확보하기 위해, 지능정보기술을 농식품 분야에 활용하여 스마트 농정체계를 구축하고, 이를 확산하는 등 농업분야의 새로운 패러다임을 제시하고 있다. 뿐만 아니라 농업 관련 애플리케이션과 프로그램 개발, 전자상거래 시장의 지속적인 확대 등의 노력을 통해 다양한 지능정보화관련 정책을 추진하고 있다. 이는 전 국민의 삶터·일터·쉼터로서 사람들이 돌아오는 농어촌 조성에 도움이 되고 있다.

1.2 스마트 팜과 농업 로봇

1) 스마트 팜

스마트 팜이란 스마트기기를 통해 농장 내의 빛·온도·습도·이산화탄소·배양액 따위를 인위적 및 자동적으로 제어하는 농장을 말한다. 사물 인터넷, 빅데이터, 인공지능 등의 기술을 이용하여 농작물, 가축 및 수산물 등의 생육 환경을 적정하게 유지·관리하고, PC와 스마트폰 등으로 원격에서 자동 관리할 수 있어, 생산의 효율성뿐만 아니라 편리성도 높일 수 있다.

스마트기기를 활용한 스마트 팜은 환경 정보(온도·상대습도·광량·이산화탄소·토양 등) 및 생육 정보에 대한 정확한 데이터를 기반으로 생육 단계별 정밀한 관리와 예측 등이 가능하여 수확량, 품질 등을 향상시켜 수익성을 높일 수 있다. 또한, 노동력과 에너지를 효율적으로 관리함으로써 생산비를 절감할 수 있다. 예를 들면, 기존에는 작물에 관수할 때 직접 밸브를 열고 모터를 작동해야 했다면, 스마트 팜에서는 전자밸브가 설정 값에 맞춰 자동으로 관수를 한다. 또한, 스마트 팜은 농·림·축·수산물의 상세한 생산 정보 이력을 관리할 수 있어 소비자 신뢰도를 높일 수 있다. 스마트 팜은 응용 분야에 따라 스마트 농장, 스마트 온실, 스마트 축사, 스마트 양식장 등의 이름으로 사용되고 있다.

스마트 팜은 스마트폰 등으로 농작물을 원격 관리하는 체계를 갖출 수 있는 게 특징이다. 사물 간 통신(M2M : MachinetoMachine) 기술을 이용해 비닐하우스 같은 농작물 재배시설의 온도·습도·햇볕량 등을 원격으로 점검·관리할 수 있다. 스마트폰뿐만 아니라 태블릿PC, 인터넷TV(IPTV), 디지털 위성방송으로 가지·고추·단호박·매실·무·미나리·시금치·고구마·호박 재배법을 확인하고, 병충해 예방법 등을 상담하는 체계도 제공했다.

2) 농업로봇의 활용

농업로봇은 빅데이터, 인공지능의 개발로 인한 농업 및 에너지 분야에서 기상 및 지리정보를 통해 위험과 비용을 최소화하고 문제해결을 위한 의사결정 수행에 활용되고 있다. 농업로봇은 농업 생산과 가공, 유통, 소비의 전과정에서 스스로 서비스 환경을 인식하고, 상황을 판단하여 자율적인 동작을 통해 지능화된 작업이나 서비스를 제공하는 기계를 말한다.

(1) 노지농업 로봇

자동화·로봇화·무인화 및 인간공학적인 기술을 통해 환경을 보전하면서 수확량은 줄이지 않고, 고품질 농산물을 생산할 수 있는 정밀농업용 기술이 빠른 속도로 실용화 되고 있다. 노지농업용 로봇은 트랙터, 콤바인, 관리기 등 전통 농기계와 로봇기술의 융합을 통해 새로운 로봇 농기계 형태로 진화해 가고 있다. 농업로봇 운용의 인프라로서 항법시스템, 원격탐사 시스템, 인공위성기술 및 지능정보기술의 발달로 농작업의 자동화·로봇화뿐만 아니라 농업부문에서 농업재해, 작황 예측, 토양정보, 식품이력시스템, 생육상태 등으로 농업의 지능정보화·지식화가 진행되고 있다.[10]

---

10) 국내 농업로봇연구는 지능화된 로봇 농기계 개발의 일환으로 농촌진흥청이 "인공지능형 자율

(2) 시설농업 로봇

시설농업 로봇은 구조화되고 제어된 환경과 산업용 로봇의 활용을 통해 비닐하우스, 유리온실, 식물공장 등에서 시설 자동화에 활용되고 있다. 기후변화와 자연재해의 증가로 농작물의 안정적인 재배와 공급을 위해 시설농업의 면적은 더욱 증가하고, 이에 따라 시설의 자동화·로봇화를 통해 생산시스템의 첨단화가 이루어지고 있다. 태양광과 함께 고효율 형광등, LED램프 등으로 인공광을 사용하며, 식물성장에 필요한 이산화탄소는 탄산가스 발생장치로 생육 환경을 만들어 주고, 온도는 지열 등 신재생에너지를 이용하여 공급하며, 자양액은 토양성분과 유사하게 여러 가지 물질을 조제하여 재배되는 작물에 공급하게 되며, 파종에서 수확까지 대부분의 생산공정에 로봇기술을 기반으로 한 자동화 기술들이 활용되고 있다.

우리나라의 시설원예는 터널이나 아치형 파이프 하우스에서 시작하여 1990년대 정부의 시설현대화 정책을 계기로 비닐하우스, 경질판 온실, 유리온실 등으로 다양화 되었으며, 최근에는 스마트기기를 통해 인위적인 환경관리가 가능한 첨단시설재배시스템으로 발전하였다.

(3) 축산 로봇

국내 축산업은 양적인 측면에서는 크게 성장했지만 가축 질병에 소극적인 대응으로 구제역, 인공지능 등 각종 전염병 가축질병에 취약한 상태로 지능정보기술 및 로봇기술의 도입을 통한 기술혁신이 요구되는 시점이다. 축산 로봇을 통해 국내 축산업의 가장 큰 문제인 가축 질병 시 초기대응 및 질병확산 방지에 대한 대응책과 최적의 가축 사육환경을 지속적으로 제공하여 축산농가의 생산 효율성을 증대하고, 가축질병이 발생할 수 있는 상황을 사전에 예방하여 피해를 최소화해야 한다.

주행 트랙터 개발", 트랙터 무인 경운을 위한 작업경로의 생성과 성능평가 기술 개발 등 농기계 자동화, 지능화 시스템을 개발을 추진하고 있다.

2 제조업의 지능정보화

2.1 전통 제조업의 위상변화와 과제, 정보화

1) 전통 제조업의 위상변화

우리나라는 2000년도를 기점으로 정보통신관련 상품의 수출비중이 전통적인 주력산업 제품을 추월하였다. 그러나 전통 제조업은 아직도 국내의 무역수지에 큰 영향을 미치고 있기 때문에 전통 제조업에 지능정보기술을 접목할 때 고부가가치산업으로 도약할 수 있는 잠재력을 보유하고 있다.[11] 국내 제조업은 외형적으로 볼 때 선진국수준의 경쟁력을 확보하고 있는 것은 사실이지만, 여전히 구조적인 취약성과 문제점은 안고 있는 것도 사실이다. 즉, 고비용·저효율의 산업구조로 인한 경쟁력유지 곤란, 중국의 급부상 및 우리 해외시장의 잠식, 그리고 국내 산업의 공동화 심화, 부품·소재 등 중간재와 기계류 등 자본재산업의 낙후로 인한 수입유발적인 장치산업 위주의 경직적 산업구조, 기존 기술인력의 노령화(평균연령 37~39세) 및 만성적인 인력난, 경직적 요소시장 및 생산요소의 고비용구조 등이 경쟁력 향상에 걸림돌로 작용하고 있다.

21세기에 접어들면서 우리나라를 둘러싼 경제환경은 급변하고 있다. 즉, 국경 없는 무한경쟁의 전개와 국가경쟁력의 강화를 위한 세계 각국의 정책경쟁 심화, 개방 및 자유화 추세 심화, 세계 경제통합의 급속한 진행, 글로벌 기준의 제정 및 제도의 투명성 강화 움직임, 정보혁명의 급속한 진전과 함께 지식정보 사회의 전개 및 지능기반산업의 부상 등이 그것이다. 특히 전통 제조업의 제품·공정·물류·유통 등 모든 부문에 걸쳐 지능정보기술과 결합되는 'e-Manufacturing' 현상이 세계적으로 확산되고 있다.[12] e-매뉴팩처링이란 협의의 개념으로는 제품의 생산과정에서 지능정보기술을 활용하는 것, 즉 제조기술이

---

11) 1960년대 초부터 본격적인 공업화를 시작한 이래 지금까지 정부·기업·근로자가 각고의 노력을 한 결과, 현재 국내 주요 제조업의 생산규모는 세계적 수준에 도달하게 되었는데, 조선산업은 세계 1~2위, 반도체 디램부문은 세계 1위, 전자산업은 세계 4위, 자동차 및 석유화학은 5~6위, 섬유와 신발은 5~7위의 수준이다.

12) 제조업의 환경변화에 대응하여 IT를 통한 제조의 경쟁력강화를 위한 제품개발은 1980년대 2차원 CAD에서 1990년대 초 3차원 CAD, 1990년대 말 디지털 모형화(mock-up)로 발전하고 있으며 제조시스템은 유연생산스시스템(FMS : Flexible Manufacturing Systems), 컴퓨터통합생산시스템(CIM : Computer Integrated Manufacturing), 지능형생산시스템(IMS : Intelligent Manufacturing Systems)을 거쳐 e-매뉴팩처링(e-Manufacturing)으로 확대 발전하고 있다.

나 생산의 지능정보화를 말하며, 광의의 개념으로는 지능정보기술을 이용하여 제품의 기획 및 개발, 구매와 조달, 생산, 물류·유통과 물류, 판매와 AS 등 제조업의 전체 비즈니스 과정을 혁신하고 통합하는 것이라고 할 수 있다. 따라서 광의의 e-매뉴팩처링은 제조업의 전체 영역에서 경쟁력을 향상시키는 제조업 지능정보화의 개념과 같게 된다. 이러한 e-매뉴팩처링의 도입이 필요한 이유는 결국 제품 수명주기 단기화라는 제조업의 경영환경 변화와 함께 소비자의 수요패턴의 변화 때문이라고 할 수 있다.

2) 전통 제조업의 과제

전통 제조업의 위상변화는 제조업체로 하여금 다음과 같은 사항을 추구하도록 요구하고 있다.

첫째, 제품간 경쟁이 치열하게 전개됨에 따라 제품의 고품질화가 절실히 요구되고 있다. 또한 최근에 주목을 받고 있는 기업이미지와 관련해서 고품질에 대한 요구가 증대됨에 따라 소비자가 만족할 수 있는 제품 및 서비스를 경제적으로 생산하기 위해서는 사내의 모든 부문을 종합화할 필요성이 대두되어, 이른바 종합적 품질관리의 중요성이 강조되기에 이르렀다.

둘째, 시장경쟁과 함께 고객취향의 다변화로 생산물의 다양성에 대한 요구가 증대되고 있다. 이는 고도경제성장기의 생산방법이었던 소품종 대량생산시대에서 소비자의 욕구의 다양화로 인한 고객수요의 개별화에 대응하는 다품종 소량생산시대로 이해할 수 있는데, 19세기 말부터 20세기 내내 이루어진 물질적 풍요의 추구는 이제 그 기본적인 욕구의 충족이 달성됨에 따라, 소비자들의 정신적 안정이나 상품의 질적인 충족에 대한 욕구가 고조되어, 소비자의 행동 양식도 각자의 개성과 감성을 존중하는 방향으로 바뀌어 감에 따라 제품 및 서비스에 대한 요구도 획일성에서 다양화로 나가고 있다.

셋째, 납기의 단축화가 요구되고 있다. 최근에는 어떤 상품이 개발단계를 거쳐 상용화단계에 이르렀을 때는 이미 상품으로서의 가치를 상실한다는 말이 나올 정도로 제품의 수명이 단축되어가는 경향이다. 또한 지능정보사회에서는 시간이 돈이나 생산성, 품질, 기술혁신과 마찬가지로 하나의 중요한 전략무기로 대두되는 사회이다. 시간을 어떻게 관리하여 활용하느냐가 전략적 중요성을 지니게 되었음을 의미하는 말이다. 따라서 납기시간(lead time)을 가능한 길게 잡아 생산의 평준화를 꾀하였던 과거의 총괄생산방식에서 벗어나 납기시간을

단축시키고 소비자가 원하는 시기에 즉각적으로 제품을 공급할 수 있는 적시
생산방식(just in time production)개념을 생산과정에 도입해야 할 필요성이 커
지고 있다.

넷째, 생산과정에서 고도의 유연성(flexibility)이 요구된다. 소비자의 욕구가
다양화됨에 따라 과거의 소품종대량생산방식으로는 더 이상 소비자의 다양한
욕구에 부응할 수 없게 되었으며, 제품수명과 납기의 단축현상에 따라 준비작
업(set up)시간이 많이 걸리는 총괄생산방식도 효율성이 떨어지게 되었다. 따
라서 여러 종류의 제품을 생산하면서도 동시에 작업시간을 단축시켜야 하는
즉, 공간적인 유연성과 시간적인 유연성을 동시에 필요로 하게 되었다.

3) 전통 제조업의 정보화(IT화)

산업사회의 생산방식은 1870년대~1910년대쯤 미국의 포드 자동차 공장에서
완성된 포드주의적 생산방식이다. 포드주의적 생산방식은 컨베이어 벨트를 통
해 일괄된 작업과정으로 노동생산성을 매우 향상시킨 생산방식이었다. 그 이전
의 자동차생산방식은 자동차 부품을 쌓아 놓고 사람들이 돌아다니면서 자동차
를 조립하는 방식이었다. 포드주의적 생산방식은 사람들은 한 자리에 가만히
있고 컨베이어 벨트가 움직이는 가운데, 각자 맡은 것만 반복해서 작업을 하게
된다. 예를 들면, 자동차 바퀴를 끼우는 사람은 그 자리에서 자동차 바퀴만 끼
우면 되고, 핸들을 끼우는 사람은 그 자리에서 핸들만 끼우면 되고, 다른 부품
을 끼우는 사람은 그 일만 하면 된다. 이로 인해 포드 자동차 공장은 엄청난
효율성과 생산성의 향상을 가져오게 되었다. 포드주의적 생산방식은 컨베이어
벨트를 통해 소품종 대량생산을 이루었고, 상품생산량의 증가는 수요와 공급의
법칙에 의한 가격의 하락으로 사람들은 필요한 물건을 구입하게 됨으로써 물
질적 풍요, 즉 경제적 후생(복지)이 증대되었다. 그리고 포드주의적 생산방식
을 도입한 공장에서 생산한 상품들을 사람들이 소비함으로써 대중경제 및 사
회체제가 이루어지게 되었다.

반면, 정보사회에서의 전통 제조업의 생산방식은 정보화(IT화) 생산방식이었
다. 전통 제조업은 소비자의 욕구의 다양화, 제품수명주기의 단축, 고품질의 요
구 등으로 변화함에 따라 산업사회의 생산과 마케팅 시스템으로는 효과적으로
대응하기 어렵게 되었다. 이에 대응하여 제조업은 다품종소량생산, 고부가가치
제품의 개발, 소비자 욕구를 수용한 제품의 개발, 비용절감을 통한 경쟁력 강

화 등의 노력으로 활로를 개척해야 했다.

전통 제조업의 정보통신기술의 활용, 즉 전통 제조업의 IT화란 우리 경제의 중추를 이루고 있는 주력 전통 제조업에 정보통신기술을 효과적으로 접목시킴으로써, 고부가가치화 촉진 및 새로운 성장동인을 창출하는데 있다. 전통 제조업의 IT화는 다음과 같은 단계로 이루어진다.

첫 번째는 정보통신기기를 도입하는 단계인데, 전통 산업 혹은 여기에 속하는 기업(굴뚝 산업)이 컴퓨터와 정보통신기기를 도입하는 단계이다.

두 번째는 기업내 정보화의 단계인데, 정보통신기기를 업무에 이용하여 기업 내부의 생산성을 높이고, 기업 내부의 정보를 공유하면서 기업을 정보화하는 단계로서 공장자동화와 사무자동화가 이루어지는 경우를 말한다.[13]

세 번째는 폐쇄된 네트워크를 이용하여 기업간 정보공유가 이루어지는 단계이다. 굴뚝 기업이 EDI와 같은 설비를 이용하여 하청기업과 수·발주하거나 거래를 하는 단계를 말한다.

네 번째는 인터넷과 같은 공개된 네트워크를 이용하는 단계인데, 이 단계에서는 우선 기업과 소비자간의 전자상거래가 이루어지면서 인터넷을 활용하는 단계이다.

다섯 번째는 인터넷 전자상거래가 기업과 기업간의 거래에도 이용하는 단계인데, 이 단계에서는 이른바 기업간 전자상거래(B2B)가 기업거래의 주류를 이루는 단계이다.

여섯 번째는 전자상거래가 동종 및 이종뿐만 아니라 국내외의 거래에 활용

---

13) 전통 제조업은 주로 기존의 기계화에 의한 생산체제를 정보통신기술의 활용에 의한 생산체제로 전환함에 따라 생산부문에서의 정보투입의 비중이 증대(공장자동화)될 뿐만 아니라 사무부문에서도 정보통신기기의 활용(사무자동화)이 진전되고 있다. 대표적인 공장자동화로는 로봇(robot), 캐드(CAD : computer-aided design), 캠(CAM : computer-aided manufacturing), 킴(CIM : computer-integrated manufacturing) 등을 들 수 있는데, 오늘날의 로봇은 컴퓨터화된 프로그램에 의해 다양한 기능을 자동적으로 수행할 수 있도록 만든 기계를 뜻한다. 컴퓨터지원설계(CAD)는 컴퓨터와 복잡한 그래픽 소프트웨어를 이용하여 디자인 및 설계를 하는 것을 말한다. 컴퓨터이용제작(CAM)은 컴퓨터를 이용하여 상품을 제조하는 것을 말한다. 캠 시스템 내에서 기계는 자체에 내장된 마이크로프로세서나 외부에 있는 컴퓨터의 제어에 따라 움직이게 된다. 컴퓨터통합생산(CIM)은 캐드-캠의 체계가 보다 더 발전하여 나온 생산자동화 체계로 제품의 기획, 디자인, 부품의 공급, 제조, 제품의 출하 등을 포함한 생산의 모든 측면을 통합하기 위하여 컴퓨터와 커뮤니케이션 기술을 사용하는 것이다. 한편 사무자동화는 워드프로세서 외에도 자료의 처리와 관리, 계산, 일정 및 계획작성, 개인과 집단간의 커뮤니케이션, 업무흐름의 관리와 같은 사무작업의 전반적인 영역에 걸쳐 자동화가 일어나는 것을 의미한다.

하는 단계인데, 이 단계에서는 전자상거래가 가지는 글로벌화가 충분히 발휘하는 단계이다.

2.2 제조업의 지능화

지능정보사회에서의 전통 제조업의 생산방식은 지능형 생산방식이다. 지능정보화(제4차 산업혁명)는 모든 산업들 중에서 제조업에서 야기 되었는데, 제4차 산업혁명을 한마디로 정의하면, "제조업과 지능정보기술의 융합"을 통해 공장과 제품의 기능을 변화시키는 것이다. 다시 말하면, 제조업에 지능정보기술을 결합하여 스마트 공장(Smart Factory)을 육성하고, 스마트 공장에서 생산된 제품의 기능을 향상시키는 것을 말한다. 기존의 공장들이 컨베이어 벨트에 기반을 뒀다면, 스마트 공장은 지능정보기술에 기반을 둔 것이다. 예를 들면, 자율주행차(self-driving car)는 운전자가 핸들과 가속페달, 브레이크 등을 조작하지 않아도 정밀한 지도, 위성항법시스템(GPS) 등 차량의 각종 센서로 상황을 파악해 스스로 목적지까지 찾아가는 자동차를 말한다. 또한 최근 스마트 기기가 부착된 냉장고는 냉장고 속에 무엇이 들어 있는지, 얼마나 되었는지, 그리고 요리법을 어떻게 해야 하는 것인지를 알려 준다.

글로벌 금융위기와 인공지능으로 촉발된 지능정보화(제4차 산업혁명) 이후 전 세계적으로 제조업 분야에 대한 혁신 필요성이 제기되었다. 이에 전통적인 제조업 강국들을 중심으로 스마트 제조업 육성을 위한 다양한 정책 및 전략[14]들을 추진하고 있다. 이러한 전략들에서는 제조업 혁신의 핵심은 기존 제조업 공정에 지능정보기술을 결합한 '스마트 공장[15]' 확산을 통해 제조업의 경쟁력을 강화하기 위해 노력하고 있다. 스마트공장에서 주목할 점은 고객의 주문에 따라 조립, 가공 등의 생산 공정이 스스로 최적화된다는 점이다. 제품이 출고된 이후에는 제품에 부착된 센서를 통해 지속적으로 제품 상태를 모니터링 하면서 고객에게 제품 운용에 관한 솔루션까지 제공한다. 우리나라도 '제조업 혁

---

14) 독일의 '4차 산업혁명(Industry 4.0)' 외에 미국의 '스마트 매뉴팩처링(Smart Manufacturing)', 일본의 '산업용 가치사슬 이니셔티브(Industry Value-chain Initiative)', 영국의 '고가치 제조(High-value Manufacturing)', 중국의 '제조 2025 프로그램' 등이다.

15) 딜로이트(Deloitte)는 스마트 공장을 "제조공장의 자원을 최적화해 사람에 의한 변동 요소를 최소화하고, 데이터에 기반을 둔 의사결정이 실시간으로 이행되는 제조 운영 환경의 공장"이라고 정의한다.

신 4.0'을 통해 지능정보기술과 SW융합 신산업을 창출해 새로운 부가가치 창출과 선도형 전략 산업으로 전환하여 우리 제조업만의 경쟁우위를 확보하고 있다.[16)

소비자는 본인이 희망하는 기능, 사양 등을 맞춤형으로 선택한 후, 모바일 애플리케이션과 웹을 통해 생산 공정의 각 단계를 영상으로 확인할 수 있다. 이는 공장의 생산설비가 소비자와 대화하면서 제품을 생산하는 개념이다. 전형적인 소품종 대량생산방식이었던 가전제품 제조방식이 다품종 소량생산방식으로 변화되고 있음을 보여주고 있다.

2.3 산업용 로봇

인체공학적으로 만들어진 로봇이 사람의 동작을 학습한 이후에 실제 작업현장에 투입되어서 작업라인의 효율성 향상과 재해발생의 위험성을 낮춰줄 수 있으며, 향후 스마트 공장 현장에서 인간의 노동력을 감소·대체하는 실질적인 수단으로 산업용 로봇의 필요성이 증대되고 있다. 산업용 로봇이란 자동 제어에 의한 매니퓰레이터(manipulator : 사람의 팔과 비슷한 기능을 가진 기계)의 조작 또는 이동 기능을 갖고, 각종 작업을 프로그램에 의해 실행할 수 있고, 산업에 사용되는 기계를 말한다. 이러한 산업용 로봇을 도입함으로써 경제적, 사회적, 기술적인 효과를 얻을 수 있다. 즉, 산업용 로봇은 종래 자동화가 어려웠던 다품종 소량생산의 자동화를 가능하게 하고, 고임금화 및 기술노동력의 부족을 극복할 수 있게 함으로써 생산성의 향상에 크게 기여할 수 있다.

산업용 로봇의 특징을 살펴보면, 첫째, 산업용 로봇은 기계와 전자기술 등 여러 분야의 기술들이 유기적으로 연관관계를 갖고 있는 시스템산업이다. 즉, 제어, 통신, 반도체, 디스플레이, 음성·영상, 센서, 메커니즘(어떤 사물이 어떻게 작동하는 원리), 액츄에이터(Actuator : 동력을 이용하여 기계를 동작시키는 구동장치), 인공지능, SI(system integration : 기업이 필요로 하는 정보시스템에 관한 기획에서부터 개발과 구축, 나아가서는 운영까지의 모든 서비스를 제공하는 일) 등의 여러 분야의 복합기술이 필요할 뿐만 아니라 여러 분야의 복합적인 기술을 로봇을 위한 기술로 전환시키는 노력도 필요하다.

둘째, 산업용 로봇은 그 자체가 고부가가치 제품으로서 자원이 부족한 국가

---

16) 한국정보화진흥원, 『국가정보화백서』.

에서도 육성이 가능한 지식집약적 산업이며, 고부가가치 산업으로 엄청난 파급
효과를 갖고 있다. 즉, 산업용 로봇은 특히 반도체 산업과 자동차 산업 등에서
대량생산을 위한 필수적인 요소로서 원가절감 및 생산성 향상을 위해서 필수
적이다.

셋째, 산업용 로봇은 미래지향적인 산업으로 공급자 측면에서 하드웨어 중
심의 연구와 이용자 측면에서 소프트웨어 중심의 연구가 공동으로 요구되는
기술개발형 산업이다. 즉, 로봇 생산을 위해서는 부품 및 소재 산업 등의 기반
환경이 필요하고, 제품화를 위한 가전산업 및 지능정보산업 등의 생산기술이
필요하다.

3 물류 · 유통업의 지능정보화

3.1 물류 · 유통업의 환경변화

지능정보사회의 도래는 각 경쟁주체의 경제활동에 직접, 간접적으로 많은
영향을 미치게 되며, 특히 사회의 지능정보화 및 산업의 지능정보화가 가속화
되어 가고 있다. 이러한 내적요인은 결국 국제화, 개방화와 같은 외적요인과
결합하여 물류 · 유통업체가 당면하는 시장여건에도 큰 변화를 가져온다. 이러
한 물류 · 유통분야의 환경변화는 대략 다음과 같이 요약할 수 있다.

첫째, 수입자유화와 물류 · 유통시장의 개방을 들 수 있다. 1980년대 후반의
국제수지 흑자 발생은 외국과의 통상마찰을 야기시켜 선진국, 특히 미국으로부
터의 국내시장 개방압력이 거세지게 되었고, 이에 따라 외국상품에 대한 수입
자유화 조치가 계속 이루어져 이제는 주로 농산물 중 일부 수입금지 품목을 제
외하고는 대부분 수입이 자유로이 허용되고 있다. 이러한 수입자유화 물결은
우리나라 경제의 국제화, 개방화 추세에 따라 국민생활에 보다 광범위하게 영
향을 미치게 되었다. 이러한 수입자유화와 함께 국내물류 · 유통시장의 대외개
방은 외국상품, 특히 국내에서 지명도, 선호도가 높은 외국상품의 국내시장 진
출을 용이하게 하여 국내소비자들에게 보다 다양한 상품선택의 기회를 제공하
였다. 이와 같은 수입자유화 및 물류 · 유통시장개방으로 인한 수입상품의 국
내시장진출은 국제경쟁력이 약한 국내상품의 국내시장기반을 크게 위협할 뿐

만 아니라 낙후되어 있는 국내물류·유통업 자체에도 심대한 영향을 미치게
되었다.

둘째, 인력난과 함께 인건비 증가를 들 수 있다. 인건비가 증가함에 따라 단
순노동에 대한 수요가 감소하게 되었는데, 이는 물류·유통정보시스템에 대한
수요가 증가하는 결과를 가져왔다.

셋째, 교통난을 들 수 있다. 차량의 보급이 증가하면서 곳곳에서 교통난이
가중되고 있으며, 또한 상품을 집·배송하는 데 필요한 인력을 구하기가 점점
어려워지고 있다. 따라서 보다 효율적인 운송체계, 나아가서는 효율적인 물류
체계가 요구되고 있다. 효율적인 운송체계를 위해서는 거래업체간의 정보통신
시스템의 구축 및 활용이 뒷받침되어야 할 것이다.

넷째, 토지가격의 급상승으로 물류·유통업에 있어서 규모의 경제를 실현하
기가 점차 어려워지고 있다. 따라서 좁은 공간을 어떻게 활용하여 상품을 효율
적으로 매장에 진열할 것인가 또는 창고에 보관할 것인가 하는 것이 중요한 문
제로 부각되고 있다. 이를 위해서는 보다 광범위하게 상품판매에 관한 정보를
수집, 분석하는 것이 필요하다.

다섯째, 국민들의 지능정보화에 대한 인식이 점차 높아지고 있으며 정부와
기업의 정보통신수요도 계속 증가하는 추세에 있다.

3.2 물류·유통업의 정보화(IT화)

정보사회의 물류·유통업의 환경변화 속에서 물류·유통업체는 정보통신기
술 및 정보통신기기의 활용(물류·유통업의 IT화)을 통해 업무의 효율성을 증
대시키고 경쟁력을 강화하는 데 초점을 맞추었다. 기존의 물류·유통의 정보
화는 대체로 시스템 운영자가 관련정보를 생산하여 이를 제공하고, 이용자는
이미 만들어져 있는 정보를 활용하는 체제가 대부분이었다. 이에 따라 외부이
용자들은 시스템에서 제공되는 정보에 의존하여 업무를 수행하는 경우가 많았
으며, 능동적으로 정보를 생산·유통하는 데에는 한계가 있었다. 그러나 최근
Web 2.0시대가 도래함에 따라 물류·유통의 정보화에도 새로운 변화가 예상되
고 있다. 즉 데이터를 모아서 보여주던 방식에서 이제는 서로 소통하며 상호
영향을 주고받는 형태로 발전하게 된 것이다. 다시 말하면, 정보의 소비자, 생
산자, 유통자, 재가공자 등이 각각 분리된 것이 아닌 상호작용을 통해 서비스

를 확장하고 창출하는 단계에 돌입하게 된 것이다.

물류·유통의 정보화는 조달자 및 생산자로부터 발생한 상품이 최종소비자에게 도착하게 하기 위한 조달, 생산, 수송, 보관, 유통 등 물류과정 전반에 걸쳐 정보통신망과 정보통신기술을 접목함으로써 물류활동 전반에서의 효율성을 극대화하기 위한 것이다. 물류·유통산업 부문의 IT화는 물류·유통정보화, 전사적 자원관리(ERP), 창고관리시스템(WMS), 운송관리시스템(TMS) 등에서 이루어지고 있다.

우리는 국내의 백화점이나 대형슈퍼에 진열되어 있는 상품마다 바코드(bar-code)가 부착되어 있음을 쉽게 발견할 수 있다. 그리고 그 곳에서 물건을 살 때마다, 종업원들이 바코드를 기계에 읽히고 그를 통하여 빠르게 물건값을 계산해 내는 것을 경험하곤 한다. 만일 이와 같은 장비들이 백화점이나 대형슈퍼에 설치되어 있지 않다면, 그 많은 구매자들의 물건값을 어떻게 신속하게 계산하여 손님이 기다리지 않게 할 수 있을까? 이는 물류·유통업의 정보화에 의해 해결할 수 있다.

물류·유통업의 정보화는 물류·유통 관련 기업들이 기업내 활동과 기업간 활동에 새로이 정보통신기술을 이용하여 기업내 업무와 기업간 거래의 효율성을 증대시킬 수 있는 상태로 변화하는 것을 의미한다. 물류·유통업의 정보화가 이루어지기 위해서는 개별기업, 업계, 국가가 모두 물류·유통정보기술을 이용할 수 있게 하는 물류·유통정보시스템으로 바뀌어야 한다. 현재 사용되고 있는 물류·유통정보시스템으로 가장 대표적인 것은 POS(point of sales)[17] 시스템이며 그 밖에 EOS(electronic ordering system)[18] 및 물류·유통 VAN

---

17) POS시스템을 지칭할 때 협의와 광의의 두 가지 개념이 사용되고 있다. 협의의 POS시스템은 판매시점 정보관리시스템으로서 어떤 상품이 언제, 어디에서, 얼마나 팔렸는지를 파악할 수 있도록 상품이 판매되는 시점에서 판매정보를 수집하여 관리하는 시스템이다. 이 경우 POR(매입시점정보관리), POO(발주시점정보관리), POD(배송시점정보관리)와 같은 수준으로 판매시점의 정보만을 관리하는 것을 의미한다. 광의의 POS시스템은 점포자동화(store automation)를 실현시키는데 소매업경영의 종합정보시스템으로 인식되고 있다. 이 경우 판매정보만이 아니라, 매입, 발주, 배송, 재고 등 소매업체 내에서 발생하는 모든 정보를 종합적으로 관리하는 것을 말한다.

18) 상품보충발주시스템(EOS : Electronic Ordering System)은 매장에 진열되어 있는 상품을 보충하기 위해서 보충해야 할 수량을 휴대용데이터 단말기에 입력하여 이 데이터를 송신단말기를 통해 송신함으로써 수발주를 행하는 상품보충발주시스템을 말하는데, 소매업체에서 EOS를 도입함으로써 기대할 수 있는 효과는 발주업무의 표준화에 따른 비용절감 및 발주데이터의 관리 및 활용이 용이하다는 점 등을 들 수 있다.

(value added network)19) 등을 들 수 있다.

3.3 물류·유통업의 지능화

21세기 지능정보사회의 시대적 흐름과 맞물려 물류부문에서도 융·복합 및 제4차 산업혁명을 통한 물류의 분야에서 변화가 활발해지고 있다. 이러한 시대적 변화를 '물류 4.0'이라고 칭하고 있다. 수많은 물류와 유통기업은 물류부문에 활용 가능한 지능정보기술과 기존기술의 융합을 통해 물리적인 자동화는 물론 의사결정의 자동화까지 가능해지면서, 인력절감을 통한 물류비용의 감소를 추구할 수 있다.

유럽연합(EU)은 '세계 미래보고서 2050'을 통해 미래를 바꿀 핵심기술로 '블록체인'을 꼽았다. 이에 따라 각국은 물류·유통 및 무역시스템에 4차 산업혁명을 주도하는 블록체인 기술이 적극적으로 활용되고 있다. 상품의 흐름을 실시간으로 추적할 수 있는 블록체인 기술이 도입되면, 공급사슬의 투명성을 제고시킬 수 있을 뿐만 아니라 현재 물류 및 무역 프로세서에서 필요로 하는 다양한 종이문서를 블록체인으로 대체해 업무처리 절차를 간소화할 수 있다.

블록체인 상의 기록을 통해 제조사, 제품을 구성하고 있는 원자재 등에 대한 정보파악이 가능하며, 제품의 생산·유통·판매 전 과정에서 발생하는 데이터는 제품의 최초 생산자부터 최종 소비자에 이르기까지 모든 참여자들에게 제공된다. 따라서 생산자는 공급사슬상의 전 지점에서 제품이력을 추적할 수 있고, 이를 통해 구매자별 구매성향 등을 파악할 수 있다. 블록체인에서 공유되는 개인정보는 익명으로 처리되기 때문에 개인정보의 유출이 없이 소비자 맞춤형 마케팅전략의 수립이 가능해진다. 이 외에도 제품의 소유권을 이전할 때 자동으로 거래주체 간 지급결제가 완료되는 등 다각적인 측면에서 블록체인을 활용할 수 있다.

이와 같이 최근 물류·유통 분야의 지능정보화를 위해 특히 3D 프린팅, 사

---

19) 물류·유통VAN은 물류·유통업체간의 컴퓨터를 이용한 데이터통신에 있어서 서로 다른 기종 및 통신방식을 사용하는 데 따라 발생하는 제반 문제점을 해결하여 물류·유통업체간의 데이터 교환을 가능하게 하는 정보통신망을 말한다. 이러한 정보통신망을 이용할 수 있는 정보통신서비스는 여러 가지가 있지만 최근에는 EDI(electronic data interchange)가 대표적인 예로 떠오르고 있다. EDI(전자문서교환)는 기업간 또는 기업 내의 거래문서를 표준형태의 컴퓨터간 전송에 의하여 교환하는 시스템이다.

물인터넷, 빅데이터, 클라우드, 드론과 같은 지능정보기술과 제품들을 물류분야에 활용되고 있다. 또한 인공지능, 가상현실과 증강현실 등의 지능정보기술이 하역, 보관, 포장, 재고관리, 화물분류, 운송 등 물류·유통 전 분야에 걸쳐 활용될 것이다. 물류·유통의 지능정보화는 도로, 철도, 해운, 항공 등 운송수단 중심의 지능정보화와 더불어 물류 기능 단위별 지능정보화가 진행되어 왔다. 물류는 원·부자재의 생산부터 가공을 거쳐 최종 소비단계 및 회수 물류에 이르기까지 전체 과정이 유기적으로 연계될 때 효율성이 배가되며 물류의 지능정보화는 이를 뒷받침하는 핵심수단으로 자리 매김하고 있다. 최근 화두가 되고 있는 지능정보화(제4차 산업혁명) 역시 정보 공유 기반의 제조 활동을 추구하는 것으로 물류정보의 공유와 활용이 중요한 이슈가 되고 있다.

④ 의료·보건업의 지능정보화

지능정보화(제4차 산업혁명)에 의해 탄생한 지능정보사회는 지능정보기술에 의해 모든 정보가 연결되고 융합되는 초연결사회(Hyper Connectivity Society)를 의미한다. 이를 인간생활의 변화라는 측면에서 본다면 24시간 365일 언제 어디서나 각 개인이 원하는 형태(Only for me)의 제품이나 서비스가 즉각 제공될 수 있음을 의미한다. 이러한 변화과정 속에서 가장 주목받고 있는 분야가 바로 의료·보건산업이다.[20]

4.1 의료업의 지능정보화

산업사회에서의 의료서비스는 뛰어난 의사의 개인적인 역량에 크게 의존하였다. 그리고 정보사회에서는 정밀한 측정과 치료가 가능한 다양한 의료장비가 출현하면서 고가의 의료장비를 가진 병원의 의료서비스가 선호되었다. 하지만, 지능정보사회에서는 소프트웨어 및 콘텐츠 기술의 응용과 활용을 통해 지능정보기술을 의료·보건산업분야에 접목하면서 콘텐츠의 중요성이 주목받고 있다. 지능정보사회의 핵심기술인 지능정보기술과 의료·보건산업이 융합되어 맞춤형 콘텐츠를 서비스하는 스마트 헬스케어,[21] 휴먼케어[22] 등의 신산업이

---

20) 보건신문사, 『4차 산업혁명과 보건산업의 미래』의 내용을 요약·정리한 것임.

창출되고 있다.

의사는 인간의 고통과 생명을 다루는 직업이기 때문에 우리사회에서 중요한 역할을 하는 사람이다. 그래서인지 의사 뒤에 선생님이라는 호칭을 불러야 맘이 편할 정도로 의사라는 직업은 고귀한 직업이다. 그런데 지능정보기술의 발전으로 인간의 고통과 생명의 분야에서 절대 권력을 누려왔던 의사들이 위기를 맞을지도 모른다는 우려도 있다. IBM이 만든 인공지능 왓슨23)을 의료분야에 적용한 닥터 왓슨은 암을 진단하는데, 전문의들과 비슷한 수준의 정확도를 기록하였다. 의사들 존재의 우려가 현실이 될지도 모른다. 현재 왓슨은 현행법상의 법적인 인격을 인정할 수 없어 의사의 지위를 취득하는 것이 불가능해 의사의 의료적 보조자 역할을 하고 있다. 그런데 의사와 왓슨의 판단이 다를 경우에 환자들이 선택하도록 하는데, 대다수의 환자들이 의사의 결정보다 왓슨의 결정을 더 선호하는 것으로 알려졌다. 인공지능은 24시간 365일 밤낮을 가리지 않고 인간보다 더 많은 정보를 더 빠른 속도로 학습할 수 있기 때문에 인간보다 더 정확하게 암을 진단하고 더 나은 치료법을 제안할 가능성이 높다. 수술로봇 다빈치, 진단·치료 복합기, 수술용 내비게이터 등은 다양한 의료영상 (3D, AR 등)을 기반으로 신속하고 정확하게 수술 및 치료를 할 수 있기 때문에

---

21) 스마트 헬스케어는 스마트폰 보급률의 확대와 동시에 의료의 패러다임이 치료에서 관리 또는 예방으로 변화함에 따라 급부상하였고, 또한 의료비 절감, 의료접근의 편의성 때문에 의료·보건분야에서 중요한 역할이 기대된다. 스마트헬스케어란 넓은 의미로 기존의 치료 부문 의료서비스에다 질병 예방 및 관리 개념을 합친 전반적인 건강관리 사업을, 좁은 의미로 원격 검진이나 방문 건강컨설팅 등을 말한다.

22) 사람의 위치를 감지하여 바람의 방향과 세기를 조절해주고, 편안한 체온까지 유지해주는 휘센 (LG)의 기술이다. 기존 인체감지 로봇 기능을 개선한 것으로, 실내에 있는 사람의 위치와 움직임을 파악하여 알맞은 바람을 보내주는 것은 물론 차가운 바람으로 인한 체온 하락을 예측하여 온도를 자동으로 조절해준다. 바람을 오래 쐬고 있어도 춥게 느껴지지 않고 항상 쾌적한 체온을 유지하게 한다.

23) 왓슨은 기업 컨설팅과 컴퓨터 하드웨어 소프트웨어를 판매하는 미국 회사인 IBM(International Business Machines Corporation)이 개발한 인공지능 플랫폼을 말하는데, IBM의 창업자이자 최고경영자였던 토머스 왓슨(Thomas John Watson, 1874.2.17.~1956.6.19)의 이름을 딴 것으로 2005년 개발을 시작한 것으로 알려지고 있다. 왓슨은 사람의 말을 이해하고 방대한 데이터 베이스를 이용해 고도의 지능적인 문제를 분석해 답을 찾아내는 수준에 도달하였다. 즉 왓슨은 사람과 유사한 방식으로 엄청난 양의 데이터를 분석하고 처리할 수 있으며 자연어를 이해하고 근거자료에 기반한 가설을 제안 학습하는 게 가능하다. IBM은 다양한 클라우드 기반의 왓슨 제품과 서비스를 제공하고 있는데 그 영역은 의료, 은행, 보험, 질병의 진단과 치료, 유통 및 교육에 이르기까지 다양하다. 왓슨을 이용한 암진단 서비스를 제공 중인 미국 앤더슨 암센터에 따르면 왓슨의 평균 암 진단율은 약 96%로 전문의보다 정확도가 높은 것으로 알려지고 있다.

육체적인 피로와 감정 변화로 의술에 차이가 나는 의사와는 달리 수술시간의 단축, 임상 예후 향상 등 고품질의 의료서비스를 제공할 수 있다.

요즘 의사들은 인체를 확보하지 못해 수술 훈련을 하는데 어려움을 겪고 있다. 인간의 육체는 물질 이상의 경건하고 존엄한 가치를 가지고 있어 수술훈련을 위한 인간의 육체를 확보하기 어렵다. 그러나 인간의 감각을 확대하는 가상현실, 증강현실, 홀로그램과 같은 콘텐츠를 만들 수 있을 정도로 지능정보기술이 발전하면서 수술훈련에 대한 문제들이 해결될 수 있다. 이렇게 가상화 된 신체를 활용하면 웨어러블 디바이스[24]와 사물인터넷 센서 등으로부터 수집한 데이터를 분석해서 개인의 의료상태를 파악하여 건강을 개선하는 의료서비스를 제공할 수 있게 된다. 이러한 가상의 신체를 '메디컬 디지털 트윈'으로 부르는데 메디컬 디지털 트윈을 활용해서 가상진단, 가상수술훈련 등을 할 수 있다. 환자의 생체 정보를 수집할 수 있는 각종 센서가 발달하면서 센서로부터 수집되는 빅데이터를 3D 모델로 이미지화가 가능해졌다. 이로 인해 환자의 상태를 직관적으로 분석하는 것이 가능해짐으로써 환자가 병이 걸리기 전에 병을 사전에 예방할 수도 있다.

현재의 의료시스템으로는 장애가 있는 환자나 원거리에 있는 환자의 경우 의료서비스를 받는데 어려움이 있다. 병원을 방문해서 의사를 면담하고 처방을 받거나 수술을 받아야만 병을 치료할 수 있기 때문이다. 환자 혹은 의사를 가상화하여 상호연결이 가능해지면 현실의 의사가 가상의 다른 의사와 협력하고 가상의 환자를 진단하거나 가상의 의사가 현실의 환자를 찾아가 진단하고 치료할 수 있다. 스마트폰 또는 와이파이(WiFi)를 통해 원격조종되는 텔레프레전스 로봇과 같은 지능정보기술이 발전하고 있어 상상 속의 일들이 현실화될 날도 멀지 않았다. 언제 어디서나 24시간 365일 병을 진단하고 병을 치료할 수

---

24) 웨어러블 디바이스(Wearable Device)에서 웨어러블(wearable)은 '입을 수 있는' 이라는 뜻이고 디바이스(devices)는 '기기, 장치'라는 합성어로, 손에 갖고 다닐 수 있는 스마트폰보다 한 단계 진보하여 옷, 안경, 시계 등과 같이 사용자의 신체에 착용할 수 있는 전자장치를 말한다. 이 장치를 통해 사용자 신체의 변화와 주변 환경에 대한 상세 정보를 계속 실시간으로 수집할 수 있다. 초기 웨어러블 디바이스는 액세서리/의류 일체/직물 형태이었으나, 현재는 생체 이식 형태로까지 점차 발전해 나가고 있다. 웨어러블 디바이스는 센서가 포함된 디바이스와 사용자, 그리고 스마트폰과 같이 서버 역할을 하는 단말기로 구성된다. 웨어러블 센서 디바이스가 사용자로부터 데이터를 수집하여 스마트 기기(단말기)로 전송하면, 스마트 기기는 데이터를 분석하고, 그 결과에 따라 사용자에게 피드백을 제공하게 된다. 이러한 스마트 기기는 사용자의 맥락(상황)에 따라 사용자를 통제하는 역할을 담당하기도 한다.

있는 유비쿼터스 의료서비스의 환경이 되어 가고 있다.

지능정보사회에서 지능정보기술이 일류의 수명을 연장하고, 신체적·정신적 건강상태를 개선하여 전반적인 복지를 향상시킬 대표적인 보건기술로는 질병 관리기술과 인간능력향상기술 등이 있다. 질병관리기술은 의사가 질병을 진단 하는데 소요되는 시간을 단축하여 신속히 치료할 수 있는 기술이다. 따라서 유 전과 병원균에 의한 질병 모두 정확히 진단하는 분자 진단장치가 의학 분야에 혁명을 일으킬 것이다. 분자 진단의 핵심기술인 유전자 서열 분석의 비용이 저 렴해짐에 따라 환자의 유전자를 검사하여 질병을 진단하고 치료하는 맞춤형 의학이 실현될 것이다. 이를테면, 진단과 치료를 일괄적으로 처리하는 진단치 료학(theranostics)이 질병관리기술의 핵심요소가 된다. 또한 재생의학의 발달 로 콩팥과 간을 인공장기로 교체할 수 있다. 이처럼 새로운 질병관리기술이 발 달하면, 사람들의 수명이 늘어나고 삶의 질이 향상 될 것이다.

인간능력향상기술은 인체의 손상된 감각기능이나 운동기능을 복구 또는 보 완해주는 신경보철기술이다. 신경보철기술의 발전은 궁극적으로 정상적인 신 체의 기능을 향상시키는 쪽으로 활용될 수 있다. 가령 전신마비 환자의 운동신 경보철기술로 개발된 인공지능을 기반으로 하는 뇌-기계 인터페이스는 누구 든지 손을 쓰지 않고도 생각만으로 기계를 움직일 수 있게 될 것이다. 또한 일 종의 입는 로봇인 외골격이 노인과 장애인의 재활을 도울 것이다.

4.2 보건업의 지능정보화

지능정보사회에서 보건산업의 가장 중요한 기술은 바이오기술을 말하는데, 바이오기술이란 생명체 관련 기술을 말한다. 이 기술은 활용하여 산업화 하는 것을 바이오산업이라고 한다. 바이오산업은 생명체 관련 기술(DNA·단백질· 세포 등)을 이용하여 제품을 생산하거나 서비스를 제공하는 산업을 의미한다. 그러므로 바이오기술은 질병·환경·식량·에너지 등 인류가 해결하지 못하고 있는 난제들을 해결할 수 있는 가장 유력한 방법이라고 할 수 있다. 예를 들면, 바이오 신약은 난치병 치료, 바이오 플라스틱은 환경 문제, 바이오 연료는 에 너지 문제, 유전자 변형식품은 식량 부족 문제 해결의 실마리를 제공하게 된 다. 이를 흔히 레드바이오(Red Bio), 그린바이오(Green Bio), 화이트바이오 (White Bio)라고 부른다.

레드바이오(Red Bio)는 의학·약학 분야에서 응용되는 개념이다. Red는 혈액의 붉은 색을 상징한다. 질병예방, 진단, 치료와 관련된 신약 개발, 진단시약, 줄기세포 등이 레드바이오에 포함된다.

그린바이오(Green Bio)는 농수축산업 분야에 응용되는 개념이다. 가공되지 않은 1차 식품에 바이오기술을 가미해 기능성소재와 식물종자, 첨가물 등 고부가가치제품을 만들어내는 것을 말한다. 인류의 식량 부족 문제를 해결함은 물론 건강까지 지키는 역할을 할 수 있다. 또한 식량 생산 과정 전체에 관여하여 오염물질을 발생시키지 않게 하거나 더 나은 환경을 만들어 내기도 한다.

화이트바이오(White Bio)는 현대의 모든 산업 생산 공정에 관여한다. 옥수수·콩·사탕수수·목재류 등 재생 가능한 식물 자원을 원료로 하여 화학재품 또는 바이오 연료 등의 물질을 생산하는 기술을 말한다. 이는 화석연료의 고갈에 대비하고 환경오염을 막아 기후변화에 적극 대처하기 위한 프로젝트라고 할 수 있다.

이러한 레드바이오(Red Bio), 그린바이오(Green Bio), 화이트바이오(White Bio)는 서로 융합하여 새로운 가치를 창출하게 된다. 그러므로 바이오산업의 특징은 3차 산업혁명을 기반으로 한 디지털기술이 바이오산업과 물리학과 결합하여 경계를 허무는 융합의 기술혁명, 즉 4차 산업혁명(지능정보화)에 가장 근접한 것이라고 할 수 있다.

디지털과 바이오의 결합은 기존에 우리가 생각했던 의료와 건강에 대한 개념을 획기적으로 변화시킬 것이다. 민간의 건강한 삶에 대한 정의와 이해가 달라질 것이며, 이에 따라 보건산업은 건강에 대한 접근방식도 변화하게 될 것이다. 현재는 독감이 유행하면 독감 예방주사를 맞고 암이 발견되면 그 순간부터 항암치료나 수술을 생각하게 되지만 앞으로의 지능정보사회에서는 분명히 달라 질 것이다. 독감에 걸릴 확률이 높은 유전자를 지니고 있거나 암에 걸릴 가능성이 높은 유전자를 보유한 사람에게 선제적으로 조치가 가능하게 된다. 병의 치료가 아니라 발병 가능성 자체를 차단하는 것이다.

유전자 기술은 농산물과도 연결되어 사람에게 필요한 성분을 강화하는 작물을 대량으로 재배할 수 있도록 도와주며, 생산량 또한 극대화시켜 식량문제와 건강문제를 동시에 해결함은 물론 환경오염을 사전에 방지하여 쾌적한 환경까지 지켜낼 수 있다. 또한 각종 정보를 수집할 수 있는 플랫폼의 개발은 웨어러블 기기를 포함한 각종 센서를 필요로 하기 때문에 다양한 스마트 기기가 필요하게 된다. 결국 지능정보사회에서 의료와 제약, 농수축산과 식품, 의료기기까지 전체를 포괄하는 보건산업이야말로 중요한 핵심 분야가 될 것이다.

5 무역업의 지능정보화

무역업에 지능정보기술을 활용하는 대표적인 분야가 전자상거래 및 전자무역이라고 할 수 있다.

최근 전자상거래, 특히 인터넷을 이용한 전자상거래는 자유무역원칙을 내건 WTO체제하에서 국가경쟁력의 제고라는 명제와 결부되어 더욱 중요한 이슈로 부각되었다. 이러한 경향은 국가간 거래로 크게 확산되면서 결국에는 국가간 무역거래에서도 전자상거래가 차지하는 비중이 엄청나게 증가 하였다. 이에 따라 국내에서도 인터넷을 이용한 수출을 지칭하는 '사이버무역 또는 인터넷무역, 전자무역'의 시대가 열리게 되었다. 이는 인터넷을 통해 전세계에 흩어져 있는 해외바이어와 각종 상품정보를 주고 받으며, 수출계약을 체결하는 등 무역업무 전반에 걸쳐 인터넷을 이용하는 것이다. 특히 해외영업망이 없는 중소기업들이 내수침체의 어려움을 헤쳐 나가는 데 있어 전자무역은 계약 및 수출절차 소요시간의 단축과 수출에 따른 부대비용의 절감 등 여러 가지 이점이 있어 기업들로부터 각광을 받고 있다.

전자무역 플랫폼(e-Trade Platform)은 인터넷 환경에서 무역업체가 언제 어디서나 인터넷을 통하여 시장조사에서 계약, 통관, 결제까지 모든 무역업무 프로세스를 단절 없이 일괄처리(one-stop)할 수 있는 단일 창구(Single Window)를 제공하며, 특히 무역프로세스에 간여하는 여러 기업들 상호간에 협업적 상거래(Collaboration Commerce)를 가능케 하는 인프라를 총칭한다.

6 관광업의 지능정보화

관광업의 지능정보화는 관광업에 지능정보기술을 도입·활용하여 관광정보 인프라를 확충하고, 국내 관광정보를 발굴하여 우수한 정보로 가공하는 동시에 온라인을 통해 국내외 관광객을 대상으로 관광관련 서비스를 제공함으로써 관광을 활성화하고 관광시장의 경쟁력을 강화하는 것이다. 최근 사물인터넷과 웨어러블 디바이스와 같은 혁신적인 기술과 서비스 개발로 관광산업이 급변하고 있다.

6.1 관광업의 환경변화

21세기 지능정보사회에서 관광은 어떠한 영향을 받으며 또한 어떠한 역할을 하게 될 것인가? 인류역사의 진전과정을 통해서 보듯이 인간은 양질의 생활을 추구하고 더 넓은 시야와 안목을 가지려고 노력해왔으며, 이러한 욕구의 변화는 우리가 처해있는 정치·경제·사회·생태학적 진전에 의해 확대되어 왔다.

오늘날 개인의 삶의 질을 중시하는 인식의 확산으로 여가·관광에 대한 요구가 증가하고, 모바일·온라인을 활용한 관광이 증가함에 따라 세계적으로 관광객이 증가하는 추세이다. 또한 4차 산업혁명 등 기술변화에 따라 관광산업에 지능정보기술을 접목한 우버(관광교통), 에어비앤비(공유숙박) 등 신서비스 역시 확대되고 있다.

이러한 환경에 따라 오늘날 관광산업은 가장 빠르게 성장하는 산업이며 단일산업으로서는 세계 최대의 산업으로 부상하고 있다. 관광산업의 성장잠재력은 경제발전에 따른 국민소득의 증가, 여가시간의 증대(주 5일 근무제), 교통수단의 발달, 취미생활의 다양화, 지식과 교육수준의 향상, 인간다운 생활의 추구, 문화교류, 세계무역과 정보교류의 증가 등에 기인하는 것으로 볼 수 있다.

지난 1990년대부터 관광산업이 최대의 성장산업으로 부각되면서 각국은 관광산업을 국가전략산업으로 적극 육성하기에 이르렀으며, 1990년대 전반에 걸친 유럽의 장기실업사태는 각국의 정부로 하여금 고용창출원으로서 관광산업의 중요성을 인식하는 계기가 되었다. 게다가 세계무역에 서비스의 비중이 커지게 되면서 관광산업은 국제수지균형에 중요한 역할을 하는 것으로 인식되기에 이르렀다. 1990년대 이후에도 관광산업의 발전은 가속화되어 여행 및 관광 관련산업이 전세계적으로 규모가 가장 큰 산업일 뿐만 아니라 세계에서 고용창출효과가 가장 큰 산업으로 부각되었다. 이와 같이 세계관광산업의 성장에 맞추어 우리나라의 관광산업 역시 중요한 외화획득원뿐만 아니라 고용창출로서 고도경제성장에 큰 밑거름이 되었다.[25]

---

25) 세계관광기구(UNWTO)에 따르면 2016년 국제관광객 입국자 수는 12억 5,400만 명이며, 관광

6.2 관광 지능정보화의 필요성

관광은 외화획득 이외에도 일명 굴뚝 없는 공장으로서, 환경파괴 위험이 없는 녹색산업인 관광산업이 성장하기 위해서는 지능정보화가 절대적으로 필요한데, 관광부문에서 지능정보화의 필요성은 두 가지 측면으로 나누어 볼 수 있다.

첫째, 지능정보사회로의 변화를 들 수 있다. 지능정보기술(인공지능, 사물인터넷, 클라우드 컴퓨팅, 빅데이터, 모바일)의 발달과 확산은 가정과 이웃, 사회, 국가와 국가를 서로 그물처럼 연결하여 소위 전자공동체(electronic community)화가 되어가고 있다. 아울러 사회가 더욱 다양하고 빠르게 변화하면서 소비자의 가치관과 행태도 더욱 다양화되고 수요도 개별화되면서 한층 더 섬세한 형태, 섬세한 내용의 관광정보제공을 요구하게 되었다. 또한 장거리 여행수요가 증가하고, 패키지여행에서 개별여행으로 여행패턴이 변해감으로써 관광정보의 수요도 다양해지고 더욱 풍성한 정보를 요구하게 되었다.[26]

둘째, 관광업의 경쟁력 강화를 위한 개인별 맞춤형 스마트정보의 제공에 대한 필요성이다. 여행분야만 살펴보더라도 관광선진국의 경우 대부분 사내조직은 기업형태의 조직을 갖추어 경영과 자본의 분리, 기능별 조직의 분화가 이루어져 업무의 효율성, 전문성, 생산성 향상을 기하고 있다. 그리고 관련기업(호텔, 운수업, 광고업 등)을 두어 상품의 기획, 판매, 홍보, 수송 등의 관련 업무가 하나의 기업그룹에서 이루어짐으로써 원가관리, 품질관리, 서비스에서 대외경쟁력을 제고시키고 있다. 반면 우리나라는 일부 여행사를 제외하고는 기업형여행사가 없고, 여행사 업무가 영업부 중심으로 영위되는 특징을 가지고 있어영세성을 벗어나지 못 하고 있다.

선진 각국의 관광업계가 지능정보기술 등 현대적 여행기법의 도입으로 종래보다 업무에 능률과 생산성을 기하고 경비절감과 경쟁력 제고에 크게 기여하고 있다. 수요자에게 보다 많은 여행정보를 신속하게, 보다 다양한 예약기능을 제공함으로써 고객확보와 경영합리화를 통하여 경쟁력을 높일 수 있을 것이다.

수입은 1조 2,200억 달러로 잠정 집계되었다. 한편 2016년 우리나라를 방문한 외국인 관광객은 약 1,724만 명인데, 관광수입은 약 171억 달러이며, 외국인 관광객 1인당 평균소비액은 991 달러로 집계되고 있다.

26) 외국인 관광객의 방한 횟수는 첫 방문이 61.4%로 가장 높았고, 4회 이상 방문(19.2%), 2회 방문(12.7%), 3회 방문(6.7%) 순이었다. 여행 형태로는 개별여행(67.4%), 단체여행(25.0%), 에어텔(7.6%)의 순으로 나타났고, 평균 체재기간은 6.4일, 인터넷을 통한 여행정보 입수가 74.1%로 가장 높았다.

6.3 관광 지능정보화의 현황

우리나라는 물론 세계 관광객의 대부분이 온라인 관광정보를 통해 여행목적지를 결정하고, 여행일정을 계획하고 있으며, 스마트폰의 이용이 활성화됨에 따라 관광정보 활용도는 지속적으로 증가할 것이다. 한편 세계 관광시장에서 경쟁력을 확보하기 위해 외국인 여행객이 편리하게 이용할 수 있는 여행정보 전문사이트를 구현하고, 스마트폰 등의 모바일 관광정보 제공서비스를 제공할 수 있도록 언제 어디서나 이용가능한 원스톱 관광정보서비스 체제를 구축 및 활성화되어야 한다. 현재 우리나라가 추진하고 있는 관광분야에서의 지능정보화의 주요한 현황은 다음과 같다.

첫째, 스마트 관광의 환경을 통해 맞춤형 관광 서비스를 제공하고 있다. 최근 걷거나 자전거 타기 등 인간의 힘을 이용해 레저여행을 즐기는 국민들이 지속적으로 증가하면서 두루누비시스템(문화체육관광부와 한국관광공사)을 구축하였다. 두루누이시스템은 걷기, 자전거, 카누, 카약 등 인간의 힘을 이용한 레저여행에 대해 코스정보를 중심으로 교통·숙박·음식·행사·문화유적지 등 주변 관광정보를 종합하여 제공하는 통합여행정보 서비스 시스템이다. 또한 스마트투어 가이드 시스템(문화체육관광부와 한국관광공사)은 국내외 관광객들에게 우리나라의 유명 관광지의 역사와 문화를 오디오로 설명해주는 시스템으로 사진 및 지도, 공유와 위젯 서비스를 제공하여 보다 편리한 여행을 돕는 것을 목적으로 하고 있다.

둘째, 스마트 관광플랫폼의 구축 및 서비스를 제공하고 있다. 우리나라는 스마트 관광플랫폼 구축하기 위해 지능정보기술을 기반으로 관광 상품·서비스 등의 정보를 관광업체에 지원하고, 관광정보를 수집·유통하고 있다. 관광관련 정보, 공공기관에서 보유하고 있는 정보, 지역별·이용자별·테마별 관광정보 등을 관광시장에 제공하고 있으며, 관광기업이 관광관련 정보를 활용해 사업화하도록 지원하고 있다. 뿐만 아니라 새로운 사업모델 개발을 위한 노력으로 기술력·유통망을 갖춘 관광플랫폼 기업과 관광콘텐츠 기업 간의 협력을 지원하고 있다. 또한 R&D 전략을 수립하고, 관광분야 B2B·B2C 기술을 개발하여 지원 등 광광정책의 과학적 기반을 마련하기 위해 노력하고 있다.

셋째, 지능정보기술을 활용한 지방관광을 개선하고 있다. 우리나라는 지역관광의 활성화 방안으로 지방관광의 편의를 개선하기 위해 외래객 친화적 정보

탐색·교통·안내 서비스를 제공하고 있다. 우리나라에 온 외래객의 관광여행에 대한 지방 개별관광 장애요인으로는 '관광지 정보 탐색 어려움', '지역 간 여결교통 부족', '언어 소통 어려움', '대중교통 이용 불편' 등을 지적하고 있다. 이에 대해 우리나라는 대중교통 이용법과 같은 실질적인 편의정보를 제공하는 동영상 콘텐츠를 제작하여 외래객에 제공하고 있다. 이뿐만 아니라 관광지 중심 무료 공공 와이파이 존을 설치하여 확대하여 지방관광의 편의를 제공하고 있다.

넷째, 관광분야의 빅데이터 활용을 활성화하고 있다. 매력적인 관광테마를 끊임없이 발굴해 관광객을 유치해야 하는 관광분야에서는 고객의 트랜드를 정확히 파악하는 것이 무엇보다도 중요한데, 여기에 빅데이터의 역할이 주목받고 있다.

7 금융업의 지능정보화

7.1 금융업의 환경변화

1990년대 이후 국제금융시장은 세계화·정보화라는 거대한 환경의 변화 속에서 구조적으로 급속한 변화를 맞이하고 있다. 이러한 구조적인 변화로서는 자본시장의 자유화, 정보통신기술의 발달 등으로 각국의 금융자유화 및 금융혁신이 신속하게 다른 국가에 파급되는 금융시장의 세계화(globalization)현상, 선진국가들의 지속적인 금융규제의 완화 추세, 그리고 금융기관이 업무영역규제의 완화 및 철폐로 국제금융시장에서의 자금조달과 운용이 직접금융방식으로 바뀌는 금융의 증권화 현상 등을 들 수 있다. 즉, 국제금융시장은 금융규제의 완화, 금융의 증권화 및 세계화 등 금융의 효율화를 증대시키는 방향으로 자유화 및 통합화의 경향으로 진전되고 있다. 이러한 금융의 자유화, 세계화 및 증권화 현상과 더불어 정보통신시장의 개방으로 국제금융기관간의 금융서비스 경쟁은 심화되고 있으며, 이에 따라 국제금융기관들이 금융서비스의 경쟁력 강화를 위해 고객의 요구에 부응할 수 있는 새로운 금융상품 및 금융기법을 끊임없이 개발해 내고 있다. 나아가 미국, 일본 등은 우위를 점하고 있는 금융산업에 대하여 개도국에 대해서도 개방 압력을 가중시키고 있다.

이러한 전면적인 금융시장의 개방은 모든 경제적 국경이 허물어지고 지구촌

전체가 하나의 마당에서 치열한 경쟁을 벌여야 하는 세계화시대가 본격적으로 열리게 됨을 뜻한다. 이제 국내은행이 세계의 마당에서 선진국들의 은행과 경쟁하여 살 길은 바로 금융의 IT화(금융의 정보화)이다. 이제까지 국내은행은 경쟁력이 낙후된 실정을 감안할 때, 개방 압력에 대한 효율적인 대응과 금융환경의 변화에 부응하기 위해 금융의 세계화전략으로서의 금융혁신과 정보통신시스템의 개발 등 금융의 IT화(금융의 정보화), 즉 디지털금융에 승부를 걸어야 한다.

국내 금융정보화는 1970년대 후반 사무자동화 및 각 금융기관 내부 전산망 구축을 시작으로 1980년대 금융공동망 구축이 5대 국가기간전산망 사업의 하나로 추진되면서 본격화되었다. 이어 1990년대 후반 인터넷뱅킹, 모바일뱅킹 등이 개발되면서 금융서비스의 전달 채널이 한층 다양해졌는데, 특히 2009년 이후 스마트폰을 이용한 금융거래 서비스 제공이 확대되면서 스마트폰뱅킹 및 모바일 주식거래 이용이 꾸준히 증가했다. 최근에는 금융과 IT의 융합이 빠르게 진행되면서 신종 전자지급 서비스가 확산되어 소비자의 금융거래 편의가 제고되고 있다. 이러한 금융 부문 혁신에 대응하여 안전하고 효율적인 결제 인프라를 구축하기 위한 노력도 지속해서 이루어지고 있다.

7.2 금융업의 정보화(IT화)

금융업의 정보화는 금융기관의 생산성을 높이고 금융거래상의 편의성을 증진시키기 위하여 금융정보를 수집, 처리, 창출, 전달하는 데 정보통신기술을 활용하는 것을 말한다. 정보경제시대에서는 모든 정보를 정보통신수단에 의해 송수신한다고 하는 인식을 바탕으로 하고 있으며, 정보의 디지털화에 따라 가장 큰 영향을 받은 부분은 금융산업일 것이다. 이러한 정보의 디지털화에 따라 금융산업, 특히 은행산업에서 발생하는 혁신은 인터넷뱅킹(internet banking)의 출현이다. 과거 은행고객들은 영업시간내에 은행창구에서만 모든 일을 처리해 왔으나, 자동화기기인 현금자동지급기(CD : Cash Dispenser)와 현금자동입출금기(ATM : Automated Teller Machine)이 보급됨으로써 창구를 거치지 않고도 신속한 입·출금이 가능해졌다. 여기서 한걸음 더 나아가 은행의 컴퓨터와 고객(기업 또는 개인)의 단말기(PC, 팩시밀리, 전화 등)를 정보통신망에 연결하여 고객이 사무실이나 집 등 자신의 생활공간에서 하루 중에 언제라도 제반 은행

업무를 처리할 수 있는 인터넷뱅킹이 가능해졌다. 뿐만 아니라 모바일뱅킹의 확산은 시간, 공간, 장소를 초월하여 금융업무를 처리할 수 있게 되었다. 한편 전자화폐란 은행 등 발행자가 IC칩이 내장된 카드(IC카드형 전자화폐 또는 전자지갑)나 인터넷 등 공중정보통신과 연결된 PC(네트워크형 전자화폐) 등에 일정 돈의 가치를 전자기호로 저장하고 이의 지급을 보장함으로써 다양한 용도로 사용될 수 있도록 한 지급수단을 말한다. 종전의 돈이 운송 및 우송을 통해 결제가 이루어지는 지급수단임에 반하여 전자화폐는 통신회선을 통해 결제가 이루어지는 지급수단이다.

금융의 IT화가 금융거래의 당사자에게 미치는 영향을 살펴보면, 개인이나 기업 등 고객에게 자금의 조달 및 운영의 자유가 확대되고 있는 가운데 고객의 금융기관에 대한 요구가 다양화되며, 이것은 고객이 금융기관을 선택하는 기준이 단순히 금융상품이나 융자조건의 우열에만 있지 않고, 정보통신서비스의 제공까지도 포함하는 종합적인 평가에 달려있다는 것을 의미한다. 그리고 금융의 IT화가 금융기관의 업무에 미치는 영향으로는 고객의 효율적인 자금의 관리·운영에 도움이 되는 현금관리서비스(CMS)와 고객에게 거래판단정보 및 거래지원정보 등의 유익한 정보를 제공할 수 있으며, 금융의 국제화는 정보통신기술의 발달을 배경으로 각지의 금융시장이 고객과 실시간으로 연결되어 24시간 365일 중단 없이 거래할 수 있게 되었다. 금융시장의 이용자에게는 재정거래와 리스크 헷지거래, 다시 말하면, 포토폴리오 믹스(portfolio mix)의 변경이 즉각적으로 이루어지고 있어 시간적인 제약으로부터 벗어날 수 있다.

우리나라의 금융정보화사업은 1980년대 초 국가기간전산망 구축계획의 일환으로 정보화사업이 추진되기 시작한 이후 금융기관 본 지점 간 온라인네트워크와 CD공동망, 타행환공동망 등의 금융공동망 구축사업이 성공적으로 완료되어 전국이 1일 결재권화 되었고, 대고객서비스의 시간적·공간적 제약이 크게 완화되는 등 다른 부문에 비해 상대적으로 정보화가 빠르게 진전되어 왔다. 1990년대 후반부터는 정보통신기술이 기존의 금융제도와 금융구조에 접목되면서 인터넷, 모바일기기 등 다양한 전달매체를 이용하는 전자금융서비스가 개발되어 빠르게 확산되고 있다. 특히 인터넷뱅킹은 그 편의성과 비용상의 이점 등으로 대표적인 금융서비스의 전달매체로서 자리를 잡았으며, 최근 들어서는 모바일뱅킹이 공간 및 이동성 제약 해소 측면에서의 우월성을 바탕으로 점차 부각되고 있다. 또한 최근 보급이 확대되고 있는 스마트폰은 모바일뱅킹의 수요를 확대하고 통신과 금융의 융합을 가속화하는 촉매 역할을 하고 있다. 한편 증권 및 보험 분야에서도 인터넷을 이용한 온라인증권거래, 온라인보험 등 정보화를 위한 노력이 지속되고 있다. 이와 같은 금융정보화의 진전으로 <표 8-2>와 <표 8-3>에서 보는 바와 같이 전자방식지급수단의 이용은 계속 증가하고 있는 추세를 보이고 있다.

금융의 IT화에 따른 장·단점 및 파급효과는 무엇인가? 금융의 IT화, 즉 금융의 디지털화에 따른 이점으로는 고객의 편의성을 증가시키고, 금융기관의 자금결제기능을 더욱 강화하며 사무처리 누락의 제거와 사무의 효율화, 신상품개발 등에 의한 고객서비스의 향상, 수익관리의 강화와 리스크 판단의 신속화, 디지털금융거래의 추진, 그리고 시스템 개발의 상품화 등을 들 수 있다. 반면 금융의 디지털화에 따른 단점으로는 컴퓨터와 네트워크의 사고, 장애, 컴퓨터범죄 등의 정보통신시스템 리스크를 증대시키며, 금융기관업무에 있어서 정보화 의존도의 증가는 각종 금융리스크를 발생시키고 있다. 또한 CD의 증가와 CD제휴 네트워크 확대 또는 펌뱅킹에 의한 타행지점 즉시자금 이동시스템의 보급은 대량자금 유출 가능성(유동성리스크)을 높일 수 있다.

표 8-2 인터넷뱅킹 일평균 이용규모

(단위 : 천 건, 십억 원, %)

구 분		2013	2014	2015	2016
건수	조 회	48,378 (89.1)	60,102 (90.5)	70,967 (91.0)	79,256 (90.6)
	자금이체	5,906 (10.9)	6,333 (9.5)	7,053 (9.0)	8,245 (9.4)
	대출신청	1.7 (0.0)	1.6 (0.0)	1.9 (0.0)	2.5 (0.0)
	합 계	54,285 (100.0)	66,437 (100.0)	78,022 (100.0)	87,503 (100.0)
금액	자금이체	33,647	36,839	40,250	42,385
	대출신청	12	15	37	40
	합 계	33,659	36,854	40,287	42,425

주 : ( )내는 전체 이용 건수에서 차지하는 비중
자료 : 한국은행, '2016년 중 국내 인터넷뱅킹서비스 이용현황', 2017. 2.

표 8-3	모바일뱅킹 일평균 이용규모

(단위 : 천 건, 십억 원, %)

구 분		2013	2014	2015	2016
이용건수	전체	21,584 (66.7)	31,158 (44.4)	42,393 (36.1)	53,093 (25.2)
	스마트 기반	21,303 (72.3)	30,985 (45.5)	42,220 (36.3)	52,897 (25.3)
	조회 서비스	19,573 (90.7)	28,447 (91.3)	38,950 (91.9)	48,817 (91.9)
	자금 이체	2,010 (9.3)	2,711 (8.7)	3,443 (8.1)	4,276 (8.1)
이용금액	전체	1,413 (47.0)	1,833 (29.7)	2,496 (36.2)	3,149 (26.2)
	스마트폰 기반	1,369 (59.0)	1,798 (31.3)	2,446 (36.1)	3,121 (27.6)

주 : ( )내는 전체 이용 건수에서 차지하는 비중
자료 : 한국은행, '2016년 중 국내 인터넷뱅킹서비스 이용현황', 2017. 2.

7.3 금융업의 지능화

최근 지능정보기술의 발달로 경제 및 금융시장의 방대한 정보를 빠른 속도로 분석할 수 있게 됨으로써 금융업의 큰 변화가 야기되고 있는데, 중요한 몇 가지만 살펴본다.

① **신용평가 · 심사** : 빅데이터와 인공지능의 분석능력을 결합하면 대출 신청자의 신용도, 채무 불이행의 가능성 등의 예측이 가능하다. 일반은행들이 직장, 소득, 금융거래실적, 연체 등의 기초 자료들에 의한 신용평가를 하는데 비해, 최근 핀테크 기업[27]들은 인공지능의 성능을 활용하여 수천 개의 자료들을 고려하여 신용평가를 함으로써 기존 대출시장과 다른 차별화된 소비자 금융 서비스를 제공하고 있다.

② **개인자산관리** : 개인 금융 애플리케이션의 개발 확대로 고객의 맞춤형 서

---

27) 핀테크(FinTech)란 금융을 뜻하는 '파이낸스(Finance)'와 기술을 뜻하는 '테크놀로지(Tech-nology)', 특히 정보통신기술의 합성어인데, 핀테크라는 이름이 나오기 이전부터 IT를 활용해 시간과 공간을 뛰어넘는 편의성을 추구하기 위한 인터넷뱅킹과 모바일뱅킹을 활용해 왔다. 핀테크는 예금, 대출, 자산관리, 결제, 송금 등 다양한 금융 서비스가 IT, 모바일 기술과 결합된 새로운 유형의 금융 서비스를 뜻한다. 핀테크 서비스들은 인터넷뱅킹과 모바일뱅킹과 다른 방식으로 새로운 가치를 제공하고 있다.

비스가 가능해 졌다. 스마트 지갑 등의 모바일 애플리케이션을 통해 고객의 금융 패턴을 파악함으로써 효율적인 소비 및 최적화된 상품 구매가 가능하다.

③ **로봇은행원** : 인공지능 로봇은행원은 안내, 환전, 송금 등의 단순한 업무뿐만 아니라 고객정보 및 금융상품의 정보를 저장·보유하고 고객에게 금융서비스를 제공하고 있다. 금융분야에서 왓슨은 재무설계사 업무, 고객서비스, 데이터 분석, 보험상담 등에 활용되고 있다.

④ **개인금융서비스** : 인공지능의 재무 분석 능력이 모바일에 탑재되면 개인화된 재무비서 기능을 수행할 수 있게 된다. 향후 모바일에 탑재된 인공지능 어플은 결제플랫폼과 연계되어 다양한 핀테크 서비스를 창출할 수 있으며, 노인, 장애인 등 금융약자를 위한 금융서비스의 지원을 담당할 수 있다.

⑤ **로보어드바이저(Robo-Advisor)** : 로보어드바이저란 로봇을 의미하는 로보(Robo)와 자산관리전문가를 의미하는 어드바이저(Advisor)의 합성어인데, 알고리즘이 투자의 중심이 되는 로봇 기반의 인공지능 투자 플랫폼을 말한다. 과거에 많은 증권사와 펀드운용사들은 컴퓨터 기반 알고리즘을 사용해 왔고, 최근 딥러닝(Deep Learning)의 출현으로 인해 기계 스스로 데이터를 학습하고, 시장 상황에 맞게 주기적으로 데이터를 수정하고 실수를 자체 분석함으로써 자산손실을 최소화 하는 방식으로 변환시키는 인공지능 투자관리시스템이다. 로보어드바이저는 투자자의 위험 감수 성향, 목표 수익률, 자금의 성격 등을 진단하여 그에 적합한 자산분배를 결정하고, 수익은 극대화시키고 위험요소는 최소화 하는 방향으로 자산을 재조정하는 리밸런싱(rebalancing)을 수행한다.

⑥ **간편결제서비스** : 간편결제서비스는 지급카드 정보를 모바일기기에 미리 저장해두고 결제하는 서비스로, 공인인증서나 OTP(OneTimePassword : 일회용 패스워드)[28] 없이 비밀번호 입력이나 지문인식 등의 간단한 인증

---

28) OTP(일회용 패스워드, OneTimePassword)는 고정된 패스워드 대신 무작위로 생성되는 일회용 패스워드를 이용하는 사용자 인증 방식으로 무작위로 생성되는 난수의 일회용 패스워드를 이용하는 사용자 인증 방식이다. 보안을 강화하기 위하여 도입한 시스템으로, 로그인 할 때마다 일회성 패스워드를 생성하여 동일한 패스워드가 반복해서 사용됨으로 발생하는 보안상의 취약점을 극복하기 위해 도입되었다.

을 통해 구매 절차를 간소화한 전자결제서비스를 말한다.

⑦ **간편송금서비스** : 간편송금서비스의 경우 모바일기기를 통해 계좌이체 등의 방법으로 충전한 선불금을 전화번호, SNS 등을 활용하여 수취인에게 송금하는 서비스다.

 **중요개념**

? Help	☑ OK

☑ 기업의 지능정보화	☑ e-비즈니스
☑ 산업의 지능정보화	☑ e-Transformation
☑ 컴퓨터이용제작(CAM)	☑ 컴퓨터지원설계(CAD)
☑ POS	☑ 컴퓨터통합생산(CIM)
☑ EOS	☑ 유통VAN
☑ 홈뱅킹	☑ 전자금융
☑ 로보어드바이저	☑ 펌뱅킹
☑ 로봇은행원	☑ 인터넷 뱅킹
☑ 모바일 뱅킹	☑ 리밸런싱

 연습문제

1 21세기 지능정보사회에서의 기업과 산업은 어떻게 변화하는가?

2 21세기 지능정보사회에서 기업과 산업을 위한 스마트기기는 어떠한 역할을 해야 하는가?

3 전통 산업에 지능정보기술이 도입·활용됨에 따라 전통 산업의 산업구조는 어떻게 변화하는가?

4 전통 산업에 지능정보기술이 도입·활용됨에 따라 전통 산업이 갖게 되는 경제적인 효과를 설명하라.

5 기업의 지능정보화에 따른 기업의 조직구조는 어떻게 변화되는가?

6 제조업은 지능정보화에 따라 어떻게 변화하는가?

7 물류·유통업은 지능정보화에 따라 어떻게 변화하는가?

8 금융업은 지능정보화에 따라 어떻게 변화하는가?

9 관광업은 지능정보화에 따라 어떻게 변화하는가?

사회와 경제의 지능정보화

한 국가의 목표는 단순히 경제적인 부국이나 군사적인 강국만을 의미하는 것이 아니라 그 밖에도 국민들의 삶의 질, 국제적인 영향력, 문화적인 성숙도, 지구촌 공동체에 대한 기여도, 지속적인 경제성장의 가능성 등 다양한 측면에서 우월한 지위를 갖는 데 있다고 할 수 있다. 따라서 이를 실현하기 위해서는 많은 과제들을 해결해 나가야 하겠지만 대체로 대외적으로 국가경쟁력의 강화와 대내적으로 삶의 질 향상이라는 두 가지 지향점에 국가의 목표와 과제가 집약된다고 할 수 있다. 그러면 이러한 국가의 목표를 달성하기 위해 지능정보화(4차 산업혁명)는 사회·경제적인 측면에서 어떠한 역할을 하는가? 먼저 21세기에 예상되는 사회와 경제부문에서의 변화에 따른 정보통신서비스를 활용할 수 있는 스마트기기의 역할을 살펴보고, 지능정보화는 사회 및 경제의 각 부문에 어떻게 영향을 야기시키는가를 살펴본다.

제1절
▷▷▷ 사회와 경제의 변화와 스마트기기의 역할

1 사회와 경제의 변화

21세기 세계의 각국에서 야기되는 사회와 경제의 변화는 다양하지만, 여기서 우리나라의 사회와 경제의 몇 가지 주요변화를 살펴본다.

1.1 수도권 집중화 현상

현재 우리나라의 인구(2021년도 기준) 약 5천만 중에서 50%에 해당하는 2천 5백만 정도의 인구가 수도권에 집중되어 있으며, 아직도 수도권 중심의 도시개발이 급속도로 진행되고 있다. 뿐만 아니라 수도권의 기업집중현상은 여전히 왕성하고 지역의 균형발전이란 의도와는 다른 방향으로 가고 있는 것처럼 보인다. 이는 우리나라의 정치, 경제, 문화, 교육 등의 많은 부분에서 수도권이 전국에서 차지하는 비중이 감소하지 않고 오히려 더욱 증가하고 있기 때문이다. 수도권에 기업이 집중하는 배경에는 정보의 역할이 매우 크다고 할 수 있다. 시장이나 고객에 대한 정보의 수집, 다른 회사와 업계와의 정보수집, 중앙 정부행정기관과의 절충, 교육, 오락 등에 유리하기 때문일 것이다. 게다가 우수한 인재를 구하기가 쉽다는 점도 중요한 이유이다.

이와 같이 수도권으로의 집중현상은 온갖 도시문제를 야기시키고 있다. 그중 심각한 문제 중의 하나는 땅값과 아파트가격의 상승으로 사무실의 임대료가 높아지고 주택확보가 심각한 어려움을 겪게 되고 교통난과 공공사업의 추진이 어려워지게 된다. 또한 수도권으로의 과도한 집중현상은 범죄사고·재해에 대한 안전대책, 물이나 전력 등의 자원과 에너지 문제, 산업폐기물이나 쓰레기 처리문제 등의 많은 사회문제를 낳고 있다. 이것이 우리나라의 경우 21세기에서 가장 골치 아픈 문제의 하나가 될 것은 틀림없는 사실이다.

1.2 지역사회의 고령화

한 나라의 고령사회 그 자체는 의료의 발달, 사회의 풍부함과 국민의 의식향상 등의 결과로 대단히 반갑고 좋은 일이며 세계에 자랑할 만한 특징이다. 그러나 한편으로 고령사회는 고령자의 의료, 부양, 간호와 노후생활의 안정과 보람있는 생활을 위해 개인적, 사회적인 부담이 커진다는 것이다. 우리나라는 세계에서 유래를 찾아볼 수 없는 속도로 인구의 고령화가 진행되고 있다. 더욱 심각한 것은 인구가 아주 적은 지역의 고령화 문제이다. 지역의 40세 이하의 인구, 특히 20대의 젊은층이 극단적으로 적고, 그 결과 어린이의 수도 적을 수밖에 없다. 게다가 60세 이상의 고령자가 극단적으로 많은 인구구조를 갖게 되어 버섯형의 인구피라미드가 되어가고 있다. 젊은 사람이 수도권으로 빠져나가기 때문에 그 지역의 산업기반이 확고히 뿌리를 내리지 못하고, 그 지역의 경제가 쇠퇴해 간다. 그 결과로 경제거래, 교육, 문화, 의료 등의 일상생활에 필요한 생활시스템의 역할이 감소되어 간다. 이러한 현상이 젊은 사람들로 하여금 그 지역을 떠나게 하는 이유가 되며, 이렇게 악순환이 이어지기 때문에 인구가 감소한 지역이 늘어나게 된다. 이처럼 21세기에는 수도권 등 대도시에 인구가 집중하는 한편 다른 지역에는 반대로 심각하게 인구가 감소하는 지역이 늘어나는 인구구조의 불균형 현상을 초래할 것이다.

고령화로 인해 야기되는 문제를 지역사회적 차원의 문제로 본다면, 고령자의 생활을 그 지역의 주민들이 전체적으로 어떻게 지원해야 할 것인가라는 점이 중요한 과제로 취급된다. 건강한 노인에 대해서는 자립할 수 있도록 지원하는 일이며, 특별히 문제가 되는 것은 누워만 있는 노인이나 정신박약성 노인 등의 건강하지 못한 노인문제에 대한 지원이다. 따라서 고령자가 증가함에 따라 이들 지원의 일손을 어떻게 확보하느냐가 중요한 문제로 대두될 것임은 틀림없다. 특히 21세기에서는 산업전체가 노동력 부족으로 고민하며 여성의 취업이 더욱더 많아지게 될 것이므로 복지분야에서 일손 부족이 심각해질 것이다.

1.3 심각해지는 환경

한 나라의 산업활동이 활발해짐에 따라 환경문제가 날로 심각해지고 있다. 오늘날 이산화탄소(CO_2)의 배출량이 많은 석탄, 석유, 천연가스의 화석연료의 사용량이 증가함에 따라 이산화탄소의 증가로 지구의 온실화가 큰 문제로 대두되고 있다. 그리고 오존층의 파괴에 의한 자외선의 증가, 질소산화물이나 유황산화물 등에 의한 산성비에 의한 세계 각지의 삼림이 말라가고 있다. 또한 한 국가의 도시화가 진전됨에 따라 환경문제로서 산업폐기물 문제, 쓰레기처리 문제, 배기가스에 의한 질소산화물의 문제, 산업활동으로 인한 도시지역의 고온화 문제, 화석연료를 대체하는 원자력의 안전성의 문제 등이 대두되고 있다.

세계적으로 환경문제에 대한 각국간의 합의가 필요하나 이해관계가 대립하여 쉽게 합의에 도달하지 못하고 있고, 특히 온난화의 예측을 둘러싼 과학자들의 사이에서도 서로 의견대립이 있는 상황이다. 그렇지만 이대로 아무런 대책 없이 방치하게 되면 2025년에는 세계의 평균기온이 1°C상승하며, 2030년까지는 남극의 얼음 용해, 바닷물의 팽창 등으로 해수면이 20cm정도는 상승할 것이라는 어두운 예측도 있다.

1.4 경제의 세계화

경제의 세계화란 각 국가경제가 세계경제로 통합됨으로써 실시간에 하나의 단위로 작동하는 단일체제로 운영되는 과정을 의미한다. 세계화란 국가 및 지역간에 존재하던 상품, 서비스, 자본, 노동, 정보 등에 대한 인위적 장벽이 제거되어 세계가 일종의 거대한 단일시장으로 통합되어 나가는 추세를 말하는 것이다. 다시 말하면 경제적인 측면에서 세계화란 상품, 서비스, 자본, 노동, 정보 등의 국제적 이동을 촉진시키는 생산, 금융, 정보 등의 새로운 거대한 조직이라고 볼 수 있다. 이는 21세기 들어 지능정보기술이 비약적으로 발전하면서 인터넷에서 개인과 세계가 직접 마주할 수 있는 공간이 마련됨에 따라 지금까지 개인과 집단이 영향을 주고받는 최대 단위였던 '국가'의 경계가 허물어졌다는 것을 뜻한다. 이와 같이 지능정보기술의 발달이 전지구적인 세계화를 촉진하고 있는 촉매제의 역할을 하고 있다.

1.5 일자리의 변화

지능형 자동화는 사회의 역사적 발전과정과 연관시켜 볼 때 대체로 인간의 노동을 감소시키는 방향으로 진행되어 왔다.[1] 산업사회의 자동화는 인간의 육체노동(단순육체노동, 숙련육체노동)을 대체하는 쪽으로, 정보사회의 자동화는 인간의 육체노동뿐만 아니라 단순정신노동을 대체하는 쪽으로, 그리고 지능정보사회에서는 인간의 육체노동뿐만 아니라 정신노동(단순정신노동과 숙련정신노동)까지도 대체하는 방향으로 진화해나갈 것이다.

농업사회에서 산업사회로, 산업사회에서 정보사회로 진화발전함에 따라 한 사회는 단기적으로는 일자리가 감소했지만, 장기적으로는 일자리가 증가한 것과 마찬가지로 지능정보사회 역시 노동시장의 큰 변화에 따라 일자리가 감소한다는 견해와 일자리가 증가한다는 견해가 상존하고 있다. 단기적으로 볼 때

---

1) 인간의 노동을 육체노동과 정신노동으로 구분하고, 육체노동은 다시 단순육체노동과 숙련육체노동으로 구분되고, 정신노동은 단순정신노동과 숙련정신노동으로 구분된다. 한편 단순노동은 평균적으로 특정의 훈련이나 교육을 받지 않은 상태에서 육체가 가지고 있는 간단한 노동력을 말한다. 이에 비하여 같은 노동시간에 보다 많은 가치를 만들어내는 것이 숙련노동이다.

인공지능, 로봇, 생명공학, 3D프린팅, 드론 등이 반복적 노동(부품조립)과 비반복적 노동(음식점)은 큰 폭으로 감소시키고, 반면 비반복적 정신노동(소프트웨어 설계, 빅데이터 분석가, 음악가, 정보통신기술자, 사회조사 분석가, 작가, 영업전문가, 컨설턴트 등)을 증가시킨다. 하지만, 단기적으로는 일자리의 감소폭이 증가폭보다 크기 때문에 전체적으로 일자리는 감소하게 될 전망이다.

장기적인 측면에서는 일자리의 감소에 때한 충격을 줄이기 위해 직무교육의 강화 및 교육제도의 개선, 다시 말하면, 사라질 업종에 근무하는 근로자의 재교육지원, 창조적 · 사회적 노동 관련된 직무교육을 확대하고, 비반복적 노동자의 육성을 위해 창조적 지능이 배양될 수 있는 교육제도를 개선함에 따라 일자리가 증가될 수 있다.

1.6 뜻밖의 전염병

전염병이란 원충, 진균, 세균, 스피로헤타, 리케차, 바이러스 등의 병원체가 인간이나 동물에 침입하여 증식함으로써 일어나는 감염병 중 그 전파력이 높아 예방 및 관리가 강조되는 질병을 말한다. 병원체가 인간이나 동물에 침입하여 그 장기(臟器)에 자리 잡고 증식하는 것을 총칭하여 감염(感染)이라고 하며, 이 감염에 의한 증세의 발현을 감염증이라고 한다. 감염에는 전혀 증세가 없이 면역만 생기는 불현성(不顯性) 감염과, 증세가 나타나는 현성 감염이 있으며 때로는 감염병과 전염병을 동의어로도 쓰나, 전염병은 감염병 중에서도 그 전염력이 강하여 소수의 병원체로도 쉽게 감염되고 많은 사람들에게 쉽게 옮아가는 질병을 말한다.

우리나라가 겪고 있는 코로나바이러스(SARS-CoV-2)의 내용은 <표 9-1>과 같다. 코로나바이러스(SARS-CoV-2)는 2019년 12월 중국 우한에서 처음 발생한 이후 중국 전역과 전 세계로 확산된 새로운 유형의 호흡기 감염질환이다. 코로나바이러스는 감염자의 비말(침방울)이 호흡기나 눈 · 코 · 입의 점막으로 침투될 때 전염된다. 감염되면 약 2~14일의 잠복기를 거친 뒤 발열(37.5도) 및 기침이나 호흡곤란 등 호흡기 증상, 폐렴 증상으로 나타나지만 무증상 감염 사례 빈도도 높게 나오고 있다.

우리나라는 2020년 1월 20일 한국을 방문한 중국인이 최초의 감염자로 확진되었다. 그 이후 수많은 감염자와 사망자를 발생하였으며, 코로나의 확진자수와

표 9-1	코로나바이러스(SARS-CoV-2)
외국어 표기	coronavirus disease 19, COVID-19(영어)
최초 발생	2019년 12월 중국 후베이(湖北)성 우한(武漢)
질병 분류	• 법정감염병 : 제1급감염병 신종감염병증후군 • 질병 코드 : U07.1
병원체	SARS-CoV-2: Coronaviridae에 속하는 RNA 바이러스
전파경로	현재까지는 비말, 접촉을 통한 전파로 알려짐 • 기침이나 재채기로 호흡기 비말 등 • 오염된 물건을 만진 뒤 눈, 코, 입을 만짐
잠복기	1~14일 (평균 4~7일)
증상	발열, 권태감, 기침, 호흡곤란 및 폐렴 등 경증에서 중증까지 다양한 호흡기감염증이 나타남. 그 외 가래, 인후통, 두통, 객혈과 오심, 설사 등도 나타남.
치료	• 환자의 증상에 따른 대증치료(수액 보충, 해열제 등 보존적 치료) 진행 • 2020년 12월부터 영국을 시작으로 백신 접종
치명률	• 전세계 치명률은 약 3.4%(WHO, 3.5 기준). 단, 국가별·연령별 치명률 수준은 매우 상이함 • 고령, 면역기능이 저하된 환자, 기저질환을 가진 환자가 주로 중증, 사망 초래

자료: [네이버 지식백과] 코로나바이러스감염증-19

사망자가 급증한 이유는 감염률과 전파력이 강한 변이 바이러스이기 때문이다. 우리나라의 경우 2021년 기준 지금보다 더 빠르게 확진자의 수가 증가하면 우리나라의 의료체계 현실을 볼 때 이를 극복하는 데 한계에 처할 수 있다. 코로나 바이러스의 높은 감염률과 전파력은 우리 의료계와 국민경제생활을 어렵게 만들고 있다.

2 사회와 경제를 위한 스마트기기의 역할

21세기 지능정보사회에서의 사회와 경제의 주요한 변화로는 수도권 집중화 현상, 지역사회의 고령화, 심각해지는 환경, 경제의 세계화, 일자리의 변화 그리고 뜻밖의 전염병 등을 들 수 있다. 이러한 사회와 경제의 추세에 따라 스마트기기에 요구되는 역할은 한마디로 요약하면 '사회와 경제의 문제를 해결하기 위한 지원'이 될 것이다.

2.1 지역행정의 효율화를 위한 지원

지역사회 행정의 효율화를 촉진하고 지역사회의 지능정보화를 위해서는 스마트기기의 역할이 요구된다. 예를 들면, 행정의 효율화를 위해 스마트기기를 활용한 정보통신서비스로서는 기존에 시·구·군청이나 동·읍면사무소에서 수작업으로 처리하던 업무를 정보화·지능화함으로써 정부의 행정서비스가 전달되는 과정에서 발생할 수 있는 오류나 부정을 방지할 수 있으며, 정부의 행정서비스를 제공받는 국민들의 편익을 증진시킬 수 있다. 이와 같은 행정서비스를 충실히 하기위해 기업의 지능정보화를 위한 지원과 같이 행정의 지능정보화를 위해 지원이 필요하다. 예를 들면, 정보의 수집·발신의 효율화를 위해 언제 어디서나 정보를 수집·발신할 수 있게 하는 '장소의 극복'과 행정의 24시간화에 따라 필요한 시간에 정보를 수집·발신할 수 있게 하는 '시간의 극복'을 위한 다양한 스마트기기의 역할이 필요하며 이를 지탱하기 위한 데이터 베이스의 정비도 필요하다.

2.2 안전성과 쾌적한 생활환경을 위한 지원

한국의 세계경제적 지위가 높아지고 세계화로 인한 국제간의 상호의존관계가 더욱 밀접해지게 됨에 따라 국가와 지역사회의 지능정보화가 진전되고, 또한 지능정보화로 인한 세계화가 촉진되었는데, 그 결과 안전성의 확보가 절실하게 요구된다. 여기서 안전성이란 천재지변으로 인한 재난·재해 및 사고로부터의 안전성과 개인의 비밀 및 프라이버시 보호로부터의 안전성 등으로 나누어 생각할 수 있다.

지능정보화가 진전될수록 정보통신에의 의존도가 증대함에 따라 재난·재해나 인재에 의해 정보통신망이 단절되거나 고장이 발생하면 엄청난 재난이 되고 만다. 예를 들면, 정보통신망의 단절 및 고장으로 인해 금융, 의료, 국방, 치안, 연구·교육 등에 관련된 업무가 마비되는 상태가 야기될 수 있다. 이러한 천재지변으로 인한 재난·재해 및 인재에 대비를 위해 미리 정보통신망의 이중화, 회선의 복수화, 데이터베이스의 분산배치 등을 마련해야 한다. 또한 개인의 비밀이나 프라이버시의 보호를 위한 스마트기기의 역할이 요구된다. 예를 들면, 정보통신망에 축적되어 있는 개인정보를 관련자 이외의 사람이 접속할 수 없게 하는 접속제어, 스마트기기에 의한 정보통신서비스를 주고 받은 개인 의 식별기능이 요구된다.

한편, 지역사회의 도시화의 진전과 지역문제에 대해 스마트기기는 안정하고 쾌적한 생활환경의 확보와 창출에 그 역할이 요구된다. 예를 들면, 지역민의 안전한 생활환경을 위해 지역의 기상정보를 이용한 긴급통보 지원시스템, 재 난·재해 및 전쟁에 대비한 긴급대피 지원시스템, 의료시설이 전무한 지역에 대한 원격검진 및 원격간호 지원시스템, 인구의 도시집중화로 인한 지방에서 충분한 교육을 받을 수 없는 어려움을 지원하는 쌍방향 원격교육 지원시스템 등을 들 수 있다.

2.3 고령자를 위한 지원

고령자를 위한 스마트기기의 역할로는 건강한 고령자를 위한 지원과 건강하 지 못한 고령자를 위한 지원으로 분류할 수 있다. 먼저 건강한 고령자들을 위 해서는 고령자들이 사회에 계속 참여할 수 있는 환경이 창출되어야 한다. 각종 스마트기기에 의해 행정정보나 지역정보를 제공됨으로서 지역사회의 여러 활 동에 참가하도록 지원해야 한다. 또한 평생학습이나 취미활동(바둑, 서예, 낚 시, 등산)에도 스마트기기의 역할이 요구된다. 그리고 고령자들이 필요한 정보 를 쉽게 수집할 수 있도록 키보드 대신하여 음성인식으로 정보수집 및 확인이 가능하도록 해야 한다.

건강하지 못한 고령자들을 위해서는 원격검진이나 원격간호를 통해 그들의 생명과 건강을 안전하게 해야 한다. 또한 정신박약으로 집을 나가 길거리를 배 회하는 노인에 대해서는 휴대하기 쉬운 소형의 스마트기기를 사용하여 거처를 항시 알 수 있게 하는 역할이 요구된다. 혼자 생활하는 노인에 대해서는 정신 적인 고립감을 완화해 주기 위해 영상통신을 통해 가족과 실제로 생활하는 것 과 같은 환경이 창출될 수 있도록 스마트기기의 역할이 필요하다.

2.4 지역의 활성화를 위한 지원

지역의 활성화를 위해 스마트기기는 어떠한 역할을 할 수 있는가? 도시로의 인구집중현상은 많은 이유들 중에서 도시문화의 접촉도 한 요인으로 볼 수 있다. 따라서 스마트기기의 활용을 통해 지방에 있어서도 도시에 못지않게 문화를 향유할 수 있는 환경이 창출되어야 한다. 그 지방의 독특한 문화와 특산물의 정보를 다른 지방과 전 세계에 전달하는 것도 지역의 활성화를 위해 필요한 스마트기기의 역할이다. 또한 지방의 인제정보시스템을 가동하여 어디에, 누가, 어떤 노하우를 갖고 있는가를 파악해서 그 정보를 지역 및 국가에 제공하는 것도 지역의 활성화를 위해 필요한 스마트기기의 역할이다.

한편, 정보통신의 진전에 따라 기업과 산업의 지방 분산화가 더욱 촉진될 수 있다. 정보통신의 발전 및 역할에 의해 모든 기업과 산업이 지방에 분산될 가능성은 없지만, 도시에 있지 않아도 실시간 영상통신을 통해 지방에서 충분히 그 업무를 수행할 수 있는 업종이나 업체가 있다. 예를 들면, 소프트웨어 산업과 연구기관 등은 지방에 위치하면서 실시간 영상통신을 통해 업무를 수행할 수 있기 때문에 이 또한 스마트기기는 지역의 활성화에 중요한 역할을 하게 된다.

2.5 정보격차의 해소를 위한 지원

정보격차는 대체로 도시와 지역간, 연령별, 학력별, 소득별, 성별, 개인별 사회경제적인 차이, 커뮤니케이션 능력의 차이, 컴퓨터 해독능력의 차이 등에서 발생한다. 이러한 정보격차를 해소하기 위한 노력으로는 정보취약계층(장애인, 고령자, 생활보호대상자, 북한탈북자주민, 다문화가족)이 경제적·지역적인 조건에 제약받지 않고 더 많은 정보에 쉽게 접근할 수 있는 환경을 조성해야 한다. 이를 위해 정보접근기회의 확대(스마트기기의 확산 및 가격인하, 정보통신요금의 인하, 정보이용시설의 확충, 농어촌지역의 정보통신망구축)와 지능정보사회에 필수적인 정보활용능력을 높이기 위한 정보취약계층의 특성에 맞는 정보화교육지원 등이 필요하다. 특히 지방의 활성화와 관련하여 도시와 지역간의 정보격차를 해소하기 위한 하나의 방안으로 지방에서 생활하는 사람들이 정보의 수신과 발신을 위한 부담을 덜어 주기 위해 지방의 통신요금의 인하, 특정

지방과 특정 시간대의 통신요금 인하, 스마트기기별 통신요금 차별화 등이 이
루어져야 한다.

③ 정보통신시스템과 복지정보통신

3.1 정보통신시스템과 삶의 질

지능정보사회에서는 정보통신시스템이 작동함에 따라 국민들의 삶의 질을
향상시킬 수도 있다. 지능정보사회에서 국가정보화를 추진하는 모든 나라들이
이를 통해 고용을 창출하고 교통, 환경, 교육, 의료, 문화 등 사회문제를 해결
함으로써 국민들의 삶의 질을 향상시킬 것을 기대하고 있는데. 실제로 인간의
편익증진을 위한 지능정보기술의 이용가능성은 무궁무진하다고 할 수 있다. 이
미 교육, 의료, 교통, 환경, 문화 등 여러 분야에 있어서 지능정보기술의 이용
이 점차 현실화되고 있음을 볼 때, 삶의 질의 총체적 의미에 있어서는 아닐지
라도 적어도 부분적으로는 삶의 질의 향상에 기대해 볼 수 있을 것이다.

한편 지능정보사회에서 정보통신시스템이 우리 인간사회의 삶의 질 향상을
위해 모든 측면에서 활용될 수 있지만, 정보통신시스템과 관련된 복지지표별로
도표화하면 다음 [그림 9-1]과 같은데,[2] 결국 지능정보사회에서의 정보통신시
스템에 의한 안심, 풍요, 창조, 그리고 쾌적 등의 조건들이 충족될 때 인간의
최종 목표인 '행복'을 가져다줌을 알 수 있다.

반면 정보통신시스템이 국민들의 삶의 질을 저해할 수도 있다. 정보통신기
반의 고도화와 함께 대규모화됨으로써 유사시 사고발생에 의해 사회전체의 마
비상태, 사이버 범죄·전쟁·테러, 사회경제시스템의 위약성의 증대, 정보에의
의존과 맹신에 따른 사회적 병리현상, 국가 및 공공기관 등 거대조직에서 대량
의 정보보유에 따른 관리사회, 개인정보 침해문제 등 많은 문제들이 야기 될
수 있다.

---

2) 時事通信社,「地域情報化入門」의 내용을 수정·보완.

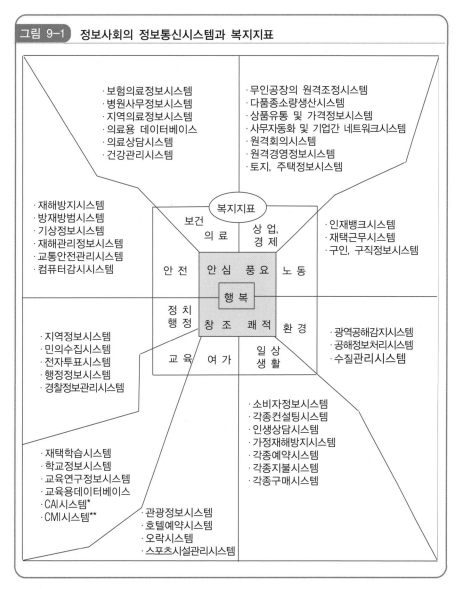

그림 9-1 정보사회의 정보통신시스템과 복지지표

주 : * CAI :컴퓨터보조학습시스템(computer assisted instruction)
　　**CMI : 컴퓨터관리학습시스템(computer managed instruction)
자료 :「21世紀の社會をえるたぬに」(北原安定, 1983)의 p. 44와 "정보화 기술의 발달과 산업
　　구조의 변화"(박정남, 경영과 컴퓨터, 1986. 2)의 pp. 196~205를 참고하여 재구성함.

3.2 복지정보통신

1) 복지정보통신의 개념 및 정의

최근 국민들의 삶의 질과 관련하여 '복지정보통신'이란 용어가 널리 회자되어지고 있다. 지능정보사회에서의 정보를 획득·이용하기 위한 정보통신에의 접근은 곧 커뮤니케이션과 정보획득의 수단을 의미하며 일상생활을 살아가는 사람들에게는 핵심적인 도구이다. 따라서 경제적, 사회적, 신체적인 원인에 의해 정보통신에의 배제는 곧 사회참여를 원천적으로 봉쇄됨을 의미하기 때문에 지능정보사회에서는 모든 계층의 사람들이 자유롭게 정보를 활용하고 이용할 수 있어야 한다. 이러한 명분에도 불구하고 현실은 그렇지 못함에 따라 '복지정보통신'이란 용어가 자주 논의되고 있다. 그러면 복지정보통신이란 무엇을 의미하는가?

사전적 의미에서 복지란 "행복과 이익", 복지사회는 "모든 사회구성원들의 복지가 증진되고 보장된 사회", 복지국가는 "국민의 생존권을 적극적으로 보장하고 그 복지의 증진을 도모하는 국가"라고 정의하고 있다. 즉 사전적 의미의 복지는 사회구성원 모두의 행복과 이익을 증진시키는 것이라고 할 수 있다. 하지만 "十人十色"이란 말이 있듯이 모든 사람이 바라는 복지의 개념은 다를 수 있다. 어떤 사람은 지긋지긋한 교통지옥이 해결된 사회를, 혹자는 병원에 가면 기다리지 않고 친절한 의료서비스를 받을 수 있는 사회를, 또 입시지옥이 없는 사회를, 범죄가 없는 사회를, 노후를 국가가 책임져 주는 사회를, 장애인이 차별을 받지 않는 사회를 말하기도 한다.

이와 같이 복지란 단어가 갖는 다양한 의미 때문에 복지정보통신의 개념과 범위를 정의한다는 것은 쉬운 일이 아니다. 그러나 복지정보통신을 광의적인 측면과 협의적인 측면으로 구분하여 정의하고 있다.

넓은 의미의 복지정보통신은 사회·경제·신체적 약자는 물론이고 모든 사람(정상인, 고령자, 장애인, 생활보호대상자(저소득층, 소년소녀가장), 탈북민, 다문화가정)에게 유용하게 활용될 수 있는 지능정보기술을 의미한다. 결론적으로 넓은 의미의 복지정보통신은 [그림 9-2]에서 보는 것처럼 모든 사람이 함께 더불어 사는 사회를 구현하는데 도움이 되는 지능정보기술의 활용을 의미한다. 즉, 모든 사람들이 스마트기기를 통해 소통이 가능한 정보통신에의 접근성과 활용성이 양호한 환경을 말한다. 이는 기술적 측면에서뿐만 아니라 산업 및 시장 측면에서도 중요한 의미를 갖고 있다. 현재 국내 장애인이나 노인세대의 연평균 소득수준이나 취업상태는 정상인에 비해 매우 열악한 상황이고 또한 시장규모(잠재고객)도 생각보다 크지 않다. 따라서 이들 계층만을 전적으로 잠재고객으로 삼을 경우 시장성이 낮기 때문에 장애인이나 노인세대만을 위한

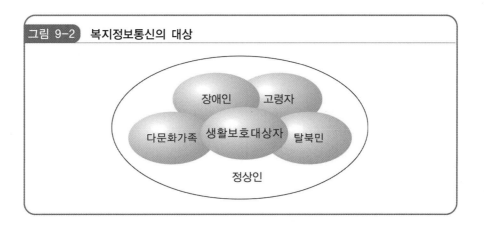

연구개발과 제품화 유인이 매우 떨어지고, 설령 제품화되더라도 가격이 비싸기 때문에 지속적인 제품의 생산을 기대하기 힘들다. 시각장애인용 점자출력 프린터가 그 대표적인 예이다. 하지만 정상인들도 겸용할 수 있는 제품이라면 더 바랄 나위가 없을 것이다.

좁은 의미의 복지정보통신이란 복지의 주된 대상이라 할 수 있는 정보취약계층(고령자, 생활보호대상자, 장애인, 탈북민, 다문화가정)의 사회참여를 지원하고 삶의 질을 향상시키는데 도움이 되는 지능정보기술의 활용을 의미한다고 볼 수 있다. 즉, 정보취약계층이 스마트기기를 통해 소통이 가능한 정보통신에의 접근성과 활용성이 양호한 환경을 말한다.

오늘날 정보통신은 단순히 커뮤니케이션 매체로서뿐만 아니라 일상생활을 매개하는 사회생활 기반이 되고 있음을 감안할 때, 정보통신에의 배제는 곧 사회적 참여로부터의 배제를 의미하기 때문에 정보취약계층에게도 자유자재로 정보통신을 활용할 수 있는 환경은 못 되더라도 정상적인 사람에 근접하는 최소한의 보장장치와 정책적 배려가 요구되고 있다. 정상인과 정보취약계층을 동일선상에서 정책시행과 기술개발, 스마트기기개발이 추진될 경우, 소외계층인 정보취약계층은 우선순위에서 밀려 주된 고려대상에 대부분 배제될 것이다. 따라서 정보취약계층인 복지의 주된 대상에게 그 혜택이 실질적으로 돌아갈 수 있도록 특별한 대책을 수립하는 것은 충분한 타당성을 갖는다.

2) 정보취약계층을 위한 스마트기기의 역할

여기서는 정보취약계층 중에서 고령자와 장애인을 위해 스마트기기는 어떠한 역할을 해야 하는가?

(1) 고령자를 위한 스마트기기의 역할

고령사회에서 고령자의 삶의 질을 향상시키기 위해 스마트기기는 어떠한 역할을 해야 하는가?

고령사회에서 스마트기기의 역할을 도출하기 위해서는 노인들 삶의 현장에서 직면하는 어려움에는 어떠한 것들이 있으며, 이를 해결하기 위해 노인들이 스마트기기에 바라는 바가 무엇인가 하는 점을 먼저 파악해야 한다. 일반적으로 사람들은 나이가 들면 들수록 시각, 청각 등의 저하는 물론이고 운동기능이 점차 약해지며 기억력도 흐릿해지는 등 신체 전반에 걸쳐 생리적 기능이 저하되는 것이 사실이다.

고령사회에서 스마트기기의 역할은 크게 건강한 고령자를 지원하는 것과 건강하지 못한 고령자를 지원하는 것으로 구분할 수 있다.

① 건강한 고령자를 위한 지원

일반적으로 노인들의 행복은 건강, 경제적 자립, 그리고 삶의 보람 등에 의해 좌우된다고 볼 수 있다. 이 중 경제적 자립과 삶의 보람을 갖게 하기 위해서는 노인들이 적극적으로 사회에 참여할 수 있어야 하며, 스마트기기는 이를 지원할 수 있어야 한다. 이를 위해서는 노인들이 삶의 현장에서 직면하는 어려움 즉, 적극적인 사회참여를 막고 있는 장애요소에는 어떠한 것들이 있는지 살펴보고, 이와 연계하여 스마트기기의 역할을 살펴볼 필요가 있다. 노인들은 자신들의 적극적인 사회참여를 위한 장애요소로 다음과 같은 문제를 지적하고 있다.

첫째, 공공기관에 비치된 공공기기의 이용편의성에도 문제가 있다. 예를 들어 노화로 인해 청각에 문제가 있는 노인이 자신의 보청기와 연결할 수 있는 수화기에 스피커를 설치하는 등 공공기기의 이용편의성을 향상시킬 것이 요구된다. 또한 전화기, 팩스, PC 등 신변의 기기, 서비스의 이용편의성의 향상도 요구된다. 예를 들면, 시력이 퇴화하고 손가락의 사용이 불편한 노인들을 흔히 볼 수 있는데, 이들을 위해 손 조작이 필요 없이 음성으로 조작할 수 있는 스마트기기를 생각할 수 있다.

둘째, 노인이 이용할 수 있는 스마트기기의 생활용품화도 필요하다. 스마트폰, PC 등을 일상생활에 이용할 수 있도록 스마트기기의 생활용품화가 요구된다. 물론 이들 상품은 시력, 청력 등 노인들의 퇴화된 감각기능을 보완할 수 있어야 하며, 또한 경제적인 부담 없이 정보를 이용할 수 있도록 정보요금, 통신요금, 단말기기의 요금 등 총체적인 요금의 저렴화가 필요하다. 여기에는 경제적으로 극빈한 상태에 있는 노인들을 위한 세제상의 혜택과 보조금제도를 마련하여 이들이 소외되지 않도록 하는 것도 중요하다.

셋째, 노인들에 대한 정보교육도 매우 필요하다. 이는 PC통신방법 등 정보관련 교육을 통해 지능정보사회를 살아가는 방법과 기술을 습득할 수 있는 사회적 장을 마련해 줌으로써 스스로 대처 방법을 찾게 하는 데 의의가 있다.

② 건강하지 못한 고령자를 위한 지원

일반적으로 노년기에 들어서면 생체의 전반적인 기능이 저하되어 각종 노화증상이 나타날 뿐 아니라 여러 가지 퇴행성 질환이 점차 증가하게 된다. 다시 말하면 간호사가 필요한 고령자의 증가를 의미한다. 따라서 고령사회에서 스마트기기는 먼저 노인의 간호를 지원하는 역할을 해야 한다. 이러한 역할은 노인간호지원 시스템으로 구현되는데, 이 시스템은 노인의 가족을 포함한 간호담당자, 그리고 각종 간호지원시설 등을 전체적으로 연결해 이들 관계자간에 다양한 형태의 의견교환을 실현할 수 있는 것이어야 하며, 이러한 정보통신시스템으로는 다음과 같은 것을 들 수 있다.

- 재택노인에 대해 의료간호 등을 제공하는 시스템(원격의료상담시스템)
- 재택노인의 생명선이 될 시스템(광역자동긴급통보, 신상보호시스템)
- 간호가족의 부담을 경감시킬 수 있는 시스템(배회보호시스템, 복지상담시스템)
- 분산형 간호지원 담당자를 지원하는 시스템(복지담당 및 자원봉사자용 휴대정보통신시스템)
- 각종 간호지원 기관의 제휴를 위한 정보통신시스템(복지시설간 회의시스템)

(2) 장애인을 위한 스마트기기의 역할

장애인은 신체적 장애와 정신적 장애를 비롯해 여러 이유로 일상적인 활동에 제약을 받는 장애를 가진 사람들을 말한다.[3] 장애인들이 겪고 있는 문제는 다음과 같다.

첫째, 장애인들의 대부분은 진학과 취업에서의 차별로 인해 저학력과 불안정고용이라는 문제를 갖고 있다. 이를테면 진학의 경우 장애인을 위한 시설이 없다는 이유로 입학을 거부당하며, 취업에서도 장애인의무고용법을 지키는 것을 벌금을 내는 것으로 대신하는 기업들의 고용기피로 어려움을 겪는다.

둘째, 편의시설과 인식이 부족하고 선입견이 남아 있어 장애인들은 교회, 학교, 교통수단 이용 등에서 불편을 겪고 있다. 이를 개선하려면 교회, 학교, 공공시설에 점자블록, 휠체어 통로 등을 만드는 등의 복지가 필요하다.

셋째, 장애인들에게 결혼과 임신을 전제로 한 성생활은 축복이 아닌, 일종의 고민거리이다. 이를테면 임신의 경우 자신의 장애가 대물림되면 어쩌나 하는 걱정, 양육, 자녀가 청소년으로 자랐을 때의 갈등 문제 등의 고민을 안겨 준다.

이와 같이 장애인들이 겪고 있는 문제 및 애로사항을 해결하기 위해서는 스마트기기는 먼저 장애인의 간호지원을 통해 정상인에 근접하는 생활활동이 가능하도록 그 역할이 요구된다. 이러한 정보통신시스템으로는 다음과 같은 것을 들 수 있다.

- 장애인을 위한 의료간호 등을 제공하는 시스템(원격의료상담시스템)
- 장애인의 생명선이 될 시스템(광역자동긴급통보, 신상보호시스템)
- 간호가족의 부담을 경감시킬 수 있는 시스템(배회보호시스템, 복지상담시스템)
- 분산형 간호지원 담당자를 지원하는 시스템(복지담당 및 자원봉사자용 휴대정보통신시스템)
- 각종 간호지원 기관의 제휴를 위한 정보통신시스템(복지시설간 회의시스템)
- 장애인의 교육·진학을 지원하는 정보통신시스템(재택 및 원격학습시스템)

---

3) 장애인은 크게 태어났을 때부터 장애를 가지고 있는 선천적 장애인과 사고 등으로 장애를 갖게 된 후천적 장애인으로 나눌 수 있다. 신체적 장애는 다시 외부기능의 장애와 내부기능의 장애로 구분하는데, 외부신체기능의 장애로는 시각장애인, 청각장애인, 언어장애인, 지체장애인, 뇌병변장애인, 안면장애인을, 내부신체기능의 장애로는 신장장애인, 심장장애인, 간장애인, 호흡기장애인, 장루·요루 장애인, 간질장애인을, 그리고 정신적 장애로는 지적장애인, 정신장애인, 자폐성장애인 등을 말한다.

이제 지능정보사회로의 진입되었을 때 필연적으로 나타나는 디지털 대전환에 따른 혁신과 포용에 대해 살펴본다.[4] 지능정보사회에서의 모든 분야가 지능정보기술의 활용에 따른 디지털 대전환이 이루어졌을 때 디지털 정보환경을 잘 활용하는 정보부자(정보강자)는 혁신을 추구하는 반면, 그러하지 못한 정보빈자(정보약자)에 대해 개인적인 측면에서 또는 국가적인 측면에서 어떻게 포용해야 하는가에 대해 살펴본다. 그리고 지능정보사회에서의 빛과 그늘, 일자리문제, 소외문제, 그리고 고령사회문제를 살펴본다.

1 지능정보사회의 디지털 포용과 디지털 포용정책

1.1 지능정보사회 디지털 포용의 개념과 이해

지능정보사회의 도래와 함께 경제, 산업, 기술교육, 행정, 사회 전 분야를 디지털로 혁신하자는 '디지털 대전환'은 이미 전 세계적인 추세다. 이러한 환경에서 디지털 불평등과 디지털 정보격차를 해소하지 않으면 실제 사회·경제적인 불평등으로 인한 양극화도 해소할 수 없을 것이다.

지능정보사회에서의 디지털 정보의 접근성과 활용성이 용이한 사람을 정보부자(the information rich)라 하고, 반대의 경우의 편에 있는 사람을 정보빈자(the information poor)라 하는데, 그 차이를 디지털 정보격차(digital divide) 라고 한다. 지능정보사회에서는 필연적으로 디지털 대전환을 전제로 한 정보부자들이 바라는 '혁신'과 그렇지 못한 측면에 위치한 정보빈자에 대한 '포용'이 존재하지만 그 둘은 공존할 수 없는 대립적인 가치인 것처럼 보인다. 예를 들면, 연세가 지긋하신 유명 유튜버가 평소 인터넷친화적인 이미지를 갖고 있음에도 불구하고 무인판매단말기인 키오스크[5] 앞에서 주문을 어려워하고 당황하

---

4) 한국지능정보사회진흥원, 『2019년 국가정보화백서』, 제1차 좌담회, '디지털 포용을 위한 정책 방향과 과제', 제2차 좌담회, 'AI시대의 디지털 포용 정책'의 내용을 요약 정리한 것임.
5) 정부기관이나 지방자치단체, 은행, 백화점, 전시장 등 공공장소에 설치된 무인 정보단말기로 동

는 모습을 볼 수 있다. 노인들의 디지털 접근성과 활용성에 대한 영상이었지만 비단 노인만의 문제는 아니다. 연령대가 더 낮아져도 디지털 접근성과 활용성이 떨어지는 경우가 많을뿐더러 이로 인해, 경제적 소외계층이 혜택을 덜 받게 되는 역설적인 상황들이 현재의 지능정보사회에 디지털이 만들어 놓은 그늘이다.

지능정보사회에서의 디지털 대전환에 따른 혁신과 포용의 관계를 어떻게 정립해야 할 것인가에 대한 문제가 가장 먼저 논의되어야 할 부분이다. 혁신의 과정에서 누군가가 배제되고 소유당하는 것이 불가피한 일인가를 그리고 혁신과 포용이 공존하고 선순환 하는 것이 불가능한 일인지를 고민해야 한다. 이런 의미에서 혁신적인 포용, 포용적인 혁신이라고 하는 개념들을 구체화 할 방향에 대한 사회적 고민이 지금 필요하다.

지능정보사회에서 디지털 사회혁신이라는 담론 가운데 가장 많이 인용되는 것이 EU가 정의한 디지털 사회혁신이다. 디지털 사회혁신 '사회적인 요구의 해결방안을 모색하기 위해 디지털 기술을 사용하고, 사회적·협업적인 방식으로 풀어가는 것'이라고 정의하고 있다. 사회적 문제해결이 시민참여에 의한 상향 방식의 상호협력을 통해 구현되는 모델을 제시 하고 있다. 우리나라는 사회적 해결보다 경제적인 성장 동력으로 디지털 사회혁신을 생각하는 경향이 있다. 이에 따른 부작용이 네트워크가 아닌 사회형 조직화 양상을 띠며 소외되는 집단이 발생하고 있다.

지능정보사회에서 차별이나 배제 없이 인간다운 삶을 보장받고, 디지털 기술의 접근 가능성이나 활용 능력과 상관없이 공정한 기회와 정의로운 결과가 보장될 수 있도록 하는 것이 포용이라고 정의할 수 있다. 이런 개념에 입각해 디지털 포용정책의 구현 가능성을 세 가지 방식으로 생각할 수 있다. 첫번째는 정보격차 해소전략이다. 두 번째는 누구나 제약 없이 접근이 가능하고 활용이 가능하도록 하는 유니버셜 디자인 전략이다. 세 번째는 디지털 세상 밖의 환경에서도 일상적 불편함이나 차별과 배제 없이 살아갈 수 있는 환경을 만드는 디지털 프리라이프 전략이다. 이러한 전략들은 기술이 해결해주는 것이 아니라 제도가 해결해줄 수 있는 영역이며 이것이 정말 중요한 혁신이다. 한 마디로 디지털 포용정책은 상당히 다변화될 필요가 있다. 획일적인 로드맵이 아니라

적 교통정보 및 대중교통정보, 경로 안내, 요금 카드 배포, 예약 업무, 각종 전화번호 및 주소 안내 정보제공, 행정절차나 상품정보, 시설물의 이용방법 등을 제공함.

수요층의 요구 분석 등에 입각한 세분화된 전략, 기술·교육·디자인·제도 등 전방위적인 디지털 포용정책이 필요하다.

지능정보사회에서 디지털 대전환이 일어나면 그 과정에서 당연히 예기치 않았던 사회문제가 발생하고 디지털 환경에서 배제되는 사람들이 나타난다. 그런데 우리나라에서는 디지털 사회혁신이 소외되거나 배제된 사람들을 포용하기 위한 것으로 이해되기보다는 디지털 사회혁신 역시 하나의 성장 동력으로 이해되는 측면이 강하다. 가장 이상적인 방법은 디지털 대전환과정에서 나타나는 소외 등의 사회 문제를 디지털 사회혁신을 통해서 해결하는 것이다.

또 다른 하나는 포용과 관련된 문제다. 포용사회란 공정성이 보장되는 사회인데 디지털 기술에 의해 경제적인 성장, 일상생활에서의 편리함을 추구하는 결과, 그 안에서 공정성이 확보되기 어려운 상황이 벌어지고 있다. 공정성 확보가 어렵다면 경기장을 분리해야 한다. 예를 들면, 기차표구매 시 모바일 앱만의 영역과 현장예매의 영역을 완전히 구분해주는 것이다. 이것이 디지털 프리라이프 전략이다. 격차를 가지고 있는 사람들 사이에서도 기술적 능력 때문에 차별받지 않고 공정한 경쟁을 할 수 있는 여건을 만들어주는 것이 궁극적인 디지털 포용일 것이다.

디지털 시민역량과 디지털 포용 문제에서 핵심적으로 풀어야 될 두 가지 큰 과제는 첫 번째는 거버넌스를 잘 정비해서 전략적으로 시너지를 낼 수 있도록 하는 것이고, 두 번째는 톱다운(Top Down) 방식으로 풀 수 없는 문제는 민간주도, 시민참여로 풀 수 있도록 시스템을 만들어내는 것이다.

1.2 지능정보사회의 디지털 포용정책

지능정보사회의 디지털 포용정책에서 설정해야 할 의제(Agenda)는 세 가지로 풀어갈 수 있다. 첫째 약자를 위한 공공기관의 가치실현, 둘째 '찾아가는' 디지털이라는 관점, 셋째 공공기관에서 주도하는 '협치'다. 인공지능(AI)시대의 디지털 포용정책의 키워드는 '포용'일 것 같다. 4차 산업혁명이 최근 몇 년 사이 크게 부각되고 있다. 스마트폰의 등장부터 시작해 새로운 변화의 기회가 주어졌고, 그 변화와 전환의 시기에서 사회조직의 중간계층이 감소되는 리더십이 변화하는 현상도 많이 일어나고 있다. 디지털 대전환이라는 주제가 나오면서 같이 등장한 단어가 '직접 포용'이라는 단어다.

지표적으로는 디지털 정보격차가 매년 개선되고 있다고 나온다. 물론 스마트폰 보급율이 늘어나고 PC와 인터넷 보급율이 늘어나 양적인 측면에서는 개선되었다고 볼 수 있다. 하지만 개인 삶의 측면에서 그리고 사회적 측면에서 보면 디지털정보 격차가 더 확대되고 있는 상황에서 과거의 정보격차 개념으로는 지금의 문제를 해결할 수 없는 상태다. 지능정보사회에서 우리가 겪고 있는 정보격차 문제는 지능정보화가 진행되고, 디지털로의 접근성과 활용성이 확대되고, 디지털의 사용량이 늘어날수록 오히려 심각한 문제로 대두되고 있다.

디지털 기술을 잘 사용하는 사람들이 소유하게 되는 부의 비율이 이전보다 훨씬 커지고 있다. 4차 산업혁명에 대해 슈밥이 이야기했던 것처럼 앞으로 격차가 커져 중산층이 없어지게 될 것이라고 한다. 그렇다면 앞으로 태어날 모든 시민들을 전부 새로운 기술로 무장시켜 생산 쪽으로 몰아세워야 되느냐, 그게 불가능하다는 것을 선언한 게 디지털 포용이라는 개념이다. 경제에서 생산이냐, 분배냐 할 때 모든 사람들을 생산에 참여 할 수 있도록 할 수 없기 때문이다. 여기서 가장 중요한 부분이 국가의 역할이다. 예를 들어 장애인 대상 서비스는 수익이 나지 않기 때문에 일반 기업이 뛰어들기 쉽지 않다. 이에 대해 국가가 정책적으로 기업을 지원해서 서비스를 만들도록 한다든지, 디지털에 관심 없고 생산에 참여할 수 있는 노인 세대들에게도 서비스를 제공하도록 하는 것이다.

지능정보사회에서 소득, 일자리, 건강 등은 디지털로 인해 불평등이 더 심화될 수 있다. 기존에는 고용 불안정, 저출산, 고령사회 등이 사회적 문제였지만, 디지털로 인해 생긴 새로운 사회적 리스크는 전반적인 사회에 영향을 미칠 수 있기 때문에 보다 적극적으로 개선의 노력해야 한다. 특히 노인이나 건강 문제에서 보면 디지털이 굉장히 긍정적인 역할을 할 수 있는 부분이 많다. 노인들은 가처분 소득이 감소해 가는데, 소비해야 할 상황은 더 늘어난다. 예를 들어 의료 측면에서 보면 인공지능을 통해 진단의 정확성이 높아지면 전체적으로 의료비와 약제비가 줄어들면서 건강은 높아지는 긍정적인 효과를 볼 수 있다.

실제 인공지능이 활용되면 의사라는 직업도 다른 방향으로 전환될 뿐 영원히 사라지는 것은 아니다. 그 기술을 어떻게 잘 이용하느냐가 우리사회가 안고 있는 과제이고, 이는 디지털 포용과도 연결되는 과제이다. 디지털 전환이 일어나고 플랫폼이 일반화되면서 그 경계가 모호해졌다. 취약계층뿐만 아니라 일반 사람들도 포용성이 높아지거나 격차가 더 확대되는 대상이 될 수 있기 때문이다. 이슈 자체도 접근성과 기회확보라는 차원의 문제에 한정지어서는 효과를 볼 수 없다. 디지털 기술을 활용하는 데 일상생활의 불평등뿐만 아니라 경제, 사회적 활동에 상대적인 불이익을 받을 수 있기 때문이다. 현재 우리가 안고 있는 문제에 완전히 새로운 문제인 디지털 대전환이 추가된 것이고, 기존의 문제가 디지털 기술에 의해 확장되면서 새로운 문제를 야기할 수 있는 가능성이 크다.

2 지능정보사회의 빛과 그늘

지능정보사회에서 디지털 기술은 과거 어떤 기술보다 만져 볼 수 없고, 볼 수 없는 비가시적인 특성을 갖고 있다. 어떤 빛과 그늘을 가지고 있는가를 잘 보지 못하는 상태에서 우리는 스마트폰을 살 때, 인터넷에 연결될 때 그것이 가져오는 긍정적인 효과만을 생각한다. 그런데 비가시적인 기술이 가지고 있는 부정적인 영향은 잘 눈에 안 들어오기 때문에 기술의 속성을 잘 알지 못하는 상태에서 의존성만 높아진다. 기술의 속성을 이해하지 못하는 상태에서 의존성이 높아지면 그것을 현명하게 쓰지 못하는 현상, 즉 부작용이 생겨난다. 자발적으로 선택했지만 사실은 알고리즘에 의한 유도에 불과한 것, 이런 것은 거의 드러나지 않는 것이 사실이다. 그래서 현재 가장 디지털 기술을 잘 이용하는 사람들은 페이스북처럼 인간의 심리를 전문적으로 연구하고 내부 데이터를 가지고 자기 서비스의 집중도와 몰입도를 높이는 데 사용한다. 기술의 비가시성을 활용하여 인간 심리의 취약점을 노리는 서비스도 가능해진다. 그것이 디지털 환경에 많이 노출되는 환경을 만들어 주는 공공적인 측면, 열린 마음으로 기술에 접근하는 개인의 측면 두 가지가 모두 있어야 고용, 일자리, 일상생활 측면에서도 의미가 있다. 최근 산업현장에서의 기술발전은 엄청나게 빠르다. 스마트 팩토리, 빅데이터 등 많은 이슈가 있는데, 공정이나 제품 혁신이 일어나는 것을 근로자들이 잘 활용할 수 있어야 한다. 디지털 기술의 포용성이 높은 근로자들은 도전적으로 학습해가며 적응해나가는 반면, 그렇지 않은 사람들도 많다. 디지털 기술에 대한 거부감을 갖고 있는 근로자들도 있다. 디지털 정보격차를 줄이기 위해서 인프라를 깔고 기회를 제공한다고 해도 디지털 기술의 학습에 노력하지 않는다면, 디지털 기술의 특성상 격차를 좁히기 쉽지 않을 것이다.

최근 디지털 기술을 기반으로 한 플랫폼이 많이 등장하는데 특히 공유경제 플랫폼의 경우 유휴자산을 제공할 수 있는 생산자, 유휴자산을 이용하고자 하는 소비자들이 디지털 기술을 통해 상호작용을 하는 체계가 부상하고 있다. 공유경제가 디지털 포용 측면에서 주목해 볼 만한 것은 주로 유휴자산을 저렴하고 다양하게 이용하기 원하는 소비자들이 만날 수 있는 공간이 되기 때문이다. 긍정적인 측면에 반해 부정적인 우려를 나타내는 목소리도 있다. 긍정적인 효과는 생산 능력을 효율적으로 활용할 수 있으며 보다 많은 경제활동 플랫폼을 통해 이익을 공유할 수 있다. 반면, 디지털기술 자본주의의 문제점, 소비자 안전, 차별에 대한 문제, 저임금, 플랫폼이 과도하게 이익을 가져가는 것이 부정적인 측면이다. 서비스 수요자뿐만 아니라 공급자에 대한 관심과 활성화를 위한 노력들이 디지털 포용 차원에서 이루어져야 된다.

지능정보사회에서 공유경제라는 경제활동을 할 수 있는 공간이 생겨나서 유휴자산을 가지고 있는 사람들이 좀 더 플랫폼을 적극적으로 활용할 수 있다면 이전에 없던 새로운 기회가 될 수 있다. 이 기회를 적극적으로 활용하면서 제도와 법이 동시에 적용이 된다면 좋은 방향으로 정립될 수 있을 것이다.

유휴자원을 활용한다는 측면에서는 주어진 자원을 효율적으로 이용하면서 부도 창출하고 높은 효용을 누린다고 볼 수 있다. 과거에 없었던 서비스이기 때문에 새로운 모델을 제시한 기업가로 인해 사회적인 파급력이 커지게 된다. 최근의 공유경제서비스 중에서 이런 희망적인 포용에 기여한 비즈니스 모델을 살펴보면 유명 유튜버들처럼 누구나 플랫폼을 통해 자신의 자원을 극대화할 수 있는 기회를 만들어낼 수 있다. 그런데 에어비앤비, 우버 등에 참여하는 사람들이 수익을 가져가는 것이 아니라 결국 플랫폼을 설계하고 만드는 사람들에게로 수익이 집중되는 효과가 동시에 나타나고 있다. 공유경제로 인해 발생 또는 일어나는 총체적인 효용과 가치, 즉 수익을 어떻게 재분배할 것인가에 대한 논의도 사회적 차원에서 있어야 한다.

❸ 지능정보사회의 진입과 일자리문제

현재 디지털 전환 매체가 되는 지능정보기술을 꼽는다면 인공지능(AI)이 가장 손꼽힌다. 과거 인식된 바에 따라 움직이는 명령 형태의 프로그램이 아니라 머신러닝을 통해 훈련하고 학습한다는 개념이 중요하다. 인공지능기술이 확산되면서 생긴 가장 큰 우려 중의 하나가 일자리문제이다. 예전에는 힘이 많이 드는 것을 기계에게 시키는 경향이 있었는데 이제는 머리 쓰는 것도 기계의 도움을 받는 상황이 된 것이다. 기술 발달에 따라서 일자리 분야에 일어나고 있는 변화, 그리고 대중이 갖고 있는 우려가 어디까지 타당한 것이고, 어디까지가 우려하지 않아도 될 부분인지 검증이 필요한 것 같다.

고용분야에서 디지털 포용을 어떻게 받아들여야 할까? 하는 문제가 있다. 디지털 대전환에 의해 어떤 직종은 위기를 맞을 것이고, 어떤 직종은 이를 기회 삼아 생산성을 높이고 더 높은 이익을 창출하기도 할 것이다. 그래서 노동시장에서 디지털 포용에는 기회의 평등, 접근성 제고, 이익의 공유 등과 관련이 있다. 정부에서도 새로운 신산업을 일으키거나 혁신을 일으키기 위해서 많은 인재를 양성해야 한다. 지능정보사회에 진입하기 위해 청년들이 공평한 기회를 가져야 하는데, 그 기회를 제공하는 것이 정부의 역할이다. 이렇게 기회를 획득한 청년들을 4차 산업혁명을 선도할 인재로 키우는 것이 가장 중요하다.

인공지능에 의한 일자리 감소는 실제 산업 현장과 제조업 현장에서 일어나고 있는 현상이다. 스마트 팩토리, 사물인터넷(IoT), 인공지능(AI) 등이 현장에 도입되면서 자신들이 하고 있는 직무가 사라지거나 열 가지 직무 중 다섯 가지 정도는 기계, 로봇, 디지털 장비로 대체됨에 따라 분명히 일자리는 감소하는 상황이다. 특히, 가장 타격을 많이 받는 층이 중간 기술직 이하의 근로자들이다. 최근의 경향을 보면 중간 계층의 숙련기술자들은 증가하고 있지만 그 다음에 하급기능공, 단순 근로자들은 불안한 상태로 자리를 유지하고 있다.

21세기 지능정보사회에서 모든 산업이 다 변화를 겪고 있다. 언론 분야에서도 마찬가지 현상이 일어나고 있다. 옛날 방식을 고집하는 사람들을 사회가 끝까지 끌어안을 수는 없는 일이다. 시대가 변하고 기술 환경이 달라지면서 우리가 살아가는 사회의 기본 방식, 생존방식 자체가 달라지고 있다. 따라서, 민주시민으로 교육시키기 위해 글자를 가르치고 의무교육을 실시하는 것처럼, 지능정보사회에서의 정보민으로 살아가기 위해 적합한 직무교육이 이루어져야 한다.

실제 4차 산업혁명으로 직업 대체가 일어나는 경우가 있는데, OECD 기준 9%대다. 똑같이 디지털 대전환이라는 패러다임도 너무 우려의 관점으로 보기보다 정책이 어떤 역할을 해야 할지에 대한 고민과 대안이 필요하다. 형이상학적인 영역은 인간이 할 수밖에 없다. 미국에서는 헬스 내비게이터라고 하는 직무가 새로 생겼다. 전체 고용률이 떨어졌다고 하지만 이런 식으로 헬스케어나 소셜 서비스 영역의 일자리는 오히려 새롭게 등장하고 있다. 여기서 우리가 정책적으로 좀 더 봐야 하는 것은 시스템이다.

4 지능정보사회의 소외문제와 고령사회

21세기 지능정보사회에서 인간과 기계의 대결 구조가 가장 관심을 끄는 부분인데, 의료 분야에서 인공지능(AI)과 의료는 두뇌의 한계와 관련된 부분이라고 할 수 있다. 2000년대 초에는 엑스레이를 찍으면 필름을 현상했다. 지금 병원에는 차트와 필름을 찾아서 의사에게 하는 일을 하던 사람들이 다 없어졌다. 또 의사가 필름을 보면서 판독을 하는데, 그때 의무기록사가 의사의 판독이 녹음된 파일을 듣고 타이핑해서 입력을 했으나 이제는 음성이 그대로 텍스트로 전환된다. 게다가, 의사가 직접 판독하지 않아도 컴퓨터가 판독을 해서 데이터를 주고 있다. 인공지능과 인간의 대결구도를 상정할 것이 아니라 화합하며 같이 함께 할 수 있는 구조를 만들 수 있어야한다. 물론 의사보다는 인공지능이 의료시술, 의료기술의 발달을 선도할 것이다. 많은 의사들이 인공지능이 만들어내는 혁신에 더 의지하게 될 것이고, 꿈같은 의료 환경을 만들 수도 있을 것이다.

국가적인 측면에서 볼때 가장 중요한 것은 교육과 의료분야 일 것이다. 요즘 아이들은 서너 살만 되어도 쉽게 앱을 다룬다. 이렇게 디지털 지능이 높은 아이들을 국가가 어떻게 교육을 시킬 것인가가 관건이다. 의료 시스템에서 보면 인공지능에서 가장 중요한 것은 딥러닝이다. 그래서 데이터가 중요하다. 우리나라는 2000년 초부터 국민들이 정기적으로 건강검진을 받았기 때문에 의료 데이터가 엄청나게 많이 보유하고 있다. 이렇게 많은 의료 데이터를 의사들이 과연 어떤 방향으로 사용할까, 여기에 대해 정부가 제대로 된 가이드라인을 제시하는 것이 중요하다.

기술과 사람 그리고 특히 고령자의 관점에서 키워드는 '사람중심'이다. 불평등이 디지털 기술로 인해 더 심화되면 취약계층들은 훨씬 빨리 오랫동안 그리고 크게 충격을 받고, 고령자들 역시 충격은 더욱 클 것이다. 우리나라는 패스트푸드점의 키오스크처럼 금융과 쇼핑 등에서 고령층에 대한 소외가 커지고 있다. 지역사회는 고령화가 빨라지고 있는데, 가까운 곳에서 생필품을 구매할 수 있었던 슈퍼마켓들이 점점 없어지고 있다. 자율주행차도 시각장애인, 노인 등 운전이 어려운 사람들 대상으로 만들어진 기술이라고 하지만 실제 노인들은 완전한 자율주행을 원하지 않는다.

우리나라 고령인구 비율이 14%인데 EU가 19%다. 그래서, EU는 '엠비언트 어시스트 리빙'이라는 큰 국가 프로젝트를 만들어서 모든 생활을 디지털화하고 있다. 거기에 포용이라는 내용도 포함되어 있다. 디지털을 포함한 모든 기술은 자립적 생활과 삶의 질 제고에 기여해야 하고, 고령자를 고려한다면 내가 스스로 결정하게 할 수 있도록 하는 관점에서 기술발전과 확장이 이루어져야 한다.

디지털 시대의 디지털 포용은 정부정책뿐만 아니라 개인도 적응해야 하며, 기업도 디지털 포용에 함께 해야 한다. 또 일자리 분야에서 자동화, 인공지능으로 내 일의 성격이 바뀌면 다른 무엇을 할 수 있는가를 찾아내는 것도 그리고 기존의 법과 규제와 충돌할 때 정부가 어떤 역할을 할지도 중요하다. 21세기 지능정보사회에서 변화의 속도가 너무 빨라서 한 세대 안에 급격히 일어나고 있기 때문에 디지털 포용 문제가 더 큰 화두로 등장하게 되었다.

제3절 ⟩⟩⟩ 경제의 지능정보화 : 디지털경제

① 디지털경제의 개념 및 의미

지능정보사회에서 지능정보기술의 발전에 따라 형성된 새로운 경제패러다임인 디지털경제는 먼저 컴퓨터와 반도체의 발전으로 디지털정보를 처리할 수 있는 단말기가 개발되고, 이들 정보를 대량으로 빠르게 전달할 수 있는 정보통신망이 형성됨으로써 정보네트워크의 근간이 이루어지고 있다. 인터넷은 이들 정보네트워크를 세계적으로 연결하는 네트워크의 글로벌화 구실을 하며, 인터넷에 기반을 둔 각종 서비스들이 등장함으로써 경제질서의 변화는 정치, 사회, 문화 등 삶의 모든 측면에서 새로운 질서와 변화를 야기시키고 있다.

지능정보기술의 비약적인 발전과 인터넷을 통한 경제의 네트워크화의 진행은 새로운 경제 패러다임으로 등장하게 되었다. 즉 각종 산업이 인터넷이라는 새로운 도구를 중심으로 재편되어 가고 기업구조, 생산활동, 시장경쟁, 가격책정과 정책설정, 노동시장, 법률 등 사회전반에 걸쳐 변화를 야기시키고 있다. 이러한 변화를 전자상거래, 인터넷 비즈니스라는 용어보다는 디지털경제라는 개념이 필요하게 된 것이다.

디지털경제는 인터넷을 통한 경제의 네트워크화에 있으며, 네트워크로 연결된 디지털경제에서는 상품구성, 거래, 경제적 가치창출의 원천이 제조업을 중심으로 한 전통경제와는 근본적으로 차이가 있다. 기존의 아날로그 경제체제에서는 생산자, 유통업자, 소비자간의 역할 분담이 명확하고, 생산자와 유통업자가 소비자에 비해 많은 정보를 가지고 있으며, 광고의 경우 생산, 유통업자가 소비자에게 정보를 전달하는 것으로 이해되어 왔다. 그러나 디지털 네트워크의 등장으로 생산자, 유통업자, 소비자간의 역할 분담이 파괴되고 있으며, 파괴에 이은 재구축 방향은 소비자 중심으로 통합되고 있다는 점이다. 이러한 현상을 야기시키는 주요 동인으로는 거래비용(transaction cost)과 탐색비용(search cost)의 감소, 디지털화에 따른 정보의 종합비용과 네트워킹 비용의 감소 등을 들 수 있다. 산업사회의 경제와 지능정보사회의 경제를 비교하면 <표 9-2>와 같다.

표 9-2 산업사회의 경제와 지능정보사회의 경제

구 분	산업사회의 경제	지능정보사회의 경제
경제규모	(확대적) 경제의 규모가 확대함. 아이디어는 비즈니스가 되며 비즈니스는 다시 산업이 됨	(축소적) 자원의 유한성은 모든 면을 축소하여 기업을 기민하게 하고 소비자를 현명하게 함
상품생산	(반복적) 대량생산으로 제품은 균질화함	(분화적) 제품생산능력을 소수의 특정수요에 대응하기 위해 유연성을 높임
권력관계	(경쟁적) 부와 권력은 자원의 축적과 시장의 독점적 지배에 의하여 획득됨	(상호적) 사회는 상호이익을 도모하고 권력은 집단의 이익을 도모하는 자의 것이 됨
소비자복지	(affluent society) 대량의 상품생산으로 풍요로운 사회	(influent society) 소량다종의 상품 소비로서 충족한 사회

소비윤리	(소비적) 생산증가>임금증가>상품 소비증가	(절약적) 소비과잉은 사회전체의 복지를 저해하므로 절약의 윤리로 이행
거래단계	(중간거래화) 급속한 경제성장과 확대는 경제구성요소간을 연결하는 새로운 상품과 서비스를 창출	(중간거래의 배제) 경제축소와 개체 수의 고정화는 중개의 필요성을 감소시킴
지식보유	(전문화) 모든 부문의 확대는 일련의 전문가를 요구하게 됨	(폭넓은 기능) 사람들은 광범위한 지식을 보유하여 전문가에의 의존도를 낮추게 됨
환경오염	(entropy적) 고도성장과 소비는 산업폐기물과 오염물을 방출	(정보의 과잉) 정보의 과잉은 시스템 입력과잉을 야기시킬 위험과 오정보로 인한 사회무질서를 야기시킬 위험이 있음

이와 같이 새로이 구축되는 경제질서를 토대로 하는 사회는 "지식과 정보의 창출, 확산 및 활용이 모든 경제활동의 핵심이 될 뿐만 아니라 국가의 부가가치 창출과 기업과 개인의 경쟁력의 원천이 되는 사회"[6]를 의미한다. 즉, 디지털경제는 끊임없이 새로운 지식의 영역개척과 외부로부터의 활발한 지식 획득, 그리고 경제활동에 있어 여러 형태의 지식과 정보를 최대한 효율적으로 공유, 확산, 활용함으로써 경제전반의 생산성과 생활수준을 지속적으로 향상시키는 동시에 세계시장에서의 경쟁력을 확보해 가는 경제를 말한다.

다시 말하면, 디지털경제란 여러 형태의 지식과 정보를 효율적으로 공유, 확산, 활용함으로써 기존 산업의 새로운 부가가치 창출과 생산성 증대를 가능하도록 하는 한편 새로운 지식의 창출과 확산 및 혁신적 활용을 통해 지속적으로 새로운 사업기회를 포착하고 이를 사업화 하여 고용을 창출하는 역동적인 경제를 의미한다.

2 디지털경제의 경제주체

2.1 소비자

1) 소비의 지능정보화

디지털경제에서의 소비자의 소비행태는 어떻게 변화하는가? 첫째, 통신, 교

---

6) OECD, *The Knowledge-Based Economy : A Set of Facts and Figure*, 1999.

양, 오락부문 등의 디지털상품에 대한 수요가 꾸준히 증가한다. e-mail, 인터넷폰이 기존의 우편, 전화업무를 점차 대체하고 초고속정보통신망을 이용한 정보통신서비스의 보급이 일반화됨에 따라 영상과 음성, 데이터통신이 결합되고, 영화와 게임, 통신이 결합된 형태의 엔터테인먼트가 확산되면서 전통적인 방식의 놀이문화를 대체하게 된다. 또한 가상현실을 응용한 게임이나 문화체험, 디지털예술품, 사이버 연예인 등도 점차 일반화된다.

둘째, 교육, 보건·의료부문의 정보가 디지털화되고, 주거·가사부문에서는 지능정보기술이 기계공학과 결합되는 형태로 구체화된다. 사설교육의 상당부분이 국가내 또는 전세계적인 정보통신망이 구축되면 컴퓨터를 이용한 원격강의와 교육용 프로그램을 이용한 재택학습이 가능해지는데, 이는 도시와 농촌간, 학교간의 격차가 해소될 뿐만 아니라 과도한 교육으로 인해 소요되는 사교육비도 크게 감소시킬 수 있다. 원격의료시스템이 건강진단이나 가벼운 질병 등을 중심으로 확충되고, 의학적 정보를 프로그램화한 인공지능의사가 등장할 수 있게 함으로써 의사의 업무를 보조하는 재택진료가 가능해진다. 또한 인공지능을 갖춘 건물이나 가사용 로봇이 통신과 결합함으로써 가사업무를 지원하게 된다. <표 9-3>은 각 소비지출이 어떻게 지능정보화되어 있는가를 나타내고 있다.

표 9-3	소비지출의 지능정보화	
소비지출	디지털화의 예	
교육	• 사설교육의 디지털화 • 공교육의 디지털화 • 인공지능교사 • 원격교육	• 재택학습 • 스마트 출결확인 • 스마트 칠판 • 터치스쿨
교양·오락	• 영화, 게임, 통신의 통합 • 가상현실 • 디지털 예술품 • 디지털 문화·오락시스템 • 터치스쿨	• 스마트 TV • 관광정보시스템 • 호텔예약시스템 • 레저스포츠관리시스템 • 스마트 콘텐츠
교통·통신	• e-mail·자동항법 시스템 • 스마트감시시스템 • 스마트 카 • 무인자율 주행서비스	• 인터넷영상전화 • 교통안전관리시스템 • 지능형 주차관리 • 커넥티드 카

보건·의료	• 원격진단 • 재택진료 • 인공지능의사 • 헬스케어 • 독거노인 서비스	• 건강진단 및 상담 • 보험의료정보시스템 • 지역의료정보시스템 • 환자상태 모니터링 • 스마트 헬스
주거	• 부동산거래의 디지털화 • 인털리전트 빌딩 • 자동제어시스템 • 스마트 빌딩	• 재해관리시스템 • 방재방범시스템 • 인생상담시스템 • 스마트 홈
관광·스포츠	• 관광지 위치정보서비스 • 운동선수관리 • 사물인터넷기반 문화유산 관광안내서비스	• 관광·문화행사 정보수집·제공 • 운동량 체크용 웨어러블
식료품	• 정보검색을 통한 선택	• 전자상거래를 이용한 제품구입

셋째, 기존의 내구재들은 디지털기술을 응용하거나 디지털 응용시스템을 장착하게 됨에 따라 사람들의 편의성이 증대된다. 소비자들이 상품에 내재되어 있는 기본적인 기능보다는 부가적인 기능을 더 중시하고 이러한 제품의 소비를 통해 자기만족을 추구하게 된다. 예를 들면, 자동항법운항시스템을 장착한 자동차, 자동제어 및 원격조절이 가능한 가전제품들이 보급되면서 개인활동의 편의성이 증대되고 있다.

2) 거래의 지능정보화

디지털경제에서의 거래방식은 어떻게 변화하는가? 첫째, 인터넷망의 보안성이 높아지고 전자결제시스템이 확립되면서 인터넷을 통한 정보검색 및 사이버 결제방식이 점차 확대되고 있다. 제조상품, 식료품의 경우 현재 인터넷거래가 보편화되어 있으며 문서, 음성, 영상 등의 디지털상품의 거래는 택배방식에서 디지털전송방식으로 점차 변하게 되고 있다.

둘째, 신용카드 결제방식과 함께 전자화폐를 이용한 대금결제와 사이버증권, 인터넷뱅킹, 모바일뱅킹 등의 개인금융의 지능정보화가 이루어지고 있다. 전자화폐는 대금지급의 편의성과 함께 수수료부담이 없거나 적고 익명성이 보장된다는 장점을 갖고 있으며, 직접 가서 물건을 구입하거나 서비스를 제공받은 경우 전자화폐를 이용할 수 있다.

3) 소비자주권의 강화

디지털경제에서의 소비자주권은 강화되는가? 첫째, 소비자가 생산자의 생산활동에 관련된 정보를 보유·인지할 수 있게 됨에 따라 소비자 중심의 시대, 즉 소비자의 영향력이 그 만큼 커지게 된다. 경쟁시장에서 소비자들이 생산량 및 가격결정에 갖게 되는 영향력을 소비자주권(consumer sovereignty)이라고 하는데, 이 영향력에 의해 모든 기업들의 생산활동에 영향을 미치게 된다. 즉 기업이 무엇을 얼마만큼 어떻게 생산할 것인가 또는 그 상품의 가격을 어떤 수준에서 결정할 것인가 등은 궁극적으로 소비자의 수요에 의하여 결정되므로 소비자는 이러한 결정에 대해 어떠한 권한은 갖고 있다고 말할 수 있다. 예를 들면, 생산자가 홈페이지를 통해 제품에 대한 다양한 정보를 제공하고 검색 및 다른 사이트들이 제품의 평가를 도와줌으로써 유통업체들이 가격을 인하할 수 있고, 인터넷경매 및 역경매 방식의 확산은 개별소비자가 상품의 가격결정에 직접적으로 참여할 수 있게 해준다.

둘째, 소비자들이 사이버공간상의 가상공동체를 통해 연결됨으로써 상품의 수요독점도 가능해진다. 현재 PC통신이나 인터넷상의 사이버공동체는 앞으로 계속 확대되어 기존의 단체와 비슷한 제도적 틀을 갖추게 되면, 소비자들은 공동체간의 연합, 단체행동을 통해 생산자에 대한 교섭력이 강화되어 생산자의 생산물에 대한 수요 독점력을 행사할 수 있게 된다.

2.2 기 업

1) 생산의 지능정보화

디지털경제에서 생산활동의 지능정보화는 어떠한 효과를 갖게 되는가? 첫째, 디지털경제에서 기존의 생산요소인 노동, 자본, 토지보다 상대적으로 지식과 정보의 중요성이 커지면서 상품의 기획에서 생산·판매에 이르기까지 모든 생산활동이 지능정보화·네트워크화가 될 것이다.

둘째, 제조업의 지능정보화란 디지털기술에 기반을 둔 지능정보기술을 도입·활용함에 따라 제품의 기획, 생산 그리고 판매과정에 이르기까지 효율화를 달성하여 생산성을 증대시키는 것으로 의미한다. 이러한 제조업의 지능정보화는 주로 기존의 기계화에 의한 생산체제를 디지털화에 의한 생산체제로 전환함에 따라 생산부문에서의 지능형 자동화의 비중이 증대될 뿐만 아니라 사무부문에서도 지능형 자동화가 진전되어가고 있다.

기업의 생산현장에서는 먼저 공장자동화가 추진되고, 소비욕구의 다양화 및 고도화에 따라 많은 종류의 상품을 조금씩 생산해야 하는 유연제조방시스템 (FMS)이 도입되었다. 그리고 이보다 더 진화된 컴퓨터통합생산시스템은 제품의 기획, 디자인, 부품의 공급, 제조, 제품의 출하 등을 포함한 생산의 모든 측면을 통합하기 위하여 컴퓨터와 커뮤니케이션 기술을 사용하는 것을 말한다.

하지만 앞으로는 e-매뉴팩처링(e-Manufacturing)의 시대가 올 것이다. e-매뉴팩처링이란 협의의 개념으로는 제품의 생산과정에서 지능정보기술을 활용하는 것, 즉 제조기술이나 생산의 지능정보화를 말하며, 광의의 개념으로는 지능정보기술을 이용하여 제품의 기획 및 개발, 구매와 조달, 생산, 물류·유통과 물류, 판매와 AS 등 제조업의 전체 비즈니스 과정을 혁신하고 통합하는 것이라고 할 수 있다. 따라서 광의의 e-매뉴팩처링은 제조업의 전체 영역에서 경쟁력을 향상시키는 제조업 지능정보화의 개념과 같게 된다.

셋째, 기업은 가상공간을 통해 마케팅 및 판매활동을 강화할 수 있다. 가상공간상의 마케팅활동은 고객에게 개별화된 정보와 서비스를 신속하게 전달할 수 있으며, 인터넷을 통해 기업이 중간유통단계를 거치지 않고 소비자에게 직접 제품을 판매함에 따라 제품의 가격을 낮출 수 있다. 또한 기업은 즉시 주문-생산-배달시스템을 갖춤으로써 생산과 판매기능의 융합을 통해 재고량을 최소화함으로서 재품의 관리비용을 줄일 수 있다.

넷째, 기업은 생산의 디지털화를 통해 제품의 기획, 생산, 판매과정에서 소비자의 선호를 즉각적으로 반영할 수 있다. 기업은 제품을 기획할 때 인터넷상에서 형성된 의견수렴을 통해 제품의 디자인, 명칭 및 기능을 결정하는 주요 요인이 된다.

2) 산업구조의 변화

디지털경제에서 산업의 지능정보화는 어떠한 효과를 갖게 되는가? 첫째, 지능정보기술은 산업전반에 걸쳐 규모의 경제와 범위의 경제를 실현하여 생산성 향상으로 연결되고, 다양한 정보가 음성·영상·데이터 등의 형태로 쉽게 공유되어 시장에서의 경쟁양상도 바뀌어 진다. 한편에서는 지능정보기술에 의해 새로운 산업이 나타나는 동시에 다른 한편으로는 기존 산업간의 영역이 허물어지면서 산업간 분화와 융합이 활발히 진행되는 가운데 기업과 소비자간의 직접연결, 재택근무, 소비패턴의 변화 등으로 산업질서 자체가 구조적으로 바뀌어 가고 있다.

둘째, 지능정보기술을 기반으로 하는 지능정보산업의 비중(생산량, 고용수준, 파급효과)이 계속 증대되고 있다. 지능정보산업(Intelligence Information Industry)은 인간의 고차원적인 정보처리활동(인지·학습·추론)을 구현하는 인공지능기술 응용산업과 이의 근간이 되는 데이터를 수집·분석·활용하는 산업을 말하는데, 이러한 지능정보산업의 생산량과 고용수준이 점차 증가함에 따라 전 산업에서 지능정보산업이 차지하는 비중이 상대적으로 커지고 있다.

셋째, 정보통신서비스의 수요가 증가하고 제조업 제품의 소프트화가 진전되면서 경제의 서비스화[7]가 더욱 강화된다. 기업의 생산비용이나 유통의 편리성 등으로 인해 정보관련 제품을 중심으로 과거 물적 형태로 제공되던 제품들이 점차 지능화되어 서비스 개념으로 바뀌게 된다. 그리고 제품에 지식과 정보를 체화하여 고부가가치화 하는 제조업을 지원하는 서비스의 중요성이 확대되면서 제조업의 서비스화가 이루어진다. 다시 말하면 제조업을 지원하는 서비스부문이 아웃소싱되어 독립되면서 제조업의 개념이 제품의 직접생산과 관련된 부문만으로 점차 한정되고 있다.

넷째, 최근의 지능정보기술의 급속한 발전으로 기계와 기계, 기계와 인간 등 모든 객체의 연결을 통해 정보교류 및 데이터를 수집, 정보처리능력의 고도화를 통한 데이터의 축적·분석 능력 강화, 데이터를 활용한 빠른 학습으로 기계가 지능화 되는 과정을 통해 새로운 가치를 창출하는 지능정보산업이 형성되어 감에 따라 전통적인 방식의 산업분류를 무의미하게 하고 있다.

2.3 정 부

행정업무의 지능정보화에 따라 정부의 역할은 어떻게 변화하는가? 첫째, 소비와 생산의 지능정보화(인공지능, 사물인터넷, 빅데이터의 활용)로 인해 완전경쟁시장으로의 시장기능이 회복됨에 따라 정부의 역할이 그 만큼 축소된다. 산업경제에서 상품시장의 소비자는 판매자에 비해, 노동시장의 노동자는 고용

---

7) 경제의 서비스화란 한 나라의 공업화가 일정수준에 도달하고부터는 경제성장은 주로 서비스산업에 의해 이루어지는 것을 의미한다. 2017년도 기준으로 서비스산업의 생산량은 명목GDP에서 차지하는 비중이 한국은 75%, 일본은 80%, 그리고 미국은 87%을 나타내고 있다.

주에 비해, 금융시장의 예금자는 금융기관에 비해, 그리고 교육시장의 학생은 교사에 비해 열등한 정보를 갖고 있다. 그러나 디지털경제시대에서는 정보의 흐름이 빨라지고 정보거래비용이 저렴해지기 때문에 누구나 쉽게 거래상대방과 관련한 정보에 접근할 수 있게 된다. 다시 말하면, 정보불균형의 문제가 완화되어 완전정보가 달성될 수 있다. 이와 같이 완전정보가 달성되면 상품시장에서의 모든 판매자들은 동일한 상품에 대해 동일한 가격으로 판매해야 한다. 만약 상품의 가격이나 품질이 조금이라도 높거나 낮다면 그 판매자는 기존의 고객을 즉시 잃어버리고 시장에서 퇴출당할 것이다. 또한 노동자는 불리한 노동환경과 싼 임금수준으로 노동력을 제공하지 않을 것이며, 금융상품을 구매하려는 예금자 역시 자신에게 가장 적합한 금융상품을 아주 저렴한 비용으로 찾아 낼 수 있다. 이러한 디지털시장에서는 정보가 소비자를 보호하기 때문에 정부가 따로 나서 소비자를 보호해야 할 필요성이 없게 된다. 정부는 그저 정보가 원활하게 흐르도록 기반을 조성하면 될 것이기 때문에 그 만큼 시장실패를 해결하기 위해 이루어지는 정부개입의 필요성이 줄어들게 된다.

둘째, 전자상거래와 관련된 세금수입의 감소로 정부의 재정이 점차 축소될 것으로 예상됨에 따라 정부의 역할도 변화하게 된다. 전자상거래의 개별성, 익명성, 그리고 디지털상품의 무형성 등으로 전자상거래에 대한 징세가 어려우며, 글로벌화로 인해 기업의 입지가 유동적인 상황에서 국가간 제도의 격차는 기업이 세금이 적은 지역으로 쉽게 이동할 수 있도록 하고 있다. 그리고 행정의 간소화, 공교육 등의 네트워크화, 전반적으로 사회의 효율성 증대로 정부지출규모가 점차 줄어들 것이며, 궁극적으로 정부는 행정서비스의 제공자에서 조정자로 역할이 변화하게 된다.

셋째, 각 국의 정부간의 협력이 긴요해지고 국가 간의 조정을 위한 세계기구의 역할이 더욱 확대된다. 기업 및 고용의 글로벌화로 국가 간 상업적 결속이 확대되면서 하나의 지구촌이라는 개념에 맞는 과세 및 규제에 관한 법률 및 제도의 통일이 필요하다.

③ 디지털경제의 영향

한 국가의 경제의 지능정보화는 경제성장과 장기적으로 고용촉진, 국가경쟁력의 강화 등 국가의 경제전반에 걸쳐 매우 중대한 영향을 미치고 있으며, 이러한 관계는 앞으로 더욱더 깊어질 것이다.

첫째, 지능정보사회에서는 정보와 지식이 중요한 경제적 자원이 된다. 정보와 지식은 사회 각 부문에 이용되어 경제적 가치를 생산할 뿐 아니라 그 자체가 하나의 전략상품화하게 된다. 정보상품은 영화, 뉴스, 기술특허, 서적, 디자인, 음악, 미술 등 다양한 형태를 취하게 된다. 이러한 상품들은 생산하는 데 많은 비용이 들지만 일단 생산하고 나면 재생산이나 유통에 많은 비용이 들지 않기 때문에 매우 높은 부가가치를 창출하게 된다는 특징을 가지고 있다. 즉 경제의 지능정보화는 사회 각 분야에서의 정보생산 및 유통을 촉진함으로써 부가가치가 높은 상품을 생산할 수 있도록 해준다.

둘째, 경제의 지능정보화는 비용절약적 기술의 채택으로 산업의 비용을 획기적으로 절감시킬 수 있다. 우선 지능정보기술은 인력에 의존하던 경제활동을 지능형 자동화함으로써 지속적으로 증가하는 인건비의 부담을 줄여준다. 우리에게 있어서도 무인공장, 무인생산시스템은 이미 낯선 것이 아니다. 또한 경제의 지능정보화를 통한 정보유통의 자동화는 물류 및 교통비용의 획기적인 감소를 가져올 수 있다. 예컨대 현재 우리나라의 고속도로를 이용하는 화물차의 거의 절반은 빈차로 운행하고 있다. 이는 출발지에서 화물을 싣고 올라 간 뒤에 도착지에서 화물운송을 원하는 화주와의 연결이 안 되어 빈차로 내려오기 때문이다. 인공지능에 의한 물류정보시스템이 잘 갖추어진다면 출발시점에 이미 도착지에서 화물을 내린 뒤에 어느 곳에서 어떤 화물을 얼마나 싣고 내려올 것인지를 미리 파악함으로써 빈차 운행이 줄어들게 되고, 고속도로의 효율적 이용과 운송비용의 절감이 가능해진다.

셋째, 경제의 지능정보화는 산업의 효율성을 높여준다. 우선 효율적인 사물인터넷을 통한 정보통신시스템은 기업활동에 관한 의사결정을 도와줄 수 있다. 주먹구구식 경영에서 오는 시행착오의 비용과 실패의 리스크를 줄여 줌으로써 기업경영을 개선시켜 주며, 또한 시장의 창출과 확대에 있어서 필요한 정보를 최단시간 내에 제공해 줌으로써 발빠른 대응능력을 제고시켜 준다. 생산활동에 있어서는 지능화를 통한 기존공정의 생산성 증가는 물론이지만, 이보다 더욱 중요한 것은 e-매뉴팩처링(e-Manufacturing)을 통한 제조업의 전체 영역에서 경쟁력을 향상시킬 수 있는 새로운 성과를 가능케 해준다는 것이다. 금융산업에서도 홈뱅킹, 무인점포, 전자지갑 및 전자화폐, 인공지능로봇은행원 등이 등장하면서 감량경영과 외형의 축소 및 수익성 제고라는 혁신의 바람이 일고 있다. 이러한 새로운 공정, 품질관리의 개선, 새로운 서비스의 개발은 소비자 욕구에 부응하여 다양화, 고급화되어 가고 있다.

넷째, 경제의 지능정보화를 통해 세계시장을 무대로 한 글로벌 경영체제가 가능해진다. 세계적으로 시장이 통합되는 추세에 따라 기업활동도 점차 국내를 대상으로 하는 데에서 벗어나 세계를 대상으로 이루어지게 된다. 그에 따라 생산과 경영, 판매 등 기업활동의 분업화가 촉진된다. 예컨대 제품의 기획은 한국 본사에서 하고, 인건비가 저렴한 동남아시아 및 아프리카에서 생산한 제품을 수요가 큰 미국시장이나 유럽시장에서 판매하는 등으로 기업활동의 글로벌화가 이루어진다. 이러한 글로벌 경영을 위해서는 세계 각 지에서의 생산활동 및 결과들을 실시간으로 수집·종합하여 경영전략을 수립하고 각 분야별 활동을 지휘할 수 있는 정보통신시스템의 구축이 필수적이다. 뿐만 아니라 세계적인 규모의 시장동향, 소비자수요의 변화, 기업환경의 변화 등을 경쟁기업보다 빨리 수집하여 대응하는 정보능력은 글로벌 경영에서 사활이 달린 중요한 사항이며, 지능정보화가 이루어지지 않고서는 달성이 불가능한 것이다.

다섯째, 지능정보산업이 21세기 최대기간산업으로 성장함에 따라 경제의 지능정보화가 경제성장 및 고용촉진에 결정적인 역할을 하게 된다. 지능정보기술은 다른 기술에 비해 경제 전체에 미치는 파급효과가 매우 커서 경제성장에 커다란 영향을 미친다. 지능정보기술의 발전은 지능정보기술이 체화된 스마트기기가 여타 부문의 생산과정에 도입·활용되어 생산방식, 소비형태, 영업방식 등에 결정적으로 영향을 미치게 된다. 지능정보기술은 기업과 산업의 생산성 제고와 연결되어 경제 전반의 성장을 뒷받침한다. 실제로 기업들이 지능정보기술 관련제품 및 서비스에 대한 투자를 확대하는 이유는 지능정보기술이 기업의 생산성을 향상시켜줄 수 있다는 믿음에서 비롯된 것이기 때문이다.[8]

---

8) 생산성의 역설 : 개별기업의 차원에서 볼 때 지능정보기술의 급속한 발전과 막대한 지능정보화 투자가 기업의 생산성을 증가시켰다고 실증분석을 통해 입증되고 있지만, 지능정보기술이 국민경제 전체의 생산성에 미치는 효과를 분석한 연구들을 살펴보면 아직까지 그 효과가 명확하게 입증되고 있지 않다. 다시 말하면, 지능정보기술의 급속한 발전과 막대한 지능정보화 투자가 충분히 이루어지고 있음에도 불구하고 경제 전체적인 차원에서의 생산성 증가는 확실히 나타나지 않는다는 소위 생산성 역설(productivity paradox)을 보이고 있다. 디지털경제의 생산성 역설에 대한 원인은 첫째, 지능정보기술의 상당부분이 기업의 마케팅 등 수요확보에 사용되기

여섯째, 지능정보기술이 각 산업에 활용되고 인터넷을 기반으로 한 전자상거래의 역할이 중요시되는 경제의 지능정보화에서 지능정보기술은 한 국민경제의 고용 및 실업에 어떠한 영향을 미치는가? 많은 연구결과에 의하면, 지능정보기술은 근본적으로 고용을 창출하는 동시에 고용을 절감하는 양면성을 갖고 있다는 것이다. 예를 들면, 전자상거래가 활성화되면서 몇몇 산업분야의 일자리를 대체 혹은 제거하기 때문에 고용이 전반적으로 감소할 것이라는 주장이 있는가 하면, 기존의 많은 직업들이 재구성되고 새로운 직업이 창출될 것이기 때문에 결국 전자상거래가 고용창출에 기여할 것이라는 의견도 있다. 전자상거래와 인터넷은 기업내에서 중간관리를 담당하는 계층이나 상거래에서 중간상들이 했던 기능을 자동화시킴으로써 이들의 전통적인 중개기능을 소멸시킨다. 예를 들어, 소매업자들은 소비자들에게 멀리 떨어져 있는 생산자가 만든 상품에 접근할 수 있도록 해 주었으며 상품의 질과 다양성을 보증하고 상품에 대한 정보도 제공해주었다. 하지만, 전자상거래의 발전으로 생산자와 소비자간에 직접적인 관계가 만들어지고 소비자가 생산자로부터 직접 상품을 구입할 수 있게 되면서 물리적인 시장에서 소매업자가 가지고 있던 기능은 점점 쓸모 없는 것으로 변하고 있다. 이외에도 중간매개체로 볼 수 있는 여행중개인, 보험대리인, 주식브로커, 부동산중개인들이 소유하고 있었던 정보 역시 이제는 접근 가능하거나 공유할 수 있는 정보환경이 되면서 이들의 역할 역시 불필요한 것이 되고 있다. 전자상거래의 이러한 중개기능소멸(disintermediary) 효과로 소매업, 여행업 등 몇몇 산업에서의 직업이 소멸하고 고용이 감소하게 될 것이다.

일곱째, 디지털경제에서는 국내물가가 안정적으로 유지될 수 있다는 견해가 있다.[9] 이와 같이 디지털경제에서 물가가 안정적으로 유지되는 원인은 ① 지능정보산업에서의 가격하락 추세를 들 수 있다. 특히 디지털상품은 생산량이 증가함에 따라 평균비용이 지속적으로 하락하는 규모의 경제효과가 큰 부문이기 때문에 디지털상품의 가격인하가 경제 전체의 물가를 안정시키는 데 기여할 수 있다. ② 전자상거래가 활성화되면서 검색비용과 거래비용의 절감, 경쟁의 촉진, 또는 사업과정의 간소화로 인한 효율성의 향상을 통해 가격인하효과를 얻

때문에 일부 기업의 성공은 다른 기업의 실패로 이어져 경제 전체적으로는 기여하지 못하였다는 것이다. 둘째, 지능정보기술에 대한 투자가 폭발적으로 증가했지만, 아직 지능정보기술 자본스톡이 경제에서 차지하는 비중이 크지 않으며, 지능정보기술의 잠재성이 실현되기 위해서는 좀 더 시간이 필요하다는 것이다.

9) 정보통신정책연구원, 「디지털경제에서의 기업 및 산업구조와 정책 연구」

을 수 있다. ③ 전자상거래가 활성화되면서 유통업체와 같은 중간조직에서 발생하는 비용이 절감됨으로써 전반적인 가격인하를 개대할 수 있는 것이다.

여덟째, 디지털경제에서는 임금 및 소득격차가 확대될 것이라는 견해와 확대시키는 효과가 크지 않을 것이라는 견해가 상존하고 있다. 먼저 디지털경제에서는 임금 및 소득격차가 확대될 것이라는 견해로는 디지털경제의 확산에 따른 기술 및 지식 중심의 성장은 고학력·고숙련근로자에 대한 수요를 계속 확대시킬 뿐만 아니라 정보에 대한 접근을 불평등하게 하는 정보격차(digital divide)를 발생시켜 임금 및 소득격차를 더욱 확대시킬 우려가 있다는 것이다. 반면 디지털화·지능정보화가 임금 및 소득격차를 확대시키는 효과가 크지 않다는 견해로는 기술의 급격한 변화시기에는 신기술에 적응할 수 있는 유연한 노동력에 대한 수요가 급증하지만 기술이 확산되고 성숙될수록 기술의 비교우위는 감소하게 된다는 것이다. 이 경우에 고학력·고숙련 노동력의 공급이 늘어나게 된다면 임금격차는 줄어들 수 있다는 것이다. 결국 기술혁신이 어느 정도의 속도로 진행되는가 또는 근로자가 그 기술변화에 얼마나 적응하느냐에 따라 상대적 임금격차가 확대될 수도 있고, 줄어들 수도 있다.

아홉째, 경제의 지능정보화는 경제활동의 여건을 개선하는 데 있어서도 커다란 역할을 하게 된다. 지능정보화는 교육개혁을 통한 창의력있는 인재의 배양이나 행정개혁, 인력수급의 효율화, 산학협동·기술정보체제 구축을 통한 기술파급효과 등 기업활동을 둘러싼 사회적 환경들에 광범위하게 영향을 미친다. 기업 자체의 혁신적인 노력과 이들 환경의 변화가 어우러짐으로써 일종의 시너지효과를 창출할 수 있다.

이러한 여러 가지 가능성 때문에 경제의 지능정보화는 '경제활동의 엔진(the engine of economic activity)'이라고까지 일컬어지고 있으며, 선진국들은 경제의 지능정보화를 21세기 세계경제 주도권의 핵심무기로 인식, 앞다투어 경제의 지능정보화를 추진하고 있다.

중요개념

| ? Help | ☑ OK |

☑ 참여민주주의   ☑ 혁신과 포용
☑ 디지털경제   ☑ 가상대학
☑ 경제의 서비스화   ☑ 유연제조 생산방식
☑ 정보노동자   ☑ 경제의 소프트화
☑ 디지털 프리라이프 전략   ☑ 유버셜 디자인 전략

연습문제

1 21세기 지능정보사회에서의 사회와 경제의 변화를 설명하시오.

2 21세기 지능정보사회에서의 사회와 경제를 위한 스마트기기는 어떠한 역할을 해야 하는가?

3 지능정보화는 국민들의 삶의 질을 향상시키는 데 어떠한 역할을 하는가?

4 경제의 지능정보화, 즉 디지털경제란 어떠한 경제를 말하는가?

5 지능정보화는 한 국가경제의 활성화를 위해 어떠한 역할을 하는가?

6 산업사회의 경제와 지능정보사회의 경제를 비교 설명하시오.

7 디지털경제에서의 경제주체의 변화를 설명하시오.

8 디지털경제의 영향을 설명하시오.

정보통신산업과 지능정보산업

정보사회에서는 정보통신기술이 정보통신산업을 형성하였고, 그 정보통신산업이 한 국가사회의 각 부문(정치, 경제, 사회, 문화, 기업, 산업, 개인, 가정)의 정보화를 통해 개인의 삶의 질과 국가경쟁력을 향상시켜왔다. 그리고 사회의 발전단계에 따라 정보사회의 다음 단계인 지능정보사회에서는 지능정보기술이 지능정보산업을 형성할 것이고, 그 지능정보산업이 한 국가사회의 각 부문(정치, 경제, 사회, 문화, 기업, 산업, 개인, 가정)에의 지능정보화를 통해 역시 정보사회보다 광범위하게 개인의 삶의 질과 국가경쟁력을 향상시킬 것이다. 여기에서는 정보사회에서의 기간산업인 정보통신산업과 지능정보사회에서의 기간산업인 지능정보산업을 살펴본다.

제1절
>>> 정보통신산업

1 산업의 정보화와 정보의 산업화

산업의 정보화란 '산업(기업)이 정보통신기술을 도입·활용함에 따라 상품(재화와 서비스)의 생산과정에서 판매과정까지 효율화를 달성하여 생산성을 높이려고 하는 것'을 의미한다. 다시 말하면 산업의 정보화는 산업(기업)내의 정보통신기술의 도입·활용과 대체로 동의어라고 할 수 있다. 반면, 정보의 산업화란 '정보 그 자체가 시장거래의 대상이 되고 정보의 수요도 증가함에 따라 정보의 수집, 축적, 교환, 전달, 분배 등 정보와 관련된 각종 정보활동들이 하나의 독립된 산업으로 형성해 가는 과정'을 말한다. 다시 말하면, 정보제공업과 새로운 정보매체의 출현을 통해 다양한 정보를 제공해 주는 정보통신서비스산업과 정보통신서비스의 공급매체로서의 정보통신기기산업이 발전하는 등 정보통신관련 산업의 비중이 증가하는 현상을 정보의 산업화라고 부른다.

정보통신기술은 정보의 수집·처리·제공을 위한 수단이기 때문에 정보통신기술의 도입 및 활용이 정보의 산업화라고 할 수 없다. 따라서 산업의 정보화와 정보의 산업화간에는 큰 차이가 존재하며, 정보화라는 현상과 정보통신산업(정보를 생산·활용하는 산업)의 발전과는 다른 차원에서 논의되어야 한다.

정보의 산업화라는 측면에서 우리의 사회생활에서 정보는 필수불가결한 요소로서 존재하게 되고, 미디어의 혁신적 발전을 통해 정보통신시장이 출현 및 확대되어 가고 있다. 예를 들면 신문·서적 등의 활자미디어가 등장하였고, 전신·전파의 이용에 의해 전기통신, 방송이라는 시장이 출현하였으며, 컴퓨터의 발전은 정보처리시장이 형성될 수 있었다. 최근에는 기존 미디어의 정보전달방향이 한쪽방향이었던 것에 비해 뉴미디어(멀티미디어)는 양방향성을 갖고 있는 것이 특징이다. 이와 같이 새로운 기술이 새로운 미디어를 만들어 내고, 이 미디어를 이용한 정보통신시장의 출현 및 확대되어 감에 따라 정보의 시장화가 촉진되어 정보의 산업화가 이루어지게 된다.

다시 말하면, 정보의 산업화는 산업의 정보화가 어느 단계에 도달하면 정보 그 자체가 상품이 되어 사업화되어 가는 것이다. 또한 산업의 정보화로 인하여 기업의 설비투자 중 정보화 투자가 증가되어 정보통신산업 그 자체가 전 산업 내에서 차지하는 비중이 점점 커지는 결과를 초래하여 정보의 산업화를 촉진시키는 것이다. 산업의 정보화가 주로 생산에서의 효율성 추구에 그 목적이 있다면, 정보의 산업화는 정보통신산업(정보통신기기산업, 정보통신서비스산업)의 발전을 통해 사회전반의 제고는 물론 사회구성원의 질적 생활과 국가경쟁력의 향상을 가져오게 한다. 개인소득이 늘어나고 생활양식과 가치관의 변화가 일어남에 따라 다양한 고품질의 정보를 공급받으려는 욕구가 증대되며, 이러한 욕구가 기술발전의 뒷받침을 받아 실현될 때 다양한 정보제공업과 새로운 정보매체의 출현 등으로 요약될 수 있는 정보의 산업화가 일어나게 된다.

2   정보통신산업의 개념과 범위

정보통신기술의 발전에 따라 정보통신의 범위가 지속적으로 확대되어 가고 있기 때문에 엄밀한 의미의 정보통신의 개념 정의는 매우 어려운 작업이다. 여기서는 정보통신이란 협의로 볼 때, '사용자에게 다양한 정보를 제공할 수 있게 하기 위한 주요 수단으로써, 사용자가 일반적으로 가장 많이 접촉하는 정보통신단말기를 활용하는 활동'이라고 파악한다. 반면 광의의 개념은 '정보의 생산, 가공, 처리, 전달 등의 활동을 효율적으로 수행하기 위하여 정보처리기술과 통신기술을 이용하는 일체의 활동'으로 파악한다.[1] 이와 같이 광의적인 측면에서 정보통신을 정보활동에 필요한 정보처리 및 통신업무로 파악할 때, 정보통신활동은 결국 컴퓨터를 사용한 정보처리기술과 전신, 전화 등에 의한 통신기술 결합의 결과로 발생하는 컴퓨터와 통신의 융합활동으로 볼 수 있다.

이와 같은 정보통신활동은 컴퓨터, 반도체, 통신 등 정보통신관련기술의 비약적인 발전으로 정보통신의 대상, 기능 및 이용기기들도 날로 변화하고 있는 실정이다. 산업사회로부터 정보사회로의 이전에 따른 이들의 변화 가운데 가장 주목할 만한 것은 정보처리기기와 통신기기의 결합 현상이다. 산업사회에서는 정보처리를 주로 개별컴퓨터에 근거한 단독작업이라고 한다면, 정보사회에서는 정보처리기기인 컴퓨터와 통신기기가 하나의 시스템으로 상호결합되어 나타날 뿐만 아니라, 기존의 통신망이 더욱 확장·개선되어 종합정보통신망(ISDN)의 구축으로까지 진전되고 있다.

이에 따라 정보통신의 대상이 종전의 음성 및 문자정보로부터 영상정보까지를 포함하게 되고, 정보통신의 기능도 단순한 정보전달기능으로부터 정보의 축적, 유통, 변환기능까지 수행할 수 있게 되었다. 따라서 이를 산업측면에서 본다면 정보통신산업 역시 <표 10-1>과 같이 포괄하는 범위도 넓어지고 있다.[2] 1960년대의 전기통신, 1970~1980년대의 정보통신을 걸쳐 1990~2000년대 부터

---

1) 최근 들어 정보통신이라 함은 대용량집적회로(very large scale integrated circuit)와 광섬유의 등장에 따른 정보처리기술(컴퓨터기술)과 통신기술의 통합으로 고도화된 텔레커뮤니케이션(telecommunication)을 의미하는데, 텔레커뮤니케이션은 거리의 제한을 극복하여 음성, 자료, 영상 등의 정보를 거의 즉각적으로 교환하고 처리하는 것을 말한다.

2) 과거에는 정보통신산업이라는 개념보다는 전기통신산업이라는 개념이 폭넓게 사용되어 왔으나 1980년대 초부터 급속히 진전되기 시작한 컴퓨터와 통신의 결합으로 인해 정보통신산업이라는 개념이 보다 보편화되고 있다.

표 10-1	정보통신산업의 범위		
1960년대	1970~1980년대	1990~2000년대
전기통신 (음성) 통신, 방송, 컴퓨터 구분	정보통신 (음성＋데이터) 통신과 컴퓨터의 융합	멀티미디어통신 (음성＋데이터＋영상) 컴퓨터・통신・방송의 융합

자료 : 정보통신부.

는 문자・음성・영상・그래픽 등이 하나의 네트워크를 통해 전달되는 컴퓨터, 통신, 방송의 영역구분에서 하나의 형태로 융합되는 멀티미디어 통신으로 변화되었다.

③ 정보통신산업의 분류

3.1 우리나라의 정보통신산업의 분류

우리나라에서는 1983년 12월에 제정된 「공중전기통신사업법」을 통해 정보통신이란 용어가 처음 법률적으로 규정되었다. 공중전기통신법에서 정보통신은 "전기통신회선에 문자・부호・영상・음향 등 정보를 저장, 처리하는 장치나 그에 부수되는 입출력장치 또는 기타의 기기를 접속하여 정보를 송신, 수신 또는 처리하는 전기통신"으로 정의되어 있다. 당시의 정보통신은 오늘날 데이터통신과 거의 같은 개념이었다고 볼 수 있다. 이에 반해 1995년 8월에 제정된 「정보화촉진기본법」에는 정보통신을 "정보의 수집, 가공, 저장, 검색, 송신, 수신 및 그 활용과 관련되는 기기, 기술, 역무, 기타 정보화를 촉진하기 위한 일련의 활동과 그 수단"이라고 규정하고 있다. 이로써 정보통신의 범위는 정보의 전송뿐만 아니라 처리와 가공 등으로 확대되고 있는데, 이러한 정보통신 개념의 계속적인 확대로 인한 정보통신산업(information and communication industry)은 2차 산업과 3차 산업에 걸쳐 널리 분포되어 있을 뿐만 아니라 점차적으로 그 영역이 확대되어 왔기 때문에 정보통신산업의 범주를 명확히 규정하는 것이 쉽지 않다.

현재 우리나라의 경우 정보통신산업은 <표 10-2>와 같이 분류하고 있다. 이와 같이 정보통신산업이 어떠한 형태로 분류되든 간에 정보사회에서 국가정보유통의 기반구조를 형성한다는 측면에서 그 중요성이 더욱 부각되고 있다. 정보통신산업은 도로, 항만, 교통시설과 더불어 사회간접자본의 성격을 지니고 있어, 각 국은 정보유통의 새로운 기반구조로서 정보통신산업을 육성하기 위해 국가차원에서 적극적으로 나서고 있다. 미국의 NII(National Information Infra-structure), 일본의 신사회자본, EU의 TEN(Trans European Network), 우리나라의 초고속정보통신망이 바로 국가차원의 정보통신기반구축의 프로젝트들이다. 정보통신산업은 타 산업 및 사회부문 발전의 핵심적인 요인으로 다른 산업에 대한 파급효과가 크다. 제조업은 물론이고 유통업, 금융업, 관광업 등의 산업뿐만 아니라 행정, 교육, 의료, 재난방지, 환경과 같은 부문에서도 정보통신산업이 정보유통의 인프라로서 다른 산업의 경쟁력을 높일 수 있는 기간산업으로 중요성이 매우 크다는 것이다. 이제 정보통신산업은 기존의 사회구성과 인간관계를 재구성하면서, 21세기 정보사회를 구축하는 기간산업이자 국가경쟁력과 국민생활의 삶의 질을 결정짓는 핵심요소로 부각되고 있다.

표 10-2   정보통신부의 정보통신산업 분류

		통신기기	• 유선통신기기 • 무선통신기기
정보통신 산업	정보통신 기기산업	정보기기	• 컴퓨터 본체 • 컴퓨터 주변기기 • 네트워크저장장치 • MediaPlayer • 생체인식기 • 정보기기부품 • 기타 정보기기
		방송기기	• 지상파방송 수신기기 • 유선방송 송수신기기 • 위성방송 송수신기기 • 방송국용기기 • 방송기기부분품
		부 품	• 능동부품 • 수동부품 • 기구부품 • 기타 부품

정보통신 서비스 산업	기간통신서비스	• 유선통신서비스 • 무선통신서비스
	별정통신서비스	• 설비보유 재판매 • 설비미보유재판매 • 구내통신서비스
	부가통신서비스	• 데이터 네트워크 서비스 • 인터넷 접속 및 관련서비스 • 부가통신응용서비스 • 온라인정보처리 • 기타 부가통신서비스
	방송서비스	• 지상파방송서비스 • 유선방송서비스 • 위성방송서비스 • 프로그램 제작 공급
소프트웨 어 및 컴퓨터관 련 서비스	패키지 소프트웨어	• 시스템 소프트웨어 • 개발용 소프트웨어 • 응용 소프트웨어 • 기타 패키지소프트웨어
	컴퓨터관련 서비스	• 시스템통합 • 시스템관리 및 유지보수 • 자료처리 • ASP • 정보보호서비스 • 기타 컴퓨팅서비스
	디지털콘텐츠 개발서비스	• 정보용 디지털콘텐츠 개발서비스 • 오락, 게임용디지털콘텐츠 개발서비스 • 디지털출판물 • 디지털영상물 개발서비스 • 기타 콘텐츠
	데이터베이스 제작 및 검색서비스	-

3.2 OECD의 정보통신산업 분류

OECD 회원국들(1998년)은 정보통신산업을 '전자적인 수단을 통해 정보를 확보하고(capture), 전달하고(transmit), 표현(display)하는 산업과 정보를 창출하는 콘텐츠산업'으로 정의하고 있다. 이와 같은 정의에 따라 <표 10-3>과 같

표 10-3	OECD의 정보통신산업 분류	
정보통신산업	정보통신기기산업	• 사무기기, 회계 및 컴퓨터 기계 제조업 • 통신망과 케이블 제조업 • 전자밸브와 튜브 등 전자부품 • TV, 라디오, 유선통신 제조업 • 오디오 비디오 재생, 녹화기기 제조업 • 전자계측기기 및 장비 • 산업공정 조절 장비 제조
	정보통신서비스산업	• 각종 기계, 기기, 설비의 도매 • 사무소 기기 및 설비의 임대 • 정보통신 • 컴퓨터관련 서비스
	콘텐츠산업	• 온라인음악 • 게임 • 영화

이 정보통신산업은 제조업과 관련된 정보통신산업(정보통신기기산업), 서비스업과 관련된 정보통신산업(정보통신서비스산업), 그리고 콘텐츠산업 등의 3가지의 경우를 포함한다. 첫째, 제조업과 관련된 정보통신산업(정보통신기기산업)은 '정보의 전송 및 표현을 포함한 정보의 처리 및 통신기능을 실현시킬 목적으로 생산·제작하거나, 탐지, 계측 그리고/또는 물리적 현상의 저장 혹은 물리적 처리의 제어를 위한 전자적 처리를 이용하고, 또는 위에서 정의한 생산물의 사용을 목적으로 사용되는 주요 구성물'들을 포함하는 재화를 생산·제조하는 경우의 제조업 중 정보통신산업으로 분류되는 것이다.

둘째, 서비스업과 관련된 정보통신산업(정보통신서비스산업)은 정보처리 및 전자적 수단에 의한 통신의 기능을 수행하는 통신방송산업은 물론 정보통신관련 재화의 도매업과 임대업을 포함한다.

셋째, 콘텐츠산업은 콘텐츠의 제작 및 판매를 주요 활동으로 하는 산업인데, 콘텐츠(communication product라는 용어로 표현하고 있다)를 정보통신관련 재화와 서비스에 의해 전자적으로 전시, 저장 및 전송되는 내용물(예를 들면, 이미지, 음향, 텍스트 등)로 정의하고 있으며, 이들은 CD, 디스켓, 마이크로칩, 마그네틱테입, 컴퓨터 등의 매체를 이용하여 저장되거나 전송된다.

정보통신산업의 일반적인 특징

정보통신산업은 정보통신망의 구축과 운용에 소요되는 정보통신기기산업분야에 미치는 직접적인 파급효과뿐만 아니라 정보통신망의 질적인 향상으로 고품질의 정보를 신속하고 정확하게 전달할 수 있게 됨에 따라 국민생활의 삶의 질을 향상시키고 기업의 경쟁력강화, 기업활동의 활성화, 마케팅과 경영관리의 효율화, 사업경영부문에서의 생산성향상, 연구개발의 활성화, 새로운 사업기회의 창출 등 기업활동에 커다란 파급효과를 미치게 된다. 또한 정보통신산업은 사회·경제발전을 효과적으로 달성하기 위한 기반구조의 역할을 담당하고 있을 뿐만 아니라, 경제의 서비스화가 진전되고 있는 오늘날 정치·경제·문화활동 등에서 중추적인 신경역할을 담당하고 있다. 이와 같은 정보통신산업이 다른 산업과 구별되는 특성은 다음과 같다.

첫째, 정보통신산업은 통신을 매개로 정보를 공급해 주는 서비스업과 소프트웨어와 하드웨어의 생산을 위한 제조업분야가 서로 혼재되어 있는 특별한 분야이다.

둘째, 정보통신산업은 정보사회를 구현하는 데 있어서 그 기반산업으로서, 전 산업에 걸쳐 기술개발을 통한 산업구조의 고도화 및 국제경쟁력을 함양하여 생산의 생산성을 높이고, 가정·행정·교육 등에서 생활의 질을 향상시키며 자원을 절약하고 에너지를 절약하는 데 크게 기여하는 등 사회·경제 전반의 효율성을 증진하는 데 기초가 된다. 따라서 정보통신산업은 앞으로의 주거구조의 변화, 부가가치제고 및 수출증대에 커다란 영향을 미치게 된다.

셋째, 정보통신산업은 가격인하와 기술혁신을 매우 급속하게 야기시키며, 타산업에 대한 기술파급효과가 크고 기술인력에 대한 의존도가 높은 고도의 기술지향적인 산업이다.

넷째, 정보통신산업은 새로운 서비스와 상품이 끊임없이 개발되고, 소비자의 다양한 욕구에 부응하는 매우 역동적이며 경쟁적인 산업구조를 갖고 있다.

다섯째, 정보통신산업에서 생산된 제품들은 라이프사이클이 짧아 연구개발에 대한 위험부담이 크고 기술혁신을 도모하기 위하여 막대한 연구개발투자를 필요로 하는 자본집약성이 강한 산업이다.

여섯째, 정보통신산업은 기술 및 자본집약적 산업인 동시에 지식집약적인 산업이기 때문에 타산업에 비하여 제품단위당 부가가치가 높은 고부가가치산업이다.

이와 같이 정보통신산업은 정보사회를 구현하는 기반산업으로서 산업전체에 파급효과가 크며 그 자체로도 고부가가치산업이어서 국내산업의 성장을 주도하게 된다. 그러나 정보통신산업의 성격상 제품의 라이프사이클이 짧고 고도의 기술 및 자본집약적 산업이며, 빈번한 기술혁신이 필요하기 때문에 기술수준이 미흡한 국가들은 집약된 산업육성책과 개별기업의 기술혁신의지 및 기술개발전략이 수반되어야 한다.

⑤ 정보통신산업의 발전과 현황

5.1 정보통신산업의 발전

한 국가의 경제성장의 경로를 보면, 산업화 초기에는 섬유, 잡화 등 경공업의 성장을 통해 경제성장을 이루었으며, 경공업의 경쟁력을 통해 화학, 조선, 건축 등 중공업의 경쟁력이 제고되었다. 1990년대 이후로는 정보통신산업이 기존 산업들의 위상을 대표하면서 지금까지 경제성장을 견인해온 산업 중의 하나로 평가되고 있다.

선진국들은 국가경쟁력 제고 및 국민 삶의 질 향상을 위한 중요한 전략적 수단으로서 정보통신산업의 경쟁력을 확보하기 위해 노력하고 있다. 그리고 정보통신산업을 통해 모든 산업의 생산체계 혁신 및 산업의 고부가가치화, 수출 확대 등을 추진하고 있다. 개발도상국에서도 통신인프라 구축을 중심으로 정보통신산업의 발전을 통해 경제발전을 도모하고 있다.

우리나라도 정보통신산업을 국가경쟁력의 제고를 위한 전략적인 산업으로 간주하고, 초기 통신기기의 국산화 추진 및 국가정보통신인프라 구축, 정보통신기기 산업 및 소프트웨어 산업의 육성, 연관산업에의 활용으로 발전하여 현재의 산업 위상을 정립하였다.

메모리 반도체, 평판디스플레이 패널, 휴대폰 단말기, WiBro, DMB 등으로 대표되는 국내 정보통신산업은 단기간에 괄목할 만한 성장을 가져온 성공적인 사례이다. 물론, 단기간의 성장에 따른 다양한 개선사항이 있더라도 정보통신산업은 여전히 우리나라의 국가경제를 견인하는 핵심 산업으로 평가 받고 있다. 이러한 성장은 기반조성 및 기술개발과 상용화 등의 순차적인 진행을 겪으면서 성장이 진행되었다. 이를 좀더 상세히 살펴보면, 1990년대 초까지는 국가정보화를 목표로 통신서비스 제공을 위한 인프라 구축이 정보통신산업의 핵심 목표였다면, 1990년대 중반부터는 정보통신기기나 소프트웨어, 데이터베이스 등이 점차 독립된 산업부문으로서 성장을 하면서 산업 전반적인 측면에서 발전을 지향하게 되는 계기가 되었다. 특히, 디지털 이동전화, DRAM의 수출 성공은 국가경제를 선도하는 산업으로서의 역할을 하게 되었다.

1990년대 말부터는 통신서비스의 시장 경쟁 도입 및 보다 진보된 신기술 개발을 통해 정보통신서비스 부문뿐만 아니라 정보통신기기 부문에서도 정보통신산업이 양적으로 빠르게 성장하였다. 초고속인터넷서비스의 확대, CDMA 기반 이동통신의 확산, 정보통신기기 및 메모리 반도체의 빠른 성장세에 힘입어 정보통신산업이 우리나라의 경제성장을 점차 유인하기 시작하였다. 이는 기존 기술이나 서비스의 상용화를 통한 시장확대로 해석되며, 전통산업부문에서 정보통신기술의 활용이 시작되는 시기로 해석할 수 있다. 또한, 정보통신기술을 활용한 기업정보화의 추진은 생산성 확대를 위한 수단을 제공하며 빠르게 비즈니스 부문으로 확대되었다.

2000년 중반부터는 정보통신기술의 전통산업과 타산업 부문에의 활용 및 융합을 가속화시키는 계기가 되었다. 특히, 유비쿼터스 정보통신기술의 개념이 확대되면서 전산업 부문에서 정보통신기술의 활용이 점차 가속화되었다. 예를 들어, 정보통신서비스 측면에서는 홈네트워크, 텔레매틱스, u-Health[3] 등의 개념을 통해 정보통신기술의 활용이 진행되었으며, 또한 NT, BT와의 융합을 통해 정보통신기술의 한계 극복이 추진되었다.

이와 같이 우리나라의 정보통신산업은 당시의 정체성을 극복하기 위해 다양한 관점에서 신규 성장 기회를 탐색하여 왔다. 우리나라 정보통신산업의 성장 패턴은 신규 서비스 보급과 서비스 고도화를 위한 기술개발, 이를 이용한 차세대 서비스 발굴 등의 구조를 이루며 지속적인 성장기반을 마련하였다. 다시 말하면, 기본적으로 정보통신산업영역 내의 R&D → 상용제품 개발 → 국내서비

---

3) u-Health란 정보통신과 보건의료를 연결하여 언제, 어디서나, 누구나 건강관리 및 의료서비스를 이용할 수 있는 환경을 지원하는 시스템이다.

스시장의 창출 → 세계시장의 진출이라는 성장구조정책이 진행되었다. 현재 정보통신산업은 성숙기에 직면하였으나, 다른 산업에서의 정보통신기술의 활용 확대, NT-BT 기술 융합에 따른 정보통신기술의 한계 극복 등의 노력을 통해 정보통신산업은 또 다른 성장 기회를 마련하고 있다.

향후 정보통신산업이 나아갈 방향성은 정보통신산업의 고도화와 함께 전통산업부문에서 새로운 성장기회를 모색하는 것이 필요하며, 이러한 패러다임 중 유비쿼터스 정보통신기술은 대표적인 개념이라고 할 수 있다. 유비쿼터스 시대에는 정보통신산업이 기반산업으로의 역할을 수행하고 전통산업의 고도화를 지원하며, 현재까지 정보통신서비스가 정보통신기기와 소프트웨어를 결합하였다면, 앞으로는 인공지능, 사물인터넷, 클라우드 컴퓨팅, 빅데이터, 그리고 모바일 등의 지능정보기술을 활용한 지능정보통신산업이 NT-BT와의 융합, 다른 산업에의 활용 및 통합되는 방향으로 진행될 것이다.

5.2 정보통신산업의 현황

우리나라의 정보통신산업이 세계적인 수준으로 발전하는 매개가 되었던 것은 1995년부터 추진된 초고속정보통신망 구축 사업이라 할 수 있다. 1998년 7월에는 초고속인터넷 서비스가 상용화되기 시작하였고, 이를 계기로 우리 사회 전반에 걸쳐 정보화가 급속히 촉진되었다. 2003년에는 인터넷 이용가구가 전체 가구의 60%를 상회하여 우리나라는 초고속인터넷 보급률 세계 1위를 달성하기에 이르렀다. 이와 함께 2003년부터는 유무선 종합 멀티미디어 서비스 제공이 가능한 IMT-2000(International Mobile Telecommunication-2000)에 대한 상용 서비스가 실시됨으로써 차세대 이동통신이 현실화되기 시작했다.

또한 방송통신서비스의 고도화도 꾸준히 추진되었는데, 1992년에는 서울 등 5개 도시에서 위성방송이 시작되었다. 1995년부터는 지역 민영방송이 출현하여 지역 방송의 시대가 개막되었다. 1995년에는 케이블 TV 방송이 상업방송을 개시함으로써 지상파방송에서 벗어나 다(多)채널 시대로 진입하게 되었고, 2001년에는 지상파방송이 디지털 시험방송을 개시하는 것을 계기로 디지털 방송 시대에 접어들었다. 이와 함께 2005년부터는 이동 중인 개인 단말기에서도 영상과 음성을 전송 받을 수 있는 DMB(digital multimedia broadcasting) 서비스가 시작되었다.

한편 우리나라는 정보화의 진전과 발맞추어 전화보급률 및 PC이용의 확대에서 비롯된 국내정보통신산업의 성장은 단말기수요의 증대와 시스템기기의 기능향상으로 매년 큰 폭으로 성장하고 있다. 이러한 증가추세는 계속되어 1993년에 세계 8위의 전화시설 보유국에 진입하였던 우리나라는 2000년 1월에 100인당 전화보급률은 53.2대로 세계 18위 수준이다. 정보통신기기산업, 정보통신서비스산업, 그리고 소프트웨어산업을 포함한 전체 정보통신산업의 규모는 <표 10-4>에서와 같이 GDP에서 차지하는 비중이 매년 증가함에 따라 국가경제성장에 주도적인 역할을 하였음을 알 수 있다.

그리고 정보통신서비스의 이용자 및 가입자는 <표 10-5>에서와 같이 2001년에 OECD가 선정한 세계초고속구축 1위와 인터넷 이용자 2,000만 명 돌파, 2011년에는 스마트폰 가입자 2,000만 명, 인터넷전화 가입자 1,000만 명, 실시간 iPTV 가입자 440만 명, 그리고 OECD 회원국 최초로 초고속 무선인터넷 보급률 100% 돌파하였다. 2017년에는 유료방송서비스 가입자 3,000만 명, 알뜰폰 가입자 700만 명, 사물인터넷(IoT) 가입자 600만 명, 웨어러블 가입자 100만 명 돌파하였다.

표 10-4 우리나라 정보통신산업의 성장률, 성장기여도 및 비중

구분	2009	2011	2013	2015	2020
GDP성장률	0.3	3.7	2.9	2.6	4.0
정보통신산업 성장률	3.9	8.6	6.6	7.0	8.2
정보통신산업 대 GDP비중	8.0	8.1	8.7	8.9	10.3

주: 2020년 수치는 평균증가율은 적용한 잠정치임.
자료: 한국정보화진흥원, 『국가정보화백서』, 2019.

표 10-5 우리나라 정보통신서비스의 이용자 및 가입자 추이

연 도	내 용
2017	• 유료방송서비스 가입자 3,000만 명 돌파 • 알뜰폰 가입자 700만 명 돌파 • IoT 가입자 600만 명 돌파 • 웨어러블 가입자 100만 명 돌파
2016	• 초고속 인터넷 가입자 2,000만 명 돌파 • 이동통신가입자 6,000만 명 돌파 • 모바일 iPTV 가입자 1,00만 명 돌파

2014	• 스마트폰 가입자 4,000만 명 돌파 • 실시간 iPTV 가입자 1,000만 명 돌파
2013	• 인터넷전화 가입자 1,200만 명 돌파 • 실시간 iPTV 가입자 800만 명 돌파 • 디지털방송 가입자 600만 명 돌파
2012	• 스마트폰 가입자 2,756만 명 돌파
2011	• 스마트폰 가입자 2,000만 명 돌파 • 인터넷전화 가입자 1,000만 명 돌파 • 실시간 iPTV 가입자 440만 명 돌파 • OECD 회원국 최초, 초고속 무선인터넷 보급률 100% 돌파
2010	• 실시간 iPTV 가입자 300만 명 돌파 • 인터넷 사용자 3,700만 명 돌파 • 유무선 BcN 가입자 4,000만 명 돌파 • 이동전화 가입자 5,000만 명 돌파
2009	• 실시간 iPTV 가입자 100만 명 돌파 • 인터넷전화 가입자 300만 명 돌파 • 모바일뱅킹 등록 고객 1,000만 명 돌파
2008	• 초고속인터넷 가입자 1,500만 명 돌파 • 지상파 DMB 단말기 판매 1,000만 대 돌파
2007	• 인터넷뱅킹 이용자 4,000만 명 돌파
2006	• 이동전화 가입자 4,000만 명 돌파
2005	• 인구 100명당 초고속인터넷 보급률 세계 1위(OECD 선정)
2004	• 인터넷 이용자 3,000만 명 돌파
2002	• 초고속인터넷 가입 1,000만 가구 돌파 • 이동전화 가입자 3,000만 명 돌파
2001	• 세계초고속구축 1위(OECD 선정) • 인터넷 이용자 2,000만 명 돌파

자료: 한국정보화진흥원, 『국가정보화백서』, 2017.

제 2 절

지능정보산업

　한 사회의 역사적 발전과정을 살펴보면, 기술의 탄생이 한 산업을 형성하였고, 그 산업은 한 사회의 정치, 경제, 사회, 문화 등 모든 면을 변화시켜왔다. 이러한 과정을 '혁명', '화', '물결' 등의 전미사를 붙쳐 표현하고 있다. 여기서는 지능정보기술에 의해 형성된 지능정보산업으로 인공지능산업, 빅데이터산업, 클라우드산업, 정보보안산업, 사물인터넷산업 등을 살펴본다.

1 지능정보산업의 개념 및 정의

지능정보산업(Intelligence Information Industry)은 인간의 고차원적인 정보처리활동(인지·학습·추론)을 구현하는 인공지능기술 응용산업과 이의 근간이 되는 데이터를 수집·분석·활용하는 산업을 말한다. 다시 말하면, ① 기계와 기계, 기계와 인간 등 모든 객체의 연결을 통해 정보교류 및 데이터를 수집, ② 정보처리능력의 고도화를 통한 데이터의 축적·분석 능력 강화, ③ 데이터를 활용한 빠른 학습으로 기계가 지능화 되는 과정을 통해 새로운 가치를 창출하는 산업을 말한다.[4]

한편, 지능정보산업의 핵심 기술인 지능정보기술은 인공지능기술과 데이터 활용기술(사물인터넷(IoT), 빅데이터(Big data), 클라우드(Cloud), 모바일(Mobile)을 융합하여 기계에 인간의 고차원적인 정보처리능력(인지, 학습, 추론)을 구현하는 기술을 말한다. 여기서 인공지능기술은 인간의 정보처리 활동에 대한 원리를 분석하는 기초 기술과 정보통신기술을 통해 이를 구현하는 인공지능 소프트웨어 기술 및 하드웨어 기술을 말한다. 그리고 데이터 활용기술은 인공지능의 빠른 성능 향상과 보급 확산을 위한 핵심 기반인 데이터를 수집·전달·저장·분석하는 필수적인 정보통신기술인데, 각종 데이터를 수집하고 실시간으로 전달하는 기술로는 사물인터넷(IoT)과 무선통신(Mobile) 등이 대표적이며, 수집된 데이터를 효율적으로 저장하고 그 의미를 분석하는 기술로는 클라우드(Cloud)와 빅데이터(Bigdata) 등이 있다.

지능정보기술은 [그림 10-1]과 같이 만물의 데이터화, 실시간 반응, 자율진화, 그리고 무인 의사결정 등의 특징을 갖고 있다. 만물의 데이터화란 과거에는 보관 및 활용이 곤란했던 데이터(생체 행태정보, 비정형 정보 등)도 기계학습과정을 거쳐 의미 있는 결과를 도출할 수 있다. 실시간 반응은 정보수집과 데이터 분석, 판단 추론 등 일련의 과정들이 사물인터넷(IoT), 빅데이터(Big data), 클라우드(Cloud), 모바일(Mobile)을 통해 즉각 처리되어 실시간에 응답

---

4) 『지는정보산업 : 시장동향과 유망기술개발현황』, 한국산업마케팅연구소.

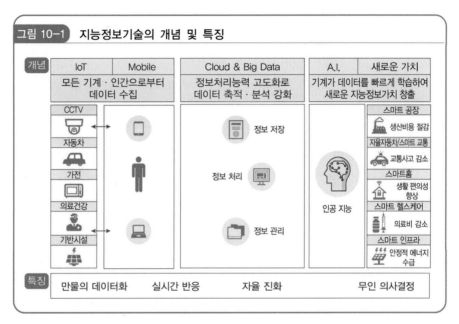

그림 10-1   지능정보기술의 개념 및 특징

자료: 미래창조과학부.

에 대한 반응이 가능하다. 자율진화는 딥러닝 등 기계학습을 통해 스스로 진화하여 기계의 성능이 기하급수적으로 향상됨을 말한다. 그리고 무인 의사결정은 인간의 고차원적인 판단기능을 수행함으로써 기계가 독립된 주체로 활동하여 무인화 및 자동화가 가능함을 말한다.

2 지능정보산업의 분류

지능정보산업으로 인공지능산업, 빅데이터산업, 클라우드산업, 정보보안산업, 사물인터넷산업 등을 살펴본다.[5]

---

5) 한국산업마케팅연구소 지음, 『지능정보산업 : 시장동향과 유망기술개발현황』, 한국산업마케팅연구소, 미래기술연구원, 『인공지능 산업분석을 통한 발전과 변화되는 삶 혁신기술개발 미래전략분석』.

2.1 인공지능산업

1) 인공지능의 개념 및 정의

인공지능(人工知能, artificial intelligence, AI)은 일반적으로 기계로부터 만들어진 지능을 말하는데, 인간의 학습능력과 추론능력, 지각능력, 자연언어의 이해능력 등을 컴퓨터 프로그램으로 실현한 기술이다. 다시 말하면, 인간의 지능으로 할 수 있는 기억, 지각, 이해 연상, 추론, 학습, 자기 개발 등을 컴퓨터가 할 수 있도록 하는 방법을 연구하는 컴퓨터 공학 및 지능정보기술의 한 분야로서, 컴퓨터가 인간의 지능적인 행동을 모방할 수 있도록 하는 것을 인공지능이라고 말하고 있다. 또한 인공지능은 그 자체로 존재하는 것이 아니라, 컴퓨터 과학의 다른 분야와 직간접으로 많은 관련을 맺고 있다.

인공지능은 크게 약한 인공지능(Weak AI)과 강한 인공지능(Strong AI)으로 분류하는데, 약한 인공지능은 특정한 문제를 해결하는 도구로써 활용되는 기술이다. 예를 들면, 어떤 사람의 음성을 듣고 무슨 뜻인지를 인식하는 것과 같은 문제를 푸는 것이다. 약한 인공지능의 대표적인 사례는 스팸메일 필터링, 이미지 분류 등이 있다.

반면, 강한 인공지능은 약한 인공지능과는 달리 문제의 영역을 좁혀주지 않아도 어떤 문제든 해결할 수 있는 도구로써 활용되는 기술을 말한다. 다시 말하면, 강한 인공지능은 인간의 지성을 컴퓨터의 정보처리능력으로 구현한 시스템을 말한다. 이는 당연히 하나의 인간으로 보아도 무방한 수준의 지적 능력을 갖고 있는 또 하나의 인간을 의미한다고 할 수 있다. 이 때문에 현재 논란이 되는 인공지능의 문제도 대부분 강한 인공지능으로 인해 비롯되고 있다.[6]

약한 인공지능을 갖게 되는 로봇과 강한 인공지능을 갖게 되는 로봇을 예를 들면, 불이 났을 때 약한 인공지능을 갖게 되는 로봇은 그 불을 피하면서 문제를 해결하지만, 강한 인공지능을 갖게 되는 로봇은 불을 끔으로써 문제를 해결한다. 이와 같이 이성적으로 최적의 답을 찾아 행하는 것이 약한 인공지능, 그리고 사고의 가능성을 인지하고 미연에 막을 방법을 찾아 수행하는 것을 강한 인공지능이라고 볼 수 있다.

---

6) 컴퓨터 기계가 어느 정도의 일을 할 수 있어야 인간과 동등하다고 볼 수 있을까요? 현재는 강한 인공지능이라고 불릴만한 수준의 인공지능은 개발이 되지 않았으며, 개발 시도는 커녕 개념조차도 모호한 상태이다.

현재의 과학기술에서 인공지능이라고 불리는 기술은 모두 약한 인공지능에 해당한다. 약한 인공지능을 구현할 때는 머신러닝(machine learning, 기계학습)을 사용하며, 머신러닝의 방법론 중의 하나가 딥러닝(deep learning)이다. 머신러닝(기계학습)은 방대한 데이터를 분석해 미래를 예측하는 기술을 말한다. 다시 말하면, 기계가 수학적 최적화 및 통계분석 기법을 기반으로 사람의 도움 없이도 데이터로부터 일정한 신호와 패턴을 배우고, 그것을 바탕으로 다음에 일어날 일을 예측하며 적합한 의사결정을 내리는 알고리즘을 말한다. 머신러닝은 데이터의 생성 양·주기·형식 등이 방대한 빅데이터들을 분석해 미래를 예측하는 기술로 데이터를 수집·분석해 미래를 예측한다는 점에서 빅데이터 분석과 유사하지만 컴퓨터 스스로가 방대한 데이터를 수집·학습할 수 있다는 점에서 차이가 있다. 머신러닝은 크게 알고리즘, 데이터, 하드웨어 인프라로 구성되며, 데이터의 양이 많을수록 예측력이 높아진다.

딥러닝(deep learning)은 사물이나 데이터를 군집화하거나 분류하는 데 사용하는 기술을 말한다. 다시 말하면, 컴퓨터가 여러 데이터를 이용해 마치 사람처럼 스스로 학습할 수 있게 하기 위해 인공신경망을 기반으로 구축된 기계학습기술이다. 딥러닝은 인간의 두뇌가 수많은 데이터 속에서 패턴을 발견한 뒤 사물을 구분하는 정보처리 방식을 모방해 컴퓨터가 사물을 분별하도록 기계를 학습시킨다. 이러한 딥러닝 기술을 적용하면 사람이 모든 판단 기준을 정해주지 않아도 컴퓨터가 스스로 인지·추론·판단할 수 있게 된다. 음성·이미지 인식과 사진 분석 등에 광범위하게 활용된다. 구글 알파고도 딥러닝 기술에 기반한 컴퓨터 프로그램이다.

현대에는 여러 분야에서 인공지능적 요소를 도입하여 그 분야의 문제 풀이에 활용하려는 시도가 매우 활발하게 이루어지고 있다.

① 자연언어처리(natural language processing) 분야에서는 이미 자동번역과 같은 시스템을 실용화하며, 특히 연구가 더 진행되면 사람이 컴퓨터와 대화하며 정보를 교환할 수 있게 되므로 컴퓨터 사용에 혁신적인 변화가 오게 될 것이다.

② 전문가시스템(expert system) 분야에서는 컴퓨터가 현재 인간이 하고 있는 여러 가지 전문적인 작업들(의사의 진단, 광물의 매장량 평가, 화합물의 구조 추정, 손해 배상 보험료의 판정 등)을 대신할 수 있도록 하는 것이다.

③ 컴퓨터가 TV 카메라를 통해 잡은 영상을 분석하여 그것이 무엇인지를 알

아내거나, 사람의 목소리를 듣고 그것을 문장으로 변환하는 것 등의 일은 매우 복잡하며, 인공지능적인 이론의 도입 없이는 불가능하다. 이러한 영상 및 음성 인식은 문자 인식, 로봇 공학 등에 핵심적인 기술이다.

④ 이론증명(theorem proving)은 수학적인 정리를 이미 알려진 사실로부터 논리적으로 추론하여 증명하는 과정으로서 인공지능의 여러 분야에서 사용되는 필수적인 기술이며, 그 자체로도 많은 가치를 지니고 있다.

⑤ 신경망(neural net)은 비교적 근래에 등장한 것으로서 수학적 논리학이 아닌, 인간의 두뇌를 모방하여 수많은 간단한 처리기들의 네트워크로 구성된 신경망 구조를 상정하는 것이다.

2) 인공지능산업의 플랫폼화

인공지능 관련 주요 기업들(구글, 애플, 아마존, 페이스북)은 범용적 특성을 갖는 인공지능 핵심기술을 개발해 인공지능을 플랫폼화 하고 있다. 스마트폰시대의 소프트웨어 역량을 보유한 구글, 애플은 모바일 OS플랫폼을 구현하면서 다양한 분야의 애플리케이션과 서비스가 기술적으로 구현되고 유통 가능하게 하였다. 이들의 OS플랫폼은 게임, 미디어 콘텐츠뿐만 아니라 금융, 헬스케어 등에 이르기까지 다양한 산업을 포괄하는 범용플랫폼의 역할을 하며 빠르게 생태계를 변화시키고 있다. 마찬가지로 주요 기업들은 다양한 산업분야에 활용 가능한 범용적 특성을 갖는 인공지능기술의 플랫폼화를 통해 인공지능산업의 생태계를 확장하고 있다.

인공지능이 적용 가능한 산업범위가 매우 넓기 때문에 주요 기업들의 입장에서도 자신들이 단독적으로 모든 분야의 혁신을 만들어 가기에는 한계가 있다. 따라서 이들 기업은 자신들이 보유하고 산업에 응용 가능한 핵심기술을 플랫폼화를 통해 인공지능의 생태계를 확장 시도할 것이다. 이와 같은 변화에 따른 인공지능산업은 관련 분야가 매우 넓고 그 영향력을 예측하기 어렵기 때문에 아직까지는 구체적인 인공지능산업의 분류는 어려운 문제로 파악된다.

2.2 빅데이터산업

1) 빅데이터의 개념 및 정의

빅데이터는 통상적으로 사용되는 데이터의 수집, 관리 및 처리 소프트웨어

| 표 10-6 | 빅데이터의 특징 |

특 성	주요 내용
규모(Volume)의 증가	기술적인 발전과 IT의 일상화가 진행됨에 따라 해마다 디지털정보량이 기하급수적으로 폭증하여 제타바이트 시대로 진입하게됨
속도(Velocity)의 증가	사물정보(센서·모니터링), 스트리밍(streaming) 정보와 같은 실시간 정보가 증가함에 따라 데이터의 생성과 이동(유통) 속도가 증가함. 대규모 데이터 처리와 분석 속도가 중요해짐
다양성(Variety)의 증가	로그기록, 소셜, 위치, 소비, 현실 데이터와 같은 데이터 종류가 증가하고 멀티미디어와 같은 비정형화된 데이터 유형이 다양화됨
복잡성(Complexity)의 증가	구조화되지 않은 데이터, 저장방식의 차이, 중복성 문제, 데이터의 종류 확대, 데이터 관리 및 처리의 복잡성이 심화됨

자료 : 「빅데이터의 국가통계 활용을 위한 기초 연구」, 통계청.
주 : 스트리밍(streaming)이란 인터넷상에서 음성이나 동영상 등을 실시간으로 재생됨으로써 전송되는 데이터를 마치 끊임없고 지속적인 물 흐름처럼 처리할 수 있는 기술을 의미한다.

의 수용 한계를 넘어서는 크기의 데이터를 의미하였으나, 최근에는 대용량의 정형화된(일정한 형식이나 틀을 갖고 있는) 데이터는 물론 비정형화된(일정한 형식이나 틀을 갖추고 있지 않는) 정보까지 포함하는 거대한 데이터의 집합을 의미한다. 빅데이터의 규모는 단일 데이터 집합의 크기가 수십 테라바이트에서 수 페타바이트에 이르며, 규모가 끊임없이 변화하는 것이 특징이다.

빅데이터는 <표 10-6>과 같이 초대용량 데이터 규모(Volume)와 빠른 생성 속도(Velocity), 다양성(Variety)을 지닌 정보자산으로 비용효과적·혁신적인 형태의 정보처리를 통해 의사결정을 할 수 있는 원자료로 정의되며, 가치(Value)나 진실성(Veracity), 가변성(Variability)이나 복잡성(Complexity) 등이 특징이다.

2) 빅데이터에 대한 기대와 역할

빅데이터는 4차 산업혁명(지능정보화)에서 기존의 산업혁명에서의 석탄과 철과 같은 역할을 수행할 것으로 기대된다. 18세기 산업혁명에서의 석탄은 증기기관을 움직일 수 있는 에너지원이 되었고, 철을 활용해 철도시스템을 구축함으로써 유통에서도 상상할 수 없던 혁신을 만들어 내었다. 이를 통해 마차시스템으로 운반할 수 없을 만큼의 거대한 물량을 전국적으로 실어 날랐으며, 글로벌 유통에도 혁명적인 변화를 일으켰다. 제2차 산업혁명으로 농업사회에서 제조업 중심의 산업사회로 옮겨 갔듯이 빅데이터 역시 제조업뿐만 아니라 서비스 분야의 생산성을 획기적으로 끌어올려 사회·경제·문화 등 전반에 혁명적인 변화를 가져올 것으로 기대된다.

빅데이터는 가정과 공장의 원유처럼 각종 기업의 비즈니스, 공공기관의 대국민 서비스, 경제성장에 필요한 정보를 제공함으로써 산업 전반에 생산성을 한 단계 향상시키고, 기존에 없던 새로운 범주의 산업을 만들어낼 것이다. 지능정보사회에서 소비 패러다임과 데이터의 유통도 발전되었으며, 소셜 네트워크 혁명이 발생하게 되는 원동력이 되었다. 또한, 멀티미디어와 디바이스의 진화로 인하여 디바이스의 크기는 소형화 되어 휴대성이 쉬워져 누구나 다양한 디바이스로 디지털 파일과 데이터를 언제 어디서나 만들 수 있게 되었다. 멀티미디어 콘텐츠의 경우도 기존보다 진화하여 고화질과 높은 수준의 미디어 서비스를 개인사용자들도 사용할 수 있게 되면서 고급 서비스를 개인 미디어 디바이스에서 경험하고 느낄 수 있게 되었다. 디지털 디바이스의 진화로 인하여 저장장치의 소형화를 가져왔지만, 반대로 디지털 미디어의 파일 크기는 증대되는 결과를 가져오게 되었다. 이렇게 단일 데이터와 파일 사이즈의 증가도 빅데이터의 중요성을 야기시키는 원인이라고 할 수 있다. 또한 기업의 스마트환경은 비즈니스와 연관된 모든 활동에 대해 프로세스가 시스템화 되어 기업이 관리하고 운영하는 데이터가 증가하는 것도 기업의 입장에서는 빅데이터가 등장하게 된 원인이다.

소매 유통 업체의 경우, 우리가 물건을 구매하거나 쇼핑을 하면 우리도 모르게 RFID(radio frequency identification : IC칩을 내장해 무선으로 관련 정보를 관리하는 인식기술), NFC(Near Field Communication : 가까운 거리에서 무선 데이터를 주고받는 통신 기술), 블루투스, 무선데이터, 미디어분석, POS 데이터(상품명이나 가격 등을 기계에 판독시켜 데이터 처리를 수행한 과정이 남아 있는 데이터) 등을 통해 신속하게 데이터 수집이 진행된다. 이렇게 수집된 데이터들을 활용하여 고객행동을 통한 수요분석과 제품구색, 저장과 진열 레이아웃, 업셀링, 고객추천, 웹 페이지 개인화 등을 예측하여 고객맞춤광고가 가능해진다. 기업들은 다양한 데이터 인사이드를 통해 경쟁력을 확보하려고 노력중이며, 그에 필요한 혁신을 계속 진행 중이다.

3) 빅데이터산업의 분류

빅데이터 산업은 기존 데이터베이스 관리도구 능력을 넘어서는 대량의 정형 또는 비정형의 데이터를 모두 포함한 데이터로부터 가치를 추출하고, 그 결과를 분석하는 기술산업으로 정의하고 있다. 빅데이터 산업은 데이터의 생산, 수집, 처리, 분석, 유통, 활용 등을 통해 가치를 창출하는 상품과 서비스를 생산·제공하는 산업으로 데이터솔루션, 데이터구축, 데이터인프라, 데이터분석서비

표 10-7 빅데이터의 분류

분류기준	유 형	종 류
데이터의 생성주체	기계데이터	애플리케이션 서버 로그 데이터, 센서데이터, 위치데이터
	사람데이터	트위터, 블로그, 이메일, 게시판
	관계데이터	트위터, 페이스북, 링크드인
데이터의 유형	정형데이터	고정된 필드에 저장된 데이터(데이터베이스, 스프레드시트[1])
	비정형데이터	고정된 필드에 저장되어 있지 않는 데이터(텍스트 문서, 이미지/동영상)
	반정형데이터	고정된 필드에 저장되어 있지는 않지만 메타데이터[2]나 스키마[3]를 포함하는 데이터(XML[4], HTML[5])
데이터의 수집방식	내부데이터	자체적으로 보유한 내부 파일시스템이나 데이터베이스 관리시스템 등에 접근하여 데이터를 수집
	외부데이터	웹크롤링[6] 엔진을 통해 인터넷 링크의 모든 페이지 복사본을 생성함으로써 데이터 수집

자료 : 「빅데이터의 국가통계 활용을 위한 기초 연구」, 통계청.
주[1] : 스프레드시트(spread sheet)란 수치계산, 통계, 도표와 같은 작업을 효율적으로 할 수 있는 응용프로그램.
주[2] : 메타데이터(metadata)란 데이터에 관한 구조화된 데이터로, 다른 데이터를 설명해 주는 데이터.
주[3] : 스키마(schema)란 정보를 통합하고 조직화하는 인지적 개념 또는 틀을 말하며 '도식'이라고도 한다.
주[4] : XML(extensible markup language)란 인터넷 웹페이지를 만드는 HTML을 획기적으로 개선하여 만든 언어이다. 홈페이지 구축기능, 검색기능 등이 향상되었고, 웹 페이지의 추가와 작성이 편리해졌다.
주[5] : HTML(Hypertext Markup Language)란 웹 문서를 만들기 위하여 사용하는 기본적인 웹 언어의 한 종류이다.
주[6] : 웹 크롤러가 하는 작업을 '웹크롤링'(web crawling) 혹은 '스파이더링'(spidering)이라 하는데, 웹크롤러(web crawler)는 조직적, 자동화된 방법으로 월드 와이드 웹을 탐색하는 컴퓨터 프로그램이다.

스 등으로 구분된다. 빅데이터의 후방산업[7]으로는 데이터의 생산 및 수집에 기반이 되는 ICT 인프라기술, 사물인터넷 분야 등이 대표적이고, 빅데이터의 전방산업으로는 생성된 데이터를 다루는 데이터솔루션, 데이터구축, 빅데이터 분석 컨설팅 및 서비스와 인공지능 시스템이 대표적이다.

빅데이터산업은 <표 10-7>과 같이 데이터의 생성주체(기계/사람/관계 데이터), 데이터의 유형(정형/비정형/반정형 데이터), 데이터의 수집방식(내부/외부 데이터)에 따라 분류된다.

2.3 클라우드산업

1) 클라우드의 개념 및 정의

클라우드(Cloud)는 '구름'을 뜻한다. 구름(cloud)과 같이 무형의 형태로 존재하는 하드웨어·소프트웨어 등의 컴퓨팅 자원을 자신이 필요한 만큼 빌려 쓰고 이에 대한 사용요금을 지급하는 방식의 컴퓨팅 서비스로, 서로 다른 물리적인 위치에 존재하는 컴퓨팅 자원을 가상화 기술로 통합해 제공하는 기술을 말한다. 클라우드로 표현되는 인터넷상의 서버에서 데이터 저장, 처리, 네트워크, 콘텐츠 사용 등 IT 관련 서비스를 한 번에 제공하는 혁신적인 컴퓨팅 기술인 클라우드 컴퓨팅은 IT 자원을 구매하거나 소유할 필요 없이 필요한 만큼 사용료를 주고 쓰는 서비스를 말한다. 중앙 집중화된 대형 데이터센터에서 서비스를 받고 소프트웨어나 프로그램을 인터넷을 통해 자유롭게 빌려 쓰는 방식을 가리킨다. 따라서 클라우드 컴퓨팅[8]은 '인터넷을 이용한 IT 자원의 주문형 아웃소싱 서비스'라고 정의되기도 한다.

---

7) 전방산업과 후방산업은 가치사슬상에서 해당 산업의 앞뒤에 위치한 업종을 의미한다. 다시 말해 자사를 기준으로 제품 소재나 원재료 공급 쪽에 가까운 업종을 후방산업, 최종 소비자와 가까운 업종을 전방산업이라고 한다. 예를 들면, 자동차산업에 있어서는 부품, 제철산업 등 주로 소재산업이 후방산업이고, 자동차판매업체는 전방산업이 된다. 한편, 전방산업과 후방산업은 다른 산업의 생산물을 중간재로 구입하여 생산활동 및 판매활동을 하는 상호의존관계를 갖게 되는데, 이때 각 산업간의 상호 의존관계의 정도를 전후방산업 연관효과라고 한다. 이러한 전후방산업 연관효과에 따라, 만약에 자동차 산업이 불황이라면 후방산업인 부품 및 제철산업 등 주로 원료가공, 소재산업도 불황이 될 뿐만 아니라 전방산업인 자동차판매업, 자동차 구입 후에 소비되는 오디오, 내비게이션, 스피커 등 연관 산업도 불황에 빠지게 된다.

8) 최초의 클라우드 컴퓨팅 서비스는 1995년 미국 제너럴 매직(General Magic)에서 AT&T 등 다른 여러 통신사와 제휴를 맺으면서 시작했다. 그러나 제대로 자리잡기까지는 10여 년이 걸렸다. 2005년이 되어서야 특정 소프트웨어를 필요한 시기에 인터넷으로 접속해 쓰고, 사용한 만큼 요금을 내는 제도가 정착됐다.

기업들은 클라우드 컴퓨팅 서비스를 업무에 활용함으로써 효율성의 증대와 비용절감 등의 효과를 기대할 수 있다. 클라우드 서비스 도입은 기업의 IT자원 활용률을 높여 유휴설비에 대한 비용을 절감하고, 시스템 통합 및 표준화를 통해 업무효율을 증대시킬 수 있다. 기업들은 클라우드 서비스를 통해 공급자에게 IT자원관리를 위탁하는 한편, 주요사업 분야를 강화하는 등의 혁신을 도모할 수 있다. 클라우드 서비스 공급자는 사용자의 요구에 맞춰 시스템 통합, 보안 등 전문적인 서비스를 제공하며, 클라우드 시장이 성장함에 따라 시스템공급업자뿐만 아니라 사용자와 공급자를 연결해주는 중개업자도 새롭게 조명을 받고 있다.

2) 클라우드산업의 분류

클라우드산업은 크게 클라우드 서비스 모델, 클라우드 SW/HW 등으로 구성되어 있다.

(1) 클라우드 서비스 모델

최초 클라우드 서비스는 '지메일(Gmail)'이나 '드롭박스(Dropbox)', '네이버 클라우드'처럼 소프트웨어를 웹에서 쓸 수 있는 SaaS(Software as a Service, 서비스로서의 소프트웨어)가 대부분이었다. 그러다가 서버와 스토리지, 네트워크 장비 등의 IT 인프라 장비를 빌려주는 IaaS(Infrastructure as a Service, 서비스로서의 인프라스트럭처), 플랫폼을 빌려주는 PaaS(Platform as a Service, 서비스로서의 플랫폼)으로 늘어났다. 클라우드 서비스는 어떤 자원을 제공하느냐에 따라 이처럼 크게 3가지로 나뉜다.

SaaS(Software as a Service, 서비스로서의 소프트웨어)는 클라우드 환경에서 운영되는 애플리케이션 서비스를 말하는데, 소프트웨어를 구입해서 PC에 설치하지 않아도 웹에서 소프트웨어를 빌려 쓸 수 있다. SaaS는 필요할 때 원하는 비용만 내면 어디서든 곧바로 쓸 수 있다는 장점이 있다. PC나 기업 서버에 소프트웨어를 설치할 필요가 없다. 소프트웨어 설치를 위해 비용과 시간을 들이지 않아도 된다. SaaS는 중앙에서 해당 소프트웨어를 관리하기 때문에 사용자가 일일이 업그레이드나 패치 작업을 할 필요도 없다. 대표적인 SaaS 서비스는 구글 앱스, 세일즈포스닷컴, MS오피스 365, 드롭박스와 같은 클라우드 스토리지 서비스 등이 있다.

IaaS(Infrastructure as a Service, 서비스로서의 인프라스트럭처)는 인터넷을 통해 서버와 스토리지 등 데이터센터 자원을 빌려 쓸 수 있는 서비스를 일컫는다. 이용자는 직접 데이터센터를 구축할 필요 없이 클라우드 환경에서 필요한 인프라를 꺼내 쓰면 된다. 이렇게 빌려온 인프라에서 사용자는 운영체제를 설치하고, 애플리케이션 등을 설치한 다음 원하는 서비스를 운영할 수 있다. IaaS는 가상 서버, 데이터 스토리지 같은 기존 데이터센터가 제공하는 서비스를 제공한다. 사용자는 이런 서비스를 조합해 애플리케이션을 실행하거나 운영할 수 있다. 게다가 물리적으로 만들어진 환경이 아니기 때문에 사용하지 않을 때 시스템을 해체하는 것도 손쉽다. 대표 Iaas 서비스로는 아마존웹서비스(AWS)를 꼽는다.

PaaS(Platform as a Service, 서비스로서의 플랫폼)는 소프트웨어 서비스를 개발할 때 필요한 플랫폼을 제공하는 서비스를 말한다. 사용자는 PaaS에서 필요한 서비스를 선택해 애플리케이션을 개발하면 된다. PaaS 운영 업체는 개발자가 소프트웨어를 개발할 때 필요한 API를 제공해 개발자가 좀 더 편하게 앱을 개발할 수 있게 돕는다. 일종의 레고 블록 같은 서비스를 말한다.

개발자가 개발을 하는 데 필요한 도구와 환경을 사용하고, 사용한 만큼만 비용을 내기 때문에 개발자로선 비용 부담을 덜 수 있다. 단, 플랫폼 기반으로 애플리케이션을 개발하기 때문에 특정 플랫폼에 종속될 수 있다는 단점이 있다. A 서비스 업체의 PaaS에서 앱을 개발하고 이 작업을 이어서 B 회사의 Paas에서 하기가 쉽지 않다는 뜻이다. 다양한 플랫폼에서 작업하려면 이에 맞게 앱을 수정하는 과정이 필요하다. 대표 PaaS 서비스 기업으로는 세일즈포스닷컴(sales force.com), 구글 앱 엔진(Google App Engine) 등이 있다.

(2) 클라우드 SW/HW 기술

클라우드 소프트웨어는 클라우드 컴퓨팅 환경 구축과 관리 혹은 소프트웨어를 이용한 고가변적인(highly scalable) 클라우드 애플리케이션 개발 분야와 관련이 있는 기술을 말한다. SaaS의 경우에 완전한 기능을 지닌 제품이나 솔루션 개발과 관련이 있다.

클라우드 하드웨어는 클라우드 서비스를 이용하는 수단으로 스마트폰, PC(노트북, 태블릿PC 등), 씬 클라이언트, 제로 클라이언트 및 이와 관련된 장비 등을 개발하는 기술을 말한다.

구축형태	내 용
Private Cloud (사설 클라우드)	사설 클라우드는 기업이 자체적으로 호스트를 구성하여, 클라우드 서비스를 이용한다. 사설 클라우드를 구축하는 이유는 클라우드 컴퓨팅의 데이터 보안에 대한 우려 때문이며, 데이터의 기밀 유지와 관련하여 기업이 더욱 안전하게 이용할 수 있다. 하지만 사설 클라우드는 공용 클라우드를 사용할 때보다 구축 및 운영 비용이 소요된다.
Public Cloud (공용 클라우드)	공용 클라우드는 공용 인터넷을 통해 타사 공급자가 제공하는 컴퓨팅 서비스로 정의되는 데, 이를 사용하거나 구매하려는 모든 사람들이 사용할 수 있다. 공용 클라우드 서비스는 주로 무료 또는 주문형으로 판매되며, 무한에 가까운 확장성을 갖고 있다.
Hybrid Cloud (사설 + 공용 클라우드)	사설 클라우드와 공용 클라우드를 조합한 개념으로 일부 기업은 몇 가지 용도로 사설 클라우드를 사용하고, 다른 몇 가지 용도로는 공용 클라우드 서비스를 사용할 수 있다.

표 10-8 클라우드의 구축형태별 분류

자료: https://azure.microsoft.com/ko-kr/overview/what-is-a-private-cloud/

한편 클라우드는 <표 10-8>과 같이 구축형태에 따라 Private Cloud(사설 클라우드), Public Cloud(공용 클라우드), Hybrid Cloud(사설-공용 범용 클라우드) 등 3개의 유형으로 분류된다.

2.4 정보보안산업

1) 정보보안의 개념 및 정의

컴퓨터에서의 정보보안(情報保安, information security)은 정보의 수집, 가공, 저장, 검색, 송신, 수신 도중에 정보의 훼손, 변조, 유출 등을 방지하기 위한 관리적, 기술적 방법을 의미한다. 정보보호(情報保護, information protection)란 정보를 제공하는 공급자 측면과 사용자 측면에서 논리적이고 물리적인 장치를 통해 미연에 방지를 하는 것에 목적을 두고 있다. 정보보호의 기술, 암호화 기술, 해킹과 정보보호, 컴퓨터 바이러스, 시스템 보안, 네트워크 보안, 전자상거래 보안, 웹과 전자우편 보안 등 컴퓨터보안 전반에 걸쳐 학습하는 분야이다.

2) 정보보안산업의 분류

정보보안산업은 정보통신산업진흥법 제32조에 의하면, 암호, 인증, 인식, 감

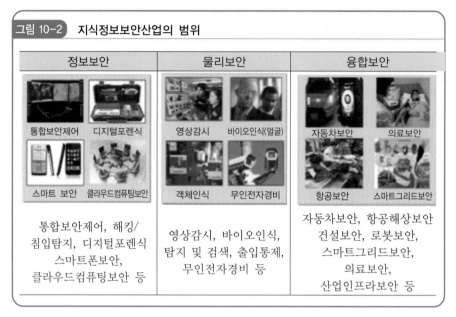

그림 10-2   지식정보보안산업의 범위

정보보안	물리보안	융합보안
통합보안제어 디지털포렌식 스마트 보안 클라우드컴퓨팅보안	영상감시 바이오인식(얼굴) 객체인식 무인전자경비	자동차보안 의료보안 항공보안 스마트그리드보안
통합보안제어, 해킹/ 침입탐지, 디지털포렌식 스마트폰보안, 클라우드컴퓨팅보안 등	영상감시, 바이오인식, 탐지 및 검색, 출입통제, 무인전자경비 등	자동차보안, 항공해상보안 건설보안, 로봇보안, 스마트그리드보안, 의료보안, 산업인프라보안 등

자료: 한국산업기술진흥원.

시 등의 보안기술이 적용된 제품을 생산하거나, 관련 보안기술을 활용하여 재난·재해·범죄 등을 방지하기 위한 서비스를 제공하는 산업으로 정의 되고 있다. 지식정보보안산업은 [그림 10-2]와 같이 네트워크·시스템 기반의 정보보안, 안전·안심 생활을 위한 물리보안, 보안기술과 전통산업간 융합으로 창출되는 융합보안 등으로 구성되어 있다.

정보보안산업은 <표 10-9>와 같이 크게 정보보안제품과 정보보안서비스로

표 10-9   정보보안산업의 분류체계

대분류	소분류	세부 항목
정보보안 제품	네트워크보안	1. 웹 방호벽 2. 네트워크(시스템) 방호벽 3. 침입방지시스템(IPS) 4. DDoS 차단시스템 5. 통합보안시스템(UTM) 6. 가상사설망(VPN) 7. 네트웨크접근제어(NAC) 8. 무선네트워크 보안 9. 망분리(가상화)

	시스템(단말)보안	1. 시스템접근통제(PC방호벽 포함) 2. Anti 멀웨어 3. 스팸차단 S/W 4. 보안운영체제(Secure OS) 5. APT대응 6. 모바일 보안
	콘텐츠(데이터)· 정보유출방지보안	1. DB보안(접근통제) 2. DB암호 3. 보안 USB 4. 디지털저작관리(DRM) 5. 네트워크 DLP 6. 단말 DLP(개인정보보호솔루션 포함)
	암호·인증	1. 보안스마트카드 2. H/W토큰(HSM) 3. 일회용비밀번호(OTP) 4. 공개키기반구조(PKI) 5. 통합접근관리(EAM)·싱글사인온(SSO) 6. 통합계정관리(IM/IAM)
	보안관리	1. 통합보안관리(ESM) 2. 위험관리시스템(TMS) 3. 패치관리시스템(PMS) 4. 자산관리시스템(RMS) 5. 백업·복구 관리시스템 6. 로그 관리·분석 시스템 7. 취약점 분석 시스템 8. 디지털 포렌식 시스템
	기타 제품	1. 기타
정보보안 서비스	보안컨설팅	1. 인증(IOS, ISMS) 2. 기반기호 3. 진단 및 모의해킹 4. 개인정보보호컨설팅 5. 정보감사(내부정보유출방지컨설팅 등) 6. 기타 보안컨설팅(보안SI 포함)
	유지관리	1. 유지관리
	보안관제	1. 원격관제 서비스 2. 파견관제 서비스
	교육·훈련	교육훈련 서비스
	인증서비스	공인·사설 인증서비스

자료 : 한국인터넷진흥원 지식정보보안산업 통계.

분류되며, 정보보안제품은 네트워크 보안, 시스템(단말) 보안, 콘텐츠(데이터)·정보유출방지보안, 암호·인증, 보안관리, 기타 제품으로, 정보보안서비스는 보안컨설팅, 유지관리, 보안관제, 교육·훈련, 인증서비스 등의 분야로 구분된다.

2.5 사물인터넷산업

1) 사물인터넷의 개념 및 정의

사물인터넷(Internet of Things, IoT)은 인터넷을 기반으로 모든 사물들을 연결하여 사람과 사물, 사물과 사물 간의 정보를 상호 소통하는 지능형 기술 및 서비스로 정보가 생성·공유·활용되는 초연결 인터넷을 말한다. 사물이 인간에 의존하지 않고 통신을 주고받는 점에서 기존의 유비쿼터스나 M2M(Machine to Machine : 사물지능통신)과 비슷하지만, 통신장비와 사람과의 통신을 주목적으로 하는 M2M의 개념을 인터넷으로 확장하여 사물은 물론이고 현실과 가상세계의 모든 정보와 상호작용하는 개념으로 진화한 단계라고 할 수 있다.

이와 같이 공간정보는 지능정보기술과 밀접하게 융합되면서 공간정보의 활용이 확대되고 있다. 언제 어디서나 정보에 접근하고 활용할 수 있는 유비쿼터스 환경은 공간정보의 접근과 교환, 공유와 갱신의 편의성을 한층 더 높였다. 최근에는 센서를 장착한 기기가 와이파이, 비콘 등 근거리 유무선 통신수단을 통해 서로 연결되면서 위치와 주변상황을 인지하는 공간정보는 필수적인 요소가 되었다.

사물인터넷 서비스에서 공간정보는 사물과 사물, 사물과 사람을 서로 연결해 주는 역할을 하며, 위치기반 서비스 알고리즘의 핵심요소로도 활용된다. 도형 데이터, 문서, 센서 데이터, 문자 등과 같은 다양한 형태의 빅데이터가 실시간 생산되고, 이들은 클라우드에 저장되어 언제 어디서나 활용할 수 있는 환경이 만들어지고 있다. 이들 데이터가 지오테킹(Geo-tagging)이나 지오코딩(Geo-coding)을 통해 위치정보를 포함하게 되면 지도상에 매핑이 가능할 뿐만 아니라 공간분석을 실시하고 결과를 시각화할 수 있기 때문에 정보의 유용성이 매우 커지게 된다. 이러한 과정을 통해서 생산된 정보는 위치기반서비스(LBS)와 온라인-오프라인 서비스(O2O), 그리고 위치기반 사물인터넷(Geo-IoT) 서비스에 활용될 수 있다.

한편, 사물인터넷을 구현하기 위해서는 센서·상황 인지기술, 통신·네트워크 기술, 칩 디바이스 기술, 경량 임베디드 네트워크 기술, 자율적·지능형 플랫폼 기술, 대량의 데이터를 처리하는 빅데이터 기술, 데이터마이닝 기술, 사용자 중심의 응용 서비스 기술, 웹 서비스 기술, 보안·프라이버시 보호 기술 등이 필요하다.

2) 사물인터넷산업의 분류

사물인터넷의 사업분야는 <표 10-10>과 같이 대체로 플랫폼, 네트워크, 제품기기, 그리고 서비스 등으로 구분된다.

표 10-10 사물인터넷의 사업 분야

구 분	주요 사업 내용
플랫폼	• 인터넷에 연결된 센서 등으로부터 수집된 정보를 '가공·처리·융합' 하거나 서비스 및 애플리케이션과 '연동'시키는 기능을 제공하는 사업 • 공통 S/W 플랫폼, 응용서비스 S/W 플랫폼, 플랫폼장비 등이 포함됨 −사물을 인터넷에 연결하고 사물로부터 수집된 정보를 처리하는데 필요한 공통 소프트웨어(미들웨어 등)와 개발도구의 집합 −응용 도메인별 서비스 제공을 위해 특화된 소프트웨어 플랫폼 −공통 S/W 플랫폼과 응용서비스 S/W 플랫폼을 제공하기 위한 필요한 장비
네트워크	• 사물의 연결을 지원하는 '유무선 통신 인프라'를 제공하는 사업 • 네트워크 장비, 유·무선회선(료) 등이 포함됨 −사물인터넷 서비스를 위한 유·무선 네트워크 장비 −유·무선을 이용한 사물인터넷 회선 이용료(통신료)
제품기기	• '정보 생성 및 수집·전달 기능'이 포함된 제품의 생산 관련 사업 • '스스로 동작할 수 있는 기능'이 포함된 제품의 생산 관련 사업 • '네트워크 연결'이 가능한 제품의 생산 관련 사업 • 칩셋, 모듈, 태그, 스마트 단말, 게이트웨이(리더 포함), 기타장비 등이 포함 됨
서비스	• 사물인터넷 플랫폼, 네트워크, 제품기기 등 연계·활용하여 개인·공공기관·산업분야에 지능화된 유·무형의 재화를 제공하는 서비스

자료 : 사물인터넷 산업 실태조사, 미래창조과학부.

한편 사물인터넷의 서비스 활용분야는 <표 10-11>과 같이 헬스케어·의료와 에너지, 제조, 스마트홈, 금융, 교육, 국방, 농·임·축·수산 등 12개 분야로 구분하고 있다.

표 10-11	사물인터넷의 서비스 활용분야
구 분	내 용
헬스케어/의료	• 헬스케어 및 웰니스 케어, 의약품 및 의료기기 관리, 환자상태 모니터링, 독거노인 서비스, 원격검진
에너지	• 원격검침, 에너지 모니터링, 건물 에너지 관리, 스마트 플러그, 실시간 과금 서비스
제조	• 생산 공정관리, 기계진단 및 자산관리, 공장자동화, 제조설비 실시간 모니터링
스마트홈	• 가전·기기 원격제어, 홈CCTV 서비스, 스마트도어록, 홈 게이트웨이, 홈 오토메이션
금융	• 사물인터넷 기반 결제, 금융자동화기기, 지능형 순번시스템
교육	• 터치스쿨, 스마트 칠판, 스마트 출결확인
국방	• 전장감시, 부대방호, 총기 및 탄약 관리시스템, 테러감지 시스템, 광섬유 군복
농·임·축/수산	• 재배환경 모니터링 및 관리, 사육관리, 농산물 유통관리, 생산이력관리, 가축이력추적 • 양식장환경 정보수집, 사료자동 먹이주기, 수산물 유통관리
자동차/교통/항공/우주	• 주차관리, 대중교통 운영정보관리, 스마트 DTG, ITS, 커넥티드카, 무인자율 주행서비스 • 비행기 내부 데이터 분석, 무인항공기, 실시간 항공기 원격점검
관광/스포츠	• 관광지 위치정보서비스, 관광/문화행사 정보수집/제공, 사물인터넷기반 문화유산 관광안내서비스 • 운동선수관리, 운동량 체크용 웨어러블
소매/물류	• 지능형 쇼핑고객관리, 실시간 재고관리, 운송추적 • 상품 위치정보 모니터링, 매장재고관리, 물류창고관리, 조달관리, 물류추적, 드론 배송
건설·시설물/안전/환경	• 구조물 안전관리, 공공시설물 제어, 빌딩관리, 주차관리 • 미아방지, 어린이 안심서비스, 유해 화학물 관리, 재해 모니터링, 위험물 감지·경보 서비스 • 수자원관리, 기상정보 수집/제공, 음식물쓰레기관리, 스마트환경 정보 제공

자료 : 사물인터넷 산업 실태조사, 미래창조과학부.

중요개념

? Help	☑ OK

☑ 지능정보산업	☑ 인공지능
☑ 지능정보기술	☑ 머신러닝
☑ 사물인터넷	☑ 딥러닝
☑ 빅데이터	☑ 전방산업
☑ 클라우드	☑ 후방산업
☑ 모바일	☑ IaaS
☑ SaaS	☑ PaaS

연습문제

1 산업의 정보화와 정보의 산업화의 차이점을 설명하라.

2 협의의 의미에서의 정보통신이란 무엇을 의미하는가?

3 광의의 의미에서의 정보통신이란 무엇을 의미하는가?

4 정보통신산업은 크게 어떻게 분류되는가?

5 정보통신산업의 일반적인 특징을 설명하라.

6 지능정보산업은 어떠한 산업을 말하는가?

7 주요 지능정보기술은 어떠한 것들이 있는가?

8 지능정보기술 중에서 가장 근간이 되는 인공지능을 설명하라.

9 인공지능을 구현하기 위한 머신러닝과 딥러닝의 어떤 기술을 말하는가?

10 빅데이터는 어떠한 특징을 갖고 있는가?

11 빅데이터는 데이터의 유형에 따라 어떻게 분류되는가?

12 클라우드는 구축형태에 따라 어떻게 분류되는가?

13 정보보안산업은 어떻게 분류되는가?

14 사물인터넷의 사업 분야는 어떠한 것들이 있는가?

15 사물인터넷의 서비스가 어떤 분야에서 활용되고 있는가?

찾아보기

[ㅇ]

[ㅊ]

[저자약력]

최동수

[약 력]

전 호원대학교 사회과학대학 경제학부 교수

[주요 저서 및 논문]

『경제학원론』(공저), 박영사; 『디지털경제』, 박영사; 『정보사회론』, 법문사; 『너와 나의 경제학』, 광암문화사; 『중국・중국인・중국문화』(공저), 광암문화사; 『지식경제』, 국일출판사; 『지식경제와 지적자본』, 광암문화사; 『지적자본의 측정과 관리』, 광암문화사; 『우리나라의 주요 지역별 정보화지수의 측정』(정보통신연구원 정보통신학술연구과제) 외 34편

최은주

[약 력]

이화여자대학교 간호학 박사과정

[연구논문]

Choi, E., & Jung, D.(2021). Factors Influencing Oral Health-Related Quality of Life in Older Adults in Rural Areas: Oral Dryness and Oral Health Knowledge and Behavior. *International Journal of Environmental Research and Public Health*, 18(8), 4295.

지능정보사회 [제2판]

2018년 8월 10일 초판 발행
2021년 6월 25일 제2판 1쇄 발행

<table>
<tr><td>저 자</td><td>최 동 수 · 최 은 주</td></tr>
<tr><td>발행인</td><td>배　　효　　선</td></tr>
<tr><td>발행처 도서출판</td><td>法 文 社</td></tr>
</table>

주 소 10881 경기도 파주시 회동길 37-29
등 록 1957년 12월 12일 제2-76호(윤)
전 화 031-955-6500~6, 팩 스 031-955-6525
e-mail(영업) : bms@bobmunsa.co.kr
(편집) : edit66@bobmunsa.co.kr
홈페이지 http://www.bobmunsa.co.kr
조 판 광　　진　　사

정가 26,000원 　ISBN 978-89-18-91199-1